DR. OETKER BACKBUCH »BACKEN MACHT FREUDE«

DR.OETKER BACKBUCH

Backen macht Freude

Inhaltlich unveränderter Nachdruck • Inhaltlich unveränderter Nachdruck •

Originalausgabe von 1960

BEARBEITET VON DER VERSUCHSKÜCHE DER FIRMA

DR. AUGUST OETKER BIELEFELD

CERES-VERLAG RUDOLF-AUGUST OETKER KG BIELEFELD

Druck: GGP Media, Pößneck

Das Dr. Oetker Backbuch „Backen macht Freude" liegt hiermit in völlig neuer Bearbeitung vor. Die Anzahl der Farbseiten ist von 16 auf 24 erhöht und der Umfang der Textillustrationen wesentlich erweitert worden. Die neuartige und übersichtliche Anordnung der Texte durch Trennung der Zutaten- und Textspalten erleichtert der Hausfrau das Arbeiten nach den Rezepten. Das Buch hat durch diese Verbesserungen erheblich an Anschaulichkeit gewonnen. So bietet diese Auflage wieder eine reiche Auswahl von Vorschlägen für die Hausbäckerei – und die wirkliche Liebe zum Backen und die Freude daran kommen ja erst mit der Abwechslung.
Das Dr. Oetker Backbuch möge daher auch im neuen Gewande getreu seinem Titel „Backen macht Freude" nicht nur den Hausfrauen das Backen zur Freude machen, sondern auch der ganzen Familie, die das Backwerk verzehrt, Freude am Gebackenen und gute Laune bringen.

DR. AUGUST OETKER BIELEFELD

INHALTSÜBERSICHT

Hinweis auf die Farbseiten 122/123

Das auf den Seiten 122/123 abgebildete Porzellan stammt aus der FÜRSTENBERG Porzellanmanufaktur. Die ehemalige herzoglich braunschweigische Porzellanmanufaktur ist die älteste im Bundesgebiet. 1747 gegründet — verbindet sie über Jahrhunderte Tradition und Kultur, Qualität und schöpferischen Gestaltungssinn. FÜRSTENBERG Porzellan trägt auf der Unterseite das gekrönte blaue „F" als das berühmte Gütezeichen dieser Manufaktur.

Zweckmäßige Geräte
Für das Abwiegen der Zutaten ist eine Waage erforderlich, zumindest ein Meßbecher. Ebenfalls sollte in jedem Haushalt ein Litermaß vorhanden sein. Nur genaue Einhaltung der vorgeschriebenen Mengen sichert den Erfolg.
Rühr- und Biskuitteige sollen in Ton-, Steingut- oder Porzellanschüsseln mit innen abgerundetem Boden hergestellt werden. Emaille- und Aluminiumschüsseln sind für diese Zwecke ungeeignet (Emaille kann absplittern, Aluminiumgefäße färben Teige grau). Damit sich die Schüssel beim Rühren nicht verschiebt, lege man ein feuchtes Tuch unter, falls man keinen Schüsselhalter hat.
Für die Bereitung der Teige empfehlen sich die bewährten Dr. Oetker Backgeräte, die auf den Kapitelanfangsseiten und Arbeitsfotos abgebildet sind.
Zum Rühren verwende man einen Holzlöffel (am besten mit durchlochtem Blatt). Zur Herstellung von Biskuitteigen ist ein Schneebesen unbedingt erforderlich. Ein Schüttelsieb ist ein unentbehrlicher Helfer beim Sieben von Mehl und Puderzucker.
Sehr praktisch ist ein Teigschaber (ein viereckiges Blatt, meistens aus Zelluloid). Man kann damit die letzten Teigreste aus der Schüssel nehmen, aber auch den Teig gleichmäßig auf dem Backblech verstreichen. Für den letzten Fall taucht man ihn vorher in Milch oder Wasser, damit keine Teigreste hängenbleiben.
Bei den in diesem Buch angegebenen Gebäcken, die in einer Springform gebacken werden sollen, reicht die Teigmenge für Formen mit einem Durchmesser von etwa 26 cm.
Alle Formen (Back- und Ausstechformen) und Backbleche sollen nach jedem Gebrauch gewaschen und sorgfältig getrocknet werden.

Einwandfreie Zutaten
Man verwende nur gute Zutaten, minderwertige können das ganze Backwerk verderben.
Das Mehl muß trocken sein, nicht klumpig oder feucht. Backpulver Backin besorge man sich am besten frisch vom Kaufmann. Will man einen kleinen Vorrat halten oder angebrochene Päckchen aufbewahren, so sorge man dafür, daß es **kühl, trocken und getrennt von stark riechenden Lebensmitteln,** z. B. Backgewürzen lagert; am besten benutzt man dafür eine gut schließende Blechdose.
Man nehme möglichst feinkörnigen Zucker, da er sich besser und schneller löst. Zu grober Zucker kann unter Umständen das ganze Gebäck verderben. Man nehme frische oder einwandfrei konservierte Eier (Kühlhaus, Wasserglas, Garantol). Sie werden vor dem Gebrauch einzeln über einer Tasse aufgeschlagen, um zu prüfen, ob sie gut sind.
An Stelle von süßer Milch kann man auch verquirlte saure Milch oder Buttermilch verwenden. Wo Quark (Topfen) zum Backen gebraucht wird, muß man darauf achten, daß er frisch, süß und trocken ist.

Sorgfältige Teigbereitung
Man richte sich bei der Vorbereitung und bei der Herstellung des Teiges genau nach den allgemeinen Angaben, die für die betreffende Teigart an den Kopf des Abschnittes gesetzt sind, oder nach den Angaben für die elektrischen Küchenmaschinen (S. 10 bis 19).

Backhitzen

Eine Hausfrau muß, wenn sie gutes Gebäck zubereiten will, nicht nur die Herstellung der verschiedenen Teigarten beherrschen, sondern auch ihren Herd kennen.

a) Gas- und Elektrobacköfen ohne Thermostat

Bei Backöfen ohne Thermostat haben sich vier bestimmte Backhitze-Bezeichnungen, die in der folgenden Tabelle erklärt werden, besonders bewährt.

Hitzebezeichnung	Gas	Strom
Leichte Hitze für Eiweißgebäcke	perlgroße Flamme	5 Minuten vorheizen O 3 – U 3 [1], backen O 1 – U 2
Schwache Mittelhitze [2] für Rührteige in hohen und mittelhohen Formen und für Hefenapfkuchen	1/3 große Flamme	O 1 – U 3
Gute Mittelhitze für Rührteige in mittelhohen Formen mit Obst, für Biskuittorten und für Hefekranzkuchen	1/2 große Flamme	10 Minuten vorheizen O 3 – U 3, backen O 2 – U 3
Starke Hitze für flache Kuchen und Kleingebäck und für Hefeblechkuchen	5 Minuten vorheizen große Flamme, backen 1/2 große Flamme	10 Minuten vorheizen O 3 – U 3, backen O 3 – U 3 [3] oder O 2 – U 3

[1] O = Oberhitze, U = Unterhitze

[2] Bei Stollen und ähnlichen Gebäcken den Gasherd 5 Minuten mit großer Flamme vorheizen und sie dann 1/3 groß einstellen.
Beim Elektroherd 10 Minuten bei O 3 – U 3 vorheizen, dann auf O 2 – U 2 umschalten.
Beim Sandkuchen und beim Englischen Kuchen den Elektroherd bei schwacher Mittelhitze O 0 – U 3 bzw. O 1 – U 2 schalten.

[3] Bei Kleingebäck beim 2. Blech auf O 2 – U 2 umschalten.

Durch das schnelle Aufheizen von Gas- und Elektroherden kann eine Anzahl von Gebäcken in den kalten Backofen gesetzt werden. Darunter fallen besonders Gebäcke in hohen und mittelhohen Formen wie Napf- und Königskuchen. Flach-, Klein- und stollenähnliche Gebäcke werden zweckmäßig im vorgeheizten Ofen gebacken, damit sie ihre Form nicht verlieren.

Da die unter den Rezepten angegebenen Backzeiten länger oder kürzer sein können, abhängig von Umständen, die auf die Verschiedenartigkeit der Herde zurückzuführen sind, empfiehlt es sich, gegen Ende der Backzeit öfter nach dem Gebäck zu sehen. Beim Einstellen der Gebäcke in den Ofen achte man darauf, daß die Formen waagerecht stehen, damit der Teig nicht nach einer Seite läuft. Alle Teige, die in Formen gebacken werden, stellt man stets auf den Backrost, nicht auf ein Backblech oder auf den Boden des Backofens, da die Gebäcke dann von unten zu dunkel werden.

Weiterhin ist wichtig, daß die Gebäcke in der richtigen Höhe eingeschoben werden, wobei man sich nach der Höhe der Gebäcke richtet. Je höher ein Gebäck oder die betreffende Backform ist, desto tiefer wird das Backgut eingeschoben. Deswegen setzt man Napfkuchenformen auf einen

Rost, der auf die unterste Schiene gelegt wurde. Bei flacheren Formen wie Spring- und Kranzkuchenformen schiebt man bei einem Herd mit drei Schienen den Rost mit der Form in die unterste und bei vier Schienen in die zweitunterste Schiene. Bei halbhohen Gebäcken wie Stollen wird das Blech bei drei Schienen auf die mittlere und bei vier Schienen auf die zweitunterste Schiene geschoben. Bleche mit flachen Gebäcken schiebt man bei gasbeheizten Backöfen im allgemeinen auf die oberste (Kleingebäck) bzw. auf die zweitoberste (Plattenkuchen) Schiene, bei Elektroherden kommen diese Bleche bei einem Herd mit drei Schienen in die Mitte und bei vier Schienen auf die zweitoberste Schiene.

Bevor man Gebäcke wie Napfkuchen, Kranzkuchen, Stollen usw. aus dem Ofen nimmt, macht man die Garprobe, d. h. man sticht mit einem Hölzchen in die Mitte des betreffenden Gebäcks. Bleiben keine feuchten Krumen daran haften, ist das Gebäck gar und kann aus dem Ofen genommen werden.

b) Gas- und Elektrobacköfen mit Thermostat

Backöfen mit Thermostat können mit Hilfe eines Wählers auf bestimmte Temperaturen eingestellt werden.

Bei Gasherden liegen die Temperaturbereiche zwischen den Zahlen 0 und 8 und bei Elektroherden zwischen 0 und 300. Elektroherde mit Thermostat haben eine Kontroll-Lampe, die aufleuchtet, wenn der Wähler betätigt wird, und erlischt, sobald die gewünschte Temperatur im Backofen erreicht ist. Das Backgut wird bei diesen Elektroherden grundsätzlich in den heißen Backofen gestellt, und zwar dann, wenn die Lampe erloschen ist. Während des Backprozesses leuchtet die Lampe wieder so lange auf, wie der Backofen zur Erhaltung der gewünschten Temperatur von Zeit zu Zeit nachgeheizt wird. Für den weiteren Ablauf des Garvorganges ist dieses Aufleuchten und Erlöschen ohne jede Bedeutung.

Beim Elektrobackofen kommen hohe und halbhohe Formen bei einem nach unten gewölbten Rost auf die untere Einschiebeleiste. Handelt es sich jedoch um einen Füßchenrost, wird er direkt auf den Backofenboden gelegt. Flachkuchen, Kleingebäck, Stollen, Windbeutel und Eiweißgebäck schiebt man im allgemeinen in die Mitte ein. Kleingebäck kann aber, wenn erforderlich, auch noch höher eingesetzt werden.

Das Einsetzen des Backgutes in den Gasbackofen mit Thermostat richtet sich nach den Angaben für den Gasbackofen ohne Thermostat (S. 8).

Richtiges Aufbewahren von Gebäcken

Aus dem Ofen genommene Formkuchen läßt man etwa 10 Minuten stehen, bevor sie auf einen Kuchenrost gestürzt werden. Blechkuchen wie Butter-, Streusel-, Obstkuchen nimmt man möglichst warm vom Blech und läßt sie auf einem Kuchenrost oder dem Backrost auskühlen. Andernfalls schlägt sich die Feuchtigkeit aus dem Kuchen auf dem Backblech nieder und kann den Gebäckgeschmack beeinträchtigen.

Kleingebäck muß, sobald es genügend gebräunt ist, vom Blech genommen und einzeln nebeneinander auf einen Kuchenrost gelegt werden. Erst wenn es erkaltet ist, legt man Gebäck, das knusprig bleiben soll, in gut schließende Blechdosen. Gebäcke, die vor dem Verzehr noch weich werden sollen wie Springerle, werden einige Tage, und zwar so lange offen an die Luft gestellt, bis sie genügend weich sind. Erst dann bewahrt man sie in Blechdosen auf.

TEIGE IN ELEKTRISCHEN KÜCHENMASCHINEN

Gerade in der letzten Zeit gehen mehr und mehr Haushaltungen dazu über, sich die Arbeit in der Küche durch elektrische Geräte zu erleichtern, so auch das Zubereiten von Teigen. Damit Gebäcke, die nach Rezepten dieses Buches hergestellt werden, einwandfrei gelingen, empfiehlt es sich, die Arbeitsanleitungen und besonders die angegebenen Zeiten für die einzelnen Maschinen und Teigarten genau zu beachten. Dazu gehört, daß bei allen Maschinen vor allem auf die Beschaffenheit des Fettes geachtet werden muß. Hartes Fett kann nicht sofort verarbeitet werden, sondern muß unbedingt so lange im Zimmer liegen, bis es streichfähig ist und keine festen Stellen mehr enthält. Auf der anderen Seite soll es aber auch nicht zu weich oder sogar flüssig sein. Es empfiehlt sich, Eier stets mit einer Gabel durchzuschlagen, bevor man sie an die übrigen Zutaten gibt.

ALEXANDERWERK HAUSHALT-KÜCHENMASCHINE (mit mechanischem Schüsselantrieb)

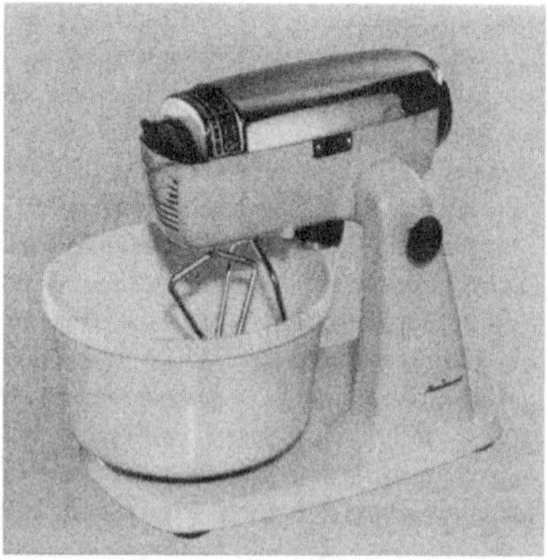

Rührteig mit Rühr- und Knetwerkzeugen

1. Den Zucker, das streichfähige Fett, die Eier, die Gewürze und 2 Eßl. von dem Mehl in die Alexanderwerk-Rührschüssel geben und **auf Stufe XII 6 Minuten rühren lassen.** Zwischendurch den Teig mit einem Teigschaber vom Rand der Schüssel lösen.
2. **Dann eßlöffelweise abwechselnd mit der Milch das übrige mit Backin gemischte und gesiebte Mehl auf Stufe III darunter rühren lassen. Immer nur so lange rühren lassen, bis weder Mehl noch Milch zu sehen sind. Den fertigen Teig noch einmal ganz kurz auf Stufe XII durcharbeiten lassen.** Falls Früchte in den Teig kommen, sie kurz auf Stufe III unterrühren lassen.

Für Sandkuchen 250 g zerlassenes, abgekühltes, wieder festgewordenes Fett mit 200 g Zucker und 1 Päckchen Dr. Oetker Vanillin-Zucker zusammen in der Alexanderwerk-Rührschüssel auf Stufe XII 3 Minuten schaumig rühren lassen. 4 Eier einzeln nacheinander dazugeben und in 3 Minuten unterrühren. Zwischendurch den Teig mit einem Teigschaber vom Rand der Schüssel lösen. Danach 125 g Mehl mit 125 g Dr. Oetker Gustin und 3 g Dr. Oetker Backin mischen, sieben und eßlöffelweise in 2 Minuten auf Stufe III unterrühren. Den fertigen Teig noch einmal ganz kurz auf Stufe XII durcharbeiten lassen.

Knetteig mit Rühr- und Knetwerkzeugen

1. Mehl und Backin mischen und in die Alexanderwerk-Rührschüssel sieben. Die übrigen Zutaten hinzugeben. Darauf achten, daß das Fett streichfähig ist.
2. **Das Gerät 1 Minute auf Stufe VI arbeiten lassen.** Dann den Teig auf der Tischplatte zusammenkneten und zu einer Rolle formen.

Quark-Ölteig mit Rühr- und Knetwerkzeugen

1. Mehl und Backin mischen, in die Alexanderwerk-Rührschüssel sieben und die übrigen Zutaten hinzugeben.
2. **Das Gerät knapp 1 Minute auf Stufe VI arbeiten lassen. Nicht zu lange, Teig klebt sonst.** Den Teig auf der Tischplatte zusammenkneten.

Biskuitteig in der kleinen Glasschüssel mit Schlagbesen

1. Eier und warmes Wasser in die Alexanderwerk-Glasschüssel (Schüssel darf sich nicht drehen, darum sie mit einem Gummiteigschaber feststellen) geben und **2 Minuten auf Stufe XII schlagen lassen.**
2. **Dann den mit Vanillin-Zucker gemischten Zucker langsam (in etwa 1 Minute) in das laufende Gerät streuen, vom Beginn der Zuckerzugabe an noch 5 Minuten schlagen lassen, dann auf Stufe I schalten.**
3. Das mit Gustin und Backin gemischte Mehl auf ein Pergamentpapier sieben und **in etwa 2 Minuten langsam auf den Eierkrem gleiten lassen. Es darf nicht zu schnell geschehen, da das Mehl dann klumpt. Zu langsam darf es jedoch auch nicht vor sich gehen, da dann der Teig zäh und fest wird und das Gebäck nicht genügend aufgeht.**

Brandteig mit offenen Knetwerkzeugen

Den abgebrannten heißen Kloß sofort in die Alexanderwerk-Rührschüssel geben. **Auf Stufe VIII nach und nach die Eier in das laufende Gerät geben, jedes Ei erst gut etwa 1 Minute unterrühren lassen.** Zwischendurch das Gerät kurz ausschalten und die Teigbeschaffenheit prüfen. **Weitere Eizugabe erübrigt sich, wenn der Teig stark glänzt und so abreißt, daß lange Spitzen hängenbleiben. Danach das Backin kurz auf Stufe VIII unterrühren lassen.**

Butterkrem in der kleinen Glasschüssel mit dem schweren Schlagbesen

1. Das streichfähige Fett in die Alexanderwerk-Glasschüssel geben und **auf Stufe VIII in 1–2 Minuten schaumig rühren lassen.** (Schüssel während des Schlagens etwas anhalten.)
2. **Den erkalteten Pudding in 3 Arbeitsgängen unterschlagen** (jeder Arbeitsgang etwa 1 Minute). Sollte beim Butterkrem eine Gerinnung auftreten, 2–3 Eßl. kochendheißes Kokosfett auf Stufe VIII unter den Krem schlagen. Während des Schlagens den Krem mit einem Teigschaber vom Rand der Schüssel lösen.

BAUKNECHT-KÜCHENMASCHINE

Rührteig mit Rührbesen

1. **Den Zucker, das streichfähige Fett, die Eier und die Gewürze in die Rührschüssel geben und 5 Minuten rühren lassen.**
2. **Eßlöffelweise abwechselnd mit der Milch das mit dem Backin gemischte und gesiebte Mehl in das laufende Gerät geben und darunter rühren lassen.** Immer nur so lange rühren lassen, bis weder Mehl noch Milch zu sehen sind. Den fertigen Teig noch 1 Minute durchrühren lassen. Falls Früchte in den Teig kommen, sie zum Schluß in das laufende Gerät geben und kurz unter den Teig rühren lassen.

Knetteig mit Knetrolle

1. **Das zerkleinerte, sehr weiche Fett, den Zucker, die Eier (evtl. Flüssigkeit) in die Rührschüssel geben und knapp 1 Minute kneten lassen.**

2. **Das mit Backin gemischte und gesiebte Mehl eßlöffelweise schnell hineingeben.** Wenn das Mehl untergearbeitet ist, das Gerät ausschalten und den Teig auf der Tischplatte zu einer Rolle formen.
Bei größeren Teigmengen mit Früchten (z. B. Stollen) diese auf der Tischplatte unterkneten.

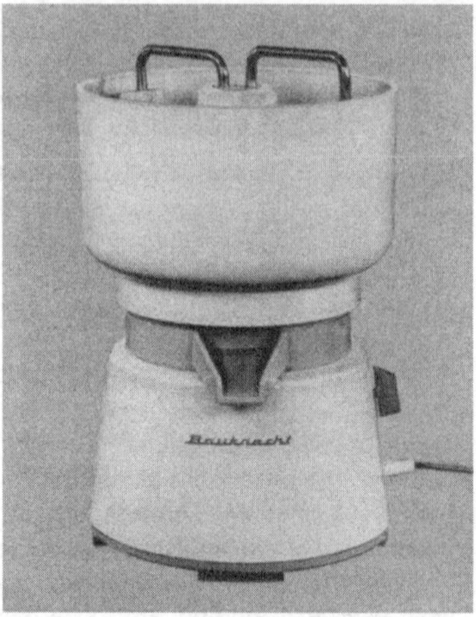

Quark-Ölteig mit Knetrolle

1. **Den Quark mit dem Zucker und den Gewürzen in die Rührschüssel geben und das Gerät einschalten. Die Milch und das Öl eßlöffelweise hinzufügen.**
2. **Das mit Backin gemischte und gesiebte Mehl eßlöffelweise schnell hintereinander in das laufende Gerät geben und darunter kneten lassen.** Nicht zu lange, Teig klebt sonst. Den Teig auf der Tischplatte zu einer Rolle formen.

Biskuitteig mit Schneebesen

1. **Eier und warmes Wasser in die Rührschüssel geben und 4 Minuten schlagen lassen.**
2. **Den mit Vanillin-Zucker gemischten Zucker langsam (in etwa 1 Minute) in das laufende Gerät streuen, vom Beginn der Zuckerzugabe an das Gerät noch 3 Minuten laufen lassen.**
3. **Das mit Gustin und Backin gemischte Mehl mit dem Dr. Oetker-Mehlsieb in 1 Minute auf den Eierkrem sieben.** Es darf nicht zu schnell geschehen, da das Mehl dann klumpt. Zu langsam darf es jedoch auch nicht vor sich gehen, da dann der Teig zäh wird und das Gebäck nicht genügend aufgeht.

Brandteig mit Knetrolle

1. **Den abgebrannten heißen Kloß in die Rührschüssel geben und nach und nach die Eier unterarbeiten lassen.**
2. **Jedes Ei so lange unterrühren, bis ein glatter Teig entstanden ist.** Zwischendurch das Gerät ausschalten und die Teigbeschaffenheit prüfen. **Weitere Eizugabe erübrigt sich, wenn der Teig stark glänzt und so abreißt, daß lange Spitzen hängenbleiben. Danach das Backin kurz unterrühren lassen.**

Butterkrem mit Rührbesen

1. **Das gut streichfähige Fett** in die Rührschüssel geben und **in 2 Minuten schaumig rühren lassen.**
2. **Den erkalteten Pudding in etwa 2 Minuten in das laufende Gerät geben und noch 1 Minute rühren lassen.**
Sollte beim Butterkrem eine Gerinnung auftreten, 2–3 Eßl. heißes Kokosfett unter den Krem rühren lassen.

BOSCH-KÜCHENMASCHINE

Rührteig in der Rührschüssel

1. Zucker und Eier in die Bosch-Rührschüssel geben und mit dem Rührarm **auf Stufe II 2 Minuten schaumig rühren lassen.**
2. **In das laufende Gerät nach und nach das zerkleinerte, sehr weiche Fett, die Gewürze und 3 Eßl. von dem Mehl geben und 8 Minuten rühren lassen. Dann auf Stufe I schalten.**
3. **Das übrige, mit Backin gemischte und gesiebte Mehl eßlöffelweise abwechselnd mit der Milch in das laufende Gerät geben. Immer nur so lange rühren lassen, bis weder Mehl noch Milch zu sehen sind. Den fertigen Teig noch knapp 1 Minute durchrühren lassen.** Falls Früchte in den Teig kommen, sie kurz auf Stufe I unterrühren lassen.

Sandkuchen und Rührteiggebäcke bis zu 250 g Mehl im Schlaggerät

1. **Die Eier in die Schlagschüssel geben, auf Stufe II kurz aufschlagen lassen, dann den mit Vanillin-Zucker gemischten Zucker in das laufende Gerät streuen und vom Beginn der Zuckerzugabe an 2 Minuten schlagen lassen.**
2. **In das laufende Gerät das zerkleinerte, streichfähige Fett (bei Sandkuchen zerlassenes, dickflüssiges Fett verwenden!) und 3 Eßl. von dem Mehl geben, 4 Minuten (bei Sandkuchen 8 Minuten) schlagen lassen und die Masse ab und zu mit einem Teigschaber vom Rand streichen. Dann auf Stufe I schalten.**
3. **Das mit Gustin und Backin gemischte und gesiebte Mehl abwechselnd mit der Milch eßlöffelweise in das laufende Gerät geben,** immer nur so lange rühren lassen, bis weder Mehl noch Milch zu sehen sind. Den fertigen Teig noch kurz durchschlagen lassen.

Knetteig in der Rührschüssel

1. Das sehr weiche Fett in kleinen Flöckchen in die Bosch-Rührschüssel geben und **das Gerät auf Stufe I schalten.** Dann schnell nacheinander den Zucker, die Eier (Flüssigkeit) und das mit Backin gemischte und gesiebte Mehl hinzugeben.
2. **Das Gerät so lange arbeiten lassen, bis ein zusammenhängender Teig entstanden ist. Den Teig auf der Tischplatte zu einer Rolle formen.**

Quark-Ölteig in der Rührschüssel

1. Mehl und Backin mischen, sieben und mit den übrigen Zutaten in die Bosch-Rührschüssel geben.
2. **Das Gerät auf Stufe I schalten und knapp 1/2 Minute arbeiten lassen. Nicht zu lange, Teig klebt sonst.**

Biskuitteig im Schlaggerät

1. Eier und warmes Wasser in die Bosch-Schlagschüssel geben und **auf Stufe II 1 Minute schlagen lassen. Dann den mit Vanillin-Zucker gemischten Zucker langsam (in etwa 1 Minute) in das laufende Gerät streuen, vom Beginn der Zuckerzugabe an das Gerät noch 5 Minuten laufen lassen.**
2. **Das Gerät auf Stufe I schalten, das mit Gustin und Backin gemischte Mehl mit dem Dr. Oetker-Mehlsieb in etwa 1 Minute auf den Eierkrem sieben. Es darf nicht zu schnell geschehen, da das Mehl dann klumpt. Zu langsam darf es jedoch auch nicht vor sich gehen, da dann der Teig zäh wird und das Gebäck nicht genügend aufgeht. Zum Schluß den Teig mit einem Teigschaber kurz vom Rand abstreichen, dann das Gerät ausschalten.**

Hefeteig in der Rührschüssel

1. Den Hefeteig, wie im Rezept angegeben, entweder mit der gesamten oder nur mit zwei Drittel der Mehlmenge in der Bosch-Rührschüssel ansetzen. Wenn die Hefe aufgegangen ist, erfolgt die weitere Verarbeitung.
2. **Den Hefeteig, der sofort mit der gesamten Mehlmenge angesetzt wurde, mit dem Rührarm kurz auf Stufe I durcharbeiten lassen, dann auf Stufe II umschalten und etwa 3 Minuten durcharbeiten lassen.**
3. **Den Hefeteig, der mit zwei Drittel der Mehlmenge angesetzt wurde, mit dem Rührarm kurz auf Stufe I durcharbeiten lassen, auf Stufe II umschalten und 2 Minuten durcharbeiten lassen. Das Gerät ausschalten, das restliche Mehl zum Teig geben und ihn auf Stufe II nochmals gut 1 Minute durcharbeiten lassen, bis sich ein zusammenhängender Teig gebildet hat und die Schüssel vollkommen sauber ist.** Falls Früchte zum Rezept gehören, diese zum Schluß unterarbeiten, das Gerät ausschalten und den Teig nochmals gehen lassen. Bevor der Teig nach Rezept weiter verarbeitet wird, ihn auf Stufe II noch einmal gut durchkneten.

Butterkrem im Schlaggerät

1. Ein Viertel des erkalteten Puddings in die Bosch-Schlagschüssel geben und **auf Stufe II kurz aufschlagen lassen. Anschließend ein Viertel des streichfähigen Fettes in Flöckchen in das laufende Gerät geben. Den Krem so lange durcharbeiten lassen, bis keine Flöckchen mehr zu sehen sind.**
2. **Den restlichen Pudding und das restliche Fett in je drei gleiche Teile teilen und abwechselnd, mit dem Pudding beginnend – wie oben beschrieben –, in die Schlagschüssel geben.** Sollte beim Butterkrem eine Gerinnung auftreten, 2–3 Eßl. kochendheißes Kokosfett auf Stufe II unter den Krem schlagen.

BRAUN-KÜCHENMASCHINE

Rührteig mit Rührbesen

1. Das streichfähige Fett in die Braun-Rührschüssel geben und **auf Stufe III 1 Minute schaumig rühren lassen.**
2. **In das laufende Gerät den Zucker mit dem Vanillin-Zucker in 1 Minute einlaufen lassen.**
3. **Dann die Gewürze und die Eier nacheinander dazugeben und dabei für jedes Ei 1 Minute zum Unterrühren rechnen. Dann auf Stufe I schalten.**

4. **Das mit Backin gemischte und gesiebte Mehl eßlöffelweise abwechselnd mit der Milch in das laufende Gerät geben. Immer nur so lange rühren lassen, bis weder Mehl noch Milch zu sehen sind.** Falls Früchte in den Teig kommen, sie kurz auf Stufe I unterrühren lassen.

Für Sandkuchen 250 g zerlassenes, abgekühltes aber noch flüssiges Fett mit 200 g Zucker und 1 Päckchen Dr. Oetker Vanillin-Zucker zusammen in der Braun-Rührschüssel auf Stufe III 3 Minuten schaumig rühren lassen. 4 Eier nacheinander dazugeben und 3 Minuten unterrühren. Dann auf Stufe I schalten. 125 g Mehl mit 125 g Dr. Oetker Gustin und 3 g Dr. Oetker Backin mischen, sieben und eßlöffelweise in etwa 2 Minuten in das laufende Gerät geben.

Knetteig mit Knethaken

1. Mehl und Backin mischen, sieben und mit den übrigen Zutaten in die Braun-Rührschüssel geben. Darauf achten, daß das Fett vollkommen streichfähig ist und in kleinen Stücken zugesetzt wird.
2. **Das Gerät auf Stufe III schalten und etwa 1 Minute laufen lassen, bis 2–3 zusammenhängende Teigklumpen entstanden sind.** Den Teig auf der Tischplatte zu einer Rolle formen.

Quark-Ölteig mit Knethaken

1. Mehl und Backin mischen, sieben und mit den übrigen Zutaten in die Braun-Rührschüssel geben.
2. **Das Gerät langsam über Stufe I und II auf III umschalten und etwa ½ Minute arbeiten lassen. Nicht zu lange, Teig klebt sonst.**

Biskuitteig mit Rührbesen

1. Die Eier in die Braun-Rührschüssel geben und **auf Stufe III kurz anschlagen lassen.**
2. **Das warme Wasser hinzugeben und 3 Minuten laufen lassen.**
3. **Den mit Vanillin-Zucker gemischten Zucker langsam (in etwa 1 Minute) in das laufende Gerät streuen, vom Beginn der Zuckerzugabe an das Gerät noch 6–8 Minuten** (Biskuitrolle 6 Minuten, Biskuitboden 8 Minuten) **schlagen lassen.** Dann das Gerät ausschalten.
4. Die Hälfte des mit Gustin und Backin gemischten Mehls auf den Eierkrem sieben und **auf Stufe I bei 3–4maligem kurzem Einschalten des Motors unterrühren lassen.** Den Rest des Mehls auf dieselbe Weise unterarbeiten.

Brandteig mit Knethaken

1. Den abgebrannten heißen Kloß in die Braun-Rührschüssel geben und **auf Stufe I ½ Minute rühren lassen.**
2. **In das laufende Gerät nach und nach die Eier geben, jedes Ei erst gut in etwa ½ Minute unterrühren lassen.** Zwischendurch das Gerät kurz ausschalten und die Teigbeschaffenheit prüfen. **Weitere Eizugabe erübrigt sich, wenn der Teig stark glänzt und so abreißt, daß lange Spitzen hängenbleiben. Danach das Backin auf Stufe I kurz unterrühren lassen.**

Butterkrem mit Rührbesen

1. Das streichfähige Fett in die Braun-Rührschüssel geben und **auf Stufe III in 2 Minuten schaumig rühren lassen.**
2. **Dann den erkalteten Pudding eßlöffelweise in etwa 3 Minuten in das laufende Gerät geben.** Sollte beim Butterkrem eine Gerinnung auftreten, 2–3 Eßl. kochendheißes Kokosfett auf Stufe III unter den Krem schlagen.

KENWOOD-KÜCHENMASCHINE

Rührteig mit Rührbesen

1. Das streichfähige Fett in die Kenwood-Rührschüssel geben und **1 Minute bei Maximum schaumig rühren lassen.**
2. **In das laufende Gerät den Zucker in 1 Minute einlaufen lassen.**
3. **Die Eier nacheinander dazugeben. Jedes Ei 1/2 Minute unterschlagen lassen. Die Gewürze zugeben und die Eiermasse bei Teigen bis zu 250 g Mehl noch 1/2 Minute und über 250 g Mehl noch 1 Minute durchschlagen lassen.**
4. **Das Gerät auf Stufe III schalten und eßlöffelweise abwechselnd mit der Milch das mit Backin gemischte und gesiebte Mehl in das laufende Gerät geben. Immer nur so lange rühren lassen, bis weder Mehl noch Milch zu sehen sind. Den Teig mit einem Teigschaber vom Rand der Schüssel lösen und den fertigen Teig noch 1 Minute auf Stufe III rühren lassen.** Falls Früchte in den Teig kommen, sie kurz auf Stufe III unterrühren lassen.

Für Sandkuchen das Fett zerlassen, wieder abkühlen und fest werden lassen, mit dem Zucker zusammen in die Kenwood-Rührschüssel geben und 2 Minuten bei Maximum schaumig rühren lassen. Dann nach und nach die Eier hinzugeben, jedes Ei 1/2 Minute unterrühren, dann die Eiermasse noch 1 Minute durchschlagen lassen. Das Gerät auf Stufe III schalten und eßlöffelweise das mit Gustin und Backin gemischte und gesiebte Mehl darunter rühren lassen. Den Teig mit einem Teigschaber vom Rand der Schüssel lösen und den fertigen Teig noch kurz auf Stufe III durchrühren lassen.

Knetteig mit Knethaken

1. Mehl und Backin mischen und in die Kenwood-Rührschüssel sieben. Die übrigen Zutaten hinzugeben. Darauf achten, daß das Fett sehr weich ist und in kleinen Stücken zugesetzt wird.
2. **Das Gerät langsam von Stufe I auf Stufe VIII drehen und so lange arbeiten lassen, bis das Mehl fast untergearbeitet ist. Dann das Gerät kurz auf Maximum schalten, bis ein zusammenhängender Teig entstanden ist.** Den Teig zu einer Rolle formen.

Quark-Ölteig mit Knethaken

1. Mehl und Backin mischen, in die Kenwood-Rührschüssel sieben und die übrigen Zutaten hinzugeben.
2. **Das Gerät langsam von Stufe I auf Maximum drehen und so lange in Betrieb lassen, bis ein zusammenhängender Teig entstanden ist. Nicht zu lange, Teig klebt sonst.**

Biskuitteig mit Rührbesen

1. Die Eier in die Kenwood-Rührschüssel geben und **1/2 Minute auf Stufe VIII schlagen lassen, dann das warme Wasser hinzugeben und das Gerät 1 Minute laufen lassen.**

2. **Das Gerät auf Maximum schalten und den mit Vanillin-Zucker gemischten Zucker langsam (in etwa 1 Minute) in das laufende Gerät streuen, vom Beginn der Zuckerzugabe an das Gerät noch 4 Minuten laufen lassen, dann auf Stufe III schalten.**
3. Das mit Gustin und Backin gemischte Mehl auf ein Pergamentpapier sieben und **in etwa 1 Minute langsam auf den Eierkrem gleiten lassen. Es darf nicht zu schnell geschehen, da das Mehl dann klumpt. Zu langsam darf es jedoch auch nicht vor sich gehen, da dann der Teig zäh und fest wird und das Gebäck nicht genügend aufgeht.** Zum Schluß den Teig mit einem Teigschaber kurz vom Rand abstreichen, dann das Gerät ausschalten.

Brandteig mit Knethaken

1. Den abgebrannten heißen Kloß sofort in die Kenwood-Rührschüssel geben und **auf Stufe VI 1/2 Minute durcharbeiten lassen.**
2. **In das laufende Gerät nach und nach die Eier geben, jedes Ei erst gut in etwa 1 Minute unterarbeiten lassen.** Zwischendurch das Gerät kurz ausschalten und die Teigbeschaffenheit prüfen. **Weitere Eizugabe erübrigt sich, wenn der Teig stark glänzt und so abreißt, daß lange Spitzen hängenbleiben. Danach das Backin kurz auf Stufe VI unterrühren lassen.**

Butterkrem mit Rührbesen

1. Das streichfähige Fett in die Kenwood-Rührschüssel geben und **1 Minute bei Maximum schaumig rühren lassen.**
2. **Den erkalteten Pudding eßlöffelweise in etwa 2 Minuten in das laufende Gerät geben.** Sollte beim Butterkrem eine Gerinnung auftreten, 2–3 Eßl. kochendheißes Kokosfett bei Maximum unter den Krem schlagen.

STARMIX-KÜCHENMASCHINE

Rührteig im Starmix-Rührwerk

1. Das streichfähige Fett, den Zucker, den Vanillin-Zucker, die Eier und die Gewürze in das Starmix-Rührwerk geben, **auf Stufe II 3 Minuten schaumig rühren** und das Gerät ausschalten.
2. **Ein Viertel des mit Backin gemischten und gesiebten Mehls und ein Viertel der erforderlichen Milchmenge zur Fett-Zucker-Eier-Masse geben und kurz auf Stufe I unterrühren lassen. Den Rest des Mehls und der Milch nach und nach auf dieselbe Weise unterarbeiten.** Falls Früchte in den Teig kommen, sie kurz mit dem Momentschalter unterrühren lassen.

Für Sandkuchen 250 g zerlassenes, abgekühltes, wieder etwas fest gewordenes Fett mit 200 g Zucker und 1 Päckchen Dr. Oetker Vanillin-Zucker zusammen im Starmix-Rührwerk auf Stufe II 3 Minuten schaumig rühren lassen. 4 Eier einzeln nacheinander dazugeben und in 1 1/2 Minuten unterrühren. Dann das Gerät ausschalten. 125 g Mehl mit 125 g Dr. Oetker Gustin und 3 g Dr. Oetker Backin mischen, sieben und kurz mit dem Momentschalter untermengen.

Knetteig im Starmix-Knetwerk

1. Mehl und Backin mischen und in das Starmix-Knetwerk sieben. Die übrigen Zutaten hinzugeben (Ei vorher in einer Tasse verschlagen und darauf achten, daß das Fett sehr weich ist).
2. **Den Deckel auf das Gerät setzen und es auf Stufe II so lange in Betrieb lassen, bis 2–3 zusammenhängende Teigklumpen entstanden sind.** Die genaue Zeit für diesen Arbeitsgang kann nicht angegeben werden (1–4 Minuten), da sie von den Zutaten und ihrem Verhältnis untereinander abhängt. Den Teig auf der Tischplatte zu einer Rolle formen.

Quark-Ölteig im Starmix-Knetwerk

1. Mehl und Backin mischen, in das Starmix-Knetwerk sieben und die übrigen Zutaten hinzugeben.
2. **Den Deckel auf das Gerät setzen und es knapp 1/2 Minute auf Stufe II arbeiten lassen. Nicht zu lange, Teig klebt sonst.**

Biskuitteig im Starmix-Rührwerk

1. Die Eier in das Starmix-Rührwerk geben und **auf Stufe II kurz durchschlagen lassen. Dann das warme Wasser hinzufügen und das Gerät 2 Minuten laufen lassen.** Das Gerät ausschalten.
2. **Anschließend den mit Vanillin-Zucker gemischten Zucker hinzugeben. Das Gerät wieder auf Stufe II schalten, nochmals 1 Minute schlagen lassen und ausschalten.**
3. **Auf den Eierkrem das mit Gustin und Backin gemischte und gesiebte Mehl geben und es ganz leicht darunter ziehen, indem man den Momentschalter 5–6mal 1 Sekunde lang betätigt. Zu langes Rühren ist auf alle Fälle zu vermeiden, da der Teig dann zäh und fest wird und das Gebäck nicht genügend aufgeht.**

Brandteig im Starmix-Knetwerk

1. Den abgebrannten heißen Kloß sofort in das Starmix-Knetwerk geben und **auf Stufe I gut 1/2 Minute durcharbeiten lassen.**
2. **In das laufende Gerät nach und nach die Eier geben, jedes Ei erst gut in etwa 1/2 Minute unterrühren lassen.** Zwischendurch das Gerät kurz ausschalten und die Teigbeschaffenheit prüfen. **Weitere Eizugabe erübrigt sich, wenn der Teig stark glänzt und so abreißt, daß lange Spitzen hängenbleiben. Dann Backin kurz auf Stufe I unterrühren lassen.**

Butterkrem im Starmix-Rührwerk

1. Das streichfähige Fett in das Starmix-Rührwerk geben und **auf Stufe II 1 Minute schaumig rühren lassen.** Das Gerät ausschalten.
2. **Die Hälfte des erkalteten Puddings dazugeben und in etwa 1/2 Minute auf Stufe II unterrühren lassen. Danach den Rest des Puddings ebenfalls auf Stufe II unterrühren lassen** (zwischendurch das Fett mit einem Teigschaber vom Schüsselrand streifen). Sollte eine Gerinnung auftreten, 2–3 Eßl. kochendheißes Kokosfett auf Stufe II unter den Krem schlagen.

DR. OETKER
ELEKTRO-RÜHRGERÄT M 500

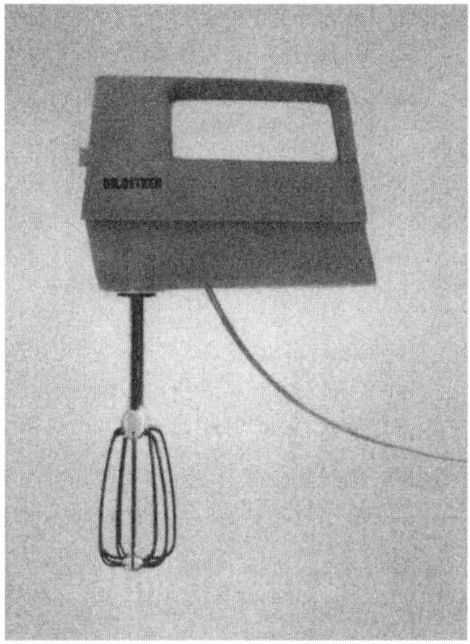

Rührteig mit Rührbesen

1. Das streichfähige Fett in eine Schüssel (am besten Dr. Oetker Mepal-Schüssel) geben und **auf Stufe II 1 Minute schaumig rühren.**
2. **Den mit Vanillin-Zucker gemischten Zucker in 1 Minute einstreuen. Dann die Gewürze und nach und nach die Eier hinzugeben, jedes Ei etwa ½ Minute unterrühren.**
3. **Das Gerät auf Stufe I schalten und eßlöffelweise abwechselnd mit der Milch das mit Backin gemischte und gesiebte Mehl darunter rühren. Den fertigen Teig kurz auf Stufe II durchrühren.** Falls Früchte in den Teig kommen, sie zum Schluß kurz auf Stufe I unterrühren.

Für Sandkuchen das Fett zerlassen, wieder abkühlen und fest werden lassen, mit dem Zucker zusammen in eine Schüssel (am besten Dr. Oetker Mepal-Schüssel) geben und auf Stufe II 2 Minuten schaumig rühren. Dann nach und nach die Eier hinzugeben, jedes Ei etwa ½ Minute unterrühren. Das Gerät auf Stufe I schalten und eßlöffelweise das mit Gustin und Backin gemischte und gesiebte Mehl darunter rühren.

Knetteig mit Knethaken

1. Mehl und Backin mischen, in eine Schüssel (am besten Dr. Oetker Mepal-Schüssel) sieben und die übrigen Zutaten hinzugeben. Darauf achten, daß das Fett vollkommen streichfähig ist.
2. Das Gerät auf Stufe I schalten, das Mehl so schnell wie möglich unterarbeiten und dann das Gerät auf Stufe II schalten, bis ein zusammenhängender Teig entstanden ist. Den Teig auf der Tischplatte (Backbrett) zu einer Rolle formen.

Quark-Ölteig mit Knethaken

1. Das mit Backin gemischte Mehl in eine Schüssel (am besten Dr. Oetker Mepal-Schüssel) sieben und die übrigen Zutaten hinzugeben.
2. **Die Zutaten auf Stufe II knapp 1 Minute durcharbeiten. Nicht zu lange, Teig klebt sonst.** Den Teig auf der Tischplatte (Backbrett) zu einer Rolle formen.

Biskuitteig mit Rührbesen

1. Eier und warmes Wasser in eine Schüssel (am besten Dr. Oetker Mepal-Schüssel) geben und **auf Stufe II 1 Minute schlagen.** Den mit Vanillin-Zucker gemischten Zucker **in 1 Minute einstreuen** und dann noch 1–2 Minuten (Biskuitrolle 1 Minute, Biskuitboden 2 Minuten) schlagen. Das Gerät ausschalten.
2. **Ein Drittel des mit Gustin und Backin gemischten Mehls auf den Eierkrem sieben und kurz auf Stufe I unterrühren. Den Rest des Mehls in 2 Arbeitsgängen auf dieselbe Weise unterarbeiten.**

DER RÜHRTEIG

Die im Rezept angegebenen Zutaten werden in der vorgeschriebenen Menge und in der angegebenen Reihenfolge bereitgestellt.

Für die Teigbereitung empfehlen sich die hier abgebildeten Dr. Oetker Backgeräte.

NOTWENDIGE VORARBEITEN

1. Mehl und Backin mischen.
Ist Gustin oder Kakao vorgeschrieben, so wird es mit dem Mehl gemischt (Ausnahme Marmorkuchen). Pudding- und Soßen-Pulver werden mit Milch glattgerührt und so zum Teig gegeben.

2. Mehl und Backin sieben.
Das Sieben lockert das Mehl auf und verteilt das Backin gleichmäßig im Mehl. Das Gebäck wird dadurch besser gelockert.

3. Die Früchte folgendermaßen vorbereiten:
a) Korinthen und Rosinen werden gründlich in lauwarmem Wasser gewaschen. Man läßt sie dann gut abtropfen oder trocknet sie in einem Tuch.
b) Haselnußkerne werden, je nach Rezept, gehackt oder gemahlen.
c) Mandeln, die von den Schalen befreit werden sollen, gibt man in kochendes Wasser und läßt sie 2–3 Minuten darin ziehen (Topf von der Kochstelle nehmen!). Nachdem sie abgetropft sind, zieht man die Schalen ab und zerkleinert die Mandeln.
d) Orangeat oder Zitronat schneidet man in Streifen oder Würfel.

4. Für Rührteige die Kuchenformen mit streichfähiger Butter oder Margarine gut und gleichmäßig mit einem Pinsel ausfetten.
Man kann sie noch mit Semmelmehl ausstreuen. **(Bei Springformen nur den Boden fetten!)**

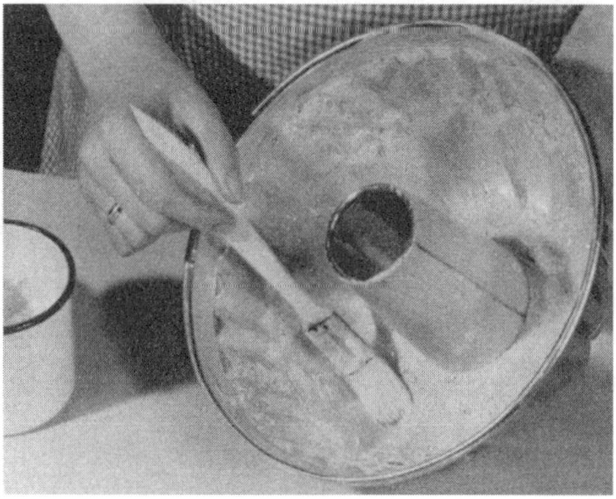

Kastenformen kann man nach dem Fetten mit Papier auslegen, dadurch läßt sich das Gebäck besser aus der Form nehmen und bleibt länger frisch. Man stellt es so her: Der Boden der Form wird auf weißes Papier aufgezeichnet, man kippt die Form und zeichnet die Seitenlinien auf. So verfährt man mit allen vier Seiten. Die Ecken werden ausgeschnitten und die Bodenlinien geknifft.

DIE VERARBEITUNG DES TEIGES

Die Butter (Margarine, Schweine- oder Butterschmalz) schaumig rühren und nach und nach Zucker, Vanillin-Zucker, Eier und Gewürze hinzugeben. Das mit Backin gemischte und gesiebte Mehl abwechselnd mit der Milch unterrühren. Nur so viel Milch verwenden, daß der Teig schwer (reißend) vom Löffel fällt. Je nach Rezept vorbereitete Früchte zuletzt unter den Teig heben und ihn in die vorbereitete Form füllen.

DIE EINZELNEN ARBEITSGÄNGE

1. »Die Butter (Margarine, Schweine- oder Butterschmalz) schaumig rühren . . .«

Wichtig dabei ist, daß das Fett weder zu flüssig noch zu fest ist. Flüssiges Fett kann überhaupt nicht schaumig gerührt werden, und zu festes Fett muß vorher geschmeidig gemacht werden. Zu diesem Zweck wird die Rührschüssel mit heißem Wasser ausgespült und das Fett mit einem Rührlöffel tüchtig durchgearbeitet. Zum Rühren nimmt man am besten einen durchlochten Löffel. Man faßt ihn möglichst tief, hält ihn senkrecht zum Boden der Rührschüssel (am besten Ton-, Steingut- oder Porzellanschüssel mit abgerundetem Boden) und rührt nach links herum (entgegengesetzt der Kaffeemühle). Man zieht den Rührlöffel aus dem Fett; wenn es in kleinen Spitzen daran hängenbleibt, ist das Fett schaumig.

2. »... und nach und nach Zukker, Vanillin-Zucker, ...«
Zucker und Vanillin-Zucker werden eßlöffelweise zum schaumig gerührten Fett gegeben. Man rührt so lange, bis eine gebundene Masse entstanden ist. Feinkörniger Zucker ist grobkörnigem vorzuziehen, da er sich leichter löst.

3. »... Eier ...«
Jedes Ei wird über einer Tasse aufgeschlagen und geprüft, ob es frisch ist. Die Eier werden niemals auf einmal in das mit Zucker schaumig gerührte Fett gegeben, da sie sich dann schlecht unterrühren lassen. Jedes Ei wird jeweils gut untergerührt, bevor das nächste folgt. Wichtig ist, daß die Fett-Zucker-Eiermasse so lange gerührt wird, bis sie glatt ist und beim Rühren keine Zuckerkörner mehr zu spüren sind.

4. »... und Gewürze hinzugeben. ...«
Nach den Eiern werden die Gewürze (Backöle, Aroma usw.) untergerührt.

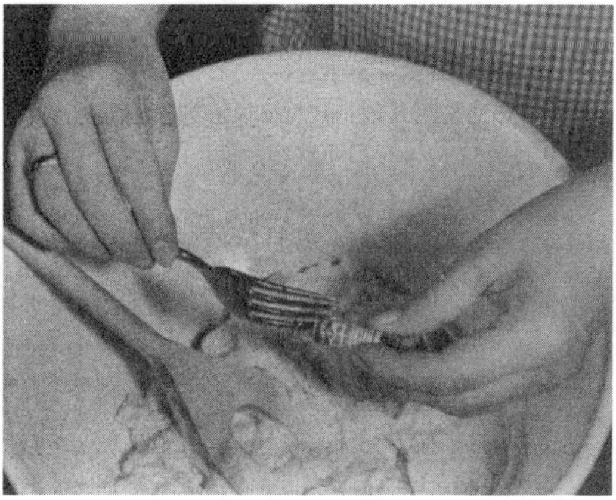

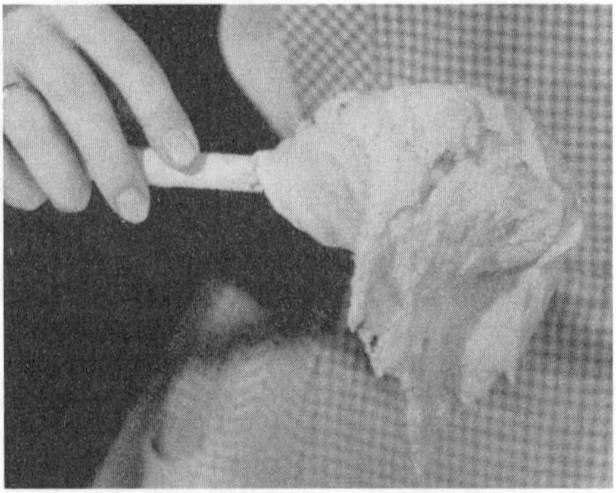

5. **»... Das mit Backin gemischte und gesiebte Mehl abwechselnd mit der Milch unterrühren. ...«**
Man rührt jeweils 2–3 gehäufte Eßl. Mehl unter und gibt, wenn der Teig zu fest ist, etwas Milch hinzu. Das Mehl-Backin-Gemisch muß ganz untergerührt sein, bevor Milch zugegeben wird, da Backin nicht unmittelbar mit Flüssigkeit in Berührung kommen darf, sonst würde seine Triebkraft vorzeitig ausgelöst und ginge verloren. Sobald Mehl und Milch zum Teig gegeben werden, rührt man möglichst kurz, andernfalls tritt eine unregelmäßige Lockerung des Gebäcks ein (Rührblasen!).
6. **»... Nur so viel Milch verwenden, daß der Teig schwer (reißend) vom Löffel fällt. ...«**
Die notwendige Milchmenge kann nie genau angegeben werden, da sie von der Aufnahmefähigkeit des Mehls und der Größe der Eier abhängt. Der Teig hat die richtige Beschaffenheit, wenn er schwer (reißend) vom Löffel fällt. Bei Zugabe von zu viel Milch besteht die Gefahr, daß das Gebäck mißrät und Wasserstreifen erhält. Deswegen darf der Teig niemals so dünn sein, daß er vom Löffel läuft. Eine Ausnahme bilden Rührteige, die sehr viel Fett und Eier und wenig oder gar keine Flüssigkeit enthalten. Sie können weicher sein, da die rohen Eier wohl im Teig als Flüssigkeit auftreten, aber im Laufe des Backprozesses durch die Hitze fest werden.
7. **»... Je nach Rezept vorbereitete Früchte zuletzt unter den Teig heben ...«**
Früchte sollen unter den Teig ge-

hoben und nicht gerührt werden; denn Korinthen und Rosinen werden durch das Rühren zerquetscht und färben den Teig schmutzig grau.

8. **»... und ihn in die vorbereitete Form füllen.«**
Der fertige Teig wird (am besten mit einem Teigschaber) in die vorbereitete Form gefüllt und mit einer Gabel glattgestrichen.
Die Formen müssen etwa zwei Drittel mit Teig gefüllt sein.

DAS BACKEN VON RÜHRTEIGEN

Alle Rührteige werden nach den Angaben unter den Rezepten gebacken. Bevor das Gebäck aus dem Backofen genommen wird, muß auf alle Fälle die Garprobe gemacht werden. Man sticht mit einem spitzen Hölzchen möglichst in die Mitte des Gebäcks. Wenn kein Teig daran hängenbleibt, ist der Kuchen gar. Man nimmt ihn aus dem Ofen, läßt ihn etwa 5–10 Minuten stehen und stürzt oder hebt ihn auf einen Kuchenrost, damit er besser ausdünsten kann. Bei einer Springform löst man das Gebäck vor dem Herausnehmen mit einem Messer vom Rand (siehe Biskuitteig S. 104/105).

GEBÄCK IN FORMEN

Marmorkuchen

250 g Butter oder Margarine
250 g Zucker
1 Päckchen Dr. Oetker Vanillin-Zucker
3–4 Eier, etwas Salz
1 Fläschchen Dr. Oetker Rum-Aroma
500 g Weizenmehl
1 Päckchen Dr. Oetker Backin
etwa 1/8 l Milch
30 g Kakao (3 gestrichene Eßl.)
25 g Zucker (1 gut gehäufter Eßl.)
2–3 Eßl. Milch

Das Fett schaumig rühren und nach und nach Zucker, Vanillin-Zucker, Eier und Gewürze hinzugeben. Das mit Backin gemischte und gesiebte Mehl abwechselnd mit der Milch unterrühren. Nur so viel Milch verwenden, daß der Teig schwer (reißend) vom Löffel fällt. Etwa 2/3 des Teiges in eine gefettete (mit Semmelmehl ausgestreute) Napfkuchen- oder Kastenform füllen. Unter den Rest des Teiges den gesiebten Kakao, den Zucker und so viel Milch mengen, daß er wieder schwer vom Löffel fällt. Den dunklen Teig auf dem hellen verteilen. Um ein Marmormuster zu erzielen, eine Gabel spiralenförmig durch die beiden Teigschichten ziehen.

Gas: 1/3 große Flamme; Regler 2 1/2–3 1/2.
Strom: O 1 – U 3; Regler 175–195.
Backzeit: 50–65 Minuten.

Rodonkuchen

Für den Teig das Fett schaumig rühren und nach und nach Zucker, Vanillin-Zucker, Eier (Ei) und Salz hinzugeben. Das mit Backin gemischte und gesiebte Mehl abwechselnd mit der Milch unterrühren. Nur so viel Milch verwenden, daß der Teig schwer (reißend) vom Löffel fällt. Korinthen und Rosinen zuletzt unter den Teig heben und ihn in eine gefettete (mit Semmelmehl ausgestreute) Napfkuchenform oder Dr. Oetker Klein-Napfkuchenform füllen.

Gas: 1/3 große Flamme; Regler 2 1/2–3 1/2.
Strom: O 1 – U 3; Regler 175–195.
Backzeit: 50–65 Minuten.

Für den Guß den mit Kakao gesiebten Puderzucker mit so viel Wasser glattrühren, daß eine dickflüssige Masse entsteht. Dann das heiße Fett dazugeben und den erkalteten Kuchen damit bestreichen oder ihn mit Puderzucker bestäuben.

Teig:
200 g Butter oder Margarine
200 g Zucker
1 Päckchen Dr. Oetker Vanillin-Zucker
4 Eier, etwas Salz, 500 g Weizenmehl
1 Päckchen Dr. Oetker Backin
gut 1/8 l Milch
150 g Korinthen
(gewaschen, gut abgetropft)
150 g Rosinen
(gewaschen, gut abgetropft)

Guß *(nach Belieben):*
200 g Puderzucker
30 g Kakao (3 gestrichene Eßl.)
etwa 3 Eßl. heißes Wasser
25 g Kokosfett (zerlassen)

Zutatenmengen für 2 Personen:
Teig:
50 g Butter oder Margarine
50 g Zucker
1 Päckchen Dr. Oetker Vanillin-Zucker
1 Ei, etwas Salz, 125 g Weizenmehl
4 g Dr. Oetker Backin
(1 schwach gehäufter Teel.)
etwa 3 Eßl. Milch
40 g Korinthen
(gewaschen, gut abgetropft)
40 g Rosinen
(gewaschen, gut abgetropft)

Zum Bestäuben:
Etwas Puderzucker

Gustinkuchen

Das Fett schaumig rühren und nach und nach Zucker, Vanillin-Zucker, Eier und Gewürze hinzugeben. Das mit Gustin und Backin gemischte und gesiebte Mehl abwechselnd mit der Milch unterrühren. Nur so viel Milch verwenden, daß der Teig schwer (reißend) vom Löffel fällt. Den Teig in eine gefettete (mit Semmelmehl ausgestreute) Napfkuchenform füllen.

Gas: 1/3 große Flamme; Regler 2 1/2–3 1/2.
Strom: O 1 – U 3; Regler 175–195.
Backzeit: 50–60 Minuten.

250 g Butter oder Margarine
200 g Zucker
1 Päckchen Dr. Oetker Vanillin-Zucker
3 Eier, etwas Salz
1/2 Fläschchen Dr. Oetker Backöl Zitrone
375 g Weizenmehl
125 g Dr. Oetker Gustin
1 Päckchen Dr. Oetker Backin
gut 1/8 l Milch

Nußkuchen

Teig:
250 g Butter oder Margarine
200 g Zucker
4 Eier
2–3 Tropfen Dr. Oetker Backöl Bittermandel
250 g Weizenmehl
9 g Dr. Oetker Backin (3 gestrichene Teel.)
250 g Haselnußkerne (gemahlen)
50 g Schokolade (kleingeschnitten)

Zum Bestäuben:
Etwas Puderzucker

Das Fett schaumig rühren und nach und nach Zucker, Eier und Backöl hinzugeben. Das mit Backin gemischte und gesiebte Mehl und die Nußkerne eßlöffelweise unterrühren. Die Schokolade zuletzt unter den Teig heben und ihn in eine gefettete Napfkuchenform füllen.

Gas: Knapp 1/3 große Flamme; Regler 1 1/2–3.
Strom: O 1 – U 2; Regler 165–175.
Backzeit: 50–65 Minuten.

Den erkalteten Kuchen mit Puderzucker bestäuben.

Frankfurter Kranz

Teig:
100 g Butter oder Margarine
150 g Zucker
3 Eier, etwas Salz
4 Tropfen Dr. Oetker Backöl Zitrone oder
1/2 Fläschchen Dr. Oetker Rum-Aroma
150 g Weizenmehl
50 g Dr. Oetker Gustin (5 schwach gehäufte Eßl.)
6 g Dr. Oetker Backin (2 gestrichene Teel.)

Butterkrem:
1 Päckchen Dr. Oetker Pudding-Pulver Vanille-Geschmack
100 g Zucker
1/2 l kalte Milch
200 g Butter oder Margarine

Krokant:
1 Messerspitze Butter
60 g Zucker (3 schwach gehäufte Eßl.)
125 g Mandeln (abgezogen, gehackt)

Für den Teig das Fett schaumig rühren und nach und nach Zucker, Eier und Gewürze hinzugeben. Das mit Gustin und Backin gemischte und gesiebte Mehl eßlöffelweise unterrühren und den Teig in eine gefettete Kranzform füllen.

Gas: 1/3 große Flamme; Regler 2 1/2–3 1/2.
Strom: O 1 – U 3; Regler 175–195.
Backzeit: 35–45 Minuten.

Für den Butterkrem Pudding-Pulver und Zucker mit 6 Eßl. von der Milch anrühren. Die übrige Milch erhitzen. In die kochende, von der Kochstelle genommene Milch langsam das angerührte Pudding-Pulver geben und einmal kurz aufkochen lassen. Den Pudding während des Erkaltens ab und zu durchrühren. Die Butter (Margarine) schaumig rühren. Den erkalteten Pudding eßlöffelweise darunter geben (darauf achten, daß weder Butter noch Pudding zu kalt sind, da dann die sogenannte Gerinnung eintritt!).

Für den Krokant Butter und Zucker zerlassen und unter Rühren so lange erhitzen, bis der Zucker schwach gebräunt ist. Die Mandeln darunter rühren, unter Rühren erhitzen, bis der Krokant genug gebräunt ist, und dann die Masse auf eine geölte Platte geben. Nach dem Erkalten den Krokant in kleine Stücke zerstoßen.

Den erkalteten Kuchen zweimal durchschneiden und mit Butterkrem füllen. Den Kranz mit Krem bestreichen (etwas zurücklassen!), mit Krokant bestreuen und mit dem restlichen Butterkrem verzieren.

Das Gebäck am besten einen Tag vor dem Verzehr füllen.

Festtagsnapfkuchen

Das Fett schaumig rühren und nach und nach Zucker, Eier und Gewürze hinzugeben. Das mit Gustin und Backin gemischte und gesiebte Mehl eßlöffelweise unterrühren. Die Mandeln zuletzt unter den Teig heben und ihn in eine gefettete (mit Semmelmehl ausgestreute) Napfkuchenform füllen.

Gas: 1/3 große Flamme; Regler 2–3 1/2.
Strom: O 1 – U 3; Regler 175–195.
Backzeit: 50–60 Minuten.

250 g Butter oder Margarine
300 g Zucker, 6 Eier, etwas Salz
3 Tropfen Dr. Oetker Backöl Bittermandel
4 Tropfen Dr. Oetker Backöl Zitrone
300 g Weizenmehl
100 g Dr. Oetker Gustin
9 g Dr. Oetker Backin (3 gestrichene Teel.)
200 g Mandeln (abgezogen, gemahlen)

Apfel- oder Kirschkuchen, sehr fein (Abb. S. 33)

Für den Teig das Fett schaumig rühren und nach und nach Zucker, Eier und Gewürze hinzugeben. Das mit Backin gemischte und gesiebte Mehl eßlöffelweise unterrühren. Wenn der Teig fester wird, so viel Milch hinzugeben, daß er schwer (reißend) vom Löffel fällt. Den Teig in eine gefettete Springform (Durchmesser etwa 26 cm) füllen und glattstreichen.
Für den Belag die Äpfel schälen, in Viertel schneiden, mehrmals der Länge nach einritzen und kranzförmig auf den Teig legen. Die gewaschenen Kirschen entsteinen und auf den Teig legen.

Gas: 1/2 große Flamme; Regler 3–4.
Strom: 10 Minuten vorheizen O 3 – U 3, backen O 2 – U 3; Regler 175–195.
Backzeit: 40–50 Minuten.
Den erkalteten Kuchen mit Puderzucker bestäuben.

Teig:
100–125 g Butter oder Margarine
125 g Zucker
2–3 Eier, etwas Salz
4 Tropfen Dr. Oetker Backöl Zitrone
200 g Weizenmehl
6 g Dr. Oetker Backin (2 gestrichene Teel.)
1–4 Eßl. Milch

Belag:
500–750 g Äpfel oder
750 g Sauerkirschen

Zum Bestäuben:
Etwas Puderzucker

Apfelsinenkuchen

Das Fett schaumig rühren und Zucker, Vanillin-Zucker, Eier und Salz hinzugeben. Das mit Gustin und Backin gemischte und gesiebte Mehl abwechselnd mit der Milch unterrühren. Nur so viel Milch verwenden, daß der Teig schwer vom Löffel fällt. Den Teig in eine gefettete, mit Papier ausgelegte Kastenform füllen.

Gas: 1/3 große Flamme; Regler 2 1/2–3 1/2.
Strom: O 0 – U 3; Regler 175–195.
Backzeit: 50–70 Minuten.

In den abgekühlten Kuchen mehrmals mit einem Hölzchen stechen, den mit Zitronensaft gemischten Apfelsinensaft auf den Kuchen träufeln, am besten mit einem Pinsel, und einziehen lassen.

Teig:
200 g Butter oder Margarine
200 g Zucker
1 Päckchen Dr. Oetker Vanillin-Zucker
3 Eier, etwas Salz
250 g Weizenmehl
125 g Dr. Oetker Gustin
12 g Dr. Oetker Backin (4 gestrichene Teel.)
etwa 4 Eßl. Milch

Zum Beträufeln:
1/4 l ausgepreßter Apfelsinensaft
Saft einer halben Zitrone

Festtagskranz

Krokant:
1 Messerspitze Butter
50 g Zucker (2 gut gehäufte Eßl.)
100 g Mandeln (abgezogen, gehackt) oder Haselnußkerne (gehackt)

Teig:
100 g Butter oder Margarine
150 g Zucker
3 Eier, etwas Salz
½ Fläschchen Dr. Oetker Rum-Aroma
150 g Weizenmehl
75 g Dr. Oetker Gustin
6 g Dr. Oetker Backin (2 gestrichene Teel.)
50–100 g Mokkabohnen (halbiert)

Guß:
200 g Puderzucker
1 gut gehäufter Teel. Kaffee-Extraktpulver
etwa 2 Eßl. heißes Wasser

Zum Verzieren:
Einige Mokkabohnen

Für den Krokant Butter und Zucker zerlassen und unter Rühren so lange erhitzen, bis der Zucker schwach gebräunt ist. Die Mandeln (Haselnußkerne) darunter rühren, unter Rühren erhitzen, bis der Krokant genug gebräunt ist und dann die Masse auf eine geölte Platte geben. Nach dem Erkalten den Krokant in kleine Stücke zerstoßen.

Für den Teig das Fett schaumig rühren und nach und nach Zucker, Eier und Gewürze hinzugeben. Das mit Gustin und Backin gemischte und gesiebte Mehl eßlöffelweise unterrühren. Den Krokant und die Mokkabohnen zuletzt unter den Teig heben und ihn in eine gefettete Kranzform füllen.

Gas: ⅓ große Flamme; Regler 2½–3½.
Strom: O 1 – U 3; Regler 175–195.
Backzeit: 35–50 Minuten.

Für den Guß den gesiebten Puderzucker mit dem Extraktpulver mischen und mit so viel Wasser glattrühren, daß eine dickflüssige Masse entsteht. Den erkalteten Kuchen mit dem Guß bestreichen und mit Mokkabohnen verzieren.

Königskuchen

250 g Butter oder Margarine
200 g Zucker
1 Päckchen Dr. Oetker Vanillin-Zucker
5 Eier, etwas Salz
½ Fläschchen Dr. Oetker Backöl Zitrone oder
1 Fläschchen Dr. Oetker Rum-Aroma
500 g Weizenmehl
12 g Dr. Oetker Backin (4 gestrichene Teel.)
knapp ⅛ l Milch
150 g Korinthen (gewaschen, gut abgetropft)
250 g Rosinen (gewaschen, gut abgetropft)
125 g Zitronat (Sukkade) (in Würfel geschnitten)

Das Fett schaumig rühren und nach und nach Zucker, Vanillin-Zucker, Eier und Gewürze hinzugeben. Das mit Backin gemischte und gesiebte Mehl abwechselnd mit der Milch unterrühren. Nur so viel Milch verwenden, daß der Teig schwer (reißend) vom Löffel fällt. Korinthen, Rosinen und Zitronat zuletzt unter den Teig heben und ihn in eine gefettete, mit Papier ausgelegte Kastenform füllen.

Gas: ⅓ große Flamme; Regler 2¼–3¼.
Strom: O 0 – U 3; Regler 175–185.
Backzeit: 80–100 Minuten.

Kaiserin-Friedrich-Torte (Abb. S. 70)

Für den Teig in das zerlassene und wieder etwas fest gewordene Fett (Margarine schaumig rühren) Zucker und Vanillin-Zucker geben und so lange rühren, bis Fett (Margarine) und Zucker weißschaumig geworden sind. Dann nach und nach Eier, Eigelb, 1/2 Eiweiß und Gewürze hinzugeben. Das mit Gustin und Backin gemischte und gesiebte Mehl eßlöffelweise unterrühren. Das Zitronat zuletzt unter den Teig heben und ihn in eine gefettete Springform (Durchmesser etwa 26 cm) füllen.

Gas: 1/3 große Flamme; Regler 1 1/2–3.
Strom: O 1 – U 3; Regler 175–195.
Backzeit: 65–75 Minuten.

Für den Guß den gesiebten Puderzucker mit Eiweiß und so viel Zitronensaft glattrühren, daß eine dickflüssige Masse entsteht. Die erkaltete Torte damit überziehen und obenauf mit dem Zitronat bestreuen.

Teig:
250 g Kokosfett
oder
300 g Margarine
300 g Zucker
1 Päckchen Dr. Oetker Vanillin-Zucker
5 Eier, 1 Eigelb, 1/2 Eiweiß
3 Tropfen Dr. Oetker Backöl Bittermandel
1/2 Fläschchen Dr. Oetker Rum-Aroma
etwas Salz
300 g Weizenmehl
75 g Dr. Oetker Gustin
6 g Dr. Oetker Backin (2 gestrichene Teel.)
125 g Zitronat (Sukkade) (in Würfel geschnitten)

Guß:
175 g Puderzucker
1/2 Eiweiß
etwa 3 Eßl. Zitronensaft
50 g Zitronat (Sukkade) (in Würfel oder Streifen geschnitten)

Sandkuchen (Abb. S. 34)

Für den Teig in das zerlassene und wieder etwas fest gewordene Fett Zucker und Vanillin-Zucker geben und so lange rühren, bis Fett und Zucker weißschaumig geworden sind. Dann **nach und nach** Eier und Gewürze hinzugeben (jedes Ei etwa 2 Minuten unterrühren!). Das mit Gustin und Backin gemischte und gesiebte Mehl eßlöffelweise unterrühren und den Teig in eine gefettete, mit Papier ausgelegte Kastenform füllen.

Gas: 1/3 große Flamme; Regler 1 1/2–3.
Strom: O 1 – U 3, nach 20 Minuten umschalten auf O 1 – U 2; Regler 165–185.
Backzeit: 60–75 Minuten.

Für den Guß den mit Kakao gesiebten Puderzucker mit so viel Wasser glattrühren, daß eine dickflüssige Masse entsteht. Dann das heiße Fett dazugeben und den erkalteten Kuchen mit dem Guß bestreichen.

Teig:
250 g Butter oder Margarine
200 g feinkörniger Zucker
1 Päckchen Dr. Oetker Vanillin-Zucker
4 Eier, etwas Salz
einige Tropf. Dr. Oetker Backöl Zitrone
oder
1/2 Fläschchen Dr. Oetker Rum-Aroma
125 g Weizenmehl
125 g Dr. Oetker Gustin
1 1/2 g Dr. Oetker Backin (1/2 gestrichener Teel.)

Guß:
125 g Puderzucker
30 g Kakao (3 gestrichene Eßl.)
1–2 Eßl. heißes Wasser
nach Belieben 25 g Kokosfett (zerlassen)

Krümeltorte

Teig:
200 g Butter oder Margarine
200 g Zucker
1 Päckchen Dr. Oetker Vanillin-Zucker
1 Ei, etwas Salz
500 g Weizenmehl
1 Päckchen Dr. Oetker Backin
50 g Semmelmehl
(3 schwach gehäufte Eßl.)

Füllung:
750 g Äpfel
1 Päckchen Dr. Oetker Vanillin-Zucker
Zucker nach Geschmack

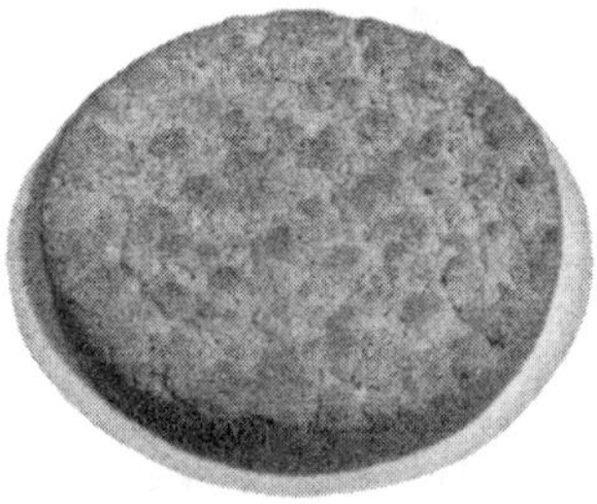

Für den Teig das Fett schaumig rühren und nach und nach Zucker, Vanillin-Zucker, Ei und Salz hinzugeben. Die Hälfte des mit Backin gemischten und gesiebten Mehls eßlöffelweise unterrühren. Den Rest des Mehls auf den Teig schütten und so mit den Händen oder mit 2 Gabeln darunter arbeiten, daß eine krümelige Masse entsteht.

Für die Füllung die Äpfel schälen, in Scheiben schneiden, mit dem Vanillin-Zucker vermischen und mit Zucker abschmecken. (Härtere Apfelscheiben in wenig Wasser mit Vanillin-Zucker und Zucker halbgar dünsten und kalt stellen.)

Die Hälfte des Teiges in eine gefettete Springform (Durchmesser etwa 26 cm) füllen, den Teig am Boden gut andrücken, am Rand hochdrücken und mit dem Semmelmehl bestreuen. Die Äpfel so darauf geben, daß ein Rand von etwa 1 cm Teig frei bleibt. Den Rest der Streusel über die Füllung verteilen und am Rand leicht andrücken.

Gas: 1/2 große Flamme; Regler 3–4.
Strom: 10 Minuten vorheizen O 3 – U 3,
backen O 2 – U 3; Regler 175–195.
Backzeit: 45–55 Minuten.

Gewürzkranz

Teig:
175 g Butter oder Margarine
225 g Zucker
1 Päckchen Dr. Oetker Vanillin-Zucker
4 Eier, etwas Salz
1/2 gestrichener Teel. gemahlene Nelken
etwas geriebene Muskatnuß
1 gestrichener Teel. gemahlener Zimt
300 g Weizenmehl
1 Päckchen Dr. Oetker Gala Schokoladen-Pudding-Pulver
12 g Dr. Oetker Backin
(4 gestrichene Teel.)
100 g Schokolade (gerieben)
1–2 Eßl. Milch

Zum Bestäuben:
Etwas Puderzucker

Das Fett schaumig rühren und nach und nach Zucker, Vanillin-Zucker, Eier und Gewürze hinzugeben. Das mit Pudding-Pulver und Backin gemischte und gesiebte Mehl und die Schokolade eßlöffelweise unterrühren. Sollte der Teig ziemlich fest sein, 1–2 Eßl. Milch hinzugeben. Den Teig in eine gefettete Kranzform füllen.

Gas: 1/3 große Flamme; Regler 2 1/2–3 1/2.
Strom: O 1 – U 3; Regler 175–195.
Backzeit: 50–60 Minuten.

Den erkalteten Kuchen mit Puderzucker bestäuben.

Schichttorte (Baumkuchentorte) [Abb. S. 71]

Für den Teig das Fett schaumig rühren und nach und nach Zucker, Vanillin-Zucker, 2 Eier, 4 Eigelb und Rum hinzugeben. Das mit Gustin und Backin gemischte und gesiebte Mehl nach und nach unterrühren. Das zu steifem Schnee geschlagene Eiweiß auf den Teig geben und vorsichtig darunter heben. Knapp 2 Eßl. des Teiges in eine mit Papier ausgelegte Springform (Durchmesser etwa 26 cm) füllen, glattstreichen und hellbraun backen.

Gas: 1/2 große Flamme; Regler 3–4.
Strom: 10 Minuten vorheizen O 3 – U 3, 1. und 2. Schicht backen O 2 – U 3, die anderen Schichten O 2 – U 1; Regler 175–195.
Backzeit: Etwa 10 Minuten.

Danach als zweite Schicht wieder knapp 2 Eßl. des Teiges auf die gebackene Schicht streichen. Bei der zweiten und den folgenden Schichten beträgt die Backzeit je 8–10 Minuten. Nach der zweiten Schicht die Backhitze verringern, nach Möglichkeit die Unterhitze wegnehmen oder ein Backblech und eine Schüssel mit Wasser unter die Form schieben. Der fertige Kuchen soll mindestens aus 8 Schichten bestehen.

Für den Guß den gesiebten Puderzucker mit so viel Wasser glattrühren, daß eine dickflüssige Masse entsteht. Dann die heiße Butter dazugeben und die Torte mit dem Guß überziehen.

Teig:
250 g Butter oder Margarine
250 g Zucker
1 Päckchen Dr. Oetker Vanillin-Zucker
2 Eier, 4 Eigelb
1–2 Eßl. Rum
150 g Weizenmehl
100 g Dr. Oetker Gustin
9 g Dr. Oetker Backin
(3 gestrichene Teel.)
4 Eiweiß

Guß:
175 g Puderzucker
2–3 Eßl. heißes Wasser
1 walnußgroßes Stück Butter (zerlassen)

Für Schwarz-weiß-Guß *1 Eßl. weißen Guß mit 1 Teel. Kakao verrühren (evtl. etwas Wasser zusetzen) und diesen Guß mit einem Tütchen spiralförmig auf die mit weißem Guß bestrichene Torte spritzen. Dann ein sauberes Messer abwechselnd von der Mitte zum Rand und umgekehrt leicht durch den Guß ziehen (schnell arbeiten, weil sonst der Guß trocken wird!).*

Prinzregententorte (Abb. S. 182)

Für den Teig das Fett schaumig rühren und nach und nach Zucker, Vanillin-Zucker, Eier und Salz hinzugeben. Das mit Gustin und Backin gemischte und gesiebte Mehl eßlöffelweise unterrühren. Aus dem Teig 8 Böden herstellen. Knapp 2 Eßl. des Teiges jeweils auf einen gefetteten Springformboden (Durchmesser etwa 26 cm) streichen. (Darauf achten, daß die Teiglage am Rand nicht zu dünn ist, damit der Boden dort nicht zu dunkel wird!) Jeden Boden ohne Springformrand backen, bis er hellbraun ist.

Gas: 5 Minuten vorheizen große Flamme, backen 1/2 große Flamme; Regler 5 Minuten vorheizen 3–4, backen 3–4.
Strom: 10 Minuten vorheizen O 3 – U 3, backen O 3 – U 3; nach dem 3. Boden evtl. umschalten auf O 2 – U 2; Regler 175–195.
Backzeit: 8–10 Minuten.

Teig:
250 g Butter oder Margarine
250 g Zucker
1 Päckchen Dr. Oetker Vanillin-Zucker
4 Eier, etwas Salz
200 g Weizenmehl
50 g Dr. Oetker Gustin
3 g Dr. Oetker Backin
(1 gestrichener Teel.)

(Fortsetzung Seite 37)

Apfelkuchen, sehr fein (Rezept S.28)
Rehrücken (Rezept S. 37)

Terrassen (Rezept S. 63)
Sandkuchen (Rezept S. 30)

Sahnekremtorte (Rezept S. 55)

Käsekremtorte (Rezept S. 51)
Gedeckter Kuchen (Quarkfüllung) [Rezept S. 60]

Butterkrem:
1 Päckchen Dr. Oetker Gala Schokoladen-Pudding-Pulver
10 g Kakao (1 gestrichener Eßl.)
100 g Zucker
½ l kalte Milch
50 g Kokosfett (nach Belieben)
250 g Butter oder Margarine
Guß:
150 g Puderzucker
30 g Kakao (3 gestrichene Eßl.)
2–3 Eßl. heißes Wasser
20 g Butter oder Kokosfett (zerlassen)

Sofort nach dem Backen die Böden vom Springformboden lösen und auf einem Kuchenrost erkalten lassen. **Für den Butterkrem** Pudding-Pulver, Kakao und Zukker mit 6 Eßl. von der Milch anrühren. Die übrige Milch erhitzen. In die kochende, von der Kochstelle genommene Milch das angerührte Pudding-Pulver geben und einmal kurz aufkochen lassen. Falls Kokosfett verwendet werden soll, es in den heißen Pudding geben. Diesen während des Erkaltens ab und zu durchrühren. Die Butter (Margarine) schaumig rühren und den erkalteten Pudding eßlöffelweise darunter geben (darauf achten, daß weder Butter noch Pudding zu kalt sind, da dann die sogenannte Gerinnung eintritt!).
Die einzelnen Böden mit dem Butterkrem bestreichen und zu einer Torte zusammensetzen. Die oberste Schicht muß aus einem Boden bestehen.
Für den Guß den mit Kakao gesiebten Puderzucker mit so viel Wasser glattrühren, daß eine dickflüssige Masse entsteht. Dann das heiße Fett dazugeben und die Torte mit dem Guß überziehen.

(Abb. S. 33) Rehrücken

Teig:
100 g Butter oder Margarine
150 g Zucker
4 Eier
100 g Schokolade (gerieben)
50 g Weizenmehl (5 gestrichene Eßl.)
2 Päckchen Dr. Oetker Schokoladen-Pudding-Pulver
4½ g Dr. Oetker Backin (1½ gestrichene Teel.)
evtl. 2 Eßl. Milch
75 g Mandeln (abgezogen, gemahlen) oder Haselnußkerne (gemahlen)
Guß:
125 g Puderzucker
30 g Kakao (3 gestrichene Eßl.)
etwa 1½ Eßl. heißes Wasser
nach Belieben 25 g Kokosfett (zerlassen)
Zum Verzieren:
50 g Mandeln (abgezogen, in Stifte geschnitten)

Für den Teig das Fett schaumig rühren und nach und nach Zucker, Eier und Schokolade hinzugeben. Das mit Pudding-Pulver und Backin gemischte und gesiebte Mehl abwechselnd mit der Milch unterrühren. Nur so viel Milch verwenden, daß der Teig schwer (reißend) vom Löffel fällt. Die Mandeln (Haselnußkerne) zuletzt unter den Teig heben und ihn in eine gefettete Rehrückenform füllen.

Gas: ⅓ große Flamme; Regler 2½–3½.
Strom: O 1 – U 3; Regler 175–195.
Backzeit: 50–60 Minuten.

Für den Guß den mit Kakao gesiebten Puderzucker mit so viel Wasser glattrühren, daß eine dickflüssige Masse entsteht. Dann das heiße Fett dazugeben, den erkalteten Kuchen mit dem Guß bestreichen und ihn mit Mandeln spicken.

Ottilienkuchen

Das Fett schaumig rühren und nach und nach Zucker, Vanillin-Zucker, Eier (Ei) und Gewürze hinzugeben. Das mit Gustin und Backin gemischte und gesiebte Mehl eßlöffelweise unterrühren. Mandeln, Schokolade und Zitronat zuletzt unter den Teig heben und ihn in eine gefettete, mit Papier ausgelegte Kastenform (Dr. Oetker Klein-Kastenform) füllen.

Gas: Knapp $^{1}/_{3}$ große Flamme; Regler $1^{1}/_{2}$–3.
Strom: O 0 – U 3; Regler 165–175.
Backzeit: 65–85 Minuten.

Den erkalteten Kuchen mit Puderzucker bestäuben.

Teig:
250 g Butter oder Margarine
200 g Zucker
1 Päckchen Dr. Oetker Vanillin-Zucker
4 Eier, etwas Salz
$^{1}/_{2}$ Fläschchen Dr. Oetker Rum-Aroma
200 g Weizenmehl
50 g Dr. Oetker Gustin
(5 schwach gehäufte Eßl.)
3 g Dr. Oetker Backin
(1 gestrichener Teel.)
100 g Mandeln (abgezogen, gemahlen)
75 g Schokolade (kleingeschnitten)
50 g Zitronat (Sukkade)
(in Würfel geschnitten)

Zutatenmengen für 2 Personen:

Teig:
100 g Butter oder Margarine
75 g Zucker
1 Päckchen Dr. Oetker Vanillin-Zucker
1 Ei, etwas Salz
5 Tropfen Dr. Oetker Rum-Aroma
100 g Weizenmehl
30 g Dr. Oetker Gustin
(3 schwach gehäufte Eßl.)
$1^{1}/_{2}$ g Dr. Oetker Backin
($^{1}/_{2}$ gestrichener Teel.)
40 g Mandeln (abgezogen, gemahlen)
20 g Schokolade (kleingeschnitten)
15 g Zitronat (Sukkade)
(in Würfel geschnitten)

Zum Bestäuben:
Etwas Puderzucker

Faule Bande

Max Reger war einmal bei Freunden zum Hochzeitsmahl eingeladen. Der jungen Frau fiel auf, daß Reger besonders einer Rumtorte zusprach. Er aß hintereinander sechs Stücke. Sie meinte lächelnd zum Komponisten:
»Nun, Herr Professor, wenn Sie Rumtorte lieben, dann sollen Sie zur Taufe unseres ersten Kindes ein ganzes Fäßchen Rum bekommen!« Nach neun Monaten wurde das junge Paar mitten in der Nacht von einem Telegrammboten geweckt. Das Telegramm stammte von Max Reger und lautete:
»Faule Bande! Wo bleibt mein Rum?«

Obsttorte

Für den Teig das Fett schaumig rühren und nach und nach Zucker, Vanillin-Zucker, Eier und Salz hinzugeben. Das mit Backin gemischte und gesiebte Mehl abwechselnd mit der Milch unterrühren. Nur so viel Milch verwenden, daß der Teig schwer (reißend) vom Löffel fällt. Den Teig in eine gefettete, mit Semmelmehl ausgestreute Spezial-Tortenbodenform (Durchmesser 26 cm) füllen und glatt streichen.
Gas: $^{1}/_{2}$ große Flamme; Regler 3–4.

Teig:
75 g Butter oder Margarine
75 g Zucker
1 Päckchen Dr. Oetker Vanillin-Zucker
2 Eier, etwas Salz
150 g Weizenmehl
3 g Dr. Oetker Backin
(1 gestrichener Teel.)
etwa 2 Eßl. Milch

Belag:

1 Päckchen Dr. Oetker Soßen-Pulver Vanille-Geschmack
25 g Zucker (1 gut gehäufter Eßl.)
knapp ¼ l kalte Milch
500–750 g rohes, gedünstetes oder eingemachtes Obst (z. B. Ananas, Äpfel, Aprikosen, Erdbeeren, Kirschen, Pfirsiche, Stachelbeeren, Weintrauben usw.)

Guß:

1 Päckchen Dr. Oetker Tortenguß
¼ l Wasser oder Fruchtsaft
Zucker nach Angabe auf dem Tortenguß-Beutel

Zum Verzieren:

Einige Mandeln (abgezogen, in Scheiben geschnitten) oder Haselnußkerne (in Scheiben geschnitten)

Strom: 10 Minuten vorheizen O3–U3, backen O2–U3; Regler 175–195.
Backzeit: 20–25 Minuten.

Für den Belag Soßen-Pulver und Zucker nach und nach mit der Milch anrühren, unter Rühren zum Kochen bringen und einmal kurz aufkochen lassen. Während des Erkaltens den Pudding ab und zu durchrühren und ihn dann erkaltet gleichmäßig auf den Tortenboden streichen.

Weiches Obst roh verwenden und es folgendermaßen vorbereiten: Aprikosen, Erdbeeren und Pfirsiche waschen, gut abtropfen lassen, entsteinen oder entstielen. **Gedünstetes Obst** (Äpfel schälen, in Viertel oder Achtel schneiden und in Zuckerwasser vorsichtig gar kochen!) oder **eingemachtes Obst** auf einem Sieb gut abtropfen lassen. Die vorbereiteten Früchte dann auf den Tortenboden legen.

Den Guß nach der Vorschrift auf dem Beutel zubereiten, auf das Obst geben und die Torte am Rand mit Mandel- oder Haselnußscheiben verzieren.

GEBÄCK AUF DEM BACKBLECH

Krümelkuchen mit Quarkfüllung

Teig:

250 g Butter oder Margarine
200 g Zucker
1 Päckchen Dr. Oetker Vanillin-Zucker
1 Ei, etwas Salz
500 g Weizenmehl
1 Päckchen Dr. Oetker Backin

Füllung:

1 kg Quark (Topfen) (gut ausgepreßt)
1 Päckchen Dr. Oetker Soßen-Pulver Vanille-Geschmack
1 Ei
200 g Zucker
5 Tropfen Dr. Oetker Backöl Zitrone
50 g Rosinen (gewaschen, gut abgetropft)

Für den Teig das Fett schaumig rühren und nach und nach Zucker, Vanillin-Zucker, Ei und Salz hinzugeben. Die Hälfte des mit Backin gemischten und gesiebten Mehls eßlöffelweise unterrühren. Den Rest des Mehls auf den Teig schütten und so mit den Händen oder mit 2 Gabeln darunter arbeiten, daß eine krümelige Masse entsteht.

Für die Füllung den Quark durch ein Sieb streichen und mit Soßen-Pulver, Ei, Zucker, Backöl und Rosinen verrühren.

Die Hälfte des Teiges auf ein gefettetes Backblech geben, den Teig am Boden gut andrücken und an den Rändern etwa ½ cm hochdrücken. Den Teig mit der Quarkfüllung bestreichen und mit den restlichen Krümeln bestreuen.

Gas: 5 Minuten vorheizen große Flamme, backen ½ große Flamme; Regler 5 Minuten vorheizen 3–4, backen 3–4.

Strom: 10 Minuten vorheizen O3–U3, backen O2–U3; Regler 175–195.
Backzeit: 25–45 Minuten.

Nußkuchen mit Guß

Für den Teig Haselnußkerne, Zucker, Gewürze und das mit Backin gemischte und gesiebte Mehl in eine Schüssel geben. Dann nach und nach Eier und Milch darunter rühren. Nur so viel Milch verwenden, daß der Teig schwer (reißend) vom Löffel fällt. Den Teig auf ein gefettetes Backblech streichen.

Gas: ½ große Flamme; Regler 3–4.
Strom: 10 Minuten vorheizen O3–U3, backen O2–U3; Regler 175–195.
Backzeit: Etwa 25 Minuten.

Für den Guß den gesiebten Puderzucker mit dem Extraktpulver mischen und mit so viel Wasser glattrühren, daß eine dickflüssige Masse entsteht. Dann die heiße Butter dazugeben. Den Kuchen sofort nach dem Backen damit bestreichen und ihn in beliebig große Stücke schneiden.

Teig:
250 g Haselnußkerne (gemahlen)
200 g Zucker
1 Päckchen Dr. Oetker Vanillin-Zucker
2–3 Tropfen Dr. Oetker Backöl Bittermandel
250 g Weizenmehl
12 g Dr. Oetker Backin (4 gestrichene Teel.)
2 Eier
gut ⅛ l Milch

Guß:
200 g Puderzucker
1 gehäufter Teel. Kaffee-Extraktpulver
2–3 Eßl. heißes Wasser
20 g Butter (zerlassen)

KLEINGEBÄCK

Spritzgebäck, hell oder dunkel

Für den Teig das Fett schaumig rühren und nach und nach Zucker, Vanillin-Zucker und Salz (für den dunklen Teig Wasser) hinzugeben. Das mit Gustin (und Kakao) gemischte und gesiebte Mehl eßlöffelweise unterrühren. Bevor das Mehl ganz untergearbeitet ist, wird der Teig sehr fest. Dann den Rest des Mehls und die Mandeln leicht darunter kneten und den Teig in S-Formen oder Kränzen auf ein Backblech spritzen.

Gas: 5 Minuten vorheizen große Flamme, backen ½ große Flamme; Regler 5 Minuten vorheizen 3–4, backen 3–4.
Strom: 10 Minuten vorheizen O3–U3, backen O3–U3 (2. Blech O 2 – U 2); Regler 175–195.
Backzeit: Etwa 10 Minuten.

Für den Guß den mit Kakao gesiebten Puderzucker mit dem Wasser glattrühren. Dann das heiße Fett dazugeben und von dem hellen Spritzgebäck die Enden der S-Kuchen oder die Kränze zur Hälfte damit bestreichen.

Heller Teig:
375 g Butter oder Margarine
250 g Zucker
2 Päckchen Dr. Oetker Vanillin-Zucker
etwas Salz
250 g Weizenmehl
250 g Dr. Oetker Gustin
125 g Mandeln (abgezogen, gemahlen)

Guß:
100 g Puderzucker
20 g Kakao (2 gestrichene Eßl.)
1½ Eßl. heißes Wasser
50 g Butter (zerlassen)

oder

Dunkler Teig:
375 g Butter oder Margarine
250 g Zucker
1 Päckchen Dr. Oetker Vanillin-Zucker
1 Eßl. Wasser
etwas Salz
250 g Weizenmehl
250 g Dr. Oetker Gustin
30 g Kakao (3 gestrichene Eßl.)
125 g Mandeln (abgezogen, gemahlen)

Margarethen-Plätzchen

100 g Butter oder Margarine
100 g Zucker
1 Päckchen Dr. Oetker Vanillin-Zucker
1 Ei, etwas Salz
2 Eßl. Wasser
150 g Weizenmehl
50 g Dr. Oetker Gustin
(5 schwach gehäufte Eßl.)
3 g Dr. Oetker Backin
(1 gestrichener Teel.)
50 g Schokolade (kleingeschnitten)

Das Fett schaumig rühren und nach und nach einen Teil des Zuckers, den Vanillin-Zucker, das Ei, den Rest des Zuckers, das Salz und das Wasser hinzugeben. Das mit Gustin und Backin gemischte und gesiebte Mehl eßlöffelweise unterrühren. Die Schokolade zuletzt unter den Teig heben. Mit 2 Teelöffeln etwa walnußgroße Teighäufchen nicht zu dicht nebeneinander auf ein gefettetes Backblech setzen und goldbraun backen.

Gas: 5 Minuten vorheizen große Flamme,
backen 1/2 große Flamme; Regler 5 Minuten vorheizen 3–4, backen 3–4.

Strom: 10 Minuten vorheizen O3–U3, backen O2–U2; Regler 175–195.

Backzeit: Etwa 15 Minuten.

Heidesand

275 g Butter
250 g feinkörniger Zucker
1 Päckchen Dr. Oetker Vanillin-Zucker
2 Eßl. Milch
375 g Weizenmehl
3 g Dr. Oetker Backin
(1 gestrichener Teel.)

Die Butter zerlassen, bräunen und kalt stellen. Das erstarrte Fett schaumig rühren, nach und nach Zucker, Vanillin-Zucker und Milch hinzugeben und so lange rühren, bis die Masse weißschaumig geworden ist. 2/3 des mit Backin gemischten und gesiebten Mehls eßlöffelweise unterrühren. Den Rest des Mehls mit dem Teigbrei zu einem glatten Teig verkneten. Etwa 3 cm dicke Rollen daraus formen, sie so lange kalt stellen, bis sie hart geworden sind, und dann 1/2 cm dicke Scheiben davon abschneiden und auf ein Backblech legen.

Gas: 5 Minuten vorheizen große Flamme,
backen 1/2 große Flamme; Regler 5 Minuten vorheizen 2 1/2–3 1/2, backen 2 1/2–3 1/2.

Strom: 10 Minuten vorheizen O3–U3, backen O2–U2; Regler 175–195.

Backzeit: 10–15 Minuten.

(Abb. S. 164) Kokosberge

125 g Butter oder Margarine
100 g Zucker
1 Päckchen Dr. Oetker Vanillin-Zucker
1 Ei
125 g Weizenmehl
75 g Dr. Oetker Gustin
9 g Dr. Oetker Backin
(3 gestrichene Teel.)
100 g Kokosraspeln

Das Fett schaumig rühren und nach und nach Zucker, Vanillin-Zucker und Ei hinzugeben. Das mit Gustin und Backin gemischte und gesiebte Mehl eßlöffelweise unterrühren. Die Kokosraspeln zuletzt unter den Teig heben und mit 2 Teelöffeln kleine Häufchen auf ein gefettetes Backblech setzen.

Gas: 5 Minuten vorheizen große Flamme,
backen 1/2 große Flamme; Regler 5 Minuten vorheizen 3–4, backen 3–4.

Strom: 10 Minuten vorheizen O3–U3, backen O2–U3; Regler 175–195.

Backzeit: Etwa 10 Minuten.

Tatzen

Für den Teig das Fett schaumig rühren und nach und nach Zucker, Vanillin-Zucker und Ei hinzugeben. Das mit Gustin gemischte und gesiebte Mehl eßlöffelweise unterrühren. Die Mandeln zuletzt unter den Teig heben, ihn in einen Spritzbeutel (mit gezackter Tülle) füllen und in Form von kleinen Tatzen auf ein gefettetes Backblech spritzen.

Gas: 5 Minuten vorheizen große Flamme, backen 1/2 große Flamme; Regler 5 Minuten vorheizen 3–4, backen 3–4.
Strom: 10 Minuten vorheizen O3–U3, backen O3–U3 (2. Blech O 2 – U 2); Regler 175–195.
Backzeit: 10–15 Minuten.

Für die Füllung die Kuvertüre in einen kleinen Topf geben und im Wasserbad so lange unter Rühren vorsichtig erwärmen, bis sie geschmolzen ist. Von der Hälfte der ganzen Gebäckmenge jeweils zwei Stück, davon eins auf der glatten Seite dünn mit Kuvertüre bestrichen, aufeinander legen und gut andrücken. Die übrigen Plätzchen ebenso zusammensetzen, nur zum Füllen Aprikosen-Konfitüre nehmen. Das Gebäck an den Spitzen mit Kuvertüre bestreichen.

Teig:
250 g Butter oder Margarine
175 g feinkörniger Zucker
1 Päckchen Dr. Oetker Vanillin-Zucker
1 Ei
175 g Weizenmehl
175 g Dr. Oetker Gustin
75 g Mandeln (abgezogen, gemahlen)

Füllung und zum Bestreichen:
100 g Kuvertüre
50 g Aprikosen-Konfitüre

GEBÄCK IM WAFFELEISEN

Sahnewaffeln (harte Waffeln)

Das Fett schaumig rühren und nach und nach Zucker, Vanillin-Zucker und Eigelb hinzugeben. Das mit Gustin und Backin gemischte und gesiebte Mehl abwechselnd mit der Sahne unterrühren. Zuletzt das zu steifem Schnee geschlagene Eiweiß darunter heben. Den Teig in nicht zu großer Menge in ein gut erhitztes und gefettetes Waffeleisen füllen und sofort gut verstreichen. Die Waffeln von beiden Seiten goldbraun backen, einzeln auf einem Kuchenrost erkalten lassen und dann mit Puderzucker bestäuben.

Teig:
250 g Butter oder Margarine
100 g Zucker
1 Päckchen Dr. Oetker Vanillin-Zucker
4 Eigelb
125 g Weizenmehl
125 g Dr. Oetker Gustin
6 g Dr. Oetker Backin
(2 gestrichene Teel.)
1/4 l Sahne
4 Eiweiß

Zum Backen:
Speckschwarte oder etwas Öl

Zum Bestäuben:
Etwas Puderzucker

(Abb. S. 121) Sandwaffeln

Teig:
175 g Kokosfett
175 g feinkörniger Zucker
1 Päckchen Dr. Oetker Vanillin-Zucker
3–4 Eier, etwas Salz
½ Fläschchen Dr. Oetker Rum-Aroma
200 g Weizenmehl
50 g Dr. Oetker Gustin
(5 schwach gehäufte Eßl.)
1½ g Dr. Oetker Backin
(½ gestrichener Teel.)

Zum Backen:
Speckschwarte oder etwas Öl

Zum Bestäuben:
Etwas Puderzucker

In das zerlassene und wieder etwas festgewordene Fett Zucker und Vanillin-Zucker geben und so lange rühren, bis Fett und Zucker weißschaumig geworden sind. Dann **nach und nach** Eier und Gewürze hinzugeben (jedes Ei etwa 5 Minuten unterrühren!). Das mit Gustin und Backin gemischte und gesiebte Mehl eßlöffelweise unterrühren. Den Teig in nicht zu großer Menge in ein gut erhitztes und gefettetes Waffeleisen füllen und sofort gut verstreichen. Die Waffeln von beiden Seiten goldbraun backen, einzeln auf einem Kuchenrost erkalten lassen und dann mit Puderzucker bestäuben.

Eiserkuchen

Teig*:
65 g Butter oder Margarine
250 g Zucker
1 Päckchen Dr. Oetker Vanillin-Zucker
2 Eier
250 g Weizenmehl
etwa ⅜ l Wasser

Zum Backen:
Speckschwarte oder etwas Öl

*Dieser Teig läßt sich nur für ein Spezial-Eiserkucheneisen verwenden.

Das Fett schaumig rühren und nach und nach etwas von dem Zucker, den Vanillin-Zucker, die Eier und den Rest des Zuckers hinzugeben. Das gesiebte Mehl abwechselnd mit dem Wasser unterrühren. So viel Wasser verwenden, daß der Teig ziemlich dünn ist. Den Teig in nicht zu großer Menge in ein gut erhitztes und gefettetes Eiserkucheneisen füllen und von beiden Seiten goldbraun backen. Die Blättchen schnell aus dem Eisen lösen und noch heiß zu Röllchen oder Tüten wickeln.
Damit die Eiserkuchen knusprig bleiben, sie in gut schließenden Blechdosen aufbewahren.

DER KNETTEIG

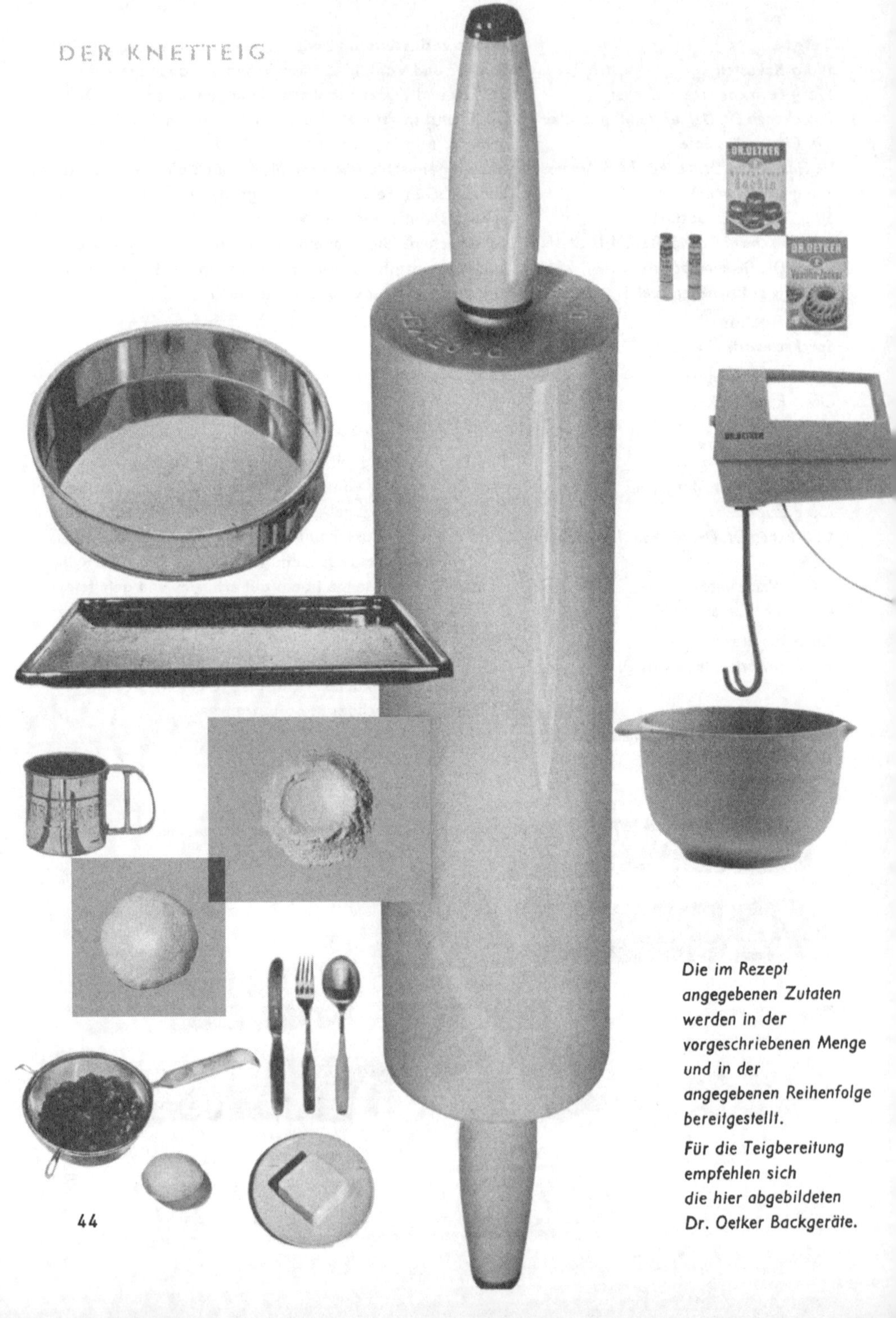

Die im Rezept angegebenen Zutaten werden in der vorgeschriebenen Menge und in der angegebenen Reihenfolge bereitgestellt.

Für die Teigbereitung empfehlen sich die hier abgebildeten Dr. Oetker Backgeräte.

NOTWENDIGE VORARBEITEN

1. **Das Fett muß bei der Verarbeitung fest sein;** deswegen muß weiches Fett vorher kalt gestellt werden.
2. **Die Früchte nach der Anweisung unter Rührteig** (S. 21) **vorbereiten.**
3. **Für Knetteige Backbleche und -formen im allgemeinen nicht fetten.** Eine Ausnahme bilden Spezial-Tortenbodenformen, Torteletteformen und Bleche für Stollen und für wasser- oder milchreiche Teige.

DIE VERARBEITUNG DES TEIGES

Mehl und Backin mischen und auf ein Backbrett (Tischplatte) sieben. In die Mitte eine Vertiefung eindrücken, Zucker, Vanillin-Zucker, Gewürze, Eier und, je nach Rezept, Flüssigkeit hineingeben und mit einem Teil des Mehls zu einem dicken Brei verarbeiten. Darauf die in Stücke geschnittene kalte Butter (Margarine, Schweineschmalz) und, je nach Rezept, die vorbereiteten Früchte geben, sie mit Mehl bedecken und von der Mitte aus alle Zutaten schnell zu einem glatten Teig verkneten. Diesen zu einer Rolle formen. Sollte der Teig kleben, ihn eine Zeitlang kalt stellen oder noch etwas Mehl hinzugeben.

DIE EINZELNEN ARBEITSGÄNGE

1. **»Mehl und Backin mischen und auf ein Backbrett (Tischplatte) sieben. ...«**
Mischen und Sieben lockern das Mehl auf und verteilen das Backin gleichmäßig im Mehl. Das Gebäck wird dadurch besser gelockert. Ist außerdem Kakao angegeben, so gibt man ihn zum Mehl.

2. **»... In die Mitte eine Vertiefung eindrücken, ...«**
Damit der Rand gleichmäßig dick wird, drückt man die Vertiefung mit einem Löffel in die Mitte des Mehlberges. Man achtet darauf, daß die Tischplatte auf keinen Fall sichtbar wird.

3. **»... Zucker, Vanillin-Zucker, Gewürze, Eier und, je nach Rezept, Flüssigkeit hineingeben...«**
Man gibt die Zutaten in der angegebenen Reihenfolge in die Vertiefung (dabei in den Zucker wieder eine Vertiefung drücken!). Eier werden immer vor der Zugabe einzeln über einer Tasse aufgeschlagen und geprüft, ob sie frisch sind. Falls Flüssigkeit vorgeschrieben ist, gibt man sie auf den Zucker. Sollte es sich um mehrere Eßlöffel Flüssigkeit handeln, gibt man sie nach und nach hinzu und arbeitet jeden einzelnen unter das Mehl und den Zucker, bevor der nächste folgt (siehe Punkt 4).

4. **»... und mit einem Teil des Mehls zu einem dicken Brei verarbeiten. ...«**
Man nimmt eine Gabel und verarbeitet Zucker, Vanillin-Zucker, Gewürze, Eier und Flüssigkeit zusammen mit einem Teil des Mehls zu einem dicken Brei (Mehl schnell einarbeiten!). Wichtig ist, daß der Brei dick genug wird, da sonst die Weiterverarbeitung erschwert wird.

5. **»... Darauf die in Stücke geschnittene kalte Butter (Margarine, Schweineschmalz) und, je nach Rezept, die vorbereiteten Früchte geben, ...«**
Für das Gelingen eines einwandfreien Knetteiges ist kalte, feste Butter (Margarine, Schweineschmalz) Voraussetzung. Zu weiches Fett ergibt einen klebrigen Teig, der sich schwer verarbeiten läßt. Mehr Mehl, als im Rezept angegeben, darf bei fettreichen Teigen nicht genommen werden,

da der Teig dadurch krümelig und das Gebäck hart wird. Man schneidet das feste Fett in kleine Stücke, bevor es auf den Brei gelegt wird (verteilt sich gleichmäßiger). Sind Früchte vorgeschrieben, so werden sie auf das Fett gegeben.

6. »... sie mit Mehl bedecken...«
Die Butter (Margarine oder Schweineschmalz) wird mit Mehl bedeckt, damit sie beim Kneten gegen die Handwärme geschützt ist.

7. »... und von der Mitte aus alle Zutaten schnell zu einem glatten Teig verkneten. ...«
Das Kneten zerfällt in drei Arbeitsgänge, in: Aufheben, Andrücken und Drehen (Abs. a–c).

a) Das Aufheben des Teiges:
Man faßt mit gestreckten, geschlossenen Fingern unter den Teig, hebt ihn zur Hälfte hoch und schlägt ihn über den liegengebliebenen Teig. Wichtig ist, daß man den Teig nur lose anfaßt, um ihn nicht unnötig zu erwärmen.

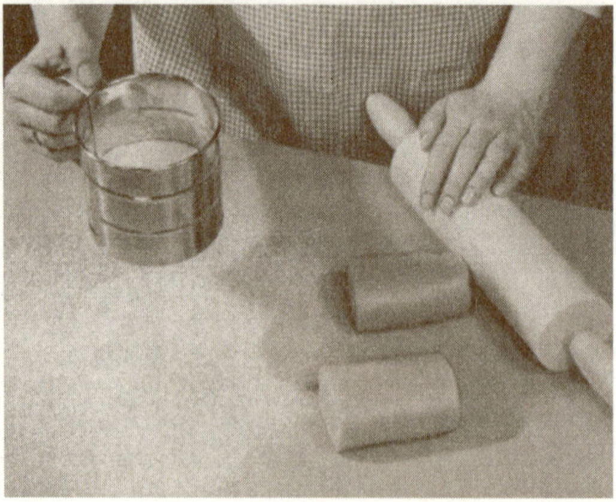

b) Das Andrücken des Teiges:
Das Andrücken wird nur mit dem Handballen ausgeführt, damit der Teig nicht zu weich wird. Die ganze Handfläche oder die Finger dürfen niemals den Teig beim Andrücken berühren, deswegen hält man die Finger möglichst hoch vom Teig ab.

c) Das Drehen des Teiges:
Man legt die inneren Handflächen leicht an den Teig und bewegt ihn so, daß er eine Vierteldrehung nach rechts macht. Hierbei wird er jedesmal auf der Tischplatte bewegt, nimmt etwas Mehl auf und kann nicht festkleben.

Die drei Knetbewegungen werden so lange wiederholt, bis ein glatter Teig entstanden ist. Hin und wieder schiebt man das Mehl mit einem Teigschaber zusammen, damit alles Mehl aufgebraucht wird.

8. **»... Diesen zu einer Rolle formen. Sollte der Teig kleben, ihn eine Zeitlang kalt stellen oder noch etwas Mehl hinzugeben.«**

Damit man den Teig besser ausrollen kann, formt man ihn zu einer Rolle. Das Kleben fettreicher Teige wird durch Kaltstellen beseitigt. An wasserreiche (milchreiche) Teige gibt man noch etwas Mehl.

Bevor man den Teig ausrollt, reinigt man das Backbrett (Tischplatte) von Teigresten, damit er nicht kleben kann, und bemehlt es gleichmäßig.

9. Um die Teigbeschaffenheit beim Ausrollen nicht zu verderben, rollt man nicht zu große Teigstücke aus (besonders bei Kleingebäck). Beim Ausrollen muß sich die Teigrolle wirklich drehen und leicht über den Teig gehen (nicht zu stark drücken!).
Während des Ausrollens ab und zu mit einem Pfannenmesser unter dem Teig herstreichen, damit er sofort gelöst wird, wenn er irgendwo kleben sollte.

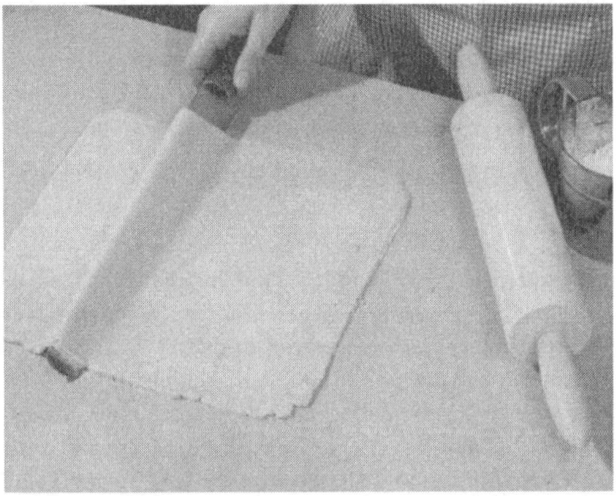

10. a) **Für Kleingebäck** sticht man den Teig so aus, daß möglichst wenig Abfall entsteht (Dr. Oetker Rollausstecher); denn Knetteig wird durch erneutes Zusammenkneten und Ausrollen nicht besser.

b) **Knetteigböden für Obsttorten** werden entweder in Springformen oder in gefetteten Spezial-Tortenbodenformen gebacken. Bei einer Springform rollt man ²/₃ der angegebenen Teigmenge auf dem Boden der Form aus. Der Rest des Teiges wird mit einem gestrichenen Eßl. Mehl verknetet, zu einer Rolle geformt, als Rand auf den Boden gelegt und mit 2 Fingern so an den Springformrand gedrückt, daß der Rand etwa 3 cm hoch wird. Danach sticht man den Boden mehrmals mit einer Gabel ein, damit er keine Luftblasen bekommt.

DAS BACKEN VON KNETTEIGEN

Alle Knetteige werden nach den Angaben unter den Rezepten gebacken. Wenn der Teig gebacken ist, wird das Gebäck sofort aus der Form gelöst oder vom Backblech genommen. Dann legt man es (Kleingebäck einzeln nebeneinander) auf einen Kuchenrost zum Auskühlen.

GEBÄCK IN FORMEN

Mohnkuchen in einer Springform

Für den Teig Mehl und Backin mischen und auf ein Backbrett (Tischplatte) sieben. In die Mitte eine Vertiefung eindrücken und Zucker und Vanillin-Zucker hineingeben. Darauf das in Stücke geschnittene kalte Fett geben, es mit Mehl bedecken und von der Mitte aus alle Zutaten schnell zu einem glatten Teig verkneten. Sollte er kleben, ihn eine Zeitlang kalt stellen. ²/₃ des Teiges auf dem Boden einer Springform (Durchmesser etwa 26 cm) ausrollen, mehrmals mit einer Gabel einstechen und hellgelb backen.

Gas: 5 Minuten vorheizen große Flamme,
backen ¹/₂ große Flamme; Regler 5 Minuten vorheizen 3–4, backen 3–4.
Strom: 10 Minuten vorheizen O3–U3, backen O2–U3; Regler 200–220.
Backzeit: Etwa 15 Minuten.

Den Boden erkalten lassen. Den Rest des Teiges zu einer Rolle formen, sie als Rand auf den Boden legen und so an die Form drücken, daß der Rand knapp 3 cm hoch wird.

Für die Füllung den Mohn mahlen. Eigelb und Wasser mit einem Schneebesen schaumig schlagen und nach und nach ²/₃ des Zuckers dazugeben. Danach so lange schlagen, bis eine kremartige Masse entstanden ist. Unter den Eigelbkrem die Gewürze mischen. Das Eiweiß zu steifem Schnee schlagen. Der Schnee muß so fest sein, daß ein Messerschnitt sichtbar bleibt. Dann unter ständigem Schlagen nach und nach den Rest des Zuckers dazugeben. Den Schnee auf den Eigelbkrem geben, darüber das Gustin sieben und darauf den Mohn, die Rosinen und das Zitronat streuen. Alles vorsichtig unter den Eigelbkrem ziehen (nicht rühren!), den Teig auf den vorgebackenen Boden füllen und gleichmäßig verstreichen.

Gas: ¹/₂ große Flamme; Regler 3–4.
Strom: O 2 – U 3; Regler 175–195.
Backzeit: 25–30 Minuten.

Teig:
175 g Weizenmehl
1 Messerspitze Dr. Oetker Backin
65 g Zucker
1 Päckchen Dr. Oetker Vanillin-Zucker
100 g Butter oder Margarine

Füllung:
150 g Mohn
4 Eigelb
1 Eßl. warmes Wasser
150 g Zucker
5 Tropfen Dr. Oetker Backöl Zitrone
etwas Salz
4 Eiweiß
50 g Dr. Oetker Gustin
(5 schwach gehäufte Eßl.)
30 g Rosinen
(gewaschen, gut abgetropft)
50 g Zitronat (Sukkade)
(in Würfel geschnitten)

Teig:
150 g Weizenmehl
3 g Dr. Oetker Backin (1 gestrichener Teel.)
65 g Zucker
2 Eigelb
1 Eßl. Milch oder Wasser
50 g Butter oder Margarine
1 gestrichener Eßl. Weizenmehl für den Teigrand

Belag:
2 Päckchen Dr. Oetker Pudding-Pulver Vanille-Geschmack
200 g Zucker
1/2 l kalte Milch
oder
*1/4 l Milch und 1/4 l Quarkmolke**
1/2 Fläschchen Dr. Oetker Backöl Zitrone
*750 g Quark (Topfen) (gut ausgepreßt)**
30 g Korinthen oder Rosinen (gewaschen, gut abgetropft)
3 Eiweiß

Zum Bestreichen:
1 Eigelb
1 Eßl. Milch zum Verquirlen

* Den Quark in einem festen Tuch gut ausdrücken und erst dann wiegen (deswegen mehr kaufen, bei sehr feuchtem Quark etwa die doppelte Menge!). Die ausgepreßte Flüssigkeit, die Quarkmolke, kann mit zum Belag verwendet werden.

Für den Teig Mehl und Backin mischen und auf ein Backbrett (Tischplatte) sieben. In die Mitte eine Vertiefung eindrücken, Zucker, Eigelb und Flüssigkeit hineingeben und mit einem Teil des Mehls zu einem dicken Brei verarbeiten. Darauf das in Stücke geschnittene kalte Fett geben, es mit Mehl bedecken und von der Mitte aus alle Zutaten schnell zu einem glatten Teig verkneten. 2/3 des Teiges auf dem Boden einer Springform (Durchmesser etwa 26 cm) ausrollen. Unter den Rest den Eßl. Mehl kneten. Dann den Teig zu einer Rolle formen, sie als Rand auf den Boden legen und so an die Form drücken, daß der Rand knapp 3 cm hoch wird. Den Teigboden mehrmals mit einer Gabel einstechen.

Gas: 5 Minuten vorheizen große Flamme,
backen 1/2 große Flamme; Regler 5 Minuten vorheizen 3–4, backen 3–4.
Strom: 10 Minuten vorheizen O3–U3, backen O2–U3; Regler 200–220.
Backzeit: Etwa 15 Minuten.

Für den Belag Pudding-Pulver und 2/3 des Zuckers mit 1/4 l Milch anrühren. Die übrige Milch oder die Molke erhitzen. In die kochende, von der Kochstelle genommene Milch das angerührte Pudding-Pulver rühren und einige Male aufkochen lassen. Darauf den Topf wieder von der Kochstelle nehmen, das Backöl und den durch ein Sieb gestrichenen Quark unter den Pudding geben und ihn unter ständigem Rühren noch einmal aufkochen lassen. Die heiße Masse in eine Schüssel füllen und sofort die Korinthen (Rosinen) hineingeben. Das Eiweiß zu steifem Schnee schlagen, den Rest des Zuckers darunter heben und den Schnee unter die Quarkmasse ziehen. Sie auf den vorgebackenen Boden geben und glattstreichen. Eigelb und Milch verquirlen und damit vorsichtig die obere Seite der Torte bestreichen.

Gas: Perlgroße Flamme; Regler 1–1 1/2.
Strom: O 1 – U 2; Regler 130–150.
Backzeit: 45–60 Minuten.

Das Gebäck darf während des Backens kaum aufgehen (der Belag fällt sonst wieder zusammen), wenn erforderlich, die Hitze geringer einstellen. Nach dem Backen die Torte sofort mit einem Messer vom Springformrand lösen, sie jedoch in der Form erkalten lassen.

Obsttorte (Abb. S. 75)

Für den Teig Mehl und Backin mischen und auf ein Backbrett (Tischplatte) sieben. In die Mitte eine Vertiefung eindrücken, Zucker, Vanillin-Zucker und Ei (oder Milch) hineingeben und mit einem Teil des Mehls zu einem dicken Brei verarbeiten. Darauf das in Stücke geschnittene kalte Fett geben, es mit Mehl bedecken und von der Mitte aus alle Zutaten schnell zu einem glatten Teig verkneten. Sollte er kleben, ihn eine Zeitlang kalt stellen. $^2/_3$ des Teiges auf dem Boden einer Springform* (Durchmesser etwa 26 cm) oder einer Dr. Oetker Klein-Springform (Durchmesser etwa 16 cm) ausrollen. Unter den Rest das Mehl kneten. Dann den Teig zu einer Rolle formen, sie als Rand auf den Boden legen und so an die Form drücken, daß der Rand knapp 3 bzw. 2 cm hoch wird. Den Teigboden mehrmals mit einer Gabel einstechen.

Gas: 5 Minuten vorheizen große Flamme, backen $^1/_2$ große Flamme; Regler 5 Minuten vorheizen 3–4, backen 3–4.
Strom: 10 Minuten vorheizen O3–U3, backen O2–U3; Regler 200–220.
Backzeit: 15–20 Minuten.

* Für eine Spezial-Tortenbodenform mit gewelltem Rand (Durchmesser etwa 26 cm) $^2/_3$ des Teiges zu einer Platte von gut 27 cm Durchmesser ausrollen und in die gefettete Form (Formenboden noch mit Semmelmehl bestreuen) legen. Den Rest des Teiges zu einer Rolle formen, sie in die Rille der Form legen und gut hoch- und an den Rand drücken. Den Teigboden mehrmals mit einer Gabel einstechen.

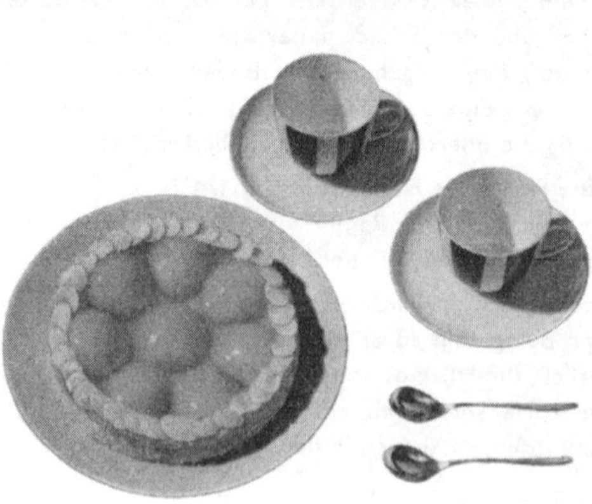

Teig:
150 g Weizenmehl
1 $^1/_2$ g Dr. Oetker Backin ($^1/_2$ gestrichener Teel.)
65 g Zucker
1 Päckchen Dr. Oetker Vanillin-Zucker
1 kleines Ei
65 g Butter oder Margarine
1 gestrichener Eßl. Weizenmehl für den Teigrand

Zum Bestreichen:
1 Päckchen Dr. Oetker Soßen-Pulver Vanille-Geschmack
25 g Zucker (1 gut gehäufter Eßl.)
knapp $^1/_4$ l kalte Milch

Belag:
500–750 g rohes, gedünstetes oder eingemachtes Obst (z. B. Ananas, Äpfel, Aprikosen, Erdbeeren, Kirschen, Pfirsiche, Stachelbeeren usw.)

Guß:
1 Päckchen Dr. Oetker Tortenguß
$^1/_4$ l Wasser oder Fruchtsaft
Zucker nach Angabe auf dem Tortenguß-Beutel

Zutatenmengen für 2 Personen:

Teig:
50 g Weizenmehl
1 Messerspitze Dr. Oetker Backin
20 g Zucker (1 schwach geh. Eßl.)
$^1/_2$ Päckchen Dr. Oetker Vanillin-Zucker
2 Teel. Milch
25 g Butter oder Margarine
1 gestrichener Teel. Weizenmehl für den Teigrand

Belag:
Etwa 250 g rohes, gedünstetes oder eingemachtes Obst

Guß:
½ Päckchen Dr. Oetker Tortenguß
9 Eßl. Wasser oder Fruchtsaft
2 schwach gehäufte Teel. Zucker bei Wasser oder
1 schwach gehäufter Teel. Zucker bei Fruchtsaft

Zum Verzieren der Torten:
Einige Mandeln (abgezogen, in Scheiben geschnitten) oder Haselnußkerne (in Scheiben geschnitten)

Zum Bestreichen der großen Obsttorte Soßen-Pulver und Zucker nach und nach mit der Milch anrühren, unter Rühren zum Kochen bringen und einmal kurz aufkochen lassen. Während des Erkaltens den Pudding ab und zu durchrühren und ihn dann erkaltet gleichmäßig auf den Tortenboden streichen.

Für den Belag weiches Obst roh verwenden und es folgendermaßen vorbereiten: Aprikosen, Erdbeeren und Pfirsiche waschen, gut abtropfen lassen, entsteinen oder entstielen.

Gedünstetes Obst (Äpfel waschen, schälen, in Viertel oder Achtel schneiden und in Zuckerwasser vorsichtig gar kochen!) oder **eingemachtes Obst** auf einem Sieb gut abtropfen lassen. Die vorbereiteten Früchte dann auf den Tortenboden legen.

Den Guß nach der Vorschrift auf dem Beutel zubereiten, auf das Obst geben und die Torte am Rand mit Mandel- oder Haselnußscheiben verzieren.

Linzer Torte

Teig:
200 g Weizenmehl
3 g Dr. Oetker Backin (1 gestrichener Teel.)
125 g Zucker
1 Päckchen Dr. Oetker Vanillin-Zucker
2 Tropfen Dr. Oetker Backöl Bittermandel
1 Messerspitze gemahlene Nelken
1 gestrichener Teel. gemahlener Zimt
1 Eiweiß, ½ Eigelb
125 g Butter oder Margarine
125 g Mandeln oder Haselnußkerne (gemahlen)

Füllung:
Etwa 100 g Konfitüre

Zum Bestreichen:
½ Eigelb
1 Teel. Milch zum Verquirlen

Mehl und Backin mischen und auf ein Backbrett (Tischplatte) sieben. In die Mitte eine Vertiefung eindrücken, Zucker, Gewürze, Eiweiß und ½ Eigelb hineingeben und mit einem Teil des Mehls zu einem dicken Brei verarbeiten. Darauf das in Stücke geschnittene kalte Fett und die Mandeln (Haselnußkerne) geben, sie mit Mehl bedecken und von der Mitte aus alle Zutaten schnell zu einem glatten Teig verkneten. Sollte er kleben, ihn eine Zeitlang kalt stellen.

Knapp die Hälfte des Teiges zu einer Platte in der Größe der Springform (Durchmesser etwa 26 cm) ausrollen und in 16–20 gleichmäßig breite Streifen rädern. Den übrigen Teig auf dem Springformboden ausrollen und ihn mit der Konfitüre bestreichen, dabei ringsherum am Rand etwa 1 cm Teig frei lassen. Die Teigstreifen gitterförmig über die Konfitüre legen und mit dem verquirlten Eigelb bestreichen.

Gas: ½ große Flamme; Regler 3–4.
Strom: 10 Minuten vorheizen O3–U3, backen O2–U3; Regler 175–195.
Backzeit: 25–30 Minuten.

Apfel- oder Kirschtorte, gedeckt

Für den Teig Mehl und Backin mischen und auf ein Backbrett (Tischplatte) sieben. In die Mitte eine Vertiefung eindrücken, Zucker, Vanillin-Zucker, Salz, 1/2 Eigelb, Eiweiß und Milch hineingeben und mit einem Teil des Mehls zu einem dicken Brei verarbeiten. Darauf das in Stücke geschnittene kalte Fett geben, es mit Mehl bedecken und von der Mitte aus alle Zutaten schnell zu einem glatten Teig verkneten. Sollte er kleben, ihn eine Zeitlang kalt stellen. Etwa die Hälfte des Teiges auf dem Boden einer gefetteten Springform (Durchmesser etwa 26cm) ausrollen und mehrmals mit einer Gabel einstechen.

Gas: 5 Minuten vorheizen große Flamme,
backen 1/2 große Flamme; Regler 5 Minuten vorheizen 3–4, backen 3–4.
Strom: 10 Minuten vorheizen O3–U3, backen O2–U3; Regler 200–220.
Backzeit: 15–20 Minuten.

Für die Apfelfüllung die Äpfel waschen, schälen, vom Kerngehäuse befreien, in Stücke schneiden und mit Wasser, 50 g Zucker, Zimt und Rosinen bei schwacher Hitze unter Rühren leicht dünsten. Die Füllung erkalten lassen und mit Zucker und Aroma oder Backöl abschmecken.

Für die Kirschfüllung die Kirschen waschen, entsteinen, mit dem Zucker vermischen und einige Zeit zum Saftziehen stehenlassen. Sie danach nur eben zum Kochen bringen und auf ein Sieb zum Abtropfen geben. Wenn Saft und Kirschen kalt sind, von dem Saft 1/4 l abmessen (gegebenenfalls mit Wasser ergänzen!), mit Backöl abschmecken und mit 4 Eßl. davon das Gustin anrühren. Den Saft erhitzen. In den kochenden, von der Kochstelle genommenen Saft das angerührte Gustin geben und einmal kurz aufkochen lassen. Die Kirschen darunter rühren und die Füllung kalt stellen.

Aus dem übrigen Teig eine Platte in der Größe der Springform rollen, außerdem den Teigrest zu einer fingerdicken Rolle formen. Sie als Rand auf den vorgebackenen Boden legen und so an die Form drücken, daß der Rand etwa 3 cm hoch wird. Die erkaltete Fruchtfüllung auf den Boden streichen. Die Teigplatte darauf legen, mit dem verquirlten Eigelb bestreichen und mit einer Gabel mehrmals einstechen.

Gas: 1/2 große Flamme; Regler 3–4.
Strom: O 2 – U 3; Regler 200–220.
Backzeit: 20–30 Minuten.

Teig:
300 g Weizenmehl
6 g Dr. Oetker Backin
(2 gestrichene Teel.)
100 g Zucker
1 Päckchen Dr. Oetker Vanillin-Zucker
etwas Salz
1/2 Eigelb
1 Eiweiß
1 Eßl. Milch
150 g Butter oder Margarine

Apfelfüllung:
Etwa 2 kg Äpfel
1 Eßl. Wasser
75–100 g Zucker
(3–4 gut gehäufte Eßl.)
1/2 Teel. gemahlener Zimt
50 g Rosinen
(gewaschen, gut abgetropft)
einige Tropfen Dr. Oetker Rum-Aroma
oder
Dr. Oetker Backöl Zitrone

oder

Kirschfüllung:
1 kg Sauerkirschen
100–125 g Zucker
einige Tropfen
Dr. Oetker Backöl Zitrone
30 g Dr. Oetker Gustin
(3 schwach gehäufte Eßl.)

Zum Bestreichen:
1/2 Eigelb
1 Eßl. Milch zum Verquirlen

Teig:
100 g Weizenmehl
1 Messerspitze Dr. Oetker Backin
25 g Zucker (1 gut gehäufter Eßl.)
1 Päckchen Dr. Oetker Vanillin-Zucker
75 g Butter oder Margarine

Belag:
2 Päckchen Dr. Oetker Regina-Gelatine gemahlen, weiß
6 Eßl. kaltes Wasser zum Anrühren
125 g Butter oder Margarine
250 g Zucker
3 Eigelb
500 g Quark
abgeriebene gelbe Schale einer halben Zitrone
Saft einer Zitrone
3 Eiweiß
$^1/_4$ l Sahne

Besonders hübsch läßt sich die Sahnekremtorte mit geschnittenen kandierten Früchten (Ananas, Kirschen, Zitronat) verzieren.

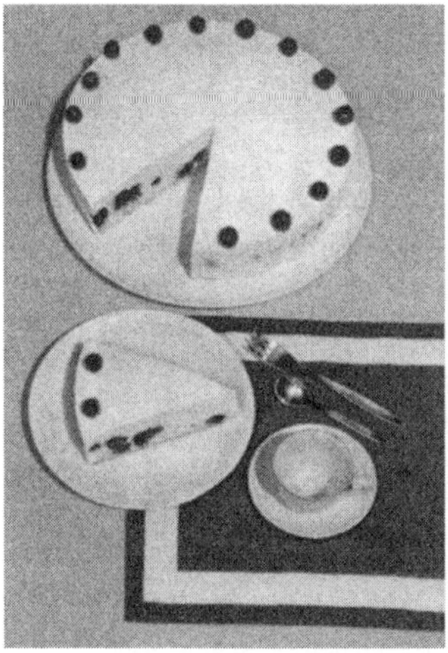

Für den Teig Mehl und Backin mischen und auf ein Backbrett (Tischplatte) sieben. In die Mitte eine Vertiefung eindrücken und Zucker und Vanillin-Zucker hineingeben. Darauf das in Stücke geschnittene kalte Fett geben, es mit Mehl bedecken und alle Zutaten von der Mitte aus schnell zu einem glatten Teig verkneten. Sollte er kleben, ihn eine Zeitlang kalt stellen. Den Teig auf dem Boden einer Springform (Durchmesser etwa 26 cm) ausrollen, mehrmals mit einer Gabel einstechen und goldgelb backen.

Gas: 5 Minuten vorheizen große Flamme,
backen $^1/_2$ große Flamme; Regler 5 Minuten vorheizen 3–4, backen 3–4.
Strom: 10 Minuten vorheizen O3–U3, backen O3–U3; Regler 200–220.
Backzeit: Etwa 15 Minuten.

Nach dem Backen den Boden **sofort** vom Springformboden lösen, aber erst wenn er erkaltet ist, ihn auf eine Tortenplatte legen, den Rand der Springform darum geben und schließen.
Für den Belag die Gelatine mit dem Wasser anrühren, 10 Minuten zum Quellen stehenlassen, unter ständigem Rühren erwärmen, bis sie gelöst ist, und kalt stellen.
Das Fett schaumig rühren und nach und nach $^2/_3$ des Zuckers abwechselnd mit dem Eigelb unterrühren. Danach den durch ein Sieb gestrichenen Quark, die Zitronenschale und den -saft sowie die lauwarme Gelatinelösung hinzufügen und verrühren. Das Eiweiß zu steifem Schnee schlagen. Der Schnee muß so fest sein, daß ein Messerschnitt sichtbar bleibt. Dann unter ständigem Schlagen nach und nach den Rest des Zuckers dazugeben. Den Schnee zusammen mit der steifgeschlagenen Sahne unter die Quarkmasse heben, diese gleichmäßig auf dem Tortenboden verteilen und glattstreichen.
Die Torte kalt stellen, bis der Sahnekrem fest ist, und sie dann mit einem Messer vom Springformrand lösen.
Veränderung: 500 g entsteinte, gekochte oder eingemachte Kirschen mit verwenden. Dann nur knapp die Hälfte der Quarkmasse auf dem Tortenboden verteilen, die gut abgetropften Kirschen gleichmäßig darauf legen (einen etwa 1 cm breiten Rand frei lassen!) und den Rest der Quarkmasse darüber geben und glattstreichen.

Quarkweißbrot

Das Fett schaumig rühren und nach und nach Zucker, Salz und Quark hinzugeben. ²/₃ des mit Backin gemischten und gesiebten Mehls abwechselnd mit der Flüssigkeit unterrühren. Den Rest des Mehls auf ein Backbrett (Tischplatte) schütten, darauf den Teigbrei geben und ihn mit dem Mehl zu einem festen Teig verkneten. (Zum Schluß läßt sich das Mehl schwer unterarbeiten, jedoch keine Flüssigkeit mehr zusetzen.) Den Teig in eine gefettete Kastenform geben, der Länge nach etwa 1 cm tief einschneiden und mit Milch bestreichen.

Gas: ¹/₃ große Flamme; Regler 2¹/₂–3¹/₂.
Strom: O 1 – U 3; Regler 175–195.
Backzeit: 45–60 Minuten.

Teig:
50 g Butter oder Margarine
50 g Zucker (2 gut gehäufte Eßl.)
etwas Salz
*250 g Quark (Topfen)**
(gut ausgepreßt, durch ein Sieb gestrichen)
500 g Weizenmehl
2 Päckchen Dr. Oetker Backin
7 Eßl. Milch
*oder Milch, gemischt mit Quarkmolke**

Zum Bestreichen:
Etwas Milch

* Den Quark in einem festen Tuch gut ausdrücken und erst dann wiegen (deswegen bei feuchtem Quark mehr kaufen). Die ausgepreßte Flüssigkeit, die Quarkmolke, kann mit zum Teig verwendet werden.

Zwieback

Das Brot am nächsten Tag in zwiebackdicke Scheiben schneiden, auf ein Backblech legen und braun rösten.

Gas: Knapp ¹/₃ große Flamme; Regler 1–2.
Strom: 5 Minuten vorheizen O 3 – U 3,
backen O 1 – U 2; Regler 130–150.
Backzeit: 30–40 Minuten (nach der Hälfte der Backzeit die Zwiebäcke wenden!).

Damit die Zwiebäcke nicht weich werden, sie in einer gut schließenden Blechdose aufbewahren.

Ein Quarkweißbrot nach obenstehendem Rezept backen.

Obsttorte mit Streuseln

Für den Teig Mehl und Backin mischen und auf ein Backbrett (Tischplatte) sieben. In die Mitte eine Vertiefung eindrücken, Zucker, Vanillin-Zucker und Ei hineingeben und mit einem Teil des Mehls zu einem Brei verarbeiten. Darauf das in Stücke geschnittene kalte Fett geben, es mit Mehl bedecken und alle Zutaten schnell zu einem Teig verkneten. Sollte er kleben, ihn kalt stellen. ²/₃ des Teiges auf dem Boden einer Springform (Durchmesser etwa 26 cm) ausrollen. Unter den Rest den Eßl. Mehl kneten. Dann den Teig zu einer Rolle formen, sie als Rand auf den Boden legen und so an die Form drücken, daß der Rand knapp 3 cm hoch wird. Den Teigboden mehrmals mit einer Gabel einstechen.

Teig:
150 g Weizenmehl
1¹/₂ g Dr. Oetker Backin
(¹/₂ gestrichener Teel.)
65 g Zucker
1 Päckchen Dr. Oetker Vanillin-Zucker
1 kleines Ei
65 g Butter oder Margarine
1 Eßl. Weizenmehl für den Teigrand

Füllung:
500–750 g Äpfel oder Pflaumen
Streusel:
150 g Weizenmehl
75–100 g Zucker
1 Päckchen Dr. Oetker Vanillin-Zucker
1 Messerspitze gemahlener Zimt
75–100 g Butter oder Margarine

Bei zu kleinen Streuseln einige Tropfen Milch zusetzen, bei zu großen Streuseln noch etwas Mehl hinzugeben!

Gas: 5 Minuten vorheizen große Flamme,
backen ½ große Flamme;
Regler 5 Minuten vorheizen 3–4, backen 3–4.
Strom: 10 Minuten vorheizen O 3 – U 3,
backen O 2 – U 3; Regler 200–220.
Backzeit: 15–20 Minuten.

Für die Füllung die Äpfel schälen, vom Kerngehäuse befreien und in kleine Stücke schneiden. Die Pflaumen waschen, entsteinen und in Viertel schneiden. Die Äpfel (Pflaumen) gleichmäßig auf den abgekühlten Boden geben. **Für die Streusel** das Mehl in eine Schüssel sieben und mit Zucker, Vanillin-Zucker und Zimt vermischen. Das Fett in Flöckchen dazugeben und alles mit 2 Gabeln zu Streuseln vermengen. Diese gleichmäßig auf den mit Obst belegten Tortenboden geben.

Gas: ½ große Flamme; Regler 3–4.
Strom: O 2 – U 3; Regler 200–220.
Backzeit: 25–30 Minuten.

GEBÄCK AUF DEM BACKBLECH

Prasselkuchen

Teig:
375 g Weizenmehl
6 g Dr. Oetker Backin
(2 gestrichene Teel.)
125 g Zucker
1 Fläschchen Dr. Oetker Rum-Aroma
etwas Salz
1 Ei
200 g Butter oder Margarine
Zum Bestreichen:
Etwa 200 g Aprikosen-Konfitüre
Streusel:
350 g Weizenmehl
175 g Zucker
1 Päckchen Dr. Oetker Vanillin-Zucker
1 Messerspitze gemahlener Zimt
175–200 g Butter oder Margarine
evtl. 1–2 Eßl. Wasser

Für den Teig Mehl und Backin mischen und auf ein Backbrett (Tischplatte) sieben. In die Mitte eine Vertiefung eindrücken, Zucker, Gewürze und Ei hineingeben und mit einem Teil des Mehls zu einem dicken Brei verarbeiten. Darauf das in Stücke geschnittene kalte Fett geben, es mit Mehl bedecken und von der Mitte aus alle Zutaten schnell zu einem glatten Teig verkneten. Sollte er kleben, ihn eine Zeitlang kalt stellen. Den Teig auf einem gefetteten Backblech ausrollen und gleichmäßig mit der Konfitüre bestreichen.
Für die Streusel das Mehl in eine Schüssel sieben und mit Zucker, Vanillin-Zucker und Zimt vermischen. Das Fett in Flöckchen dazugeben und alles mit 2 Gabeln zu Streuseln vermengen. Sollte die Masse zu wenig krümeln, noch 1–2 Eßl. Wasser hinzugeben. Die Streusel gleichmäßig auf dem mit Konfitüre bestrichenen Teig verteilen.

Gas: 5 Minuten vorheizen große Flamme,
backen ½ große Flamme;
Regler 5 Minuten vorheizen 3–4, backen 3–4.
Strom: 10 Minuten vorheizen O 3 – U 3,
backen O 2 – U 3; Regler 200–220.
Backzeit: Etwa 25 Minuten.

Rumtörtchen

Teig:
300 g Weizenmehl
6 g Dr. Oetker Backin
(2 gestrichene Teel.)
100 g Zucker
1 Päckchen Dr. Oetker Vanillin-Zucker
1 Ei
150 g Butter oder Margarine

Füllung:
Etwas Konfitüre

Guß:
125 g Puderzucker
1 Fläschchen Dr. Oetker Rum-Aroma
1–1½ Eßl. heißes Wasser

Zum Verzieren:
Eingemachte Kirschen oder Gelee

Für den Teig Mehl und Backin mischen und auf ein Backbrett (Tischplatte) sieben. In die Mitte eine Vertiefung eindrücken, Zucker, Vanillin-Zucker und Ei hineingeben und mit einem Teil des Mehls zu einem dicken Brei verarbeiten. Darauf das in Stücke geschnittene kalte Fett geben, es mit Mehl bedecken und von der Mitte aus alle Zutaten schnell zu einem glatten Teig verkneten. Sollte er kleben, ihn eine Zeitlang kalt stellen. Den Teig dünn ausrollen, mit einer runden Form (Durchmesser 6 cm) ausstechen und auf ein Backblech legen.

Gas: 5 Minuten vorheizen große Flamme,
backen ½ große Flamme;
Regler 5 Minuten vorheizen 3–4, backen 3–4.
Strom: 10 Minuten vorheizen O 3 – U 3,
backen O 3 – U 3; Regler 175–195.
Backzeit: 8–12 Minuten.

Nach dem Erkalten die Hälfte der Plätzchen auf der Unterseite mit Konfitüre bestreichen und die übrigen darauf legen.
Für den Guß den gesiebten Puderzucker mit dem Aroma und so viel Wasser glattrühren, daß eine dickflüssige Masse entsteht. Die Oberfläche der zusammengesetzten Plätzchen damit bestreichen und in die Mitte jedes Törtchens eine Kirsche oder ein Geleestückchen setzen.

Mokka-Törtchen

Teig (für 20 Törtchen):
250 g Weizenmehl
50 g Dr. Oetker Gustin
(5 schwach gehäufte Eßl.)
20 g Kakao (2 gestrichene Eßl.)
3 g Dr. Oetker Backin
(1 gestrichener Teel.)
75 g Zucker
1 Ei
1 Eßl. Milch oder Wasser
150 g Butter oder Margarine

Für den Teig Mehl, Gustin, Kakao und Backin mischen und auf ein Backbrett (Tischplatte) sieben. In die Mitte eine Vertiefung eindrücken, Zucker, Ei und Flüssigkeit hineingeben und mit einem Teil des Mehls zu einem dicken Brei verarbeiten. Darauf das in Stücke geschnittene kalte Fett geben, es mit Mehl bedecken und von der Mitte aus alle Zutaten schnell zu einem glatten Teig verkneten. Sollte er kleben, ihn eine Zeitlang kalt stellen. Den Teig dünn ausrollen, mit einer runden Form etwa 40 Plätzchen (Durchmesser etwa 8 cm) ausstechen und auf ein Backblech legen.

Gas: 5 Minuten vorheizen große Flamme,
backen ½ große Flamme;
Regler 5 Minuten vorheizen 3–4, backen 3–4.
Strom: 10 Minuten vorheizen O 3 – U 3,
backen O 3 – U 3 (2. Blech O 2 – U 2); Regler 175–195.
Backzeit: 10–15 Minuten.

Guß:
100 g Puderzucker
20 g Kakao (2 gestrichene Eßl.)
1–2 Eßl. heißes Wasser
30 g Butter oder Margarine (zerlassen)

Zum Bestreuen:
Einige Mandeln (abgezogen, gehackt)

Mokkakrem:
1/2 Päckchen Dr. Oetker Pudding-Pulver Vanille-Geschmack
50 g Zucker (2 gut gehäufte Eßl.)
1/4 l kalte Milch
100 g Butter oder Margarine
1 gut gehäufter Teel. Kaffee-Extraktpulver

Für den Guß den mit Kakao gesiebten Puderzucker mit so viel Wasser glattrühren, daß eine dickflüssige Masse entsteht. Dann das heiße Fett dazugeben. Die Hälfte der erkalteten Plätzchen auf der oberen Seite mit dem Guß bestreichen und den Rand mit den Mandeln verzieren.
Für den Mokkakrem Pudding-Pulver und Zucker mit 3 Eßl. von der Milch anrühren. Die übrige Milch erhitzen. In die kochende, von der Kochstelle genommene Milch das angerührte Pudding-Pulver rühren und kurz aufkochen lassen. Danach sorgfältig das Extraktpulver unter den Pudding rühren und ihn während des Erkaltens ab und zu durchrühren. Das Fett schaumig rühren und den erkalteten Pudding eßlöffelweise darunter geben (darauf achten, daß weder Fett noch Pudding zu kalt sind, da dann die sogenannte Gerinnung eintritt!).
Die nicht bestrichenen Plätzchen auf der Unterseite spiralförmig vom Rand zur Mitte hin mit dem Mokkakrem bespritzen und die übrigen darauf legen.

(Abb. S. 76)
Haselnußkranz

Teig:
300 g Weizenmehl
6 g Dr. Oetker Backin (2 gestrichene Teel.)
100 g Zucker
1 Päckchen Dr. Oetker Vanillin-Zucker
1 Ei
2 Eßl. Milch oder Wasser
125 g Butter oder Margarine

Füllung:
200 g Haselnußkerne (gemahlen)
100 g Zucker
4–5 Tropfen Dr. Oetker Backöl Bittermandel
1/2 Eigelb, 1 Eiweiß
3–4 Eßl. Wasser

Zum Bestreichen:
1/2 Eigelb
1 Eßl. Milch zum Verquirlen

Für den Teig Mehl und Backin mischen und auf ein Backbrett (Tischplatte) sieben. In die Mitte eine Vertiefung eindrücken, Zucker, Vanillin-Zucker, Ei und Flüssigkeit hineingeben und mit einem Teil des Mehls zu einem dicken Brei verarbeiten. Darauf das in Stücke geschnittene kalte Fett geben, es mit Mehl bedecken und alle Zutaten schnell zu einem glatten Teig verkneten. Sollte er kleben, ihn eine Zeitlang kalt stellen. Den Teig zu einem Rechteck von etwa 35×45 cm ausrollen.
Für die Füllung Haselnußkerne, Zucker, Backöl, 1/2 Eigelb und Eiweiß mit so viel Wasser verrühren, daß eine geschmeidige Masse entsteht. Diese mit einem Teigschaber auf den ausgerollten Teig streichen. Den Teig von der längeren Seite her aufrollen, als Kranz auf ein gefettetes Backblech legen, mit dem verquirlten Eigelb bestreichen und den Außenrand in gleichmäßigen Abständen etwa 1/2 cm tief einschneiden.
Gas: 1/2 große Flamme; Regler 3–4.
Strom: 10 Minuten vorheizen O 3 – U 3,
backen O 2 – U 2; Regler 175–195.
Backzeit: Etwa 45 Minuten.
Als Veränderung die Haselnußkerne mit 120 g (etwa 6 gestrichene Eßl.) Bienenhonig *, dem Backöl, dem 1/2 Eigelb, dem Eiweiß und 2–3 Eßl. Wasser verrühren.

* z. B. Langnese-Honig

Gedeckter Kuchen (Abb. S. 36/183)

Teig:
375 g Weizenmehl
12 g Dr. Oetker Backin (4 gestrichene Teel.)
75 g Zucker
1 Päckchen Dr. Oetker Vanillin-Zucker
1 Eiweiß, ½ Eigelb
5 Eßl. Milch oder Wasser
150 g Butter oder Margarine

Apfelfüllung:
1½ kg Äpfel
50–125 g Zucker
50 g Korinthen oder Rosinen (gewaschen, gut abgetropft)
einige Tropfen Dr. Oetker Rum-Aroma

oder

Kirschfüllung:
1½ kg Sauerkirschen
175 g Zucker
50 g Dr. Oetker Gustin (5 schwach gehäufte Eßl.)
oder
1 Päckchen Dr. Oetker Pudding-Pulver Vanille-Geschmack

oder

Quarkfüllung:
1 kg Quark (Topfen) (gut ausgepreßt)
1 Päckchen Dr. Oetker Soßen-Pulver Vanille-Geschmack
oder
½ Päckchen Dr. Oetker Pudding-Pulver Vanille-Geschmack
1 Ei
200–250 g Zucker
5 Tropfen Dr. Oetker Backöl Zitrone
50 g Rosinen (gewaschen, gut abgetropft)

Zum Bestreichen:
½ Eigelb
1 Eßl. Milch zum Verquirlen

Für den Teig Mehl und Backin mischen und auf ein Backbrett (Tischplatte) sieben. In die Mitte eine Vertiefung eindrücken, Zucker, Vanillin-Zucker, Eiweiß, ½ Eigelb und Flüssigkeit hineingeben und mit einem Teil des Mehls zu einem dicken Brei verarbeiten. Darauf das in Stücke geschnittene kalte Fett geben, es mit Mehl bedecken und von der Mitte aus alle Zutaten schnell zu einem glatten Teig verkneten. Sollte er kleben, noch etwas Mehl hinzugeben. Knapp die Hälfte des Teiges dünn ausrollen, für die Decke eine Teigplatte in der Größe des Backblechs (etwa 30×40 cm) ausrädern und auf Papier wickeln. Den Rest des Teiges so ausrollen, daß er etwas größer als das Backblech ist. Diese Teigplatte am besten locker auf die Teigrolle wickeln und dann auf das gefettete Backblech legen.

Für die Apfelfüllung die Äpfel waschen, schälen, vom Kerngehäuse befreien, in Stücke schneiden und mit 2 gut gehäuften Eßl. Zucker und den Korinthen (Rosinen) bei schwacher Hitze unter Rühren leicht dünsten. Die Äpfel etwas abkühlen lassen und mit dem Rest des Zuckers und dem Aroma abschmecken.

Für die Kirschfüllung die Kirschen waschen, entsteinen, zuckern und einige Zeit zum Saftziehen stehenlassen. Sie danach nur eben zum Kochen bringen, auf ein Sieb zum Abtropfen geben und Saft und Kirschen erkalten lassen. ½ l von dem abgelaufenen kalten Kirschsaft abmessen (gegebenenfalls mit Wasser ergänzen!) und mit 4 Eßl. davon das Gustin oder das Pudding-Pulver anrühren. Den Kirschsaft erhitzen. In den kochenden, von der Kochstelle genommenen Kirschsaft das angerührte Gustin (Pudding-Pulver) rühren und einmal kurz aufkochen lassen. Die gut abgetropften Kirschen darunter rühren und die Masse kalt stellen.

Für die Quarkfüllung den durch ein Sieb gestrichenen Quark mit Soßen-Pulver (Pudding-Pulver), Ei, Zucker, Backöl und Rosinen vermischen.
Die Füllung auf das mit Teig belegte Backblech streichen, dabei an der offenen Seite des Blechs etwa 2 cm Teig frei lassen. Eigelb und Milch verquirlen und damit die über die Füllung geschlagenen Teigränder bestreichen. Die Teigdecke darauf legen, mit der verquirlten Eigelbmilch bestreichen und mit einer Gabel mehrmals einstechen.

Gas: 5 Minuten vorheizen große Flamme,
backen 1/2 große Flamme;
Regler 5 Minuten vorheizen 3–4, backen 3–4.
Strom: 10 Minuten vorheizen O 3 – U 3,
backen O 2 – U 3; Regler 200–220.
Backzeit: 20–30 Minuten.

Obsttörtchen

Teig
(für 12–14 Törtchen, Durchmesser etwa 10 cm):
200 g Weizenmehl
3 g Dr. Oetker Backin (1 gestrichener Teel.)
75 g Zucker
1 Päckchen Dr. Oetker Vanillin-Zucker
etwas Salz
4 Tropfen Dr. Oetker Backöl Zitrone
2 Eßl. Wasser
100 g Butter oder Margarine

Belag:
1 Päckchen Dr. Oetker Soßen-Pulver Vanille-Geschmack
25 g Zucker (1 gut gehäufter Eßl.)
knapp 1/4 l kalte Milch
500–750 g rohes, gedünstetes oder eingemachtes Obst
(z. B. Ananas, Aprikosen, Erdbeeren, Heidelbeeren, Kirschen, Pfirsiche, Stachelbeeren usw.)

Guß:
1 Päckchen Dr. Oetker Tortenguß
1/4 l Wasser oder Fruchtsaft
Zucker nach Angabe auf dem Tortenguß-Beutel

Zum Verzieren:
1/4–3/8 l Sahne
Zucker nach Geschmack

Für den Teig Mehl und Backin mischen und auf ein Backbrett (Tischplatte) sieben. In die Mitte eine Vertiefung eindrücken, Zucker, Vanillin-Zucker, Gewürze und Wasser hineingeben und mit einem Teil des Mehls zu einem dicken Brei verarbeiten. Darauf das in Stücke geschnittene kalte Fett geben, es mit Mehl bedecken und von der Mitte aus alle Zutaten schnell zu einem glatten Teig verkneten. Sollte er kleben, ihn eine Zeitlang kalt stellen. Den Teig etwa 3 mm dick ausrollen, mit einer runden Form (Durchmesser etwa 10 cm) ausstechen, auf ein Backblech legen und mit einer Gabel mehrmals einstechen.

Gas: 5 Minuten vorheizen große Flamme,
backen 1/2 große Flamme;
Regler 5 Minuten vorheizen 3–4, backen 3–4.
Strom: 10 Minuten vorheizen O 3 – U 3,
backen O 3 – U 3; Regler 175–195.
Backzeit: 10–15 Minuten.

Für den Belag Soßen-Pulver und Zucker nach und nach mit der Milch anrühren, unter Rühren zum Kochen bringen und einmal kurz aufkochen lassen. Während des Erkaltens den Pudding ab und zu durchrühren und ihn dann erkaltet gleichmäßig auf die Plätzchen streichen.
Weiches Obst roh verwenden und folgendermaßen vorbereiten: Aprikosen, Erdbeeren, Heidelbeeren und Pfirsiche waschen, gut abtropfen lassen, entsteinen, entstielen oder verlesen.
Gedünstetes oder eingemachtes Obst auf einem Sieb gut abtropfen lassen. Die vorbereiteten Früchte auf die Plätzchen legen (einen etwa 1 cm breiten Rand frei lassen!).
Den Guß nach der Vorschrift auf dem Beutel zubereiten, auf das Obst geben und die Törtchen am Rand mit der steifgeschlagenen, gesüßten Sahne verzieren.

Nuß- oder Kokosecken (Abb. S. 128)

Für den Teig Mehl und Backin mischen und auf ein Backbrett (Tischplatte) sieben. In die Mitte eine Vertiefung eindrücken, Zucker, Vanillin-Zucker und Ei hineingeben und mit einem Teil des Mehls zu einem dicken Brei verarbeiten. Darauf das in Stücke geschnittene kalte Fett geben, es mit Mehl bedecken und von der Mitte aus alle Zutaten schnell zu einem glatten Teig verkneten. Sollte er kleben, ihn eine Zeitlang kalt stellen. Den Teig zu einem Rechteck von 32×24 cm ausrollen, auf ein Backblech legen und dünn mit Konfitüre bestreichen. **Für den Belag** das Fett mit Zucker, Vanillin-Zucker und Wasser zerlassen und einmal aufkochen. Die Haselnußkerne (Kokosraspeln) darunter mengen und alles kalt stellen. Die abgekühlte Masse auf dem Teig verteilen und vor den Teig einen geknifften Papierstreifen legen.

Gas: 1/2 große Flamme; Regler 3–4.
Strom: 10 Minuten vorheizen O 3 – U 3,
backen O 2 – U 3; Regler 175–195.
Backzeit: 20–30 Minuten.

Nach dem Backen das Gebäck etwas abkühlen lassen, in Vierecke von etwa 8×8 cm schneiden und diese nochmals in Hälften teilen, so daß Dreiecke entstehen.
Für den Guß den mit Kakao gesiebten Puderzucker mit so viel Wasser glattrühren, daß eine dickflüssige Masse entsteht. Dann das heiße Fett dazugeben und die beiden spitzen Ecken des Gebäcks damit bestreichen.

Teig:
150 g Weizenmehl
1 1/2 g Dr. Oetker Backin
(1/2 gestrichener Teel.)
65 g Zucker
1 Päckchen Dr. Oetker Vanillin-Zucker
1 Ei
65 g Butter oder Margarine

Zum Bestreichen:
2 Eßl. Aprikosen-Konfitüre

Belag:
100 g Butter oder Margarine
100 g Zucker
1 Päckchen Dr. Oetker Vanillin-Zucker
2 Eßl. Wasser
200 g Haselnußkerne
(halb gemahlen, halb gehackt)
oder
200 g Kokosraspeln

Guß:
50 g Puderzucker (2 gut gehäufte Eßl.)
2 gehäufte Teel. Kakao
etwa 2 Eßl. heißes Wasser
10 g Butter oder Margarine (zerlassen)

Flana-Törtchen

Für den Teig Mehl, Gustin und Backin mischen und auf ein Backbrett (Tischplatte) sieben. In die Mitte eine Vertiefung eindrücken, Zucker, Vanillin-Zucker und Sahne (Milch) hineingeben und mit einem Teil des Mehls zu einem dicken Brei verarbeiten. Darauf das in Stücke geschnittene kalte Fett geben, es mit Mehl bedecken und alle Zutaten schnell zu einem glatten Teig verkneten. Sollte er kleben, ihn eine Zeitlang kalt stellen. Den Teig etwa 3 mm dick ausrollen, 40 Plätzchen (Durchmesser etwa 7 1/2 cm) ausstechen und auf ein Backblech legen.

Gas: 5 Minuten vorheizen große Flamme,
backen 1/2 große Flamme;
Regler 5 Minuten vorheizen 3–4, backen 3–4.
Strom: 10 Minuten vorheizen O 3 – U 3,
backen O 3 – U 3 (2. Blech O 2 – U 2); Regler 175–195.
Backzeit: 12–15 Minuten.

Teig (für 20 Törtchen):
250 g Weizenmehl
50 g Dr. Oetker Gustin
(5 schwach gehäufte Eßl.)
3 g Dr. Oetker Backin
(1 gestrichener Teel.)
50 g Zucker (2 gut gehäufte Eßl.)
1 Päckchen Dr. Oetker Vanillin-Zucker
2 Eßl. saure Sahne oder Milch
175 g Butter oder Margarine

Butterkrem:
1 Päckchen Dr. Oetker Schokoladen-Flana
50 g Zucker (2 gut gehäufte Eßl.)
4 Eßl. kalte Milch zum Anrühren
¹/₄ l Milch
150 g Butter oder Margarine
25 g Kokosfett (zerlassen)
Guß:
75 g Puderzucker
20 g Kakao (2 gestrichene Eßl.)
1¹/₂ Eßl. heißes Wasser
25 g Kokosfett (zerlassen)

Für den Butterkrem den Inhalt des Päckchens und den Zucker in einer Tasse gut mischen, zunächst 2 Eßl. Milch hinzugeben und mit einer Gabel durchschlagen, bis keine Klümpchen mehr vorhanden sind. Dann die restlichen 2 Eßl. Milch darunter rühren. Das ¹/₄ l Milch erhitzen. In die kochende, von der Kochstelle genommene Milch langsam die angerührte Mischung geben, unter Rühren 1 Minute kochen lassen und während des Erkaltens den Flana ab und zu durchrühren.

Für den Guß den mit Kakao gesiebten Puderzucker mit so viel Wasser glattrühren, daß eine dickflüssige Masse entsteht. Dann das heiße Fett dazugeben. Die Hälfte der erkalteten Plätzchen auf der Oberseite mit dem Guß bestreichen. Wenn der Flana erkaltet ist, ihn eßlöffelweise unter das schaumig gerührte Fett geben (darauf achten, daß weder Fett noch Flana zu kalt sind, da dann die sogenannte Gerinnung eintritt!). Zuletzt das heiße Fett darunter rühren. Die nicht bestrichenen Plätzchen auf der Unterseite spiralförmig mit dem Krem bespritzen, die übrigen darauf legen und mit einem Kremtupfen verzieren.

(Abb. S. 34) Terrassen

Teig:
300 g Weizenmehl
6 g Dr. Oetker Backin (2 gestrichene Teel.)
100 g Zucker
1 Päckchen Dr. Oetker Vanillin-Zucker
1 Ei
150 g Butter oder Margarine
Füllung:
Etwas Konfitüre
Zum Bestäuben:
Etwas Puderzucker
Zum Verzieren:
Etwas rote Konfitüre

Mehl und Backin mischen und auf ein Backbrett (Tischplatte) sieben. In die Mitte eine Vertiefung eindrücken, Zucker, Vanillin-Zucker und Ei hineingeben und mit einem Teil des Mehls zu einem dicken Brei verarbeiten. Darauf das in Stücke geschnittene kalte Fett geben, es mit Mehl bedecken und alle Zutaten schnell zu einem glatten Teig verkneten. Sollte er kleben, ihn eine Zeitlang kalt stellen. Den Teig dünn ausrollen. Plätzchen von gleicher Form, aber in drei verschiedenen Größen (die gleiche Anzahl von jeder Größe) ausstechen, auf ein Backblech legen und goldgelb backen.

Gas: 5 Minuten vorheizen große Flamme,
backen ¹/₂ große Flamme;
Regler 5 Minuten vorheizen 3–4, backen 3–4.
Strom: 10 Minuten vorheizen O 3 – U 3,
backen O 3 – U 3; Regler 175–195.
Backzeit: 8–10 Minuten.

Nach dem Backen von je drei Plätzchen verschiedener Größe die beiden kleineren auf der Unterseite mit Konfitüre bestreichen und terrassenförmig auf das größte setzen. Dann die Plätzchen mit etwas Puderzucker bestäuben und mit einem Konfitüretüpfchen verzieren.

Apfel- oder Kirschrollen

Für den Teig Mehl und Backin mischen und auf ein Backbrett (Tischplatte) sieben. In die Mitte eine Vertiefung eindrücken, Zucker, Vanillin-Zucker, Gewürze und Ei hineingeben und mit einem Teil des Mehls zu einem dicken Brei verarbeiten. Darauf das in Stücke geschnittene kalte Fett und den Quark (zur Verfeinerung durch ein Sieb streichen) geben, mit Mehl bedecken und von der Mitte aus alle Zutaten schnell zu einem glatten Teig verkneten. Sollte er kleben, noch etwas Mehl hinzugeben.

Für die Apfelfüllung die Äpfel schälen, vom Kerngehäuse befreien, in Stücke schneiden und mit dem Zucker und den Rosinen bei schwacher Hitze unter Rühren leicht dünsten. Dann die Äpfel mit dem Backöl abschmecken und kalt stellen.

Für die Kirschfüllung die Kirschen waschen, entsteinen, mit dem Zucker vermischen und kurze Zeit zum Saftziehen stehenlassen. Sie danach nur eben zum Kochen bringen und auf ein Sieb zum Abtropfen geben. Wenn Saft und Kirschen kalt sind, von dem Saft 1/4 l abmessen (gegebenenfalls mit Wasser ergänzen) und mit 4 Eßl. davon das Gustin anrühren. Den übrigen Saft erhitzen. In den kochenden, von der Kochstelle genommenen Saft langsam das angerührte Gustin geben und einmal kurz aufkochen lassen. Die Kirschen darunter rühren und die Füllung kalt stellen.

Den Teig teilen und jedes Stück zu einem Rechteck von etwa 40 × 30 cm ausrollen. Auf jedes Rechteck in der Breite von etwa 4 cm der Länge nach bergförmig die Hälfte der erkalteten Füllung streichen, dabei zum Rand hin einen Teigstreifen von gut 5 cm frei lassen, diesen auf die Füllung schlagen und sie in den Teig einrollen. Die Rollen an den Enden zusammendrücken, etwas plattdrücken, mit Milch bestreichen, mit Zucker bestreuen und mit einem scharfen Messer obenauf der Breite nach in Abständen von knapp 3 cm etwa 1/2 cm tief einschneiden. Die Rollen auf ein gefettetes Backblech legen.

Gas: 1/2 große Flamme; Regler 3–4.
Strom: 10 Minuten vorheizen O 3 – U 3,
backen O 2 – U 3; Regler 175–195.
Backzeit: 25–30 Minuten.

Die erkalteten Rollen in gleichmäßig breite Stücke von 1 1/2–2 cm schneiden.

Teig:
300 g Weizenmehl
1 Päckchen Dr. Oetker Backin
75 g Zucker
1 Päckchen Dr. Oetker Vanillin-Zucker
3 Tropfen Dr. Oetker Backöl Bittermandel
etwas Salz, 1 Ei
100 g Butter oder Margarine
125 g Quark (Topfen) (gut ausgepreßt)

Apfelfüllung:
1 1/2 kg Äpfel
75 g Zucker
50 g Rosinen (gewaschen, gut abgetropft)
3–4 Tropfen Dr. Oetker Backöl Zitrone

oder

Kirschfüllung:
1 1/2 kg Sauerkirschen
125 g Zucker
50 g Dr. Oetker Gustin (5 schwach gehäufte Eßl.)

Zum Bestreichen:
Etwas gezuckerte Milch

Zum Bestreuen:
Etwas Hagelzucker oder grober Zucker

Strudelteig

Teig:
200 g Weizenmehl
etwas Salz
5 Eßl. lauwarmes Wasser
50 g Butter, Margarine oder Schweineschmalz (zerlassen)
oder
3 Eßl. Öl

Das Mehl auf ein Backbrett (Tischplatte) sieben. In die Mitte eine Vertiefung eindrücken, das Salz hineingeben und unter langsamer Zugabe des Wassers und des Fettes mit einem Teil des Mehls zu einem dicken Brei verarbeiten. Diesen mit Mehl bedecken und von der Mitte aus alle Zutaten schnell zu einem glatten Teig verkneten. Ihn auf Pergamentpapier in einen heißen, trockenen Emaille-Kochtopf (vorher Wasser darin kochen!) legen. Den Topf mit einem Deckel verschließen und den Teig ½ Stunde ruhen lassen. Aus diesem Strudelteig die folgenden Gebäcke zubereiten.

Wiener Mohnstrudel

Teig:
1 Rezept Strudelteig (siehe oben)

Zum Bestreichen:
50 g Butter oder Margarine (zerlassen)

Füllung:
250 g Mohn
125 g Zucker
1 Päckchen Dr. Oetker Vanillin-Zucker
4 Tropfen Dr. Oetker Backöl Zitrone
½ gestrichener Teel. gemahlener Zimt
50 g Butter oder Margarine (zerlassen)
knapp ¼ l heiße Milch
50 g Rosinen (gewaschen, gut abgetropft)

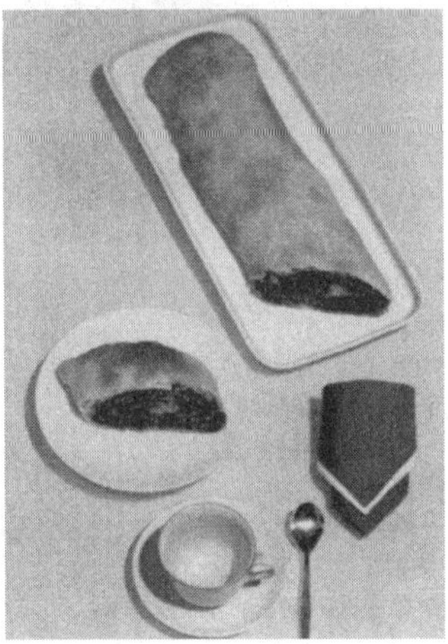

Für die Füllung den Mohn mahlen und mit Zucker und Gewürzen mischen. Das Fett und so viel von der Milch darunter rühren, daß die Masse gerade streichfähig, aber nicht weich ist. Dann die Füllung kalt stellen.

Den Strudelteig etwas auf einem bemehlten, großen weißen Tuch (Tischtuch) ausrollen, ihn dünn mit etwas Fett bestreichen und dann mit den Händen zu einem Rechteck von etwa 50×70 cm ausziehen; er muß durchsichtig sein. Sollten die Ränder dicker als der Teig in der Mitte sein, müssen sie abgeschnitten werden. Den Strudelteig mit gut der Hälfte des Fettes bestreichen, dann die Mohnmasse, von einer der längeren Seiten ausgehend, auf ⅔ des ausgezogenen Strudelteiges streichen (dabei an den kürzeren Seiten etwa 3 cm Teig frei lassen!) und sie mit den Rosinen bestreuen. Die etwa 3 cm breiten, freigebliebenen Teigränder auf die Füllung schlagen und den Teig von der längeren Seite her, mit der Füllung beginnend, aufrollen. Den Strudel an den Enden gut zusammendrücken, auf ein gefettetes Backblech legen und mit etwas Fett bestreichen.

Gas: 5 Minuten vorheizen große Flamme,
backen ½ große Flamme;
Regler 5 Minuten vorheizen 3–4, backen 3–4.
Strom: 10 Minuten vorheizen O 3 – U 3,
backen O 2 – U 3; Regler 175–195.
Backzeit: 45–55 Minuten.

Damit der Strudel eine mürbere Kruste bekommt, ihn während des Backens mit dem restlichen Fett bestreichen.
Veränderung: An Stelle eines großen zwei kleinere Strudel herstellen. Diese nebeneinander auf ein Backblech legen und zusammen backen.

Wiener Apfelstrudel

Für die Füllung die Äpfel waschen, schälen, vom Kerngehäuse befreien, in feine Scheiben schneiden und das Aroma und das Backöl darunter mischen.

Den Strudelteig etwas auf einem bemehlten, großen weißen Tuch (Tischtuch) ausrollen, ihn dünn mit etwas Fett bestreichen und dann mit den Händen zu einem Rechteck von etwa 50×70 cm ausziehen; er muß durchsichtig sein. Sollten die Ränder dicker als der Teig in der Mitte sein, müssen sie abgeschnitten werden. Den Strudelteig mit gut ²/₃ des Fettes bestreichen, dann das Semmelmehl, von einer der längeren Seiten ausgehend, auf ²/₃ des ausgezogenen Strudelteiges streuen (dabei an den kürzeren Seiten etwa 3 cm Teig frei lassen!). Die Äpfel auf das Semmelmehl geben und mit Zucker, Vanillin-Zucker, Rosinen und Mandeln bestreuen. Die etwa 3 cm breiten, freigebliebenen Teigränder auf die Füllung schlagen und den Teig von der längeren Seite her, mit der Füllung beginnend, aufrollen. Den Strudel an den Enden gut zusammendrücken, auf ein gefettetes Backblech legen und mit etwas Fett bestreichen.

Gas: 5 Minuten vorheizen große Flamme,
backen ¹/₂ große Flamme;
Regler 5 Minuten vorheizen 3–4, backen 3–4.
Strom: 10 Minuten vorheizen O 3 – U 3,
backen O 2 – U 3; Regler 175–195.
Backzeit: 45–55 Minuten.

Damit der Strudel eine mürbere Kruste bekommt, ihn während des Backens mit dem restlichen Fett bestreichen.

Veränderung: Aus den angegebenen Zutaten nach Belieben an Stelle eines großen zwei kleinere Strudel herstellen. Diese auf ein Backblech legen und backen.

Teig:
1 Rezept Strudelteig (S. 65)
Zum Bestreichen:
75 g Butter oder Margarine (zerlassen)
Füllung:
1–1¹/₂ kg Äpfel
1 Fläschchen Dr. Oetker Rum-Aroma
3 Tropfen Dr. Oetker Backöl Zitrone
50 g Semmelmehl
100 g Zucker
1 Päckchen Dr. Oetker Vanillin-Zucker
50 g Rosinen
(gewaschen, gut abgetropft)
50 g Mandeln (abgezogen, gehackt)

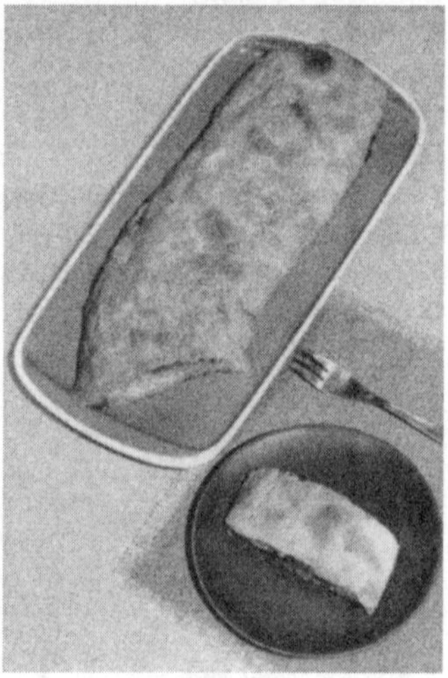

KLEINGEBÄCK

Teegebäck (Abb. S. 72)

Mehl und Backin mischen und auf ein Backbrett (Tischplatte) sieben. In die Mitte eine Vertiefung eindrücken, Zucker, Vanillin-Zucker und Eier hineingeben und mit einem Teil des Mehls zu einem dicken Brei verarbeiten. Darauf das in Stücke geschnittene kalte Fett geben, es mit Mehl bedecken und von der Mitte aus alle Zutaten schnell zu einem glatten Teig verkneten. Sollte er kleben, ihn eine Zeitlang kalt stellen. Aus diesem Teig verschiedenes Gebäck folgendermaßen herstellen:

Teig:
500 g Weizenmehl
6 g Dr. Oetker Backin
(2 gestrichene Teel.)
150 g Zucker
1 Päckchen Dr. Oetker Vanillin-Zucker
2 Eier
250 g Butter oder Margarine

Zum Verzieren:
Etwas Dosenmilch
etwas grobkörniger Zucker
(Kristall- oder Hagelzucker)
einige Mandeln (abgezogen, gehackt, in Scheiben geschnitten oder gemahlen)
etwas Konfitüre oder Gelee

Brezeln: Den Teig zu bleistiftdicken Rollen formen und zu Brezeln legen. Diese mit Milch bestreichen, in Zucker drücken und auf ein Backblech legen.

Fruchtplätzchen: Den Teig dünn ausrollen. Runde Plätzchen und Ringe in gleicher Größe ausstechen, auf ein Backblech legen und goldgelb backen. Die erkalteten Plätzchen mit Konfitüre bestreichen und auf jedes einen mit Puderzucker bestäubten Ring legen.

Gefüllte Plätzchen: Den Teig dünn ausrollen. Mit einer runden Form Plätzchen ausstechen, auf ein Backblech legen und goldgelb backen. Nach dem Erkalten die Hälfte der Plätzchen auf der Unterseite mit Konfitüre oder Gelee bestreichen und die anderen darauf legen. Das Gebäck mit Puderzucker bestäuben.

Zucker- oder Mandelplätzchen: Den Teig dünn ausrollen, runde Plätzchen ausstechen und diese auf ein Backblech legen. Sie mit verquirltem Eigelb bestreichen, mit Zucker oder Mandeln bestreuen und goldgelb backen.

Gas: 5 Minuten vorheizen große Flamme,
backen 1/2 große Flamme;
Regler 5 Minuten vorheizen 3–4, backen 3–4.
Strom: 10 Minuten vorheizen O 3 – U 3,
backen O 3 – U 3 (2. Blech O 2 – U 2); Regler 175–195.
Backzeit für jedes Gebäck: 8–10 Minuten.

Nußtaler

375 g Weizenmehl
125 g Dr. Oetker Gustin
6 g Dr. Oetker Backin
(2 gestrichene Teel.)
250 g Zucker
1 Päckchen Dr. Oetker Vanillin-Zucker
3 Tropfen Dr. Oetker Backöl Bittermandel
2 Eier
250 g Butter oder Margarine
250 g Haselnußkerne
(in Viertel geschnitten)

Mehl, Gustin und Backin mischen und auf ein Backbrett (Tischplatte) sieben. In die Mitte eine Vertiefung eindrücken, Zucker, Vanillin-Zucker, Backöl und Eier hineingeben und mit einem Teil des Mehls zu einem dicken Brei verarbeiten. Darauf das in Stücke geschnittene kalte Fett und die Haselnußkerne geben, sie mit Mehl bedecken und von der Mitte aus alle Zutaten schnell zu einem glatten Teig verkneten. Daraus gut 2 1/2 cm dicke Rollen formen und sie so lange kalt stellen, bis sie hart geworden sind. Dann mit einem scharfen Messer etwa 1/2 cm dicke Scheiben davon abschneiden und sie auf ein Backblech legen.

Gas: 5 Minuten vorheizen große Flamme,
backen 1/2 große Flamme;
Regler 5 Minuten vorheizen 3–4, backen 3–4.
Strom: 10 Minuten vorheizen O 3 – U 3,
backen O 3 – U 3 (2. Blech O 2 – U 2); Regler 175–195.
Backzeit: 10–15 Minuten.

Mandelecken

Mehl und Backin mischen und auf ein Backbrett (Tischplatte) sieben. In die Mitte eine Vertiefung eindrücken, Zucker, Vanillin-Zucker, Gewürze und Milch hineingeben und mit einem Teil des Mehls zu einem dicken Brei verarbeiten. Darauf das in Stücke geschnittene kalte Fett geben, es mit Mehl bedecken und von der Mitte aus alle Zutaten schnell zu einem glatten Teig verkneten. Davon 4 etwa 2 cm dicke Teigrollen formen, diese mit den Handballen flachdrücken, so daß die Teigstreifen etwa 3 cm breit und 1 cm hoch sind, und sie dann kalt stellen, bis der Teig hart geworden ist. Die Teigstreifen in Dreiecke schneiden, auf jedes eine Mandel drücken und die Teigecken auf ein Backblech legen.

Gas: 5 Minuten vorheizen große Flamme,
backen ½ große Flamme;
Regler 5 Minuten vorheizen 3–4, backen 3–4.
Strom: 10 Minuten vorheizen O 3 – U 3,
backen O 2 – U 3; Regler 175–195.
Backzeit: 10–20 Minuten.

Teig:
250 g Weizenmehl
3 g Dr. Oetker Backin
(1 gestrichener Teel.)
100 g Zucker
1 Päckchen Dr. Oetker Vanillin-Zucker
etwas Salz
7 Tropfen Dr. Oetker Backöl Bittermandel
1 Eßl. Milch
200 g Butter oder Margarine

Zum Verzieren:
75 g Mandeln (abgezogen)

Apfelsinen- oder Zitronenschnitten (Abb. S. 71)

Für den Teig Mehl und Backin mischen und auf ein Backbrett (Tischplatte) sieben. In die Mitte eine Vertiefung eindrücken, Zucker, Vanillin-Zucker und Ei hineingeben und mit einem Teil des Mehls zu einem dicken Brei verarbeiten. Darauf das in Stücke geschnittene kalte Fett geben, es mit Mehl bedecken und von der Mitte aus alle Zutaten schnell zu einem glatten Teig verkneten. Sollte er kleben, ihn eine Zeitlang kalt stellen. Den Teig in 2 gleich große Stücke teilen, und jedes zu einer Platte von etwa 32×22 cm ausrollen. Eine der beiden Teigplatten auf ein Backblech legen.

Für die Füllung die Mandeln und den Zucker mit so viel Apfelsinen- oder Zitronensaft verrühren, daß eine gut streichfähige Masse entsteht. Zum Schluß die Schale darunter rühren. Den Teig auf dem Backblech gleichmäßig mit der Füllung bestreichen (an den Rändern etwa ½ cm Teig frei lassen!). Die andere Teigplatte darauf legen, sie an den Rändern gut andrücken und mit einer Gabel mehrmals einstechen.

Gas: ½ große Flamme; Regler 3–4.
Strom: 10 Minuten vorheizen O 3 – U 3,
backen O 2 – U 2; Regler 175–195.
Backzeit: 20–25 Minuten.

Teig:
250 g Weizenmehl
3 g Dr. Oetker Backin
(1 gestrichener Teel.)
75 g Zucker
1 Päckchen Dr. Oetker Vanillin-Zucker
1 Ei
125 g Butter oder Margarine

Füllung:
125 g Mandeln (abgezogen, gemahlen)
150 g Zucker
Saft von 1–2 Apfelsinen oder Zitronen
abgeriebene gelbe Schale einer Apfelsine oder Zitrone

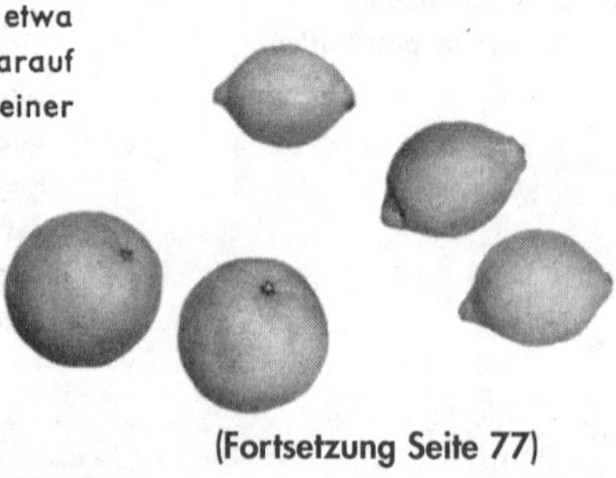

(Fortsetzung Seite 77)

Käse-Windbeutel (Rezept S. 152)
Gemischtes Käsegebäck (Rezept S. 82)

Kaiserin-Friedrich-Torte (Rezept S. 30)

Apfelsinen- oder Zitronenschnitten (Rezept S. 68)
Schichttorte (Baumkuchentorte) [Rezept S. 32]

Teegebäck (Rezept S. 66)

Windbeutel (Rezept S. 151)
Eclairs oder Liebesknochen (Rezept S. 153)

Gundula-Kranz (Rezept S. 89)

Obsttorte (Rezept S. 52)

Haselnußkranz (Rezept S. 59)

Guß:
50 g Puderzucker (2 gut gehäufte Eßl.)
etwa 1 Eßl. Apfelsinen- oder Zitronensaft

Für den Guß den gesiebten Puderzucker mit so viel Saft glattrühren, daß eine dickflüssige Masse entsteht. Sofort nach dem Backen das Gebäck damit bestreichen und es nach dem Abkühlen in gleichmäßige Streifen (etwa 1×5 cm) schneiden.

Schwarzweiß-Gebäck

Heller Teig:
250 g Weizenmehl
3 g Dr. Oetker Backin (1 gestrichener Teel.)
150 g Zucker
1 Päckchen Dr. Oetker Vanillin-Zucker
1 Fläschchen Dr. Oetker Rum-Aroma
1 Ei
125 g Butter oder Margarine

Dunkler Teig:
20 g Kakao (2 gestrichene Eßl.)
15 g Zucker (1 gestrichener Eßl.)
1 Eßl. Milch

Zum Bestreichen:
Etwas Eiweiß

Für den Teig Mehl und Backin mischen und auf ein Backbrett (Tischplatte) sieben. In die Mitte eine Vertiefung eindrücken, Zucker, Gewürze und Ei hineingeben und mit einem Teil des Mehls zu einem dicken Brei verarbeiten. Darauf das in Stücke geschnittene kalte Fett geben, es mit Mehl bedecken und von der Mitte aus alle Zutaten schnell zu einem glatten Teig verkneten. Sollte er kleben, ihn eine Zeitlang kalt stellen. Unter eine Teighälfte den mit Zucker und Milch verrührten Kakao kneten.

Die beiden Teige folgendermaßen zusammensetzen:

Für ein Schneckenmuster den hellen und den dunklen Teig zu gleichmäßig großen Rechtecken ausrollen. Eines dünn mit Eiweiß bestreichen, das zweite darauf legen, ebenfalls bestreichen und beide fest zusammenwickeln.

Für ein Schachbrettmuster aus dem je 1 cm dick ausgerollten hellen Teig 5 und aus dem dunklen Teig 4 je 1 cm breite Streifen von gleicher Länge schneiden, sie mit Eiweiß bestreichen, abwechselnd je drei neben- und übereinander legen und in dünn ausgerollten Teig einwickeln.

Folgende Plätzchen lassen sich einfacher herstellen: Aus der einen Teighälfte 3 cm dicke Rollen formen, sie mit Eiweiß bestreichen und in den übrigen ausgerollten Teig einwickeln.

Sämtliche Teigrollen eine Zeitlang kalt stellen, damit sie fester werden. Dann gleichmäßige Scheiben davon abschneiden und auf ein gefettetes Backblech legen.

Gas: 5 Minuten vorheizen große Flamme,
backen 1/2 große Flamme;
Regler 5 Minuten vorheizen 3–4, backen 3–4.
Strom: 10 Minuten vorheizen O 3 – U 3,
backen O 3 – U 3 (2. Blech O 2 – U 2); Regler 175–195.
Backzeit: 10–15 Minuten.

Dukaten-Plätzchen (Abb. S. 126)

Für den Teig Mehl und Backin mischen und auf ein Backbrett (Tischplatte) sieben. In die Mitte eine Vertiefung eindrücken, Zucker, Vanillin-Zucker, Ei und Flüssigkeit hineingeben und mit einem Teil des Mehls zu einem dicken Brei verarbeiten. Darauf das in Stücke geschnittene kalte Fett geben, es mit Mehl bedecken und von der Mitte aus alle Zutaten schnell zu einem glatten Teig verkneten. Sollte er kleben, ihn eine Zeitlang kalt stellen. Den Teig dünn ausrollen, mit einer runden Form (Durchmesser etwa 4 cm) ausstechen und auf ein gefettetes Backblech legen.

Gas: 5 Minuten vorheizen große Flamme,
backen 1/2 große Flamme;
Regler 5 Minuten vorheizen 3–4, backen 3–4.
Strom: 10 Minuten vorheizen O 3 – U 3,
backen O 3 – U 3 (2. Blech O 2 – U 2); Regler 175–195.
Backzeit: Etwa 10 Minuten.

Für die Füllung das Kokosfett zerlassen und kalt stellen. Den Zucker (Puderzucker vorher sieben!), den Vanillin-Zucker, den gesiebten Kakao und das Aroma in eine Rührschüssel geben und alles nach und nach mit dem Ei und dem lauwarmen Kokosfett verrühren. Die Füllung kalt stellen. Sobald sie etwas fester ist, die Hälfte der Plätzchen auf der Unterseite damit bestreichen und die übrigen mit der Unterseite darauf legen. Bevor die obere Seite der Plätzchen zur Hälfte mit Guß bestrichen wird, muß die Füllung etwas fester sein, damit sich die Plätzchen nicht verschieben.

Den Guß folgendermaßen herstellen: Den mit Kakao gesiebten Puderzucker mit so viel Wasser glattrühren, daß eine dickflüssige Masse entsteht. Dann das heiße Fett dazugeben.

Teig:
250 g Weizenmehl
3 g Dr. Oetker Backin
(1 gestrichener Teel.)
75 g Zucker
1 Päckchen Dr. Oetker Vanillin-Zucker
1 Ei
1 Eßl. Milch oder Wasser
125 g Butter oder Margarine

Füllung:
125 g Kokosfett
65 g Puderzucker oder feinkörniger Zucker
1 Päckchen Dr. Oetker Vanillin-Zucker
30 g Kakao (3 gestrichene Eßl.)
einige Tropfen Dr. Oetker Rum-Aroma
1 Ei

Guß:
50 g Puderzucker (2 gut gehäufte Eßl.)
20 g Kakao (2 gestrichene Eßl.)
1–2 Eßl. heißes Wasser
15 g Butter oder Margarine (zerlassen)

Mannheimer Teegebäck

Für den Teig Mehl und Backin mischen und auf ein Backbrett (Tischplatte) sieben. In die Mitte eine Vertiefung eindrücken, Zucker, Vanillin-Zucker und Eigelb hineingeben und mit einem Teil des Mehls zu einem dicken Brei verarbeiten. Darauf das in Stücke geschnittene kalte Fett geben, es mit Mehl bedecken und von der Mitte aus alle Zutaten schnell zu einem glatten Teig verkneten. Sollte er kleben, ihn eine Zeitlang kalt stellen. Den Teig etwa 3 mm dick ausrollen und mit einer runden Form (Durchmesser etwa 4 cm) ausstechen.

Teig:
250 g Weizenmehl
3 g Dr. Oetker Backin
(1 gestrichener Teel.)
75 g Zucker
1 Päckchen Dr. Oetker Vanillin-Zucker
2 Eigelb
125 g Butter oder Margarine

Makronenmasse:
2 Eiweiß
80 g Zucker
4 Tropfen Dr. Oetker Backöl Bittermandel
125 g Mandeln (abgezogen, halb gemahlen, halb gehackt)
oder
Haselnußkerne (halb gemahlen, halb gehackt)

Für die Makronenmasse das Eiweiß zu steifem Schnee schlagen. Er muß so fest sein, daß ein Messerschnitt sichtbar bleibt. Darunter nach und nach eßlöffelweise den Zucker und das Backöl schlagen. Die Mandeln (Haselnußkerne) unter den Eierschnee heben. Die Plätzchen mit der Makronenmasse bestreichen und auf ein Backblech legen. Sollte die Makronenmasse nicht reichen, die übrigen Plätzchen dünn mit Dosenmilch bestreichen und mit Zucker bestreuen.

Gas: 5 Minuten vorheizen große Flamme,
backen 1/2 große Flamme;
Regler 5 Minuten vorheizen 3–4, backen 3–4.
Strom: 10 Minuten vorheizen O 3 – U 3,
backen O 3 – U 3 (2. Blech O 2 – U 2); Regler 175–195.
Backzeit: 10–15 Minuten.

Friesenkeks, hell oder dunkel

Heller Teig:
250 g Weizenmehl
3 g Dr. Oetker Backin (1 gestrichener Teel.)
100 g Zucker
1 Päckchen Dr. Oetker Vanillin-Zucker
1 Fläschchen Dr. Oetker Rum-Aroma
2 Eßl. Wasser
100 g Butter oder Margarine
oder
Dunkler Teig:
250 g Weizenmehl
30 g Kakao (3 gestrichene Eßl.)
3 g Dr. Oetker Backin (1 gestrichener Teel.)
100 g Zucker
1 Päckchen Dr. Oetker Vanillin-Zucker
1 Fläschchen Dr. Oetker Rum-Aroma
3 Eßl. Wasser
125 g Butter oder Margarine
Zum Bestreuen:
Etwas grober Zucker

Mehl (für den dunklen Teig Kakao) und Backin mischen und auf ein Backbrett (Tischplatte) sieben. In die Mitte eine Vertiefung eindrücken, Zucker, Gewürze und Wasser hineingeben und mit einem Teil des Mehls zu einem dicken Brei verarbeiten. Darauf das in Stücke geschnittene kalte Fett geben, es mit Mehl bedecken und von der Mitte aus alle Zutaten schnell zu einem glatten Teig verkneten. Daraus 2–3 etwa 3 cm dicke Rollen formen, sie in grobem Zucker wälzen und so lange kalt stellen, bis sie hart geworden sind. Von den Rollen knapp 1/2 cm dicke Scheiben schneiden. Diese mit der oberen Seite in den groben Zucker drücken und auf ein Backblech legen.

Gas: 5 Minuten vorheizen große Flamme,
backen 1/2 große Flamme;
Regler 5 Minuten vorheizen 3–4, backen 3–4.
Strom: 10 Minuten vorheizen O 3 – U 3,
backen O 3 – U 3 (2. Blech O 2 – U 2); Regler 175–195.
Backzeit: Etwa 10 Minuten.

Knusperchen

Mehl und Backin mischen und auf ein Backbrett (Tischplatte) sieben. In die Mitte eine Vertiefung eindrücken, Zucker, Gewürze und Milch hineingeben und mit einem Teil des Mehls zu einem dicken Brei verarbeiten. Darauf das in Stücke geschnittene kalte Fett geben, es mit Mehl bedecken und von der Mitte aus alle Zutaten schnell zu einem glatten Teig verkneten. Sollte er kleben, ihn eine Zeitlang kalt stellen. Den Teig dünn ausrollen, mit beliebigen Formen ausstechen oder ausrädern, mit Milch bestreichen und mit Zucker bestreuen. Die Plätzchen auf ein Backblech legen und goldgelb backen.

Gas: 5 Minuten vorheizen große Flamme,
backen 1/2 große Flamme;
Regler 5 Minuten vorheizen 3–4, backen 3–4.
Strom: 10 Minuten vorheizen O 3 – U 3,
backen O 3 – U 3; Regler 175–195.
Backzeit: 8–10 Minuten.

Teig:
300 g Weizenmehl
6 g Dr. Oetker Backin
(2 gestrichene Teel.)
100–150 g Zucker
1 Päckchen Dr. Oetker Vanillin-Zucker
1 Fläschchen Dr. Oetker Rum-Aroma
4 Eßl. Milch
50 g Butter oder Margarine
50 g Schweineschmalz

Zum Bestreichen:
Etwas Dosenmilch

Zum Bestreuen:
Etwas Zucker

Quarkblätterteig (Topfenblätterteig)

Mehl und Backin mischen und auf ein Backbrett (Tischplatte) sieben. In die Mitte eine Vertiefung eindrücken und den Vanillin-Zucker, den durch ein Sieb gestrichenen Quark und das in Stücke geschnittene kalte Fett hineingeben. Das Fett mit Mehl bedecken und von der Mitte aus alle Zutaten schnell zu einem glatten Teig verkneten. Diesen etwa 1/2 cm dick ausrollen, mehrfach übereinanderschlagen und wieder ausrollen. Das Übereinanderschlagen und Ausrollen noch ein- bis zweimal wiederholen und danach den Teig eine Zeitlang (am besten über Nacht) kalt stellen.
Aus diesem Quarkblätterteig die folgenden Gebäcke zubereiten.

Teig:
250 g Weizenmehl
9 g Dr. Oetker Backin
(3 gestrichene Teel.)
1 Päckchen Dr. Oetker Vanillin-Zucker
250 g Quark (Topfen)
(gut ausgepreßt, durch ein Sieb gestrichen)
200–250 g Butter oder Margarine

Apfeltaschen

Für die Füllung die Äpfel schälen, vom Kerngehäuse befreien, raspeln und mit den übrigen Zutaten mischen.
Den Teig knapp 1/2 cm dick ausrollen und runde Platten (Durchmesser etwa 10 cm) ausstechen. Die eine Hälfte jeder Teigplatte mit etwas Füllung belegen und die Ränder dünn mit Milch bestreichen. Die andere Teighälfte darüber klappen, an den Rändern gut andrücken und auf ein gefettetes Backblech legen.
Hitze-Einstellung und Backzeit s. Kaffeegebäck (S. 81).
Das erkaltete Gebäck mit Puderzucker bestäuben.

Teig:
1 Rezept Quarkblätterteig (siehe oben)

Füllung:
500 g Äpfel
50 g Rosinen
(gewaschen, gut abgetropft)
75 g Zucker
10 Tropfen Dr. Oetker Rum-Aroma

Zum Bestreichen: *Etwas Dosenmilch*

Zum Bestäuben: *Etwas Puderzucker*

Kaffeegebäck

Teig:
1 Rezept Quarkblätterteig (S. 80)
Füllung:
Etwas Konfitüre
Guß (nach Belieben):
100 g Puderzucker
1–2 Eßl. heißes Wasser

Den Teig knapp 1/2 cm dick ausrollen und ihn mit einem Kuchenrädchen in Vierecke teilen. Diese in der Mitte mit Konfitüre belegen, zu beliebigen Formen, Dreiecken, Kuverts usw. zusammenschlagen und auf ein kalt abgespültes Backblech legen.

Gas: 10 Minuten vorheizen große Flamme,
backen 1/2 große Flamme;
Regler 10 Minuten vorheizen 4–5, backen 4–5.
Strom: 10 Minuten vorheizen O 3 – U 3,
backen O 3 – U 3 (2. Blech O 2 – U 2); Regler 200–220.
Backzeit: Etwa 15 Minuten.

Für den Guß den gesiebten Puderzucker mit so viel Wasser glattrühren, daß eine dickflüssige Masse entsteht. Die noch warmen Gebäckteilchen damit bestreichen.

Schinkenhörnchen

Teig:
1 Rezept Quarkblätterteig ohne Vanillin-Zucker (S. 80)
Füllung:
125 g roher oder gekochter Schinken (in Würfel geschnitten)
Zum Bestreichen:
Etwas Dosenmilch

Den Teig dünn ausrollen und Platten in der Größe eines Springformbodens oder eines flachen Eßtellers daraus rädern. Die Platten viermal durchschneiden, und zwar so, daß zunächst Hälften, danach Viertel und dann Achtel entstehen. Die Achtel an den zur Mitte hin liegenden Spitzen mit Milch bestreichen, zur kürzeren Seite hin mit Schinken belegen, von dieser Seite her aufrollen und zu Hörnchen formen. Diese mit Milch bestreichen und auf ein kalt abgespültes Backblech legen.

Gas: 10 Minuten vorheizen große Flamme,
backen 1/2 große Flamme;
Regler 10 Minuten vorheizen 4–5, backen 4–5.
Strom: 10 Minuten vorheizen O 3 – U 3,
backen O 3 – U 3 (2. Blech O 2 – U 2); Regler 200–220.
Backzeit: 15–20 Minuten.

Käsegebäck

Teig:
1 Rezept Quarkblätterteig ohne Vanillin-Zucker (S. 80)
Zum Bestreichen:
Etwas Dosenmilch
Zum Bestreuen:
Etwas Parmesan- oder geriebener Schweizer Käse
etwas Kümmel

Den Teig knapp 1/2 cm dick ausrollen, Streifen und Vierecke daraus rädern, sie mit Milch bestreichen, mit etwas Käse und Kümmel bestreuen und auf ein kalt abgespültes Backblech legen.

Gas: 10 Minuten vorheizen große Flamme,
backen 1/2 große Flamme;
Regler 10 Minuten vorheizen 4–5, backen 4–5.
Strom: 10 Minuten vorheizen O 3 – U 3,
backen O 3 – U 3 (2. Blech O 2 – U 2); Regler 200–220.
Backzeit: Etwa 10 Minuten.

Dieses feine Käsegebäck zu Bier und Wein reichen; es schmeckt am besten frisch.

Salzstangen

Mehl, Gustin und Backin mischen und auf ein Backbrett (Tischplatte) sieben. In die Mitte eine Vertiefung eindrücken, Salz, Ei und Milch hineingeben und mit einem Teil des Mehls zu einem dicken Brei verarbeiten. Darauf das in Stücke geschnittene kalte Fett geben, es mit Mehl bedecken und von der Mitte aus alle Zutaten schnell zu einem glatten Teig verkneten. Sollte er kleben, noch etwas Mehl hinzugeben. Den Teig etwa 3 mm dick ausrollen, gut 1 cm breite und 10 cm lange Streifen daraus rädern, sie mit der Milch bestreichen und mit Salz und Kümmel bestreuen. Um ein schöneres Aussehen der Stangen zu erzielen, die Streifen vor dem Bestreichen mit Milch spiralförmig drehen (das eine Ende nach rechts, das andere nach links herum drehen). Die Salzstangen auf ein Backblech legen und goldgelb backen.

Gas: 5 Minuten vorheizen große Flamme,
backen 1/2 große Flamme;
Regler 5 Minuten vorheizen 3–4, backen 3–4.
Strom: 10 Minuten vorheizen O 3 – U 3,
backen O 3 – U 3 (2. Blech O 2 – U 2); Regler 175–195.
Backzeit: Etwa 10 Minuten.

Teig:
150 g Weizenmehl
100 g Dr. Oetker Gustin
6 g Dr. Oetker Backin
(2 gestrichene Teel.)
1 gestrichener Teel. Salz
1 Ei
3 Eßl. Milch
100 g Butter oder Margarine
Zum Bestreichen:
Etwas Dosenmilch
Zum Bestreuen:
Etwas Salz
etwas Kümmel

Ein 89jähriger irischer Geistlicher gibt den Frauen folgenden Rat
»Verlaßt euch nicht zu sehr auf die Kosmetik. Gesichtspuder ist vielleicht gut, wenn man auf einen Mann anziehend wirken und ihn gewinnen will. Will man ihn aber sein Leben lang fesseln,
dann ist Backpulver besser.«

Gemischtes Käsegebäck (Abb. S. 69)

Mehl, Gustin und Backin mischen, auf ein Backbrett (Tischplatte) sieben und mit dem Käse vermischen. In die Mitte eine Vertiefung eindrücken, Gewürze, Ei, Eiweiß, 1/2 Eigelb und Flüssigkeit hineingeben und mit einem Teil des Mehls zu einem dicken Brei verarbeiten. Darauf das in Stücke geschnittene kalte Fett geben, es mit Mehl bedecken und von der Mitte aus alle Zutaten schnell zu einem glatten Teig verkneten. Sollte er kleben, ihn eine Zeitlang kalt stellen.

Den Teig in 6 gleich große Stücke teilen und aus je einem eins der folgenden Gebäcke herstellen.

Teig:
300 g Weizenmehl
75 g Dr. Oetker Gustin
9 g Dr. Oetker Backin
(3 gestrichene Teel.)
150 g alter Schweizer Käse (gerieben)
je 1 Messerspitze Paprika und Pfeffer
1/2 gestrichener Teel. Salz
1 Ei
1 Eiweiß
1/2 Eigelb
2 Eßl. Milch oder Wasser
200 g Butter oder Margarine

Zum Bestreichen:
1/2 Eigelb
1 Eßl. Wasser oder Milch zum Verquirlen

Zum Bestreuen:
Etwas grobes Salz
etwas Kümmel
etwas Mohn
15 g Parmesankäse (1 Röhrchen)
etwas Paprika

Käseplätzchen

Den Teig dünn ausrollen. Mit einer runden Form Plätzchen ausstechen und diese auf ein Backblech legen. Sie mit verquirltem Eigelb bestreichen, zweimal mit einer Gabel einstechen und mit etwas Salz oder Kümmel bestreuen.

Ringplätzchen

Den Teig dünn ausrollen und Ringe ausstechen. Diese auf ein Backblech legen, mit verquirltem Eigelb bestreichen und mit Mohn bestreuen.

Käsekugeln

Aus dem Teig daumendicke Rollen machen, sie in gleichmäßige Stücke schneiden, diese zu gut kirschgroßen Kugeln formen und in jede mit einem Dr. Oetker Backöl-Fläschchen eine Vertiefung eindrücken. Die Kugeln auf ein Backblech legen, mit verquirltem Eigelb bestreichen und in die Vertiefung etwas Parmesankäse geben.

Brezeln

Den Teig zu dünnen Röllchen (dünner als Bleistifte) formen, in etwa 15 cm lange Stücke schneiden und zu Brezeln legen. Diese mit verquirltem Eigelb bestreichen und auf ein Backblech legen. Einige der Brezeln nach Belieben vorher in Mohn oder Kümmel drücken.

Käsehörnchen

Den Teig dünn ausrollen, Platten in der Größe eines Desserttellers (Durchmesser 18–20 cm) ausrädern, sie mit Eigelb bestreichen und mit Parmesankäse und etwas Paprika bestreuen. Die Platten viermal durchschneiden, und zwar so, daß zunächst Hälften, danach Viertel und dann Achtel entstehen. Diese von der kürzeren Seite her aufrollen, in Hörnchenform auf ein Backblech legen und mit verquirltem Eigelb bestreichen.

Käsestangen

Den Teig gut 2 mm dick ausrollen. Daraus gut 1 cm breite und 8 cm lange Streifen rädern und diese auf ein Backblech legen. Sie mit verquirltem Eigelb bestreichen und mit Kümmel bestreuen. Um ein schöneres Aussehen der Stangen zu erzielen, die Streifen vor dem Bestreichen spiralförmig drehen (das eine Ende nach rechts, das andere nach links herum drehen).

Gas: 5 Minuten vorheizen große Flamme,
backen 1/2 große Flamme;
Regler 5 Minuten vorheizen 3–4, backen 3–4.
Strom: 10 Minuten vorheizen O 3 – U 3,
backen O 3 – U 3; Regler 175–195.
Backzeit für jedes Gebäck: Etwa 10 Minuten.

DER 5-MINUTEN-TEIG

(Quark-Ölteig)

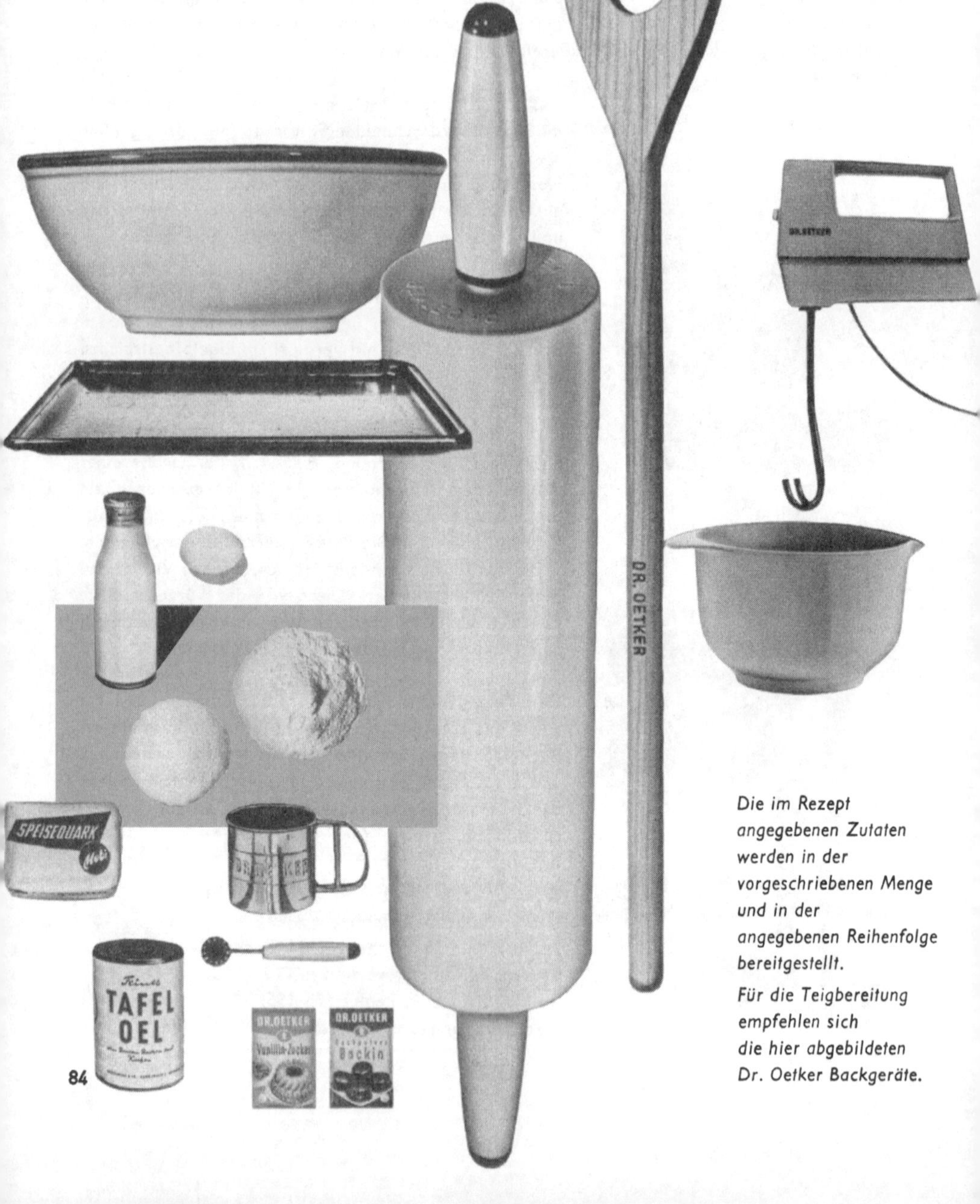

Die im Rezept angegebenen Zutaten werden in der vorgeschriebenen Menge und in der angegebenen Reihenfolge bereitgestellt.

Für die Teigbereitung empfehlen sich die hier abgebildeten Dr. Oetker Backgeräte.

NOTWENDIGE VORARBEITEN

1. **Beim Einkauf darauf achten,** daß der Quark geschmeidig und schneeweiß ist, im Geschmack muß er leicht säuerlich sein.
   Sehr weichen Quark in einem festen Tuch gut auspressen. Von dem trockenen Quark wird die vorgeschriebene Menge abgewogen und, wenn erforderlich, zur Verfeinerung durch ein Sieb gestrichen.
2. **Mehl und Backin mischen und sieben.**
   Mischen und Sieben lockern das Mehl auf und verteilen das Backin gleichmäßig im Mehl. Das Gebäck wird dadurch besser gelockert.
3. **Für Quark-Ölteige Backbleche und -formen fetten.**
   Man verwendet dazu am besten streichfähige Butter oder Margarine und verteilt sie gut und gleichmäßig mit einem Pinsel.

DIE VERARBEITUNG DES TEIGES

Den Quark mit Milch, je nach Rezept Ei, Öl, Zucker, Vanillin-Zucker und Salz verrühren. Danach gut die Hälfte des mit Backin gemischten und gesiebten Mehls dazugeben und unterrühren. Den Rest des Mehls darunter kneten.

DIE EINZELNEN ARBEITSGÄNGE

1. **»Den Quark mit Milch, je nach Rezept Ei, Öl, Zucker, Vanillin-Zucker und Salz verrühren . . . .«**
   Man gibt die Zutaten in der angegebenen Reihenfolge in die Rührschüssel (am besten Ton-, Steingut- oder Porzellanschüssel). Dabei wird das Ei über einer Tasse aufgeschlagen und geprüft, ob es frisch ist.
   Das Öl ist bei dieser Teigart von ausschlaggebender Bedeutung und sollte nicht durch ein festes Fett ersetzt werden. Jedes Speise- oder Tafelöl, das neutral im Geschmack ist, kann man verwenden. Zum Rühren nimmt man am besten einen durchlochten Löffel. Man faßt ihn möglichst tief, hält ihn senkrecht zum Boden der Schüssel und rührt nach links herum (entgegengesetzt der Kaffeemühle), so lange, bis eine gebundene Masse entstanden ist.

2. »Danach gut die Hälfte des mit Backin gemischten und gesiebten Mehls dazugeben und unterrühren. ...«

Man rührt das Mehl-Backin-Gemisch nur so lange unter, bis kein Mehl mehr zu sehen ist.

3. »Den Rest des Mehls darunter kneten.«

Das restliche Mehl-Backin-Gemisch wird auf ein Backbrett (Tischplatte) gegeben und darauf der Teigbrei gelegt. Man bedeckt ihn mit Mehl und verknetet von der Mitte aus alle Zutaten schnell zu einem glatten Teig (S. 47, Abschnitt 7 a–c).

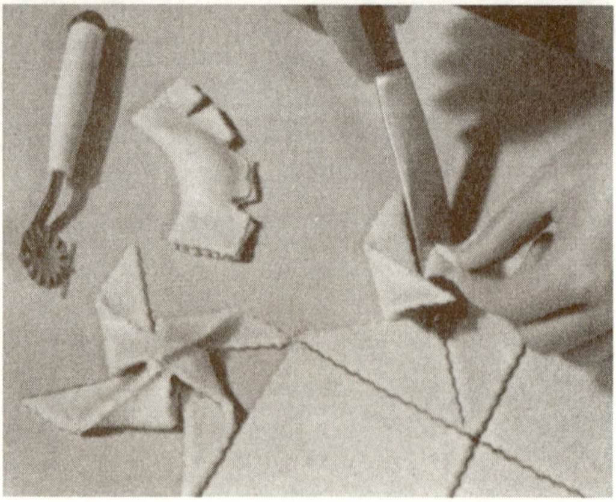

Aus diesem Teig lassen sich die verschiedensten Gebäcke zubereiten; er kann nach Belieben ausgerollt, geformt, gefüllt oder belegt werden. Für Kleingebäck rollt man den Teig gut 1/2 cm dick aus, teilt ihn in Vierecke und belegt diese in der Mitte mit etwas Konfitüre. Die Teigstücke werden zu Dreiecken, Taschen usw. zusammengeschlagen, mit Milch bestrichen und auf einem gefetteten Backblech gebacken.

DAS BACKEN VON QUARK-ÖLTEIGEN

Alle Quark-Ölteige werden nach den Angaben unter den Rezepten gebacken. Wenn der Teig gebacken ist, wird das Gebäck sofort aus der Form gelöst oder vom Backblech genommen und zum Auskühlen auf einen Kuchenrost gelegt. Gebäcke aus Quark-Ölteig sollten möglichst frisch gegessen werden.

GEBÄCK IN FORMEN

Bienenstich

Teig:
100 g Quark (Topfen) (gut ausgepreßt)
4 Eßl. Milch
4 Eßl. Öl
50 g Zucker (2 gut gehäufte Eßl.)
etwas Salz
200 g Weizenmehl
12 g Dr. Oetker Backin (4 gestrichene Teel.)

Belag:
50-75 g Butter
100 g Zucker
1 Päckchen Dr. Oetker Vanillin-Zucker
1 Eßl. Milch
100 g Mandeln (abgezogen, in dünne Scheiben geschnitten)

Für den Teig den Quark (zur Verfeinerung durch ein Sieb streichen) mit Milch, Öl, Zucker und Salz verrühren. Danach gut die Hälfte des mit Backin gemischten und gesiebten Mehls dazugeben und unterrühren. Den Rest des Mehls darunter kneten.
Den Teig auf dem Boden einer gefetteten Springform (Durchmesser etwa 26 cm) ausrollen.
Für den Belag Butter, Zucker und Vanillin-Zucker zerlassen, die Milch hinzufügen, die Mandeln darunter rühren und alles kalt stellen. Die gut abgekühlte Masse (sollte sie zu fest sein, noch etwas Milch hinzugeben) gleichmäßig auf dem Teig verteilen.

Gas: 1/2 große Flamme; Regler 3–4.
Strom: 10 Minuten vorheizen O 3 – U 3,
backen O 2 – U 3; Regler 175–195.
Backzeit: Etwa 20 Minuten.

Veränderung: Aus 1/2 Päckchen Dr. Oetker Pudding-Pulver Vanille-Geschmack, 50 g (2 gut gehäufte Eßl.) Zucker, 1/4 l kalter Milch und 100 g Butter oder Margarine einen Butterkrem zubereiten. Den gut ausgekühlten Kuchen einmal durchschneiden, den unteren Boden mit dem Krem bestreichen und den anderen darauf legen.

Quark-Ölteig I

150 g Quark (Topfen) (gut ausgepreßt)
6 Eßl. Milch
6 Eßl. Öl
75 g Zucker
1 Päckchen Dr. Oetker Vanillin-Zucker
etwas Salz
300 g Weizenmehl
1 Päckchen Dr. Oetker Backin

Den Quark (zur Verfeinerung durch ein Sieb streichen) mit Milch, Öl, Zucker, Vanillin-Zucker und Salz verrühren. Danach gut die Hälfte des mit Backin gemischten und gesiebten Mehls dazugeben und unterrühren. Den Rest des Mehls darunter kneten.

Quark-Ölteig II

Den Quark (zur Verfeinerung durch ein Sieb streichen) mit Milch, Ei, Öl, Zucker, Vanillin-Zucker und Salz verrühren. Danach gut die Hälfte des mit Backin gemischten und gesiebten Mehls dazugeben und unterrühren. Den Rest des Mehls darunter kneten.

200 g Quark (Topfen) (gut ausgepreßt)
6 Eßl. Milch
1 Ei
8 Eßl. (1/8 l) Öl
100 g Zucker
1 Päckchen Dr. Oetker Vanillin-Zucker
etwas Salz
400 g Weizenmehl
1 Päckchen und 6 g (2 gestrichene Teel.) Dr. Oetker Backin

Quark-Ölteig III

Den Quark (zur Verfeinerung durch ein Sieb streichen) mit Milch, Eigelb, 1/2 Eiweiß, Öl und Salz verrühren. Danach gut die Hälfte des mit Backin gemischten und gesiebten Mehls dazugeben und unterrühren. Den Rest des Mehls darunter kneten.

Aus diesen Quark-Ölteigen die folgenden Gebäcke zubereiten.

125 g Quark (Topfen) (gut ausgepreßt)
4 Eßl. Milch
1 Eigelb
1/2 Eiweiß
4 Eßl. Öl
1 gestrichener Teel. Salz
250 g Weizenmehl
1 Päckchen Dr. Oetker Backin

Rosenkuchen

Den Teig zu einem Rechteck von etwa 50×40 cm ausrollen und mit dem weichen Fett bestreichen. Zucker, Vanillin-Zucker, Korinthen, Rosinen und Mandeln mischen, auf den Teig streuen und diesen von der längeren Seite her aufrollen. Die Rolle in 15 Stücke schneiden, diese in eine gefettete Springform (Durchmesser etwa 26 cm) setzen und mit Milch bestreichen.

Gas: 1/3 große Flamme; Regler 3–4.
Strom: O 1 – U 3; Regler 175–195.
Backzeit: 35–55 Minuten.

Teig:
1 Rezept Quark-Ölteig II (siehe oben!)
Zum Bestreichen für den Teig:
75 g weiche Butter oder Margarine
Füllung:
50 g Zucker (2 gut gehäufte Eßl.)
1 Päckchen Dr. Oetker Vanillin-Zucker
75 g Korinthen (gewaschen, gut abgetropft)
75 g Rosinen (gewaschen, gut abgetropft)
100 g Mandeln (abgezogen, gehackt)
Zum Bestreichen für die Teigstücke:
Etwas Dosenmilch

Teig:
1 Rezept Quark-Ölteig II (S. 88)
Zum Bestreichen für den Teig:
100 g weiche Butter oder Margarine
Füllung:
100 g Zitronat (Sukkade)
(in Würfel geschnitten)
100 g Mandeln (abgezogen, gehackt)
150 g Rosinen
(gewaschen, gut abgetropft)
50 g Zucker (2 gut gehäufte Eßl.)
1 Päckchen Dr. Oetker Vanillin-Zucker
1 gestrichener Teel. gemahlener Zimt
1 Fläschchen Dr. Oetker Rum-Aroma
3 Tropfen Dr. Oetker Backöl
Bittermandel
Zum Bestreichen für die Rolle:
Etwas Milch
Guß:
150 g Puderzucker
1–2 Eßl. heißes Wasser
Zum Verzieren:
Etwa 15 g Mandeln (abgezogen,
in Stifte geschnitten)

Den Teig zu einem Rechteck von etwa 80×30 cm ausrollen und mit dem Fett bestreichen.
Für die Füllung Zitronat, Mandeln, Rosinen, Zucker, Vanillin-Zucker und Gewürze mischen und auf den ausgerollten Teig streuen. Diesen von der längeren Seite her aufrollen. Die Rolle spiralförmig in eine gefettete Springform (Durchmesser etwa 26 cm) legen und mit Milch bestreichen.

Gas: 1/3 große Flamme; Regler 3–4.
Strom: O 1 – U 3; Regler 175–195.
Backzeit: Etwa 50 Minuten.

Für den Guß den gesiebten Puderzucker mit so viel Wasser glattrühren, daß eine dickflüssige Masse entsteht. Das erkaltete Gebäck damit bestreichen und es mit den Mandelstiften spicken.

GEBÄCK AUF DEM BACKBLECH

(Abb. S. 74) Gundula-Kranz

Teig:
1 Rezept Quark-Ölteig II (S. 88)
Zum Bestreichen für den Teig:
50 g weiche Butter oder Margarine
Füllung:
100 g Zitronat (Sukkade)
(in Würfel geschnitten)
100 g Mandeln (abgezogen, gehackt)
150 g Rosinen
(gewaschen, gut abgetropft)
50 g Zucker (2 gut gehäufte Eßl.)
1 Päckchen Dr. Oetker Vanillin-Zucker
1 gestrichener Teel. gemahlener Zimt
1 Fläschchen Dr. Oetker Rum-Aroma
3 Tropfen Dr. Oetker Backöl
Bittermandel
Zum Bestreichen für den Kranz:
Etwas Dosenmilch

Den Teig (sollte er etwas weich sein, noch bis zu 50 g Mehl darunter kneten) zu einem Rechteck von etwa 50×55 cm ausrollen, mit dem Fett bestreichen und in der Mitte der Länge nach durchschneiden.
Für die Füllung Zitronat, Mandeln, Rosinen, Zucker, Vanillin-Zucker und Gewürze mischen. Die Füllung auf jedem Teigstück so verteilen, daß an der durchgeschnittenen Seite je 2 cm Teig frei bleiben. Jede Teighälfte von der längeren Seite her von außen nach innen aufrollen. Die beiden Rollen umeinanderschlingen, als Kranz auf ein gefettetes Backblech legen, mit Milch bestreichen und die aufliegenden Rollen etwa 1 cm tief einschneiden.

Gas: 1/2 große Flamme; Regler 3–4.
Strom: 10 Minuten vorheizen O 3 – U 3,
backen O 2 – U 3; Regler 175–195.
Backzeit: Etwa 30 Minuten.

Butter- oder Zuckerkuchen (Abb. S. 163)

Unter den Teig die Rosinen kneten und ihn auf einem gefetteten Backblech ausrollen.
Für den Belag das Fett in kleinen Flöckchen gleichmäßig auf den Teig legen oder zerlassen darauf streichen. Zucker, Vanillin-Zucker und Mandeln mischen und auf den Teig streuen. Ein mehrfach umgeknifftes, gefettetes Papier vor den Teig legen.

Gas: 1/2 große Flamme; Regler 3–4.
Strom: 10 Minuten vorheizen O 3 – U 3,
backen O 2 – U 3; Regler 175–195.
Backzeit: Etwa 20 Minuten.

Teig:
1 Rezept Quark-Ölteig I (S. 87)
75 g Rosinen (gewaschen, gut abgetropft)
Belag:
50–125 g Butter oder Margarine
75 g Zucker
1 Päckchen Dr. Oetker Vanillin-Zucker
50 g Mandeln (abgezogen, in feine Scheiben geschnitten)

Streuselkuchen

Unter den Teig die Rosinen kneten und ihn auf einem gefetteten Backblech ausrollen.
Für die Streusel das Mehl in eine Schüssel sieben und mit Zucker, Vanillin-Zucker und Zimt vermischen. Das Fett in kleinen Flöckchen dazugeben, alle Zutaten mit den Händen oder mit 2 Gabeln zu Streuseln vermengen und diese gleichmäßig auf dem Teig verteilen. Ein mehrfach umgeknifftes, gefettetes Papier vor den Teig legen.

Gas: 1/2 große Flamme; Regler 3–4.
Strom: 10 Minuten vorheizen O 3 – U 3,
backen O 2 – U 3; Regler 175–195.
Backzeit: 20–25 Minuten.

Teig:
1 Rezept Quark-Ölteig I (S. 87)
nach Belieben 75 g Rosinen (gewaschen, gut abgetropft)
Streusel:
300 g Weizenmehl
150 g Zucker
1 Päckchen Dr. Oetker Vanillin-Zucker
1 Messerspitze gemahlener Zimt
150 g Butter oder Margarine

Apfel- oder Pflaumenkuchen (Abb. S. 163)

Den Teig auf einem gefetteten Backblech ausrollen.
Für den Belag die Äpfel schälen, vom Kerngehäuse befreien und in Scheiben oder Viertel (besonders große in Achtel) schneiden oder die Pflaumen abreiben und entsteinen. Das Obst gleichmäßig auf den Teig legen (Pflaumen stets mit der Innenseite nach oben!). Ein mehrfach umgeknifftes, gefettetes Papier vor den Teig legen.

Gas: 5 Minuten vorheizen große Flamme,
backen 1/2 große Flamme;
Regler 5 Minuten vorheizen 3–4, backen 3–4.
Strom: 10 Minuten vorheizen O 3 – U 3,
backen O 2 – U 3; Regler 200–220.
Backzeit: 15–25 Minuten.

Nach dem Backen den etwas ausgekühlten Kuchen mit Zucker bestreuen.

Teig:
1 Rezept Quark-Ölteig I (S. 87)
Belag:
1–1 1/2 kg Äpfel oder Pflaumen
Zum Bestreuen:
Etwas Zucker

Nuß- oder Mandelkranz

Teig:
1 Rezept Quark-Ölteig I (S. 87)
Füllung:
200 g Haselnußkerne (gemahlen)
oder
Mandeln (abgezogen, gemahlen)
100 g Zucker
4–5 Tropfen Dr. Oetker Backöl Bittermandel
1 Eiweiß
½ Eigelb
3–4 Eßl. Wasser
Zum Bestreichen:
½ Eigelb
1 Eßl. Milch zum Verquirlen

Den Teig zu einem Rechteck von etwa 35×45 cm ausrollen.
Für die Füllung Nußkerne (Mandeln), Zucker, Backöl, Eiweiß und ½ Eigelb mit so viel Wasser verrühren, daß eine geschmeidige Masse entsteht. Diese mit einem Teigschaber auf den ausgerollten Teig streichen. Den Teig von der längeren Seite her aufrollen, als Kranz auf ein gefettetes Backblech legen, mit dem verquirlten Eigelb bestreichen und den Außenrand in gleichmäßigen Abständen etwa ½ cm tief einschneiden.

Gas: ½ große Flamme; Regler 3–4.
Strom: 10 Minuten vorheizen O 3 – U 3,
backen O 2 – U 3; Regler 175–195.
Backzeit: 30–40 Minuten.

KLEINGEBÄCK

Apfeltaschen

Teig:
1 Rezept Quark-Ölteig I (S. 87)
Füllung:
500–750 g Äpfel
50–75 g Zucker (2–3 gut gehäufte Eßl.)
50 g Rosinen (gewaschen, gut abgetropft)
3–4 Tropfen Dr. Oetker Backöl Zitrone
Zum Bestreichen:
Etwas Milch
Guß:
100 g Puderzucker
1–2 Eßl. heißes Wasser

Für die Füllung die Äpfel schälen, vom Kerngehäuse befreien, in Stücke schneiden und mit 50 g Zucker und den Rosinen bei schwacher Hitze unter Rühren leicht dünsten. Die erkalteten Äpfel mit Zucker und Backöl abschmecken.
Den Teig dünn ausrollen und runde Platten (Durchmesser etwa 10 cm) ausstechen. Die eine Hälfte jeder Teigplatte mit etwas Apfelfüllung belegen und den Rand der Teigplatten dünn mit Milch bestreichen. Die andere Teighälfte darüber klappen, die Taschen an den Rändern mit dem Backöl-Fläschchen gut andrücken und auf ein gefettetes Backblech legen.

Gas: ½ große Flamme; Regler 3–4.
Strom: 10 Minuten vorheizen O 3 – U 3,
backen O 2 – U 3; Regler 175–195.
Backzeit: Etwa 15 Minuten.

Für den Guß den gesiebten Puderzucker mit so viel Wasser glattrühren, daß eine dickflüssige Masse entsteht. Die Apfeltaschen sofort nach dem Backen damit bestreichen.

Jägerbrötchen

Unter den Teig die Korinthen kneten, ihn zu einer Rolle formen und in 16 gleichmäßige Stücke schneiden. Diese zu runden Brötchen formen, auf ein gefettetes Backblech legen und mit Milch bestreichen.
Gas: 1/2 große Flamme, Regler 3–4.
Strom: 10 Minuten vorheizen O 3 – U 3,
backen O 2 – U 3; Regler 175–195.
Backzeit: Etwa 20 Minuten.
Veränderung: Das Gebäck mit Konfitüre oder Pflaumenmus füllen. Dazu die runden Teigbrötchen etwas flachdrücken und mit einem halben Teelöffel Füllung belegen. Die Teigränder beutelartig darüber zusammenlegen, gut schließen und die Brötchen mit der runden Seite nach oben auf ein gefettetes Backblech legen.

Teig:
1 Rezept Quark-Ölteig I (S. 87)
75 g Korinthen (gewaschen, gut abgetropft)
Zum Bestreichen:
Etwas Dosenmilch

Schnecken

Den Teig zu einem Rechteck von etwa 45×35 cm ausrollen und mit dem Fett bestreichen.
Für die Füllung Zucker, Vanillin-Zucker, Korinthen, Rosinen und Mandeln mischen, auf den Teig streuen und diesen von der kürzeren Seite her aufrollen. Mit einem scharfen Messer etwa 1 1/2 cm breite Stücke von der Rolle abschneiden, auf ein gefettetes Backblech legen und leicht flachdrücken.
Gas: 5 Minuten vorheizen große Flamme,
backen 1/2 große Flamme;
Regler 5 Minuten vorheizen 3–4, backen 3–4.
Strom: 10 Minuten vorheizen O 3 – U 3,
backen O 2 – U 2; Regler 175–195.
Backzeit: 15–20 Minuten.
Für den Guß den gesiebten Puderzucker mit so viel Wasser glattrühren, daß eine dickflüssige Masse entsteht. Die noch heißen Schnecken damit bestreichen.

Teig:
1 Rezept Quark-Ölteig I (S. 87)
Zum Bestreichen:
30 g weiche Butter oder Margarine
Füllung:
50 g Zucker (2 gut gehäufte Eßl.)
1 Päckchen Dr. Oetker Vanillin-Zucker
50 g Korinthen (gewaschen, gut abgetropft)
75 g Rosinen (gewaschen, gut abgetropft)
50 g Mandeln (abgezogen, gehackt)
Guß:
175 g Puderzucker
etwa 2 Eßl. heißes Wasser

Würstchen im Teig

Den Teig etwa 3 mm dick ausrollen, 12 Rechtecke von 16×10 cm ausrädern und die Ränder mit Eiweiß bestreichen. Je ein Würstchen in ein Teigstück wickeln, auf ein gefettetes Backblech legen und mit Milch bestreichen.
Gas: 5 Minuten vorheizen große Flamme,
backen 1/2 große Flamme;
Regler 5 Minuten vorheizen 3–4, backen 3–4.
Strom: 10 Minuten vorheizen O 3 – U 3,
backen O 2 – U 2; Regler 175–195.
Backzeit: 15–20 Minuten.

Teig:
1 Rezept Quark-Ölteig III (S. 88)
Füllung:
1/2 Eiweiß
12 Würstchen (etwa 16 cm lang)
Zum Bestreichen:
Etwas Dosenmilch

Schlemmerhappen

Teig:
125 g Quark (Topfen) (gut ausgepreßt)
4 Eßl. Milch
1 Ei
4 Eßl. Öl
250 g Weizenmehl
1 Päckchen Dr. Oetker Backin

Füllung:
125 g roher Schinken (in dünne Scheiben geschnitten)
65 g Kräuter-Schmelzkäse (kleingeschnitten)

Zum Bestreichen:
Etwas Dosenmilch

Den Quark (zur Verfeinerung durch ein Sieb streichen) mit Milch, Ei und Öl verrühren. Danach gut die Hälfte des mit Backin gemischten und gesiebten Mehls dazugeben und unterrühren. Den Rest des Mehls darunter kneten. Den Teig zu einer Platte von etwa 36 × 36 cm ausrollen und sie in 9 cm große Quadrate rädern. Diese mit Schinken und Käse belegen, aufrollen, an den Seiten fest andrücken, auf ein gefettetes Backblech legen und mit Milch bestreichen.

Gas: 5 Minuten vorheizen große Flamme,
backen ½ große Flamme;
Regler 5 Minuten vorheizen 3–4, backen 3–4.
Strom: 10 Minuten vorheizen O 3 – U 3,
backen O 2 – U 2; Regler 175–195.
Backzeit: Etwa 20 Minuten.

Schinkenröllchen

Teig:
1 Rezept Quark-Ölteig III (S. 88)

Zum Bestreichen:
½ Eiweiß

Füllung:
75 g roher Schinken
75 g gekochter Schinken
2 kleine Gewürzgurken

Zum Bestreichen:
Etwas Dosenmilch

Den Teig dünn ausrollen, Rechtecke von 7 × 14 cm ausrädern und sie mit dem Eiweiß bestreichen.
Für die Füllung Schinken und Gurken in Streifen von 7 cm Länge schneiden.
Jedes Teigstück mit einigen Schinken- und Gurkenstreifen belegen und von der kürzeren Seite her aufrollen. Die Röllchen auf ein gefettetes Backblech legen und mit Milch bestreichen.

Gas: 5 Minuten vorheizen große Flamme,
backen ½ große Flamme;
Regler 5 Minuten vorheizen 3–4, backen 3–4.
Strom: 10 Minuten vorheizen O 3 – U 3,
backen O 2 – U 2; Regler 175–195.
Backzeit: Etwa 15 Minuten.

DER BISKUITTEIG

Die im Rezept angegebenen Zutaten werden in der vorgeschriebenen Menge und in der angegebenen Reihenfolge bereitgestellt.

Für die Teigbereitung empfehlen sich die hier abgebildeten Dr. Oetker Backgeräte.

NOTWENDIGE VORARBEITEN

1. **Haselnußkerne oder Mandeln nach der Anweisung unter Rührteig (S. 23) vorbereiten.**
2. **Für Biskuitteige den Boden der Backbleche und -formen mit Papier belegen (Abs. a–c).**
   a) Das Papier für eine Springform wird so hergestellt: Die Form wird umgedreht (Boden nach oben) und ein unbedrucktes Papier, am besten Pergamentpapier, daraufgelegt. Mit einem Messer streift man das am Rand überstehende Papier ab.
   b) Das Ausfetten der Form.
   Der Boden wird an etwa 4 Stellen mit streichfähiger Butter oder Margarine eingefettet – am besten mit einem Pinsel. **Den Rand nicht fetten.**
   c) Das Papier wird auf den Boden gelegt und gut angedrückt.

DIE VERARBEITUNG DES TEIGES

Eigelb und Wasser mit einem Schneebesen schaumig schlagen und nach und nach ²/₃ des Zuckers mit dem Vanillin-Zucker dazugeben. Danach so lange schlagen, bis eine kremartige Masse entstanden ist. Unter den Eigelbkrem die Gewürze mischen. Das Eiweiß zu steifem Schnee schlagen. Der Schnee muß so fest sein, daß ein Messerschnitt sichtbar bleibt. Dann unter ständigem Schlagen nach und nach den Rest des Zuckers dazugeben. Den Schnee auf den Eigelbkrem geben. Darüber das mit Gustin und Backin gemischte Mehl sieben. Alles vorsichtig unter den Eigelbkrem ziehen (nicht rühren!) und den Teig in die mit Papier ausgelegte Form (Backblech) füllen.

DIE EINZELNEN ARBEITSGÄNGE

1. »Eigelb . . .«

Jedes Ei wird über einer Tasse aufgeschlagen und geprüft, ob es frisch ist. Damit sich das Eiweiß zu recht steifem Schnee schlagen läßt, muß es sehr scharf vom Eigelb getrennt werden. Man schlägt das Eiweiß erst unmittelbar vor der Weiterverarbeitung.

2. ». . . und Wasser mit einem Schneebesen schaumig schlagen . . .«

Zum Eigelb gibt man das Wasser. Ist die Wassermenge in dem Rezept in einer Spanne angegeben, so richtet man sich nach der Größe der Eier. Bei kleinen Eiern nimmt man die größere und bei großen Eiern die kleinere Wassermenge. Eigelb und Wasser müssen vor Zugabe des Zuckers so lange tüchtig geschlagen werden, bis die Masse in dicken Tropfen vom Schneebesen fällt. Biskuitteig arbeitet man am schnellsten und sichersten mit einem Schneebesen.

3. ». . . und nach und nach $^2/_3$ des Zuckers mit dem Vanillin-Zucker dazugeben. Danach so lange schlagen, bis eine kremartige Masse entstanden ist. Unter den Eigelbkrem die Gewürze mischen. . . .«

Der Zucker wird nicht auf einmal zum Eigelb gegeben, sondern nach und nach unter ständigem Schlagen. Die Beschaffenheit der Masse prüft man, indem man sie vom hochgehaltenen Schneebesen in Ringen in die Rührschüssel laufen läßt. Wenn diese Ringe nicht sofort zerfließen, sondern kurze Zeit stehenbleiben, ist die Masse kremartig. Die Gewürze werden in den fertig geschlagenen Eigelbkrem gegeben.

4. **»... Das Eiweiß zu steifem Schnee schlagen. Der Schnee muß so fest sein, daß ein Messerschnitt sichtbar bleibt. Dann unter Schlagen nach und nach den Rest des Zuckers dazugeben. ...«**
Biskuitgebäck gelingt nur, wenn der Eierschnee wirklich steif ist. Das Eiweiß wird ohne Zucker zu festem Schnee geschlagen. Um die Festigkeit zu prüfen, zieht man den Schneebesen aus dem Eierschnee und dreht ihn senkrecht nach oben. Der Schnee ist steif genug, wenn die beim Herausziehen gebildeten Schneespitzen senkrecht stehenbleiben. Danach schlägt man den Zucker eßlöffelweise unter den Schnee. Man schlägt jedoch nach jeder Zuckerzugabe so lange, bis ein Schnitt mit einem sauberen Messer sichtbar bleibt (oder Spitzenprobe), andernfalls wird er flüssig.

5. **»... Den Schnee auf den Eigelbkrem geben. Darüber das mit Gustin und Backin gemischte Mehl sieben. ...«**
Mischen und Sieben lockern das Mehl auf und verteilen Gustin (Pudding-Pulver, Kakao) und Backin gleichmäßig darin. Das Gebäck wird dadurch besser gelockert. Sind Früchte vorgeschrieben, so gibt man sie auf das Mehl.

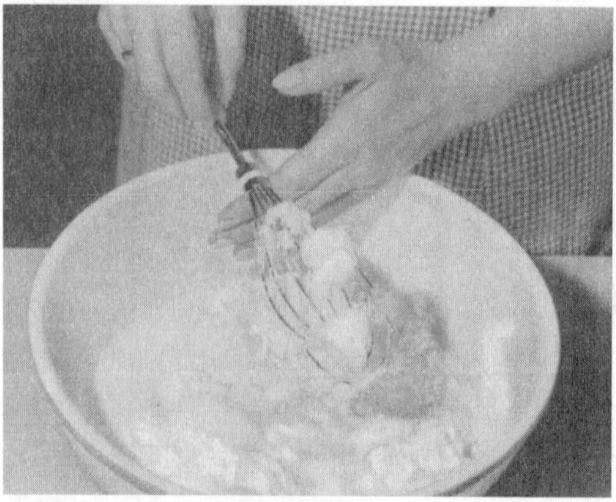

6. »... Alles vorsichtig unter den Eigelbkrem ziehen (nicht rühren!)...«

Damit der Eierschnee nicht zerstört wird, dürfen die Zutaten keinesfalls untergerührt werden. Man zieht den Schneebesen vorsichtig von einer Seite der Schüssel bis zur anderen durch den Teig – über den Boden der Schüssel –, nimmt den Schneebesen heraus und schüttelt ihn leicht, damit der Teig herausfällt. Die Zutaten sind genügend gemischt, wenn kein Mehl mehr zu sehen ist. Diese Arbeit muß schnell erfolgen, sonst fällt der Schnee zusammen.

7. »... und den Teig in die mit Papier ausgelegte Form (Backblech) füllen.«

Am besten wird der Teig mit einem Teigschaber in die vorbereitete Form gefüllt und gleichmäßig verteilt.

DAS BACKEN VON BISKUITTEIGEN

Biskuitteige müssen sofort nach der Zubereitung gebacken werden, da sonst der Eierschnee zerläuft. Sie werden nach den Angaben unter den Rezepten gebacken. Bevor das Gebäck aus dem Ofen genommen wird, muß auf alle Fälle geprüft werden, ob es gar ist. Dieses stellt man am besten durch leichtes Auflegen der flachen Hand fest. Der gare Biskuit darf sich nicht mehr feucht anfühlen und muß in der Krume weich und watteähnlich sein.

Wenn der Biskuit etwas abgekühlt ist, löst man ihn mit einem Messer vom Springformrand und entfernt diesen.

Damit das Gebäck besser ausdünsten kann, legt man es auf einen Kuchenrost. Aus demselben Grund wird das Papier sofort danach vom Biskuitboden abgezogen. (Soll der Biskuitboden nicht am gleichen Tag verwendet werden, läßt man das Papier bis zum Gebrauch des Bodens darauf.)

GEBÄCK IN FORMEN

Rum-Biskuitkuchen

Teig:

3 Eier
3 Eßl. warmes Wasser
150 g Zucker
1 Päckchen Dr. Oetker Vanillin-Zucker
1 Fläschchen Dr. Oetker Rum-Aroma
2 Tropfen Dr. Oetker Backöl Bittermandel
etwas Salz
150 g Weizenmehl
50 g Dr. Oetker Gustin (5 schwach gehäufte Eßl.)
oder
1 Päckchen Dr. Oetker Pudding-Pulver Vanille-Geschmack
4 1/2 g Dr. Oetker Backin (1 1/2 gestrichene Teel.)
75 g Butter oder Margarine (zerlassen)

Guß:

125 g Puderzucker
30 g Kakao (3 gestrichene Eßl.)
1–2 Eßl. heißes Wasser
nach Belieben 25 g Kokosfett (zerlassen)

Für den Teig Eier und Wasser mit einem Schneebesen schaumig schlagen und nach und nach Zucker und Vanillin-Zucker dazugeben. Danach so lange schlagen, bis eine kremartige Masse entstanden ist. Unter den Eierkrem die Gewürze mischen und darüber das mit Gustin (Pudding-Pulver) und Backin gemischte Mehl sieben. Alles vorsichtig unter den Eierkrem ziehen (nicht rühren!) und dabei nach und nach das abgekühlte Fett dazugeben. Den Teig in eine gefettete, mit Papier ausgelegte Kastenform füllen und sofort backen.

Gas: Knapp 1/2 große Flamme; Regler 2 1/2–3 1/2.
Strom: O 1 – U 3; Regler 175–195.
Backzeit: 40–50 Minuten.

Für den Guß den mit Kakao gesiebten Puderzucker mit so viel Wasser glattrühren, daß eine dickflüssige Masse entsteht. Dann das heiße Fett dazugeben und den erkalteten Kuchen mit dem Guß bestreichen.

Flana-Biskuit

Für den Teig Eier und Wasser mit einem Schneebesen schaumig schlagen und nach und nach Zucker und Vanillin-Zucker dazugeben. Danach so lange schlagen, bis eine kremartige Masse entstanden ist. Das mit Gustin und Backin gemischte Mehl auf den Eierkrem sieben, vorsichtig darunter ziehen (nicht rühren!) und dabei nach und nach das abgekühlte Fett dazugeben. Den Teig in eine gefettete, mit Papier ausgelegte Kastenform füllen und sofort backen.

Gas: Knapp 1/2 große Flamme; Regler 3–4.
Strom: O 1 – U 3; Regler 175–195.
Backzeit: Etwa 30 Minuten.

Für den Butterkrem den Inhalt des Päckchens und den Zucker in einer Tasse gut mischen, zunächst 2 Eßl. Milch hinzugeben und mit einer Gabel durchschlagen, bis keine Klümpchen mehr vorhanden sind. Dann die restlichen 2 Eßl. Milch darunter rühren. Das 1/4 l Milch erhitzen. In die kochende, von der Kochstelle genommene Milch langsam die angerührte Mischung geben, 1 Minute unter Rühren kochen lassen und während des Erkaltens ab und zu durchrühren.

Das Fett schaumig rühren und eßlöffelweise den erkalteten Flana darunter geben (darauf achten, daß weder Fett noch Flana zu kalt sind, da dann die sogenannte Gerinnung eintritt!). Zuletzt das heiße Kokosfett darunter rühren. Den gut ausgekühlten Biskuit einmal durchschneiden, den unteren Teil mit gut der Hälfte des Butterkrems bestreichen und mit dem oberen bedecken. Mit dem restlichen Krem (etwa 3 gut gehäufte Eßl. zurücklassen) den ganzen Biskuit gleichmäßig bestreichen und die Seiten mit den Schokoladenstreuseln verzieren. Mit dem restlichen Krem den Biskuit garnieren.

Teig:
2 Eier
1 Eßl. warmes Wasser
100 g Zucker
1 Päckchen Dr. Oetker Vanillin-Zucker
75 g Weizenmehl
50 g Dr. Oetker Gustin
(5 schwach gehäufte Eßl.)
3 g Dr. Oetker Backin
(1 gestrichener Teel.)
50 g Butter oder Margarine (zerlassen)

Butterkrem:
1 Päckchen Dr. Oetker Schokoladen-Flana
50 g Zucker (2 gut gehäufte Eßl.)
4 Eßl. kalte Milch zum Anrühren
1/4 l Milch
150 g Butter oder Margarine
25 g Kokosfett (zerlassen)

Für die Seiten:
60 g Schokoladenstreusel

Halbmonde

Für den Teig Eier und Wasser mit einem Schneebesen schaumig schlagen und nach und nach den Zucker mit dem Vanillin-Zucker dazugeben. Danach so lange schlagen, bis eine kremartige Masse entstanden ist. Das mit Gustin und Backin gemischte Mehl auf den Eierkrem sieben, vorsichtig darunter ziehen (nicht rühren) und dabei nach und nach das abgekühlte Fett dazugeben.

Teig:
2 Eier
1 Eßl. warmes Wasser
100 g Zucker
1 Päckchen Dr. Oetker Vanillin-Zucker
75 g Weizenmehl

50 g Dr. Oetker Gustin
(5 schwach gehäufte Eßl.)
3 g Dr. Oetker Backin
(1 gestrichener Teel.)
50 g Butter oder Margarine
(zerlassen)

Für Ananas-Halbmonde

4 Scheiben Ananas
1 gestrichener Teel. Dr. Oetker
Regina-Gelatine gemahlen, weiß
3 Eßl. Ananassaft
1/8 l Sahne
1 Teel. Zucker

Für gefüllte Halbmonde

Füllung:

125 g Kokosfett
50 g Puderzucker
(2 gut gehäufte Eßl.)
1 Päckchen Dr. Oetker Vanillin-Zucker
30 g Kakao (3 gestrichene Eßl.)
einige Tropfen Dr. Oetker Rum-Aroma
1 Ei

Guß:

50 g Puderzucker
(2 gut gehäufte Eßl.)
20 g Kakao (2 gestrichene Eßl.)
1–2 Eßl. heißes Wasser
20 g Kokosfett (zerlassen)

Den Teig in eine gefettete Rehrückenform füllen und sofort backen.

Gas: 1/2 große Flamme; Regler 3–4.
Strom: O 1 – U 3; Regler 175–195.
Backzeit: 35–45 Minuten.

Für Ananas-Halbmonde von dem gut ausgekühlten Gebäck 8 Stücke abschneiden, mit je einer halben Scheibe Ananas belegen und kalt stellen. Die Gelatine mit dem Ananassaft anrühren, 10 Minuten zum Quellen stehenlassen, unter Rühren erwärmen, bis sie gelöst ist, und kalt stellen. Die dicklich gewordene Gelatinelösung auf die Ananasscheiben streichen (am besten mit einem Pinsel). Kurz vor dem Verzehr die gesüßte Sahne steif schlagen und das Gebäck damit verzieren.

Für gefüllte Halbmonde das Kokosfett zerlassen und kalt stellen. Den gesiebten Puderzucker, den Vanillin-Zucker, den gesiebten Kakao und das Aroma in eine Rührschüssel geben und alles nach und nach mit dem Ei und dem lauwarmen Kokosfett verrühren. Das restliche Gebäckstück zweimal waagerecht durchschneiden, den unteren Teil mit gut der Hälfte des Kakaokrems bestreichen, den zweiten darauf legen, mit dem restlichen Krem bestreichen und mit dem dritten bedecken. Für den Guß den mit Kakao gesiebten Puderzucker mit so viel heißem Wasser glattrühren, daß eine dickflüssige Masse entsteht. Dann das heiße Fett dazugeben. Das Gebäck gleichmäßig mit dem Guß bestreichen und bis zum Verzehr kühl stellen.

TORTEN

DAS FÜLLEN VON TORTEN

1. Der Biskuitboden wird so auf einen Bogen Papier gelegt, daß die Unterseite, die besonders schön glatt ist, nach oben kommt. Er kann mit einem Zwirnsfaden oder großen Messer in Schichten geteilt werden.
   Damit die Schichten gleichmäßig dick werden, schneidet man den Tortenrand vorher mit einem kleinen, spitzen Messer ringsherum etwa 1 cm tief ein.

2. Nachdem man einen Zwirnsfaden in den Einschnitt gelegt hat, werden die Enden des Zwirnsfadens über Kreuz gelegt und fest angezogen, dabei durchschneidet der Faden das Gebäck.

3. Damit die Tortenschicht nicht bricht, hebt man sie mit einem Papier ab. Dazu wird das Papier an der vorderen Kante nach unten umgeknifft und unter die obere Schicht geschoben. Die Zeigefinger fassen ab und zu an die obere Schicht, damit das Papier nachgezogen werden kann.

4. Die obere Schicht wird abgehoben.

5. Soll der Biskuitboden mit einem Messer geteilt werden, nimmt man am besten ein Messer, das länger ist als der Boden.

6. Zum Füllen eignet sich Butterkrem, hergestellt mit Dr. Oetker Pudding-Pulver oder Marmelade (Konfitüre). Bei Butterkremfüllung kann man zur Abwechslung auch eine Schicht mit Konfitüre bestreichen. Dazu nimmt man einen Teigschaber, ein Messer oder ein Pfannenmesser.

7. Man legt mit Hilfe des Papiers die beiden Schichten wieder aufeinander. Hierbei ist wichtig, daß die Schichten »Kante auf Kante« gesetzt werden.

8. Die andere Schicht wird mit Butterkrem bestrichen und die dritte Schicht daraufgelegt.

Das wollte sie nur wissen

Der Komponist Paul Lincke war nicht nur als Kind, sondern auch später als erwachsener Mann ein ausgesprochen leidenschaftlicher Liebhaber von süßem Gebäck. Es gebe die besten Einfälle und mache nicht müde, pflegte er halb entschuldigend zu sagen. Er erzählte aus seiner Jugend:
Meine Mutter fragte mich: »Liebling, willst du etwas von meinem Gebäck?« – »Ja, Mama!« – »Schade, ich wollte dir etwas davon geben, aber ich habe den Schlüssel zur Speisekammer verlegt.« – »Du brauchst keinen Schlüssel«, sagte ich eifrig, »wenn ich den Arm durchs Fenster stecke, kann ich von innen öffnen.« – »So? Das wollte ich nur wissen, und jetzt, wart, du Lausbub, bis dein Vater nach Hause kommt!« – »Tja«, sagte Lincke nach dieser Geschichte, »die Gerissenheit habe ich von meiner Mutter!«

DAS VERZIEREN DER GEFÜLLTEN TORTE MIT BUTTERKREM

1. Die Torte wird am Rand und auf der oberen Seite mit Butterkrem (Herstellung von Butterkrem S.126) bestrichen. Für das Verteilen des Krems am Rand nimmt man am besten ein Tafelmesser.

2. Der Rand kann mit Schokoladenstreuseln, Spaltmandeln, gemahlenen Haselnußkernen oder gebräunten Haferflocken verziert werden. Dazu gibt man die Streusel auf die Papierunterlage ganz dicht an die Torte und schiebt sie am Rand mit einem Teigschaber oder Messer hoch.

3. Bevor die Torte mit Butterkrem verziert wird, teilt man die Oberfläche mit einem Zwirnsfaden oder Messer in gleichmäßige Stücke ein.

4. Beim Verzieren muß der Spritzbeutel senkrecht zur Torte gehalten werden. Mit der rechten Hand wird der Beutel zugehalten und der Krem herausgedrückt. Die linke Hand führt den Beutel. Man umschließt ihn jedoch nicht mit der ganzen Hand, sondern faßt mit Daumen und Zeigefinger die Tülle bzw. den Tüllenansatz. Sonst wird der Krem durch die Handwärme flüssig und läßt sich nicht spritzen.

5. Die Torte wird von der Papierunterlage auf die Tortenplatte gesetzt. Damit die Torte nicht bricht, faßt man mit einem Pfannenmesser und der linken Hand darunter.

SPRITZMUSTER

Butterkrem kann in verschiedener Form auf Torten gespritzt werden. Ungeübte Hausfrauen sollten jedoch, bevor sie Butterkrem spritzen, Versuche mit Kartoffelbrei machen. Sehr beliebt sind folgende Verzierungen:

Sternchen
Der Spritzbeutel wird vollkommen senkrecht zur Tortenoberfläche gehalten. Man drückt mit der rechten Hand etwas auf den Spritzbeutel und zieht ihn, sobald das Sternchen die gewünschte Größe hat, in die Höhe. Die ganze Torte kann mit Sternchen verschiedener Größe verziert werden, man färbt dann aber die Hälfte des Butterkrems mit Kakao oder gelöster roter Gelatine.

Gerade Linien
Die gerade Linie wird dann gewählt, wenn man den Butterkrem gitterförmig über die ganze Torte oder nur über einen Teil (Mitte) spritzen will. Die Zwischenräume kann man mit Butterkrem-Sternchen, Frucht- oder Geleestückchen verzieren.

Wellenlinien
Die Wellenlinie ist als Rand- oder Mittelstück-Verzierung geeignet. Besonders hübsch sieht es aus, wenn die Wellenlinie nicht waagerecht auf der Torte liegt, sondern fast senkrecht darauf steht.

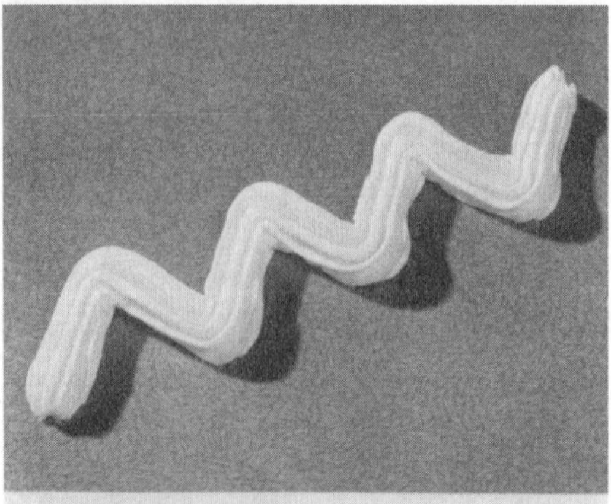

Zickzacklinien
Wenn man die Wellenlinie weiter auseinanderzieht, erhält man die Zickzacklinie. Sie ist auch als Randverzierung beliebt.

Tuff oder Rosette
Man spritzt einen Kreis, den man von außen nach innen verengt, dabei setzt man die einzelnen Ringe ohne Absetzen des Spritzbeutels aufeinander.

Schlingen und Korkenzieher
Sehr hübsche Randverzierungen sind auch Bogen, die mit kleinen Schlingen aneinandergesetzt werden.
Spritzt man diese Schlingen sehr dicht, so erhält man Korkenzieher. Sie können nach rechts oder links gedreht werden. Sie eignen sich besonders zur Verzierung des Mittelstückes.

VERZIERTE TORTEN

Diese Tortenverzierung besteht aus unterschiedlich großen Sternchen. Sie werden vom Rand zur Mitte hin kleiner. Eine hübsche Farbwirkung erzielt man durch Geleetüpfchen, die am Rand und in der Mitte auf die Sternchen gesetzt werden.

Die obere Seite dieser Torte wird mit roter Marmelade bestrichen. Dann spritzt man mit einfachen Linien ein Gitter von Butterkrem; kleine Rosetten bilden am Rand den Abschluß.

Bei dieser Torte liegen die Linien waagerecht, von der Mitte zum Rand hin breiter werdend. Den Abschluß bildet jedes Mal ein aufgesetztes Sternchen.

Werden die Wellenlinien fast senkrecht stehend gespritzt, dann sieht die Torte wie hier abgebildet aus. Jede Wellenlinie endet mit einem etwas gedrehten Tuff. Die Mitte wird durch einen Kranz kleiner Sternchen noch betont.

Bei der sogenannten »Schmetterlingstorte« wird der Rand durch dicht aneinandergesetzte Rosetten verziert. Auf jedes Tortenstück wird nochmals je eine, nur wenig gedrehte Rosette gespritzt, in die jeweils zwei nicht abgezogene, halbierte Mandeln als Flügel der Schmetterlinge gesteckt werden; ihre länglichen Körper werden durch Geleetüpfchen oder Liebesperlen angedeutet.
Um die Tortenmitte schließt sich ein Kranz kleiner Rosetten.

Die Butterkremtütchen erhält man, wenn man auf jedes Stück, von der Mitte ausgehend, dicht aneinandergelegte, größer werdende Schlingen spritzt. Als Abschluß legt man in jedes Tütchen eine Kirsche oder spritzt etwas Marmelade oder Gelee hinein.

Bei der sogenannten »Sonnenblumentorte« wird die Mitte mit Schokoladenstreuseln verziert und diese von einem Kranz aneinandergesetzter Sternchen, die zu einer waagerecht liegenden Spitze (Schwänzchen) verlängert werden, eingeschlossen. Die Randverzierung dieser Torte besteht aus schräg gelegten Ringen.

Bei dieser Randverzierung handelt es sich wieder um die Wellenlinie. Sie wird aber nicht fast senkrecht in einer Linie gespritzt, sondern nach jeder Auf- und Abwärtsbewegung nach links oder nach rechts verschoben. Jedes Tortenstück wird durch eine kleine, spitz auslaufende Wellenlinie betont.

Die Mitte dieser Torte ist mit einem Gitter verziert (Tortenmitte vorher mit Marmelade bestreichen!), das von Sternchen eingeschlossen wird. Die Randverzierung besteht aus dicht aneinandergelegten Schlingen, die abwechselnd nach links und nach rechts herum gelegt werden.

Bei dieser Randverzierung handelt es sich um Sechsen (6), die möglichst dicht aneinandergespritzt werden. Dabei muß man beachten, daß man, sobald eine Sechs gespritzt ist, den Weg etwas zurückgeht; dabei legt man auf den Bogen der Null der Sechs noch einen zweiten, erst dann spritzt man, ohne abzusetzen, die nächste Sechs möglichst dicht daran. Jedes Tortenstück wird mit zwei übereinandergesetzten Ringen verziert und zur Mitte hin je ein »Schwänzchen« (Sternchen, das zu einer waagerecht liegenden Spitze verlängert wird) davorgesetzt. In jeden Kremring kann man als Abschluß eine Kirsche stecken oder Gelee spritzen.

DAS ÜBERZIEHEN VON TORTEN MIT GUSS

1. Die Torte wird vor dem Auftragen des Gusses dünn mit Marmelade bestrichen, damit der Guß nicht einsickert. Dazu nimmt man eine glatte, nicht stückige Marmelade, für weiße Güsse am besten Aprikosenmarmelade. (Stückige Marmelade muß vorher durch ein Sieb gestrichen werden.)

2. Der angerührte Guß wird mitten auf die Torte gegossen.

3. Man verstreicht ihn schnell mit einem großen Messer, und zwar so, daß er an den Rändern herunterläuft. Das Messer muß dabei schräg gehalten und nur leicht aufgedrückt werden. Wenn bei der Verteilung des Gusses die Richtung des Messers geändert werden muß, darf es nicht jedesmal aus dem Guß herausgezogen werden, weil dadurch leicht Krümel von dem Biskuitboden abgehoben werden und diese den Guß unansehnlich machen.

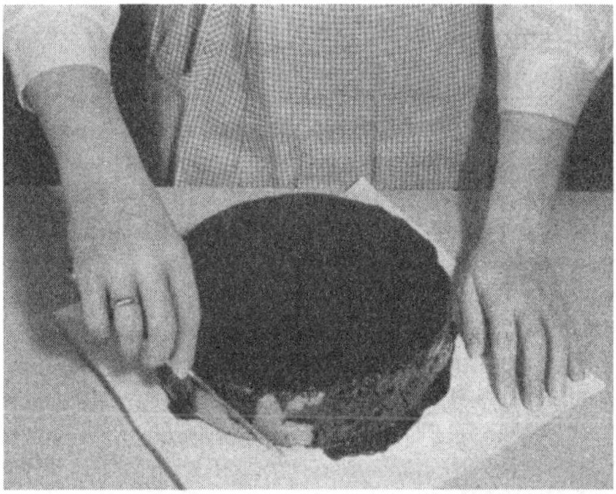

4. Der heruntergelaufene Guß wird am Tortenrand mit einem schräg gehaltenen Messer glatt- und hochgestrichen.

5. Die Torte kann mit abgezogenen, halbierten Mandeln (Haselnußkernen) verziert werden. Der Guß darf jedoch noch nicht angetrocknet sein, weil dann die Mandeln nicht mehr haften. Deswegen ist schnelles Arbeiten erforderlich. Weiterhin ist wichtig, daß man die Torte so schnell wie möglich auf eine Tortenplatte setzt oder daß man den Guß erst vollständig trocknen läßt (andernfalls Risse im Guß).

Wichtiger

Wahrend des Wiener Kongresses sah der sachsische Gesandte Metternich, Alexander I. und Talleyrand dicht zusammensitzen. Er schlich sich, in der Annahme, daß es sich um die Vorbereitung eines wichtigen und weltbewegenden Entscheides handele, vorsichtig an die Drei heran. Enttäuscht hörte er, wie der österreichische Kanzler seinen gespannt zuhörenden Partnern das Originalrezept für Apfelpfannenkuchen mit Zimt und Zucker verriet.

Biskuitböden für Butterkrem- und Sahnetorten

Eigelb und Wasser mit einem Schneebesen schaumig schlagen und nach und nach $^2/_3$ des Zuckers mit dem Vanillin-Zucker dazugeben. Danach so lange schlagen, bis eine kremartige Masse entstanden ist. Das Eiweiß zu steifem Schnee schlagen. Der Schnee muß so fest sein, daß ein Messerschnitt sichtbar bleibt. Dann unter ständigem Schlagen nach und nach den Rest des Zuckers dazugeben. Den Schnee auf den Eigelbkrem geben. Darüber das mit Gustin (bei Teig IV Kakao) und Backin gemischte Mehl sieben. Alles vorsichtig unter den Eigelbkrem ziehen (nicht rühren!), den Teig in eine mit Papier ausgelegte Springform (Durchmesser etwa 26 cm) füllen und sofort backen.

Gas: $^1/_2$ große Flamme; Regler 3–4.
Strom: 10 Minuten vorheizen O 3 – U 3, backen O 2 – U 3; Regler 175–195.
Backzeit: 20–30 Minuten.

Den Tortenboden gut auskühlen lassen.

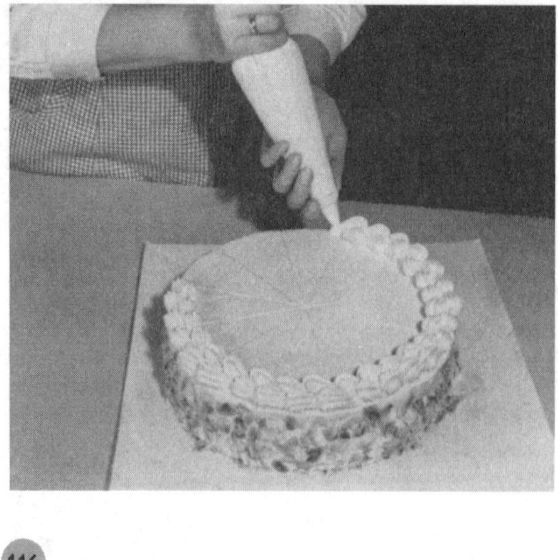

Teig I:
2 Eigelb, 2–3 Eßl. warmes Wasser *
100 g Zucker
1 Päckchen Dr. Oetker Vanillin-Zucker
2 Eiweiß
75 g Weizenmehl
50 g Dr. Oetker Gustin
(5 schwach gehäufte Eßl.)
3 g Dr. Oetker Backin
(1 gestrichener Teel.)

Teig II:
3 Eigelb, 3–4 Eßl. warmes Wasser *
150 g Zucker
1 Päckchen Dr. Oetker Vanillin-Zucker
3 Eiweiß
100 g Weizenmehl
100 g Dr. Oetker Gustin
9 g Dr. Oetker Backin
(3 gestrichene Teel.)

Teig III:
4 Eigelb, 2 Eßl. warmes Wasser
150 g Zucker
1 Päckchen Dr. Oetker Vanillin-Zucker
4 Eiweiß
100 g Weizenmehl
100 g Dr. Oetker Gustin
6 g Dr. Oetker Backin
(2 gestrichene Teel.)

Teig IV:
4 Eigelb, 3–4 Eßl. warmes Wasser *
175 g Zucker
1 Päckchen Dr. Oetker Vanillin-Zucker
4 Eiweiß
100 g Weizenmehl
100 g Dr. Oetker Gustin
30 g Kakao (3 gestrichene Eßl.)
9 g Dr. Oetker Backin
(3 gestrichene Teel.)

* Bei großen Eiern die kleinere und bei kleinen Eiern die größere Wassermenge nehmen.

Weinkremtorte

1 Biskuitboden Teig (S. 116)

Füllung:

1 Päckchen Dr. Oetker Regina-Gelatine gemahlen, weiß
3 Eßl. kaltes Wasser zum Anrühren
¼ l Wasser
1 Päckchen Dr. Oetker Fruttina Pudding-Pulver Zitrone-Geschmack
125 g Zucker
¼ l Weißwein
1 Eßl. Zitronensaft
⅜ l Sahne

Für den Rand:

Einige Mandeln (abgezogen, in Scheiben geschnitten, gebräunt)

Für die Füllung die Gelatine mit dem Wasser anrühren und 10 Minuten zum Quellen stehenlassen. Mit 4 Eßl. von dem ¼ l Wasser das Pudding-Pulver und den Zucker anrühren. Das übrige Wasser erhitzen. In das kochende, von der Kochstelle genommene Wasser langsam das angerührte Pudding-Pulver geben und einmal kurz aufkochen lassen. Dann die gequollene Gelatine dazugeben und rühren, bis sie gelöst ist. Danach den Wein und den Zitronensaft darunter rühren und den Pudding kalt stellen. Wenn er fest geworden, aber noch nicht vollkommen erstarrt ist, die steifgeschlagene Sahne darunter heben.
Den Tortenboden einmal durchschneiden. Den unteren Boden mit ¾ des Krems bestreichen. Den anderen Boden darauf legen und gut andrücken. Rand und obere Seite der Torte gleichmäßig mit etwas von dem zurückgelassenen Krem bestreichen. Den Rand der Torte mit den Mandelscheiben bestreuen. Mit dem restlichen Krem die Torte garnieren.

Sahne-Schokoladentorte

1 Biskuitboden Teig I (S. 116)

Guß:

100 g Puderzucker
20 g Kakao (2 gestrichene Eßl.)
2 Eßl. heißes Wasser
20 g Kokosfett (zerlassen)

Füllung:

1 Päckchen Dr. Oetker Regina-Gelatine gemahlen, weiß
4 Eßl. kaltes Wasser zum Anrühren
¾ l Sahne
100 g Puderzucker
1 Päckchen Dr. Oetker Vanillin-Zucker
30 g Kakao (3 gestrichene Eßl.)

Für den Rand:

25 g Schokolade (geraspelt)

Den Tortenboden einmal durchschneiden.
Für den Guß den mit Kakao gesiebten Puderzucker mit so viel Wasser glattrühren, daß eine dickflüssige Masse entsteht. Dann das heiße Fett dazugeben und den Biskuitboden, der als obere Lage für die Torte gedacht ist, gleichmäßig mit dem Guß bestreichen.
Für die Füllung die Gelatine mit dem Wasser anrühren, 10 Minuten zum Quellen stehenlassen, unter ständigem Rühren erwärmen, bis sie gelöst ist, und kalt stellen. Die Sahne fast steif schlagen und dann die lauwarme Gelatinelösung, den gesiebten Puderzucker und den Vanillin-Zucker darunter geben. Die Sahne vollkommen steif schlagen und 3 Eßl. voll davon in einen Spritzbeutel füllen. Unter die übrige Schlagsahne den gesiebten Kakao rühren. Den unteren Boden mit gut ⅔ dieser Sahne bestreichen. Den mit Guß bestrichenen Tortenboden in 12 gleichmäßige Stücke schneiden, sie sorgfältig auf den bestrichenen Boden legen und andrücken. Den Rand der Torte mit der restlichen braunen Sahne bestreichen. Mit der weißen Sahne die Torte garnieren und sie am Rand mit der Schokolade bestreuen.

Butterkremtorte (Abb. S. 125)

Für den Butterkrem Pudding-Pulver (evtl. Kakao) und Zucker mit 6 Eßl. von der Milch anrühren. Die übrige Milch erhitzen. In die kochende, von der Kochstelle genommene Milch langsam das angerührte Pudding-Pulver geben und einmal kurz aufkochen lassen (gegebenenfalls das Extraktpulver danach gut unterrühren). Den Pudding während des Erkaltens ab und zu durchrühren. Das Fett schaumig rühren und den Pudding eßlöffelweise darunter geben (darauf achten, daß weder Fett noch Pudding zu kalt sind, da dann die sogenannte Gerinnung eintritt!).

Den Tortenboden zweimal durchschneiden. Den untersten Boden je nach Rezept entweder erst dünn mit Konfitüre und dann mit gut 1/4 des Butterkrems oder nur mit gut 1/4 des Butterkrems bestreichen, den zweiten darauf legen, mit knapp der Hälfte des restlichen Krems bestreichen und mit dem dritten bedecken. Rand und obere Seite der Torte dünn und gleichmäßig mit etwas von dem zurückgelassenen Krem bestreichen. Den Rand der Torte mit Mandelscheiben oder Schokoladenstreuseln bestreuen. Mit dem restlichen Krem die Torte garnieren.

1 Biskuitboden Teig II oder III (S. 116)

Heller Butterkrem:

1 Päckchen Dr. Oetker Pudding-Pulver Vanille-, Mandel-, Sahne-, Karamel- oder Zitrone-Geschmack
100 g Zucker
1/2 l kalte Milch
250 g Butter oder Margarine

Zum Bestreichen:

2–3 Eßl. Konfitüre

Für den Rand:

Einige Mandeln (abgezogen, in Scheiben geschnitten)

oder

Schokoladen-Butterkrem:

1 Päckchen Dr. Oetker Schokoladen-Pudding-Pulver oder
1 Päckchen Dr. Oetker Gala Schokoladen-Pudding-Pulver oder
1 Päckchen Dr. Oetker Pudding-Pulver Vanille-Geschmack und
20 g Kakao (2 gestrichene Eßl.)
100 g Zucker
1/2 l kalte Milch
250 g Butter oder Margarine

Für den Rand:

Einige Mandeln (abgezogen, in Scheiben geschnitten) oder Schokoladenstreusel

oder

Mokka-Butterkrem:

*1 Päckchen Dr. Oetker Pudding-Pulver Sahne-Geschmack**
100–150 g Zucker
1/2 l kalte Milch
1 Tube Kaffee-Extraktpulver
250 g Butter oder Margarine

Für den Rand:

Schokoladenstreusel

*** Für Mokka-Schokoladen-Butterkrem**

1 Päckchen Dr. Oetker Gala Schokoladen-Pudding-Pulver

Ananas-Sahnetorte

(Abb. S. 126)

1 Biskuitboden Teig (S. 116)
Füllung:
1 Dose Ananas (8 Scheiben)
1/4 l Ananassaft
30 g Dr. Oetker Gustin (3 schwach gehäufte Eßl.)
25 g Zucker (1 gut gehäufter Eßl.)
2 schwach gehäufte Teel. Dr. Oetker Regina-Gelatine gemahlen, weiß
3 Eßl. kaltes Wasser zum Anrühren
1/2 l Sahne
50–75 g Puderzucker
1/2 gestrichener Teel. Dr. Oetker Regina-Gelatine gemahlen, weiß

Für die Füllung die Ananasscheiben auf ein Sieb geben, 5 Scheiben in kleine Stücke schneiden und 3 in Viertel. Von dem Saft 1 Eßl. abnehmen und außerdem 1/4 l abmessen (evtl. mit Wasser ergänzen!). Mit 4 Eßl. von dem Saft Gustin und Zucker anrühren. Den übrigen Saft erhitzen. In den kochenden, von der Kochstelle genommenen Saft langsam das angerührte Gustin geben und einmal kurz aufkochen lassen. Die Ananasstückchen darunter rühren und den Krem kalt stellen.
Die 2 schwach gehäuften Teel. Gelatine mit dem Wasser anrühren, 10 Minuten zum Quellen stehenlassen, unter Rühren erwärmen, bis sie gelöst ist, und kalt stellen.
Die Sahne fast steif schlagen und dann die lauwarme Gelatinelösung und den gesiebten Puderzucker darunter geben. Die Sahne vollkommen steif schlagen und die Hälfte davon unter den erkalteten Krem heben.
Den Tortenboden einmal durchschneiden. Den unteren Boden mit der Ananassahne bestreichen. Den anderen Boden in 12 gleichmäßige Stücke schneiden, diese sorgfältig auf den mit Sahne bestrichenen Boden legen und andrücken. Rand und obere Seite der Torte gleichmäßig mit etwas von der zurückgelassenen Sahne bestreichen. Auf jedes Tortenstück ein Ananasviertel legen und mit der restlichen Sahne die Torte garnieren.
Den 1/2 Teel. Gelatine mit dem zurückgelassenen Eßl. Saft anrühren, 10 Minuten stehenlassen und dann unter Rühren erwärmen, bis sie gelöst ist. Mit diesem Saft die Ananasstückchen auf der Torte bestreichen.

Sahne-Quarktorte

1 Biskuitboden Teig I (S. 116)
Füllung:
250 g Sahne-Schichtkäse
2–4 Eßl. Milch
100 g Zucker
etwas abgeriebene gelbe Zitronenschale
Saft einer halben Zitrone
1 Päckchen Dr. Oetker Regina-Gelatine gemahlen, weiß
2 Eßl. kaltes Wasser zum Anrühren
1/4 l Sahne
1 Päckchen Dr. Oetker Vanillin-Zucker

Für die Füllung den durch ein Sieb gestrichenen Schichtkäse mit so viel Milch verrühren, daß eine kremartige Masse entsteht; danach Zucker, Zitronenschale und -saft dazugeben.
Die Gelatine mit dem Wasser anrühren, 10 Minuten zum Quellen stehenlassen, unter Rühren erwärmen, bis sie gelöst ist, und kalt stellen. Die lauwarme Gelatinelösung unter die Quarkmasse rühren.
Die Sahne steif schlagen, mit Vanillin-Zucker süßen und vorsichtig unter die Quarkmasse heben.
Den Tortenboden einmal durchschneiden. Den unteren Boden mit gut der Hälfte des Krems bestreichen und den anderen darauf legen. Rand und obere Seite der Torte mit etwas von dem zurückgelassenen Krem bestreichen und mit dem restlichen Krem die Torte garnieren.

Erdbeer-Sahnetorte

1 Biskuitboden Teig I (S. 116)

Füllung:

1 Päckchen Dr. Oetker Soßen-Pulver Vanille-Geschmack
25 g Zucker (1 gut gehäufter Eßl.)
knapp 1/4 l kalte Milch
500 g Erdbeeren
2 schwach gehäufte Teel. Dr. Oetker Regina-Gelatine gemahlen, weiß
3 Eßl. kaltes Wasser zum Anrühren
1/2 l Sahne
50 g Puderzucker (2 gut gehäufte Eßl.)
1 Päckchen Dr. Oetker Vanillin-Zucker

Für die Füllung Soßen-Pulver und Zucker nach und nach mit der Milch anrühren, unter Rühren zum Kochen bringen und einmal kurz aufkochen lassen. Den Pudding während des Erkaltens ab und zu durchrühren.

Die Erdbeeren waschen, gut abtropfen lassen und entstielen.

Die Gelatine mit dem Wasser anrühren, 10 Minuten zum Quellen stehenlassen, unter Rühren erwärmen, bis sie gelöst ist, und kalt stellen.

Die Sahne fast steif schlagen und dann die lauwarme Gelatinelösung, den gesiebten Puderzucker und den Vanillin-Zucker darunter geben. Die Sahne vollkommen steif schlagen.

Den Tortenboden einmal durchschneiden. Den unteren Boden mit dem Pudding bestreichen und dann mit den Erdbeeren belegen. Darauf gleichmäßig etwa 3/4 der Sahne geben. Den anderen Boden in 12 gleichmäßige Stücke schneiden, diese sorgfältig auf den mit Sahne bestrichenen Boden legen und andrücken. Rand und obere Seite der Torte gleichmäßig mit etwas von der zurückgelassenen Sahne bestreichen. Mit der restlichen Sahne die Torte garnieren.

Trüffeltorte

1 Biskuitboden Teig IV (S. 116)

Füllung:

125 g Butter
150 g Puderzucker
100 g Kakao
1 Ei
1 Fläschchen Dr. Oetker Rum-Aroma
2 Eßl. Wasser
1 Päckchen Dr. Oetker Vanillin-Zucker

Guß:

150 g Puderzucker
30 g Kakao (3 gestrichene Eßl.)
2–3 Eßl. heißes Wasser
nach Belieben 25 g Kokosfett (zerlassen)

Für den Rand:

75 g Schokoladenstreusel

Für die Füllung die Butter schaumig rühren und nach und nach etwas von dem mit Kakao gesiebten Puderzucker, das Ei, den Rest des mit Kakao gesiebten Zuckers und das Rum-Aroma hinzugeben. Davon 16 Teelöffel voll abnehmen, und zwar jedesmal so viel, daß sich aus einem Teelöffel der Masse eine kirschgroße Kugel formen läßt. Diese Masse kalt stellen. Unter den Rest der Füllung das Wasser und den Vanillin-Zucker rühren.

Den Tortenboden zweimal durchschneiden und mit der Kakaomasse füllen.

Für den Guß den mit Kakao gesiebten Puderzucker mit so viel Wasser glattrühren, daß eine dickflüssige Masse entsteht. Dann das heiße Fett dazugeben und die Torte mit dem Guß bestreichen. Den Rand und einen etwa 2 cm breiten Rand auf der Torte mit Schokoladenstreuseln bestreuen.

Aus der kalt gestellten Masse Kugeln formen, sie in Schokoladenstreuseln wälzen (in einem Kaffeesieb) und kranzförmig auf die Torte legen.

Sandwaffeln (Rezept S. 43)
Erdebeerrolle (Rezept S. 140)

Porzellan: FÜRSTENBERG - *Form "Patria", Dekor "Ceres"*

Nuß-Sahnetorte und Obstsalattorte (Rezept S. 130)

Weihnachtsgebäck (Rezept ab S. 156)

Butterkremtorte (Rezept S. 118)

Dukatenplätzchen (Rezept S. 78)
Ananas-Sahnetorte (Rezept S. 119)

Biskuitrolle (Honigfüllung) [Rezept S. 140]

Nuß- oder Kokosecken (Rezept S. 62)
Schwarzwälder Kirschtorte (Rezept S. 134)

(Abb. S. 162) Mokka-Sahnetorte

1 Biskuitboden Teig I ***(S. 116)***

Füllung:

1 Päckchen Dr. Oetker Regina-Gelatine gemahlen, weiß

4 Eßl. kaltes Wasser zum Anrühren

³/₄ l Sahne

100 g Puderzucker

1 Päckchen Dr. Oetker Vanillin-Zucker

1 Tube Kaffee-Extraktpulver

Für den Rand:

Schokoladenstreusel

Zum Verzieren:

12 Mokkabohnen

Für die Füllung die Gelatine mit dem Wasser anrühren, 10 Minuten zum Quellen stehenlassen, unter Rühren erwärmen, bis sie gelöst ist, und kalt stellen.
Die Sahne fast steif schlagen und dann die lauwarme Gelatinelösung, den gesiebten Puderzucker und den Vanillin-Zucker darunter geben. Die Sahne vollkommen steif schlagen und das Extraktpulver hinzufügen.
Den Tortenboden einmal durchschneiden. Den unteren Boden mit ²/₃ der Mokkasahne bestreichen. Den anderen Boden in 12 gleichmäßige Stücke schneiden, diese sorgfältig auf den mit Sahne bestrichenen Boden legen und andrücken. Rand und obere Seite der Torte gleichmäßig mit etwas von der zurückgelassenen Sahne bestreichen. Den Rand der Torte mit den Schokoladenstreuseln bestreuen. Mit der restlichen Sahne die Torte garnieren und sie mit Mokkabohnen verzieren.

Glückliche Musikanten

Hans von Bülow, der berühmte Wagner-Dirigent, fuhr einmal auf einem Ozeandampfer und war in seinen Teller mit Gebäck vertieft, das er sehr liebte. Bei Tisch spielte die Musikkapelle. »Diese Leute beneide ich«, meinte Bülow, »sie werden wenigstens ohne Musikbegleitung ihr Gebäck essen dürfen!«

Apfelsinen-Butterkremtorte

1 Biskuitboden Teig II ***(S. 116)***

Füllung:

1 Päckchen Dr. Oetker Fruttina Pudding-Pulver Zitrone-Geschmack

30 g Dr. Oetker Gustin (3 schwach gehäufte Eßl.)

150 g Zucker

¹/₈ l Apfelsinensaft (aus 2 großen oder 3 kleinen Apfelsinen gepreßt)

³/₈ l Wasser

250 g Butter oder Margarine

Für den Rand:

Einige Mandeln (abgezogen, in Scheiben geschnitten)

Zum Verzieren:

12–16 Apfelsinenspalten

Für die Füllung Pudding-Pulver, Gustin und Zucker mit dem Apfelsinensaft anrühren. Das Wasser erhitzen. In das kochende, von der Kochstelle genommene Wasser langsam das angerührte Pudding-Pulver geben und einmal kurz aufkochen lassen. Den Pudding während des Erkaltens ab und zu durchrühren.
Das Fett schaumig rühren und den Pudding eßlöffelweise darunter geben (darauf achten, daß weder Fett noch Pudding zu kalt sind, da dann die sogenannte Gerinnung eintritt!).
Den Tortenboden zweimal durchschneiden. Den unteren Boden mit gut ¹/₄ des Butterkrems bestreichen, den zweiten darauf legen, mit knapp der Hälfte des restlichen Krems bestreichen und mit dem dritten bedecken. Rand und obere Seite der Torte dünn und gleichmäßig mit etwas von dem zurückgelassenen Krem bestreichen. Den Rand der Torte mit den Mandelscheiben bestreuen. Die Apfelsinenspalten in einem hübschen Muster auf die Torte legen und diese mit dem restlichen Krem garnieren.

Kirsch-Sahnetorte

1 Biskuitboden Teig I (S. 116)

Füllung:

1 Liter-Glas mit eingemachten Sauerkirschen
etwas Zucker zum Abschmecken
30 g Dr. Oetker Gustin (3 schwach gehäufte Eßl.)
2 schwach gehäufte Teel. Dr. Oetker Regina-Gelatine gemahlen, weiß
3 Eßl. kaltes Wasser zum Anrühren
1/2 l Sahne
50 g Puderzucker (2 gut gehäufte Eßl.)
1 Päckchen Dr. Oetker Vanillin-Zucker

Für die Füllung die Kirschen auf ein Sieb geben, gut abtropfen lassen und dann 1/4 l von dem Saft abmessen (gegebenenfalls mit Wasser ergänzen!). Ist der Saft nicht süß genug, noch Zucker nach Geschmack hinzufügen. Mit 4 Eßl. von dem Saft das Gustin anrühren. Den übrigen Saft erhitzen. In den kochenden, von der Kochstelle genommenen Saft langsam das angerührte Gustin geben und einmal kurz aufkochen lassen. Die abgetropften Kirschen darunter rühren (12 Stück zum Verzieren zurücklassen!) und den Krem kalt stellen.
Die Gelatine mit dem Wasser anrühren, 10 Minuten zum Quellen stehenlassen, unter Rühren erwärmen, bis sie gelöst ist, und kalt stellen.
Die Sahne fast steif schlagen und dann die lauwarme Gelatinelösung, den gesiebten Puderzucker und den Vanillin-Zucker darunter geben. Die Sahne vollkommen steif schlagen.
Den Tortenboden einmal durchschneiden. Den unteren Boden mit dem Kirschkrem bestreichen und darauf gleichmäßig die Sahne verteilen (etwa 1/4 zurücklassen!). Den anderen Boden in 12 gleichmäßige Stücke schneiden, diese sorgfältig auf den mit Sahne bestrichenen Boden legen und andrücken. Rand und obere Seite der Torte gleichmäßig mit etwas von der zurückgelassenen Sahne bestreichen. Mit der restlichen Sahne die Torte garnieren und sie mit Kirschen verzieren.
Veränderung: An Stelle der eingemachten Sauerkirschen kann auch die gleiche Menge Erdbeeren genommen werden.

Nuß-Sahnetorte und Obstsalattorte (Abb. S. 123)

Teig für beide Torten:

4 Eigelb
*4–5 Eßl. warmes Wasser **
200 g Zucker
1 Päckchen Dr. Oetker Vanillin-Zucker
4 Eiweiß
125 g Weizenmehl
125 g Dr. Oetker Gustin
9 g Dr. Oetker Backin (3 gestrichene Teel.)

Für den Teig Eigelb und Wasser mit einem Schneebesen schaumig schlagen und nach und nach 2/3 des Zuckers mit dem Vanillin-Zucker dazugeben. Danach so lange schlagen, bis eine kremartige Masse entstanden ist. Das Eiweiß zu steifem Schnee schlagen. Der Schnee muß so fest sein, daß ein Messerschnitt sichtbar bleibt. Dann unter ständigem Schlagen nach und nach den Rest des Zuckers dazugeben. Den Schnee auf den Eigelbkrem geben. Darüber das mit Gustin und Backin gemischte Mehl sieben. Alles vorsichtig unter den Eigelbkrem ziehen (nicht rühren!), den Teig in eine mit Papier ausgelegte Springform (Durchmesser etwa 26 cm) füllen und sofort backen.

* Bei großen Eiern 4 Eßl. Wasser nehmen und bei kleinen 5 Eßl.

Füllung für die Nuß-Sahnetorte:
150 g Haselnußkerne (gemahlen)
2 schwach gehäufte Teel. Dr. Oetker Regina-Gelatine gemahlen, weiß
3 Eßl. kaltes Wasser zum Anrühren
½ l Sahne
25 g Puderzucker (1 gut gehäufter Eßl.)
1 Päckchen Dr. Oetker Vanillin-Zucker

Zum Verzieren:
12–16 Haselnußkerne

Belag für die Obstsalattorte:
1 Päckchen Dr. Oetker Soßen-Pulver Vanille-Geschmack
25 g Zucker (1 gut gehäufter Eßl.)
knapp ¼ l kalte Milch
2 Äpfel
2 Bananen
2 Apfelsinen
25 g Zucker (1 gut gehäufter Eßl.)
1 Päckchen Dr. Oetker Vanillin-Zucker

Guß:
1 Päckchen Dr. Oetker Tortenguß
¼ l Wasser oder Fruchtsaft
Zucker nach Angabe auf dem Tortenguß-Beutel

Gas: ½ große Flamme; Regler 3–4.
Strom: 10 Minuten vorheizen O 3 – U 3, backen O 2 – U 3; Regler 175–195.
Backzeit: 20–30 Minuten.

Den gut ausgekühlten Biskuitboden zweimal durchschneiden und **die beiden unteren Lagen für die Nuß-Sahnetorte** und **die obere Lage für die Obstsalattorte** verwenden.

Für die Nuß-Sahnetorte die Haselnußkerne in einem Topf rösten und erkalten lassen. Die Gelatine mit dem Wasser anrühren, 10 Minuten zum Quellen stehenlassen, unter ständigem Rühren erwärmen, bis sie gelöst ist, und kalt stellen.

Die Sahne fast steif schlagen und dann die lauwarme Gelatinelösung, den gesiebten Puderzucker und den Vanillin-Zucker darunter geben. Die Sahne vollkommen steif schlagen, ⅔ davon in einen Spritzbeutel füllen und unter die restliche Sahne die erkalteten Haselnußkerne (2 Eßl. zurücklassen!) rühren.

Den unteren Boden des Biskuits mit der Nußsahne bestreichen, mit dem zweiten bedecken und Rand und obere Seite der Torte gleichmäßig mit etwas Sahne aus dem Spritzbeutel bestreichen. Den Rand der Torte mit den restlichen gemahlenen Haselnußkernen bestreuen. Mit etwa der Hälfte der Sahne die Torte garnieren und sie mit den Haselnußkernen verzieren.

Für die Obstsalattorte Soßen-Pulver und Zucker nach und nach mit der Milch anrühren, unter Rühren zum Kochen bringen und einmal kurz aufkochen lassen. Während des Erkaltens den Pudding ab und zu durchrühren und ihn dann erkaltet gleichmäßig auf den noch übrig gebliebenen Biskuitboden (Schnittfläche nach oben) streichen.

Die Früchte schälen, möglichst klein schneiden, vorsichtig vermengen und mit Zucker und Vanillin-Zucker süßen. Den Obstsalat dann auf dem Tortenboden verteilen.

Den Guß nach der Vorschrift auf dem Beutel zubereiten und auf das Obst geben.

Mit der restlichen Sahne die Torte garnieren.

Zuger Kirschtorte

Für den Biskuitboden Eigelb und Wasser mit einem Schneebesen schaumig schlagen und nach und nach $^{2}/_{3}$ des Zuckers mit dem Vanillin-Zucker dazugeben. Danach so lange schlagen, bis eine kremartige Masse entstanden ist. Das Eiweiß zu steifem Schnee schlagen. Der Schnee muß so fest sein, daß ein Messerschnitt sichtbar bleibt. Dann unter ständigem Schlagen nach und nach den Rest des Zuckers dazugeben. Den Schnee auf den Eigelbkrem geben. Darüber das mit Gustin und Backin gemischte Mehl sieben und alles vorsichtig unter den Eigelbkrem ziehen (nicht rühren!). Den Teig in eine mit Papier ausgelegte Springform (Durchmesser etwa 26 cm) füllen und sofort backen.

Gas: $^{1}/_{2}$ große Flamme; Regler 3–4.
Strom: 10 Minuten vorheizen O 3 – U 3,
backen O 2 – U 3; Regler 175–195.
Backzeit: 25–30 Minuten.

Biskuitboden:
4 Eigelb
2–3 Eßl. warmes Wasser *
100 g Zucker
1 Päckchen Dr. Oetker Vanillin-Zucker
1 Eiweiß
75 g Weizenmehl
50 g Dr. Oetker Gustin
(5 schwach gehäufte Eßl.)
3 g Dr. Oetker Backin
(1 gestrichener Teel.)

* Bei großen Eiern 2 Eßl. Wasser nehmen und bei kleinen 3 Eßl.

Für die Baiserböden das Eiweiß zu steifem Schnee schlagen. Er muß so fest sein, daß ein Messerschnitt sichtbar bleibt. Darunter nach und nach den Zucker mit dem Vanillin-Zucker schlagen und dann vorsichtig die Mandeln darunter heben. Zunächst die Hälfte der Baisermasse in die gefettete, mit gut gefettetem Papier ausgelegte Springform geben und glattstreichen.

Gas: Gut perlgroße Flamme, Backzeit etwa 95 Minuten; Regler knapp 1, nach 30–40 Minuten Ofen ausschalten, Boden noch etwa 20 Minuten im Ofen stehenlassen.
Strom: O 1 – U 1; Regler 100–110.
Backzeit: Etwa 90 Minuten.

Sobald der Boden gebacken ist, das Papier mit Wasser bestreichen und abziehen. Den Rest der Baisermasse danach backen. Wenn die Böden am nächsten Tag gefüllt werden sollen, die Baiserböden im gut schließenden Kochtopf aufbewahren, damit sie nicht weich werden.

Für die Füllung Pudding-Pulver und Zucker mit der Milch anrühren. Das $^{1}/_{4}$ l Milch erhitzen. In die kochende, von der Kochstelle genommene Milch das angerührte Pudding-Pulver rühren und einmal aufkochen lassen. Damit sich keine Haut bildet, den Pudding während des Erkaltens häufig umrühren. Das Fett schaumig rühren und eßlöffelweise den erkalteten Pudding darunter geben (darauf achten, daß weder Fett noch Pudding zu kalt sind, da dann die sogenannte Gerinnung eintritt!).

Baiserböden:
3 Eiweiß
150 g feinkörniger Zucker
1 Päckchen Dr. Oetker Vanillin-Zucker
100 g Mandeln (gemahlen)

Füllung:
$^{1}/_{2}$ Päckchen Dr. Oetker Pudding-Pulver Himbeer-Geschmack
75 g Zucker
3 Eßl. kalte Milch zum Anrühren
$^{1}/_{4}$ l Milch
150 g Butter oder Margarine

Zum Tränken des Biskuitbodens:
6 Eßl. Wasser
60 g Zucker (3 schwach geh. Eßl.)
6 Eßl. Schwarzwälder Kirschwasser
Für den Rand:
50 g Mandeln (abgezogen)
Zum Bestreuen:
25 g Puderzucker (1 gut gehäufter Eßl.)

Zum Tränken des Biskuitbodens Wasser und Zucker aufkochen und nach dem Erkalten das Kirschwasser dazugeben. Einen der Baiserböden mit 1/4 des Butterkrems bestreichen, darauf den Biskuitboden legen, diesen mit dem erkalteten Kirschwasser beträufeln und danach mit knapp der Hälfte des restlichen Butterkrems bestreichen. Dann den zweiten Baiserboden darauf legen und den Rand und die obere Seite der Torte mit dem restlichen Krem gleichmäßig bestreichen.
Für den Rand die Mandeln sehr fein hacken und auf einem Blech im Backofen unter Wenden leicht gelblich rösten. Den Rand der Torte mit den erkalteten Mandeln bestreuen. Mit einem in heißes Wasser getauchten Messer ein Gittermuster auf die obere Seite der Torte ziehen und dann den Puderzucker gleichmäßig darauf sieben. Die Torte schmeckt am besten und läßt sich gut schneiden, wenn sie einen Tag vor dem Verzehr gefüllt wird.

Sachertorte

Teig:
6 Eigelb
2 Eßl. warmes Wasser
175 g Zucker
1 Päckchen Dr. Oetker Vanillin-Zucker
6 Eiweiß
100 g Weizenmehl
2 Päckchen Dr. Oetker Gala Schokoladen-Pudding-Pulver
50 g Kakao (5 gestrichene Eßl.)
6 g Dr. Oetker Backin (2 gestrichene Teel.)
150 g Butter oder Margarine (zerlassen)
Füllung und zum Bestreichen:
Etwa 150 g Aprikosen-Konfitüre
Guß:
150 g Puderzucker
30 g Kakao (3 gestrichene Eßl.)
etwa 3 Eßl. heißes Wasser
40 g Kokosfett (zerlassen)
Zum Verzieren:
75 g Mandeln (abgezogen, gehackt)

Für den Teig Eigelb und Wasser schaumig schlagen und nach und nach 2/3 des Zuckers mit dem Vanillin-Zucker dazugeben. Danach so lange schlagen, bis eine kremartige Masse entstanden ist. Das Eiweiß zu steifem Schnee schlagen. Dann unter ständigem Schlagen nach und nach den Rest des Zuckers dazugeben. Den Schnee auf den Eigelbkrem geben. Darüber das mit Pudding-Pulver, Kakao und Backin gemischte Mehl sieben. Alles vorsichtig unter den Eigelbkrem ziehen (nicht rühren!) und dabei nach und nach das abgekühlte Fett dazugeben. Den Teig in eine mit Papier ausgelegte Springform (Durchmesser etwa 26 cm) füllen und sofort backen.
Gas: 1/2 große Flamme; Regler 3–4.
Strom: 10 Minuten vorheizen O 3 – U 3, backen O 2 – U 3; Regler 175–195.
Backzeit: 35–45 Minuten.

Den Biskuit am besten am nächsten Tag verwenden. Den Tortenboden einmal durchschneiden, mit Aprikosen-Konfitüre füllen und auch von außen dünn und gleichmäßig damit bestreichen.
Für den Guß den mit Kakao gesiebten Puderzucker mit so viel Wasser glattrühren, daß eine dickflüssige Masse entsteht. Dann das heiße Fett dazugeben und die Torte mit dem Guß bestreichen. Den Rand und einen etwa 2 cm breiten Rand auf der Torte mit den Mandeln bestreuen.

Obsttorte

Für den Teig Ei und Wasser mit einem Schneebesen schaumig schlagen und nach und nach Zucker und Vanillin-Zucker dazugeben. Danach so lange schlagen, bis eine kremartige Masse entstanden ist. Das mit Backin gemischte Mehl auf den Eikrem sieben und vorsichtig darunter ziehen (nicht rühren!). Den Teig in eine gefettete, mit Papier ausgelegte Springform (Durchmesser etwa 26 cm) füllen und sofort backen.
Gas: 1/2 große Flamme; Regler 3–4.
Strom: 10 Minuten vorheizen O 3 – U 3,
backen O 2 – U 3; Regler 175–195.
Backzeit: 20–25 Minuten.
Für den Belag Soßen-Pulver und Zucker nach und nach mit der Milch anrühren, unter Rühren zum Kochen bringen und einmal kurz aufkochen lassen. Während des Erkaltens den Pudding ab und zu durchrühren und ihn dann erkaltet auf den Tortenboden streichen.
Weiches Obst roh verwenden und folgendermaßen vorbereiten: Aprikosen, Erdbeeren und Pfirsiche waschen, gut abtropfen lassen, entsteinen oder entstielen.
Gedünstetes Obst (Äpfel schälen, in Viertel oder Achtel schneiden und in Zuckerwasser vorsichtig gar kochen!) oder **eingemachtes Obst** gut abtropfen lassen. Die vorbereiteten Früchte dann auf den Tortenboden legen.
Den Guß nach der Vorschrift auf dem Beutel zubereiten, auf das Obst geben und die Torte am Rand mit Mandel- oder Haselnußscheiben verzieren.

Teig:
1 Ei, 3 Eßl. warmes Wasser
75 g Zucker
1 Päckchen Dr. Oetker Vanillin-Zucker
100 g Weizenmehl
3 g Dr. Oetker Backin
(1 gestrichener Teel.)
Belag:
1 Päckchen Dr. Oetker Soßen-Pulver Vanille-Geschmack
25 g Zucker (1 gut gehäufter Eßl.)
knapp 1/4 l kalte Milch
500-750 g rohes, gedünstetes oder eingemachtes Obst
(z. B. Ananas, Äpfel, Aprikosen, Erdbeeren, Kirschen, Pfirsiche, Stachelbeeren usw.)
Guß:
1 Päckchen Dr. Oetker Tortenguß
1/4 l Wasser oder Fruchtsaft
Zucker nach Angabe auf dem Tortenguß-Beutel
Zum Verzieren:
Einige Mandeln
(abgezogen, in Scheiben geschnitten)
oder Haselnußkerne
(in Scheiben geschnitten)

Schwarzwälder Kirschtorte (Abb. S. 128)

Für den Knetteigboden Mehl, Kakao und Backin mischen und auf ein Backbrett (Tischplatte) sieben. In die Mitte eine Vertiefung eindrücken, Zucker, Vanillin-Zucker und Eiweiß hineingeben und mit einem Teil des Mehls zu einem dicken Brei verarbeiten. Darauf das in Stücke geschnittene kalte Fett geben, es mit Mehl bedecken und alle Zutaten schnell zu einem glatten Teig verkneten. Sollte er kleben, ihn eine Zeitlang kalt stellen. Den Teig auf dem Boden einer gefetteten Springform (Durchmesser etwa 26 cm) ausrollen und backen.
Gas: 5 Minuten vorheizen große Flamme,
backen 1/2 große Flamme;
Regler 5 Minuten vorheizen 3–4, backen 3–4.
Strom: 10 Minuten vorheizen O 3 – U 3,
backen O 2 – U 3; Regler 200–220.
Backzeit: Etwa 20 Minuten.

Knetteigboden:
125 g Weizenmehl
10 g Kakao (1 gestrichener Eßl.)
3 g Dr. Oetker Backin
(1 gestrichener Teel.)
50 g Zucker (2 gut gehäufte Eßl.)
1 Päckchen Dr. Oetker Vanillin-Zucker
1 Eiweiß
50 g Butter oder Margarine

Biskuitboden:

4 Eigelb
2 Eßl. warmes Wasser
100 g Zucker
1 Päckchen Dr. Oetker Vanillin-Zucker
3 Tropfen Dr. Oetker Backöl Bittermandel
gut 1 Messerspitze Zimt
3 Eiweiß
75 g Weizenmehl
10 g Kakao (1 gestrichener Eßl.)
30 g Dr. Oetker Gustin (3 schwach gehäufte Eßl.)
1 1/2 g Dr. Oetker Backin (1/2 gestrichener Teel.)

Füllung:

750 g Sauerkirschen
75–100 g Zucker
40 g Dr. Oetker Gustin (4 schwach gehäufte Eßl.)
2 Eßl. Schwarzwälder Kirschwasser
2 schwach gehäufte Teel. Dr. Oetker Regina-Gelatine gemahlen, weiß
3 Eßl. kaltes Wasser zum Anrühren
1/2 l Sahne
1 Päckchen Dr. Oetker Vanillin-Zucker
1 Eßl. Puderzucker

Zum Bestreuen:

30 g Schokolade (geraspelt)

Für den Biskuitboden Eigelb und Wasser mit einem Schneebesen schaumig schlagen und nach und nach 2/3 des Zuckers mit dem Vanillin-Zucker dazugeben. Danach so lange schlagen, bis eine kremartige Masse entstanden ist. Unter den Eigelbkrem die Gewürze mischen. Das Eiweiß zu steifem Schnee schlagen. Dann unter ständigem Schlagen nach und nach den Rest des Zuckers dazugeben. Den Schnee auf den Eigelbkrem geben. Darüber das mit Kakao, Gustin und Backin gemischte Mehl sieben. Alles vorsichtig unter den Eigelbkrem ziehen (nicht rühren!), den Teig in eine mit Papier ausgelegte Springform von derselben Größe wie für den Knetteigboden füllen und sofort backen.

Gas: 1/2 große Flamme; Regler 3–4.
Strom: 10 Minuten vorheizen O 3 – U 3,
backen O 2 – U 3; Regler 175–195.
Backzeit: 30–35 Minuten.

Für die Füllung die Kirschen waschen, entsteinen, mit 75 g Zucker vermischen und kurze Zeit zum Saftziehen stehenlassen. Sie danach nur eben zum Kochen bringen und auf ein Sieb zum Abtropfen geben. Wenn Saft und Kirschen kalt sind, 1/4 l von dem Kirschsaft abmessen (gegebenenfalls mit Wasser ergänzen!) und mit 4 Eßl. davon das Gustin anrühren. Den übrigen Kirschsaft erhitzen. In den kochenden, von der Kochstelle genommenen Kirschsaft das angerührte Gustin geben und einmal kurz aufkochen lassen. Die Kirschen darunter rühren, den Krem kalt stellen und mit dem restlichen Zucker und dem Kirschwasser abschmecken.

Die Gelatine mit dem Wasser anrühren, 10 Minuten stehenlassen, unter Rühren erwärmen, bis sie gelöst ist, und kalt stellen. Die Sahne fast steif schlagen und die lauwarme Gelatinelösung, den Vanillin-Zucker und den gesiebten Puderzucker darunter geben. Die Sahne vollkommen steif schlagen. Zunächst die Hälfte des Kirschkrems und dann 1/3 der Sahne auf den Knetteigboden streichen. Den Biskuitboden einmal durchschneiden, eine der beiden Hälften auf den Knetteigboden legen, gut andrücken und mit dem restlichen Kirschkrem und dann mit der Hälfte der übriggebliebenen Sahne bestreichen. Die Torte mit dem noch vorhandenen Biskuitboden bedecken, den Rand und die obere Seite bergartig mit der restlichen Sahne bestreichen und sie mit der Schokolade bestreuen. Die Torte bis zum Verzehr möglichst kalt stellen.

Kaiserkuchen

Für den Knetteig Mehl und Backin mischen und auf ein Backbrett (Tischplatte) sieben. In die Mitte eine Vertiefung eindrücken, Zucker, Vanillin-Zucker und Flüssigkeit hineingeben und mit einem Teil des Mehls zu einem dicken Brei verarbeiten. Darauf das in Stücke geschnittene kalte Fett geben, es mit Mehl bedecken und von der Mitte aus alle Zutaten schnell zu einem glatten Teig verkneten. Sollte er kleben, ihn eine Zeitlang kalt stellen. Gut $^1/_3$ des Teiges auf dem Boden einer Springform (Durchmesser etwa 26 cm) ausrollen. Aus gut der Hälfte des restlichen Teiges eine Platte in der Größe der Springform rollen und daraus 16–20 gleichmäßig breite Streifen rädern. Aus dem Rest des Teiges eine Rolle formen, sie als Rand auf den Boden legen und so an die Form drücken, daß ein gut 3 cm hoher Rand entsteht.
Für den Biskuitteig das Eigelb mit einem Schneebesen etwas anschlagen und nach und nach $^2/_3$ des Zuckers mit dem Vanillin-Zucker dazugeben. Danach so lange schlagen, bis eine kremartige Masse entstanden ist. Unter den Eigelbkrem das Aroma mischen. Das Eiweiß zu steifem Schnee schlagen. Der Schnee muß so fest sein, daß ein Messerschnitt sichtbar bleibt. Dann unter ständigem Schlagen nach und nach den Rest des Zuckers dazugeben. Den Schnee auf den Eigelbkrem geben, darüber das mit Backin gemischte Mehl sieben. Die Mandeln, die Rosinen und das Zitronat darauf streuen, alles vorsichtig unter den Eigelbkrem ziehen (nicht rühren!) und dabei nach und nach das abgekühlte Fett dazugeben. Den Biskuitteig in die mit Knetteig ausgelegte Springform füllen, glattstreichen und gitterförmig mit den Teigstreifen belegen.

Gas: Knapp $^1/_3$ große Flamme; Regler $2^1/_2$–$3^1/_2$.
Strom: O 1 – U 3; Regler 175–195.
Backzeit: 65–80 Minuten.

Knetteig:
250 g Weizenmehl
3 g Dr. Oetker Backin
(1 gestrichener Teel.)
75 g Zucker
1 Päckchen Dr. Oetker Vanillin-Zucker
2 Eßl. Milch oder Wasser
125 g Butter oder Margarine

Biskuitteig:
6 Eigelb
200 g Zucker
1 Päckchen Dr. Oetker Vanillin-Zucker
1 Fläschchen Dr. Oetker Arrak- oder Rum-Aroma
6 Eiweiß
250 g Weizenmehl
3 g Dr. Oetker Backin
(1 gestrichener Teel.)
100 g Mandeln (abgezogen, gehackt)
150–200 g Rosinen
(gewaschen, gut abgetropft)
100 g Zitronat (Sukkade)
(in Würfel geschnitten)
125 g Butter oder Margarine
(zerlassen)

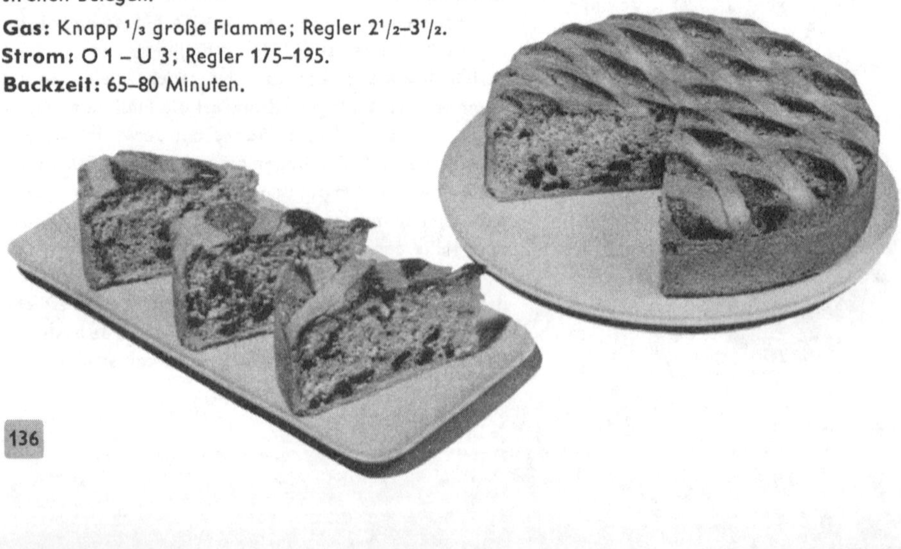

EINZELNE ARBEITSGÄNGE ZUR HERSTELLUNG DER BISKUITROLLE

1. Das Backblech wird mit Pergamentpapier belegt. Dazu wird das Blech an etwa 3 Stellen mit streichfähiger Butter oder Margarine eingefettet – am besten mit einem Pinsel –, das Papier darauf gelegt, gut angedrückt und an der offenen Seite des Blechs so zu einer Falte gekniffft, daß ein Rand entsteht (damit der Teig nicht auslaufen kann).
   Man streicht den Teig etwa 1 cm dick auf das vorbereitete Blech.

2. Nach dem Backen wird der Biskuit sofort mit einem Messer von den Rändern des Blechs und von dem Papierrand gelöst, mit Hilfe des anhaftenden Papiers hochgehoben und auf ein mit Zucker bestreutes Papier gestürzt.

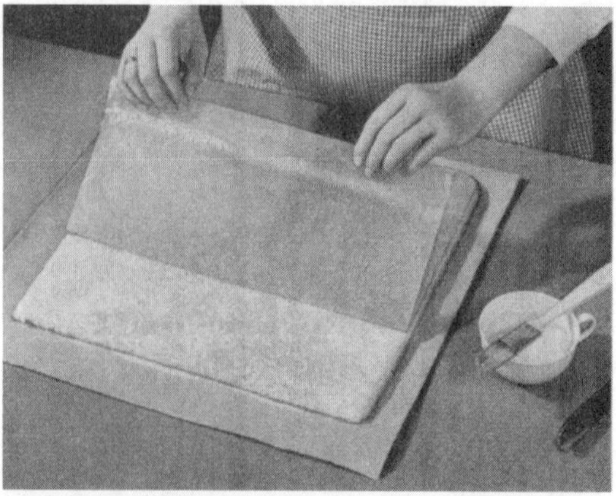

3. Man bestreicht das Backpapier mit kaltem Wasser und zieht es vorsichtig, aber schnell ab.

4. Der Biskuit wird sofort mit Konfitüre bestrichen.

5. Man rollt den Biskuit von der kürzeren Seite her auf.

Biskuit für Rollen und Schnitten

Teig I:
3 Eigelb
*5–6 Eßl. warmes Wasser **
150 g Zucker
1 Päckchen Dr. Oetker Vanillin-Zucker
3 Eiweiß
100 g Weizenmehl
50 g Dr. Oetker Gustin
(5 schwach gehäufte Eßl.)
3 g Dr. Oetker Backin
(1 gestrichener Teel.)

Teig II:
4 Eigelb
*3–4 Eßl. warmes Wasser **
125 g Zucker
1 Päckchen Dr. Oetker Vanillin-Zucker
4 Eiweiß
75 g Weizenmehl
50 g Dr. Oetker Gustin
(5 schwach gehäufte Eßl.)
1 Messerspitze Dr. Oetker Backin

* Bei großen Eiern die kleinere und bei kleinen Eiern die größere Wassermenge nehmen.

Teig III:
4 Eigelb
4 Eßl. warmes Wasser
125 g Zucker
1 Päckchen Dr. Oetker Vanillin-Zucke
4 Eiweiß
50 g Weizenmehl
(5 gestrichene Eßl.)
50 g Dr. Oetker Gustin
(5 schwach gehäufte Eßl.)
30 g Kakao (3 gestrichene Eßl.)
1½ g Dr. Oetker Backin
(½ gestrichener Teel.)

Eigelb und Wasser mit einem Schneebesen schaumig schlagen und nach und nach ⅔ des Zuckers mit dem Vanillin-Zucker dazugeben. Danach so lange schlagen, bis eine kremartige Masse entstanden ist. Das Eiweiß zu steifem Schnee schlagen. Der Schnee muß so fest sein, daß ein Messerschnitt sichtbar bleibt. Dann unter ständigem Schlagen nach und nach den Rest des Zuckers dazugeben. Den Schnee auf den Eigelbkrem geben. Darüber das mit Gustin (bei Teig III Kakao) und Backin gemischte Mehl sieben. Alles vorsichtig unter den Eigelbkrem ziehen (nicht rühren!) und den Teig etwa 1 cm dick auf ein mit Pergamentpapier belegtes Backblech streichen. Damit er an der offenen Seite des Blechs nicht auslaufen kann, das Papier unmittelbar vor dem Teig zur Falte kniffen, so daß ein Rand entsteht.
Gas: 5 Minuten vorheizen große Flamme,
backen ½ große Flamme;
Regler 5 Minuten vorheizen 3½–4½, backen 3½–4½.
Strom: 10 Minuten vorheizen O 3 – U 3,
backen O 3 – U 3; Regler 200–220.
Backzeit: 10–15 Minuten.

Biskuitrolle (Abb. S. 127)

Während der Biskuitteig backt, für die Füllung I die Haselnußkerne mit Honig, Sahne und Aroma verrühren, so daß eine gut streichfähige Masse entsteht.
Den Biskuit nach dem Backen sofort auf ein mit Zucker bestreutes Papier stürzen, das Backpapier mit kaltem Wasser bestreichen und vorsichtig, aber schnell abziehen. Den Biskuit sofort gleichmäßig mit der Honigfüllung oder mit der Konfitüre bestreichen und von der kürzeren Seite her aufrollen. Die Rolle mit Puderzucker bestäuben oder sie dünn mit Konfitüre bestreichen und mit Mandelscheiben bestreuen.

1 Biskuit für Rollen und Schnitten Teig I oder II (S. 139)

Füllung I:
200 g Haselnußkerne (gemahlen)
*120 g Bienenhonig **
(etwa 6 gestrichene Eßl.)
1/8 l Sahne
1/2 Fläschchen Dr. Oetker Rum-Aroma

oder

Füllung II:
250–375 g Konfitüre

Zum Verzieren:
Etwas Puderzucker
oder
50 g Mandeln (abgezogen, in Scheiben geschnitten)
oder
Haselnußkerne (in Scheiben geschnitten)

* z. B. Langnese-Honig

Zusehen

Der Marquis D'Alligre, einer der reichsten und geizigsten Männer des 19. Jahrhunderts, hatte zwei Neffen.
»Liebe Kinder«, sagte er zu ihnen, »wenn ihr die ganze Woche über fleißig arbeitet, so wollen wir Sonntag zusehen gehen, wie man bei Tortoni Kuchen bäckt!«

Erdbeerrolle (Abb. S. 121)

Den Biskuit nach dem Backen sofort auf ein mit Zucker bestreutes Papier stürzen, das Backpapier mit kaltem Wasser bestreichen und vorsichtig, aber schnell abziehen. Den Biskuit mit der Papierunterlage aufrollen und kalt stellen.
Für die Füllung die Erdbeeren waschen, gut abtropfen lassen, entstielen und in Stücke schneiden. Die weiße Gelatine mit dem Wasser anrühren, 10 Minuten zum Quellen stehenlassen, unter Rühren erwärmen, bis sie gelöst ist, und kalt stellen. Die Sahne fast steif schlagen und dann die lauwarme Gelatinelösung darunter geben. Die Sahne vollkommen steif schlagen und den gesiebten Puderzucker mit dem Vanillin-Zucker unterrühren. Knapp die Hälfte der Sahne in einen Spritzbeutel füllen. Unter die restliche Sahne die nach Vorschrift aufgelöste lauwarme rote Gelatine schlagen und die Erdbeeren darunter heben. Die ausgekühlte Rolle vorsichtig auseinanderrollen, mit der Erdbeer-Sahne gleichmäßig bestreichen und aufrollen. Die Rolle mit etwas Sahne aus dem Spritzbeutel bestreichen, die restliche Sahne auf die Rolle spritzen und sie mit den Erdbeeren garnieren.

1 Biskuit für Rollen und Schnitten Teig II (S. 139)

Füllung:
Etwa 750 g Erdbeeren
1 Päckchen Dr. Oetker Regina-Gelatine gemahlen, weiß
3 Eßl. kaltes Wasser zum Anrühren
1 schwach gehäufter Teel. Dr. Oetker Regina-Gelatine gemahlen, rot
2 Eßl. kaltes Wasser
1/2 l Sahne
75 g Puderzucker
1 Päckchen Dr. Oetker Vanillin-Zucker

Zum Verzieren:
Etwa 14 Erdbeeren

Biskuitschnitten

1 Biskuit für Rollen und Schnitten Teig I (S. 139)

Füllung:

1 Päckchen Dr. Oetker Pudding-Pulver Vanille-Geschmack
50 g Zucker (2 gut gehäufte Eßl.)
$^1/_2$ l kalte Milch
100 g Butter oder Margarine

Zum Bestreichen:

2–3 Eßl. Konfitüre

Sollte mal ein Biskuit für eine Rolle nicht mehr weich genug sein - vielleicht weil er etwas zu lange gebacken wurde -, so kann man ihn sehr gut zu Biskuitschnitten verarbeiten.

Den Biskuit nach dem Backen sofort auf ein mit Zucker bestreutes Papier stürzen, das Backpapier mit kaltem Wasser bestreichen und vorsichtig, aber schnell abziehen.

Für die Füllung Pudding-Pulver und Zucker mit 6 Eßl. von der Milch anrühren. Die übrige Milch erhitzen. In die kochende, von der Kochstelle genommene Milch langsam das angerührte Pudding-Pulver geben und einmal kurz aufkochen lassen. Den Pudding während des Erkaltens ab und zu durchrühren.

Den Biskuit in Hälften schneiden, die eine mit Konfitüre und der Hälfte des erkalteten Puddings bestreichen und die andere Biskuithälfte darüber legen.

Das Fett schaumig rühren und den restlichen Pudding eßlöffelweise darunter geben (darauf achten, daß weder Fett noch Pudding zu kalt sind, da dann die sogenannte Gerinnung eintritt!).

Die Oberfläche des Gebäcks dünn mit Butterkrem bestreichen. Den Biskuit in Schnitten von etwa $4^1/_2 \times 8^1/_2$ cm schneiden und jede mit Butterkrem verzieren.

Als Veränderung: Einige Schnitten mit Schokoladenguß überziehen, bevor man den Butterkrem darauf spritzt. Dazu 75 g Puderzucker mit 1 gehäuften Teel. Kakao sieben und mit etwa 1 Eßl. heißem Wasser glattrühren, so daß eine dickflüssige Masse entsteht.

Haselnußrolle

1 Biskuit für Rollen und Schnitten Teig II (S. 139)

Füllung:

2 gut gehäufte Teel. Dr. Oetker Regina-Gelatine gemahlen, weiß
3 Eßl. kaltes Wasser zum Anrühren
$^3/_8$ l Sahne
1–2 Tropfen Dr. Oetker Backöl Bittermandel
50 g Puderzucker
1 Päckchen Dr. Oetker Vanillin-Zucker
100 g Haselnußkerne (gemahlen, geröstet)

Zum Bestreuen:

Einige Haselnußkerne (in Scheiben geschnitten)

Den Biskuit nach dem Backen sofort auf ein mit Zucker bestreutes Papier stürzen, das Backpapier mit kaltem Wasser bestreichen und vorsichtig, aber schnell abziehen. Dann den Biskuit mit der Papierunterlage aufrollen und kalt stellen.

Für die Füllung die Gelatine mit dem Wasser anrühren, 10 Minuten zum Quellen stehenlassen, unter Rühren erwärmen, bis sie gelöst ist, und kalt stellen. Die Sahne fast steif schlagen und dann die lauwarme Gelatinelösung mit dem Backöl darunter geben. Die Sahne vollkommen steif schlagen und gesiebten Puderzucker, Vanillin-Zucker und Haselnußkerne unterrühren.

Die ausgekühlte Rolle vorsichtig auseinanderrollen, mit der Haselnußsahne (etwas zurücklassen!) gleichmäßig bestreichen und aufrollen. Die Rolle mit der restlichen Sahne bestreichen und mit den Haselnußscheiben bestreuen.

Weinkremrolle

Den Biskuit nach dem Backen sofort auf ein mit Zucker bestreutes Papier stürzen, das Backpapier mit kaltem Wasser bestreichen und vorsichtig, aber schnell abziehen. Den Biskuit dann mit der Papierunterlage aufrollen und kalt stellen.

Zum Bestreuen die Mandelscheiben auf einem Backblech bei mäßiger Hitze leicht bräunen und danach erkalten lassen.

Für die Füllung die Gelatine mit dem Wasser anrühren und 10 Minuten zum Quellen stehenlassen.

Pudding-Pulver und Zucker mit 4 Eßl. von dem 1/4 l Wasser anrühren. Das übrige Wasser erhitzen. In das kochende, von der Kochstelle genommene Wasser langsam das angerührte Pudding-Pulver geben und einmal kurz aufkochen lassen. Dann die gequollene Gelatine dazugeben und rühren, bis sie gelöst ist. Danach den Wein und den Zitronensaft darunter rühren und den Pudding kalt stellen. Wenn er fest geworden, aber noch nicht vollkommen erstarrt ist, die steifgeschlagene Sahne darunter heben.

Die ausgekühlte Rolle vorsichtig auseinanderrollen, mit dem Weinkrem (etwas zum Bestreichen zurücklassen!) gleichmäßig bestreichen und aufrollen. Die Rolle mit dem restlichen Krem bestreichen und mit den Mandelscheiben bestreuen.

1 Biskuit für Rollen und Schnitten Teig II (S. 139)

Zum Bestreuen:

50 g Mandeln (abgezogen, in Scheiben geschnitten)

Füllung:

1 Päckchen Dr. Oetker Regina-Gelatine gemahlen, weiß
2 Eßl. kaltes Wasser zum Anrühren
1 Päckchen Dr. Oetker Fruttina Pudding-Pulver Zitrone-Geschmack
125 g Zucker
1/4 l Wasser
1/4 l Weißwein
1 Eßl. Zitronensaft (nach Belieben)
1/8–1/4 l Sahne

Schokoladen-Biskuitrolle

Den Biskuit nach dem Backen sofort auf ein mit Zucker bestreutes Papier stürzen, das Backpapier mit kaltem Wasser bestreichen und vorsichtig, aber schnell abziehen. Dann den Biskuit mit der Papierunterlage aufrollen und kalt stellen.

Für die Füllung Pudding-Pulver und Zucker mit 6 Eßl. von der Milch anrühren. Die übrige Milch erhitzen. In die kochende, von der Kochstelle genommene Milch langsam das angerührte Pudding-Pulver geben und einmal kurz aufkochen lassen. Den Pudding während des Erkaltens ab und zu durchrühren.

Das Fett schaumig rühren und eßlöffelweise den Pudding darunter geben (darauf achten, daß weder Fett noch Pudding zu kalt sind, da dann die sogenannte Gerinnung eintritt!). Die ausgekühlte Rolle vorsichtig auseinanderrollen, mit knapp der Hälfte des Butterkrems gleichmäßig bestreichen und aufrollen. Die Rolle mit dem restlichen Krem bestreichen und verzieren.

1 Biskuit für Rollen und Schnitten Teig III (S. 139)

Füllung:

1 Päckchen Dr. Oetker Pudding-Pulver Vanille-Geschmack
100 g Zucker
1/2 l kalte Milch
200 g Butter oder Margarine

Bismarckeiche

1 Biskuit für Rollen und Schnitten Teig II (S. 139)

Füllung:

1 Päckchen Dr. Oetker Gala Schokoladen-Pudding-Pulver
100 g Zucker
1/2 l kalte Milch
175–200 g Butter oder Margarine

Den Biskuit nach dem Backen sofort auf ein mit Zucker bestreutes Papier stürzen, das Backpapier mit kaltem Wasser bestreichen und vorsichtig, aber schnell abziehen. Den Biskuit dann mit der Papierunterlage aufrollen und kalt stellen.

Für die Füllung Pudding-Pulver und Zucker mit 6 Eßl. von der Milch anrühren. Die übrige Milch erhitzen. In die kochende, von der Kochstelle genommene Milch langsam das angerührte Pudding-Pulver geben und einmal kurz aufkochen lassen. Den Pudding während des Erkaltens ab und zu durchrühren.

Das Fett schaumig rühren und den Pudding eßlöffelweise darunter geben (darauf achten, daß weder Fett noch Pudding zu kalt sind, da dann die sogenannte Gerinnung eintritt!).

Die ausgekühlte Rolle vorsichtig auseinanderrollen, mit dem Butterkrem (etwas zum Bestreichen zurücklassen!) gleichmäßig bestreichen und aufrollen. Die Rolle mit dem restlichen Krem bestreichen und mit einer Gabel wellenförmige Längsstriche darin ziehen, so daß ein baumstammähnliches Aussehen erzielt wird.

Konfettirolle

1 Biskuit für Rollen und Schnitten Teig I (S. 139)

Füllung:

1 Päckchen Dr. Oetker Pudding-Pulver Vanille-Geschmack
100 g Zucker
1/2 l kalte Milch
250 g Butter oder Margarine
150 200 g Geleefrüchte

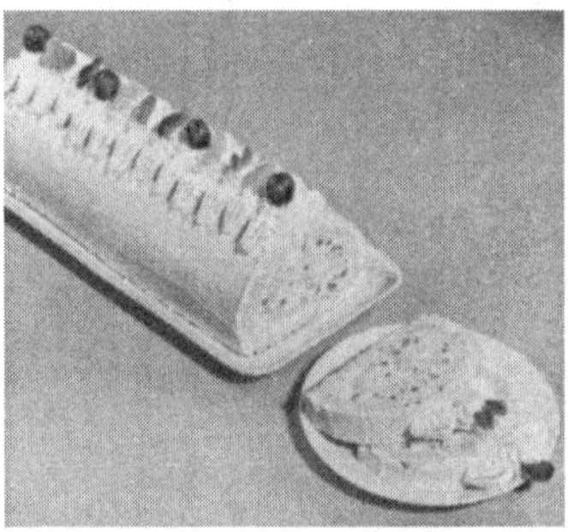

Den Biskuit nach dem Backen sofort auf ein mit Zucker bestreutes Papier stürzen, das Backpapier mit kaltem Wasser bestreichen und vorsichtig, aber schnell abziehen. Dann den Biskuit mit der Papierunterlage aufrollen und kalt stellen.

Für die Füllung Pudding-Pulver und Zucker mit 6 Eßl. von der Milch anrühren. Die übrige Milch erhitzen. In die kochende, von der Kochstelle genommene Milch das angerührte Pudding-Pulver geben und einmal kurz aufkochen lassen. Den Pudding während des Erkaltens ab und zu durchrühren. Das Fett schaumig rühren und eßlöffelweise den Pudding darunter geben (darauf achten, daß weder Fett noch Pudding zu kalt sind, da dann die sogenannte Gerinnung eintritt!).

Aus einigen Geleefrüchten beliebige Figuren ausstechen, den Rest in kleine Würfel schneiden und diese unter die Hälfte des Butterkrems rühren.

Die ausgekühlte Rolle vorsichtig auseinanderrollen, gleichmäßig mit dem »bunten« Butterkrem bestreichen und aufrollen. Die Rolle von außen mit einem Teil des übrigen Krems bestreichen und mit dem restlichen Krem und den ausgestochenen Figuren garnieren.

Gustin-Plätzchen

2 Eigelb
2 Eßl. warmes Wasser
100 g Zucker
1 Päckchen Dr. Oetker Vanillin-Zucker
2 Eiweiß
75 g Weizenmehl
50 g Dr. Oetker Gustin
(5 schwach gehäufte Eßl.)

Eigelb und Wasser mit einem Schneebesen schaumig schlagen und nach und nach $^{2}/_{3}$ des Zuckers mit dem Vanillin-Zucker dazugeben. Danach so lange schlagen, bis eine kremartige Masse entstanden ist. Das Eiweiß zu steifem Schnee schlagen. Der Schnee muß so fest sein, daß ein Messerschnitt sichtbar bleibt. Dann unter ständigem Schlagen nach und nach den Rest des Zuckers dazugeben. Den Schnee auf den Eigelbkrem geben. Darüber das mit Gustin gemischte Mehl sieben. Alles vorsichtig unter den Eigelbkrem ziehen (nicht rühren!). Mit 2 Teelöffeln kleine Teighäufchen auf ein gefettetes, leicht mit Mehl bestäubtes Backblech setzen und sofort backen.

Gas: 5 Minuten vorheizen große Flamme,
backen $^{1}/_{2}$ große Flamme;
Regler 5 Minuten vorheizen $2^{1}/_{2}$–$3^{1}/_{2}$, backen $2^{1}/_{2}$–$3^{1}/_{2}$.
Strom: 10 Minuten vorheizen O 3 – U 3,
backen O 3 – U 3 (2. Blech O 2 – U 2); Regler 175–195.
Backzeit: Etwa 10 Minuten.

Löffelbiskuits

2 Eigelb
50 g Zucker (2 gut gehäufte Eßl.)
1 Päckchen Dr. Oetker Vanillin-Zucker
2 Eiweiß
50 g Weizenmehl (5 gestrichene Eßl.)
30 g Dr. Oetker Gustin
(3 schwach gehäufte Eßl.)
3 g Dr. Oetker Backin
(1 gestrichener Teel.)

Das Eigelb mit einem Schneebesen etwas anschlagen und nach und nach $^{2}/_{3}$ des Zuckers mit dem Vanillin-Zucker dazugeben. Danach so lange schlagen, bis eine kremartige Masse entstanden ist. Das Eiweiß zu steifem Schnee schlagen. Der Schnee muß so fest sein, daß ein Messerschnitt sichtbar bleibt. Dann unter ständigem Schlagen nach und nach den Rest des Zuckers dazugeben. Den Schnee auf den Eigelbkrem geben. Darüber das mit Gustin und Backin gemischte Mehl sieben. Alles vorsichtig unter den Eigelbkrem ziehen (nicht rühren!). DenTeig mit einem Spritzbeutel in Form von Löffelbiskuits (nicht zu groß, Teig geht noch auf!) auf ein gefettetes, leicht mit Mehl bestäubtes Backblech spritzen und sofort backen.

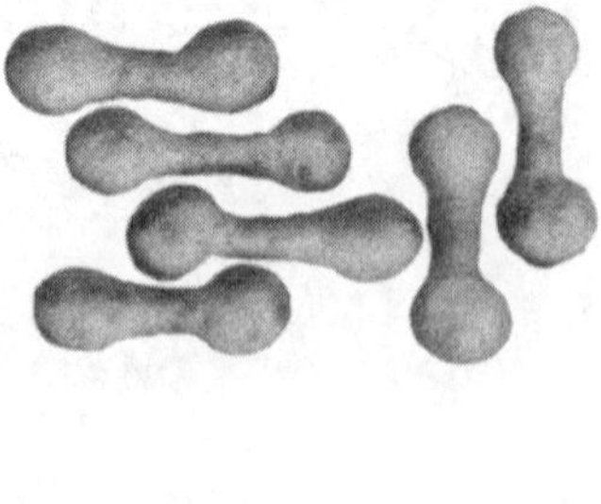

Gas: 5 Minuten vorheizen große Flamme,
backen knapp $^{1}/_{2}$ große Flamme;
Regler 5 Minuten vorheizen $2^{1}/_{2}$–$3^{1}/_{2}$, backen $2^{1}/_{2}$–$3^{1}/_{2}$.
Strom: 10 Minuten vorheizen O 3 – U 3,
backen O 3 – U 3; Regler 175–195.
Backzeit: Etwa 10 Minuten.

Teig:
3 Eigelb
1 Eßl. warmes Wasser
150 g Zucker
1 Päckchen Dr. Oetker Vanillin-Zucker
3 Eiweiß
150 g Weizenmehl
50 g Dr. Oetker Gustin
(5 schwach gehäufte Eßl.)
3 g Dr. Oetker Backin
(1 gestrichener Teel.)

Füllung:
1 Päckchen Dr. Oetker Pudding-Pulver Vanille-Geschmack
50 g Zucker (2 gut gehäufte Eßl.)
$^1/_2$ l kalte Milch

Zum Bestreichen:
2 Eßl. Aprikosen-Konfitüre
(durch ein Sieb gestrichen)

Guß:
200 g Puderzucker
30 g Kakao (3 gestrichene Eßl.)
3–4 Eßl. heißes Wasser
20 g Butter oder Kokosfett (zerlassen)

Für den Teig Eigelb und Wasser mit einem Schneebesen schaumig schlagen und nach und nach $^2/_3$ des Zuckers mit dem Vanillin-Zucker dazugeben. Danach so lange schlagen, bis eine kremartige Masse entstanden ist. Das Eiweiß zu steifem Schnee schlagen. Der Schnee muß so fest sein, daß ein Messerschnitt sichtbar bleibt. Dann unter ständigem Schlagen nach und nach den Rest des Zuckers dazugeben. Den Schnee auf den Eigelbkrem geben. Darüber das mit Gustin und Backin gemischte Mehl sieben. Alles vorsichtig unter den Eigelbkrem ziehen (nicht rühren!). Mit 2 Teelöffeln oder mit einem Spritzbeutel gleichmäßige Teighäufchen (Durchmesser 3–5 cm) nicht zu dicht nebeneinander auf ein gefettetes, leicht mit Mehl bestäubtes Backblech setzen und sofort backen.

Gas: 5 Minuten vorheizen große Flamme,
backen $^1/_2$ große Flamme;
Regler 5 Minuten vorheizen $2^1/_2$–$3^1/_2$, backen $2^1/_2$–$3^1/_2$.
Strom: 10 Minuten vorheizen O 3 – U 3,
backen O 3 – U 3; Regler 175–195.
Backzeit: 10–15 Minuten.

Für die Füllung Pudding-Pulver und Zucker mit 6 Eßl. von der Milch anrühren. Die übrige Milch erhitzen. In die kochende, von der Kochstelle genommene Milch langsam das angerührte Pudding-Pulver geben und einmal kurz aufkochen lassen. Den Pudding während des Erkaltens ab und zu durchrühren.

Die Hälfte der Plätzchen nach dem Erkalten auf der Unterseite **dick** mit Pudding bestreichen und die übrigen darauf setzen.

Das Gebäck dünn mit erhitzter Konfitüre bestreichen und danach mit Guß überziehen.

Für den Guß den mit Kakao gesiebten Puderzucker mit so viel Wasser glattrühren, daß eine dickflüssige Masse entsteht. Dann das heiße Fett dazugeben.

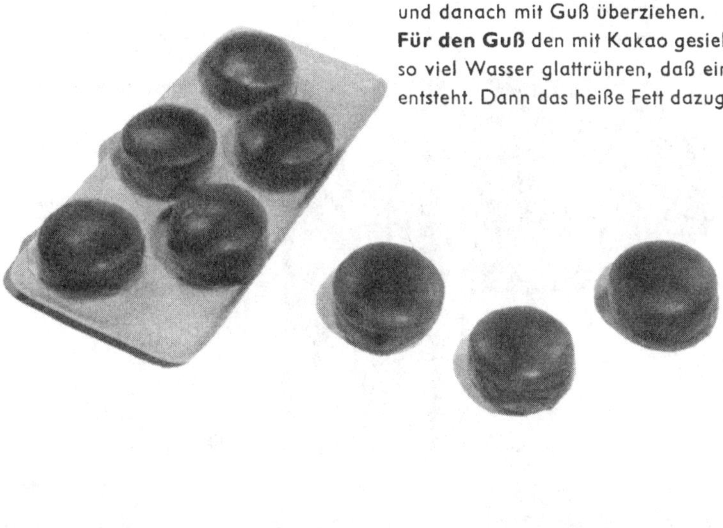

DER BRANDTEIG

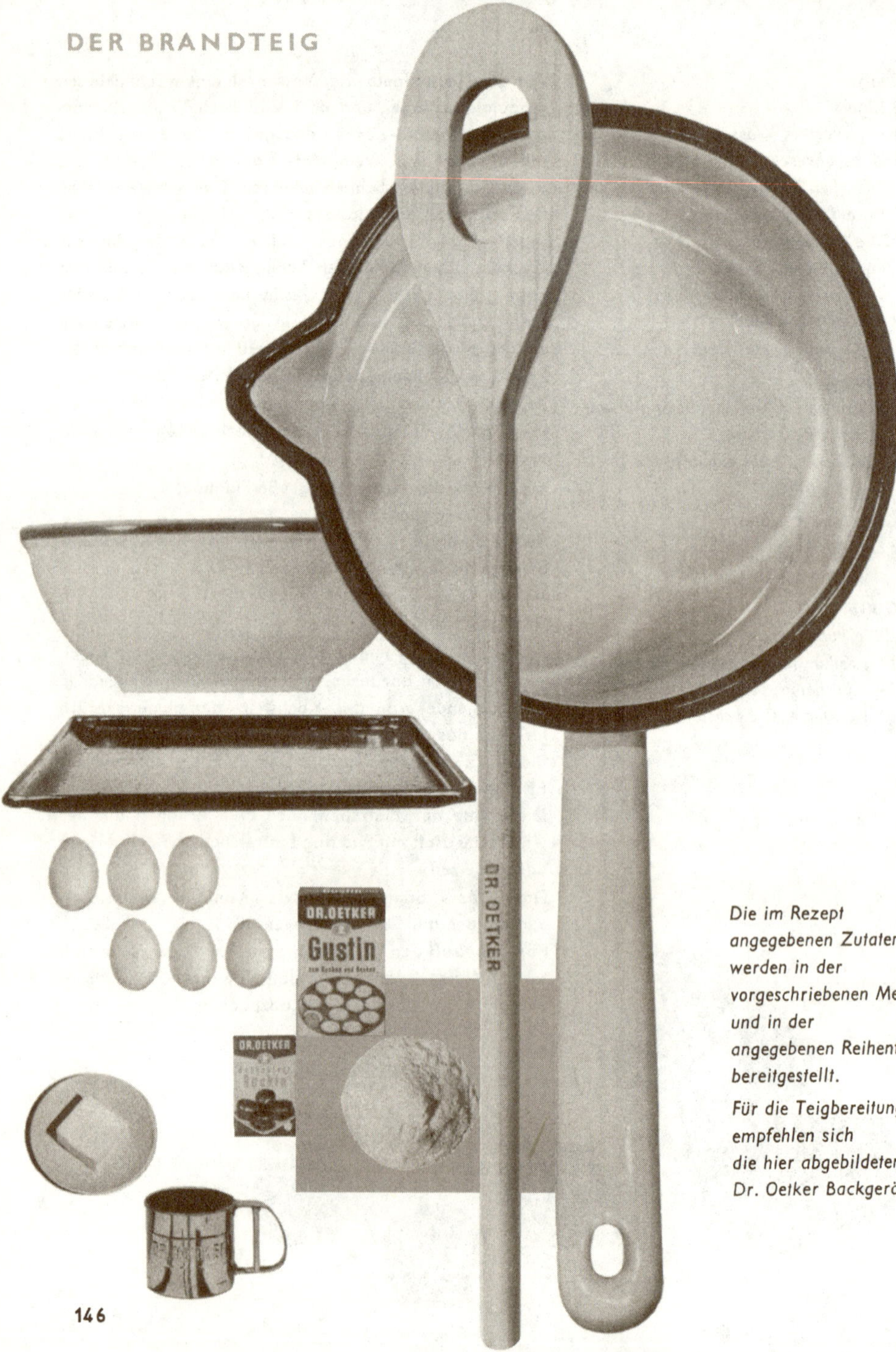

Die im Rezept angegebenen Zutaten werden in der vorgeschriebenen Menge und in der angegebenen Reihenfolge bereitgestellt.

Für die Teigbereitung empfehlen sich die hier abgebildeten Dr. Oetker Backgeräte.

NOTWENDIGE VORARBEITEN

1. **Mehl und Gustin sieben.**
   Das Sieben lockert Mehl und Gustin auf.

2. **Brandteig auf einem leicht gefetteten, mit Mehl bestäubten Backblech backen.**
   a) Man siebt etwas Mehl auf eine Seite des Bleches.

   b) Damit das Mehl gleichmäßig und in nicht zu dicker Schicht auf dem Backblech liegt, schlägt man das Backblech mit der nicht bemehlten Seitenkante auf den Tisch und entfernt das überflüssige Mehl.

DIE VERARBEITUNG DES TEIGES

Wasser und Fett, am besten in einem Stieltopf, zum Kochen bringen. Dann den Topf von der Kochstelle nehmen, das mit Gustin gemischte und gesiebte Mehl auf einmal hineinschütten, es zu einem glatten Kloß rühren und diesen unter Rühren etwa 1 Minute erhitzen. Den heißen Kloß sofort in eine Schüssel geben und nach und nach die Eier darunter rühren. Weitere Eizugabe erübrigt sich, wenn der Teig stark glänzt und so vom Löffel abreißt, daß lange Spitzen hängenbleiben. Danach das Backin in den erkalteten Teig geben.

DIE EINZELNEN ARBEITSGÄNGE

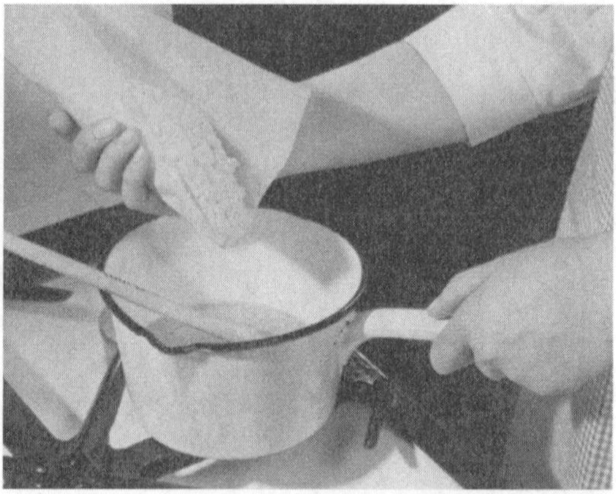

1. **»Wasser und Fett, am besten in einem Stieltopf, zum Kochen bringen. Dann den Topf von der Kochstelle nehmen, das mit Gustin gemischte und gesiebte Mehl auf einmal hineinschütten, ...«**
   Wichtig dabei ist, daß das Mehl-Gustin-Gemisch beim Kochen nicht klumpt. Deswegen nimmt man das kochende Wasser von der Kochstelle und gibt das mit Gustin gesiebte Mehl auf einmal hinein und streut es niemals langsam ein.

2. **»... es zu einem glatten Kloß rühren...«**
   Sobald Mehl und Gustin in das heiße Wasser gegeben werden, muß man kräftig rühren, und zwar so lange, bis ein glatter Kloß entstanden ist.

3. »... und diesen unter Rühren noch etwa 1 Minute erhitzen...«
Durch dieses Erhitzen (Abbrennen) wird der Teig fester. Ein Zeichen für genügend langes Abbrennen des Teiges ist eine dünne Haut am Boden des Topfes. Das Abbrennen geschieht bei starker Hitze.

4. »... Den heißen Kloß sofort in eine Schüssel geben ...«
Man gibt ihn in eine Schüssel, damit er schneller abkühlt.

5. »... und nach und nach die Eier darunter rühren ....«
Die Eier werden in den heißen Teig gegeben. Jedes Ei wird über einer Tasse aufgeschlagen und geprüft, ob es frisch ist. Man rührt ein Ei nach dem anderen in den Teig, weil sie sich dann besser unterarbeiten lassen.

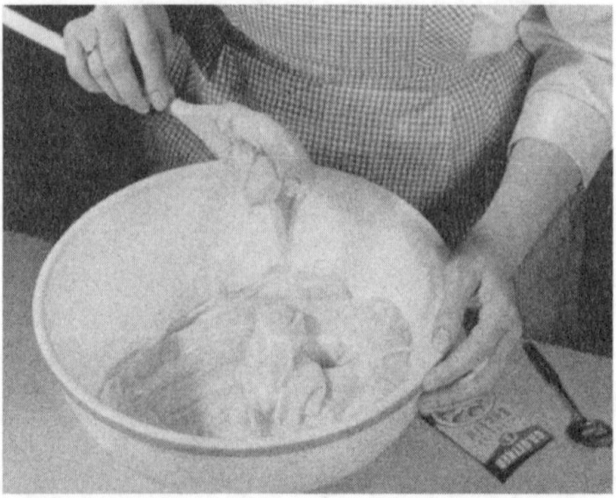

6. »...Weitere Eizugabe erübrigt sich, wenn der Teig stark glänzt und so vom Löffel abreißt, daß lange Spitzen hängenbleiben....«

Da die Größe der Eier verschieden ist, prüft man nach der Zugabe des vorletzten Eies die Teigbeschaffenheit. Sollte der Teig schon stark glänzen und so vom Löffel abreißen, daß lange Spitzen hängenbleiben, darf kein Ei mehr zugegeben werden; denn zu flüssiger Teig ergibt breitgelaufenes Gebäck. Andernfalls verquirlt man das letzte Ei und gibt davon nur so viel wie notwendig in den Teig.

7. »... Danach das Backin in den erkalteten Teig geben....«

Backin darf niemals vor dem Backen mit warmen Zutaten zusammengebracht werden, da seine Triebkraft dann vorzeitig ausgelöst würde und verloren ginge. Deswegen wird das Backin bei Brandteig nicht mit dem Mehl gemischt, sondern zuletzt unter den Teig gerührt.

8. Will man von dem Teig z. B. Windbeutel backen, dann setzt man ihn mit 2 Teelöffeln in Häufchen auf ein vorbereitetes Backblech. Man kann dazu auch einen Spritzbeutel nehmen. Soll der Teig in Fett ausgebacken werden, dann wird er mit 2 Teelöffeln abgestochen oder in Form von Kränzchen auf gefettete Pergamentpapierstückchen gespritzt und in das heiße Fett gegeben (s. Eberswalder Spritzkuchen S. 160).

DAS BACKEN VON BRANDTEIGEN

Alle Brandteige werden nach den Angaben unter den Rezepten gebacken. Erst gegen Ende der Backzeit darf der Ofen vorsichtig geöffnet und nach dem Gebäck gesehen werden, da es sonst leicht zusammenfällt.

Wird der Teig in Fett ausgebacken, dann erhitzt man es vorher genügend, damit das Gebäck nicht zu viel Fett aufnehmen kann. Das Ausbackfett hat den richtigen Hitzegrad, wenn sich um einen in das Fett gehaltenen Holzlöffelstiel Bläschen bilden (s. **Fettgebackenes S. 154**).

GEBÄCK AUF DEM BACKBLECH

(Abb. S. 73) Windbeutel

Teig:

1/4 l Wasser
50 g Butter, Margarine oder Schweineschmalz
150 g Weizenmehl
30 g Dr. Oetker Gustin (3 schwach gehäufte Eßl.)
4–6 Eier
3 g Dr. Oetker Backin (1 gestrichener Teel.)

Füllung I:

2 gestrichene Teel. Dr. Oetker Regina-Gelatine gemahlen, weiß
2 Eßl. kaltes Wasser
40 g Dr. Oetker Gustin (4 schwach gehäufte Eßl.)
50 g Zucker (2 gut gehäufte Eßl.)
1/2 l kalte Milch
1/4 l Sahne
2 Päckchen Dr. Oetker Vanillin-Zucker

oder

Füllung II
(siehe nächste Seite)

Für den Teig Wasser und Fett, am besten in einem Stieltopf, zum Kochen bringen. Dann den Topf von der Kochstelle nehmen, das mit Gustin gemischte und gesiebte Mehl auf einmal hineinschütten, es zu einem glatten Kloß rühren und diesen unter Rühren etwa 1 Minute erhitzen. Den heißen Kloß sofort in eine Schüssel geben und nach und nach die Eier darunter rühren. Weitere Eizugabe erübrigt sich, wenn der Teig stark glänzt und so vom Löffel abreißt, daß lange Spitzen hängenbleiben. Danach das Backin in den erkalteten Teig geben.

Mit 2 Löffeln oder mit einem Spritzbeutel gut walnußgroße Teighäufchen auf ein gefettetes, mit Mehl bestäubtes Backblech setzen.

Gas: 5 Minuten vorheizen große Flamme,
backen 1/2 große Flamme;
Regler 5 Minuten vorheizen 4–5, backen 4–5.
Strom: 10 Minuten vorheizen O 3 – U 3,
backen O 3 – U 3; Regler 200–220.
Backzeit: 25–30 Minuten.

Während der ersten 15 Minuten Backzeit nicht in den Ofen sehen, da das Gebäck sonst zusammenfällt. Die Windbeutel gleich nach dem Backen aufschneiden.

Für Füllung I die Gelatine mit dem Wasser anrühren und 10 Minuten zum Quellen stehenlassen. Das Gustin und den Zucker mit 4 Eßl. von der Milch anrühren. Die übrige Milch erhitzen. In die kochende, von der Kochstelle genommene Milch langsam das angerührte Gustin geben und einmal kurz aufkochen lassen. Dann die gequollene Gelatine dazugeben und rühren, bis sie gelöst ist. Den Gustinbrei während des Erkaltens ab und zu umrühren. Die Sahne steif schlagen, mit Vanillin-Zucker süßen und unter den erkalteten Gustinbrei heben.

Die Windbeutel mit dem Krem füllen und auf jeden den abgeschnittenen Deckel legen.

Für Füllung II die Kirschen waschen, entsteinen, mit einem gut gehäuften Eßl. Zucker vermischen und kurze Zeit zum Saftziehen stehenlassen. Sie danach nur eben zum Kochen bringen und auf ein Sieb zum Abtropfen geben. Wenn Saft und Kirschen kalt sind, von dem Saft ¹/₈ l abmessen (gegebenenfalls mit Wasser ergänzen!) und damit das Gustin anrühren. Danach das Ganze unter ständigem Rühren erhitzen und einmal kurz aufkochen lassen. Die Kirschen darunter rühren, die Masse kalt stellen und mit dem restlichen Zucker abschmecken. Die Gelatine mit dem Wasser anrühren, 10 Minuten zum Quellen stehenlassen, unter ständigem Rühren erwärmen, bis sie gelöst ist, und kalt stellen. Die Sahne fast steif schlagen, dann die lauwarme Gelatinelösung, den gesiebten Puderzucker und den Vanillin-Zucker hinzufügen und die Sahne vollkommen steif schlagen.
In jeden Windbeutel eine gut fingerdicke Schicht von den erkalteten Kirschen geben, darauf die Sahne füllen und auf jeden Windbeutel den abgeschnittenen Deckel legen. Die Windbeutel mit Puderzucker bestäuben.

Füllung II:
500 g Sauerkirschen
40–60 g Zucker
(2–3 schwach gehäufte Eßl.)
20 g Dr. Oetker Gustin
(2 schwach gehäufte Eßl.)
2 gestrichene Teel. Dr. Oetker Regina-Gelatine gemahlen, weiß
3 Eßl. kaltes Wasser zum Anrühren
1/2 l Sahne
25 g Puderzucker (1 gut gehäufter Eßl.)
1 Päckchen Dr. Oetker Vanillin-Zucker

Zum Bestäuben:
Etwas Puderzucker

Käse-Windbeutel (Abb. S. 69)

Für den Teig Wasser, Fett und Salz, am besten in einem Stieltopf, zum Kochen bringen. Dann den Topf von der Kochstelle nehmen, das mit Gustin gemischte und gesiebte Mehl auf einmal hineinschütten, es zu einem glatten Kloß rühren und diesen unter Rühren etwa 1 Minute erhitzen. Den heißen Kloß sofort in eine Schüssel geben und nach und nach die Eier darunter rühren. Weitere Eizugabe erübrigt sich, wenn der Teig stark glänzt und so vom Löffel abreißt, daß lange Spitzen hängenbleiben. Danach das Backin in den erkalteten Teig geben. Den Teig in einen Spritzbeutel (enge, gezackte Tülle) füllen und Teighäufchen in der Größe einer halben Walnuß auf ein gefettetes, mit Mehl bestäubtes Backblech spritzen.

Gas: 5 Minuten vorheizen große Flamme,
backen 1/2 große Flamme;
Regler 5 Minuten vorheizen 4–5, backen 4–5.
Strom: 10 Minuten vorheizen O 3 – U 3,
backen O 3 – U 3; Regler 200–220.
Backzeit: Etwa 20 Minuten.

Sofort nach dem Backen von jedem Windbeutel einen kleinen Deckel abschneiden.

Teig:
1/8 l Wasser
30 g Butter oder Margarine
etwas Salz
20 g Dr. Oetker Gustin
(2 schwach gehäufte Eßl.)
75 g Weizenmehl
2–3 Eier
1 1/2 g Dr. Oetker Backin
(1/2 gestrichener Teel.)

Käsekrem:
125 g Butter
100 g Roquefort
1 schwach gehäufter Teel. Dr. Oetker Regina-Gelatine gemahlen, weiß
1 Eßl. kaltes Wasser
1/8 l süße Sahne

Zum Bestreuen:
Etwas gehackte Petersilie, Kümmel und Mohn

Für den Käsekrem die Butter schaumig rühren. Den Käse in einer Schüssel zerdrücken, ihn ebenfalls schaumig rühren und dann eßlöffelweise unter Rühren zur Butter geben. Die Gelatine mit dem Wasser anrühren, 10 Minuten stehenlassen, unter Rühren erwärmen, bis sie gelöst ist, und kalt stellen. Die lauwarme Gelatinelösung zu der Sahne geben, diese steif schlagen und unter die Butter heben. Die Windbeutel mit Käsekrem füllen, die Deckel auflegen, das Gebäck dünn mit Krem bestreichen und mit Petersilie, Kümmel und Mohn bestreuen.

(Abb. S. 73) Eclairs oder Liebesknochen

Teig:
1/4 l Wasser
50 g Butter, Margarine oder Schweineschmalz
150 g Weizenmehl
30 g Dr. Oetker Gustin (3 schwach gehäufte Eßl.)
4–6 Eier
3 g Dr. Oetker Backin (1 gestrichener Teel.)

Kaffeekrem:
1 1/2 gestrichene Teel. Dr. Oetker Regina-Gelatine gemahlen, weiß
1 Eßl. kaltes Wasser zum Anrühren
1/2 Päckchen Dr. Oetker Schokoladen-Pudding-Pulver
30–50 g Zucker (2 gestrichene bzw. 2 gut gehäufte Eßl.)
3/8 l kalte Milch
1 gut gehäufter Teel. Kaffee-Extraktpulver

Guß:
100 g Puderzucker
20 g Kakao (2 gestrichene Eßl.)
1–2 Eßl. heißes Wasser

Für den Teig Wasser und Fett, am besten in einem Stieltopf, zum Kochen bringen. Den Topf von der Kochstelle nehmen, das mit Gustin gemischte und gesiebte Mehl auf einmal hineinschütten, zu einem glatten Kloß rühren und diesen unter Rühren 1 Minute erhitzen. Den heißen Kloß in eine Schüssel geben und nach und nach die Eier darunter rühren. Weitere Eizugabe erübrigt sich, wenn der Teig glänzt und so vom Löffel abreißt, daß lange Spitzen hängenbleiben. Danach das Backin in den erkalteten Teig geben. Den Teig auf ein gefettetes, mit Mehl bestäubtes Backblech spritzen (weite Tülle). Jeweils zwei fingerlange Streifen nebeneinander spritzen und einen dritten darauf setzen.

Gas: 5 Minuten vorheizen große Flamme,
backen 1/2 große Flamme;
Regler 5 Minuten vorheizen 4–5, backen 4–5.
Strom: 10 Minuten vorheizen O 3 – U 3,
backen O 3 – U 3; Regler 200–220.
Backzeit: Etwa 20 Minuten.
Die Eclairs sofort nach dem Backen aufschneiden.

Für den Kaffeekrem die Gelatine mit dem Wasser anrühren und 10 Minuten stehenlassen. Das Pudding-Pulver und den Zucker mit 4 Eßl. von der Milch anrühren. Die übrige Milch erhitzen. In die kochende, von der Kochstelle genommene Milch langsam das angerührte Pudding-Pulver geben und einmal kurz aufkochen lassen. Die gequollene Gelatine und das Extraktpulver in den heißen Krem geben und so lange rühren, bis alles gelöst ist. Den Krem während des Erkaltens ab und zu durchrühren. Die Eclairs mit dem erkalteten Krem füllen.

Für den Guß den mit Kakao gesiebten Puderzucker mit so viel Wasser glattrühren, daß eine dickflüssige Masse entsteht, und die Eclairs damit bestreichen.

FETTGEBACKENES

Für das einwandfreie Gelingen von Fettgebackenem ist neben der richtigen Auswahl der richtige Hitzegrad des Fettes von großer Bedeutung. Öl soll allein, niemals mit festem Fett gemischt, verwendet werden. Bei festem Fett haben sich dagegen am besten Mischungen bewährt, und zwar von Pflanzen- und tierischen Fetten. Geeignete Zusammenstellungen sind Kokosfett, Schweineschmalz und Rinderfett, evtl. nimmt man von jedem ein Drittel.
Man erhitzt das Fett am besten in einem Eisen- oder Stahltopf. Er muß so weit mit Fett gefüllt sein, daß die Teigstücke darin schwimmen können.
Beim Einlegen des Teiges darf das Fett weder zu heiß noch zu kalt sein. Bei zu starker Hitze bräunt das Gebäck zu schnell, geht nicht richtig auf und bleibt innen teigig. Ist das Fett zu kalt, dann saugt das Gebäck zu viel Fett auf. Außerdem kann dann das Fett anfangen zu schäumen, sobald der Teig eingelegt wird. Das Schäumen kann so stark werden, daß empfindliche Gebäckstücke förmlich auseinandergerissen werden. Sobald das Fett anfängt zu schäumen, muß man es stärker erhitzen und mit der Zugabe von neuem Teig vorsichtig sein, da dadurch eine weitere Abkühlung des Fettes eintritt. Im übrigen soll man vor jeder Teigzugabe das Fett prüfen, ob es die richtige Temperatur hat, und zwar müssen sich um einen in das Fett gehaltenen Holzlöffelstiel Bläschen bilden. Das Fett wird bei Gas auf großer Flamme und bei Strom auf Stufe 3 erhitzt; der Teig wird auf halbgroßer Flamme bzw. auf Stufe 2 gebacken.

Eberswalder Spritzkuchen (Abb. S. 162)

Für den Teig Wasser und Fett, am besten in einem Stieltopf, zum Kochen bringen. Dann den Topf von der Kochstelle nehmen, das mit Gustin gemischte und gesiebte Mehl auf einmal hineinschütten, es zu einem glatten Kloß rühren und diesen unter Rühren etwa 1 Minute erhitzen. Den heißen Kloß sofort in eine Schüssel geben und nach und nach Zucker, Vanillin-Zucker und Eier darunter rühren. Weitere Eizugabe erübrigt sich, wenn der Teig stark glänzt und so vom Löffel abreißt, daß lange Spitzen hängenbleiben. Danach das Backin in den erkalteten Teig geben.
Den Teig in einen Spritzbeutel (weite Tülle) füllen und auf mit Butter oder Margarine bestrichene Pergamentpapiere (etwa 10×10 cm groß) in Form von Kränzchen spritzen. Durch Eintauchen der Papiere in das siedende Fett die Kränzchen lösen und diese schwimmend auf beiden Seiten hellbraun backen. Die Spritzkuchen mit einem Schaumlöffel herausnehmen und gut abtropfen lassen.
Für den Guß den gesiebten Puderzucker mit Backöl und so viel Wasser glattrühren, daß eine dickflüssige Masse entsteht. Das Gebäck damit bestreichen.

Teig:
¹/₄ l Wasser
50 g Butter oder Margarine
150 g Weizenmehl
30 g Dr. Oetker Gustin
(3 schwach gehäufte Eßl.)
25 g Zucker (1 gut gehäufter Eßl.)
1 Päckchen Dr. Oetker Vanillin-Zucker
4–6 Eier
3 g Dr. Oetker Backin
(1 gestrichener Teel.)

Zum Ausbacken:
Öl, Schweineschmalz oder Kokosfett

Guß:
200 g Puderzucker
4 Tropfen Dr. Oetker Backöl Zitrone
etwa 3 Eßl. heißes Wasser

Hobelspäne oder Räderkuchen

Teig:
500 g Weizenmehl
3 g Dr. Oetker Backin
(1 gestrichener Teel.)
100 g Zucker
einige Tropfen Dr. Oetker Backöl Zitrone
1 Fläschchen Dr. Oetker Rum-Aroma
3 Eier
4 Eßl. Milch oder Wasser
125 g Butter oder Margarine
Zum Ausbacken:
Öl, Schweineschmalz oder Kokosfett
Zum Bestäuben:
Etwas Puderzucker

Mehl und Backin mischen und auf ein Backbrett (Tischplatte) sieben. In die Mitte eine Vertiefung eindrücken, Zucker, Gewürze, Eier und Flüssigkeit hineingeben und mit einem Teil des Mehls zu einem dicken Brei verarbeiten. Darauf das in Stücke geschnittene kalte Fett geben, es mit Mehl bedecken und von der Mitte aus alle Zutaten schnell zu einem glatten Teig verkneten. Den Teig dünn ausrollen und in Streifen rädern, diese in der Mitte einschneiden und das eine Ende einmal durchziehen. Die Hobelspäne schwimmend in siedendem Fett goldbraun backen, mit einem Schaumlöffel herausnehmen, gut abtropfen lassen und mit Puderzucker bestäuben.

Berliner Ballen

Teig:
1 Rezept Quark-Ölteig II (S. 88)
Zum Bestreichen:
Etwas Milch
Füllung:
Etwa 150 g Konfitüre
Zum Ausbacken:
Öl, Schweineschmalz oder Kokosfett
Zum Bestäuben:
Etwas Puderzucker

Den Teig etwa 1/2 cm dick ausrollen. Auf der einen Teighälfte mit einem Metallring (Durchmesser 8–9 cm) Kreise leicht andeuten, den Rand dieser Kreise dünn mit Milch bestreichen, in die Mitte etwas Konfitüre legen und die leere Teighälfte darüber klappen. Den Teig ausstechen und die Teigränder gut zusammendrücken. Die Bällchen sofort schwimmend in siedendem Fett auf beiden Seiten hellbraun backen, mit einem Schaumlöffel herausnehmen, auf einen Kuchenrost zum Abtropfen legen und mit Puderzucker bestäuben.
Backzeit: Etwa 8 Minuten.

Ballbäuschen

Teig:
100 g Butter oder Margarine
50 g Zucker (2 gut gehäufte Eßl.)
1 Päckchen Dr. Oetker Vanillin-Zucker
2 Eier
250 g Weizenmehl
6 g Dr. Oetker Backin
(2 gestrichene Teel.)
etwa 4 Eßl. Milch
Zum Ausbacken:
Öl, Schweineschmalz oder Kokosfett
Zum Bestäuben:
Etwas Puderzucker

Das Fett schaumig rühren und nach und nach Zucker, Vanillin-Zucker und Eier hinzugeben. Das mit Backin gemischte und gesiebte Mehl abwechselnd mit der Milch unterrühren. Nur so viel Milch verwenden, daß der Teig schwer (reißend) vom Löffel fällt. Mit einem in heißes Fett getauchten Teelöffel kleine Teigbällchen abstechen und sie schwimmend in siedendem Fett auf beiden Seiten hellbraun backen. Die Ballbäuschen mit einem Schaumlöffel herausnehmen, gut abtropfen lassen und mit Puderzucker bestäuben.

Mutzenmandeln

Mehl und Backin mischen und auf ein Backbrett (Tischplatte) sieben. In die Mitte eine Vertiefung eindrücken, Zucker, Gewürze und Eier hineingeben und mit einem Teil des Mehls zu einem dicken Brei verarbeiten. Darauf das in Stücke geschnittene kalte Fett geben, es mit Mehl bedecken und von der Mitte aus alle Zutaten schnell zu einem glatten Teig verkneten. Sollte er kleben, ihn eine Zeitlang kalt stellen. Den Teig etwa 1 cm dick ausrollen und Mutzenmandeln ausstechen. Diese schwimmend in siedendem Fett goldgelb backen, mit einem Schaumlöffel herausnehmen, gut abtropfen lassen und noch heiß in Zucker wälzen.

Teig:
500 g Weizenmehl
6 g Dr. Oetker Backin
(2 gestrichene Teel.)
150 g Zucker
3–4 Tropfen Dr. Oetker Backöl Bittermandel
1 Fläschchen Dr. Oetker Rum-Aroma
3 Eier
150 g Butter oder Margarine

Zum Ausbacken:
Öl, Schweineschmalz oder Kokosfett

Zum Verzieren:
Etwas feinkörniger Zucker

WEIHNACHTSGEBÄCK (Abb. S. 124)

HONIGGEBÄCK

Unter den Weihnachtsgebäcken nehmen die Gebäcke, die Honig oder Sirup (Rübenkraut) enthalten, eine beachtliche Stellung ein. Zum Teil wird das auf den guten Geschmack der damit hergestellten Gebäcke zurückzuführen sein, aber auch ihre gute Haltbarkeit wird sicherlich dazu beigetragen haben.

Für die Verarbeitung von Honig und Sirup zu Gebäcken ist wichtig, daß sie im allgemeinen vor der Herstellung des Teiges zusammen mit Zucker und Fett erwärmt und dabei zerlassen werden. Vorteilhaft ist es, einen Teil oder die gesamte im Rezept angegebene Flüssigkeit dazuzugeben, damit sich der Zucker besser löst. Das Erwärmen dieser Zutaten soll nicht bei zu starker Hitze vor sich gehen; entweder macht man es über Wasserdampf oder sorgt für schwache Hitze und rührt ständig. Sobald alles zerlassen ist, nimmt man die Honigmasse (Sirupmasse) vom Wasserdampf oder von der Kochstelle und setzt, je nach Rezept, den Kochtopf oder eine Rührschüssel, in die man die Honigmasse gegeben hat, in kaltes Wasser. Während des Erkaltens muß die Honigmasse häufig umgerührt werden, damit sie gleichmäßig erkaltet. Wichtig dabei ist, daß die Masse auf Handwärme abgekühlt ist, da andernfalls das Backin schon bei der Teigbereitung treiben würde, was normalerweise erst im Laufe des Backprozesses geschehen soll.

Braune Weihnachtskuchen

Teig:
*250 g Bienenhonig **
125 g Zucker
etwas Salz
65 g Butter oder Margarine
65 g Schweineschmalz
1 Eßl. Milch
5 Tropfen Dr. Oetker Backöl Zitrone
1 gestrichener Teel. gemahlener Kardamom
1 gestrichener Teel. gemahlener Zimt
500 g Weizenmehl
9 g Dr. Oetker Backin (3 gestrichene Teel.)
30 g Haselnußkerne (gemahlen)
Zum Bestreichen:
Etwas Dosenmilch

Honig, Zucker, Salz, Fett und Milch langsam erwärmen, zerlassen, in eine Rührschüssel geben und kalt stellen. Unter die fast erkaltete Masse die Gewürze und nach und nach ²/₃ des mit Backin gemischten und gesiebten Mehls rühren. Den Rest des Mehls und die Haselnußkerne mit dem Teigbrei zu einem weichen Teig verkneten. Sollte er kleben, noch etwas Mehl hinzugeben. Den Teig dünn ausrollen, zu rechteckigen oder runden Plätzchen ausstechen, auf ein gefettetes Backblech legen und dünn mit Milch bestreichen.

Gas: 5 Minuten vorheizen große Flamme,
backen ¹/₂ große Flamme;
Regler 5 Minuten vorheizen 3–4, backen 3–4.
Strom: 10 Minuten vorheizen O 3 – U 3,
backen O 3 – U 3 (2. Blech O 2 – U 2); Regler 175–195.
Backzeit: Etwa 10 Minuten.

Honigbrot

Teig:
*250 g Bienenhonig **
200 g Zucker
65 g Butter oder Margarine
¹/₈ l Malzbier
1 Ei
¹/₂ gestrichener Teel. gemahlener Kardamom
¹/₂ gestrichener Teel. gemahlene Nelken
1 gestrichener Teel. gemahlener Zimt
1 Fläschchen Dr. Oetker Rum-Aroma
6 Tropfen Dr. Oetker Backöl Zitrone
3 Tropfen Dr. Oetker Backöl Bittermandel
500 g Weizenmehl
1 Päckchen Dr. Oetker Backin
Guß:
100 g Puderzucker
etwa 2 Eßl. heißes Wasser

* z. B. Langnese-Honig

Für den Teig Honig, Zucker, Fett und Bier langsam erwärmen, zerlassen, in eine Rührschüssel geben und kalt stellen. Unter die fast erkaltete Masse Ei, Gewürze und nach und nach das mit Backin gemischte und gesiebte Mehl rühren. Den Teig mit einem Teigschaber gut 1 cm dick auf ein gefettetes Backblech streichen. Ein mehrfach umgeknifftes, gefettetes Papier vor den Teig legen.

Gas: ¹/₂ große Flamme; Regler 2¹/₂–3¹/₂.
Strom: 10 Minuten vorheizen O 3 – U 3,
backen O 2 – U 3; Regler 175–195.
Backzeit: Etwa 20 Minuten.

Für den Guß den gesiebten Puderzucker mit so viel Wasser glattrühren, daß eine dickflüssige Masse entsteht. Sofort nach dem Backen das Gebäck damit bestreichen und es anschließend in Stücke von etwa 5 × 6 cm schneiden.
Das Honigbrot in einer gut schließenden Blechdose aufbewahren, damit es frisch bleibt.

Dominosteine

Für den Teig Honig, Zucker und Fett langsam erwärmen, zerlassen, in eine Rührschüssel geben und kalt stellen. Unter die fast erkaltete Masse nach und nach Eier, Gewürze und das mit Kakao und Backin gemischte und gesiebte Mehl rühren. Den Teig etwa 1½ cm dick auf ein gefettetes Backblech streichen (reicht für ⅔ eines Blechs von 32×46 cm). Ein mehrfach umgeknifftes, gefettetes Papier vor den Teig legen.

Gas: ½ große Flamme; Regler 2½–3½.
Strom: 10 Minuten vorheizen O 3 – U 3,
backen O 2 – U 2; Regler 175–195.
Backzeit: 20–25 Minuten.

Das erkaltete Gebäck in Quadrate von 2½ cm schneiden, diese quer durchschneiden, mit Gelee bestreichen, wieder zusammensetzen und so drehen, daß die glatte Seite nach oben kommt. Diese sowie die vier Seitenflächen dünn mit Gelee bestreichen.
Für den Guß den mit Kakao gesiebten Puderzucker mit so viel Milch glattrühren, daß eine dickflüssige Masse entsteht. Dann das heiße Fett dazugeben.
Die Dominosteine mit dem Guß bestreichen, dabei den Guß auf heißes Wasser setzen, damit er streichfähig bleibt.

Teig:
250 g Bienenhonig *
65 g Zucker
65 g Butter oder Margarine
2 Eier
4 Tropfen Dr. Oetker Backöl Zitrone
1 Messerspitze gemahlener Kardamom
1 Messerspitze gemahlene Nelken
1 gestrichener Teel. gemahlener Zimt
300 g Weizenmehl
20 g Kakao (2 gestrichene Eßl.)
9 g Dr. Oetker Backin
(3 gestrichene Teel.)

Füllung:
Etwa 450 g Johannisbeergelee

Guß:
500 g Puderzucker
50 g Kakao (5 gestrichene Eßl.)
etwa 8 Eßl. heiße Milch
50 g Kokosfett (zerlassen)

Lebkuchen

Für den Teig das Fett schaumig rühren und nach und nach Zucker, Vanillin-Zucker, Ei, Eigelb, Honig und Gewürze hinzugeben. ⅔ des mit Backin gemischten und gesiebten Mehls abwechselnd mit der Milch unterrühren. Den Rest des Mehls mit dem Teigbrei zu einem glatten Teig verkneten. Sollte er kleben, ihn eine Zeitlang kalt stellen. Den Teig etwa ½ cm dick ausrollen, mit beliebigen Formen ausstechen und auf ein gefettetes Backblech legen.

Gas: 5 Minuten vorheizen große Flamme,
backen ½ große Flamme;
Regler 5 Minuten vorheizen 3–4, backen 3–4.
Strom: 10 Minuten vorheizen O 3 – U 3,
backen O 3 – U 3; Regler 175–195.
Backzeit: Etwa 10 Minuten.

Für den Guß den gesiebten Puderzucker mit dem Eiweiß und so viel Zitronensaft glattrühren, daß eine dickflüssige Masse entsteht. Die erkalteten Lebkuchen damit bestreichen.

Teig:
50 g Butter oder Margarine
175 g Zucker
1 Päckchen Dr. Oetker Vanillin-Zucker
1 Ei
1 Eigelb
100 g Bienenhonig *
½ Teel. gemahlener Anis
1 gestrichener Teel. gemahlene Nelken
1 gestrichener Teel. gemahlener Zimt
500 g Weizenmehl
1 Päckchen Dr. Oetker Backin
3 Eßl. Milch

Guß:
200 g Puderzucker
1 Eiweiß
etwa 2 Eßl. Zitronensaft

* z. B. Langnese-Honig

Nußprinten

Teig:
125 g Sirup (Rübenkraut)
50 g Zucker (2 gut gehäufte Eßl.)
50 g Butter oder Margarine
2 Eßl. Milch oder Wasser
50 g brauner Kandiszucker (in kleine Stücke geschlagen)
3 Tropfen Dr. Oetker Backöl Zitrone
1/2 gestrichener Teel. gemahlener Anis
1/2 gestrichener Teel. gemahlene Nelken
1/2 gestrichener Teel. gemahlener Zimt
250 g Weizenmehl
9 g Dr. Oetker Backin (3 gestrichene Teel.)

Zum Belegen:
Etwa 200 g Haselnußkerne (halbiert)

Guß:
200 g Puderzucker
30 g Kakao (3 gestrichene Eßl.)
2–3 Eßl. heißes Wasser

Für den Teig Sirup (Rübenkraut), Zucker, Fett und Flüssigkeit langsam erwärmen, zerlassen, in eine Rührschüssel geben und kalt stellen. Unter die fast erkaltete Masse Kandiszucker, Gewürze und 2/3 des mit Backin gemischten und gesiebten Mehls rühren. Den Rest des Mehls mit dem Teigbrei zu einem glatten Teig verkneten. Sollte er kleben, ihn etwa 1 Stunde ruhen lassen. Den Teig etwa 1/2 cm dick ausrollen und Rechtecke von etwa 2 1/2×7 cm daraus schneiden. Die Teigstücke auf ein gefettetes Backblech legen und dicht mit Nußkernen belegen.

Gas: 5 Minuten vorheizen große Flamme,
backen 1/2 große Flamme;
Regler 5 Minuten vorheizen 3–4, backen 3–4.
Strom: 10 Minuten vorheizen O 3 – U 3,
backen O 3 – U 3; Regler 175–195.
Backzeit: Etwa 10 Minuten.

Für den Guß den mit Kakao gesiebten Puderzucker mit so viel Wasser glattrühren, daß eine dickflüssige Masse entsteht. Die Printen nach dem Erkalten damit bestreichen.

Honigplätzchen

Teig:
*125 g Bienenhonig**
200 g Zucker
4 Eßl. Milch
100 g Butter oder Margarine
1 Päckchen Dr. Oetker Vanillin-Zucker
3 Tropfen Dr. Oetker Backöl Bittermandel
1 gestrichener Teel. gemahlener Zimt
400 g Weizenmehl
20 g Kakao (2 gestrichene Eßl.)
100 g Dr. Oetker Gustin
1 Päckchen Dr. Oetker Backin
75 g Mandeln (abgezogen, gehackt)

Zum Bestreichen:
1 schwach gehäufter Teel. Kartoffelmehl
6 Eßl. Wasser

Zum Verzieren:
125 g Mandeln (abgezogen, halbiert)

* z. B. Langnese-Honig

Für den Teig Honig, Zucker, Milch und Fett langsam erwärmen, zerlassen, in eine Rührschüssel geben und kalt stellen. Unter die fast erkaltete Masse nach und nach die Gewürze und 2/3 des mit Kakao, Gustin und Backin gemischten und gesiebten Mehls rühren. Den Rest des Mehls und die Mandeln darunter kneten. Sollte der Teig kleben, noch etwas Mehl hinzugeben. Den Teig etwa 1/2 cm dick ausrollen, mit einer runden Form (Durchmesser etwa 8 cm) ausstechen und auf ein gefettetes Backblech legen.

Zum Bestreichen das Kartoffelmehl mit dem Wasser anrühren, erhitzen, kurz aufkochen und abkühlen lassen. Die Plätzchen dünn damit bestreichen und mit halben Mandeln verzieren.

Gas: 5 Minuten vorheizen große Flamme,
backen 1/2 große Flamme;
Regler 5 Minuten vorheizen 2 1/2–3 1/2, backen 2 1/2–3 1/2.
Strom: 10 Minuten vorheizen O 3 – U 3,
backen O 2 – U 3; Regler 175–195.

Backzeit: Etwa 20 Minuten.

Steinpflaster

Für den Teig Honig (Sirup), Zucker, Salz, Öl und Wasser langsam erwärmen, zerlassen, in eine Rührschüssel geben und kalt stellen. Unter die fast erkaltete Masse Eigelb, ½ Eiweiß, Gewürze und nach und nach ⅔ des mit Backin gemischten und gesiebten Mehls rühren. Den Rest des Mehls, die Mandeln (Haselnußkerne) und das Orangeat (Zitronat) mit dem Teigbrei zu einem glatten Teig verkneten. Daraus daumendicke Rollen herstellen und so große Stücke davon abschneiden, daß man etwa kirschgroße Kugeln formen kann. 8–12 Kugeln nicht zu dicht nebeneinander in gefettete Metallringe (Durchmesser etwa 8 cm) auf ein gefettetes Backblech legen. Diese Ringe evtl. auch aus mehrfach umgeknifften Papierstreifen von etwa 30 cm Länge herstellen, sie dabei mit einer Büroklammer oder einem Faden zusammenhalten.

Gas: ½ große Flamme; Regler 3–4.
Strom: 10 Minuten vorheizen O 3 – U 3,
backen O 2 – U 2; Regler 175–195.
Backzeit: 20–25 Minuten.

(Das Gebäck darf nicht zu stark ausgebacken werden.)
Für den Guß das Eiweiß mit so viel gesiebtem Puderzucker glattrühren, daß eine dickflüssige Masse entsteht. Die noch heißen Steinpflaster damit bestreichen.

Teig:
250 g Honig oder Sirup
100 g Zucker, etwas Salz
1 Eßl. Öl
2 Eßl. Wasser
2 Eigelb
½ Eiweiß
4 Tropfen Dr. Oetker Backöl Bittermandel
3 Tropfen Dr. Oetker Backöl Zitrone
1 gehäufter Teel. Kakao
1 gestrichener Teel. gemahlener Nelkenpfeffer
1 gestrichener Teel. gemahlener Zimt
500 g Weizenmehl
1 Päckchen Dr. Oetker Backin
50 g Mandeln (abgezogen, gehackt) oder Haselnußkerne (gehackt)
20 g Orangeat oder Zitronat (Sukkade) (in Würfel geschnitten)

Guß:
1½ Eiweiß
200–225 g Puderzucker

Gefüllter Honigkuchen

Für den Teig Honig (Sirup), Zucker, Salz, Fett und Wasser langsam erwärmen, zerlassen, in eine Rührschüssel geben und kalt stellen. Unter die fast erkaltete Masse Ei, Gewürze und nach und nach ⅔ des mit Backin gemischten und gesiebten Mehls rühren. Den Rest des Mehls mit dem Teigbrei zu einem festen Teig verkneten. Sollte er kleben, noch etwas Mehl hinzugeben. ⅔ des Teiges auf einem gefetteten Backblech ausrollen (reicht für ¾ eines Blechs von 32×46 cm) und ihn an den Seiten etwas hochdrücken. Den übrigen Teig passend zu einer Decke ausrollen, sie mit Papier aufwickeln und beiseite legen. Den Teig gleichmäßig mit Marmelade bestreichen (ringsherum etwas Teig frei lassen), die Teigdecke darauf legen und mit einer Gabel mehrmals einstechen.

Teig:
200 g Honig oder Sirup
100 g Zucker
etwas Salz
50 g Butter, Margarine oder Schweineschmalz
1 Eßl. Wasser
1 Ei
1 gestrichener Teel. gemahlener Zimt
2 Tropfen Dr. Oetker Backöl Bittermandel
500 g Weizenmehl
1 Päckchen Dr. Oetker Backin

(Fortsetzung Seite 165)

Biskuitschnitten (Rezept S. 145)

Eberswalder Spritzkuchen (Rezept S. 154)
Mokka-Sahnetorte (Rezept S. 129)

Apfel- oder Pflaumenkuchen (Rezept S. 90)
Butter- oder Zuckerkuchen (Rezept S. 90)

Kokosberge (Rezept S. 41)
Wespennester (Rezept S. 175)

Füllung:
Etwa 375 g nicht zu süße Marmelade (am besten Pflaumenmus)

Guß:
100 g Puderzucker
1–2 Eßl. Zitronensaft oder Wasser

Gas: 5 Minuten vorheizen große Flamme, backen ½ große Flamme;
Regler 5 Minuten vorheizen 3–4, backen 3–4.
Strom: 10 Minuten vorheizen O 3 – U 3, backen O 2 – U 3; Regler 200–220.
Backzeit: Etwa 20 Minuten.

Für den Guß den gesiebten Puderzucker mit so viel Flüssigkeit glattrühren, daß eine dickflüssige Masse entsteht. Sofort nach dem Backen das Gebäck damit bestreichen und es anschließend in gleichmäßige Streifen von etwa 3×9 cm schneiden.

Liegnitzer Bomben

Teig:
*400 g Bienenhonig **
250 g Zucker
125 g Butter, Margarine oder Schweineschmalz
6 Eßl. Milch oder Wasser
3 Eier
½ Fläschchen Dr. Oetker Backöl Zitrone
etwas gemahlener Kardamom
1 schwach gehäufter Teel. gemahlene Nelken
2 schwach gehäufte Teel. gemahlener Zimt
500 g Weizenmehl
50 g Kakao (5 gestrichene Eßl.)
1 Päckchen Dr. Oetker Backin
125 g Korinthen (gewaschen, gut abgetropft)
125 g Mandeln (gehackt)
150 g Zitronat (Sukkade) (in Würfel geschnitten)

Zum Bestreichen:
200–250 g Aprikosen-Konfitüre
etwa 2 Eßl. Wasser

Guß:
350 g Puderzucker
30 g Kakao (3 gestrichene Eßl.)
etwa 4 Eßl. heißes Wasser

Für den Teig Honig, Zucker, Fett und Flüssigkeit langsam erwärmen, zerlassen, in eine Rührschüssel geben und kalt stellen. Unter die fast erkaltete Masse nach und nach Eier, Gewürze, das mit Kakao und Backin gemischte und gesiebte Mehl, Korinthen, Mandeln und Zitronat rühren. Gefettete Blechringe (Durchmesser etwa 6 cm, Höhe 3–4 cm) auf ein gefettetes Backblech setzen und halb voll Teig füllen.

Gas: ½ große Flamme; Regler 3–4.
Strom: 10 Minuten vorheizen O 3 – U 3, backen O 2 – U 2; Regler 175–195.
Backzeit: 20–25 Minuten.

Das erkaltete Gebäck dünn mit Konfitüre, die man mit Wasser glattgerührt und gekocht hat, bestreichen.
Für den Guß den mit Kakao gesiebten Puderzucker mit so viel Wasser glattrühren, daß eine dickflüssige Masse entsteht. Die Bomben damit bestreichen.

* z. B. Langnese-Honig

Pflastersteine

Honig (Sirup), Zucker, Fett und Wasser langsam erwärmen, zerlassen, in eine Rührschüssel geben und kalt stellen. Unter die fast erkaltete Masse Ei, Gewürze und 2/3 des mit Backin gemischten und gesiebten Mehls rühren. Den Rest des Mehls, die Mandeln (Korinthen) und das Orangeat (Zitronat) mit dem Teigbrei zu einem glatten Teig verkneten. Sollte er kleben, noch etwas Mehl hinzugeben. Aus dem Teig daumendicke Rollen herstellen und so große Stücke davon abschneiden, daß man etwa kirschgroße Kugeln formen kann. Diese etwas plattdrücken, auf der Oberseite mit Milch bestreichen, in Zucker drücken und auf ein gefettetes Backblech legen.

Gas: 5 Minuten vorheizen große Flamme,
backen 1/2 große Flamme;
Regler 5 Minuten vorheizen 3–4, backen 3–4.
Strom: 10 Minuten vorheizen O 3 – U 3,
backen O 2 – U 2; Regler 175–195.
Backzeit: 10–20 Minuten.

Die Pflastersteine nach dem Backen einige Tage offen an der Luft stehenlassen, damit sie weich werden.

Teig:
250 g Honig oder Sirup
100 g Zucker
50 g Butter, Margarine oder Schweineschmalz
1 Eßl. Wasser, 1 Ei
1 gestrichener Teel. gemahlener Zimt
2 Tropfen Dr. Oetker Backöl Bittermandel
3 Tropfen Dr. Oetker Backöl Zitrone
500 g Weizenmehl
12 g Dr. Oetker Backin (4 gestrichene Teel.)
50 g Mandeln (abgezogen, gehackt) oder 50 g Korinthen (gewaschen, gut abgetropft)
25 g Orangeat oder Zitronat (Sukkade) (in Würfel geschnitten)

Zum Bestreichen:
Etwas Milch

Zum Bestreuen:
Etwas Hagelzucker oder grober Zucker

Spitzkuchen

Für den Teig Honig (Sirup), Zucker, Salz und Öl langsam erwärmen, zerlassen, in eine Rührschüssel geben und kalt stellen. Unter die fast erkaltete Masse Ei, Kakao, Gewürze und nach und nach 2/3 des mit Backin gemischten und gesiebten Mehls rühren. Den Rest des Mehls und die Mandeln mit dem Teigbrei zu einem glatten Teig verkneten. Sollte er kleben, ihn eine Zeitlang kalt stellen. Aus dem Teig knapp 2 cm dicke Rollen in der Länge des Backblechs formen, nicht zu dicht nebeneinander auf das gefettete Blech legen, etwas plattdrücken und hellbraun backen.

Gas: 5 Minuten vorheizen große Flamme,
backen 1/2 große Flamme;
Regler 5 Minuten vorheizen 3–4, backen 3–4.
Strom: 10 Minuten vorheizen O 3 – U 3,
backen O 2 – U 2; Regler 175–195.
Backzeit: Etwa 20 Minuten.

Nach dem Backen die erkalteten Rollen in Dreiecke schneiden. Diese mit erhitztem Gelee bepinseln und mit Schokoladenguß bestreichen.

Teig:
175 g Honig oder Sirup
50 g Zucker (2 gut gehäufte Eßl.)
etwas Salz
2 Eßl. Öl
1 Ei
1 gehäufter Teel. Kakao
6 Tropfen Dr. Oetker Backöl Zitrone
1 Messerspitze gemahlener Nelkenpfeffer
1 gestrichener Teel. gemahlener Zimt
250 g Weizenmehl
9 g Dr. Oetker Backin (3 gestrichene Teel.)
75 g Mandeln (abgezogen, gehackt)

Zum Bestreichen:
125 g Johannisbeergelee

Guß:
250 g Puderzucker
30 g Kakao (3 gestrichene Eßl.)
3–4 Eßl. heiße Milch
30 g Kokosfett (zerlassen)

Für den Guß den mit Kakao gesiebten Puderzucker mit so viel Milch glattrühren, daß eine dickflüssige Masse entsteht. Dann das heiße Fett dazugeben.

Nürnberger Lebkuchen

Teig:
175 g Honig oder Sirup
50 g Zucker (2 gut gehäufte Eßl.)
etwas Salz
2 Eßl. Öl
2 Eßl. Wasser
1 Eigelb
1 gehäufter Teel. Kakao
6 Tropfen Dr. Oetker Backöl Zitrone
1 Messerspitze gemahlener Nelkenpfeffer
1 gestrichener Teel. gemahlener Zimt
250 g Weizenmehl
9 g Dr. Oetker Backin (3 gestrichene Teel.)
75 g Mandeln (gemahlen)
75 g Haselnußkerne (gemahlen)
50 g Zitronat (Sukkade) (in Würfel geschnitten)
75 g getrocknete Aprikosen (in Stücke geschnitten)

Guß:
125 g Puderzucker
1 Eiweiß
evtl. einige Tropfen Wasser

Zum Bestreuen (nach Belieben):
Etwas Buntzucker

Für den Teig Honig (Sirup), Zucker, Salz, Öl und Wasser langsam erwärmen, zerlassen, in eine Rührschüssel geben und kalt stellen. Unter die fast erkaltete Masse Eigelb, Kakao, Gewürze und nach und nach 2/3 des mit Backin gemischten und gesiebten Mehls rühren. Den Rest des Mehls, die Mandeln, die Haselnußkerne, das Zitronat und die Aprikosen mit dem Teigbrei zu einem glatten Teig verkneten. Ihn gut 1/2 cm dick ausrollen, mit einer runden Form (Durchmesser etwa 8 cm) ausstechen oder Rechtecke von 9×6 cm ausrädern und auf ein gefettetes Backblech legen.

Gas: 5 Minuten vorheizen große Flamme,
backen knapp 1/2 große Flamme;
Regler 5 Minuten vorheizen 2 1/2–3 1/2, backen 2 1/2–3 1/2.
Strom: 10 Minuten vorheizen O 3 – U 3,
backen O 2 – U 2; Regler 175–195.
Backzeit: 15–20 Minuten.

Für den Guß den gesiebten Puderzucker mit dem Eiweiß verrühren. Falls er zu dickflüssig ist, noch einige Tropfen Wasser hinzugeben. Die Lebkuchen dünn mit dem Guß bestreichen und sofort mit Buntzucker bestreuen.

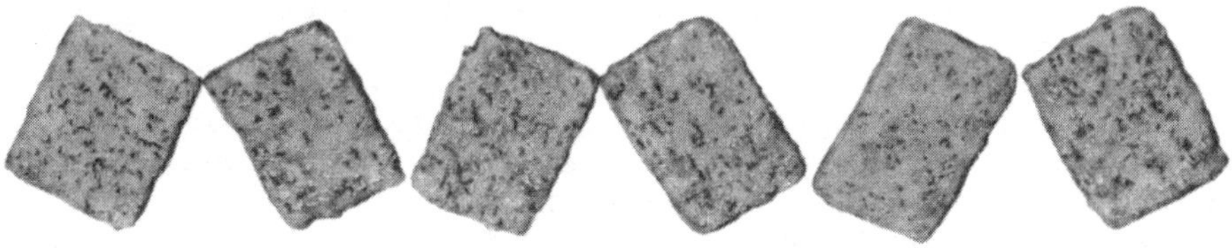

KNETTEIGGEBÄCK

Spekulatius

Mehl und Backin mischen und auf ein Backbrett (Tischplatte) sieben. In die Mitte eine Vertiefung eindrücken, Zucker, Gewürze, Ei und Milch (Teig II Eier) hineingeben und mit einem Teil des Mehls zu einem dicken Brei verarbeiten. Darauf das in Stücke geschnittene kalte Fett (Teig II Mandeln oder Haselnußkerne) geben, mit Mehl bedecken und von der Mitte aus alle Zutaten schnell zu einem glatten Teig verkneten. Sollte er kleben, ihn eine Zeitlang kalt stellen. Den Teig dünn ausrollen, mit beliebigen Formen (vor allem Tierformen) ausstechen und auf ein gefettetes Backblech legen.
Werden Holzmodel benutzt, den Teig in den gut gemehlten Model drücken, den überstehenden Teig abschneiden und die Spekulatiusstücke aus dem Model schlagen.

Gas: 5 Minuten vorheizen große Flamme,
backen 1/2 große Flamme;
Regler 5 Minuten vorheizen 3–4, backen 3–4.
Strom: 10 Minuten vorheizen O 3 – U 3,
backen O 3 – U 3; Regler 175–195.
Backzeit: Etwa 10 Minuten.

Teig I:
500 g Weizenmehl
9 g Dr. Oetker Backin
(3 gestrichene Teel.)
200 g Zucker, etwas Salz
1 Päckchen Dr. Oetker Vanillin-Zucker
3 Tropfen Dr. Oetker Backöl Bittermandel
1 Fläschchen Dr. Oetker Rum-Aroma
1 gestrichener Teel. Kakao
2 Messerspitzen gemahlene Nelken
1 gestrichener Teel. gemahlener Zimt
1 Ei, 2 Eßl. Milch
125 g Butter, Margarine oder Schweineschmalz

oder

Teig II:
500 g Weizenmehl
6 g Dr. Oetker Backin
(2 gestrichene Teel.)
250 g Zucker
1 Päckchen Dr. Oetker Vanillin-Zucker
2 Tropfen Dr. Oetker Backöl Bittermandel
2 Messerspitzen gemahlener Kardamom
2 Messerspitzen gemahlene Nelken
1 gestrichener Teel. gemahlener Zimt
2 Eier
200 g Butter oder Margarine
100 g Mandeln oder Haselnußkerne (gemahlen)

Pfeffernüsse mit Guß

Für den Teig Mehl und Backin mischen und auf ein Backbrett (Tischplatte) sieben. In die Mitte eine Vertiefung eindrücken, Zucker, Gewürze, Eier und Flüssigkeit hineingeben und mit einem Teil des Mehls zu einem dicken Brei verarbeiten. Darauf die Mandeln und das Zitronat geben. Die Früchte mit Mehl bedecken und von der Mitte aus alle Zutaten schnell zu einem glatten Teig verkneten. Sollte er kleben, noch etwas Mehl hinzugeben.

Teig:
500 g Weizenmehl
9 g Dr. Oetker Backin
(3 gestrichene Teel.)
325 g Zucker
1/2 Fläschchen Dr. Oetker Backöl Zitrone

Je 2 Messerspitzen
gemahlener Ingwer
gemahlener Kardamom
gemahlene Nelken
gemahlener Nelkenpfeffer
gemahlener weißer Pfeffer
1 schwach gehäufter Eßl.
gemahlener Zimt
2 Eier, 6 Eßl. Milch oder Wasser
50 g Mandeln (gemahlen)
50 g Zitronat (Sukkade)
(in sehr kleine Würfel geschnitten)

Guß:
225 g Puderzucker
etwa 3 Eßl. heißes Wasser

Den Teig gut 1 cm dick ausrollen, mit einer runden Form (Durchmesser gut 2 1/2 cm) ausstechen und auf ein gefettetes Backblech legen.

Gas: 5 Minuten vorheizen große Flamme,
backen 1/2 große Flamme;
Regler 5 Minuten vorheizen 3–4, backen 3–4.
Strom: 10 Minuten vorheizen O 3 – U 3,
backen O 2 – U 2; Regler 175–195.
Backzeit: Etwa 15 Minuten.

Für den Guß den gesiebten Puderzucker mit so viel Wasser glattrühren, daß eine dickflüssige Masse entsteht. Die erkalteten Pfeffernüsse damit bestreichen. Sollten sie hart sein, sie einige Tage offen an der Luft stehenlassen und dann in gut schließenden Blechdosen aufbewahren.

Stollen

Teig:
500 g Weizenmehl
1 Päckchen Dr. Oetker Backin
200 g Zucker
1 Päckchen Dr. Oetker Vanillin-Zucker
etwas Salz
4 Tropfen Dr. Oetker Backöl
Bittermandel
1 Fläschchen Dr. Oetker Rum-Aroma
4 Tropfen Dr. Oetker Backöl Zitrone
1 Messerspitze gemahlener Kardamom
1 Messerspitze gemahlene Muskatblüte
2 Eier, 125 g Butter oder Margarine
50 g Rinderfett
250 g Quark (Topfen) (gut ausgepreßt)
125 g Korinthen
(gewaschen, gut abgetropft)
125–250 g Rosinen
(gewaschen, gut abgetropft)
125–150 g Mandeln oder Haselnußkerne (gemahlen oder gehackt)
50–100 g Zitronat (Sukkade)
(in Würfel geschnitten)

Zum Bestreichen:
50 g Butter oder Margarine (zerlassen)

Zum Bestäuben:
50 g Puderzucker (2 gut gehäufte Eßl.)

Mehl und Backin mischen und auf ein Backbrett (Tischplatte) sieben. In die Mitte eine Vertiefung eindrücken, Zucker, Vanillin-Zucker, Gewürze und Eier hineingeben und mit einem Teil des Mehls zu einem dicken Brei verarbeiten. Darauf das in Stücke geschnittene kalte Fett, das feingehackte Rinderfett, den Quark (zur Verfeinerung durch ein Sieb streichen), die Korinthen und Rosinen, die Mandeln (Haselnußkerne) und das Zitronat geben. Die Früchte mit Mehl bedecken und von der Mitte aus alle Zutaten schnell zu einem glatten Teig verkneten. Sollte er kleben, noch etwas Mehl hinzugeben. Den Teig zu einem Stollen formen und auf ein mit gefettetem Pergamentpapier belegtes Backblech legen.

Gas: 5 Minuten vorheizen große Flamme,
backen 1/3 große Flamme; Regler 2–3 1/2.
Strom: 10 Minuten vorheizen O 3 – U 3,
backen O 2 – U 2 (evtl. nach 45 Minuten umschalten auf O 1 – U 2); Regler vorheizen 250, backen 160–180.
Backzeit: 50–60 Minuten.

Sogleich nach dem Backen den Stollen mit dem Fett bestreichen und mit Puderzucker bestäuben.

Vanillekipferl (Hörnchen) (Eigelbverwendung)

Mehl und Backin mischen und auf ein Backbrett (Tischplatte) sieben. In die Mitte eine Vertiefung eindrücken, Zucker, Vanillin-Zucker und Eigelb hineingeben und mit einem Teil des Mehls zu einem dicken Brei verarbeiten. Darauf das in Stücke geschnittene kalte Fett und die Mandeln geben, sie mit Mehl bedecken und von der Mitte aus alle Zutaten schnell zu einem glatten Teig verkneten. Sollte er kleben, ihn eine Zeitlang kalt stellen. Aus dem Teig daumendicke Rollen formen und gut 2 cm lange Stücke davon abschneiden. Diese zu etwa 5 cm langen Rollen, die an den Enden etwas dünner sind als in der Mitte, formen, als Hörnchen auf ein Backblech legen und hellgelb backen.

Gas: 5 Minuten vorheizen große Flamme,
backen 1/2 große Flamme;
Regler 5 Minuten vorheizen 3–4, backen 3–4.
Strom: 10 Minuten vorheizen O 3 – U 3,
backen O 3 – U 3; Regler 175–195.
Backzeit: Etwa 10 Minuten.

Den gesiebten Puderzucker mit dem Vanillin-Zucker mischen und darin die noch heißen Hörnchen wälzen.

Teig:
250 g Weizenmehl
1 Messerspitze Dr. Oetker Backin
125 g Zucker
1 Päckchen Dr. Oetker Vanillin-Zucker
3 Eigelb
200 g Butter oder Margarine
125 g Mandeln (abgezogen, gemahlen)

Zum Verzieren:
20 g Puderzucker
(1 schwach gehäufter Eßl.)
1 Päckchen Dr. Oetker Vanillin-Zucker

Feine Nußplätzchen

Mehl und Backin mischen und auf ein Backbrett (Tischplatte) sieben. In die Mitte eine Vertiefung eindrücken, Zucker, Gewürze und Milch hineingeben und mit einem Teil des Mehls zu einem dicken Brei verarbeiten. Darauf das in Stücke geschnittene kalte Fett und die Haselnußkerne geben, sie mit Mehl bedecken und von der Mitte aus alle Zutaten schnell zu einem glatten Teig verkneten. Sollte er kleben, ihn eine Zeitlang kalt stellen. Den Teig in kleinen Mengen etwa 3 mm dick ausrollen und runde Plätzchen ausstechen. Diese auf ein Backblech legen, mit Milch bestreichen und mit einem halben Haselnußkern verzieren.

Gas: 5 Minuten vorheizen große Flamme,
backen 1/2 große Flamme;
Regler 5 Minuten vorheizen 3–4, backen 3–4.
Strom: 10 Minuten vorheizen O 3 – U 3,
backen O 3 – U 3 (2. Blech O 2 – U 2); Regler 175–195.
Backzeit: 10–15 Minuten.

Teig:
250 g Weizenmehl
3 g Dr. Oetker Backin
(1 gestrichener Teel.)
150 g Zucker
1 Päckchen Dr. Oetker Vanillin-Zucker
3 Tropfen Dr. Oetker Backöl
Bittermandel
4 Eßl. Milch
100 g Butter oder Margarine
200 g Haselnußkerne (2mal gemahlen)

Zum Bestreichen:
Etwas Frisch- oder Dosenmilch

Zum Verzieren:
30–40 g Haselnußkerne (halbiert)

GEBÄCK MIT SCHAUMIG GESCHLAGENEM EI ODER EIWEISS

Berliner Brot

Teig:
2 Eier, 2 Eßl. warmes Wasser
250 g Farinzucker oder Zucker
65 g Apfelkraut
1 Fläschchen Dr. Oetker Rum-Aroma
1 Messerspitze gemahlener Nelkenpfeffer
1 schwach gehäufter Eßl. gemahlener Zimt
65 g Schokolade (gerieben)
250 g Weizenmehl
3 g Dr. Oetker Backin (1 gestrichener Teel.)
125 g Mandeln oder Haselnußkerne (nicht zerkleinert)
35 g Zitronat (Sukkade) (in Würfel geschnitten)

Guß:
100 g Puderzucker
1–2 Eßl. heißes Wasser

Für den Teig Eier und Wasser mit einem Schneebesen schaumig schlagen und eßlöffelweise den Zucker hinzugeben. Danach so lange schlagen, bis eine dicke, kremartige Masse entstanden ist. Darunter nach und nach Apfelkraut, Gewürze, Schokolade, das mit Backin gemischte und gesiebte Mehl, Mandeln (Haselnußkerne) und Zitronat geben. Den Teig gut 1/2 cm dick auf ein gefettetes Backblech streichen.

Gas: 5 Minuten vorheizen große Flamme,
backen 1/2 große Flamme;
Regler 5 Minuten vorheizen 3–4, backen 3–4.
Strom: 10 Minuten vorheizen O 3 – U 3,
backen O 3 – U 3; Regler 200–220.
Backzeit: 15–20 Minuten.

Für den Guß den gesiebten Puderzucker mit so viel Wasser glattrühren, daß eine dickflüssige Masse entsteht. Das heiße Gebäck damit bestreichen und in rechteckige Schnitten von 2×5 cm schneiden.

Zedernbrot (Eiweißverwendung)

Teig:
3 Eiweiß
375 g Puderzucker
1 Päckchen Dr. Oetker Vanillin-Zucker
2 Tropfen Dr. Oetker Backöl Bittermandel
1 Eßl. Zitronensaft
abgeriebene gelbe Schale einer halben Zitrone
etwa 375 g Mandeln (abgezogen, gemahlen)

Zum Ausrollen:
Etwa 100 g Mandeln (gemahlen)

Guß:
150 g Puderzucker
3–4 Eßl. Zitronensaft

Für den Teig das Eiweiß zu steifem Schnee schlagen. Er muß so fest sein, daß ein Messerschnitt sichtbar bleibt. Darunter eßlöffelweise den gesiebten Puderzucker mit dem Vanillin-Zucker schlagen. Danach Backöl, Zitronensaft, Zitronenschale und gut die Hälfte der Mandeln darunter rühren. Von dem Rest der Mandeln so viel darunter kneten, daß der Teig kaum noch klebt. Auf einem mit Mandeln dicht bestreuten Backbrett (Tischplatte) den Teig gut 1/2 cm dick ausrollen, Halbmonde ausstechen und diese auf ein mit gut gefettetem Pergamentpapier bedecktes Backblech legen.

Gas: Perlgroße Flamme; Regler 1–1 1/2.
Strom: 5 Minuten vorheizen O 3 – U 3,
backen O 1 – U 2; Regler 130–150.
Backzeit: 30–45 Minuten.

Für den Guß den gesiebten Puderzucker mit so viel Zitronensaft glattrühren, daß eine dickflüssige Masse entsteht. Die erkalteten Plätzchen damit bestreichen.

Gewürzplätzchen

Die Eier mit einem Schneebesen schaumig schlagen und nach und nach Zucker und Gewürze dazugeben. Danach so lange schlagen, bis eine dicke, kremartige Masse entstanden ist (nach etwa 15 Minuten). Dann eßlöffelweise das mit Backin gemischte und gesiebte Mehl darunter rühren und den Teig möglichst dünn und gleichmäßig (dünner als ½ cm) auf ein gut gefettetes Backblech streichen (der Teig reicht für 2 Bleche von 32×46 cm).
Gas: 5 Minuten vorheizen große Flamme,
backen ½ große Flamme;
Regler 5 Minuten vorheizen 3–4, backen 3–4.
Strom: 10 Minuten vorheizen O 3 – U 3,
backen O 3 – U 3; Regler 200–220.
Backzeit: 15–20 Minuten.
Nach 10 Minuten Backzeit das Gebäck in Rechtecke von etwa 2½×6 cm schneiden, es weiterbacken lassen und die gebräunten Plätzchen nach und nach vom Blech nehmen. Das Gebäck darf dabei nicht abkühlen, es zerbricht sonst.
Die Plätzchen in gut schließenden Blechdosen aufbewahren.

3 Eier
200 g Zucker
1 Päckchen Dr. Oetker Vanillin-Zucker
½ Fläschchen Dr. Oetker Rum-Aroma
1 gestrichener Teel. gemahlener Kardamom
1 gestrichener Teel. gemahlene Nelken
1 gestrichener Teel. gemahlener Zimt
200 g Weizenmehl
1 Messerspitze Dr. Oetker Backin

Mandelmakronen (Eiweißverwendung)

Das Eiweiß zu steifem Schnee schlagen. Er muß so fest sein, daß ein Messerschnitt sichtbar bleibt. Darunter nach und nach Zucker, Zimt und Backöl schlagen. Die Mandeln vorsichtig unter den Eierschnee heben (nicht rühren!) und den Teig mit 2 Teelöffeln in kleinen Häufchen auf ein gefettetes Backblech setzen.
Gas: Knapp ⅓ große Flamme; Regler knapp 1–2.
Strom: 5 Minuten vorheizen O 3 – U 3,
backen O 1 – U 2; Regler 130–150.
Backzeit: 30–35 Minuten.

2 Eiweiß
100 g feinkörniger Zucker
1 Messerspitze gemahlener Zimt
2 Tropfen Dr. Oetker Backöl Bittermandel
100 g Mandeln (abgezogen, gemahlen)
75 g Mandeln (abgezogen, gehackt)

Kokosmakronen (Eiweißverwendung)

Das Eiweiß zu steifem Schnee schlagen. Er muß so fest sein, daß ein Messerschnitt sichtbar bleibt. Darunter nach und nach Zucker, Zimt und Backöl schlagen. Die Kokosraspeln vorsichtig unter den Eierschnee heben (nicht rühren!) und den Teig mit 2 Teelöffeln in kleinen Häufchen auf ein gefettetes Backblech setzen.
Gas: Knapp ⅓ große Flamme, Regler knapp 1–2.
Strom: 5 Minuten vorheizen O 3 – U 3,
backen O 1 – U 2; evtl. O 1 – U 1; Regler 130–150.
Backzeit: 20–25 Minuten.

4 Eiweiß
200 g feinkörniger Zucker
1 Messerspitze gemahlener Zimt
2 Tropfen Dr. Oetker Backöl Bittermandel
200 g Kokosraspeln

Zitronenherzen (Eigelbverwendung)

Teig:
3 Eigelb
120 g Zucker
1 Päckchen Dr. Oetker Vanillin-Zucker
3 Tropfen Dr. Oetker Backöl Zitrone
1 Messerspitze Dr. Oetker Backin
*200–250 g Mandeln **
(abgezogen, gemahlen) oder
*Haselnußkerne * (gemahlen)*

Zum Ausrollen:
Mandeln (abgezogen, gemahlen)
oder
etwas Puderzucker

Zitronenguß:
100 g Puderzucker
1–1½ Eßl. Zitronensaft

Für den Teig das Eigelb mit Zucker und Vanillin-Zucker so lange schaumig schlagen, bis eine kremartige Masse entstanden ist. Darunter Backöl, Backin und so viel von den Mandeln (Haselnußkernen) rühren, daß ein fester Brei entsteht. Von dem Rest der Mandeln so viel darunter kneten, daß der Teig kaum noch klebt. Auf einem mit Mandeln oder gesiebtem Puderzucker dicht bestreuten Backbrett (Tischplatte) den Teig etwa ½ cm dick ausrollen, Herzen daraus stechen und sie auf ein mit gut gefettetem Pergamentpapier bedecktes Backblech legen.

Gas: 5 Minuten vorheizen große Flamme,
backen ½ große Flamme;
Regler 5 Minuten vorheizen 3–4, backen 3–4.

Strom: 10 Minuten vorheizen O 3 – U 3,
backen O 3 – U 3; Regler 175–195.

Backzeit: Etwa 10 Minuten.

Für den Guß den gesiebten Puderzucker mit so viel Zitronensaft glattrühren, daß eine dickflüssige Masse entsteht. Die Plätzchen sofort nach dem Backen damit bestreichen.

Zimtsterne (Eiweißverwendung)

Teig:
3 Eiweiß
250 g Puderzucker
1 Päckchen Dr. Oetker Vanillin-Zucker
3 Tropfen Dr. Oetker Backöl Bittermandel
1 gestrichener Teel. gemahlener Zimt
*275–325 g Mandeln * oder*
*Haselnußkerne * (gemahlen)*

Zum Ausrollen:
Mandeln oder Haselnußkerne
(gemahlen) oder
etwas Puderzucker

Das Eiweiß zu steifem Schnee schlagen. Er muß so fest sein, daß ein Messerschnitt sichtbar bleibt. Darunter eßlöffelweise den gesiebten Puderzucker schlagen. Zum Bestreichen der Sterne 2 schwach gehäufte Eßl. Eierschnee abnehmen; unter den übrigen den Vanillin-Zucker, die Gewürze und etwa die Hälfte der Mandeln (Haselnußkerne) rühren. Von dem Rest der Mandeln so viel darunter kneten, daß der Teig kaum noch klebt. Auf einem mit Mandeln oder gesiebtem Puderzucker dicht bestreuten Backbrett (Tischplatte) den Teig etwa ½ cm dick ausrollen, Sterne ausstechen, sie auf ein mit gut gefettetem Pergamentpapier bedecktes Backblech legen und sorgfältig mit dem zurückgelassenen Eierschnee bestreichen. Die Glasur muß so sein, daß man sie glatt auf das Gebäck streichen kann; andernfalls einige Tropfen Wasser darunter rühren.

Gas: Perlgroße Flamme; Regler knapp 1–2.

Strom: 5 Minuten vorheizen O 3 – U 3,
backen O 1 – U 2; Regler 130–150.

Backzeit: 30–40 Minuten.

Das Gebäck muß sich beim Herausnehmen noch etwas weich anfühlen.

Die Zimtsterne am besten in Blechdosen aufbewahren.

* Die erforderliche Menge Mandeln (Haselnußkerne) hängt von der Größe der Eier ab.

Haferflockenplätzchen

4 Eßl. Öl
oder
75 g Butter oder Margarine
125 g grobe Haferflocken
75 g Zucker
1 Ei
3–5 Tropfen Dr. Oetker Backöl Bittermandel
50 g Weizenmehl (5 gestrichene Eßl.)
3 g Dr. Oetker Backin (1 gestrichener Teel.)

Die Haferflocken in dem Fett unter Rühren leicht bräunen. Zum Schluß 1 Eßl. von dem Zucker darunter rühren, noch etwas damit bräunen lassen und kalt stellen. Das Ei mit einem Schneebesen schaumig schlagen. Nach und nach den Rest des Zuckers und das Backöl hinzugeben und so lange schlagen, bis eine dicke, kremartige Masse entstanden ist. Das mit Backin gemischte und gesiebte Mehl und die völlig erkalteten Haferflocken eßlöffelweise darunter rühren. Den Teig mit 2 Teelöffeln in walnußgroßen Häufchen auf ein gefettetes Backblech setzen.

Gas: 5 Minuten vorheizen große Flamme,
backen 1/2 große Flamme;
Regler 5 Minuten vorheizen 3–4, backen 3–4.
Strom: 10 Minuten vorheizen O 3 – U 3,
backen O 3 – U 3; Regler 175–195.
Backzeit: 12–15 Minuten.

Nürnberger Elisenlebkuchen

Teig für etwa 40 Oblaten, (Durchmesser 6 cm):
2 Eier
200 g Farinzucker oder Zucker
1 Päckchen Dr. Oetker Vanillin-Zucker
1 Messerspitze gemahlene Nelken
1 gestrichener Teel. gemahlener Zimt
1/2 Fläschchen Dr. Oetker Rum-Aroma
1–2 Tropfen Dr. Oetker Backöl Zitrone
75 g Orangeat oder Zitronat (Sukkade) (in sehr kleine Würfel geschnitten)
125 g Mandeln (gemahlen)
1 Messerspitze Dr. Oetker Backin
75–125 g Haselnußkerne (gemahlen)*

Heller Guß:
150 g Puderzucker
1–2 Eßl. heißes Wasser

Dunkler Guß:
100 g Puderzucker
20 g Kakao (2 gestrichene Eßl.)
1–2 Eßl. heißes Wasser
nach Belieben 10 g Kokosfett (zerlassen)

* Die erforderliche Menge Haselnußkerne hängt von der Größe der Eier ab.

Für den Teig die Eier mit einem Schneebesen schaumig schlagen und nach und nach Zucker und Vanillin-Zucker dazugeben. Danach so lange schlagen, bis eine dicke, kremartige Masse entstanden ist (nach etwa 15 Minuten). Darunter Gewürze, Orangeat (Zitronat) und die mit dem Backin gemischten Mandeln geben. Von den Haselnußkernen so viel darunter rühren, daß der Teig noch streichfähig ist. Auf jede Oblate einen gehäuften Teelöffel des Teiges geben, diesen mit einem in Wasser getauchten Messer bergförmig auf die ganze Oblate streichen und sie dann auf ein Backblech legen.

Gas: Perlgroße Flamme; Regler knapp 1–2.
Strom: 5 Minuten vorheizen O 3 – U 3,
backen O 1 – U 2; Regler 130–150.
Backzeit: 25–35 Minuten.

Für den hellen Guß den gesiebten Puderzucker mit so viel Wasser glattrühren, daß eine dickflüssige Masse entsteht.
Für den dunklen Guß den mit Kakao gesiebten Puderzucker mit so viel Wasser glattrühren, daß eine dickflüssige Masse entsteht. Dann das heiße Fett dazugeben.

Sogleich nach dem Backen die Lebkuchen entweder mit hellem oder mit dunklem Guß bestreichen.

Raspeli (Eiweißverwendung)

3 Eiweiß
200 g feinkörniger Zucker
1 Päckchen Dr. Oetker Vanillin-Zucker
30 g Kakao (3 gestrichene Eßl.)
150 g Kokosraspeln

Das Eiweiß zu steifem Schnee schlagen. Er muß so fest sein, daß ein Messerschnitt sichtbar bleibt. Darunter eßlöffelweise den Zucker mit dem Vanillin-Zucker schlagen. Den Kakao auf den Eierschnee sieben, darauf die Kokosraspeln geben, alles vorsichtig unter den Eierschnee heben (nicht rühren!) und den Teig mit 2 Teelöffeln in kleinen Häufchen auf ein gefettetes Backblech setzen.

Gas: Perlgroße Flamme; Regler 1–2.
Strom: 5 Minuten vorheizen O 3 – U 3,
backen O 1 – U 2; Regler 130–150.
Backzeit: Etwa 25 Minuten.

(Abb. S. 164) Wespennester (Eiweißverwendung)

3 Eiweiß
250 g feinkörniger Zucker
1 Päckchen Dr. Oetker Vanillin-Zucker
30 g Kakao (3 gestrichene Eßl.)
250 g Mandeln (abgezogen, gehackt)

Zutatenmengen für 2 Personen:
1 Eiweiß
85 g feinkörniger Zucker
½ Päckchen Dr. Oetker Vanillin-Zucker
10 g Kakao (1 gestrichener Eßl.)
85 g Mandeln (abgezogen, gehackt)

Das Eiweiß zu steifem Schnee schlagen. Er muß so fest sein, daß ein Messerschnitt sichtbar bleibt. Darunter eßlöffelweise den Zucker mit dem Vanillin-Zucker schlagen. Den Kakao auf den Eierschnee sieben, darauf die Mandeln geben, alles vorsichtig unter den Eierschnee heben (nicht rühren!) und den Teig mit 2 Teelöffeln in kleinen Häufchen auf ein gefettetes Backblech setzen.

Gas: ⅓ große Flamme; Regler knapp 1–2.
Strom: 5 Minuten vorheizen O 3 – U 3,
backen O 1 – U 2; Regler 130–150.
Backzeit: 25–30 Minuten.

Dattelmakronen (Eiweißverwendung)

3 Eiweiß
200 g Zucker
1 Päckchen Dr. Oetker Vanillin-Zucker
1 Fläschchen Dr. Oetker Rum-Aroma
150 g Mandeln (abgezogen, gehackt)
150 g entkernte Datteln
(in kleine Stücke geschnitten)
30 g Dr. Oetker Gustin
(3 schwach gehäufte Eßl.)

Das Eiweiß zu steifem Schnee schlagen. Er muß so fest sein, daß ein Messerschnitt sichtbar bleibt. Darunter nach und nach Zucker, Vanillin-Zucker und Aroma schlagen. Die Mandeln und Datteln auf den Eierschnee geben, das Gustin darüber sieben, alles vorsichtig unter den Eierschnee heben (nicht rühren!) und den Teig mit 2 Teelöffeln in kleinen Häufchen auf ein gefettetes Backblech setzen.

Gas: Perlgroße Flamme; Regler 1–1½.
Strom: 5 Minuten vorheizen O 3 – U 3,
backen O 1 – U 2; Regler 100–110.
Backzeit: 50–75 Minuten.

Früchtebrot

Die Eier mit einem Schneebesen schaumig schlagen und nach und nach Zucker und Vanillin-Zucker dazugeben. Danach so lange schlagen, bis eine dicke, kremartige Masse entstanden ist (nach etwa 15 Minuten). Darunter Gewürze, Mandeln, Haselnußkerne, Feigen, Zitronat, Rosinen und das mit Gustin und Backin gemischte und gesiebte Mehl geben. Den Teig in eine gefettete, mit gefettetem Papier ausgelegte Kastenform füllen.

Gas: $^1/_3$ große Flamme; Regler $2^1/_2$–$3^1/_2$.
Strom: O 1 – U 3; Regler 175–195.
Backzeit: 70–90 Minuten.

3 Eier
125 g Zucker
1 Päckchen Dr. Oetker Vanillin-Zucker
$^1/_2$ Fläschchen Dr. Oetker Rum-Aroma
1 Messerspitze gemahlener Zimt
60 g Mandeln (gehackt)
125 g Haselnußkerne (gehackt)
125 g Feigen
(gewaschen, in Würfel geschnitten)
125 g Zitronat (Sukkade)
(in Würfel geschnitten)
250 g Rosinen
(gewaschen, gut abgetropft)
125 g Weizenmehl
50 g Dr. Oetker Gustin
(5 schwach gehäufte Eßl.)
3 g Dr. Oetker Backin
(1 gestrichener Teel.)

Das Selbstgebackene genießen -
dazu eine gute Tasse Kaffee,
eine Tasse Melitta-Kaffee,
zubereitet im Melitta-Schnellfilter.

Probieren Sie ihn selbst! Setzen Sie eine Melitta-Filtertüte in den Filter, geben Sie für jede Tasse einen Löffel mehlfein gemahlenen Kaffee hinein. Gießen Sie dann sprudelnd - kochendes Wasser in die Mitte des Filters; in etwa 3 Minuten haben Sie vollendeten Kaffee, echten Melitta-Kaffee.

Die Herstellung von Gebäcken mit Hefe ist schwieriger und zeitraubender als die mit Backpulver Backin, denn die Hefe ist ein Lebewesen und verlangt deswegen eine besondere Behandlung, damit sie den Teig in gewünschter Weise lockern kann. Während bei Backin-Gebäcken die Temperatur der Zutaten und des Raumes keine Rolle spielt – abgesehen davon, daß keine heißen Zutaten verwendet werden dürfen –, hängt das Gelingen von Hefegebäcken mit von der richtigen Temperatur der Zutaten und des Raumes ab. Eine Temperatur, die um 37° C liegt, ist am günstigsten für die Hefe.

Wie jedes Lebewesen braucht die Hefe, wenn sie arbeiten soll, Nahrung. Diese besteht aus Zucker, Mehl oder Stärke, also Kohlenhydraten, die sie im Teig findet. Sie wandelt sie in Kohlensäure und Alkohol um, die die Lockerung des Teiges bewirken. Am schnellsten kann sie Zucker verarbeiten, während sie Mehl und Stärke vorher abbauen muß. Fett und Salz liegen ihr dagegen »schwer im Magen«, sie hemmen ihre Lebenstätigkeit.

Weiterhin ist wichtig, daß Hefeteige erst dann in den heißen Backofen gesetzt werden, wenn sie bereits genügend aufgegangen sind. Wenn nämlich der Hefeteig in den Backofen kommt, stirbt die Hefe infolge der Hitze ab, und eine weitere Lockerung des Teiges geht nicht mehr vor sich.

Bei der Verwendung von Hefe muß man sich also merken: Hefe niemals mit zu kalten oder zu warmen Zutaten in Berührung bringen!

Wenn Hefe besonders schnell arbeiten soll, rührt man sie nicht nur mit lauwarmer Milch an, sondern setzt noch etwas Zucker zu. Man vermeidet aber auf jeden Fall, daß Hefe unmittelbar mit Fett oder Salz in Berührung kommt.

Hefeteige dürfen nicht sofort nach der Herstellung gebacken werden, sondern müssen vorher genügend aufgegangen sein. Man stellt sie an einen warmen Ort. Dazu sind der Gas- und der Elektroherd besonders geeignet. Zum Aufgehen des Teiges werden bei Gas der Flammenbackofen mit voller Flamme und der Reglerbackofen bei Schalterstellung 8 drei Minuten vorgeheizt. Anschließend dreht man die Flammen aus, setzt den Hefeteig in den Backofen und läßt ihn so lange darin, bis er sich in der Schüssel verdoppelt hat oder der Teig in der Form oder auf dem Blech fast die Höhe des fertigen Gebäcks erreicht hat. Dann geht man auf die unter den Rezepten angegebene Flamme oder auf die Reglerstellung über. Beim Elektroherd verfährt man zum Aufgehen des Teiges folgendermaßen: Der Schalterbackofen wird auf O 1 – U 1 geschaltet (Backofentür mit einem Holzlöffel geöffnet halten!), während der Reglerbackofen auf 30–50 eingestellt wird. Diese Einstellung läßt man so lange, bis der Teig sich in der Schüssel verdoppelt hat oder der Teig in der Form oder auf dem Blech fast die Höhe des fertigen Gebäcks erreicht hat. Dann geht man auf die unter den Rezepten angegebene Schaltung über.

Hefe-Napfkuchen

Hefe und Zucker mit 5 Eßl. von der Milch anrühren. Das Mehl in eine Rührschüssel sieben, in die Mitte eine Vertiefung eindrücken, die aufgelöste Hefe hineingeben und sie etwa 1/2 cm dick mit Mehl bestreuen. Zucker, Gewürze, Eier und lauwarmes Fett an den Rand des Mehls geben (diese Zutaten dürfen mit der Hefe nicht unmittelbar in Berührung kommen!). Sobald das auf die Hefe gestreute Mehl stark rissig wird, von der Mitte aus die Hefe mit dem Mehl und den übrigen Zutaten verrühren und nach und nach so viel von der übrigen Milch hinzugeben, daß der Teig schwer vom Löffel fällt. Den Teig mit dem Rührlöffel so lange schlagen, bis er Blasen wirft. Dann Mandeln, Rosinen und Zitronat darunter heben und den Teig an einem warmen Ort so lange stehenlassen, bis er etwa doppelt so hoch ist; ihn gut durchrühren und in eine gut gefettete, mit Semmelmehl ausgestreute Napfkuchenform füllen. Der Teig muß nochmals so lange an einem warmen Ort stehen, bis er um die Hälfte höher ist, und ihn erst dann in den Backofen schieben.

Gas: 1/3 große Flamme, Regler 2 1/2–3 1/2.
Strom: O 1 – U 3; Regler 175–195
(Form so tief wie möglich stellen).
Backzeit: Etwa 50 Minuten.

30 g Hefe
1 Teel. Zucker
1/5 l (200 ccm) lauwarme Milch
500 g Weizenmehl
150 g Zucker
1 Päckchen Dr. Oetker Vanillin-Zucker
4 Tropfen Dr. Oetker Backöl Zitrone
etwas Salz
2 Eier
125 g Butter, Margarine oder Schweineschmalz (zerlassen)
50 g Mandeln (abgezogen, gehackt)
125–175 g Rosinen (gewaschen, gut abgetropft)
50 g Zitronat (Sukkade) (in Würfel geschnitten)

Obstkuchen auf dem Blech

Zubereitung des Teiges und weitere Verarbeitung siehe Butter- oder Zuckerkuchen (S. 180).
Für den Belag die Äpfel schälen, vom Kerngehäuse befreien und in dicke Scheiben schneiden oder die Pflaumen waschen und entsteinen. Das Obst gleichmäßig auf den Teig legen (Pflaumen stets mit der Innenseite nach oben!). Den Teig nochmals so lange an einem warmen Ort stehenlassen, bis er etwa doppelt so hoch ist, und ihn erst dann in den Backofen schieben.

Gas: 5 Minuten vorheizen große Flamme,
backen 1/2 große Flamme;
Regler 5 Minuten vorheizen 4–5, backen 4–5.
Strom: 10 Minuten vorheizen O 3 – U 3,
backen O 2 – U 3; Regler 200–220.
Backzeit: 20–30 Minuten.

Nach dem Backen den etwas ausgekühlten Kuchen mit Zucker bestreuen.

Teig:
20 g Hefe
1 Teel. Zucker
1/4 l lauwarme Milch
500 g Weizenmehl
75 g Zucker
1 Päckchen Dr. Oetker Vanillin-Zucker
etwas Salz
50 g Butter, Margarine oder Schweineschmalz (zerlassen)
oder
3 Eßl. Öl

Belag:
1–1 1/2 kg Äpfel oder Pflaumen

Zum Bestreuen:
Etwas Zucker

Bienenstich auf dem Blech

Teig:
20 g Hefe
1 Teel. Zucker
¼ l lauwarme Milch
500 g Weizenmehl
75–100 g Zucker
3 Tropfen Dr. Oetker Backöl Bittermandel
etwas Salz
50 g Butter, Margarine oder Schweineschmalz (zerlassen)
oder
3 Eßl. Öl

Belag:
100 g Butter oder Margarine
200 g Zucker
1 Päckchen Dr. Oetker Vanillin-Zucker
2 Eßl. Milch
125–200 g Mandeln (abgezogen, gehackt)
oder
Haselnußkerne (gehackt)

Zubereitung des Teiges und weitere Verarbeitung siehe Butter- oder Zuckerkuchen (S. 180).
Für den Belag Fett, Zucker und Vanillin-Zucker zerlassen, die Milch hinzufügen, die Mandeln (Haselnußkerne) darunter mengen und alles kalt stellen. Die gut abgekühlte Masse (sollte sie zu fest sein, noch etwas Milch hinzugeben) gleichmäßig auf dem Teig verteilen.

Gas: 5 Minuten vorheizen große Flamme,
backen ½ große Flamme;
Regler 5 Minuten vorheizen 4–5, backen 4–5.
Strom: 10 Minuten vorheizen O 3 – U 3,
backen O 2 – U 3; Regler 200–220.
Backzeit: 20–25 Minuten.

Lieber Fliege

Eines Abends im Café fiel eine Fliege in den Sahnekuchen von Thomas Mann. Ein Freund mit nicht ganz sauberen Fingern will die Fliege wegtupfen.
»Halt, halt!«, ruft Thomas Mann, »da ist mir die Fliege doch lieber!«

Streuselkuchen

Teig:
20 g Hefe
1 Teel. Zucker
¼ l lauwarme Milch
500 g Weizenmehl
75–100 g Zucker
3 Tropfen Dr. Oetker Backöl Bittermandel
etwas Salz
50 g Butter, Margarine oder Schweineschmalz (zerlassen)
oder
3 Eßl. Öl
75–100 g Rosinen (gewaschen, gut abgetropft)

Streusel:
300 g Weizenmehl
150 g Zucker
1 Päckchen Dr. Oetker Vanillin-Zucker
1 Messerspitze gemahlener Zimt
150 g Butter oder Margarine

Zubereitung des Teiges (Rosinen mit dem restlichen Mehl unterkneten) und weitere Verarbeitung siehe Butter- oder Zuckerkuchen (S. 180).
Für die Streusel das Mehl in eine Schüssel sieben und mit Zucker, Vanillin-Zucker und Zimt vermischen. Das Fett in kleinen Flöckchen dazugeben und alle Zutaten mit den Händen oder mit 2 Gabeln zu Streuseln vermengen. Diese gleichmäßig auf dem Teig verteilen.

Gas: 5 Minuten vorheizen große Flamme,
backen ½ große Flamme;
Regler 5 Minuten vorheizen 4–5, backen 4–5.
Strom: 10 Minuten vorheizen O 3 – U 3,
backen O 2 – U 3; Regler 200–220.
Backzeit: 15–25 Minuten.

Butter- oder Zuckerkuchen auf dem Blech

Für den Teig Hefe und Zucker mit 5 Eßl. von der Milch anrühren. 2/3 des Mehls in eine Rührschüssel sieben, in die Mitte eine Vertiefung eindrücken, die aufgelöste Hefe hineingeben und sie etwa 1/2 cm dick mit Mehl bestreuen. Zucker, Gewürze und lauwarmes Fett (Öl) an den Rand des Mehls geben (diese Zutaten dürfen mit der Hefe nicht unmittelbar in Berührung kommen!). Sobald das auf die Hefe gestreute Mehl stark rissig wird, von der Mitte aus die Hefe mit dem Mehl und den übrigen Zutaten verrühren und nach und nach die restliche Milch hinzugeben. Den Teig mit dem Rührlöffel so lange schlagen, bis er Blasen wirft. Dann das restliche Mehl darunter kneten. Sollte der Teig kleben, noch etwas Mehl hinzugeben (aber nicht zu viel, Teig muß weich bleiben!). Den Teig an einem warmen Ort so lange stehenlassen, bis er etwa doppelt so hoch ist. Ihn dann gut durchkneten und auf einem gefetteten Backblech ausrollen. Ein mehrfach umgeknifftes, gefettetes Papier vor den Teig legen. **Für den Belag** das Fett in kleinen Flöckchen gleichmäßig auf den Teig setzen oder zerlassen darauf streichen. Zucker, Vanillin-Zucker und Mandeln (Haselnußkerne) mischen und gleichmäßig auf den Teig streuen. Den Teig nochmals so lange an einem warmen Ort stehenlassen, bis er etwa doppelt so hoch ist, und ihn erst dann in den Backofen schieben.

Gas: 5 Minuten vorheizen große Flamme,
backen 1/2 große Flamme;
Regler 5 Minuten vorheizen 4–5, backen 4–5.
Strom: 10 Minuten vorheizen O 3 – U 3,
backen O 2 – U 3; Regler 200–220.
Backzeit: Etwa 15 Minuten.

Teig:
20 g Hefe
1 Teel. Zucker
1/4 l lauwarme Milch
500 g Weizenmehl
75–100 g Zucker
3 Tropfen Dr. Oetker Backöl Bittermandel
etwas Salz
50 g Butter, Margarine oder Schweineschmalz (zerlassen)
oder
3 Eßl. Öl

Belag:
50–125 g Butter oder Margarine
75 g Zucker
1 Päckchen Dr. Oetker Vanillin-Zucker
50 g Mandeln (abgezogen, gehackt)
oder
Haselnußkerne (gehackt)

Gefüllter, aufgeschnittener Kranz

Für den Teig Hefe und Zucker mit 5 Eßl. von der Milch anrühren. 2/3 des Mehls in eine Rührschüssel sieben, in die Mitte eine Vertiefung eindrücken, die aufgelöste Hefe hineingeben und sie etwa 1/2 cm dick mit Mehl bestreuen. Zucker, Gewürze, Ei und lauwarmes Fett (Öl) an den Rand des Mehls geben (diese Zutaten dürfen mit der Hefe nicht unmittelbar in Berührung kommen!). Sobald das auf die Hefe gestreute Mehl stark rissig wird, von

Teig:
20 g Hefe
1 Teel. Zucker
1/5 l (200 ccm) lauwarme Milch
500 g Weizenmehl
100 g Zucker
3 Tropfen Dr. Oetker Backöl Zitrone
etwas Salz

1 Ei
65 g Butter, Margarine oder Schweineschmalz (zerlassen)
oder
4 Eßl. Öl

Zum Bestreichen:
25 g weiche Butter oder Margarine

Füllung:
50 g Zucker (2 gut gehäufte Eßl.)
1 Päckchen Dr. Oetker Vanillin-Zucker
75 g Korinthen (gewaschen, gut abgetropft)
75 g Rosinen (gewaschen, gut abgetropft)
30–50 g Mandeln (abgezogen, gehackt)

Zum Bestreichen:
Etwas Dosenmilch

der Mitte aus die Hefe mit dem Mehl und den übrigen Zutaten verrühren und nach und nach die restliche Milch hinzugeben. Den Teig mit dem Rührlöffel so lange schlagen, bis er Blasen wirft. Dann das restliche Mehl darunter kneten. Sollte der Teig kleben, noch etwas Mehl hinzugeben. Den Teig an einem warmen Ort so lange stehenlassen, bis er etwa doppelt so hoch ist. Ihn gut durchkneten, zu einem Rechteck von etwa 50 × 55 cm ausrollen, mit dem Fett bestreichen und in der Mitte der Länge nach durchschneiden.

Für die Füllung Zucker, Vanillin-Zucker, Korinthen und Rosinen mit den Mandeln mischen. Die Füllung auf jedem Teigstück so verteilen, daß an der durchgeschnittenen Seite je 2 cm Teig frei bleiben. Jede Teighälfte von der längeren Seite her von außen nach innen aufrollen. Die beiden Rollen umeinanderschlingen, als Kranz auf ein gefettetes Backblech legen, mit Milch bestreichen und die aufliegenden Rollen etwa 1 cm tief einschneiden. Den Kranz nochmals so lange an einem warmen Ort stehenlassen, bis er etwa um die Hälfte höher ist, und ihn erst dann in den Backofen schieben.

Gas: 5 Minuten vorheizen große Flamme,
backen ½ große Flamme;
Regler 5 Minuten vorheizen 3–4, backen 3–4.
Strom: 10 Minuten vorheizen O 3 – U 3,
backen O 2 – U 3; Regler 175–195.
Backzeit: 20–30 Minuten.

Kuchenkinder

Als Kaiser Franz Joseph nach Prag kam, wurden auch die Bürgermeister einiger Städte zum Diner eingeladen.

Der Kaiser aß wie üblich sehr schnell.

Fürst Thun sagte darum den Bürgermeistern, wenn sie ihren Kindern etwas von den Kuchen des Nachtisches mitbringen wollten, müßten sie schnell zugreifen.

Er selber steckte dem Bürgermeister von Dejwitz zwei Kuchen zu, die mit zwei anderen selbstgegriffenen in den Taschen des bürgermeisterlichen Fracks verschwanden.

Als der Kaiser Cercle hält, fragt er den Bürgermeister von Dejwitz, wie viele Kinder er habe. Der Bürgermeister, schwerhörig und befangen, bezieht die Frage auf die Kuchen und erwidert:

»Vier, Majestät, aber zwei sind vom Fürsten Thun.«

Prinzregententorte (Rezept S. 32)

Gedeckter Kuchen (Apfelfüllung) [Rezept S. 60]

DIABETIKER-GEBÄCK

Leckeres Backwerk für Diabetiker ist nicht nur eine köstliche Überraschung auf seinem Speisezettel, sondern es trägt gleichzeitig dazu bei, die Forderung namhafter Diabetologen zu erfüllen, daß die Kost des Diabetikers genau so abwechslungsreich sein soll wie eine Normalkost. Da die Zahl der Zuckerkranken ständig zunimmt – man schätzt sie zur Zeit in der Bundesrepublik auf 1 Million –, wird eine große Zahl der Hausfrauen vor die Notwendigkeit gestellt, auch Diabetiker-Kost zuzubereiten. Viele glauben zwar, Zuckerkranke müßten auf Süßspeisen verzichten – ein Verzicht, der besonders auch für Kinder sehr schmerzlich wäre. Erfreulicherweise steht aber für süße Speisen und insbesondere auch für leckeres Backwerk als idealer Zuckeraustauschstoff der Diabetiker-Zucker SIONON »zuckersüß« zur Verfügung. SIONON »zuckersüß« ist kein Kohlenhydrat, braucht nicht auf die BE angerechnet zu werden und wird vom Organismus insulin-unabhängig verwertet. SIONON »zuckersüß« ist back- und kochbeständig, kann wie normaler Haushaltszucker in der Küche verarbeitet werden und ergibt eine reine, zuckergleiche Süße. SIONON »zuckersüß« hat nahezu den gleichen Nährwert wie Zucker (390 Kalorien) und ist somit ein wertvoller Kalorienspender.
Wenn auch SIONON »zuckersüß« auf die tägliche BE-Menge nicht angerechnet zu werden braucht, so muß selbstverständlich das Backwerk selbst angerechnet werden. Daher sind bei den folgenden Rezepten auch die Gesamt-BE, Fett-, Eiweiß- und Kaloriengehalt angegeben.

Apfeltaschen (Abb. S. 186)

Für die Füllung die Äpfel schälen, vom Kerngehäuse befreien, in feine Scheiben schneiden und wiegen. Die Apfelscheiben mit dem Sionon bei schwacher Hitze unter Rühren leicht dünsten und kalt stellen.
Für den Teig den Quark mit Milch, Öl, Sionon und Salz verrühren. Danach gut die Hälfte des mit Backin gemischten und gesiebten Mehls eßlöffelweise dazugeben. Den Rest des Mehls darunter kneten. Den Teig dünn ausrollen und 4 runde Platten (Durchmesser etwa 10 cm) ausstechen. Die eine Hälfte jeder Teigplatte mit etwas Apfelfüllung belegen und die andere Teighälfte darüber klappen. Die Taschen an den Rändern mit einem Backölfläschchen gut andrücken, auf ein gefettetes Backblech legen und mit Milch bestreichen.

Gas: 1/2 große Flamme; Regler 3–4.
Strom: 10 Minuten vorheizen O 3 – U 3, backen O 2 – U 3; Regler 175–195.

Backzeit: Etwa 15 Minuten.
Ergebnis: 4 Apfeltaschen.
Gesamtkalorienwert: 508.
Kohlenhydrate: 51,62 g.
BE: 4 1/3.
1 Apfeltasche = 1 BE.

Füllung:
Etwa 100 g Äpfel (vorbereitet gewogen)
10 g Sionon »zuckersüß«
Teig:
25 g Quark (Topfen) (gut ausgepreßt)
1 Eßl. Milch
1 Eßl. Öl
15 g Sionon »zuckersüß«
etwas Salz
50 g Weizenmehl
3 g Dr. Oetker Backin (1 gestrichener Teel.)
Zum Bestreichen:
Etwas Milch

Nußröllchen

Füllung:
50 g Haselnußkerne (gemahlen)
25 g Sionon »zuckersüß«
1 Tropfen Dr. Oetker Backöl Bittermandel
etwas abgeriebene gelbe Apfelsinenschale
etwa 1 Eßl. Apfelsinensaft

Teig:
40 g Quark (Topfen) (gut ausgepreßt)
2 Eßl. Milch
1 Eßl. Öl
20 g Sionon »zuckersüß«
etwas Salz
80 g Weizenmehl
4 1/2 g Dr. Oetker Backin (1 1/2 gestrichene Teel.)

Zum Bestreichen:
Etwas Milch

Für die Füllung die Haselnußkerne, das Sionon, das Backöl und die Apfelsinenschale mit dem Apfelsinensaft verrühren, so daß eine geschmeidige Masse entsteht.

Für den Teig den Quark mit Milch, Öl, Sionon und Salz verrühren. Danach gut die Hälfte des mit Backin gemischten und gesiebten Mehls eßlöffelweise dazugeben. Den Rest des Mehls darunter kneten. Den Teig dünn ausrollen und 6 Rechtecke von 7×14 cm ausrädern. Die eine kürzere Seite mit etwas von der Füllung belegen und von dieser Seite her die Teigplatten aufrollen. Die Nußröllchen auf ein gefettetes Backblech legen und mit Milch bestreichen.

Gas: 5 Minuten vorheizen große Flamme,
backen 1/2 große Flamme; Regler 5 Minuten vorheizen 3–4, backen 3–4.

Strom: 10 Minuten vorheizen O 3 – U 3, backen O 2 – U 2; Regler 175–195.

Backzeit: Etwa 15 Minuten.

Ergebnis: 6 Nußröllchen.
Gesamtkalorienwert: 999.
Kohlenhydrate: 65,12 g.
BE: 5 2/5.
1 Nußröllchen = 1 BE.

Kokosberge

65 g Butter
50 g Sionon »zuckersüß«
1 Ei
65 g Weizenmehl
30 g Dr. Oetker Gustin
3 g Dr. Oetker Backin (1 gestrichener Teel.)
50 g Kokosraspeln

Die Butter schaumig rühren und nach und nach das Sionon und das Ei hinzugeben. Das mit Gustin und Backin gemischte und gesiebte Mehl eßlöffelweise unterrühren. Die Kokosraspeln zuletzt unter den Teig heben und mit 2 Teelöffeln kleine Häufchen auf ein gefettetes Backblech setzen.

Gas: 5 Minuten vorheizen große Flamme,
backen 1/2 große Flamme; Regler 5 Minuten vorheizen 3–4, backen 3–4.

Strom: 10 Minuten vorheizen O 3 – U 3, backen O 2 – U 3; Regler 175–195.

Backzeit: Etwa 10 Minuten.
Gesamtkalorienwert: 1464.
Kohlenhydrate: 80,3 g.
BE: 6 2/3.

Apfeltaschen (Rezept S. 184)
Biskuitrolle (Rezept nebenstehend)

Biskuitrolle (Abb. nebenstehend)

Teig:
2 Eigelb
2 Eßl. warmes Wasser
50 g Sionon »zuckersüß«
2 Eiweiß
50 g Weizenmehl
25 g Dr. Oetker Gustin
3 g Dr. Oetker Backin
(1 gestrichener Teel.)

Füllung:
8 g Dr. Oetker Soßen-Pulver
Vanille-Geschmack (1/2 Päckchen)
20 g Sionon »zuckersüß«
1 Ei
50 ccm Wasser
50 ccm Milch
1/2 Fläschchen Dr. Oetker Rum-Aroma
30 g Butter oder Margarine

Zum Bestreuen:
10 g Spaltmandeln

Für den Teig Eigelb und Wasser mit einem Schneebesen schaumig schlagen und dann das Sionon hinzugeben. Danach so lange schlagen, bis eine kremartige Masse entstanden ist. Das Eiweiß zu steifem Schnee schlagen. Er muß so fest sein, daß ein Messerschnitt sichtbar bleibt. Den Schnee auf den Eigelbkrem geben, darüber das mit Gustin und Backin gemischte Mehl sieben. Alles vorsichtig unter den Eigelbkrem ziehen (nicht rühren!) und den Teig auf ein mit Pergamentpapier belegtes Backblech geben. Er reicht für gut 1/3 eines Bleches von 32×46 cm. Damit der Teig an der offenen Seite nicht auslaufen kann, das Papier unmittelbar vor dem Teig zur Falte kniffen, so daß ein Rand entsteht. Den Teig sofort backen.

Gas: 5 Minuten vorheizen große Flamme,
backen 1/2 große Flamme; Regler 5 Minuten vorheizen 3 1/2–4 1/2, backen 3 1/2–4 1/2.

Strom: 10 Minuten vorheizen O 3 – U 3, backen O 3 – U 3; Regler 200–220.

Backzeit: Etwa 8 Minuten.
Sogleich nach dem Backen den Biskuit auf ein Papier stürzen, das Backpapier mit kaltem Wasser bestreichen und vorsichtig, aber schnell abziehen. Dann den Biskuit von der längeren Seite her mit der Papierunterlage aufrollen und ihn erkalten lassen.

Für die Füllung Soßen-Pulver, Sionon und Ei in einem kleinen Kochtopf anrühren, langsam Wasser und Milch hinzugeben, unter Rühren erhitzen und einmal kurz aufkochen. Aroma und Fett hinzufügen und den Krem kalt stellen. Damit sich keine Haut bildet, ihn während des Erkaltens häufig umrühren.
Die erkaltete Rolle vorsichtig auseinanderwickeln, sie mit 2/3 der Füllung bestreichen und fest aufrollen. Mit der übrigen Füllung die Rolle von außen bestreichen und sie mit gebräunten Spaltmandeln verzieren.

Ergebnis: 1 Biskuitrolle = 15 Stück.
Gesamtkalorienwert: 1147.
Kohlenhydrate: 70,0 g.
BE: 5 4/5.
1 Stück Biskuitrolle = 2/5 BE.

Marmorplätzchen (Rezept nebenstehend)
Mandelkuchen (Rezept nebenstehend)

Marmorplätzchen (Abb. nebenstehend)

125 g Weizenmehl
1 ½ g Dr. Oetker Backin
(½ gestrichener Teel.)
60 g Sionon »zuckersüß«
etwas Salz
2 Teel. Wasser
75 g Butter
1 gestrichener Eßl. Kakao

Mehl und Backin mischen und auf ein Backbrett sieben. In die Mitte eine Vertiefung eindrücken, Sionon, Salz und Wasser hineingeben und mit einem Teil des Mehls zu einem dicken Brei verarbeiten. Darauf die in Stücke geschnittene Butter geben, sie mit Mehl bedecken und von der Mitte aus alle Zutaten schnell zu einem glatten Teig verkneten.

Unter ⅓ des Teiges den gesiebten Kakao kneten und diesen dunklen Teig mit dem hellen verkneten (nicht zu sehr verkneten, da sonst der ganze Teig dunkel wird!). Aus dem marmorierten Teig eine etwa 3 cm dicke Rolle formen und diese so lange kalt stellen, bis sie hart geworden ist. Die Rolle mit einem scharfen Messer in knapp ½ cm dicke Scheiben schneiden und diese auf ein gefettetes Backblech legen.

Gas: 5 Minuten vorheizen große Flamme,
backen ½ große Flamme; Regler 5 Minuten vorheizen 3–4, backen 3–4.

Strom: 10 Minuten vorheizen O 3 – U 3, backen O 3 – U 3; Regler 175–195.

Backzeit: 10–15 Minuten.
Gesamtkalorienwert: 1271,28.
Kohlenhydrate: 93,57 g.
BE: 7⅘.

Mandelkuchen (Abb. nebenstehend)

80 g Butter
80 g Sionon »zuckersüß«
2 Eier
1 Tropfen Dr. Oetker Backöl Bittermandel
2 Tropfen Dr. Oetker Backöl Zitrone
etwas Salz
100 g Weizenmehl
30 g Dr. Oetker Gustin
3 g Dr. Oetker Backin
(1 gestrichener Teel.)
65 g Mandeln (abgezogen, gemahlen)

Die Butter schaumig rühren und nach und nach das Sionon, die Eier und die Gewürze hinzugeben. Das mit Gustin und Backin gemischte und gesiebte Mehl eßlöffelweise unterrühren. Die Mandeln zuletzt unter den Teig heben und ihn in eine gefettete, mit Papier ausgelegte kleine Kastenform füllen.

Gas: ⅓ große Flamme; Regler 2½–3½.

Strom: O 1 – U 3; Regler 175–195.

Backzeit: Etwa 60 Minuten.

Ergebnis: 1 Mandelkuchen = 16 Stück.
Gesamtkalorienwert: 1963.
Kohlenhydrate: 108,2 g.
BE: 9.
1 Stück Mandelkuchen = ⅗ BE.

Kaffeegebäck

Den Quark mit Milch, Öl, Sionon und Salz verrühren. Danach gut die Hälfte des mit Backin gemischten und gesiebten Mehls eßlöffelweise dazugeben. Den Rest des Mehls darunter kneten. Den Teig gut 1/2 cm dick ausrollen und 4 Quadrate daraus rädern. Diese in der Mitte mit etwas Konfitüre belegen, zu beliebigen Formen (Dreiecken, Taschen usw.) zusammenschlagen und auf ein gefettetes Backblech legen.

Gas: 5 Minuten vorheizen große Flamme, backen 1/2 große Flamme; Regler 5 Minuten vorheizen 3–4, backen 3–4.

Strom: 10 Minuten vorheizen O 3–U 3, backen O 2–U 2; Regler 175–195.

Backzeit: Etwa 15 Minuten.

Ergebnis: 4 Stück Kaffeegebäck.

Gesamtkalorienwert: 474.

Kohlenhydrate: 47,32 g.

BE: 4.

1 Stück Kaffeegebäck = 1 BE.

Teig:

25 g Quark (Topfen) (gut ausgepreßt)

1 Eßl. Milch

1 Eßl. Öl

15 g Sionon »zuckersüß«

etwas Salz

50 g Weizenmehl

3 g Dr. Oetker Backin (1 gestrichener Teel.)

Füllung:

25–30 g Diabetiker-Konfitüre Kirschen

Nußbrot

Für die Füllung die Haselnußkerne, das Sionon und das Backöl mit so viel Wasser verrühren, daß eine geschmeidige Masse entsteht.

Für den Teig den Quark mit Milch, Öl, Sionon und Salz verrühren. Danach gut die Hälfte des mit Backin gemischten und gesiebten Mehls eßlöffelweise dazugeben. Den Rest des Mehls darunter kneten. Den Teig zu einem Rechteck von etwa 19×40 cm ausrollen (die kurze Rechteckseite muß der Länge der Kastenform entsprechen) und mit der Füllung bestreichen. Den Teig von der kürzeren Seite her aufrollen, in die gefettete Form legen und in der Mitte in Längsrichtung etwa 1 cm tief einschneiden.

Gas: 1/3 große Flamme; Regler 2 1/2–3 1/2.

Strom: O 1–U 3; Regler 175–195.

Backzeit: Etwa 50 Minuten.

Ergebnis: 1 Nußbrot = 12 Stück.

Gesamtkalorienwert: 1508.

Kohlenhydrate: 82,05 g.

BE: 6 4/5.

1 Stück Nußbrot = 1/2 BE.

Füllung:

75 g Haselnußkerne (gemahlen)

50 g Sionon »zuckersüß«

2 Tropfen Dr. Oetker Backöl Bittermandel

1–2 Eßl. Wasser

Teig:

50 g Quark (Topfen) (gut ausgepreßt)

2 Eßl. Milch

2 Eßl. Öl

25 g Sionon »zuckersüß«

etwas Salz

100 g Weizenmehl

6 g Dr. Oetker Backin (2 gestrichene Teel.)

Sandkuchen

75 g Butter
65 g Sionon »zuckersüß«
2 Eier
2 Tropfen Dr. Oetker Backöl Zitrone
100 g Weizenmehl
25 g Dr. Oetker Gustin
3 g Dr. Oetker Backin
(1 gestrichener Teel.)

Die Butter schaumig rühren und nach und nach das Sionon, die Eier und das Backöl hinzugeben. Dann das mit Gustin und Backin gemischte und gesiebte Mehl eßlöffelweise unterrühren und den Teig in eine gefettete, mit Papier ausgelegte kleine Kastenform füllen.

Gas: 1/3 große Flamme; Regler 1 1/2–3.

Strom: O 1–U 3, nach 15 Minuten umschalten auf O 1–U 2; Regler 165–185.

Backzeit: Etwa 55 Minuten.

Ergebnis: 1 Sandkuchen = 16 Stück.
Gesamtkalorienwert: 1436.
Kohlenhydrate: 95,3 g.
BE: 8.
1 Stück Sandkuchen = 1/2 BE.

Schichttorte (als Kleingebäck)

Teig:
125 g weiche Butter
125 g Sionon »zuckersüß«
1 Ei
2 Eigelb
1 Eßl. Rum
75 g Weizenmehl
50 g Dr. Oetker Gustin
4 g Dr. Oetker Backin
(1 schwach gehäufter Teel.)
2 Eiweiß
Zum Bestreuen:
Etwas Sionon »zuckersüß«

Die Butter schaumig rühren und nach und nach Sionon, Ei, Eigelb und Rum hinzugeben. Das mit Gustin und Backin gemischte und gesiebte Mehl eßlöffelweise unterrühren und zum Schluß das zu steifem Schnee geschlagene Eiweiß vorsichtig unter den Teig ziehen. Gut 1 Eßl. des Teiges in eine mit Papier ausgelegte Springform (Durchmesser etwa 20 cm) streichen und diese Schicht hellbraun backen.

Gas: 1/2 große Flamme; Regler 3–4.

Strom: 10 Minuten vorheizen O 3–U 3, 1. und 2. Schicht backen O 2–U 3, die anderen Schichten O 2–U 1; Regler 175–195.

Backzeit: Etwa 10 Minuten.
Danach als zweite Schicht wieder gut 1 Eßl. des Teiges auf die gebackene Schicht streichen. Bei der zweiten und den folgenden Schichten beträgt die Backzeit je 8–10 Minuten. Nach der zweiten Schicht die Unterhitze abschalten oder ein Backblech und eine Schüssel mit Wasser unter die Form schieben.
Den gut ausgekühlten Kuchen mit etwas Sionon bestreuen und ihn zuerst in 1 cm breite Streifen und diese dann in Stückchen schneiden.
Gesamtkalorienwert: 2132.
Kohlenhydrate: 99,91 g.
BE: 8 1/3.

Nußsahneschnitten

Teig:
2 Eigelb
2 Eßl. warmes Wasser
60 g Sionon »zuckersüß«
2 Eiweiß
25 g Weizenmehl
25 g Dr. Oetker Gustin
1 Messerspitze Dr. Oetker Backin
35 g Haselnußkerne (gemahlen)
Füllung:
2 g Dr. Oetker Regina-Gelatine gemahlen, weiß (1 gestr. Teel.)
1 Eßl. kaltes Wasser
125 ccm süße Sahne
15 g Sionon »zuckersüß«
Zum Verzieren:
30 halbe Haselnußkerne (15 g)

Für den Teig Eigelb und Wasser mit einem Schneebesen schaumig schlagen und nach und nach das Sionon dazugeben. Danach so lange schlagen, bis eine kremartige Masse entstanden ist. Das Eiweiß zu steifem Schnee schlagen; er muß so fest sein, daß ein Messerschnitt sichtbar bleibt. Den Schnee auf den Eigelbkrem geben, darüber das mit Gustin und Backin gemischte Mehl sieben und die Haselnußkerne dazugeben. Alles vorsichtig unter den Eigelbkrem ziehen (nicht rühren!) und den Teig auf ein mit Papier belegtes Backblech (Teig reicht für die Hälfte eines Backblechs von 32× 46 cm) streichen. Damit der Teig an der offenen Seite nicht auslaufen kann, das Papier unmittelbar vor dem Teig zur Falte kniffen, so daß ein Rand entsteht. Den Teig sofort backen.

Gas: 5 Minuten vorheizen große Flamme,
backen 1/2 große Flamme; Regler 5 Minuten vorheizen 3 1/2–4 1/2, backen 3 1/2–4 1/2.

Strom: 10 Minuten vorheizen O 3 – U 3, backen O 3 – U 3; Regler 200–220.

Backzeit: Etwa 8 Minuten.

Sogleich nach dem Backen den Biskuit auf ein Papier stürzen, das Backpapier mit kaltem Wasser bestreichen und vorsichtig, aber schnell abziehen. Den Biskuit in 12 gleiche rechteckige Stücke schneiden.

Für die Füllung die Gelatine mit dem Wasser anrühren, 10 Minuten zum Quellen stehenlassen, dann unter Rühren vorsichtig erwärmen, bis sich alles gelöst hat, und kalt stellen. Die lauwarme Gelatinelösung zu der fast steifgeschlagenen Sahne geben. Diese vollkommen steif schlagen und das Sionon darunter heben. 6 Biskuitstücke mit Sahne bestreichen (2 Eßl. davon zurücklassen), die übrigen Stücke darauf legen und sie mit der restlichen Sahne bestreichen.
Die Schnitten mit den Nüssen verzieren.

Ergebnis: 6 Schnitten.
Gesamtkalorienwert: 1371.
Kohlenhydrate: 47,8 g.
BE: 4.
1 Schnitte = 2/3 BE.

INHALTSVERZEICHNIS

Gebäck für Diabetiker

DR. OETKER

Schul koch buch

FÜR DEN ELEKTROHERD

Inhaltlich unveränderter Nachdruck · Inhaltlich unveränderter Nachdruck
Original-ausgabe von 1960

BEARBEITET VON DER VERSUCHSKÜCHE

DER FIRMA DR. AUGUST OETKER BIELEFELD

CERES-VERLAG RUDOLF-AUGUST OETKER KG BIELEFELD

SKB

Druck: GGP Media, Pößneck

Das Dr. Oetker Schulkochbuch liegt hiermit in völlig neuer Bearbeitung vor. Es unterscheidet sich von den bisherigen durch die bedeutend übersichtlichere Anordnung der einzelnen Kapitel, durch Trennung der Zutaten- und Textspalten und durch Erweiterung und Neugestaltung der Farbseiten. Das Arbeiten nach diesem Buch wird durch diese Verbesserungen noch leichter und bequemer, und es hat darüber hinaus sehr an Anschaulichkeit gewonnen. Die allgemeinen Abhandlungen über Küchentechnik und Küchenführung sowie der grundlegende Beitrag über die Ernährung des Menschen wurden ebenfalls vollkommen neu erarbeitet und auf den heutigen Stand gebracht.

Auch im neuen Gewand wird das Dr. Oetker Schulkochbuch allen denen ein Leitfaden sein, deren Aufgabe und Wunsch die abwechslungsreiche Gestaltung des täglichen Speisezettels ist. Hierzu gehören die erfahrenen Hausfrauen ebenso wie das junge Mädchen von heute – die Hausfrau von morgen –, insbesondere die Haushaltsschülerin und nicht zuletzt aber auch die „Herren der Schöpfung", für die sich das Dr. Oetker Schulkochbuch in der Küche des Strohwitwers wie des Junggesellen stets als Retter in der Not erwiesen hat, die es aber auch als zuverlässige Anleitung schätzen, wenn sie sich das Kochen als Steckenpferd erkoren haben. So ist dieses neu gestaltete Buch ein Standardwerk für alle, die es sich angelegen sein lassen, jede Mahlzeit zu einem stets mit Freude erwarteten Ereignis zu machen.

DR. AUGUST OETKER BIELEFELD

INHALTSÜBERSICHT

ALLGEMEINES

REZEPTE

GRILLGERICHTE

EINTOPFGERICHTE

GEMÜSE

KARTOFFELGERICHTE

SALATE

OBSTSPEISEN

EIERSPEISEN

MILCH- UND QUARKSPEISEN

GERICHTE AUS GETREIDE-ERZEUGNISSEN

GETRÄNKE

SÜSSSPEISEN

INHALTSVERZEICHNIS

VERZEICHNIS DER FARBTAFELN

KLEINE ERNÄHRUNGSLEHRE

DER HUNGER UND DIE NAHRUNG

Mit dem ersten Schrei fängt das Leben an, und mit seinem Schreien macht sich der Säugling am unmißverständlichsten seiner Umgebung bemerkbar – mit seinem Schreien aus Hunger, mit seinem Schreien nach Nahrung. Im Laufe der Jahre ändern sich zwar die Ausdrucksformen des Hungers. Bis zum Ende des Lebens bleibt er indessen unser ständiger Begleiter. Der Hunger spornt an und macht erfinderisch. Der Pflug und die Milchkuh und der Kühlschrank verdanken ihm ihre Entstehung. Der Hunger zerstört aber auch Leib und Seele. Er löst die Bindungen der Gemeinschaft und Freundschaft und macht den einen zum Feind des anderen. Not lehrt nicht nur beten, sondern auch fluchen.

Auf vielerlei Weise haben es die Menschen verstanden, mit dem Hunger fertig zu werden. Unsere Vorväter sammelten und jagten alles irgendwie Eßbare, dessen sie habhaft werden konnten. Später, nachdem sie entdeckt hatten, daß aus dem Samenkorn eine neue Pflanze entstehen kann, ernährten sie sich „von den Früchten des Feldes", und heute kommt unsere Nahrung aus allen Teilen der Welt. Im hohen Norden sind Fische und Robben die Hauptnahrung, in Asien ist es der Reis oder die Milch, in Südamerika das Fleisch der Rinder. Unübersehbar ist die Fülle der Dinge, mit denen der Mensch seinen Hunger stillen und satt werden kann. An kein bestimmtes Nahrungsmittel ist er gebunden, um sich erhalten und fortpflanzen, um tätig sein und sich freuen zu können. Diese Freiheit der Wahl bleibt erstaunlich, so altbekannt und selbstverständlich sie scheinen mag. Der Mensch verdankt sie seiner Fähigkeit, die Nahrungsmittel in ihre Bestandteile zu zerlegen, das Brauchbare zu behalten und den eigenen Bedürfnissen anzugleichen und das Unbrauchbare wieder abzugeben – er verdankt sie seiner Fähigkeit zu verdauen. Die Bestandteile, aus denen die unübersehbare Zahl der möglichen Nahrungsmittel sich aufbaut – wir nennen sie die Nährstoffe –, sind immer wieder dieselben. Die Zahl der Nährstoffe ist verhältnismäßig klein, die Zahl der Nahrungsmittel unbegrenzt.

Jeder Nährstoff hat seine besonderen Aufgaben, in deren Erfüllung er durch andere Nährstoffe gar nicht oder nur begrenzt ersetzbar ist. Wachstum und Lebenserhaltung, Leistung und Lebensfreude kann die tägliche Nahrung aber nur dann sichern, wenn sie den Bedarf an allen notwendigen Nährstoffen deckt. Entscheidend ist deshalb die Beantwortung der Frage, wieviel von jedem Nährstoff der Mensch braucht, um gesund, leistungsfähig und lebensfroh zu sein, und die Beantwortung der zweiten Frage, welche Nahrungsmittel diesen Bedarf am besten und leichtesten befriedigen.

DIE NÄHRSTOFFE

Allgemeines von den Nährstoffen

Leben bedeutet Kräfte regen, Energien umsetzen, Energien verbrauchen. Mit Hilfe des eingeatmeten Sauerstoffs verbrennt der menschliche Körper Stoffe und gewinnt dadurch die notwendigen Energien für Lebenserhaltung, Wachstum und Leistung. Wo die Energiereserven erschöpft und die Energiezufuhr von außen abgeschnitten ist, verlischt die Flamme des Lebens.

Ein Maß für den Energiewert oder Brennwert eines Stoffes ist die Kalorie. 1 Kalorie (Kal) entspricht der Wärmemenge, die die Temperatur von 1 l Wasser um 1° C (von 14,5 auf 15,5°) erhöht oder der mechanischen Arbeit, die nötig ist, um 427 kg 1 m hoch zu heben (1 Kalorie = 427 kgm). Kalorienträger sind sowohl Holz und Kohle wie Brot und Fleisch. In Kalorien wird der Brennwert von Holz, Kohle, Benzin, Öl, Brot und Fleisch gemessen. Der Unterschied zwischen Holz und Kohle auf der einen, Brot und Fleisch auf der anderen Seite besteht nur darin, daß der menschliche Körper diese für seine Zwecke benutzen, umwandeln, abbauen und verbrennen kann, jene aber nicht. Anders als bei der Holz- und Kohleverbrennung lassen sich die Verbrennungen im menschlichen Organismus nicht ohne weiteres erkennen, weil dabei keine Flammen und keine hohen Temperaturen entstehen. Eine Vorstellung vom Brennwert (Kaloriengehalt) einiger gebräuchlicher Nahrungsmittel gibt die Tabelle 1 (S. 12).

Den Hunger stillen heißt: genug Kalorien zuführen. Zwar ist es mit den Kalorien allein nicht getan, und die Form, in der die Kalorien zugeführt werden, ist keineswegs gleichgültig. In jedem Falle bleibt jedoch eine ausreichende Kalorienzufuhr die notwendige Voraussetzung für die Überwindung des Hungers. Was aber ist ausreichend?

Der Kalorienbedarf steigt mit dem Energieverbrauch des Körpers, d. h. mit der geleisteten Arbeit. Unter Arbeit in diesem Sinne verstehen wir jede Muskeltätigkeit, angefangen von den Alltagsverrichtungen des Zähneputzens, Essens, Autofahrens und Schreibtischsitzens bis zur körperlichen Berufsarbeit und zum Leistungssport. Der Tagesbedarf liegt beim nicht körperlich arbeitenden Menschen, z. B. beim Buchhalter oder Verwaltungsbeamten, um 2400 Kalorien, beim Schwerarbeiter in der Industrie um 4000, beim Leistungsathleten um 5000 Kalorien je 24 Stunden.

„Arbeit" ist aber nicht nur die Muskeltätigkeit, sondern auch die Wärmebildung, die in kalter Umgebung nötig ist, um die Körpertemperatur gleichmäßig bei 37° C zu halten. „Arbeit" ist die Tätigkeit von Herz, Lungen, Leber und anderen inneren Organen.

Energie setzt auch der Nichtstuer um, der ruhig in behaglicher Wärme in seinem Bett liegt: tätig bleiben bei aller äußeren Untätigkeit ja immer noch seine inneren Organe, und auch die untätige Muskulatur muß ernährt werden. Den Energieumsatz, der durch diese Lebensvorgänge bewirkt wird, nennt die Physiologie den Grundumsatz (Ruhe-Nüchtern-Wach-Umsatz). Er steigt mit zunehmender Größe und zunehmendem Gewicht des Menschen und ist (gerechnet auf 1 kg Körpergewicht) beim Mann größer als bei der Frau, beim Kind größer als beim Erwachsenen. Um einige Zahlen zu nennen: Der Grundumsatz des 40jährigen Mannes (170 cm, 70 kg) liegt bei 1615, der Grundumsatz der gleich alten, gleich großen und gleich schweren Frau bei 1460,

BIENEN
HONIG

Nährstoffgehalt von Nahrungsmitteln. Der genießbare Teil von 100 g eingekauftem Nahrungsmittel enthält: **Tabelle 1**

	Eiweiß	Fett	Kohlen-hydrate	Kochsalz	Calcium	Axero-phthol	Thiamin	Ascorbin-säure	Kalorien	Wasser
	g	g	g	g	mg	i.E.	mg	mg		
Rindfleisch, mager	22	6	—	0,2	11	—	0,10	O	146	60
Heringsfilet	18	18	—	1,0	12	1300	0,05	—	241	73
Hühnerei	12	11	1	0,2	54	1140	0,10	+	156	74
Vollmilch	3,3	3	5	0,2	112	100–160	0,05	1,0	62	87
Magermilch	4	—	5	0,2	123	+	0,05	1,0	37	87
Butter, Sommer	1	80	1	1,0	20	3300	+	—	752	16
Hartkäse, 20% Fett i. T.	36	10	3	2,0	1200	180	+	1,0	255	34
Roggenvollkornbrot	7	1	48	0,6	35	—	0,15	—	235	37
Graubrot (Mischbrot)	7	1	52	0,2–0,6	72	—	0,15	—	251	37
Brötchen	7	1	50	0,2–0,7	15	—	0,05	—	245	36
Haferflocken	14	7	67	0,1	90	—	0,60	—	395	10
Nudeln	10	1	76	0,1–1,0	22	—	0,10	—	360	9
Kartoffeln m. Schalen	2	—	16	0,1	11	20	0,10	15,0	75	78
Reis, poliert	7	1	79	—	24	—	0,05	—	360	12
Linsen	25	1	60	0,1	59	570	0,55	5,0	360	10
Grünkohl	2	—	5	0,1	225	7540	0,10	115,0	29	92
Möhren	1	—	7	0,1	39	12000	0,05	4,0	33	89
Spinat	2	—	1	0,2	81	9420	0,10	59,0	12	92
Tomaten	1	—	3	0,1	11	1100	0,05	23,0	16	94
Äpfel	0,4	—	13	—	6	90	0,05	5,0	57	84
Apfelsinen	0,6	—	9	—	33	190	0,10	49,0	42	87
Bananen	1,0	—	20	—	8	430	0,05	10,0	86	74
Johannisbeeren, rote	1,3	—	7	—	36	120	0,05	36,0	41	84

\+ = Nährstoff ist nur in Spuren enthalten
O = es liegen keine genauen Analysen vor
— = Nährstoff ist in dem Nahrungsmittel nicht enthalten
i.E. = internationale Einheiten

(n. Wirths)

der Grundumsatz des 40jährigen Mannes mit 90 kg Gewicht (170 cm) bei 1890 Kalorien je 24 Stunden. Bei unterernährten Menschen sinkt der Grundumsatz, bei eiweißreich ernährten steigt er über das Durchschnittsniveau an. Als Nahrungsmittel kann nun der menschliche Körper nur solche Natur- (oder Kunst-)produkte verwerten, die ihm Kalorien in Gestalt von Eiweiß, Fetten oder Kohlenhydraten anbieten. Anders ausgedrückt: Eiweiß, Fette und Kohlenhydrate sind die Kalorienträger der Nahrung. Dabei liefern 1 g Eiweiß oder 1 g Kohlenhydrate bei ihrer Verbrennung im Körper je 4,1 Kalorien; 1 g Fett liefert 9,3 Kalorien.

Diese Nährstoffe liefern aber nicht nur Kalorien überhaupt; sie liefern die Kalorien in bestimmten Formen, die es ihnen ermöglichen, neben der Energielieferung noch andere, ganz spezielle Aufgaben zu erfüllen. Spezielle Aufgaben werden außerdem noch von Nährstoffen erfüllt, die keinen Brennwert besitzen: vom Wasser, von den Vitaminen, von den Duft- und Schmeckstoffen, von den anorganischen (mineralischen) Nahrungsbestandteilen. Diese Nährstoffe ohne Energiewert sind darum nicht weniger lebensnotwendig als die Energieträger.

Außer den lebensnotwendigen Nährstoffen enthält die Nahrung andere, bei denen die Frage der Lebensnotwendigkeit noch offen steht. Dazu gehören viele Duft- und Schmeckstoffe und Elemente wie Aluminium, Arsen, Fluor und andere. Schließlich enthalten viele Pflanzen, die wir zu den Nahrungsmitteln rechnen, neben den eigentlichen Nährstoffen noch Stoffe, die Wirkungen von besonderer Art ausüben. Löwenzahnblätter z. B. sind harntreibend, Mohnsamen schläfern ein, Brunnenkresse und Meerrettich können krankmachende Bakterien vernichten. Man kann solche Pflanzen auch als Heilpflanzen betrachten – oder als Giftpflanzen. Die Frage: „Gift oder nicht Gift" ist lediglich eine Mengenfrage.

Gelegentlich werden Nahrungsmittel als ganz besonders wertvoll und nützlich empfohlen, weil sie reich an „nahrungseigenen Fermenten" seien. Fermente sind kompliziert gebaute Stoffe, an deren Mitwirkung alle Lebensvorgänge gebunden sind und von denen schon kleinste Mengen genügen, um große Wirkungen zu erzielen. Da jedes Ferment nur an einer oder höchstens an wenigen Stellen in die Lebensvorgänge eingreifen kann, braucht der Mensch, nicht anders als jedes Tier und jede Pflanze, sehr viele Fermente, um leben zu können. So enthalten denn auch unsere Nahrungsmittel, tierischer und pflanzlicher Herkunft, durchweg zahllose Fermente, die für das lebende Tier und die lebende Pflanze lebensnotwendig waren. Ein Teil dieser Fermente geht schon kurz nach dem Tode des Lebewesens zugrunde. Diejenigen Fermente aber, die in dem tierischen oder pflanzlichen Gebilde noch aktionsfähig sind, wenn wir es als Nahrungsmittel verzehren, können für den menschlichen Organismus keine Rolle spielen, weil sie verdaut und damit zerstört werden, ehe sie nennenswerte Wirkungen entfalten können.

Die Eiweißstoffe

An vorderster Stelle unter den lebensnotwendigen Nährstoffen steht das Eiweiß. Seinen Namen trägt es vom Eiereiweiß, in dem es zuerst als solches festgestellt wurde. Der wissenschaftliche Name: Protein kommt von protos (griechisch) = der Erste. Eiweiß ist ein Stoff, der in keiner einzigen lebenden

Zelle fehlt. Ohne Eiweiß gibt es kein Leben. Da Leben gleichbedeutend ist mit Eiweißumsatz, wird Eiweiß zeitlebens nicht nur umgesetzt und abgebaut; es muß auch ständig neu gebildet werden, wenn das Leben erhalten bleiben soll.

Für die Ernährung von größter Tragweite ist die Tatsache, daß jede Pflanzenart und jede Tierart, ja jedes pflanzliche, tierische und menschliche Individuum nicht nur sein organeigenes, sondern auch sein arteigenes Eiweiß besitzt, das sich in der Zahl, Art und Anordnung seiner Bausteine vom Eiweiß einer anderen Art und eines anderen Individuums unterscheidet. Streng genommen kann man also nicht von **dem** Eiweiß sprechen, sondern nur von **den** Eiweißstoffen oder Proteinen.

Alle Eiweißstoffe bestehen aus den gleichen Grundbausteinen: den stickstoffhaltigen Aminosäuren, die sich in unzähligen verschiedenen Kombinationen zusammenfinden. Von solchen als Eiweißbausteine dienenden und darum lebensnotwendigen Aminosäuren kennen wir heute mehr als 20. Da jedes kleinste Eiweißteilchen, jedes Eiweißmolekül, sich aus Tausenden bis Hunderttausenden von Aminosäurebausteinen zusammensetzt, kann aus über 20 verschiedenen Aminosäuren eine unermeßliche Zahl verschiedener Eiweißmoleküle entstehen. Knapp die Hälfte von diesen 20 Aminosäuren kann der Organismus aus anderen Aminosäuren oder einfacheren stickstoffhaltigen Stoffen selbst aufbauen. Bei anderen ist er dazu nicht in der Lage; diese anderen – beim erwachsenen Menschen sind es 8 – müssen deshalb mit der Nahrung zugeführt werden („essentielle Aminosäuren").

Als Nahrungseiweiß eignet sich verständlicherweise jenes Eiweiß am besten, das in seiner Zusammensetzung aus Aminosäuren dem Körpereiweiß des Essenden am ähnlichsten ist. Dabei ist nämlich die Wahrscheinlichkeit am größten, daß alle notwendigen Bausteine in genügender Menge herangebracht werden. Für den Menschen ist deshalb tierisches Eiweiß höherwertig als pflanzliches Eiweiß. Ernährungsphysiologisch gesprochen: Rindfleisch ist biologisch höherwertig als Erbseneiweiß. Feste Vergleichszahlen lassen sich hier nicht angeben, weil die biologische Wertigkeit eines Nahrungseiweißes nicht allein von seinen Aminosäurebausteinen abhängt, sondern auch vom Alter und von der Individualität des Menschen, von der Menge des Nahrungseiweißes und von anderen Nahrungsbestandteilen. Als Anhalt kann gelten: Die biologische Wertigkeit des Milcheiweißes = 100 gesetzt, liegt die biologische Wertigkeit von Fleisch- und Eiereiweiß bei 90–100, von Kartoffel-, Roggen- und Reiseiweiß bei 80–90, von Soja-, Hafer- und Hefeeiweiß bei 70, von Erbseneiweiß bei 60, von Weizeneiweiß bei 40 und von Bohnen- und Maiseiweiß bei 30

Auf dem verschiedenen Aminosäuregehalt der Eiweißstoffe beruht auch ihr verschiedener „Ergänzungswert": 2 Eiweißstoffe ergänzen sich um so besser, je verschiedener ihre Zusammensetzung aus Aminosäuren ist. In dieser Hinsicht ergänzen sich gut: Brot und Mehlspeisen mit Fleisch, Fisch oder Milch – Kartoffeln mit Milch und Käse – Hülsenfrüchte mit Ei, Weizen- oder Roggenmehl. Es ergänzen sich aber schlecht: Brot und Mehlspeisen mit Kartoffeln oder Gemüse – Kartoffeln mit Hülsenfrüchten – Hülsenfrüchte mit Fleisch oder Fisch.

Die Fette und fettähnlichen Stoffe

So wenig es **das** Eiweiß als einheitlichen Stoff gibt, so wenig gibt es **das** Fett und **das** Kohlenhydrat.

Die wichtigsten Bausteine aller Fette und der diesen nahestehenden Stoffe sind die Fettsäuren. Die in den natürlichen Nahrungsmitteln vorkommenden Fettsäuren bestehen aus Kohlenstoff, Wasserstoff und Sauerstoff, wobei die einzelnen Kohlenstoffatome kettenförmig miteinander verbunden sind. Alle freien Bindungsmöglichkeiten (Valenzen) des Kohlenstoffs werden von je einem Wasserstoffatom „abgesättigt".

Neben in dieser Weise „gesättigten" Fettsäuren gibt es andere, die infolge doppelter Verknüpfung einzelner Kohlenstoffatome weniger Wasserstoff enthalten. Man nennt sie ungesättigte Fettsäuren und unterscheidet einfach ungesättigte, bei denen nur an einer Stelle der Kohlenstoffreihe die Doppelbindung besteht, zweifach und dreifach ungesättigte, wenn zwei bzw. drei Doppelbindungen vorhanden sind und der Wasserstoffgehalt entsprechend geringer ist. Eine einfach ungesättigte Fettsäure ist z. B. die Ölsäure, eine doppelt ungesättigte die Linolsäure, eine dreifach ungesättigte die Linolensäure.

Die eigentlichen Fette, in der Sprache der Chemie die „Neutralfette", sind Verbindungen von Fettsäuren mit dem Alkohol Glyzerin. Da es je nach der Länge ihrer Kohlenstoffketten und der Anzahl und dem Ort der Doppelbindungen viele verschiedene Fettsäuren gibt, ist auch die Zahl der verschiedenen Nahrungsfette groß.

Am meisten ungesättigte Fettsäuren enthalten Lebertran, frisches Mohnöl, frisches Leinöl, frisches Sonnenblumenöl und frisches Weizenkeimöl. Bei Berührung mit Luft werden diese Öle innerhalb weniger Tage ranzig. Fette, die viel gesättigte Fettsäuren enthalten, sind bei gewöhnlicher Temperatur fest und werden weniger leicht ranzig. Fette mit vielen kurzkettigen Fettsäuren und einer oder mehreren Doppelbindungen sind bei gewöhnlicher Zimmertemperatur flüssig – sind Öle. Fette mit niedrigem Schmelzpunkt sind besser verdaulich und bekömmlich als solche mit hohem Schmelzpunkt.

Lebensnotwendige Fettsäuren, die der Organismus nicht selbst aufbauen kann und die deshalb mit der Nahrung zugeführt werden müssen, nennt die Ernährungsphysiologie essentielle Fettsäuren (vergl.: essentielle Aminosäuren, Seite 12). Beobachtungen an Säuglingen haben zu der Annahme geführt, Linolsäure sei während der ersten Lebenszeit auch für den Menschen essentiell. Der überzeugende Beweis für die Richtigkeit dieser Annahme ist bisher aber noch nicht erbracht worden. Die Behauptungen von der Entstehung bestimmter Krankheiten – Arteriosklerose, Krebs, Herzleiden und anderer – aus Mangel an solchen Fettsäuren in der menschlichen Nahrung halten einer sachkundigen Kritik nicht stand.

Neben den eigentlichen Fetten, von denen bisher die Rede war, kommen in vielen Nahrungsmitteln fettähnliche Stoffe vor, die chemisch zwar ganz anders gebaut sind als die Fette, sich in ihrer Löslichkeit und anderen Eigenschaften diesen aber sehr ähnlich verhalten. Wichtige in natürlichen Nahrungsmitteln enthaltene Vertreter dieser Stoffgruppe sind das Lecithin, das Cholesterin, das Vitamin A und das Vitamin D.

Lecithin kommt in jeder Zelle, besonders reichlich in den Nervenzellen vor. Auf die Zufuhr von Lecithin mit der Nahrung ist der menschliche Körper nicht angewiesen, weil er es in genügender Menge selbst aufbauen kann.

Ähnlich verhält es sich mit dem Cholesterin. Bei Tieren, die als Pflanzenfresser unter natürlichen Verhältnissen kaum Cholesterin mit ihrer Nahrung aufnehmen und bei fleischfressenden Tieren, die durch operative Eingriffe geschädigt worden sind; kann man durch Verfütterung von großen Mengen Cholesterin in den Arterien krankhafte Veränderungen hervorrufen, die der menschlichen Arteriosklerose ähnlich sehen. Beim Menschen ist es aber nicht so, daß die Arteriosklerose um so schwerer und ausgedehnter auftritt, je mehr Cholesterin das Blut enthält. Man kann deshalb die Entwicklung arteriosklerotischer Krankheitserscheinungen nicht dadurch hemmen oder gar verhüten, daß man seine gewohnte Butter- oder Speckportion durch Pflanzenfette ersetzt, die größtenteils aus mehrfach ungesättigten Fettsäuren bestehen.

Die Kohlenhydrate

Kohlenhydrate bestehen aus Kohlenstoff sowie aus Wasserstoff und Sauerstoff. Sie enthalten Wasserstoff und Sauerstoff im Verhältnis von 2 Wasserstoffatomen zu 1 Sauerstoffatom, d. h. im gleichen Verhältnis wie das Wasser. Der Name Kohlenhydrate bedeutet also: eine Verbindung von Kohlenstoff und Wasser (Hydor, griechisch = Wasser). Die Grundmoleküle der Kohlenhydrate sind die einfachen Zucker oder Monosaccharide (monos, griechisch = einer, sacchar, griechisch = Zuckerrohr) mit je 6 Kohlenstoffatomen, die sich lediglich durch die räumliche Anordnung der Wasserstoff- und Sauerstoffatome zu den Kohlenstoffatomen voneinander unterscheiden.

Die für die Ernährung wichtigsten einfachen Zucker sind der Traubenzucker (Glucose, Dextrose), der Fruchtzucker (Fructose), die Galaktose und die Mannose. Durch chemische Verbindungen von 2 einfachen Zuckern entsteht ein Doppelzucker (1 Disaccharid, aufgebaut aus 2 Monosacchariden). So ergeben 2 Traubenzuckermoleküle 1 Molekül Malzzucker (Maltose), 1 Molekül Traubenzucker und 1 Molekül Fruchtzucker ergeben 1 Molekül Rohr- oder Rübenzucker (Saccharose), 1 Molekül Traubenzucker und 1 Molekül Galaktose ergeben 1 Molekül Milchzucker (Lactose). Eine Mischung, keine Verbindung, von gleichviel Molekülen Traubenzucker und Fruchtzucker ist der Invertzucker, der Zucker des Honigs.

Alle einfachen und doppelten Zucker schmecken süß – am süßesten der Fruchtzucker, am wenigsten süß der Milchzucker. Kohlenhydrate, die nicht süß schmecken und nicht, wie die einfachen und doppelten Zucker, Kristalle bilden und sich nicht in Wasser lösen, sind die Polysaccharide (polys, griechisch = viel). Sie bestehen aus einer großen Zahl von Einfach-Zuckermolekülen (Glucosemolekülen), die zu langen Ketten aneinander gebunden sind.

In Form des Polysaccharids Stärke speichert die Pflanze Nahrungsenergien in Knollen und Samen. Die mikroskopisch kleinen Stärkekörner sind bei verschiedenen Pflanzen verschieden groß und verschieden gestaltet. Sie quellen beim Erwärmen mit Wasser und bilden den Stärkekleister. Die Stärke ist für den Menschen der mengenmäßig bedeutendste Nährstoff.

Ein anderes Reservekohlenhydrat ist das Inulin. Es besteht im wesentlichen aus Fruchtzuckermolekülen und kommt vor allen Dingen in den Wurzelknollen von Dahlien und Topinambur vor.

Der Tierkörper speichert die Nahrungsenergien, die er nicht unmittelbar benötigt, größtenteils nicht als Kohlenhydrate, sondern als Fett. Die tierische Stärke (Glykogen) ist neben dem Zucker die am schnellsten verfügbare Energiequelle des tierischen und menschlichen Körpers; sie liegt vor allen Dingen in der Leber und in der Muskulatur. Bis zu 10% des Lebergewichts, d. h. bis zu etwa 150 g, können aus Glykogen bestehen.

Ein weiteres Polysaccharid, das nur in Pflanzen vorkommt, die Zellulose, besteht aus Traubenzuckerbausteinen wie die Stärke. Die Bausteine sind in der Zellulose aber anders aneinander gefügt als in der Stärke und im Glykogen und können von den Verdauungssäften der höheren Tiere und des Menschen nicht voneinander gelost, deshalb auch nicht verdaut und als Energiequellen verwendet werden. Beim Pflanzenfresser wird die Zellulose der Nahrung durch Darmbakterien in ihre Bestandteile aufgespalten und dadurch verwertbar gemacht.

Schließlich rechnet man zu den Kohlenhydraten noch die Gruppe der pflanzlichen Dickungs- und Gelierstoffe. Die einen, z. B. Johannisbrotkernmehl und Carrageen-Extrakt, dienen als Bindemittel für Speiseeis, die anderen zur Herstellung von Puddingen (z. B. Agar-Agar), Marmeladen und Gelees (Pektine). Sie werden gelegentlich auch als Heilmittel verwendet.

Das Wasser

Rund 60% des menschlichen Körpers sind Wasser. Fettleibige sind wasserärmer als Magere, Frauen wasserärmer als Männer, Erwachsene wasserärmer als Kinder. Der Neugeborene besteht noch zu über 70% aus Wasser. Gäbe es plötzlich kein Wasser mehr auf der Erde, dann würde schlagartig alles pflanzliche und tierische Leben verlöschen. Das Wasser ist gleichzeitig lebensnotwendiger Baustein (Quellungswasser), lebensnotwendiges Lösungsmittel (nur gelöste Stoffe reagieren miteinander), lebensnotwendige Voraussetzung für den Ablauf elektrolytischer Vorgänge (Dielektrikum), lebensnotwendiges Transportmittel (ohne Wasser kein Blutkreislauf) und lebensnotwendiges Mittel zur Regulierung des Wärmehaushaltes (Wärmeentziehung durch Wasserdampfabgabe).

Haut, Nieren, Darm und Atemwege müssen unablässig Wasser abgeben, wenn der Körper seine gleichmäßige Temperatur erhalten soll. Aus eigener Erfahrung weiß jeder Mensch, daß die Wasserabgabe durch die Nieren als Harn und durch die Haut als Schweiß in weiten Grenzen schwanken kann. Dabei spielt das „Training“ eine große Rolle: Der ungeübte „Schwitzer“ gibt wenig Schweiß mit viel Salz ab, der geübte unter gleichen Umweltbedingungen viel Schweiß mit wenig Salz. Mit anderen Worten: Der Geübte reagiert schneller und intensiver auf Überhitzung; er schützt seinen Körper besser vor unerwünschten Temperaturerhöhungen und vor unerwünschten Salzverlusten.

Wasserverluste müssen schnell ersetzt werden, um schwere Störungen zu verhüten. Verluste von 10% des Wasserbestandes führen bei Hunden zu Kreislaufstörungen, Verluste von 20% gelten als lebensgefährlich.

10% des Wasserbestandes wären beim 70 kg schweren Menschen 4,2 l. Das Mittel, mit dem die Natur den rechtzeitigen und ausreichenden Wasserersatz erzwingt, ist der Durst. Hunger läßt sich wochenlang ertragen, Durst nur Tage. Hungerkünstler und hungernde Asketen hat es zu allen Zeiten gegeben, Durstkünstler und durstende Asketen niemals. Den Ersatz liefert das als solches getrunkene Wasser, das in den Nahrungsmitteln enthaltene Wasser und das bei der Verbrennung von Eiweiß, Fetten und Kohlenhydraten entstehende „Verbrennungswasser".

Die Vitamine

Die Gemeinsamkeit von Eiweiß, Fetten und Kohlenhydraten liegt, bei aller Verschiedenheit der chemischen Struktur, in ihrer Eigenschaft als Träger verwertbarer Energien. Die Gemeinsamkeit der als Vitamine bezeichneten Stoffe besteht, ebenfalls bei aller Verschiedenheit der chemischen Struktur, in ihrer Fähigkeit, in kleinen Mengen große Wirkungen zu entfalten, ohne dabei Energie zu liefern. Zum Begriff des Vitamines gehört weiter, daß es ein lebensnotwendiger Stoff ist, der vom menschlichen Körper selbst nicht aufgebaut werden kann und deshalb mit der Nahrung zugeführt werden muß. Die Vitamine sind demnach „essentielle" Nahrungsbestandteile wie gewisse Aminosäuren (s. S. 12).

Wichtig ist die Tatsache, daß ein Stoff, der für den Menschen ein Vitamin ist, nicht notwendig auch für andere Lebewesen ein Vitamin zu sein braucht. Ascorbinsäure (Vitamin C) z. B. ist nur für den Menschen, den Affen, das Meerschweinchen und das Reh ein Vitamin. Alle anderen Tiere können diesen Stoff selbst herstellen; für sie ist er also kein Vitamin. Bis zum Ende seines 1. Lebensjahres vermag übrigens auch der Mensch Ascorbinsäure selbst aufzubauen.

Eine besondere Stellung nimmt das Calciferol (Vitamin D) ein. Unter dem Einfluß der ultravioletten Sonnenstrahlen entsteht in der menschlichen Haut Calciferol und zwar so viel, daß es für den erwachsenen Menschen – sofern er sich nicht vorsätzlich von der Berührung mit Sonnenstrahlen ausschließt – vollauf genügt. Für den erwachsenen Menschen ist Calciferol demnach kein Vitamin. Säuglinge und Kinder jedoch brauchen in unseren geographischen Breiten Calciferol in Form von Lebertran oder von Medikamenten, weil die Mengen, die sie selbst bilden, für den großen Bedarf des Wachstums nicht genügen. Für Kinder ist Calciferol ein echtes Vitamin.

Nach ihrem Vorkommen hat man die Vitamine in fettlösliche und wasserlösliche gegliedert. Die fettlöslichen kommen selbstverständlich nur in fetthaltigen Nahrungsmitteln vor. Statt der bisher üblichen Bezeichnungen mit Buchstaben setzt sich, amerikanisch-englischem Brauche folgend, neuerdings auch bei uns immer mehr die chemische Bezeichnung durch. Die beiden Bezeichnungen sollen deshalb nebeneinander kurz genannt werden.

a) Fettlösliche Vitamine:

Axerophthol	=	Vitamin A	Tocopherol	=	Vitamin E
Calciferol	=	Vitamin D_3	Phyllochinon	=	Vitamin K

b) Wasserlösliche Vitamine:

Pantothensäure			Inosit		
Pyridoxin	=	Vitamin B_6	Cholin		
Folsäure			Biotin	=	Vitamin H
Thiamin oder			p. Aminobenzoesäure		
Aneurin	=	Vitamin B_1	Cobalamin, Animalprotein-		
Riboflavin oder			factor	=	Vitamin B_{12}
Lactoflavin	=	Vitamin B_2	Ascorbinsäure	=	Vitamin C
Niacin					

Es würde zu weit führen, die spezielle Bedeutung jedes Vitamins auch nur andeutungsweise darzustellen. Die Vitamine sind eng verflochten in die unzähligen Aufbau-, Umbau- und Abbauvorgänge des Organismus. Wenn beispielhaft die Bedeutung einzelner Vitamine hier genannt wird, dann kann es sich dabei also nur um einen Teil der Lebensvorgänge handeln, an denen sie sich beteiligen.

Axerophthol:	notwendig für die Gesundheit und Abwehrkraft der Haut und Schleimhäute und die Fähigkeit, in der Dämmerung zu sehen.
Calciferol:	notwendig für die richtige Verkalkung des Knochens.
Tocopherol:	für den Menschen nicht lebensnotwendig.
Phyllochinon:	notwendig für den richtigen Ablauf der Blutgerinnung.
Thiamin:	notwendig für die Kohlenhydratverwertung.
Riboflavin:	notwendig für die Gesundheit der Haut und Schleimhäute und geregeltes Wachstum.
Niacin:	notwendig für die Gesundheit von Haut, Verdauungsorganen und Nervensystem.
Pyridoxin:	Lebensnotwendigkeit für den Menschen fraglich.
Cobalamin:	notwendig für die Bildung der roten Blutkörperchen.
Ascorbinsäure:	notwendig zur Steigerung der Abwehrkräfte gegen verschiedene Krankheiten.

Die Duft- und Schmeckstoffe

Eine Kost mag noch so reich sein an Eiweiß und Fetten, an Vitaminen und Mineralsalzen – wenn sie „nach nichts" schmeckt und duftet, ißt sie auf die Dauer kein Mensch. „Geschmacklosigkeit" kann stärker sein als Hunger. Die Duft- und Schmeckstoffe machen das Eiweiß-Fett-Kohlenhydrat-Vitamin-Mineralgemisch der Nährstoffe erst zu genießbaren Nahrungsmitteln und das Essen erst zu einer erfreulichen Beschäftigung. Wäre das Essen eine unerfreuliche Beschäftigung, dann würden wir es wahrscheinlich oft vergessen und infolgedessen unterernährt und leistungsunfähig werden. Die Natur hat den Hunger mit Unlust, das Essen mit Lust verbunden und auf diese Weise dafür gesorgt, daß wir bestrebt sind, uns ausreichend und abwechslungsreich zu ernähren. Daß es neben den angenehmen und verführerischen Duft- und Schmeckstoffen auch unerwünschte gibt, die vom Essen abhalten, abschrecken und Ekel erregen, braucht nicht besonders betont zu werden. Eine allgemeinverbindliche Grenze zwischen den beiden

Gruppen läßt sich nicht festlegen: Über den Geschmack soll man nicht streiten.

Wir verstehen also unter Duft- und Schmeckstoffen – man spricht wohl auch von Aroma- und Extraktivstoffen – eine Gruppe von Nährstoffen, deren Gemeinsamkeit nicht in Bau oder Herkunft liegt, sondern darin, daß sie auf die Geschmacksorgane des Mundes und die Riechorgane der Nase Reize ausüben.

Ein Teil von ihnen ist schon in den Rohnahrungsmitteln enthalten. Viele erfahren bei der Gewinnung und Verarbeitung der Nahrungsmittel, z. B. beim Trocknen, Sterilisieren, Dämpfen und Gefrieren, erhebliche Veränderungen. Andere entstehen bei der Zubereitung und noch andere werden in Gestalt von Gewürzen und Würzstoffen zugesetzt.

Gewürze im engeren Sinn sind meistens getrocknete pflanzliche Naturprodukte: Blätter und Kräuter (Lorbeer, Majoran, Dill, Thymian, Schnittlauch und andere Küchenkräuter), Wurzeln (Ingwer, Meerrettich, Sellerie, Calmus, Curcuma), Rinden (Zimt), Blüten und Knospen (Safran, Gewürznelken, Kapern), Früchte und Samen (Pfeffer, Paprika, Piment, Muskatnuß, Cardamom, Anis, Vanille, Coriander, Kümmel, Fenchel, Senfkörner, Wacholderbeeren). Wie Gewürze verwendet man auch die Zwiebelgewächse, die streng genommen zu den Gemüsen gehören (Küchenzwiebel, Schalotten, Porree, Knoblauch). Zu den Würzstoffen rechnen auch die natürlichen und künstlichen Aromastoffe, ätherischen Öle, einige Säuren (Essigsäure, Milchsäure, Zitronensäure, Weinsäure) und schließlich das gewöhnliche Salz (Kochsalz, Küchensalz).

Wenn wir dank der Forschungen der letzten Jahrzehnte über die Natur und den Aufbau der Duft- und Schmeckstoffe heute ziemlich viel wissen, so wissen wir über ihre Wirkungen im menschlichen Körper verhältnismäßig wenig. Einige von ihnen regen die Speichel- und Magensaftabsonderung an, andere die Bewegungen der Gallenblase und wieder andere besitzen keimtötende Eigenschaften. Die Durchblutung innerer Organe und der Haut und die Wasserabgabe der Haut können durch Gewürze verändert werden. Anscheinend lassen sich durch Duft- und Schmeckstoffe auch geistige Fähigkeiten beeinflussen: die Aufmerksamkeit, die Konzentrationsfähigkeit und die Spannkraft. Eine differenzierte Küche, eine in ihren Duft- und Schmeckstoffen gut abgestimmte Kost ist für den geistig angespannt tätigen modernen Menschen kein Luxus, sondern eine wesentliche Voraussetzung seiner Leistungsfähigkeit.

Anorganische (elementare) Nährstoffe

Die Hauptmasse des pflanzlichen, tierischen und menschlichen Körpers besteht aus organischen Stoffen, deren gemeinsames Merkmal ihr Gehalt an Kohlenstoff ist. Viele von ihnen, die Eiweißstoffe, enthalten Stickstoff, einige enthalten Chlor, Brom, Jod, Schwefel, Phosphor, Calcium, Eisen oder andere Elemente. Mit anderen Worten: die Elemente Chlor, Jod und Eisen kommen im pflanzlichen, tierischen und menschlichen Organismus, mithin auch in den natürlichen Nahrungsmitteln, in organischen Verbindungen vor. Nahrungsbestandteile, die keinen Kohlenstoff enthalten, werden als anorganische oder als Mineralstoffe bezeichnet. Mitunter ist es unsicher, ob ein Nahrungsbestandteil, z. B. Chlor, Natrium, Schwefel oder Eisen, organisch oder anorganisch gebunden vorliegt. Kann man über die Bindungsart nichts Näheres aussagen, spricht man am besten von einem elementaren Nährstoff.

Zu 96% seines Gewichts besteht der Körper aus Kohlenstoff, Sauerstoff, Wasserstoff und Stickstoff. Calcium, Phosphor, Kalium, Schwefel, Natrium, Chlor und Magnesium machen noch einmal 3,5% aus. Der Rest von 0,5% verteilt sich auf eine Reihe weiterer Elemente, die nur in Spuren vorkommen – Spurenelemente – und von denen man im einzelnen nicht immer weiß, ob sie lebensnotwendige Aufgaben erfüllen oder nur belanglose Begleitstoffe der Nahrung darstellen.

Viele Elemente sind untrennbar mit dem komplizierten Ineinander von Aufbau, Umbau und Abbau verbunden, das das Leben ausmacht. Wo sie fehlen, steht das Leben still. Die spezielle Bedeutung einiger von ihnen sei nur insoweit kurz angedeutet, als sie sich auf verhältnismäßig einfach erkennbare Lebensvorgänge erstreckt. Die in Klammern gesetzten Zahlen geben den Anteil am Gesamtgewicht des Körpers.

Calcium (1,50%):	Stützsubstanz im Knochen; seine Gegenwart ist Voraussetzung für die Gerinnung des Blutes.
Phosphor (1,00%):	Bestandteil vieler Eiweißstoffe und des Knochens, mitwirkendes Element bei der Energiegewinnung aus energiehaltigen Nährstoffen, insbesondere bei der Muskeltätigkeit.
Kalium (0,35%):	Fehlt in keiner Zelle und ist das charakteristische „Zellmineral".
Schwefel (0,25%):	Baustein von essentiellen Aminosäuren und Thiamin (Vitamin B_1).
Natrium (0,15%) und Chlor (0,15%):	Die „Säftemineralien"; sie spielen u. a. eine entscheidende Rolle bei der Regulation des Wasserhaushaltes und bei der Wärmeregulation
Magnesium (0,05%):	Lebensnotwendiges Element, in seinen Sonderaufgaben aber noch wenig bekannt.

Die Bedeutung der Spurenelemente ist nur unvollkommen bekannt. Als sicher lebensnotwendig können gelten: Eisen, Jod, Kobalt, Kupfer, Mangan, Zink und Molybdän. Eisen ist der kennzeichnende Bestandteil des roten Blutfarbstoffes, Jod des Schilddrüsenhormons, Kobalt des Cobalamins (Vitamin B_{12}). Fraglich ist die Unentbehrlichkeit von Fluor, Silicium und Selen; andere Spurenelemente – Aluminium, Arsen, Chrom, Gold, Silber, Nickel u. a. – sind für das menschliche Leben anscheinend bedeutungslos. Die Tatsache, daß ein Stoff mit der natürlichen Nahrung aufgenommen wird oder im Körper nachgewiesen werden kann, besagt noch nicht, daß der Körper ihn auch benötigt. Ein Element, das für das Weizenkorn und die Erbse lebensnotwendig ist, braucht noch nicht für den Menschen lebensnotwendig zu sein.

VOM KOCHEN UND KONSERVIEREN

Vom Kochen

Seit wir von Menschen wissen, haben sie genießbare und ungenießbare Nahrungsbestandteile voneinander geschieden, das Ungenießbare – Knochen, Federn, Schalen u. a. – weggeworfen, das Genießbare zerkleinert, mit Feuer behandelt und unter Umständen aufbewahrt, ehe sie es verzehrten. Mit einem Wort: sie haben nicht das ganze Tier, die ganze Pflanze verspeist, sondern nur Teile von ihnen und sie haben ihre Nahrung zubereitet.

Von der „Ganzheit" der Nahrung wird heute oft gesprochen. Man verlangt, wir sollten die „Ganzheit" des tierischen oder pflanzlichen Organismus, der als Nahrung dient, verzehren und nicht nur Teile von ihm. Nun sind eine „Ganzheit" ja keineswegs das Roggenkorn oder der Apfel, sondern die Ähre mit dem Halm und der Apfel mit dem Baum! Pflanze und Tier sind Ganzheiten, weil sie selbständige Lebewesen sind. Der Mensch ist eine andere Ganzheit mit anderen Lebensbedingungen und Möglichkeiten als selbst das ihm ähnlichste Tier; er ist anders gebaut und hat dementsprechend andere Nahrungsbedürfnisse. Als Nahrung nimmt er deswegen nur Teile jenes pflanzlichen und tierischen Ganzen, das ihm als Nahrungsmittel dient. Er nimmt das Mehl aus dem Korn und den Apfel vom Baum. Jedes Lebewesen ist ein Ganzes nur hinsichtlich seiner eigenen, selbständigen Lebensfähigkeit, nicht aber hinsichtlich seiner Fähigkeit, einem anderen Lebewesen als Nahrungsmittel zu dienen.

Ein uraltes Zubereitungsverfahren ist die Zubereitung der Nahrung mit Hitze, vom primitiven Rösten am Feuer bis zu den modernsten Wärmestrahlungsmethoden. Schon der Steinzeitmensch hat, wie die Funde zeigen, nicht nur von roher Kost gelebt. Offenbar wußte er bereits aus Erfahrung, daß geröstetes Fleisch besser bekommt als rohes. Gemüse „fallen zusammen" beim Kochen und sind dann leichter bekömmlich. Gares Fleisch ist lockerer im Gefüge als rohes. Kartoffeln, Hülsenfrüchte und Eiereiweiß werden beim Kochen verändert und erst dadurch verdaulich.

Solchen Vorzügen stehen Nachteile in Gestalt von Nährwertverlusten gegenüber. Beim Rösten fallen die Verluste von Eiweiß, Fetten und Kohlenhydraten nicht ins Gewicht. Größer sind sie beim Kochen, wo Hitze und auslaugendes Wasser zusammenwirken. Am leichtesten gehen dabei Zucker, Natrium- und Kaliumsalze und wasserlösliche Vitamine verloren. Immerhin halten sich die Verluste in mäßigen Grenzen. Trockengemüse und Trockenobst verlieren beim Kochen mehr Zucker und anorganische Stoffe als Frischgemüse und Frischobst, weil die Zellwände der Pflanze durch den Trocknungsvorgang durchlässiger geworden sind.

Von den Vitaminen ist vor allen Dingen die Ascorbinsäure (Vitamin C) nicht kochbeständig; sie leidet schon bei der Berührung mit Luft. Dämpfen schont den Ascorbinsäure-Gehalt des Kochgutes; durch langes Warmhalten wird dagegen besonders viel zerstört. Ungeschälte Kartoffeln und Rote Rüben sind durch ihre Schalen vor Kochverlusten geschützt.

Axerophthol (Vitamin A) geht nur beim Erhitzen unter hohem Druck oder reichlicher Sauerstoffzufuhr zugrunde, Calciferol (Vitamin D) überhaupt nicht. Man kann rechnen, daß im großen Durchschnitt bei küchenmäßiger

Zubereitung 5–10% des Axerophthol und 5–25% des Thiamin (50%, wenn das Kochwasser weggegossen wird) verlorengehen. Der Verlust von Riboflavin beträgt etwa 25%, und zwar nur bei Weggießen des Kochwassers. Zubereitung und Erhitzen „denaturieren" die Rohstoffe. Denaturierung bedeutet jedoch keineswegs Entwertung, sondern Umwertung und Anpassung an die Fähigkeiten des menschlichen Körpers, nicht selten sogar Aufwertung.

Gesundheitsschädliche Stoffe entstehen bei der üblichen küchenmäßigen Hitzezubereitung nicht. Zu stark erhitzte Kohlenhydrate werden schwarz, verkohlen und schmecken angebrannt, sind im übrigen aber harmlos – allerdings als Nährstoffe wertlos. Aus Fetten können giftig wirkende Stoffe erst beim Erhitzen auf mehr als 350° C entstehen. Solche Temperaturen kommen in der Küche aber gewöhnlich nicht vor und auch die Temperatur des Backofens geht in der Regel nicht über 300° C hinaus. Bei Temperaturen über 100° C und gleichzeitiger Gegenwart von Kohlenhydraten wird Eiweiß gebräunt und in seinem biologischen Wert gemindert („Maillard-Reaktion").

Vom Konservieren

Auch in Nordeuropa wollen wir Apfelsinen essen, auch in der Millionenstadt Gemüse, und auch auf dem Lande wird nicht jeden Tag geschlachtet. Seit die Erde steht, gibt es den Rhythmus des Blühens, Früchtebringens und Ruhens. Immer und überall standen und stehen die Menschen unter dem naturgegebenen Zwang, für karge Zeiten aufbewahren zu müssen von dem, was ihnen in üppigeren Zeiten zuwächst. Dieser Zwang wird noch verstärkt durch die Entwicklung der Menschheit und ihrer Lebensformen im Laufe des letzten Jahrhunderts. Zwar gab es Millionenstädte schon vor Jahrtausenden; die allgemeine Verstädterung und rapide Vermehrung der Menschheit ist aber ein Kennzeichen unserer Zeit. Verstädterung bedeutet ernährungsphysiologisch die Notwendigkeit, Nahrungsmittel über lange Wege heranzubefördern, zu lagern und genußfähig zu erhalten. Die Frage lautet heute nicht mehr **ob,** sondern lediglich **wie** wir konservieren sollen, um wertvolles Nahrungsgut vor dem Verderb zu schützen.

„Verderben" heißt, durch eigene Fermente oder durch Kleinlebewesen (Schimmelpilze, Sproßpilze, fäulnis- und gärungserregende Spaltpilze) zersetzt werden. Gewiß gibt es unter den Kleinlebewesen auch erwünschte und nützliche, wie etwa diejenigen, denen wir die Sauermilch und das Brot, den Käse und das Bier verdanken. Das Abhängen des Fleisches und das Ausreifen des Apfels im Keller beruhen auf fermentativ gesteuerten Umsetzungen. Oft ist die Lebenstätigkeit von Fermenten und Kleinlebewesen aber durchaus unerwünscht, weil sie den Nährstoffgehalt der Nahrungsmittel vermindern, unbekömmliche und krankmachende Stoffe bilden, und allein schon durch ihre große Zahl schädigen können.

Alle Lebewesen brauchen Wärme und Wasser, viele brauchen dazu noch Sauerstoff; alle Fermente wirken in der Wärme stärker als in der Kälte. Die Wirkungskraft der nahrungseigenen Fermente und der Kleinlebewesen wird deshalb gehemmt, wenn wir die Nahrungsmittel in die Kälte bringen oder ihnen Wasser entziehen. Die Kältekonservierung ist ein so hervorragendes Konservierungsverfahren, weil dabei die Nährstoffe, insbesondere auch die Vitamine, so gut wie vollständig erhalten bleiben. Allerdings werden die Kleinlebewesen dabei nicht abgetötet, sondern nur in ihren Lebensäußerungen gehemmt.

Praktisch durchgeführt wird die Kältekonservierung als einfache Kühllagerung im Kühlschrank, Kühlraum oder Kühlhaus und als Gefrierkonservierung. Bei —18 bis —20° C hört die Lebenstätigkeit der Kleinlebewesen und die Wirkung der nahrungseigenen Fermente fast ganz auf. Aber auch bei diesen Temperaturen gibt es noch Veränderungen durch den Luftsauerstoff. Vor allen Dingen läßt sich das Ranzigwerden des Fettes nicht ganz vermeiden. Je reicher ein Nahrungsmittel an ungesättigten Fettsäuren, desto geringer ist seine Haltbarkeit. Vom Gefrierhaus und der Tiefkühltruhe muß die „Tiefkühlkette" lückenlos bis zum Verbraucher reichen, weil das aufgetaute Nahrungsmittel rasch verdirbt und deshalb kurze Zeit nach dem Auftauen verzehrt werden muß.

Bei der Kaltentkeimung von Obstsäften werden unter vollständiger Erhaltung der Nährstoffe die Kleinlebewesen dadurch entfernt, daß die Säfte engporige Filter passieren müssen.

Der Wasserentzug durch Trocknung an der Sonne ist vermutlich das älteste Konservierungsverfahren. Gegenüber schonenderen anderen Verfahren tritt es heute zurück. Anwendung findet es noch zur Konservierung von Fischen (Stockfisch, Klippfisch), von Gemüsen, Obst und Pilzen. Vor dem Trocknen werden das Obst und die Gemüse kurz abgebrüht oder aufgekocht und anschließend schnell abgekühlt („blanchiert"), um die Fermente zu zerstören und dadurch die Haltbarkeit zu erhöhen. Während bei modernen Trocknungsverfahren wohl das Gefüge, nicht aber der Gehalt der Nahrungsmittel an Eiweiß, Fett und Kohlenhydrat verändert wird, steigen die Verluste an Axerophthol (Vitamin A) und Ascorbinsäure (Vitamin C) mit der Trocknungstemperatur; B-Vitamine und Calciferol (Vitamin D) bleiben erhalten.

Eine andere Form, den Kleinlebewesen das „Wasser abzugraben", besteht im Zusatz von Stoffen wie Salz und Zucker, die Wasser an sich reißen. Dieses Prinzip ist in der Pökelung des Fleisches, im Einsalzen von Butter und Gemüse, in der Konservierung von Obstsäften und in der Herstellung von Marmelade und kandierten Früchten verwirklicht. Gleichzeitig mit dem Wasser werden den Nahrungsmitteln aber auch wasserlösliche Nährstoffe entzogen. Die Kochsalzkonservierung ist deshalb heute weitgehend durch schonendere und wirkungsvollere Konservierungsverfahren verdrängt. Gesundheitsschädigungen durch die hohe Kochsalz- und Zuckerzufuhr, die diese Konservierungsverfahren mit sich bringen, sind nicht zu befürchten.

Auf der Bekämpfung einer unerwünschten Art von Kleinlebewesen durch eine erwünschte Art (biologische Konservierung) beruht die Entstehung von Dickmilch und Sauerkraut. Das Wesentliche dabei ist die Überwucherung allgegenwärtiger Bakterien und Schimmelpilze durch Milchsäurebakterien, die sich auf Kosten des Milchzuckers und anderer Kohlenhydrate des Nahrungsmittels ausbreiten.

Ein weiteres wirksames Mittel zur Keimbekämpfung ist die Hitze. Langdauerndes Erhitzen auf 100° C vernichtet die große Mehrzahl aller Kleinlebewesen und Fermente (Sterilisierung). Die Verfahren der Hitzekonservierung sind heute so weit ausgebildet, daß der Vitamingehalt von Obst und Gemüse, das frisch in Dosen eingelegt und konserviert wird, höher sein kann als der Gehalt von frischem Obst und Gemüse, das erst nach längerem Lagern gegessen wird. Gute Fleischkonserven sind nährstoffmäßig wertvoller als Pökelfleisch.

Bei der Pasteurisierung der Milch (kurzzeitige Erhitzung auf 70–80° C mit anschließender Tiefkühlung) kommt es entscheidend nicht auf das Konservieren, sondern auf das Unschädlichmachen von Tuberkelbazillen an. Ein Teil der B-Vitamine und das Vitamin C gehen bei der Pasteurisierung zugrunde; Calcium-Salze können ausfallen, während die Eiweißstoffe anscheinend keine Wertminderung erleiden.

Schließlich gibt es chemische Stoffe, durch die Kleinlebewesen abgetötet oder doch wenigstens in ihrem Wachstum gehemmt werden können. Da die chemischen Konservierungsmittel mindestens teilweise mit den Nahrungsmitteln zusammen verzehrt werden, müssen sie für den Menschen unschädlich sein. In der ersten Entdeckerfreude und vielleicht auch aus materiellen Beweggründen hat man sich um die Frage der Gesundheitsschädlichkeit solcher Stoffe zunächst wenig gekümmert.

Heute ist die Zahl der erlaubten chemischen Konservierungsmittel in der Bundesrepublik Deutschland durch die am 23. 12. 1959 in Kraft getretene „Konservierungsstoffverordnung“ auf 4 Stoffe eingeschränkt: 1. Sorbinsäure – 2. Benzoesäure – 3. PHB-Ester (Para-Hydroxy-Benzoesäure-Ester) – 4. Ameisensäure. Diese 4 Stoffe wurden nach eingehenden Prüfungen als unschädlich erkannt. Zur Frischerhaltung von Trockenfrüchten und von Zwischenprodukten für die Marmeladenherstellung ist außerdem noch die Behandlung mit schwefliger Säure (Schwefelung) erlaubt. Auch bei der Kellerbehandlung des Weines ist die Schwefelung zulässig.

Im Zusammenhang mit den Konservierungsmitteln wird in der Regel die Forderung nach „natürlicher“, „biologischer“, „lebensgesetzlicher“ Ernährung erhoben. Selbstverständlich wollen wir uns alle natürlich ernähren; es fragt sich nur, was wir darunter verstehen. Manche finden alles unnatürlich, was der Mensch mit seinen Nahrungsmitteln anstellt. Folglich müßten nicht nur alle Konservierungsverfahren abgeschafft werden, sondern auch das Kochen, ja überhaupt jede Art der Zubereitung. Wenn man diesen Gedanken konsequent zu Ende denkt, landet man schließlich bei der Kost der Tiere im Walde. Ob und wo man haltmacht, ist dann ganz ins Belieben des Einzelnen gestellt.

Wünschenswerte tägliche Nährstoffzufuhren **Tabelle 2**

(für die Erhaltung eines guten Ernährungszustandes gesunder Menschen bei normaler Tätigkeit in gemäßigtem Klima)

	Alter	Gewicht kg	Kalorien	Eiweiß g	Calcium g	Axe-rophthol i. E.	Thiamin mg	Riboflavin mg	Ascorbin-säure mg
Männer	25	70	3200	70	0,8	5000	1,6	1,8	75
	45	70	3000	70	0,8	5000	1,5	1,8	75
	65	70	2550	70	0,8	5000	1,3	1,8	75
Frauen	25	58	2300	58	0,8	5000	1,2	1,5	70
	45	58	2200	58	0,8	5000	1,1	1,5	70
	65	58	1800	58	0,8	5000	1,0	1,5	70
2. Schwangerschaftshälfte			+ 300	+20	1,5	6000	1,3	2,0	100
Stillende			+1000	+40	2,0	8000	1,7	2,5	150
Kinder	1 – 3	12	1300	40	1,0	2000	0,7	1,0	35
	4 – 6	18	1700	50	1,0	2500	0,9	1,3	50
	7 – 9	27	2100	60	1,0	3500	1,1	1,5	60
	10 – 12	36	2500	70	1,2	5400	1,3	1,8	75
Jungen	13 – 15	49	3100	85	1,4	5000	1,6	2,1	90
	16 – 19	63	3600	100	1,4	5000	1,8	2,5	100
Mädchen	13 – 15	49	2600	80	1,3	5000	1,3	2,0	80
	16 – 19	54	2400	75	1,3	5000	1,2	1,9	80

Nach den Angaben des Food and Nutrition Board des National Research Council der USA 1958

DER NAHRUNGSBEDARF

Wachstum, Lebenserhaltung, Lebensfreude und Leistung sollen durch die Ernährung möglich gemacht werden. Die Nahrung kann diese Aufgaben nur erfüllen, wenn sie den Bedarf an allen lebensnotwendigen Nährstoffen deckt. Will man eine vollwertige Kost zusammenstellen, dann muß man also den Nährstoffbedarf kennen.

Die Erforschung des Nährstoffbedarfs gehört zu den schwierigsten Aufgaben der Ernährungsphysiologie. Mit den verschiedensten Kostformen kann man seinen Nährstoffbedarf gleichermaßen vollkommen decken: Der Eskimo ißt anders als der Inder, dieser anders als der europäische Großstädter, und der Speisezettel der Germanen zur Zeit des Kaisers Augustus war erheblich verschieden vom Speisezettel der Deutschen zur Zeit Kaiser Wilhelms. Trotzdem gibt es und gab es überall Menschen, die gesund, leistungsfähig und lebensfroh waren. Verbrauchserhebungen, Einzelbeobachtungen an Gesunden und Kranken und Versuche an Tieren und Menschen ermöglichen es uns heute, Bedarfsangaben hinsichtlich der meisten Nährstoffe zu machen.

Die Höhe des Nährstoffbedarfs hängt ab von der Art des Essens, von der Ausnutzung der Nahrung im Verdauungskanal, vom Lebensalter, Geschlecht und Klima, von der Leistung und von den körperlich-seelischen Besonderheiten des einzelnen Menschen. Anhaltspunkte für die durchschnittliche wünschenswerte Höhe der Nährstoffzufuhr haben verschiedene Institutionen gegeben. Die neueste Zusammenstellung (1958) stammt vom Food and Nutrition Board des National Research Council der USA (Tabelle 2).

Bei Benutzung von Nährwerttabellen zur Errechnung der notwendigen Nahrungsmittel-Mengen muß man berücksichtigen, daß der Nährstoffgehalt ein und desselben Nahrungsmittels in weiten Grenzen schwanken kann in Abhängigkeit von der Rasse des Nutztieres und der Nutzpflanze, von der Fütterung und Düngung, vom Lebensalter, von der Jahreszeit, Ernte und Schlachtzeit sowie von der Lagerungsdauer. Tabellenzahlen können also für den Einzelfall immer nur Anhaltspunkte liefern.

Vom Essen und Trinken

Es wäre verfehlt, wollte man jeden Tag seine Bedarfstabelle und seine Nährwerttabelle hervorholen und danach den Speisezettel zusammenstellen. Wenn wir z. B. 6 g Eiweiß und 75 mg Ascorbinsäure als Tagessatz für notwendig halten, dann soll das nicht heißen, daß wir jeden einzigen Tag nicht mehr und nicht weniger essen dürften. Es heißt vielmehr: im Durchschnitt einer Reihe von Tagen soll es soviel sein. Man soll möglichst jeden Tag tierisches Eiweiß, Gemüse und Obst zu sich nehmen, nach Menge und Art aber abwechseln, so gut es geht. Abwechslung in der Zusammensetzung und Zubereitung der Kost ist die Voraussetzung für Appetit, Bekömmlichkeit, Belebung und Leistungsfähigkeit.

Über den Geschmack läßt sich bekanntlich nicht streiten, und im Rahmen des Notwendigen soll jeder „nach seinem Geschmack" essen. Rohkost vor dem Essen ist gut für dicke Leute, weil sie den Appetit dämpft. Wer aber rohe Möhren als Eröffnung jeder Mahlzeit nicht schätzt, braucht deswegen kein schlechtes Gewissen zu haben. Allgemeinverbindliche Regeln gibt es auch nicht für die Einteilung und den Zeitpunkt der Mahlzeiten. Für den körperlich nicht schwer Arbeitenden genügen 3 Mahlzeiten am Tag. Wer eine kleine Zwischenmahlzeit schätzt, mag sich diesen Wunsch erfüllen. Auf der anderen Seite gibt es geistig produktive Männer, die nur einmal am Tag essen.

Ob die gleiche Nahrungsmenge mehr „ansetzt", wenn man sie auf wenige oder wenn man sie auf viele Mahlzeiten verteilt, ist immer noch eine offene Frage.

Die Essens-Stunde ist weniger wichtig als die Regelmäßigkeit des Essens. Nicht ohne zwingende Gründe sollte man den gewohnten Rhythmus durchbrechen. An die durch Nachtarbeit erzwungene Verschiebung der Mahlzeiten können sich viele Nachtarbeiter selbst in Jahren nicht gewöhnen. Da der Körper zäh an seinem durch den Sonnenstand gesteuerten 24-Stunden-Rhythmus von Leber, Niere und Nervensystem festhält, sind solche Schwierigkeiten wohl verständlich.

Viele Regeln und Glaubenssätze gibt es über das, was man nicht zusammen essen soll. Wirklich begründet ist nur weniges. Meist sind es überwertende Verallgemeinerungen von Einzelbeobachtungen. Begründet ist die Warnung, auf rohe Stachelbeeren und Kirschen Wasser zu trinken. Es kann dabei zu Quellung und bakterieller Zersetzung des Obstes kommen und infolgedessen zu Überblähung des Darmes und Darmverschluß. Während der Nachkriegshungerjahre hat man Darmverschlüsse gesehen bei Menschen, die große Mengen halbroher Getreidekörner mit viel Flüssigkeit zusammen heruntergeschlungen hatten.

Wie uns das Essen bekommt und wie wir es vertragen, hängt auch mit Gewöhnung und Erziehung zusammen. Kinder sind in ihren Zuneigungen und Abneigungen sehr viel heftiger als Erwachsene (und als die meisten Erwachsenen es sich vorstellen). Die Zeit und eine bei aller Rücksicht zielbewußte Erziehung und Selbstdisziplin lassen solche Abneigungen überwinden. Bekanntlich gibt es aber noch unter den Erwachsenen nicht wenige, die dieses oder jenes „nicht essen können". Die eigentliche Überempfindlichkeit (Allergie) gegen bestimmte Nahrungsmittel wie Erdbeeren, Eier u. a. soll hier nicht behandelt werden.

Gut gekaut ist halb verdaut; das ist eine alte Weisheit. Langsames Essen in Ruhe und Entspannung – nicht mit der Zeitung in der Hand! – ist eine wesentliche Voraussetzung für gute Bekömmlichkeit. Gut gekautes Essen wird vom Magen schneller verdaut. Wichtig ist regelmäßige Kauarbeit vor allem für die Entwicklung des jugendlichen Gebisses.

Die Ausnutzung der Nahrung

Nicht alles, was durch den Mund hineingeht, kommt dem Körper wirklich zugute. Manche Nahrungsbestandteile (Pflanzenfasern und -hüllen, Eierschalen, Gräten und Knochen u. a.) können von den Verdauungsorganen nicht aufgespalten und daher auch nicht ins Blut aufgenommen werden. Unausgenutzt werden sie wieder ausgeschieden. Unter Umständen reißen sie sogar andere Nahrungsteile mit, die an sich wohl verdaulich wären. Ohne Berücksichtigung der Ausnutzung kann man also zu ganz falschen

Vorstellungen vom Nährwert eines Nahrungsmittels kommen. An einigen Beispielen mag das deutlich werden: Hochschmelzende Fette (Rinderfett und Hammeltalg) sind schwerer ausnutzbar als Fette mit niederem Schmelzpunkt (Gänsefett, Olivenöl, Erdnußöl u. a.). Unausnutzbar sind rohe Kartoffeln, rohes Sojamehl und rohes Eiklar, während rohes Obst und rohes Gemüse im ganzen nicht schlechter ausgenutzt werden als gekochtes. Im Durchschnitt werden die Eiweißstoffe, Fette und Kohlenhydrate der tierischen Nahrungsmittel zu 95–98%, die Eiweißstoffe der pflanzlichen Nahrungsmittel zu rund 76%, die Fette zu rund 72% und die Kohlenhydrate zu rund 95% ausgenutzt.

Schließlich hängt die Ausnutzung der Nahrung von der individuellen Leistungsfähigkeit der Verdauungsorgane und ihrer Anpassungsfähigkeit ab. Im Alter und bei manchen Krankheiten läßt sie mitunter nach. Am besten wird im übrigen immer jene Kost ausgenutzt, an die man gewöhnt ist.

Die Ernährung des Kindes

Die natürliche Ernährung des Säuglings mit Muttermilch liegt außerhalb des Bereiches der Küche, und die künstliche Ernährung des Säuglings, die Ernährung ohne Muttermilch, gehört in den Bereich ärztlicher Beratung. Erwähnt sei lediglich eine Tatsache, die bei Beurteilungen unserer heutigen Kost – manche halten sie ja für „unnatürlich" fettreich – so oft vergessen wird: Der mit Muttermilch natürlich ernährte Säugling bekommt **56%** seiner Kalorien als Fett, der erwachsene Bürger der deutschen Bundesrepublik hingegen rund 40%.

Während der ersten 2 Monate seines Daseins lebt der Mensch ausschließlich von Milch. Milch ist aber nur während der ersten Lebensmonate eine Idealnahrung. Danach genügen die in ihr enthaltenen Nährstoffe nicht mehr zur Sicherung regelrechten Wachstums und regelrechter Entwicklung.

Im 3. Monat bekommt der Säugling zu seiner Milch Obst- und Gemüsesäfte, im 4. Monat auch Obst- und Gemüsebreie und im 5. Monat tritt an die Stelle einer Milchmahlzeit eine Gemüsemahlzeit. Etwa vom 7. Monat an gibt es täglich nur noch 4 Mahlzeiten, davon einmal Gemüse, Kartoffelbrei, Ei oder Fleisch. Die Milchmenge wird auf ½ l täglich beschränkt.

Da diese Kost wenig Calciferol (Vitamin D) enthält und der Mangel an Nahrungscalciferol unter mitteleuropäischen Klimabedingungen durch das vom Körper gebildete Calciferol nicht ganz ausgeglichen wird, kann das Auftreten rachitischer Krankheitserscheinungen nur durch Verabreichung von reinem Calciferol (Vigantol) verhütet werden. In der Regel führt man diese „Rachitisprophylaxe" als „Stoßprophylaxe" durch: in der 1. bis 2. Lebenswoche, im 2. und im 3. Lebensmonat bekommt der Säugling je 5 mg Vigantol.

Der Energie- und Eiweißbedarf des Klein- und Schulkindes wird, je kg Körpergewicht gerechnet, mit zunehmendem Alter geringer. Im Laufe der ersten Jahre geht gleichzeitig die fettreich-kohlenhydratarme Säuglingskost in die fettarm-kohlenhydratreiche Kinderkost über. Täglich ½ l Milch – einschließlich der zum Kochen verwendeten Milch – ist vom 2. Jahr ab genug. Früh schon soll das Kind durch hartes Brot zum kräftigen Kauen gezwungen werden, damit sich Kiefer und Zähne richtig entwickeln. Vom 2. Lebensjahr an kann es auch fast alle Gemüse, zunächst noch in Breiform, bekommen.

Der Erwachsene vergißt oft, daß das Kind alle Duft- und Schmeckreize sehr viel intensiver empfindet, und daß es deshalb auch intensivere Abneigungen gegen bestimmte Nahrungsmittel und Gerichte erlebt als der Erwachsene. Für das Kind sind gut und süß dasselbe. Das bedeutet aber keineswegs, daß alles Unbeliebte vermieden werden sollte oder gar müßte; es bedeutet nur Berücksichtigung etwa der bekannten Unbeliebtheit von Spinat und Schwarzwurzeln beim Abmessen der Portion für den Teller. Grundsätzlich soll das Kind lernen, alles zu essen, was auf den Tisch kommt.

Für die ganze Ernährung des Kindes gelten einige erprobte Grundregeln: Keine Überernährung – Regelmäßigkeit in Mahlzeiten und Nahrungspausen – kein Zwang zum Essen; Hungern ist ein gutes Heilmittel für schlechte Esser – Süßigkeiten nur als Ausnahme; festhaftende Süßigkeiten verderben die Zähne – keine Einseitigkeit in der Nahrungswahl und Nahrungszubereitung; ausschließliche Rohkost ist für Kinder eine Hungerkost und außerdem nicht unbedenklich wegen der Möglichkeit einer Übertragung von Krankheitserregern und Würmern.

Die Ernährung der schwangeren und stillenden Frau

Die Schwangerschaft fordert Aufwendungen für das heranwachsende Kind, für den Umbau und Aufbau der mütterlichen Organe und für die Bewegungen des schwerer werdenden mütterlichen Körpers. Die alte Redensart: Die Schwangere muß essen für zwei, ist wohl richtig. Sie ist aber nicht richtig, wenn sie so verstanden wird, als ob sie hieße: Die Schwangere muß doppelte Portionen essen.

Der Energieaufwand, den die zusätzlichen Leistungen erfordern, fällt in der 1. Schwangerschaftshälfte gar nicht, in der 2. Schwangerschaftshälfte nur wenig ins Gewicht. Während der 1. Schwangerschaftshälfte ist deshalb eine Steigerung der Kalorienzufuhr überflüssig. Während der 2. Hälfte genügt ein Mehr von 200–300 Kalorien je Tag. Die schwangere Frau soll auf keinen Fall so viel essen, daß sie fettleibig wird, Krampfadern bekommt und sich nur noch wenig und mühsam bewegen kann. Die meisten Frauen mit normaler Schwangerschaft und normalen Kindern nehmen im Laufe der 9 Monate 11 bis 18 kg zu. Bei ungewöhnlich starker Gewichtszunahme muß ärztlich geklärt werden, ob die Ursache in einer „Überfütterung" oder einer krankhaften Störung liegt.

Aus der Menge neu aufgebauten Körpereiweißes hat man errechnet, daß während einer Schwangerschaft täglich 10 g Eiweiß angesetzt werden. Während der 1. Hälfte ist der Ansatz nur gering, während der 2. Hälfte dementsprechend größer. Großer Eiweißansatz ist nicht möglich ohne große Eiweißzufuhr. Jede Erhöhung der Eiweißzufuhr bewirkt aber auch eine Erhöhung des Eiweißumsatzes. Man muß deshalb die Eiweißzufuhr mit der Nahrung um mehr als 10 g je Tag erhöhen, wenn man einen Tagesansatz von 10 g erzielen will. Zweckmäßig ist es deshalb, der Frau während der 2. Hälfte ihrer Schwangerschaft täglich 20–30 g Eiweiß mehr zu geben als bisher. Damit hat sie sicher genug.

Eine Notwendigkeit für Einschränkung des Fett- oder Zuckerverzehrs ist nicht gegeben. Eine im ganzen knappe Ernährung ist unter Umständen unumgänglich, wenn sich gewisse krankhafte Störungen entwickelt haben

(„Schwangerschaftstoxikosen“ wie die Eklampsie) und bestimmte Krankheitserscheinungen bekämpft werden sollen. Es hat sich aber nicht nachweisen lassen, daß eine kalorienknappe, eiweißknappe und fettknappe Ernährung die Entstehung derartiger Störungen zu verhindern vermag.

Ähnlich steht es mit dem Salz. Es gibt Frauen, die während der Schwangerschaft ein eigentümlich gedunsenes Aussehen bekommen. Diese Veränderungen hängen mit der anderen Einstellung der Hormondrüsen zusammen; sie beruhen aber nicht auf einer zu salzreichen Ernährung. Es gibt auch Frauen, die an Herz- oder Nierenkrankheiten leiden und bei denen der Arzt entscheiden muß, ob und wieweit sie ihre gewohnte Kochsalzzufuhr einschränken müssen. In allen anderen Fällen besteht keine Veranlassung, der schwangeren Frau das gewohnte Salz mehr oder weniger streng zu entziehen in dem Glauben, dadurch krankhafte Störungen, „Komplikationen der Schwangerschaft“, verhüten zu können. Aus England sind Beobachtungen bekannt geworden, wonach solche Störungen durch große Mengen Salz sogar gebessert werden können.

Kalkreiche Ernährung, etwa in Form von Milch und Milcherzeugnissen, ist auf alle Fälle empfehlenswert, wenn wir auch noch nicht sicher sagen können, ob es wirklich nötig ist. Offenbar unrichtig ist die alte Meinung: Jedes Kind kostet einen Zahn. Selbst wenn sie richtig wäre, wäre sie noch kein Beweis für Kalkmangel.

Entgegen oft wiederholten Behauptungen gibt es keine Beweise dafür, daß die Schwangerschaft den Vitaminbedarf (den Bedarf an Axerophthol, Calciferol, Thiamin, Riboflavin, Ascorbinsäure) nennenswert erhöht. Wenn wir eine eher reichliche als knappe Versorgung mit diesen Stoffen empfehlen, dann beruhen unsere Empfehlungen nicht sosehr auf sicherem Wissen als auf dem Bestreben, nichts zu unterlassen, was vielleicht Schaden verhüten könnte.

Über diesem Streben darf man aber nicht vergessen, daß die Schwangerschaft keine Krankheit, sondern ein natürlicher Lebensvorgang ist, und daß es unangebracht ist, einer Frau in diesem Zustand unnötige Gebote und Verbote aufzuerlegen. Im Gedanken daran sollte sich die Kostführung den persönlichen Gewohnheiten und Neigungen der Schwangeren, einschließlich ihrer oft merkwürdigen Gelüste, möglichst weitgehend anpassen.

Der Nahrungsbedarf der stillenden Mutter ist größer als der der werdenden – und zwar, begreiflicherweise, um so größer, je mehr Milch sie abgibt. Auf reichliche Versorgung nicht nur mit Kalorien und Eiweiß, sondern auch mit Axerophthol, Ascorbinsäure, Calciferol und Calcium muß jetzt größter Wert gelegt werden, weil alle diese Stoffe in großen Mengen mit der Milch den Körper verlassen.

EINRICHTUNG DER KÜCHE

Es gehört ein nicht geringes Maß von Kenntnissen und Erfahrungen dazu, um eine Küche nach gesundheitlichen und wirtschaftlichen Gesichtspunkten richtig führen zu können. Es ist Pflicht jeder Hausfrau, sich dieses Wissen in allen Einzelheiten anzueignen; denn sie soll ihre Familie nicht nur satt machen, sondern gesund und leistungsfähig erhalten. Um das zu erreichen, muß sie zunächst dafür sorgen, daß ihr täglicher Arbeitsplatz, die Küche, zweckmäßig eingerichtet ist. Ferner muß sie sich mit den Grundlagen einer richtigen Ernährung vertraut machen; sie muß sowohl den Nähr- und Gesundheitswert der Nährstoffe kennen als auch wissen, welche Nahrungsmittel uns die notwendigen Nährstoffe liefern. Die Zusammenstellung der Nahrungsmittel zur täglichen Kost darf ebensowenig dem Zufall überlassen werden, sie muß neben gesundheitlichen auch ernährungswirtschaftliche Gesichtspunkte berücksichtigen. Im nachfolgenden sind dazu einige praktische Hinweise gegeben.

PRAKTISCHE WINKE

1. Man betrachte die Küche als Arbeitsplatz und richte sie zweckentsprechend ein.

2. Alle Küchenmöbel müssen so angeordnet sein, daß unnötige Schritte beim Arbeiten vermieden werden; ihr Anstrich sei hell und abwaschbar.

3. Geschirr und Gefäße kaufe man der Größe der Familie entsprechend; bei Kochtöpfen nehme man möglichst den gleichen Durchmesser, um sie auf dem Herd übereinanderstellen zu können (Turmkochen). Man achte auf zweckmäßige Form, starken Boden, gut schließenden Deckel und praktische Griffe.

4. Eine Küchenwaage ist für jeden Haushalt, der sparsam wirtschaften will, unentbehrlich, zum mindesten aber sollte ein Meßbecher zur Hand sein.

5. Beim Einkauf von Küchengeräten und -maschinen prüfe man vorher ihre Rentabilität für den eigenen Haushalt und achte auf gute Qualität und richtige Arbeitshöhe. Man behandele sie pfleglich, um ihren Wert zu erhalten.

6. Alle Gegenstände müssen leicht zu reinigen (Nirosta) und da untergebracht sein, wo sie am meisten gebraucht werden (Topflappen am Herd).

7. Elektrische Haus- und Küchengeräte (Küchenmaschinen s. S. 42/43) tragen wesentlich dazu bei, die Haushaltführung einfacher und müheloser zu machen.

8. Alle Kochstellen sind sauber zu halten, Schmutz und Speisereste sind nach dem Kochen zu entfernen. Nur bei gut regulierbarer Wärme ist ein richtiges Kochen möglich, man ziehe deshalb bei Unregelmäßigkeiten sofort einen Fachmann zu Rate.

9. Beim Kauf eines neuen Herdes wähle man die modernste Konstruktion und richte sich genau nach den beigegebenen Vorschriften, da sie die größte Wärmeausnutzung bei sparsamer Verwendung des Brennstoffes gewährleisten. Weitere Möglichkeiten der Wärmeersparnis sind Turmkochen, Kochkiste und Dampfdrucktopf.

10. Die Beleuchtung der Küche sei nicht zu schwach und so angebracht, daß kein Schatten auf den Arbeitsplatz fällt.

11. Küchengerüche müssen durch gute Durchlüftung zu beseitigen sein.

12. Die Kleidung der Hausfrau sei bequem und waschbar.

13. Die Hausfrau arbeite planvoll sowohl beim einzelnen Arbeitsgang (Backen) als auch bei den täglichen Reinigungsarbeiten im Haushalt. Sie überlege die zweckmäßigste Reihenfolge der notwendigen Arbeitsverrichtungen.

14. Sie entlaste sich durch richtige Körperhaltung bei der Arbeit, notwendige Ruhepausen und sinnvolle Erholung.

DER ELEKTROHERD

Der wichtigste Bestandteil des Elektroherdes ist die *Kochplatte*. In Deutschland verwendet man fast ausschließlich sogenannte „Massekochplatten“, bei denen in einem Guß- oder Stahlkörper von 145, 180 oder 220 mm Durchmesser der Heizdraht luftdicht in eine keramische Isoliermasse eingebettet ist. Die milde Elektrowärme wird dabei meist gleichmäßig in einem großflächigen Ring um den unbeheizten Mittelteil erzeugt. Deshalb soll auch gutes Geschirr mit möglichst ebenem Boden verwendet werden.

Ältere Kochplatten haben je eine Heizstufe zum Ankochen, Fortbraten, Fortkochen und die Stufe Null, die durch einen Viertaktschalter gesteuert werden. Seit neuerer Zeit gibt es nur noch Kochplatten mit sechs Heizstufen und Siebentaktschalter. Sie haben außer der Ankochstufe zwei Fortbrat- und drei Fortkochstufen und können sich damit im Wärmenachschub verschiedenen Kochgutmengen und Geschirrgrößen noch besser anpassen. Weitere Vorteile bieten „Blitzkochplatten“ mit sehr kurzer Ankochzeit, bei denen zum Teil auch noch die Heizleistung durch automatische Schaltorgane im Bereich des Bratens, Fortkochens und Wärmens stufenlos nach den Erfordernissen des Garvorganges eingestellt werden kann. Besonders günstig sind

Blitzkochplatten mit reiner Temperaturregelung, weil hier immer nur so viel Wärme erzeugt wird, wie zur genauen Einhaltung der gewählten Kochhitze erforderlich ist; eindickendes Kochgut brennt deshalb nicht an. Quellgerichte können unter der Kochtemperatur gehalten werden.

Der zweite wichtige Bauteil des Elektroherdes ist der *Backofen*, in der Regel 330 mm breit, 230 mm hoch und 470 mm tief. Kleinherde haben meist schmalere, niedrigere und auch kürzere Backöfen. Sehr vorteilhaft sind in Querlage angeordnete Backöfen, weil sie die Bedienung und Reinigung erleichtern. Bei modernen Herdkonstruktionen wird der früher übliche Lüftungsschieber in der Backofentür häufig durch verdeckt angeordnete Öffnungen in seiner Funktion ersetzt.

Der Backofen hatte früher meist eine getrennte Ober- und Unterhitze, die, jede für sich, durch einen Viertaktschalter in drei Stufen auf starke, mittlere und schwache Hitze eingestellt werden können. Neuerdings gibt es nur noch Backöfen mit Temperaturregler, bei denen Ober- und Unterhitze gemeinsam von einem automatischen Schaltorgan so gesteuert werden, daß die gewählte Back- oder Brathitze mit großer Genauigkeit erhalten bleibt. Dadurch vereinfacht sich die Bedienung für fast alle vorkommenden Garvorgänge. Diese Regelung kann noch durch einen Vorwählschalter erweitert werden, der es gestattet, das Verhältnis von Oberhitze zu Unterhitze unterschiedlich einzustellen. Weitere Vorteile bieten Backöfen mit einem Infrarotstrahler als innen angeordneter Oberhitze: Die Gebäcke trocknen dabei nicht aus, der Anwendungsbereich wird bis zum Überbacken und scharfen Braten erweitert. Zum Grillen gibt es Backöfen mit einem Spezialgrill als besonders intensive Strahlungshitze.

Kochplatten und Backöfen werden durch *Schaltorgane* gesteuert, deren Bedienungsgriffe die altgewohnten Bezeichnungen 3–2–1 tragen. Siebentaktschalter haben außer diesen Zahlen noch einfache Punktmarkierungen für die drei dazwischenliegenden Leistungsstufen. Auch die Wähler der stufenlosen Kochplattenregelung sind mit den Zahlen 3–2–1 oder deren Symbolen versehen, damit überall nach einheitlichen Kochbuchanweisungen gearbeitet werden kann. Um auch beim Reglerbackofen die Einheitlichkeit zu wahren, ist sein Wähler mit 300–200–100 beschriftet. Da alle stufenlosen Regeleinrichtungen nur zum Betrieb mit Wechselstrom geeignet sind, können moderne Elektroherde nur noch an diese Stromart angeschlossen werden.

Inbetriebnahme

Die emaillierten Flächen des Herdes werden mit einem in warmes Wasser getauchten Lappen abgerieben. Den Backofen wischt man vor der ersten Benutzung mit heißer Spüllauge aus und schaltet die Heizung etwa eine halbe Stunde ein, um den Neugeruch zum Verschwinden zu bringen. Das Backblech, der Rost und die Bratpfanne werden ebenfalls mit Spüllauge abgewaschen.

Das Arbeiten auf der Kochplatte

Schaltstufen und Regelbereiche

STUFE 3 (Ankochstufe) wird immer zu Beginn eines Kochvorganges verwendet, also zum Ankochen, Anbraten, Andünsten usw. Ebenso wird man nochmals auf Stufe 3 schalten, wenn in einem Topf, der schon auf Stufe 1 oder Stufe 0 weiterkocht, kalte Zutaten gegeben werden und der Inhalt nochmals aufkochen soll. Außerdem dient Stufe 3 für alles Kurzgebratene, wie Pfannengerichte und Eierspeisen.

STUFE 2 (Fortbratstufe) wird verwendet, wenn in der Pfanne oder im Fettbad Brat- und Backgerichte (Schnitzel, Eierkuchen, Fettgebäck) in größerer Anzahl hintereinander hergestellt werden und auf die Dauer die Hitze auf Stufe 3 zu stark wird.

STUFE 1 (Fortkochstufe) ist so bemessen, daß der auf Stufe 3 zum Kochen gebrachte Topfinhalt mit geringstem Stromverbrauch eben weiterkocht.

STUFE 0 (ausgeschaltet) hat für das Kochen ebenfalls eine gewisse Bedeutung. Wenn vorher Stufe 3 eingeschaltet war, so hält die Wärme nach dem Ausschalten noch 5 bis 10 Minuten an. Gerichte mit sehr kurzer Garzeit und Quellgerichte können daher nach dem Aufkochen sofort auf Stufe 0 geschaltet werden.

Kochplatten mit Siebentaktschaltung haben noch drei Zwischenstufen. Außer der normalen Fortkochstufe 1 kann man eine etwas höhere (zwischen 1 und 2) und eine etwas niedrigere Heizleistung zwischen 0 und 1) einschalten und sich so den verschiedenen Topfgrößen und Kochgutmengen noch besser anpassen. Außerdem steht für großen Wärmebedarf in der Pfanne oder zum Backen in siedendem Fett eine zweite, höhere Fortbratstufe (zwischen 2 und 3) zur Verfügung.

Bei *Kochplatten mit stufenloser Regelung* kann die Wärmeabgabe im Fortbrat- und Fortkochbereich innerhalb gewisser Grenzen beliebig eingestellt werden. Die Protodyn-Automatik-Kochplatte hat dafür Temperaturbereiche für Wärmen, Kochen und Braten und die Schnellankochstellung „stark". Mit dem Wähler kann man daher die Temperatur unter den Töpfen nach Wunsch vom Wärmen zum langsamen Ziehen, kräftigen Wallen und scharfen Braten verstellen. Für häufig wiederkehrende Kochvorgänge wird man sich die richtige Wählerstellung bald gemerkt haben. Man kocht automatisch, indem man gleich auf Kochen oder Braten stellt, das Umschalten dem Regelorgan überläßt und ungestört einer anderen Arbeit nachgehen kann.

Man hört manchmal die Meinung, ein Gericht würde bei starker Hitze auf Stufe 3 schneller gar werden. Dabei entweicht zwar dem Topf viel Dampf, aber die Siedetemperatur des Wassers bleibt immer 100° C, gleichgültig, ob es stark oder schwach kocht. Zuviel Wärme dient also nur der nutzlosen Dampfentwicklung. Wer sparsam kochen will, schaltet deshalb auf Stufe 1 oder Stufe 0, sobald Dampf entweicht, und läßt die Gerichte mit wenig Wärme fertigkochen.

Kochtöpfe übereinander

Sparsame Hausfrauen stellen mit einem Stufenring häufig Töpfe übereinander, sei es zum Ausquellen schnellgarender Speisen nach dem Ankochen oder auch zum Warmhalten fertiger Gerichte. Der Elektroherd ist dafür besonders geeignet, weil die Töpfe auf den Kochplatten stets sauber bleiben und nach einfachem Abwischen unbedenklich auf einen anderen Topf gesetzt werden können.

Wahl des Geschirrs Moderne Herdkochplatten erfordern nicht mehr unbedingt Spezialgeschirr. Alte, verbeulte Töpfe soll man aber nicht verwenden, denn sie haben eine längere Ankochzeit und einen höheren Stromverbrauch. Gutes, kräftiges Geschirr mit möglichst ebenem Boden beschleunigt das Kochen, spart Strom und ist nachher auch leicht zu reinigen.

DAS ARBEITEN IM BACKOFEN

Schaltstufen und Regelbereiche

Bei Backöfen mit *Stufenschaltern* können Ober- und Unterhitze unabhängig voneinander durch je einen Viertaktschalter wie eine Kochplatte auf starke, mittlere und schwache Hitze geschaltet werden. Backöfen mit *Temperaturregler* haben an Stelle der Schalter einen Wähler, mit dem man die Temperatur im Ofen zwischen etwa 50 und 300° C beliebig und ohne Stufen einstellen kann. Dazu gehört eine Signallampe, die immer dann brennt, wenn die Heizung des Backofens eingeschaltet ist. Ihr erstes Erlöschen nach dem Aufheizen zeigt an, daß der Ofen die gewählte Temperatur erreicht hat und das Back- oder Bratgut eingebracht werden kann. Später leuchtet die Lampe wieder so lange auf, wie der Backofen von Zeit zu Zeit zur Erhaltung der eingestellten Temperatur nachgeheizt wird. Für den Garvorgang ist dieses Aufleuchten und Erlöschen ohne jede Bedeutung.

Vorwählschalter Außer Temperaturwähler und Signallampe haben manche Backöfen noch einen Vorwählschalter, mit dem man das günstigste Verhältnis Oberhitze zu Unterhitze für die wichtigsten Garvorgänge (Backen, Braten, Einkochen, Grillen) einstellen kann, bevor man mit dem Temperaturwähler die Backofenheizung einschaltet.

Lüftungsschieber Zur Vermeidung von Überdruck im Backofen sind Abzugsöffnungen vorgesehen, die entweder immer offen sind und keiner Bedienung bedürfen oder aber als Lüftungsschieber in der Backofentür sitzen. Ihr Einfluß auf das Brat- oder Backergebnis ist unbedeutend. Verschließbare Schieber soll man bei starker Dunstbildung und zur Erzielung einer kräftigen Bräunung offenhalten.

Reinigung und Instandhaltung Nach dem Kochen müssen alle Schalter und Wähler auf Null stehen.
Zur täglichen Reinigung der emaillierten Flächen nehme man einen in Spüllauge getauchten, gut ausgewrungenen Lappen. Scharfe Putzmittel kratzen und sind deshalb zu vermeiden; allenfalls verwende man Seife. Durch Nachreiben mit einem öligen Lappen wird das Aussehen der Emaille noch verbessert. Säuren aller Art greifen die Emaille an und müssen immer sofort

abgewischt werden. Sind erst Säureflecken entstanden, so können sie mit einem guten Öl nur noch abgeschwächt, jedoch nicht mehr ganz entfernt werden.

Die Kochplatten werden von etwa anhaftenden Speiseresten gesäubert und von Zeit zu Zeit leicht mit einem pflanzlichen Öl eingerieben. Tierische Fette (Speckschwarten) sind dafür nicht geeignet, da sie Rostbildung hervorrufen. Am besten nimmt man dafür Spezialpflegemittel. Der Backofen soll nach jedem Gebrauch einige Zeit offen bleiben, damit er innen vollkommen lufttrocken wird.

Reparaturen dürfen nur vom Fachmann vorgenommen werden!

KÜCHENMASCHINEN

STARMIX
AEG

BAUKNECHT
BOSCH

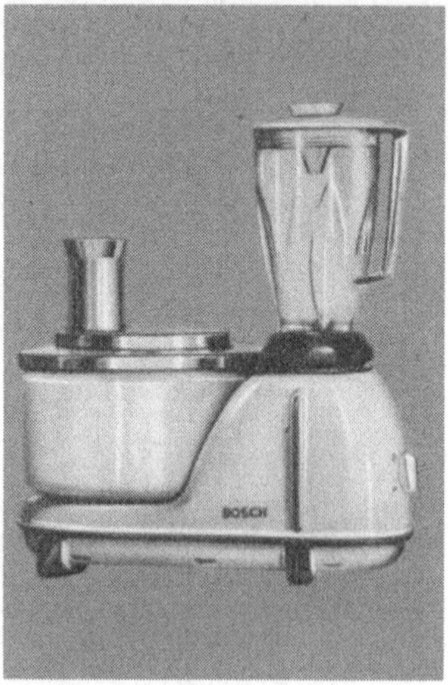

KENWOOD
BRAUN

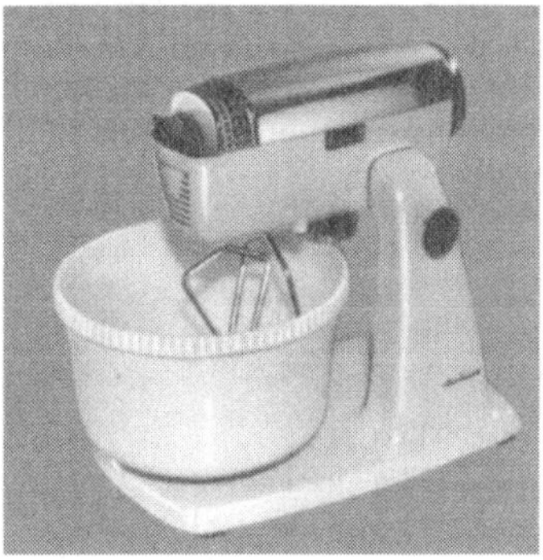

ALEXANDERWERK

QUIRLE

KRUPS 3-MIX
SIEMENS
BOSCH

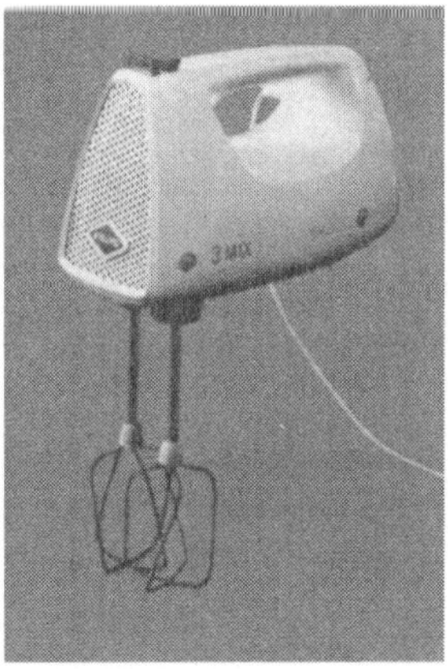

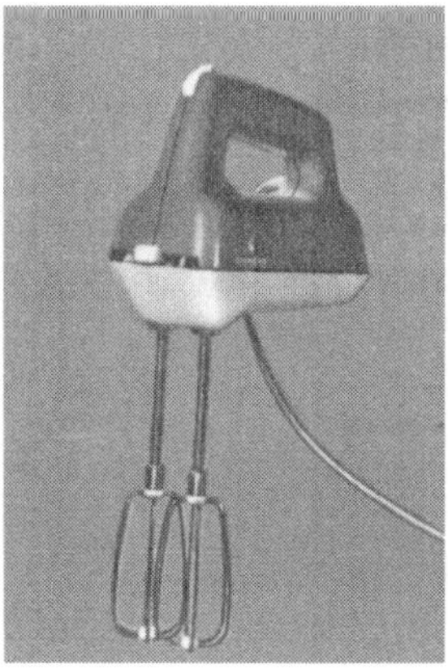

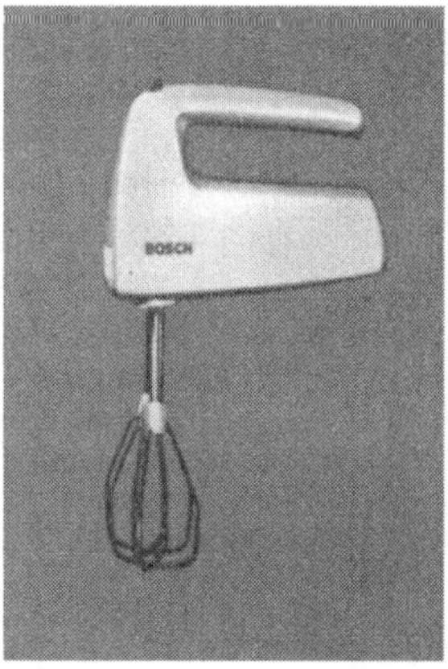

KÜCHENTECHNISCHE GRUNDBEGRIFFE

Maße und Gewichte

In den Rezepten des vorliegenden Kochbuches sind die Zutaten in Gramm angegeben, um nach Möglichkeit ein Bemessen der Mengen nach Gutdünken auszuschalten, weil dabei Material verschwendet wird und Mißerfolge häufig sind. Das genaue Abmessen und Wiegen ist eine selbstverständliche Forderung für jede Hausfrau, die rationell wirtschaften und mit dem Pfennig rechnen will. Um ein Abmessen kleiner Mengen zu erleichtern, sei nachstehende Tabelle aufgeführt, doch sollte jede Hausfrau im Anfang ihrer Praxis auch kleinste Mengen abwiegen und sie danach mit dem Löffel messen, um ihr Augenmaß auszubilden.

1 l Wasser	=	1 kg
¼ l Flüssigkeit	=	1 Suppenteller
⅛ l Flüssigkeit	=	8 Eßl.
1/10 l Flüssigkeit	=	6 Eßl.
1 kg	=	1000 g
½ kg	=	500 g (1 Pfund)
1 Eßl. Mehl, gestrichen	=	10 g
1 Eßl. Gustin, schwach gehäuft	=	10 g
1 Eßl. Semmelmehl, gestrichen	=	10 g
1 Eßl. Grieß, gestrichen	=	12 g
1 Eßl. Graupen, Grütze, gestrichen	=	12 g
1 Eßl. Salz, gestrichen	=	15 g
1 Eßl. Zucker, gestrichen	=	15 g
1 Eßl. Zucker, schwach gehäuft	=	20 g
1 Eßl. Zucker, gut gehäuft	=	25 g
1 Eßl. Fett, gestrichen	=	15 g
1 Teel. Gustin, gestrichen	=	2 g
1 Teel. Salz, gestrichen	=	5 g
1 Teel. Backpulver Backin, gestrichen	=	3 g
5 mittelgroße Äpfel	=	½ kg
6–7 mittelgroße Kartoffeln	=	½ kg
1 Gewürzdosis	=	4 Pfefferkörner, 2 Nelkenpfeffer, 1 Nelke, 1 kleines Lorbeerblatt.
Suppengrün (Wurzelwerk)	=	Möhre, Porree, Sellerie, Petersilienwurzel.

Mengenangaben

Bei den folgenden Angaben handelt es sich um Durchschnittsmengen, die jede Hausfrau auf Grund ihrer Erfahrung für die besonderen Verhältnisse ihrer Familie abändern muß. Bei der Veranschlagung des Kostmaßes sind Alter, Berufsarbeit, Gewöhnung und Veranlagung der einzelnen Personen zu berücksichtigen. Im allgemeinen legt man folgende Mengen für eine Person und Mahlzeit zugrunde:

¼ l Suppe als Vorgericht,
½ l Suppe als Hauptgericht,
$^1/_{10}$ – ⅛ l Soße,
100 – 125 g Fleisch ohne Knochen,
125 – 150 g Fleisch mit Knochen,
250 g Fisch mit Kopf,
150–200 g Fischfilet,
200–250 g Gemüse,
250 g Kartoffeln,
125 g frisches Obst, 60 g Backobst.

Abkürzungen

kg	=	Kilogramm	S.	=	Seite
l	=	Liter	s. oben	=	siehe oben
Eßl.	=	Eßlöffel	Abb.	=	Abbildung
Teel.	=	Teelöffel			

Die Wiegeschale wird nach dem Gebrauch über das Gehäuse gestülpt. Die Waage ist deshalb besonders raumsparend und auf kleinstem Raum unterzubringen.

Kochen Garmachen in Wasser. Nur anzuwenden, wenn man das gesamte Kochwasser nachher zu Suppen oder Soßen gebraucht, da ein Teil der Nährstoffe ausgelaugt wird und in das Kochwasser übergeht.

Dämpfen Garmachen in Wasserdampf. Geringer Nährstoffverlust, da die Nahrungsmittel nicht unmittelbar mit dem Kochwasser in Berührung kommen.

Dünsten Garmachen im eigenen Saft, wenn nötig unter Zugabe von etwas Fett oder Flüssigkeit. Alle Nährwerte bleiben erhalten.

Schmoren Anbraten in Fett im offenen Topf bis zur Bräunung, dann Garmachen mit Flüssigkeit im geschlossenen Topf. Es bilden sich Röst- und Aromastoffe.

Braten Garmachen in Fett bei hoher Temperatur; a) auf der Kochplatte in offener Pfanne, b) im Ofen auf dem Rost oder in der Bratpfanne.
Durch Bräunung bilden sich Röst- und Aromastoffe.

Grillen Garmachen bei hoher Temperatur unmittelbar unter dem Glühstab.

Backen Garmachen durch heiße Luft im Backofen oder durch heißes Fett in der Pfanne.

Ausbacken Garmachen im Fettbad. Das Kochgut schwimmt in heißem Fett.

Anschwitzen (Andünsten) Erhitzen des Kochgutes (Zwiebel, Suppengrün, Gemüse) in heißem Fett, ohne daß es bräunt.

Abziehen (Legieren) Eigelb oder Ganz-Ei mit 2 Eßl. Wasser verquirlen, mit heißer Flüssigkeit auffüllen und unter Schlagen in die fertige Speise geben.

Panieren Wenden in Mehl, anfeuchten in Ei oder Milch und einhüllen in geriebener Semmel.

Mehlschwitze Fett auf Stufe 3 zergehen lassen. Mehl dazugeben und gelb oder braun werden lassen. Langsam Flüssigkeit auffüllen und mit einem Schneebesen durchschlagen, damit sich keine Klumpen bilden. 5–10 Minuten auf Stufe 0 ziehen lassen.

Alle Rezepte dieses Buches sind, wenn nicht anders vermerkt, für 4 Personen berechnet. Die Zutaten sind in der Reihenfolge des Gebrauchs aufgeführt.

SUPPEN

Mit Recht hat die Suppe ihren Platz in jedem „richtigen Essen" seit jeher behauptet. Sie bietet unzählige Möglichkeiten, den Speisezettel abwechslungsreich zu gestalten und verlangt keine teuren Zutaten. Mit Liebe und Phantasie lassen sich besonders aus Resten immer wieder neue und wohlschmeckende Suppen zubereiten. Eine wesentliche Erleichterung für die Hausfrau bieten die kochfertigen Suppen, z. B. die ETO-Suppen.

Groß ist auch der gesundheitliche Wert der Suppe. Sie belebt nach anstrengender Arbeit und trägt zur Entspannung derjenigen bei, die sich abgehetzt zu Tisch setzen. Sie durchwärmt im Winter und erfrischt als Kaltschale im Sommer. Sie stillt den ersten Hunger, bereitet den Magen auf die kommenden Genüsse schonend vor und erhöht dadurch die Verträglichkeit der ganzen Mahlzeit.

A. FLEISCH-, KNOCHEN- UND FISCHSUPPEN

Regeln

1. Fleisch und Knochen werden nur kurz mit kaltem Wasser abgespült, damit keine Nährstoffe verlorengehen.

2. Fleisch kann in kaltes oder kochendes Wasser gegeben werden. Kommt es nur auf eine gute Brühe an, so setzt man das Fleisch, evtl. sogar kleingeschnitten (Diät), mit kaltem Wasser an, um es besser auszulaugen. Soll das Fleisch saftig bleiben, so wird es in kochendes Wasser gegeben, das Eiweiß an den Schnittflächen gerinnt sofort und verschließt die Poren des Fleisches.

3. Knochen werden klein zerhackt und mit kaltem Wasser aufgesetzt. Man soll sie zweimal auskochen, um sie vollständig auszunutzen.

4. Fleisch muß während des Kochens mit Wasser bedeckt sein, sonst wird es hart und zähe.

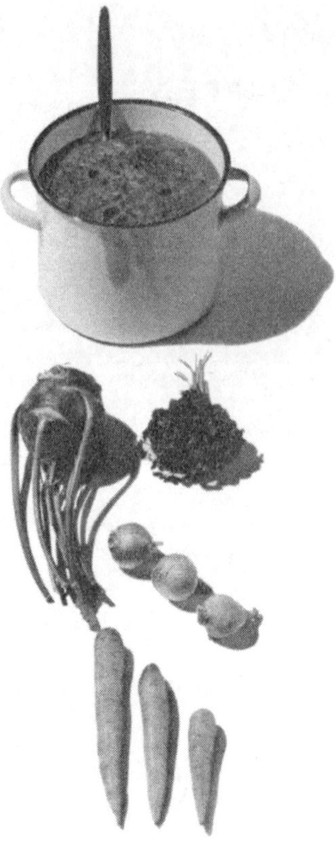

5. Brühe wird auf Stufe 3 fast zum Kochen gebracht und auf Stufe 1, die letzten 10–15 Minuten auf Stufe 0, fertiggekocht.

6. Ein Verkochen der Flüssigkeit braucht beim Ansetzen nicht berücksichtigt zu werden, da bei richtiger Einstellung der Kochplatte kaum Wasser verdampft.

7. Das geputzte und gewaschene Suppengrün kann, gebündelt oder in kleine Stücke geschnitten, an die Brühe gegeben werden, je nachdem, ob es in der Suppe bleiben soll oder nicht. Es darf höchstens 1 Stunde mitkochen.
Petersilie wird erst kurz vor dem Anrichten an die Suppe gegeben, da sie durch Kochen die grüne Farbe verliert und entwertet wird. Eine dunklere Färbung der Brühe erzielt man dadurch, daß man eine fettlos gebräunte Zwiebel darin auskochen läßt.

8. Damit klare Suppen durch Zugabe von Einlagen wie Teigwaren, Reis, Klöße nicht trübe werden, ist es ratsam, diese in Salzwasser gar zu kochen, mit kaltem Wasser abzuspülen (Klöße nicht!) und sie erst kurz vor dem Anrichten in die Suppe zu geben.

9. Um einer gebundenen Suppe einen kräftigen Geschmack zu geben, kann man Mehl, Grieß, Reis und Sago zunächst mit Fett anrösten, dann mit der erforderlichen Flüssigkeit auffüllen (ablöschen) und gar kochen. Diese Zubereitungsart wird bei der sogenannten Mehlschwitze gewählt, wobei das Mehl, je nach Wunsch, heller oder dunkler geröstet werden kann. Will man eine Suppe auf diese Weise herstellen, richtet man sich nach einem der beiden folgenden Rezepte.

Helle Grundsuppe

40 g Butter oder Margarine
40 g Weizenmehl
1 l Flüssigkeit

Das Fett auf Stufe 3 zerlassen. Das Mehl unter Rühren so lange darin erhitzen, bis es hellgelb ist. Damit keine Klumpen entstehen, die Flüssigkeit nach und nach hinzugießen und mit einem Schneebesen durchschlagen. Die Mehlschwitze muß nach Zugabe der Flüssigkeit zum Kochen kommen. Die fertige Suppe auf Stufe 0 etwa 10 Minuten ziehen lassen und dann abschmecken.

Kochzeit: Etwa 10 Minuten.

Dunkle Grundsuppe

40 g Butter oder Margarine
50 g Weizenmehl
1 l Flüssigkeit

Das Fett auf Stufe 3 zerlassen. Wenn es heiß genug ist, das Mehl unter Rühren so lange darin erhitzen, bis es hell- bis dunkelbraun ist. Soll eine Zwiebel zugegeben werden, sie feingeschnitten erst in das leicht gebräunte Mehl geben, da sie sonst zu dunkel wird. Damit keine Klumpen entstehen, die Flüssigkeit nach und nach hinzugießen und mit einem Schneebesen durchschlagen. Die Mehlschwitze muß nach Zugabe der Flüssigkeit zum Kochen kommen. Die fertige Suppe auf Stufe 0 etwa 10 Minuten ziehen lassen und dann abschmecken.

Kochzeit: Etwa 10 Minuten.

Rindfleischbrühe*

250 g Knochen
250–375 g Rindfleisch (Brust-, Schwanzstück oder Bein)
1½ l kaltes Wasser
etwas Salz
Suppengrün (Möhre, Porree, Sellerie)
1 Zwiebel
einige Tropfen Fleischextrakt oder Suppenwürze

Die abgespülten, zerkleinerten Knochen und das Fleisch mit dem gesalzenen Wasser ansetzen, auf Stufe 3 fast zum Kochen bringen und 2½–3 Stunden auf Stufe 1, die letzten 5–10 Minuten auf Stufe 0, kochen lassen. Das gewaschene Suppengrün und die Zwiebelscheiben (nach Belieben geröstet) nur 1 Stunde mitkochen. Die Brühe durch ein Sieb gießen und mit Salz und Fleischextrakt oder Suppenwürze abschmecken.

Klare Fleischbrühe in Tassen mit Weißbrot reichen oder sie zu einer der nachfolgenden Suppen mit Einlage verwenden.

Kochzeit: 2½–3 Stunden.

* Auf einfache und schnelle Weise läßt sich mit **ETO Klare Fleischsuppe** nach der Vorschrift eine wohlschmeckende Brühe zubereiten.

Kalbfleischbrühe*

250 g Knochen
250–375 g Kalbfleisch
1¼ l kaltes Wasser
etwas Salz
Suppengrün (Möhre, Porree, Sellerie)
1 Zwiebel
einige Tropfen Fleischextrakt oder Suppenwürze

Siehe Herstellung von Rindfleischbrühe (S. 49).

Kochzeit: 1½ Stunden.

Einlaufsuppe

1 l Fleischbrühe (S. 49)*
20 g Weizenmehl
1 Eßl. Milch
1 Ei
etwas Salz
etwas Muskat
etwas gehackte Petersilie

Mehl, Milch, Ei, Salz und Muskat gut verquirlen und tropfenweise (über einen Quirl oder durch die Löcher eines Schaumlöffels) in die auf Stufe 3 stark kochende Brühe geben und einmal aufkochen lassen. Die Petersilie auf die fertige Suppe streuen.

Kochzeit: Etwa 3 Minuten.

Frühlingssuppe

1 l Fleischbrühe (S. 49)*
1 Stück Blumenkohl
125 g junge Erbsen
2 Karotten
50 g Perlböhnchen
4 Stangen Suppenspargel
1–2 Tomaten
etwas Salz
einige Tropfen Fleischextrakt oder Suppenwürze
etwas gehackte Petersilie

Den Blumenkohl in Röschen teilen, die Erbsen auspalen, die Karotten putzen und mit dem Buntschneidemesser in Scheibchen schneiden. Die Bohnen abziehen und zwei- bis dreimal durchbrechen. Den Spargel schälen und in kleine Stücke schneiden. Das gewaschene Gemüse und die gewaschenen, kleingeschnittenen Tomaten in die auf Stufe 3 kochende Brühe geben, zum Kochen bringen, zunächst 5 Minuten auf Stufe 1 und dann auf Stufe 0 gar kochen lassen. Die Suppe mit Salz und Fleischextrakt oder Suppenwürze abschmecken und mit Petersilie anrichten.

Kochzeit: Etwa 30 Minuten.

Nach Belieben die Suppe durch Eierstich (S. 74), Grieß- (S. 74), Mark- (S. 67) oder Schwemmklößchen (S. 68) verfeinern.

Knochenbrühe*

500 g Knochen
1½ l kaltes Wasser
etwas Salz
Suppengrün (Möhre, Porree, Sellerie)
1 Zwiebel
1 Tomate

Die abgespülten, zerkleinerten Knochen mit dem gesalzenen Wasser ansetzen, auf Stufe 3 fast zum Kochen bringen und 3 Stunden auf Stufe 1, die letzten 5–10 Minuten auf Stufe 0, kochen lassen. Das gewaschene Suppengrün, die gerösteten Zwiebelscheiben und die gewaschene, in Viertel geschnittene Tomate nur 1 Stunde mitkochen. Die Brühe durch ein Sieb gießen.

Da Knochenbrühe trübe ist, sie zu sämigen oder gebundenen Suppen verwenden.

Kochzeit: Etwa 3 Stunden.

Veränderung: Für eine besonders kräftige Brühe die Knochen vor der Zugabe des Wassers in 20 g Fett bräunen.

* Auf einfache und schnelle Weise läßt sich mit **ETO Klare Fleischsuppe** nach der Vorschrift eine wohlschmeckende Brühe zubereiten.

Ochsenschwanzsuppe

300–400 g Ochsenschwanz
20 g Fett
Schinkenreste
1 Zwiebel
Suppengrün (Möhre, Petersilienwurzel, Sellerie)
1 ½ l Wasser
1 Gewürzdosis (S. 44)
40 g Fett
50 g Weizenmehl
etwas Salz
1–2 Eßl. Zitronensaft
etwas Rotwein oder Madeira
etwas Zucker

Den Ochsenschwanz waschen, abtrocknen, in etwa 3 cm lange Stücke schlagen und in dem heißen Fett auf Stufe 3 bzw. auf Stufe 2 mit etwa vorhandenen Schinkenresten gut bräunen. Die in Scheiben geschnittene Zwiebel und das gewaschene, kleingeschnittene Suppengrün kurze Zeit miterhitzen. Dann das Wasser und die Gewürzdosis zugeben. Das Wasser auf Stufe 3 fast zum Kochen bringen und so lange auf Stufe 1 kochen lassen, bis das Fleisch weich ist. Die Suppe durch ein Sieb gießen und entfetten. Das Fleisch von den Knochen ablösen und es in feine Streifen schneiden. Das Fett auf Stufe 3 zerlassen. Das Mehl unter Rühren so lange darin erhitzen, bis es dunkelbraun ist. Dann nach und nach die Brühe hinzugießen, sie zum Kochen bringen und etwa 10 Minuten auf Stufe 0 ziehen lassen. Die Suppe mit den Gewürzen abschmecken und das Fleisch hinzugeben.

Kochzeit: Etwa 2 Stunden.

Veränderung: Die Suppe statt mit einer Mehlschwitze mit 40 g kalt angerührtem Dr. Oetker Gustin binden.

Hühnerbrühe

1 Suppenhuhn (1–1 ¼ kg)
2 ½ l Wasser
etwas Salz
Suppengrün (Möhre, Porree, Petersilienwurzel, Sellerie)

Das Huhn rupfen, sengen, ausnehmen und waschen. In das auf Stufe 3 kochende gesalzene Wasser das Huhn, das Herz, den aufgeschnittenen Magen, den Hals und das gewaschene Suppengrün geben, zum Kochen bringen und auf Stufe 1, die letzten 15 Minuten auf Stufe 0, weich kochen lassen. Die Leber nur wenige Minuten mitkochen. Die Brühe durch ein Sieb gießen. Das Hühnerfleisch nach Belieben kleingeschnitten in die Suppe geben, zu Frikassee verwenden (S. 126) oder braten (S. 125).

Kochzeit: 2–4 Stunden.

Königinsuppe

1 l Hühnerbrühe (s. oben)
40 g Butter oder Margarine
40 g Weizenmehl
8–10 abgezogene Mandeln (1 bittere)
in Würfel geschnittenes, gekochtes Hühnerfleisch
Blumenkohlröschen oder Spargelköpfchen
1 Eigelb
⅛ l Milch oder Sahne
etwas Salz
etwas Fleischextrakt oder Suppenwürze

Das Fett auf Stufe 3 zerlassen. Das Mehl unter Rühren so lange darin erhitzen, bis es hellgelb ist. Nach und nach die Hühnerbrühe hinzugießen, sie zum Kochen bringen und 10 Minuten auf Stufe 0 ziehen lassen. Die gemahlenen Mandeln und das Hühnerfleisch in die Suppe geben. Das Gemüse in Salzwasser oder in der Suppe gar kochen lassen, Eigelb und Milch (Sahne) verquirlen und die Suppe damit abziehen. Diese dann mit Salz und Fleischextrakt oder Suppenwürze abschmecken und das Gemüse dazugeben.

Kochzeit: 15–20 Minuten.

Veränderung: An Stelle der Hühnerbrühe Kalbfleischbrühe verwenden.

Braune Suppe

500 g Bratenknochen (vom Rind, Kalb oder Geflügel)
20 g Fett
1 Zwiebel
½ Stange Porree
1½ l Wasser
etwa vorhandene Bratensoßenreste
40 g Grieß
etwas Salz
1 Semmel (Brötchen)
etwas Butter oder Margarine zum Rösten

Die Knochen klein hacken und in dem auf Stufe 3 zerlassenen Fett von allen Seiten gut bräunen. Die kleingeschnittene Zwiebel und den gewaschenen, in Scheiben geschnittenen Porree dazugeben und kurz erhitzen. Das Wasser hinzugeben, alles zum Kochen bringen und etwa 2½ Stunden auf Stufe 1 kochen lassen. Die Bratensoßenreste hinzufügen. Die Brühe durch ein Sieb gießen, auf Stufe 3 wieder zum Kochen bringen, unter ständigem Rühren den Grieß einstreuen und ihn in 10–15 Minuten auf Stufe 0 ausquellen lassen. Die Suppe mit Salz abschmecken und mit gerösteten Semmelwürfeln anrichten (nicht zu früh dazugeben, werden sonst weich!).

Kochzeit: Etwa 3 Stunden.

Veränderung: Die Brühe statt mit Grieß mit einer dunklen Mehlschwitze binden; dazu 40 g Butter oder Margarine und 50 g Mehl bräunen und mit der Brühe ablöschen. Die Suppe dann mit 1–2 Eßl. Rotwein abschmecken.

Grießsuppe

1 l Fleisch-, Knochen- oder Gemüsebrühe (S. 49/50/56)*
40–50 g Grieß
etwas Salz
einige Tropfen Fleischextrakt oder Suppenwürze
1 Eßl. gehackte Petersilie oder gehackter Schnittlauch

In die auf Stufe 3 kochende Brühe unter ständigem Rühren den Grieß einstreuen und ihn auf Stufe 0 ausquellen lassen. Die Suppe mit Salz und Fleischextrakt oder Suppenwürze abschmecken und mit den Kräutern anrichten.

Kochzeit: 10–15 Minuten.

Veränderung: Den Grieß in 20 g heiße Butter oder Margarine geben und unter Rühren so lange darin erhitzen, bis er hellgelb ist. Dann die Brühe dazugeben.

Grünkernsuppe

1 l Fleisch-, Knochen- oder Gemüsebrühe (S. 49/50/56)*
40 g Grünkernmehl oder
60 g Grünkerngrütze
etwas Salz
einige Tropfen Fleischextrakt oder Suppenwürze
1–2 Eßl. saure Sahne oder etwas Butter

In die auf Stufe 3 kochende Brühe das mit etwas kaltem Wasser angerührte Grünkernmehl geben, zum Kochen bringen und 10 bis 15 Minuten auf Stufe 1 kochen lassen. Die Grünkerngrütze einige Stunden in ¼ l Wasser einweichen, sie in die kochende Brühe geben und 1–1½ Stunden auf Stufe 1, die letzten 10 Minuten auf Stufe 0, kochen lassen. Die Suppe mit Salz und Fleischextrakt oder Suppenwürze abschmecken und nach Belieben mit saurer Sahne oder Butter verfeinern.

Als Einlage junge Erbsen, Schwemm- (S. 68) oder Markklößchen (S. 67) in die Suppe geben.

Kochzeit: Für Grünkernmehl 10–15 Minuten, für Grünkerngrütze 60–90 Minuten.

Veränderung: Das Grünkernmehl oder die -grütze in 20 g heiße Butter oder Margarine geben und unter Rühren so lange darin erhitzen, bis sich Mehl oder Grütze leicht bräunt.

* Auf einfache und schnelle Weise läßt sich mit **ETO Klare Fleischsuppe** nach der Vorschrift eine wohlschmeckende Brühe zubereiten.

Semmelsuppe

1 l Fleisch-, Knochen- oder Gemüsebrühe (S. 49/50/56)*
20 g Butter oder Margarine
2 alte Semmeln (Brötchen)
1 Eigelb
2 Eßl. kaltes Wasser zum Verquirlen
etwas Salz
etwas Fleischextrakt oder Suppenwürze

In dem auf Stufe 3 zerlassenen Fett die in kleine Würfel geschnittenen Semmeln (Brötchen) leicht bräunen. Die Brühe auf Stufe 3 zum Kochen bringen, die Semmelwürfel hineingeben und auf Stufe 0 weich kochen lassen. Die Suppe durch ein Sieb streichen, mit verquirltem Eigelb abziehen und mit Salz und Fleischextrakt oder Suppenwürze abschmecken.

Kochzeit: Etwa 15 Minuten.

Gulaschsuppe

1½ l Knochenbrühe (S. 50)*
100 g Schweineschmalz
300 g Zwiebeln
nach Belieben 4 grüne oder rote Paprikaschoten
3 Eßl. Tomatenmark
250 g Rindfleisch
etwas Salz, etwas Paprika
abgeriebene gelbe Schale einer halben Zitrone
2 Knoblauchzehen
¼ Teel. Kümmel
2 gestrichene Eßl. Dr. Oetker Gustin
3 Eßl. kaltes Wasser zum Anrühren

Das Schmalz auf Stufe 3 zerlassen und die in Scheiben geschnittenen Zwiebeln darin goldgelb dünsten. Dann die in feine Streifen geschnittenen Paprikaschoten und das Tomatenmark dazugeben und andünsten. Das in kleine Würfel geschnittene Fleisch, Salz und Paprika hinzufügen, gut umrühren und etwa 45 Minuten auf Stufe 1 dünsten lassen. Die kochendheiße Brühe dazugießen und weitere 30 Minuten schwach kochen lassen. Die Suppe mit Zitronenschale, den in kleine Würfel geschnittenen Knoblauchzehen und Kümmel abschmecken und sie mit dem angerührten Gustin binden.

Kochzeit: Etwa 75 Minuten.

Veränderung: 300 g geschälte, in kleine Würfel geschnittene Kartoffeln 20 Minuten vor Beendigung der Kochzeit an die Suppe geben.

Fleischbrühe mit Nudeln

1 l Fleischbrühe (S. 49)*
40–50 g Nudeln: Sternchen, Hörnchen, Buchstaben, Fadennudeln oder Hausmachernudeln (S. 251)
1 Eßl. gehackte Petersilie

Die Fleischbrühe auf Stufe 3 zum Kochen bringen, die Nudeln (Fadennudeln zerkleinern) hineinstreuen, umrühren und auf Stufe 0 gar kochen. Die Brühe mit der Petersilie anrichten.

Kochzeit: Etwa 15 Minuten.

Nach Belieben die Nudeln gesondert in Salzwasser gar kochen lassen und kurz vor dem Anrichten in die Brühe geben.

Fleischbrühe

mit Reis oder Sago

1 l Fleischbrühe (S. 49)*
40 g Brühreis oder Sago
1 Eßl. gehackte Petersilie oder gehackter Schnittlauch

Die Fleischbrühe auf Stufe 3 zum Kochen bringen, den gewaschenen Reis oder den Sago hineinstreuen, umrühren und auf Stufe 0 gar kochen. Die Brühe mit den Kräutern anrichten.

Kochzeit: Für Reis 20–30 Minuten, für Sago 15–20 Minuten.

Nach Belieben Reis oder Sago gesondert in Salzwasser gar kochen lassen und kurz vor dem Anrichten in die Brühe geben.

* Auf einfache und schnelle Weise läßt sich mit **ETO Klare Fleischsuppe** nach der Vorschrift eine wohlschmeckende Brühe zubereiten.

Taubenbrühe

Siehe Herstellung von Hühnerbrühe (S. 51). Für 4 Personen 2 alte Tauben verwenden. Aus der Leber nach Belieben Klößchen bereiten (S. 67) und als Einlage in die Brühe geben. (Taubenbrühe ist sehr geeignet für Kranke und Genesende.)

Gänse- oder Entenkleinsuppe

(für 6–8 Personen)

Gänse- oder Entenklein: Kopf, Hals, Flügel, Füße, Magen und Herz von einer Gans oder einer Ente
2½ l Wasser
etwas Salz
1 Zwiebel
Suppengrün (Möhre, Porree, Sellerie)
80 g Butter oder Margarine
80 g Weizenmehl
2 Eßl. gehackte Petersilie

Das saubergeputzte Gänse- oder Entenklein (Schnabel abschlagen, Füße brühen und enthäuten!) mit Wasser und Salz auf Stufe 3 zum Kochen bringen und auf Stufe 1, die letzten 15 Minuten auf Stufe 0, kochen lassen. Dann die in Scheiben geschnittene Zwiebel und das gewaschene Suppengrün hinzugeben und noch eine Stunde mitkochen. Die Brühe durch ein Sieb gießen. Das Fett auf Stufe 3 zerlassen. Das Mehl unter Rühren so lange darin erhitzen, bis es hellgelb ist. Dann nach und nach die Brühe hinzugießen, sie zum Kochen bringen und etwa 10 Minuten auf Stufe 0 ziehen lassen. Das von den Knochen gelöste Fleisch, den Magen und das Herz in Streifen oder Würfel schneiden, in die Suppe geben und sie mit Petersilie anrichten.

Als Einlage nach Belieben Leberklößchen (S.67) in die Suppe geben.

Kochzeit: Etwa 2 Stunden.

Fischsuppe

(Resteverwertung)

Kopf und Gräten eines Seefisches
1¼ l Wasser
etwas Salz
1 Zwiebel
Suppengrün (Möhre, Porree, Sellerie)
40 g Butter oder Margarine
40 g Weizenmehl
¼ l Milch
etwas Suppenwürze
etwas Zitronensaft
1–2 Eßl. feingehackter Schnittlauch oder Dill

Den gut gereinigten Kopf (die Kiemen entfernen!) und die Gräten des Fisches mit dem kalten Wasser, dem Salz, der in Scheiben geschnittenen Zwiebel und dem gewaschenen Suppengrün auf Stufe 3 zum Kochen bringen und 1 Stunde auf Stufe 1, die letzten 15 Minuten auf Stufe 0, kochen lassen. Die Brühe durch ein Sieb gießen. Das Fett auf Stufe 3 zerlassen. Das Mehl unter Rühren so lange darin erhitzen, bis es hellgelb ist. Dann nach und nach die Brühe und die Milch hinzugießen, sie zum Kochen bringen und etwa 10 Minuten auf Stufe 0 ziehen lassen. Die Suppe mit Suppenwürze und Zitronensaft abschmecken und mit Kräutern anrichten.

Als Einlage nach Belieben Reste von Fischfleisch, Käseklößchen (S. 68) oder Semmelwürfel verwenden.

Kochzeit: 1–1½ Stunden.

Wildsuppe

(Resteverwertung)

Siehe Herstellung von Ochsenschwanzsuppe (S. 51), nur statt Ochsenschwanz kleingehackte Wildknochen (Hasengerippe, Rebhuhn-, Rehknochen) nehmen.

Gestockte Brühe

1 l Fleischbrühe (S. 49)*
1 Ei
2 Eßl. Milch oder Wasser
etwas Salz
etwas Muskat

Ei, Milch, Salz und Muskat gut verquirlen, unter ständigem Rühren langsam in die auf Stufe 3 kochende Brühe geben und einmal aufkochen lassen.

Hühnerbrühe mit Einlage

1 l Hühnerbrühe (S. 51)
40–60 g Nudeln oder 40 g Reis
Blumenkohlröschen und Spargelstückchen
Grieß- (S. 74) oder Semmelklößchen (S. 68)
etwas Salz
etwas Fleischextrakt oder Suppenwürze
1 Eßl. gehackte Petersilie

In die auf Stufe 3 kochende Hühnerbrühe die Nudeln oder den gewaschenen Reis geben, umrühren, wieder zum Kochen bringen und auf Stufe 0 gar ziehen lassen. Das Gemüse und die Klöße in Salzwasser oder in der Suppe gar kochen. Die Hühnersuppe mit Salz und einigen Tropfen Fleischextrakt oder Suppenwürze abschmecken, das Gemüse oder die Klöße dazugeben und mit Petersilie anrichten.

Kochzeit: Nudeln etwa 15 Minuten, Reis 20–30 Minuten.

B. GEMÜSESUPPEN

Regeln

1. Gemüsesuppen kann man ganz oder zum Teil mit Fleisch- oder Knochenbrühe* herstellen. Wasser, Gemüsebrühe und Reste von Gemüsekochwasser lassen sich ebenfalls dazu verwenden.

2. Bei der Vorbereitung von frischem Gemüse (putzen, waschen) richte man sich nach den Vorschriften, die für die Behandlung von Gemüse (S. 164) gegeben sind.

3. Frisches Gemüse wird auf Stufe 3 entweder mit kochender Flüssigkeit angesetzt oder in Fett angeschwitzt und mit heißer Flüssigkeit aufgefüllt; dann muß es auf Stufe 1 gar werden, bei zartem Gemüse kann man sofort auf Stufe 0 schalten.

4. Trockengemüse (Hülsenfrüchte) wird 12–24 Stunden eingeweicht, mit dem Einweichwasser auf Stufe 3 fast zum Kochen gebracht und auf Stufe 1, zuletzt auf Stufe 0, gar gemacht. Sollte die Suppe stark kochen, evtl. einige Minuten auf Stufe 0 schalten, bevor man auf Stufe 1 geht.

5. Zur feineren Zubereitung kann man manche Suppen durch ein Sieb streichen.

6. Falls Diätvorschriften eine Mehlschwitze verbieten, bindet man die Suppe mit kalt angerührtem Gustin und gibt vor dem Anrichten ein Stück Butter hinein.

Gemüsebrühe

500–600 g Gemüse (1 Stück Sellerie, 1 Kohlrabi, 1 Möhre, Petersilienwurzel, 1 Zwiebel, 1 Stange Porree, Blumenkohlrippen, Spargelstücke, Weißkohl- und Wirsingblätter)
40 g Butter, Margarine oder 2 Eßl. Speiseöl, 1¼ l Wasser
Petersilie, Sellerieblätter

Das geputzte, kleingeschnittene Gemüse in dem auf Stufe 3 bzw. auf Stufe 2 erhitzten Fett anschwitzen, dann mit kaltem Wasser auffüllen, zum Kochen bringen und 1 Stunde auf Stufe 1, die letzten 10 Minuten auf Stufe 0, kochen lassen. Petersilie und Sellerieblätter nur kurze Zeit mitkochen. Die Brühe durch ein Sieb gießen und sie nach Belieben an Stelle von Fleisch- oder Knochenbrühe verwenden.

Kochzeit: Etwa 1 Stunde.

Blumenkohlsuppe

250 g Blumenkohl
¾ l Wasser
1 Teel. Salz
40 g Butter oder Margarine
40 g Weizenmehl
¼ l Milch
nach Belieben 1 Eigelb
2 Eßl. kaltes Wasser zum Verquirlen

Den Blumenkohl in Röschen teilen, sorgfältig waschen, in das auf Stufe 3 kochende, schwach gesalzene Wasser geben, zum Kochen bringen und 15 Minuten auf Stufe 1, dann auf Stufe 0, weich kochen. Das Blumenkohlwasser durch ein Sieb gießen und mit Wasser auf ¾ l ergänzen.

Das Fett auf Stufe 3 zerlassen. Das Mehl unter Rühren so lange darin erhitzen, bis es hellgelb ist. Dann nach und nach das Blumenkohlwasser und die Milch hinzugießen, zum Kochen bringen, 10 Minuten auf Stufe 0 ziehen lassen und die Blumenkohlröschen hinzugeben. Die Suppe mit verquirltem Eigelb abziehen und mit Salz abschmecken.

Kochzeit: 30–40 Minuten.

Frische Erbsensuppe

40 g Butter oder Margarine
250 g Erbsen (¾ kg mit Hülsen)
40 g Weizenmehl
1 l Wasser
etwas Salz
1 Eßl. gehackte Petersilie
Schwemm- (S. 68), Grieß- (S. 74) oder Fleischklößchen (S. 73)

Das Fett auf Stufe 3 zerlassen und die Erbsen kurze Zeit darin erhitzen. Das Mehl darüber streuen und es kurze Zeit miterhitzen. Das Wasser unter Rühren dazugeben, schwach salzen, zum Kochen bringen und die Erbsen auf Stufe 1, die letzten 10 Minuten auf Stufe 0, gar kochen lassen. Die Suppe vor dem Anrichten mit Salz abschmecken und mit Petersilie bestreuen.

Die Klöße nach Belieben in der Suppe oder in Salzwasser gar kochen.

Kochzeit: 25–30 Minuten.

Möhrensuppe

250 g Möhren
40 g Butter oder Margarine
40 g Reis oder Sago
1–1¼ l Wasser
etwas Salz
etwas Zucker
etwas gehackte Petersilie oder geröstete Semmelwürfel

Die Möhren schrappen, waschen und auf einer Reibe zerkleinern. Das Fett auf Stufe 3 zerlassen und die Möhren kurze Zeit darin erhitzen. Den gewaschenen Reis oder den Sago hinzugeben und ebenfalls kurz erhitzen. Danach das Wasser unter Rühren dazugeben, leicht salzen, zum Kochen bringen und Reis oder Sago auf Stufe 1 und die letzten 10 Minuten auf Stufe 0 gar kochen lassen. Die Suppe mit Salz und Zucker abschmecken und mit Petersilie oder Semmelwürfeln anrichten.

Kochzeit: Reis 20–30 Minuten, Sago 15–20 Minuten.

Selleriesuppe

250 g Sellerie
1–1¼ l Wasser
etwas Salz
40 g Butter oder Margarine
40 g Weizenmehl
1 Semmel (Brötchen)
etwas Butter zum Rösten

Den Sellerie gründlich waschen, schälen und in dünne Streifen oder Scheibchen schneiden. Das Wasser mit etwas Salz auf Stufe 3 erhitzen, den Sellerie hineingeben, zum Kochen bringen und auf Stufe 1, die letzten 10 Minuten auf Stufe 0, gar kochen lassen. Den garen Sellerie aus der Brühe nehmen, durch ein Sieb streichen (einige Stückchen zurücklassen und in die fertige Suppe geben!) und wieder in die Selleriebrühe geben. Das Fett auf Stufe 3 zerlassen. Das Mehl unter Rühren so lange darin erhitzen, bis es hellgelb ist. Dann nach und nach die Selleriebrühe hinzugießen, zum Kochen bringen und 10 Minuten auf Stufe 0 ziehen lassen. Die Suppe mit Salz abschmecken und mit Selleriestückchen und gebräunten Semmelwürfeln anrichten (Semmelwürfel nicht zu früh zur Suppe geben, werden zu weich!).

Kochzeit: Etwa 30 Minuten.

Spargelsuppe

250 g Suppenspargel
¾ l Wasser
etwas Salz
40 g Butter oder Margarine
40 g Weizenmehl
¼ l Milch
nach Belieben 1 Eigelb
2 Eßl. kaltes Wasser zum Verquirlen

Den Spargel schälen, waschen und in 3 cm lange Stücke schneiden. Das Wasser mit etwas Salz auf Stufe 3 erhitzen, den Spargel hineingeben, zum Kochen bringen, auf Stufe 1, die letzten 10 Minuten auf Stufe 0, gar kochen lassen und aus der Brühe nehmen. Das Fett auf Stufe 3 zerlassen. Das Mehl unter Rühren so lange darin erhitzen, bis es hellgelb ist. Dann nach und nach das Spargelwasser und die Milch hinzugießen, zum Kochen bringen und 10 Minuten auf Stufe 0 ziehen lassen. Die Suppe mit Salz abschmecken, mit verquirltem Eigelb abziehen und die Spargelstückchen hineingeben.

Kochzeit: 30–40 Minuten.

Erbsensuppe
(Hülsenfrüchte)

200 g ungeschälte Erbsen
1¼–1½ l Wasser oder Brühe (S. 49/50/56)
nach Belieben Speckschwarten und Schinkenreste
Suppengrün (Möhre, Porree, Sellerie)
20 g Fett (nach Belieben in Würfel geschnittener Speck)
1 Zwiebel
1 gestrichener Eßl. Weizenmehl
etwas Salz
etwas Majoran
einige Tropfen Fleischextrakt oder Suppenwürze
gehackte Petersilie oder Schnittlauch oder 1 Semmel (Brötchen) und etwas Butter

Die gewaschenen Erbsen in dem Wasser oder in der Brühe 12 bis 24 Stunden einweichen. Sie dann mit der Einweichflüssigkeit auf Stufe 3 zum Kochen bringen, die Speckschwarten und Schinkenreste hinzugeben und die Suppe auf Stufe 1 kochen lassen. Nach 1 Stunde Kochzeit das gewaschene, kleingeschnittene Suppengrün hinzugeben. Die garen Erbsen durch ein Sieb streichen.

Das Fett auf Stufe 3 zerlassen, die in Würfel geschnittene Zwiebel darin nicht zu stark bräunen, das Mehl hinzugeben, mit der durchgestrichenen Suppe auffüllen und gut durchkochen lassen. Die Suppe noch 15 Minuten auf Stufe 0 ziehen lassen, dann mit Salz, etwas Majoran und einigen Tropfen Fleischextrakt oder Suppenwürze abschmecken und mit Kräutern oder gebräunten Semmelwürfeln anrichten.

Kochzeit: Etwa 2 Stunden.

Tomatensuppe

mit Speck

50 g in Würfel geschnittener Speck
30 g Butter oder Margarine
1 Zwiebel
40 g Weizenmehl
375 g Tomaten
¾ l Wasser
etwas Salz
etwas Zucker
etwas Zitronensaft
1 Eßl. gehackte Petersilie

Die Speckwürfel auf Stufe 3 auslassen. Das Fett, die in Würfel geschnittene Zwiebel und das Mehl hinzugeben und so lange erhitzen, bis das Mehl hellgelb ist. Die gewaschenen, kleingeschnittenen Tomaten, das Wasser und etwas Salz hinzugeben. Die Suppe zum Kochen bringen, 5 Minuten auf Stufe 1, dann auf Stufe 0 etwa 10 Minuten kochen lassen, danach durch ein Sieb streichen, mit Salz, Zucker und Zitronensaft abschmecken und mit Petersilie anrichten.

Kochzeit: 15–20 Minuten.

Veränderung: An Stelle von Tomaten 1–2 Eßl. Tomatenmark für 1 l Wasser nehmen.

Tomatensuppe

mit Reis oder Sago

40 g Butter, Margarine oder Schweineschmalz
1 Zwiebel
250 g Tomaten
1 l Wasser
etwas Salz
40 g Reis oder Sago
etwas Zucker
etwas Zitronensaft
1 Eßl. gehackte Petersilie

Das Fett auf Stufe 3 zerlassen, die in Würfel geschnittene Zwiebel und die gewaschenen, zerschnittenen Tomaten hineingeben, kurz erhitzen, mit Wasser auffüllen, leicht salzen, zum Kochen bringen und auf Stufe 1 kochen lassen. Die Suppe nach 10–15 Minuten Kochzeit durch ein Sieb streichen und wieder auf Stufe 3 zum Kochen bringen. Den gewaschenen Reis oder den Sago einstreuen, umrühren und auf Stufe 1 gar kochen lassen. Die Suppe mit Salz, Zucker und Zitronensaft abschmecken und mit Petersilie anrichten.

Kochzeit: 30–45 Minuten.

Kartoffelsuppe

375 g Kartoffeln
Suppengrün (Möhre, Porree, Sellerie)
etwas Salz
1–1¼ l Wasser oder Brühe (S. 49/50)
40 g Fett (nach Belieben in Würfel geschnittener Speck)
1 gestrichener Eßl. Weizenmehl
einige Tropfen Fleischextrakt oder Suppenwürze
etwas gehackte Petersilie oder Schnittlauch

Die Kartoffeln schälen, waschen, klein schneiden, mit dem gewaschenen, zerschnittenen Suppengrün und etwas Salz in die auf Stufe 3 kochende Flüssigkeit geben, zum Kochen bringen, 5 Minuten auf Stufe 1, dann auf Stufe 0, weich kochen und durch ein Sieb streichen. Das Fett auf Stufe 3 zerlassen. Das Mehl unter Rühren so lange darin erhitzen, bis es hellgelb ist. Dann nach und nach die Kartoffelbrühe hinzugießen, zum Kochen bringen und 10 Minuten auf Stufe 0 ziehen lassen. Die Suppe mit Salz und Fleischextrakt oder Suppenwürze abschmecken und mit Kräutern anrichten.

Kochzeit: Etwa 30 Minuten.

Pilzsuppe

375 g Pilze
1 kleine Zwiebel
40 g Butter oder Margarine
40 g Weizenmehl
1 l Wasser
etwas Salz
etwas Fleischextrakt oder Suppenwürze
1 Eßl. gehackte Petersilie

Die gut verlesenen, gewaschenen Pilze und die Zwiebel fein schneiden. Das Fett auf Stufe 3 zerlassen und Pilze und Zwiebel kurze Zeit darin erhitzen. Das Mehl hinzugeben und ebenfalls kurz erhitzen. Das Wasser unter Rühren dazugeben, zum Kochen bringen und 5 Minuten auf Stufe 1, die letzten 10 Minuten auf Stufe 0, kochen lassen. Die Suppe mit Salz und Fleischextrakt oder Suppenwürze abschmecken und mit Petersilie anrichten.

Kochzeit: Etwa 15 Minuten.

Bohnensuppe mit Tomaten

(Hülsenfrüchte)

150–180 g Weiße Bohnen
1¼–1½ l Wasser oder Brühe (S. 57)
½ Stange Porree
20 g Butter, Margarine oder Nierenfett
6 Tomaten
1 gestrichener Eßl. Weizenmehl
etwas Salz
etwas Thymian
etwas Knoblauch
einige Tropfen Fleischextrakt oder Suppenwürze

Die gewaschenen Bohnen in dem Wasser oder in der Brühe 12 bis 24 Stunden einweichen. Sie dann mit der Einweichflüssigkeit auf Stufe 3 zum Kochen bringen und auf Stufe 1 gar kochen. ½ Stunde bevor die Bohnen gar sind, den gewaschenen, in Scheiben geschnittenen Porree hinzugeben. Die garen Bohnen durch ein Sieb streichen. Die enthäuteten, zerschnittenen Tomaten und das Mehl in dem auf Stufe 3 zerlassenen Fett kurze Zeit unter Rühren erhitzen. Mit der durchgestrichenen Bohnensuppe auffüllen und gut durchkochen lassen. Die Suppe mit den Gewürzen abschmecken.

Kochzeit: Etwa 2 Stunden.

Veränderung: Die Suppe auch wie Erbsensuppe (S. 57), ohne Tomaten, kochen.

Linsensuppe

200 g Linsen
1¼–1½ l Wasser oder Brühe (S. 57)
Suppengrün (Möhre, Porree, Sellerie)
1 Zwiebel
20 g Fett (Bratenfett)
1 gestrichener Eßl. Weizenmehl
etwas Salz
einige Tropfen Fleischextrakt oder Suppenwürze

Die gewaschenen Linsen in dem Wasser oder in der Brühe 12 bis 24 Stunden einweichen. Sie dann mit der Einweichflüssigkeit auf Stufe 3 zum Kochen bringen und die Suppe auf Stufe 1 kochen lassen. Nach ¾ Stunden Kochzeit das gewaschene, kleingeschnittene Suppengrün und die in Würfel geschnittene Zwiebel hinzugeben. Die Linsen gar kochen und dann entweder alle Linsen oder nur die Hälfte durch ein Sieb streichen. Das Fett auf Stufe 3 zerlassen. Das Mehl unter Rühren so lange darin erhitzen, bis es hellgelb ist. Dann nach und nach die durchgestrichenen und die etwa zurückgelassenen Linsen hinzugeben, zum Kochen bringen und die Suppe 10 Minuten auf Stufe 0 ziehen lassen. Sie dann mit Salz und Fleischextrakt oder Suppenwürze abschmecken.

Kochzeit: Etwa 1½ Stunden.

Porreesuppe

200 g Porree
25 g in Würfel geschnittener Speck
20 g Weizenmehl
1 l Wasser
2–3 kleine Brühwürfel
20 g (2 schwach gehäufte Eßl.) Dr. Oetker Gustin
3 Eßl. kalte Milch zum Anrühren
etwas Salz
einige Tropfen Suppenwürze
etwas geriebene Muskatnuß
nach Belieben 1 Eigelb
2 Eßl. kaltes Wasser zum Verquirlen

Den geputzten, gewaschenen, in feine Scheiben geschnittenen Porree in dem auf Stufe 3 ausgelassenen Speck erhitzen. Dann das Mehl darüber streuen und ebenfalls erhitzen. Das Wasser unter Rühren dazugeben, die Brühwürfel hinzufügen, zum Kochen bringen und 10 Minuten auf Stufe 1 kochen lassen. Das mit der Milch angerührte Gustin unter Rühren in die Suppe geben und einmal kurz aufkochen. Die Suppe mit Salz, Suppenwürze und etwas Muskatnuß abschmecken und mit verquirltem Eigelb abziehen.

Kochzeit: Etwa 10 Minuten.

C. SÜSSE SUPPEN

Regeln

1. Süße Suppen haben als Grundlage Milch, Wasser, Obstsaft, Wein oder Bier. Sie werden durch ein stärkehaltiges Nahrungsmittel wie Mehl, Gustin, Grieß usw. gebunden.

2. Milchsuppen sind nahrhaft und eignen sich gut zum Frühstück und Abendbrot. Da sie leicht verdaulich sind, spielen sie in der Kinder- und Krankenkost eine große Rolle.

3. Um ein Überkochen der Milch zu vermeiden, muß man auf Stufe 0 schalten, sobald die Milch Haut zieht. Mehl, Grieß und dergleichen werden auf der ausgeschalteten Kochplatte gar gemacht.

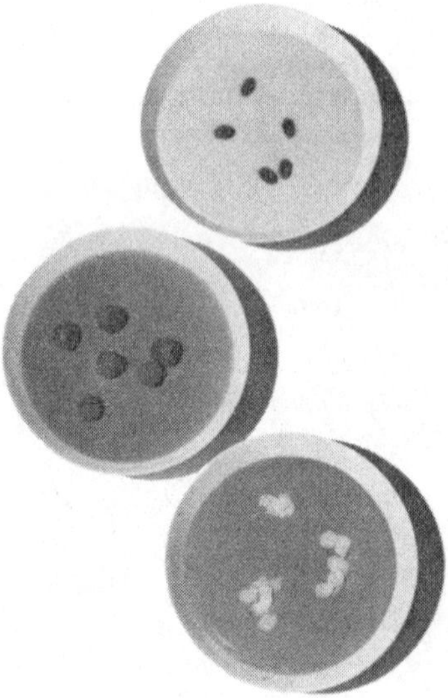

4. Obstsuppen werden auf Stufe 3 zum Kochen gebracht und auf Stufe 0 gar gemacht. Die Früchte müssen vor dem Kochen gründlich gereinigt, getrocknete Früchte danach 12 Stunden eingeweicht werden.

5. Alkoholische Flüssigkeiten dürfen nicht gekocht, sondern nur erhitzt werden; man gibt sie zuletzt an die Suppe.

6. Da die meisten süßen Suppen auch kalt gereicht werden können, sind sie besonders in der heißen Jahreszeit beliebt und als Abwechslung willkommen.

7. Man läßt sie im Kochtopf erkalten und rührt sie währenddessen häufig um, damit sich keine Haut bildet.

8. Als Einlage eignen sich bei süßen Suppen Zwiebackwürfel, Suppenmakronen, Schnee-, Grieß-, Schwemmklößchen oder Mandelreis.

Schneeklößchen läßt man auf der heißen Suppe im zugedeckten Topf oder in der zugedeckten Terrine fest werden.

Da Kaltschalen während des Erkaltens häufig umgerührt werden sollen, ist es zweckmäßig, für diese Suppen die Schneeklößchen auf kochendes Wasser zu setzen und fest werden zu lassen.

I. MILCHSUPPEN

Milchsuppe
mit Gustin

35–40 g (3–4 schwach gehäufte Eßl.)
Dr. Oetker Gustin
1 l kalte Milch
1 Päckchen Dr. Oetker Vanillin-Zucker
25–50 g (1–2 gut gehäufte Eßl.)
Zucker, etwas Salz, etwas Butter

Das Gustin mit 4 Eßl. von der Milch anrühren. Die übrige Milch erhitzen. In die kochende, von der Kochplatte genommene Milch langsam das angerührte Gustin rühren und auf Stufe 0 einmal kurz aufkochen lassen. Den Vanillin-Zucker in die Suppe geben, diese mit Zucker und Salz abschmecken und die Butter darunter rühren.

Milchsuppe

mit Pudding-Pulver

1 Päckchen Dr. Oetker Pudding-Pulver Vanille-, Mandel-, Sahne- oder Zitrone-Geschmack
50–75 g (2–3 gut gehäufte Eßl.) Zucker
1¼ l kalte Milch
etwas Salz
zerkleinerter Zwieback

Das Pudding-Pulver und 50 g Zucker mit 6 Eßl. von der Milch anrühren. Die übrige Milch erhitzen. In die kochende, von der Kochplatte genommene Milch langsam das angerührte Pudding-Pulver rühren und auf Stufe 0 einmal kurz aufkochen lassen. Die Suppe mit Salz und dem restlichen Zucker abschmecken und Zwiebackbröckchen hineingeben.

Soll die Suppe als Kaltschale gereicht werden, zusätzlich 6 Eßl. kalte Milch oder Wasser als Anrührflüssigkeit nehmen.

Veränderung: Wenn ein kräftigerer Vanille-Geschmack gewünscht wird, an Stelle von 1 Päckchen Pudding-Pulver 3 Päckchen Dr. Oetker Soßen-Pulver Vanille-Geschmack nehmen.

Den Zitronengeschmack nach Belieben mit einigen Tropfen Dr. Oetker Backöl Zitrone verstärken.

Schokoladensuppe

mit Pudding-Pulver

1 Päckchen Dr. Oetker Gala oder Schokoladen-Pudding-Pulver
2–3 gehäufte Teel. Kakao
75–100 g (3–4 gut gehäufte Eßl.) Zucker
1½ l kalte Milch

Das Pudding-Pulver, den Kakao und 75 g Zucker mit 6 Eßl. von der Milch anrühren. Die übrige Milch erhitzen. In die kochende, von der Kochplatte genommene Milch langsam das angerührte Pudding-Pulver rühren und einmal auf Stufe 0 kurz aufkochen lassen. Die Suppe mit Zucker abschmecken.

Schokoladensuppe

mit Kakao

30 g (2 gut gehäufte Eßl.) Dr. Oetker Gustin
30 g (3 gestrichene Eßl.) Kakao
50–75 g (2–3 gut gehäufte Eßl.) Zucker
1 l kalte Milch
1 Päckchen Dr. Oetker Vanillin-Zucker

Das Gustin, den Kakao und 50 g Zucker mit 6 Eßl. von der Milch anrühren. Die übrige Milch erhitzen. In die kochende, von der Kochplatte genommene Milch langsam das angerührte Gustin rühren und auf Stufe 0 einmal kurz aufkochen lassen. Den Vanillin-Zucker in die Suppe geben und sie mit Zucker abschmecken.

Milchgrießsuppe

1 Päckchen Dr. Oetker Soßen-Pulver Vanille-Geschmack
25 g (2 gestrichene Eßl.) Grieß
25–50 g (1–2 gut gehäufte Eßl.) Zucker
1 l kalte Milch
etwas Salz
1–2 Tropfen Dr. Oetker Backöl Zitrone

Das Soßen-Pulver, den Grieß und 25 g Zucker mit 6 Eßl. von der Milch anrühren. Die übrige Milch erhitzen. In die kochende, von der Kochplatte genommene Milch den mit dem Soßen-Pulver angerührten Grieß rühren und etwa 5 Minuten auf Stufe 0 kochen lassen. Die Suppe mit Salz, dem restlichen Zucker und dem Backöl abschmecken.

Kochzeit: Etwa 5 Minuten.

Veränderung: 1–2 Eßl. gewaschene Rosinen oder Korinthen mitkochen.

Schneemilch

25 g (2½ schwach gehäufte Eßl.) Dr. Oetker Gustin
1 l kalte Milch
20 g geriebene Mandeln (1 bittere)
etwas Salz
1 Päckchen Dr. Oetker Vanillin-Zucker
25–50 g (1–2 gut gehäufte Eßl.) Zucker
1 Eigelb
2 Eßl. kaltes Wasser zum Verquirlen
1 Eiweiß
2 Teel. Zucker
etwas geraspelte Schokolade

Das Gustin mit 4 Eßl. von der Milch anrühren. Die übrige Milch mit den Mandeln erhitzen. In die kochende, von der Kochplatte genommene Milch langsam das angerührte Gustin rühren und auf Stufe 0 einmal kurz aufkochen lassen. Die Suppe mit Salz, Vanillin-Zucker und Zucker abschmecken und mit verquirltem Eigelb abziehen. Das Eiweiß zu steifem Schnee schlagen und ihn mit dem Zucker süßen. Von dem Eierschnee kleine Klößchen abstechen, auf die heiße, aber nicht mehr kochende Suppe setzen, den Topf mit einem Deckel verschließen und die Klößchen in etwa 5 Minuten fest werden lassen. Dann die Klößchen mit Schokolade bestreuen.

Soll die Suppe als Kaltschale gereicht werden, nur 20 g Gustin nehmen und die Klößchen auf heißem Wasser fest werden lassen.

Buttermilch-Kaltschale

30 g Korinthen oder Rosinen
1 l Buttermilch
50 g geriebenes Schwarzbrot
etwa 50 g (etwa 2 gut gehäufte Eßl.) Zucker
etwas Zitronensaft

Die Korinthen (Rosinen) waschen, in lauwarmem Wasser quellen und auf einem Sieb abtropfen lassen. Dann alle Zutaten gut verquirlen. Die Suppe abschmecken und möglichst kühl stellen.

Sauermilch-Kaltschale

1 l dicke saure Milch
75–100 g (3–4 gut gehäufte Eßl.) Zucker
½ Teel. gemahlener Zimt
50 g geriebenes Schwarzbrot

Die saure Milch mit 75 g Zucker schaumig schlagen. Den Zimt und das Schwarzbrot hinzugeben und mit Zucker abschmecken. Die Suppe möglichst kühl stellen.

Haferflockensuppe

1 l Milch
40 g Haferflocken
etwas Salz
25–50 g (1–2 gut gehäufte Eßl.) Zucker (nach Belieben)
etwas Butter

Die Milch erhitzen. Sobald sie kocht, die Haferflocken einstreuen, umrühren und auf Stufe 0 ausquellen lassen. Die Suppe mit Salz und Zucker abschmecken und die Butter darunter rühren.

Kochzeit: Etwa 10 Minuten.

Reis- oder Sagosuppe

1 l Milch
80–100 g Reis oder
40–60 g Sago
1 Päckchen Dr. Oetker Vanillin-Zucker
etwas Salz
25–50 g (1–2 gut gehäufte Eßl.) Zucker

Die Milch erhitzen. Sobald sie kocht, den gewaschenen Reis oder den Sago einstreuen, umrühren, ihn zunächst 20 Minuten auf Stufe 1 und dann 10 Minuten auf Stufe 0 ausquellen lassen. Den Vanillin-Zucker in die Suppe geben und sie mit Salz und Zucker abschmecken.

Kochzeit: Etwa 30 Minuten.

II. WASSERSUPPEN

Hafer-, Gersten- oder Reisschleim

50 g Haferflocken, Gerstengraupen oder Bruchreis
1 l Wasser
etwas Salz

Die Haferflocken, die Graupen oder den gewaschenen Reis mit dem kalten Wasser aufsetzen, auf Stufe 3 zum Kochen bringen, etwa 15 Minuten auf Stufe 1 und dann auf Stufe 0 gar kochen lassen. (Haferflocken auf Stufe 0 ausquellen lassen!) Die Suppe dann durch ein Sieb rühren und mit Salz abschmecken.

Kochzeit: Haferflocken etwa 10 Minuten, Gerstengraupen etwa 50 Minuten, Reis etwa 40 Minuten.

Nach Belieben die Suppe mit Eigelb abziehen, mit Rotwein oder Zucker abschmecken, Obst- oder Gemüsesäfte dazugeben (Diät) oder ein Stückchen Butter darunter rühren.

Graupensuppe mit Pflaumen

50 g Graupen
1 l Wasser
100–150 g Backpflaumen
etwas Salz
25–50 g (1–2 gut gehäufte Eßl.) Zucker
etwas Butter

Die Graupen mit dem kalten Wasser aufsetzen, auf Stufe 3 zum Kochen bringen und auf Stufe 1 fast gar kochen lassen. Dann die eingeweichten Pflaumen hinzugeben, auf Stufe 3 zum Kochen bringen und Graupen und Pflaumen auf Stufe 0 gar kochen lassen. Die Suppe mit Salz und Zucker abschmecken und die Butter darunter rühren.

Kochzeit: Etwa 1 Stunde.

Brotsuppe

200 g altes Brot
1 l Wasser
etwas Anis
etwas Fenchel
etwas Salz
etwas Zucker
1 Päckchen Dr. Oetker Vanillin-Zucker

Das Brot klein schneiden, in dem Wasser einweichen, mit Anis und Fenchel auf Stufe 3 zum Kochen bringen und auf Stufe 0 weich kochen. Die Suppe durch ein Sieb streichen, einmal auf Stufe 3 aufkochen und mit Salz, Zucker und Vanillin-Zucker würzen.

Kochzeit: Etwa 30 Minuten.

Veränderung: 150 g kleingeschnittene Äpfel oder 50 g Korinthen oder Rosinen können mitgekocht werden.

III. OBSTSUPPEN

Obstsuppe

von frischem Obst

(Apfel-, Birnen-, Heidelbeer-, Kirsch-, Pflaumen-, Rhabarber- oder Stachelbeersuppe)

500 g Obst
1 l Wasser
20–30 g (2–3 schwach gehäufte Eßl.) Dr. Oetker Gustin
2 Eßl. kaltes Wasser zum Anrühren
1 Päckchen Dr. Oetker Vanillin-Zucker
50–150 g (2–6 gut gehäufte Eßl.) Zucker
nach Belieben etwas Zitronensaft, Wein oder Most

Das gut gewaschene, zerkleinerte Obst (Heidelbeeren, entsteinte Kirschen, Stachelbeeren ganz lassen!) mit dem kalten Wasser aufsetzen, auf Stufe 3 zum Kochen bringen und auf Stufe 0 gar ziehen lassen. (Härtere Obstsorten müssen nach dem Ankochen kurze Zeit auf Stufe 1 weiterkochen!) Das Obst durch ein Sieb streichen (Rhabarber nicht, bei Kirschen einige als Einlage zurücklassen!). Die Flüssigkeit auf Stufe 3 wieder zum Kochen bringen, das angerührte Gustin langsam hineinrühren und auf Stufe 0 einmal kurz aufkochen lassen. Die Suppe mit Vanillin-Zucker, Zucker, Zitronensaft, Wein oder Most abschmecken. Die Suppe nach Belieben warm oder kalt reichen.

Als Einlage Zwieback, geröstete Semmelwürfel, Suppenmakronen, Arme Ritter (S. 258), Mandelreis (S. 73), Schwemm- (S. 68) oder Grießklößchen (S. 74) verwenden.

Kochzeit: Etwa 20 Minuten.

Obstsuppe
von getrocknetem Obst

100 g Backobst (Äpfel, Aprikosen oder Pflaumen)
1¼ l Wasser
3 Tropfen Dr. Oetker Backöl Zitrone
etwas Zimt
20 g (2 schwach gehäufte Eßl.) Dr. Oetker Gustin
1 Eßl. kaltes Wasser zum Anrühren
1 Päckchen Dr. Oetker Vanillin-Zucker
50–75 g (2–3 gut gehäufte Eßl.) Zucker

Das Obst waschen und in den 1¼ l Wasser 12 Stunden einweichen, es dann mit dem Einweichwasser, dem Backöl und dem Zimt auf Stufe 3 zum Kochen bringen und auf Stufe 0 gar ziehen lassen. Die Suppe durch ein Sieb streichen, auf Stufe 3 wieder zum Kochen bringen, auf Stufe 0 schalten und mit dem angerührten Gustin binden. Den Vanillin-Zucker hineingeben, die Suppe mit Zucker abschmecken und nach Belieben mit Makrönchen servieren.

Kochzeit: Etwa 30 Minuten.

Holundersuppe

400 g schwarze Holunderbeerdolden
1 l Wasser
1 Stück Zitronenschale
20 g (2 schwach gehäufte Eßl.) Dr. Oetker Gustin und 2 Eßl. kaltes Wasser zum Anrühren
oder 30 g Sago
1–2 Eßl. Zitronensaft
etwa 100 g (etwa 4 gut gehäufte Eßl.) Zucker

Die Holunderbeerdolden waschen, abstreifen, die Beeren mit Wasser und Zitronenschale auf Stufe 3 zum Kochen bringen und auf Stufe 0 gar ziehen lassen. Die Suppe durch ein Sieb streichen, auf Stufe 3 wieder zum Kochen bringen, das angerührte Gustin langsam hineinrühren oder den Sago unter Rühren einstreuen und auf Stufe 0 gar ziehen lassen. Die Suppe mit Zitronensaft und Zucker abschmecken und nach Belieben warm oder kalt reichen.

Als Einlage 200 g in Scheiben geschnittene Äpfel oder entsteinte Pflaumen (in der Suppe weich kochen!) verwenden.

Kochzeit: Etwa 20 Minuten.

Saftsuppe

1 l mit Wasser verdünnter Fruchtsaft
Zucker nach Geschmack
10 g (1 schwach gehäufter Eßl.) Dr. Oetker Gustin
1 Eßl. kaltes Wasser zum Anrühren
40 g Sago
nach Belieben etwas Zitronensaft

Den Fruchtsaft mit Zucker abschmecken und auf Stufe 3 erhitzen. In den kochenden, von der Kochplatte genommenen Fruchtsaft zunächst langsam das angerührte Gustin rühren und dann unter Rühren den Sago einstreuen. Auf Stufe 0 die Suppe 10–15 Minuten ziehen lassen, sie dann, wenn erforderlich, mit etwas Zitronensaft abschmecken und nach Belieben warm oder kalt reichen.

Als Einlage Zwieback, geröstete Semmelwürfel, Suppenmakronen oder Schneeklößchen (S. 74) verwenden.

Kochzeit: 10–15 Minuten.

Sauerkirschkaltschale

500 g Sauerkirschen
1¼ l Wasser
etwa 250 g Zucker
1 Päckchen Dr. Oetker Fruttina Pudding-Pulver Kirsch-Geschmack
4 Eßl. kaltes Wasser zum Anrühren
4–5 Eßl. Weißwein zum Abschmecken

Die Sauerkirschen waschen, gut abtropfen lassen, entstielen und entsteinen. Das Wasser und 200 g von dem Zucker hinzugeben, die Kirschen auf Stufe 3 zum Kochen bringen und auf Stufe 0 fast gar ziehen lassen. Dann das Pudding-Pulver mit dem Wasser anrühren, langsam zur Suppe geben und auf Stufe 3 einmal kurz aufkochen lassen. Die Suppe kalt stellen und mit dem Rest des Zuckers und dem Wein abschmecken.

IV. WEIN- UND BIERSUPPEN

Weißweinsuppe

Das Wasser mit Zimt und Backöl auf Stufe 3 zum Kochen bringen. In das kochende, von der Kochplatte genommene Wasser langsam das angerührte Gustin rühren und auf Stufe 0 einmal kurz aufkochen lassen. Den Wein hinzufügen, die Suppe mit Zucker abschmecken, auf Stufe 3 bis kurz vor dem Kochen erhitzen (nicht kochen lassen!) und sie dann mit dem verquirlten Eigelb abziehen.

Soll die Suppe als Kaltschale gereicht werden, nur 25 g Gustin nehmen.

½ l Wasser
etwas Zimt
2–3 Tropfen Dr. Oetker Backöl Zitrone
30 g (2 gut gehäufte Eßl.) Dr. Oetker Gustin
2 Eßl. kaltes Wasser zum Anrühren
½ l Weiß- oder Apfelwein
etwa 75 g (etwa 3 gut gehäufte Eßl.) Zucker
1 Eigelb
2 Eßl. kaltes Wasser zum Verquirlen

Rotweinsuppe

Das Wasser mit Zimt und Nelken auf Stufe 3 zum Kochen bringen, den gewaschenen Reis oder den Sago hineinstreuen, umrühren und 20 Minuten auf Stufe 1 und dann 10 Minuten auf Stufe 0 ausquellen lassen. Den Wein hinzugießen, die Suppe mit Zucker abschmecken und bis kurz vor dem Kochen erhitzen (nicht kochen lassen!).

Die Suppe nach Belieben warm oder kalt reichen und als Einlage Suppenmakronen oder Zwiebackwürfel verwenden.

Kochzeit: Reis 20–30 Minuten, Sago 10–15 Minuten.

½ l Wasser
etwas Zimt
2 Nelken
40 g Reis oder Sago
½ l Rotwein
50–75 g (2–3 gut gehäufte Eßl.) Zucker

Biersuppe

Das Soßen-Pulver und 75 g Zucker mit den 3 Eßl. Flüssigkeit anrühren. Das ½ l Milch mit dem Zimt auf Stufe 3 zum Kochen bringen. In die kochende, von der Kochplatte genommene Milch langsam das angerührte Soßen-Pulver rühren und einmal auf Stufe 0 kurz aufkochen lassen. Das Bier hinzugießen, mit Zitronensaft und dem restlichen Zucker abschmecken und auf Stufe 3 bis kurz vor dem Kochen erhitzen (nicht kochen lassen!). Die Suppe mit dem verquirlten Eigelb abziehen.

Das Eiweiß zu steifem Schnee schlagen und mit dem Zucker süßen. Vom Eierschnee kleine Klößchen abstechen und auf die heiße Suppe setzen. Den Topf mit einem Deckel verschließen und die Klößchen in etwa 5 Minuten fest werden lassen.

Soll die Suppe als Kaltschale gereicht werden, die Klößchen auf heißem Wasser fest werden lassen.

2 Päckchen Dr. Oetker Soßen-Pulver Vanille-Geschmack
75–100 g (3–4 gut gehäufte Eßl.) Zucker
3 Eßl. kalte Milch oder Wasser zum Anrühren
½ l Milch
etwas Zimt
½ l helles Bier
etwas Zitronensaft
1 Eigelb
1 Eßl. kaltes Wasser zum Verquirlen
1 Eiweiß
2 Teel. Zucker

SUPPENEINLAGEN UND -BEIGABEN

Regeln

1. Will man eine klare Brühe haben, so werden die Einlagen gesondert in Salzwasser gar gekocht und kurz vor dem Anrichten in die fertige Suppe gegeben (Kloßbrühe anderweitig verwenden!). In gebundener Suppe können auch die Einlagen gar gemacht werden.

2. Beim Einlauf hat man darauf zu achten, daß die Brühe auf Stufe 3 stark kocht, damit das Ei sofort gerinnt und große Flocken entstehen. Nach dem Aufkochen muß die Brühe im zugedeckten Topf so lange stehen (nicht kochen!), bis sie wieder klar ist.

3. Will man die Klößchen abstechen, so taucht man den Löffel vorher in die kochende Flüssigkeit, damit sich der Teig gut ablöst; will man die Klößchen formen, so benutzt man zweckmäßig 2 mehlbestaubte Holzlöffel.

4. Im allgemeinen gibt man Klößchen in auf Stufe 3 kochende Flüssigkeit und läßt sie im offenen Topf auf Stufe 0 gar ziehen.

Einlauf

20 g Weizenmehl
1 Eßl. kalte Milch
1 Ei
etwas Salz
etwas geriebene Muskatnuß

Mehl, Milch, Ei, Salz und Muskatnuß gut verquirlen und tropfenweise (über einen Quirl oder durch die Löcher eines Schaumlöffels oder Durchschlags) in die auf Stufe 3 stark kochende Brühe geben und auf Stufe 0 gar ziehen lassen. Das Ei muß sofort gerinnen, es müssen große Flocken entstehen.

Nach dem Aufkochen die Brühe im zugedeckten Topf so lange stehenlassen (nicht kochen!), bis sie wieder klar ist.

Kochzeit: Etwa 3 Minuten.

Käsestangen

Teig:
50 g Weizenmehl
etwas Salz
50 g Butter oder Margarine
50 g geriebener Schweizer Käse

Zum Bestreichen:
Etwas Dosenmilch

Das Mehl auf ein Backbrett (Tischplatte) sieben. In die Mitte eine Vertiefung eindrücken. Das Salz und das in Stücke geschnittene kalte Fett hineingeben, es mit dem Käse bestreuen und von der Mitte aus alle Zutaten schnell zu einem glatten Teig verkneten. Sollte er kleben, ihn eine Zeitlang kalt stellen. Den Teig etwa 3 mm dick ausrollen, gut 1 cm breite und 10 cm lange Streifen daraus rädern und sie mit der Milch bestreichen. Um ein schöneres Aussehen der Stangen zu erzielen, die Stangen vor dem Bestreichen mit Milch spiralförmig drehen (das eine Ende nach rechts, das andere nach links herum drehen). Die Käsestangen auf ein Backblech legen und goldgelb backen (dürfen nicht zu dunkel werden, schmecken dann bitter).

Schalterbackofen: 10 Minuten vorheizen O 3 – U 3, backen O 3 – U 3 (2. Blech O 2 – U 2):

Reglerbackofen: 175–200.

Backzeit: Etwa 10 Minuten.

Salzstangen

Teig:

150 g Weizenmehl
100 g Dr. Oetker Gustin
6 g (2 gestrichene Teel.) Dr. Oetker Backpulver Backin
1 gestrichener Teel. Salz
1 Ei
3 Eßl. Milch
100 g Butter oder Margarine

Zum Bestreichen:

Etwas Dosenmilch

Zum Bestreuen:

Etwas Salz
etwas Kümmel

Mehl, Gustin und Backin mischen und auf ein Backbrett (Tischplatte) sieben. In die Mitte eine Vertiefung eindrücken, Salz, Ei und Milch hineingeben und mit einem Teil des Mehls zu einem dicken Brei verarbeiten. Darauf das in Stücke geschnittene kalte Fett geben, es mit Mehl bedecken und von der Mitte aus alle Zutaten schnell zu einem glatten Teig verkneten. Sollte er kleben, noch etwas Mehl hinzugeben. Den Teig etwa 3 mm dick ausrollen, gut 1 cm breite und 10 cm lange Streifen daraus rädern, sie mit der Milch bestreichen und mit Salz und Kümmel bestreuen. Um ein schöneres Aussehen der Stangen zu erzielen, die Streifen vor dem Bestreichen mit Milch spiralförmig drehen (das eine Ende nach rechts, das andere nach links herum drehen). Die Salzstangen auf ein Backblech legen und goldgelb backen.

Schalterbackofen: 10 Minuten vorheizen O 3 – U 3, backen O 3 – U 3 (2. Blech O 2 – U 2);

Reglerbackofen: 175–200.

Backzeit: Etwa 10 Minuten.

Markklößchen

40 g Mark
1 Ei
etwas Salz
etwa 45 g Semmelmehl
1 Messerspitze Dr. Oetker Backpulve Backin

Das Mark auf Stufe 3 zerlassen, durch ein Sieb geben, kalt stellen und schaumig rühren. Das Ei, das Salz und so viel Semmelmehl hinzugeben, daß ein geschmeidiger Teig entsteht. Darunter das Backin rühren. Den Teig ½ Stunde stehenlassen, dann Klößchen daraus formen, sie in auf Stufe 3 kochendes Salzwasser oder in die kochende Suppe geben und auf Stufe 0 darin gar ziehen lassen.

Garzeit: Etwa 3 Minuten.

Speckklößchen

40 g in Würfel geschnittener Speck
1 Ei
etwas Salz
etwa 50 g Semmelmehl

Den Speck auf Stufe 3 auslassen, kalt stellen und schaumig rühren. Das Ei, das Salz und so viel Semmelmehl hinzugeben, daß ein geschmeidiger Teig entsteht. Die Masse ½ Stunde stehenlassen, dann Klößchen daraus formen, sie in auf Stufe 3 kochendes Salzwasser oder in die kochende Suppe geben und auf Stufe 0 darin gar ziehen lassen.

Garzeit: Etwa 5 Minuten.

Leberklößchen

50 g Leber
20 g fetter Speck
1 kleine Zwiebel
1 Eigelb
etwas Salz
etwas Pfeffer
20 g Semmelmehl

Die Leber aus den Häuten schaben, mit Speck und Zwiebel durch die Fleischmaschine drehen oder fein hacken und mit den übrigen Zutaten mischen. Mit einem Teelöffel Klößchen abstechen, sie in auf Stufe 3 kochendes Salzwasser oder in die kochende Suppe geben und auf Stufe 0 darin gar ziehen lassen.

Garzeit: Etwa 10 Minuten.

Zu diesen Klößchen läßt sich gut Gänseleber verwenden.

Semmelklößchen

30 g Butter oder Margarine
1 Ei
etwas Salz
etwa 50 g Semmelmehl
1 Messerspitze Dr. Oetker Backpulver Backin

Das Fett schaumig rühren, das Ei, das Salz und so viel Semmelmehl hinzugeben, daß ein geschmeidiger Teig entsteht. Darunter das Backin rühren. Die Semmelmasse ½ Stunde stehenlassen, dann Klößchen daraus formen, sie in auf Stufe 3 kochendes Salzwasser oder in die kochende Suppe geben und auf Stufe 0 darin gar ziehen lassen.

Garzeit: Etwa 4 Minuten.

Schwemmklößchen

⅛ l Milch
etwas Butter oder Margarine
etwas Salz
etwas geriebene Muskatnuß
60 g Weizenmehl
1 Ei

Milch, Fett und Gewürze auf Stufe 3 zum Kochen bringen. Dann den Topf von der Kochplatte nehmen, das gesiebte Mehl auf einmal hineinschütten, es zu einem glatten Kloß rühren und diesen auf Stufe 0 unter Rühren noch etwa 1 Minute erhitzen. Den heißen Kloß sofort in eine Schüssel geben und das Ei darunter rühren. Mit einem nassen Löffel Klößchen abstechen, sie in auf Stufe 3 kochendes Salzwasser oder Brühe geben und auf Stufe 0 darin gar ziehen lassen.

Garzeit: Etwa 5 Minuten.

Käseklößchen

⅛ l Milch
etwas Butter oder Margarine
etwas Salz
50 g geriebener Käse
60 g Weizenmehl
1 Ei

Zubereitung siehe Herstellung von Schwemmklößchen (oben). Den Käse in die Milch geben.

Diese Klößchen eignen sich besonders gut als Einlage für Tomatensuppe.

Garzeit: Etwa 5 Minuten.

Pilzklößchen

25–50 g Pilze
15 g Butter oder Margarine
weitere 30 g Butter oder Margarine
1 Ei
etwas Salz
10 g (1 schwach gehäufter Eßl.) Dr. Oetker Gustin
etwa 40 g Semmelmehl

Die gereinigten Pilze in das auf Stufe 3 erhitzte Fett geben, auf Stufe 0 gar dünsten und dann fein hacken. Die 30 g Fett schaumig rühren, das Ei, das Salz, das Gustin, die erkalteten Pilze und so viel Semmelmehl hinzugeben, daß ein geschmeidiger Teig entsteht. Die Masse ½ Stunde stehenlassen, dann Klößchen daraus formen, sie in auf Stufe 3 kochendes Salzwasser oder in die kochende Suppe geben und auf Stufe 0 darin gar ziehen lassen.

Garzeit: Etwa 3 Minuten.

Kräuterklößchen

1–2 Eßl. feingehackte Kräuter, z. B. Kerbel, Petersilie, Schnittlauch
30 g Butter oder Margarine
1 Ei
etwas Salz
etwa 50 g Semmelmehl

Zubereitung siehe Herstellung von Pilzklößchen (oben), die Kräuter jedoch nicht dünsten.

Garzeit: Etwa 3 Minuten.

Fleischklößchen

20 g Butter oder Margarine
50 g gehacktes rohes Fleisch
1 Eigelb
etwas Salz
etwas Pfeffer
20 g Semmelmehl

Das Fett schaumig rühren. Das Fleisch, das Eigelb, die Gewürze und das Semmelmehl hinzugeben. Aus der Masse Klößchen formen, sie in auf Stufe 3 kochendes Salzwasser oder in die kochende Suppe geben und auf Stufe 0 darin gar ziehen lassen.

Garzeit: Etwa 5 Minuten.

Diese Klößchen eignen sich auch als Einlage in Frikassee und Ragout.

Mandelreis

1/4 l Milch
1 Eßl. gemahlene Mandeln oder 3 Tropfen Dr. Oetker Backöl Bittermandel
2 Tropfen Dr. Oetker Backöl Zitrone
etwas Salz
1 gestrichener Eßl. Zucker
1 Teel. Butter
60 g Milchreis

Die Milch mit den gemahlenen Mandeln, den Gewürzen und der Butter auf Stufe 3 zum Kochen bringen, den gewaschenen Reis hineingeben, ihn 5 Minuten auf Stufe 1 und dann auf Stufe 0 ausquellen lassen. Den heißen Reis in ein gefettetes Schüsselchen drücken, einige Minuten kalt stellen, stürzen und an Stelle von Klößchen zu Obstsuppen reichen.

Kochzeit: Etwa 30 Minuten.

Flädchen

60 g Weizenmehl
etwas Salz
1 Ei
1/8 l Wasser
1 Teel. gehackte Petersilie
etwa 20 g Butter oder Margarine zum Backen

Das Mehl in eine Schüssel sieben. In die Mitte eine Vertiefung eindrücken und Salz und Ei hineingeben. Dann von der Mitte aus Ei und Mehl verrühren, nach und nach das Wasser hinzugeben und darauf achten, daß keine Klümpchen entstehen. Zuletzt die Petersilie darunter rühren.

Aus dem Teig möglichst dünne Eierkuchen backen, diese in feine Streifen schneiden und die Suppe darüber gießen.

Käsekrusten

(Einlage für braune Suppen)

1/8 l kalte Milch
1/2 Ei
einige dünne Weißbrotschnitten (etwa 100 g)
40 g Semmelmehl
40 g geriebener Käse
etwas Salz
etwa 40 g Fett zum Braten

Milch und Ei gut verquirlen. Die Weißbrotschnitten zunächst in der Eiermilch und dann in dem mit geriebenem Käse und Salz vermischten Semmelmehl wenden (nach Belieben den Käse fortlassen). In einer Stielpfanne auf Stufe 3 etwas Fett erhitzen. Die Semmelschnitten hineingeben, sie auf Stufe 2, zuletzt auf Stufe 0, von beiden Seiten goldbraun braten, in Würfel schneiden und in die Suppe legen.

Wiener Nockerln

40 g Butter oder Margarine
1 Ei
etwas Salz
75 g Weizenmehl
etwa 2 Eßl. Milch

Das Fett schaumig rühren und das Ei und das Salz hinzugeben. Das gesiebte Mehl abwechselnd mit der Milch unterrühren. Nur so viel Milch verwenden, daß ein geschmeidiger Teig entsteht. Davon Klößchen abstechen, sie in auf Stufe 3 kochendes Salzwasser geben, auf Stufe 0 darin gar ziehen lassen und dann in die Suppe geben.

Garzeit: Etwa 10 Minuten.

Grießklößchen

1/8 l Milch
etwas Butter oder Margarine
etwas Salz
etwas geriebene Muskatnuß
50 g Grieß
1 Ei

Milch, Fett und Gewürze auf Stufe 3 zum Kochen bringen. Dann den Topf von der Kochplatte nehmen, den Grieß auf einmal hineinschütten, zu einem glatten Kloß rühren und diesen auf Stufe 0 unter Rühren noch etwa 1 Minute erhitzen. Den heißen Kloß sofort in eine Schüssel geben und das Ei darunter rühren. Mit einem nassen Löffel kleine Klößchen abstechen, sie in auf Stufe 3 kochendes Salzwasser oder Brühe geben und auf Stufe 0 darin gar ziehen lassen.

Garzeit: Etwa 5 Minuten.

Eierstich

2 Eier
1/8 l kalte Milch
etwas Salz
etwas geriebene Muskatnuß

Eier, Milch und Gewürze gut verquirlen und in ein mit Butter oder Margarine ausgestrichenes Gefäß füllen. Das Gefäß zudecken und in auf Stufe 3 kochendes Wasser stellen, das Wasser wieder zum Kochen bringen, den Topf mit einem Deckel verschließen und dann die Kochplatte ausschalten. Wenn die Masse fest geworden ist, sie stürzen, in Würfel schneiden und in die Suppe geben.

Garzeit: Etwa 30 Minuten.

Veränderung: 1 Eßl. feingehackte Kräuter, feingeriebenen Käse oder Tomatenmark mit den Eiern verquirlen.

Schneeklößchen

2 Eiweiß
2 Teel. Zucker
etwas Dr. Oetker Zimt-Zucker
oder etwas geriebene Schokolade

Das Eiweiß zu steifem Schnee schlagen. Er muß so fest sein, daß ein Messerschnitt sichtbar bleibt. Darunter teelöffelweise den Zucker schlagen. Vom Eierschnee Klößchen abstechen und auf die heiße, nicht mehr kochende Suppe oder auf heißes, nicht mehr kochendes Wasser setzen. Den Topf mit einem Deckel verschließen und die Klößchen auf der ausgeschalteten Kochplatte in etwa 5 Minuten fest werden lassen (Flüssigkeit darf nicht mehr kochen!). Die Klößchen mit Zimt-Zucker oder Schokolade bestreuen.

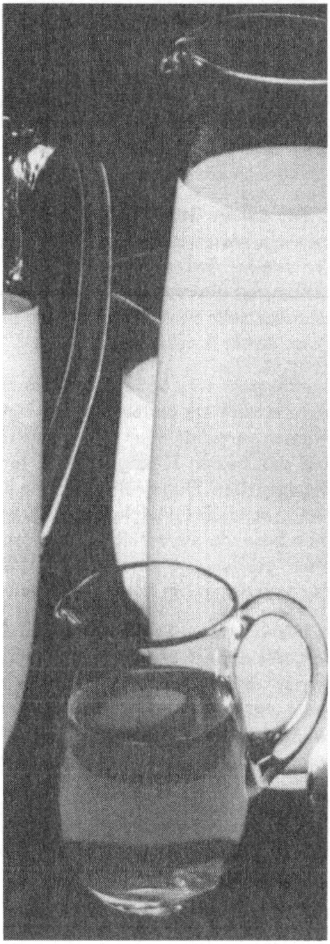

SOSSEN

Niemand wird einen Braten loben, wenn die Soße dazu nicht schmeckt, denn an der Soße erkennt man die gute Köchin! Nirgendwo kann sie ihre Kenntnis der Gewürze und ihren guten Geschmack besser beweisen als hier, und nirgendwo kann sie ihre Liebe zur Kochkunst mehr ausdrücken als durch eine feine Soße, die glückliche Ergänzung der Mahlzeit. Nicht langweilig, nicht überladen, soll die Soße eine harmonische Verbindung mit dem jeweiligen Gericht eingehen. Ob süß oder sauer, warm oder kalt, stets ist die Soße das Tüpfelchen auf dem i. Fast könnte man sagen: Soße gut, alles gut!

Regeln

1. Die Grundlage der warmen salzigen Soßen ist im allgemeinen die helle oder dunkle Mehlschwitze. Sie wird mit Fleisch-, Knochen- oder Gemüsebrühe aufgefüllt. Die Grundsoße kann mit verschiedenen Zutaten gewürzt und verändert werden.

2. Für die im Geschmack empfindlichen hellen Soßen verwendet man am besten Butter oder Margarine, während zur Herstellung der dunklen Soßen auch Bratenfett, Speck, Rinder- oder Kokosfett genommen werden kann. Alle warmen Soßen werden im Geschmack sehr verfeinert, wenn man kurz vor dem Auftragen ein Stück Butter hineinrührt.

3. Will man eine Soße mit einem Ei abziehen (legieren), so verwendet man am besten nur das Eigelb. Es wird mit 2 Eßl. kaltem Wasser verquirlt oder mit einer Gabel gut verschlagen und ein Teil der heißen Flüssigkeit sehr langsam unter stetem Schlagen dazugegeben. Dann rührt man die Eimasse vorsichtig in die heiße, nicht kochende Flüssigkeit ein. Verwendet man ein ganzes Ei, muß man besonders sorgfältig verfahren. Legierte Soßen dürfen nicht mehr gekocht werden, da sonst das Ei gerinnt. Man erwärmt sie nur vorsichtig, am besten hält man sie im Wasserbad warm.

4. Wenn warme Soßen mit saurer Sahne, Dosenmilch, Zitronensaft, Wein, Senf, Meerrettich oder feinen Kräutern abgeschmeckt werden sollen, dürfen die Soßen nach Zugabe dieser Zutaten nicht mehr kochen, da sie dadurch geschmacklich geschädigt würden. Im übrigen muß man mit der Zugabe von Gewürzen vorsichtig sein, damit der Eigengeschmack jeder Soße voll zur Geltung kommt.

5. Bei kalten Soßen rührt oder schlägt man im allgemeinen Öl, Sahne und Eier mit Zitronensaft oder Essig und Salz zu einer glatten Emulsion, ehe man ihnen durch würzige Beigaben einen besonderen Geschmack gibt. Sie passen besonders gut zu kaltem Fleisch und Fisch. Man bindet heute aber auch häufig Salate und Rohkostgemüse damit.

6. Die Herstellung der süßen Soßen ist besonders einfach. Sie bestehen aus Milch, Saft oder Wein und werden mit Speisestärke oder Ei gebunden. Das zu verwendende Bindemittel, z. B. Gustin, muß mit kalter Flüssigkeit angerührt werden, bevor es in die auf Stufe 3 kochende Flüssigkeit gegeben wird. Soll eine solche Soße mit Eigelb abgezogen werden, so richtet man sich nach den Angaben unter Punkt 3.

7. Verwendet man zum Dicken Eier (Weinschaum), so erhitzt man die Soße unter Rühren mit einem Schneebesen auf Stufe 2 so lange, bis sich reichlich Dampf entwickelt; dann schlägt man weiter auf Stufe 0, bis die Soße gebunden ist.

8. Aluminiumgeschirr darf zum Rühren von Weinschaumsoßen nicht verwendet werden.

A. WARME SOSSEN

I. HELLE SOSSEN

Helle Grundsoße

(Rezept für ½ Liter)

40 g Butter oder Margarine
40 g Weizenmehl
½ l Brühe (S. 49/50) oder Wasser

Das Fett auf Stufe 3 zerlassen. Das Mehl unter Rühren so lange darin erhitzen, bis es hellgelb ist. Damit keine Klumpen entstehen, die Flüssigkeit nach und nach hinzugießen und mit einem Schneebesen durchschlagen. Die Mehlschwitze muß nach Zugabe der Flüssigkeit zum Kochen kommen. Die Soße auf Stufe 0 etwa 10 Minuten ziehen lassen und dann abschmecken.

Kochzeit: Etwa 10 Minuten.

Pilzsoße

½ l helle Grundsoße (s. oben)
125 g Pilze, z. B. Champignons
15 g Butter oder Margarine
etwas Salz
etwas Zitronensaft
1 Eigelb und 2 Eßl. kaltes Wasser zum Verquirlen oder etwas Sahne

Die geputzten, in Scheiben geschnittenen Pilze in das auf Stufe 3 zerlassene Fett geben, auf Stufe 0 gar dünsten und dann unter die Soße rühren. Diese mit Salz und Zitronensaft abschmecken und mit dem verquirlten Eigelb abziehen oder etwas Sahne hinzugeben.

Senfsoße

½ l helle Grundsoße (s. oben)
1–2 Eßl. Senf
etwas Salz
etwas Essig
etwas Zucker

Die Soße mit Senf, Salz, Essig und Zucker abschmecken.

Kapernsoße

½ l helle Grundsoße (s. oben)
1 Eßl. Kapern
etwas Salz
etwas Zitronensaft
nach Belieben 1 Eigelb und 2 Eßl. kaltes Wasser zum Verquirlen

In die Soße die Kapern geben und etwa 10 Minuten auf Stufe 0 ziehen lassen. Die Soße mit Salz und Zitronensaft abschmecken und mit dem verquirlten Eigelb abziehen.

Zwiebelsoße

40 g Fett (nach Belieben in kleine Würfel geschnittener Speck)
40 g Weizenmehl
2–3 Zwiebeln
½ l Brühe (S. 49/50) oder Wasser
1 Teel. Kümmel
etwas Salz
nach Belieben etwas Zucker und Essig

Das Fett auf Stufe 3 zerlassen. Das Mehl mit den feingeschnittenen Zwiebeln unter Rühren so lange darin erhitzen, bis es hellgelb ist. Damit keine Klumpen entstehen, die Flüssigkeit nach und nach hinzugießen und mit einem Schneebesen durchschlagen. Danach den Kümmel unterrühren. Die Soße zum Kochen bringen und etwa 10 Minuten auf Stufe 0 ziehen lassen. Sie durch ein Sieb streichen und mit Salz, Zucker und Essig abschmecken.

Kochzeit: Etwa 10 Minuten.

Frikasseesoße

40 g Butter oder Margarine
40 g Weizenmehl
½ l Brühe (S. 49/50)
1 Teel. Kapern
nach Belieben gare Champignons und 1–2 gehackte, gut gewässerte Sardellen
etwas Salz
1 Eßl. Zitronensaft oder 2–3 Eßl. Weißwein
1–2 Eigelb
2 Eßl. Sahne zum Verquirlen

Das Fett auf Stufe 3 zerlassen. Das Mehl unter Rühren so lange darin erhitzen, bis es hellgelb ist. Damit keine Klumpen entstehen, die Brühe nach und nach hinzugießen und mit einem Schneebesen durchschlagen. Die Soße mit den Kapern, den zerschnittenen Champignons und den Sardellen zum Kochen bringen, etwa 10 Minuten auf Stufe 0 ziehen lassen und sie dann mit Salz und Zitronensaft (Wein) abschmecken. Die Soße mit dem verquirlten Eigelb abziehen.

Kochzeit: Etwa 10 Minuten.

Bechamelsoße

40 g Butter oder Margarine
40 g in kleine Würfel geschnittener Schinken
40 g Weizenmehl
60 g Zwiebeln
¼ l Brühe (S. 49/50) oder Wasser
¼ l Milch oder Sahne
etwas Salz
etwas Pfeffer

Das Fett mit den Schinkenwürfeln auf Stufe 3 zerlassen. Das Mehl mit den feingeschnittenen Zwiebeln unter Rühren so lange darin erhitzen, bis es hellgelb ist. Damit keine Klumpen entstehen, die Brühe (Wasser) und Milch (Sahne) nach und nach hinzugießen und mit einem Schneebesen durchschlagen. Die Soße zum Kochen bringen und etwa 10 Minuten auf Stufe 0 ziehen lassen. Die Soße nach Belieben durch ein Sieb streichen und mit Salz und Pfeffer abschmecken. (Rückstand für Hülsenfruchtsuppe verwerten!)

Kochzeit: Etwa 10 Minuten.

Käsesoße

½ l helle Grundsoße (S. 77)
150 g geriebener Käse
etwas Salz
etwas Zitronensaft

In die Soße den Käse geben und sie mit Salz und Zitronensaft abschmecken.

Veränderung: Für die helle Grundsoße an Stelle von ½ l Brühe oder Wasser ½ l Milch nehmen.

Kräutersoße

½ l helle Grundsoße (S. 77)
2 Eßl. gehackte Kräuter (Dill, Petersilie, Schnittlauch)
etwas Salz
etwas Zitronensaft

In die Soße die Kräuter geben und sie mit Salz und Zitronensaft abschmecken.

Meerrettichsoße

½ l helle Grundsoße (S. 77)
¼ Stange Meerrettich
etwas Milch
etwas Salz
etwas Zitronensaft

Den Meerrettich schälen, waschen, reiben, mit etwas Milch vermischen und in die heiße Soße geben (sie darf nicht mehr kochen!). Die Soße mit Salz und Zitronensaft abschmecken.

Veränderung: Zur hellen Grundsoße an Stelle von ½ l Brühe oder Wasser ¼ l Milch und ¼ l Brühe oder Wasser nehmen.

Tomatensoße

20 g Butter oder Margarine
30 g in kleine Würfel geschnittener roher Schinken
1 kleine Zwiebel
300 g Tomaten
40 g Weizenmehl
½ l Brühe (S. 49/50) oder Wasser
etwas Salz
etwas Zitronensaft
etwas Zucker

Das Fett mit den Schinkenwürfeln auf Stufe 3 zerlassen. Darin die feingeschnittene Zwiebel und die gewaschenen, in Stücke geschnittenen Tomaten dünsten. Das Mehl unter Rühren dazugeben und kurz erhitzen. Damit keine Klumpen entstehen, die Brühe (Wasser) nach und nach hinzugießen und mit einem Schneebesen durchschlagen. Die Soße zum Kochen bringen und etwa 10 Minuten auf Stufe 0 ziehen lassen. Die Tomatensoße durch ein Sieb streichen, wieder zum Kochen bringen und mit Salz, Zitronensaft und Zucker abschmecken.

Kochzeit: Etwa 10 Minuten.

Holländische Soße

(einfach)

40 g Butter oder Margarine
40 g Weizenmehl
½ l Brühe (S. 49/50) oder ¼ l Brühe und ¼ l Milch
1–2 Eßl. Zitronensaft
etwas Salz
1 Eigelb
2 Eßl. Sahne (Milch) zum Verquirlen
20 g Butter

Das Fett auf Stufe 3 zerlassen. Das Mehl unter Rühren so lange darin erhitzen, bis es hellgelb ist. Damit keine Klumpen entstehen, die Brühe (Brühe und Milch) nach und nach hinzugießen und mit einem Schneebesen durchschlagen. Die Soße zum Kochen bringen und etwa 10 Minuten auf Stufe 0 ziehen lassen. Sie mit Zitronensaft und Salz abschmecken, mit dem verquirlten Eigelb abziehen und die Butter hinzugeben.

Kochzeit: Etwa 10 Minuten.

Holländische Soße

(abgeschlagen)

20 g Weizenmehl
2 Eßl. kaltes Wasser
2 Eier
1 Eßl. Zitronensaft
¼ l Brühe (S. 49/50)
60 g Butter
etwas Salz
etwas geriebene Muskatnuß

Das Mehl mit dem Wasser glattrühren. Die Eier, den Zitronensaft und die Brühe hinzugeben, alles tüchtig quirlen und in einen kleinen Kochtopf gießen. Den Topf auf eine entsprechend große Kochplatte stellen und die Platte auf Stufe 2 schalten. Die Flüssigkeit mit einem Schneebesen durchschlagen, bis reichlich Dampf aufsteigt. Dann die Platte auf Stufe 0 schalten und so lange weiterschlagen, bis die Masse gebunden ist (nicht kochen lassen!). Die Butter während des Schlagens in kleinen Stückchen dazugeben. Die Soße mit Salz und Muskatnuß abschmecken.

Erhitzungszeit: Etwa 6 Minuten.

II. DUNKLE SOSSEN

Dunkle Grundsoße

(Rezept für ½ l)

40 g Fett (Bratenfett, Speck, Mischfett)
50 g Weizenmehl
½ l Brühe (S. 49/50) oder Wasser

Das Fett auf Stufe 3 zerlassen. Wenn es heiß genug ist, auf Stufe 2 schalten. Das Mehl unter Rühren so lange darin erhitzen, bis es hell- bis dunkelbraun ist. Soll eine Zwiebel zugegeben werden, sie feingeschnitten in das leicht gebräunte Mehl geben, da sie sonst zu dunkel wird. Damit keine Klumpen entstehen, die Brühe (Wasser) nach und nach hinzugießen und mit einem Schneebesen durchschlagen. Die Mehlschwitze muß nach Zugabe der Flüssigkeit wieder zum Kochen kommen. Die fertige Soße auf Stufe 0 etwa 10 Minuten ziehen lassen und abschmecken.

Kochzeit: Etwa 10 Minuten.

Specksoße

50 g Speck
50 g Zwiebeln
45 g Weizenmehl
½ l Brühe (S. 49/50) oder Wasser
½ Lorbeerblatt
2 Nelken
1–2 Eßl. Essig
etwas Zucker oder Sirup
etwas Salz

Speck- und Zwiebelwürfel unter Rühren auf Stufe 3 so lange erhitzen, bis sie gelblich sind. Dann die Würfel aus dem Topf nehmen. Das Mehl hineingeben und unter Rühren so lange darin erhitzen, bis es braun ist. Damit keine Klumpen entstehen, die Brühe (Wasser) nach und nach hinzugießen und mit einem Schneebesen durchschlagen. Die Soße zum Kochen bringen, Lorbeerblatt, Nelken, Speck- und Zwiebelwürfel dazugeben und etwa 10 Minuten auf Stufe 0 ziehen lassen. Sie dann mit Essig, Zucker oder Sirup und Salz abschmecken. Lorbeerblatt und Nelken vor dem Anrichten aus der Soße nehmen.

Die Soße zu Brechbohnen, Kartoffelklößen, Pellkartoffeln oder Verlorenen Eiern reichen.

Kochzeit: Etwa 10 Minuten.

Polnische Soße

20 g Fett
1 gestrichener Eßl. Weizenmehl
⅛ l Brühe (S. 49/50)
⅜ l Malzbier
40 g geriebener Pfefferkuchen
80 g in Scheiben geschnittene Zwiebeln
2 Eßl. kleingeschnittenes Suppengrün
1 Gewürzdosis (S. 44)
etwas Salz
etwas Zitronensaft
etwas Zucker

Das Fett auf Stufe 3 zerlassen. Das Mehl unter Rühren so lange darin erhitzen, bis es fast dunkelbraun ist. Damit keine Klumpen entstehen, die Brühe und das Bier nach und nach hinzugießen und mit einem Schneebesen durchschlagen. Den Pfefferkuchen, die Zwiebeln, das Suppengrün und die Gewürzdosis hinzugeben, zum Kochen bringen und 20 Minuten auf Stufe 1 und 10 Minuten auf Stufe 0 kochen lassen. Die Soße durch ein Sieb rühren und mit Salz, Zitronensaft und Zucker abschmecken.

Die Soße zu Karpfen reichen.

Kochzeit: Etwa ½ Stunde.

Madeirasoße

40 g Fett
50 g Weizenmehl
1 Zwiebel
½ l Brühe (S. 49/50)
50 g in kleine Würfel geschnittener roher Schinken
etwas Wurzelwerk (Möhre, Petersilienwurzel, Sellerie)
2 Tomaten
etwas Salz
etwas Zitronensaft
etwas Zucker
3–4 Eßl. Madeira

Das Fett auf Stufe 3 zerlassen. Das Mehl unter Rühren so lange darin erhitzen, bis es fast dunkelbraun ist. Die kleingeschnittene Zwiebel erst zugeben, wenn das Mehl leicht gebräunt ist. Damit keine Klumpen entstehen, die Brühe nach und nach hinzugießen und mit einem Schneebesen durchschlagen. Die Schinkenwürfel auf Stufe 3 auslassen. Das gesäuberte, kleingeschnittene Wurzelwerk und die zerschnittenen Tomaten hinzugeben, kurz erhitzen und in die Soße geben. Diese 20 Minuten auf Stufe 1 und 10 Minuten auf Stufe 0 kochen lassen, dann durch ein Sieb streichen und mit Salz, Zitronensaft, Zucker und Madeira abschmecken.

Die Soße zu gekochter Zunge reichen.

Kochzeit: Etwa ½ Stunde.

Burgundersoße

40 g Perlzwiebeln
10 g Zucker
etwas Brühe
etwas Zitronensaft
etwas Salz
40 g Fett
50 g Weizenmehl
3/8 l Brühe (S. 49/50)
etwa 1/8 l Burgunder

Die Zwiebeln schälen und mit kochendem Wasser überbrühen. Den Zucker auf Stufe 3 bräunen, Brühe, Zitronensaft und Salz hinzugeben und die Zwiebeln darin auf Stufe 0 schmoren, bis sie glasig sind. Das Fett auf Stufe 3 zerlassen. Das Mehl unter Rühren so lange darin erhitzen, bis es fast dunkelbraun ist. Damit keine Klumpen entstehen, nach und nach die 3/8 l Brühe hinzugießen und mit einem Schneebesen durchschlagen. Dann die Zwiebeln in die Soße geben. Diese zum Kochen bringen und auf Stufe 0 etwa 10 Minuten ziehen lassen. Die Soße mit Salz und Burgunder abschmecken.

Kochzeit: Etwa 10 Minuten.

B. KALTE SOSSEN

Salatsoße I

(Marinade)

3 Eßl. Salatöl
1–2 Eßl. Essig
etwas Salz
1 Teel. gehackte Kräuter (nach Belieben Petersilie, Estragon, Kerbel, Dill, Schnittlauch, Pimpinelle)

Öl, Essig und Salz so lange mit einer Gabel schlagen, bis eine dickflüssige Soße entstanden ist. Die Kräuter darunter rühren.

Veränderung: 1 kleine in Würfel geschnittene Zwiebel hinzufügen, evtl. aber auch mit Selleriesalz, Zucker und Bienenhonig (z. B. Langnese-Honig) würzen. Bei einigen Salaten an Stelle von Essig Zitronensaft nehmen (bei Kartoffelsalat nur Essig verwenden!).

Salatsoße II

(Marinade)

1–2 Eßl. Salatöl
1–2 Eßl. Essig
etwas Salz
etwas Zucker
2 Eßl. saure Sahne
1 kleine in Würfel geschnittene Zwiebel
1 Teel. gehackte Kräuter

Öl, Essig, Salz und Zucker so lange mit einer Gabel schlagen, bis eine dickflüssige Soße entstanden ist. Dann die Sahne, die Zwiebel und die Kräuter hinzugeben.

Veränderung: Bei einigen Salaten an Stelle von Essig Zitronensaft nehmen.

Soße für Rohkostgemüse

2–3 Eßl. Salatöl
2 Eßl. Zitronensaft oder Essig
etwas Salz
2 Eßl. Sahne
1 kleine in Würfel geschnittene Zwiebel
1 Eßl. feingehackte Kräuter

Öl, Zitronensaft (Essig) und Salz so lange mit einer Gabel schlagen, bis eine dickflüssige Soße entstanden ist. Dann die Sahne, die Zwiebel und die Kräuter hinzugeben.

Tomatensoße

250 g reife Tomaten
1 Teel. Zitronensaft
etwas Salz
etwas Zucker
2-3 Eßl. Salatöl oder Sahne
1 Teel. geriebene Zwiebel

Die gewaschenen Tomaten in kleine Stücke schneiden, durch ein Sieb streichen und mit den übrigen Zutaten gründlich vermischen.

Apfel-Meerrettichsoße

⅛ l Apfelwein
Saft einer halben Zitrone
1 Eßl. Zucker
etwas Salz
2 geriebene Äpfel
etwas geriebener Meerrettich

Wein, Zitronensaft, Zucker und Salz gut verrühren und mit den Äpfeln vermischen. Dann so viel Meerrettich hineingeben, daß die Soße pikant schmeckt.

Die Soße schmeckt besonders gut zu kaltem Fleisch und Fisch.

Sahnensoße

¼ l saure Sahne
Saft einer halben Zitrone
etwas Zucker
etwas Salz

Sahne und Zitronensaft gut verquirlen und mit Zucker und Salz abschmecken. Die Soße nach Belieben mit 2–3 Eßl. Salatöl vermischen oder auch mit 2 Eßl. Milch verdünnen.

Kräutersahnensoße

(Frühlingssoße)

¼ l saure Sahne
Saft einer halben Zitrone
2 geschälte hartgekochte Eier
2–3 Eßl. gehackte Kräuter
etwas Zucker
etwas Salz

Sahne und Zitronensaft gut verquirlen, mit den gehackten Eiern und den Kräutern vermischen und die Soße mit Zucker und Salz abschmecken.

Die Soße schmeckt besonders gut zu gekochtem Rindfleisch.

Mayonnaise I

1–2 Eigelb
etwas Salz
⅛ l Salatöl
1 Teel. Essig oder Zitronensaft

Alle Zutaten müssen die gleiche Temperatur haben, am besten lauwarm sein. Sollte das Öl zu kalt sein, es in der geöffneten Dose (Flasche) etwa 5 Minuten in warmes Wasser stellen.

Das Eigelb zunächst mit etwas Salz so gründlich schlagen, daß es dicklich ist. Erst dann tropfenweise unter ständigem Rühren oder Schlagen das Öl hinzufügen. Zunächst nur die Hälfte der vorgeschriebenen Ölmenge nehmen. Ist die Masse steif, erst die geschmacklichen Zutaten und dann den Rest des Öls hinzugeben. Sollte die Mayonnaise gerinnen, so kann sie manchmal schon durch 1 Teel. kaltes Wasser in Ordnung gebracht werden. Das Wasser tropfenweise unter ständigem Schlagen schnell dazugeben. Andernfalls 1 Eigelb gut verrühren und die geronnene Mayonnaise langsam darunter geben.

Veränderung: Unter die Mayonnaise 1 Teel. Senf, etwas Selleriesalz oder etwas saure oder süße Sahne rühren.

Mayonnaise II

(schnell herzustellen)

1 Eigelb
1–2 Teel. Senf
etwas Salz
1 Teel. Zucker
1 Eßl. Essig oder Zitronensaft
⅛ l Salatöl

Eigelb, Senf, Salz, Zucker, Essig (Zitronensaft) in eine Rührschüssel geben und mit einem Schneebesen so lange schlagen, bis eine dicke Masse entstanden ist. Darunter das Öl schlagen.

Bei dieser Zubereitung ist es nicht notwendig, das Öl tropfenweise zuzusetzen, es wird in Mengen von 1–2 Eßl. untergeschlagen. Die an das Eigelb gegebenen Gewürze verhindern nämlich eine Gerinnung.

Veränderung: Um diese Mayonnaise zu verlängern, 10 g (1 schwach gehäufter Eßl.) Dr. Oetker Gustin mit ⅛ l kaltem Wasser anrühren, unter ständigem Rühren auf Stufe 3 zum Kochen bringen und den heißen Brei unter die Mayonnaise schlagen.

Die Mayonnaise schmeckt besonders gut zu kaltem Fleisch oder Fisch. Man bindet aber auch häufig Salate und Rohkostgemüse damit.

Meerrettichsahne

¼–½ Stange Meerrettich
¼ l Sahne
etwas Zitronensaft
etwas Salz
etwas Zucker

Den Meerrettich schaben, waschen, in etwas Milch reiben, mit der steifgeschlagenen Sahne vermischen und mit Zitronensaft, Salz und Zucker abschmecken.

Senfsahnensoße

⅛ l Sahne
4–5 Teel. Senf
etwas Salz
etwas Zucker
etwas Zitronensaft

Alle Zutaten gut miteinander verquirlen.

Senfsoße

3 geschälte hartgekochte Eier
4 Eßl. Senf
1 Teel. gehackte Zwiebel
6 Eßl. saure Sahne
2 geriebene Äpfel

Die feingehackten Eier mit Senf und Zwiebel vermischen. Nach und nach die gequirlte Sahne und die Äpfel dazugeben.

Cumberlandsoße

Schale einer Apfelsine
3 Eßl. Rotwein
250 g Johannisbeergelee
1–2 Teel. Senf
etwas Salz
etwas Zitronensaft

Die Apfelsinenschale von der weißen Schale befreien, in sehr feine Streifen schneiden, in etwa 10 Minuten in dem Rotwein weich kochen und kalt stellen. Inzwischen das Gelee und den Senf mit einem Schneebesen gut verrühren und dann die erkalteten Apfelsinenstreifen mit dem Rotwein hinzufügen. Die Soße mit Salz und Zitronensaft abschmecken und vor allem zu Wild, kaltem Fleisch und Pasteten reichen.

Remouladensoße

2 hartgekochte Eigelb
1 rohes Eigelb
etwas Salz
⅛ l Salatöl
2 Eßl. Essig oder Zitronensaft
1 Teel. Senf
1 Teel. in Würfel geschnittene Zwiebel
1 Eßl. feingewiegte Kapern
2 kleine feingeschnittene Gewürzgurken
1–2 feingehackte, gut gewässerte Sardellen
1 Eßl. gehackte Kräuter
etwas Salz
etwas Pfeffer
evtl. ⅛ l saure Sahne

Das hartgekochte Eigelb durch ein feines Sieb streichen und mit dem rohen Eigelb und etwas Salz gut verrühren. Dann tropfenweise unter Schlagen das Öl hinzufügen. Zunächst nur die Hälfte der vorgeschriebenen Ölmenge nehmen. Ist die Masse steif genug, Essig (Zitronensaft) und Senf hinzugeben. Dann erst den Rest des Öls und die übrigen Zutaten zufügen.

Das hartgekochte Eiweiß nach Belieben mit in die Soße geben oder zur Verzierung von Salat, Sülze und dergleichen verwenden.

Um die Soße zu vereinfachen, sie ohne Sardellen, Gurken und Kapern zubereiten.

Teufelssoße

2 hartgekochte Eigelb
etwas Salz
2 Eßl. Salatöl
1 Eßl. Senf
1–2 Eßl. Zitronensaft
1 Teel. in Würfel geschnittene Zwiebel
etwas Pfeffer
etwas Zucker
1 Teel. gehackter Estragon
1 Eßl. geriebener Apfel
3 Eßl. Rotwein

Das hartgekochte Eigelb durch ein Sieb streichen. Die übrigen Zutaten nach und nach darunter rühren.

Die Soße schmeckt vor allem zu Sülze oder kaltem Roastbeef.

C. SÜSSE SOSSEN (warm und kalt)

Vanillesoße

Soße I:

1 Päckchen Dr. Oetker Soßen-Pulver Vanille-Geschmack
30 g (2 gestrichene Eßl.) Zucker
½ l kalte Milch

Soße I nach der Vorschrift auf dem Beutel zubereiten.

Soße II:

1 Päckchen Dr. Oetker Soßen-Pulver Vanille-Geschmack
50 g (2 gut gehäufte Eßl.) Zucker
1 Päckchen Dr. Oetker Vanillin-Zucker
1 Ei
¾ l kalte Milch

Für Soße II das Soßen-Pulver, den Zucker, den Vanillin-Zucker und das Ei mit 5 Eßl. von der Milch verquirlen. Die übrige Milch auf Stufe 3 erhitzen. In die kochende, von der Kochplatte genommene Milch das verquirlte Soßen-Pulver rühren und auf Stufe 0 einmal kurz aufkochen lassen. Die Soße während des Erkaltens ab und zu durchrühren.

Vanillesoße ist eine ausgezeichnete Beigabe auch zu frischem Obst.

Schokoladensoße

Soße I:

1 Päckchen Dr. Oetker Soßen-Pulver für Schokoladensoße
30 g (2 gestrichene Eßl.) Zucker
¼ l kalte Milch

Soße I nach der Vorschrift auf dem Beutel zubereiten.

Soße II:

1 Päckchen Dr. Oetker Soßen-Pulver Vanille-Geschmack
1 gestrichener Eßl. Kakao
40 g (2 schwach gehäufte Eßl.) Zucker
5 Eßl. kalte Milch oder Wasser zum Anrühren
½ l Milch

Für Soße II das Soßen-Pulver, den Kakao und den Zucker mit der Flüssigkeit anrühren. Die Milch auf Stufe 3 erhitzen. In die kochende, von der Kochplatte genommene Milch das angerührte Soßen-Pulver rühren und auf Stufe 0 einmal kurz aufkochen lassen. Die Soße während des Erkaltens ab und zu durchrühren.

Schokoladensoße ist eine ausgezeichnete Beigabe auch zu gekochten Birnen.

Fruchtsaftsoße

6 g (3 gestrichene Teel.) Dr. Oetker Gustin
2 Eßl. kaltes Wasser zum Anrühren
⅛ l Fruchtsaft
⅛ l Wasser
etwas Zitronensaft
evtl. etwas Zucker

Das Gustin mit dem Wasser anrühren. Den mit Wasser gemischten Fruchtsaft auf Stufe 3 erhitzen. In den kochenden, von der Kochplatte genommenen Fruchtsaft das angerührte Gustin rühren und auf Stufe 0 einmal kurz aufkochen lassen. Die Soße während des Erkaltens ab und zu durchrühren und sie erkaltet mit Zitronensaft und Zucker abschmecken.

Weinschaumsoße

½ Päckchen Dr. Oetker Soßen-Pulver Vanille-Geschmack
50 g (2 gut gehäufte Eßl.) Zucker
1 Ei
1 Eigelb
⅛ l Wasser
⅛ l Weißwein
1 Eßl. Zitronensaft

Alle Zutaten in einen kleinen Kochtopf geben und gut verquirlen. Den Topf auf eine entsprechend große Kochplatte stellen und die Platte auf Stufe 2 schalten. Die Flüssigkeit mit einem Schneebesen durchschlagen, bis reichlich Dampf hochsteigt. Dann die Platte auf Stufe 0 schalten und so lange weiterschlagen, bis die Masse gebunden ist (nicht kochen lassen!).

Zubereitungszeit: Etwa 20 Minuten.

Zitronenschaumsoße

½ Päckchen Dr. Oetker Soßen-Pulver Vanille-Geschmack
60 g (3 schwach gehäufte Eßl.) Zucker
1 Ei
1 Eigelb
⅛ l Wasser
Saft einer Zitrone

Soßen-Pulver, Zucker, Ei, Eigelb und Wasser in einen kleinen Kochtopf geben und gut verquirlen. Den Topf auf eine entsprechend große Kochplatte stellen und die Platte auf Stufe 2 schalten. Die Flüssigkeit mit einem Schneebesen durchschlagen, bis reichlich Dampf hochsteigt. Dann die Platte auf Stufe 0 schalten und so lange weiterschlagen, bis die Masse gebunden ist (nicht kochen lassen!). Danach den Zitronensaft mit einem Holzlöffel unter die Soße rühren.

Zubereitungszeit: Etwa 20 Minuten.

Mandelsoße

10 g (1 schwach gehäufter Eßl.) Dr. Oetker Gustin
30 g (2 gestrichene Eßl.) Zucker
etwas Salz
2 Eßl. kalte Milch oder Wasser zum Anrühren
½ l Milch
1 Eigelb
2 Eßl. kaltes Wasser zum Verquirlen
3–4 Tropfen Dr. Oetker Backöl Bittermandel

Das Gustin, den Zucker und das Salz mit der Flüssigkeit anrühren. Die Milch auf Stufe 3 erhitzen. In die kochende, von der Kochplatte genommene Milch das angerührte Gustin rühren und auf Stufe 0 einmal kurz aufkochen lassen. Die Soße mit dem verquirlten Eigelb abziehen und mit dem Backöl abschmecken. Die Soße während des Erkaltens ab und zu durchrühren.

Weinsoße

10 g (1 schwach gehäufter Eßl.) Dr. Oetker Gustin
30 g (2 gestrichene Eßl.) Zucker
2 Eßl. kaltes Wasser zum Anrühren
⅛ l Wasser
1 Stück Zimt
2–3 Tropfen Dr. Oetker Backöl Zitrone
⅛ l Rotwein

Das Gustin und den Zucker mit dem Wasser anrühren. Das ⅛ l Wasser mit Zimt und Backöl auf Stufe 3 erhitzen. In das kochende, von der Kochplatte genommene Wasser das angerührte Gustin rühren, auf Stufe 0 einmal kurz aufkochen lassen und den Wein hinzufügen. Die Soße während des Erkaltens ab und zu durchrühren.

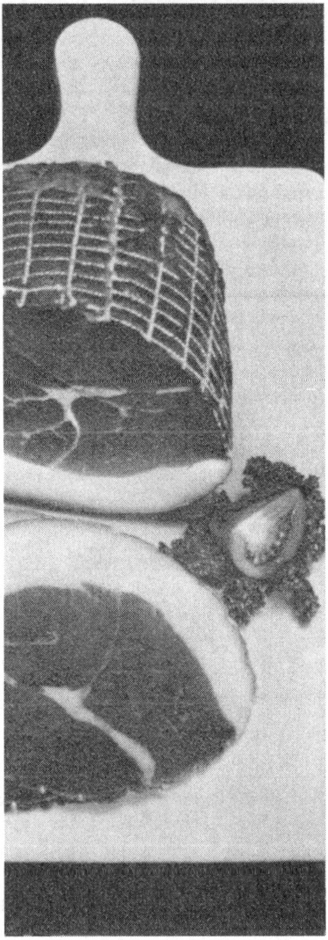

FLEISCH-GERICHTE

Wir wissen heute, daß eine auf die Lebensverhältnisse des einzelnen abgestellte, wohlabgewogene Mischung aus fleischhaltiger und fleischloser Kost das richtige ist.

Wer schwere, körperliche Arbeit im Freien verrichtet, braucht mehr Fleisch und Fett als ein Geistesarbeiter am Schreibtisch. Jede Hausfrau wird darum selbst am besten herausfinden, wie oft in der Woche sie ein Fleischgericht auf den Tisch bringen muß; immer aber sollte es mit Sachverstand und Liebe zubereitet sein, wobei die vielen Abwechslungsmöglichkeiten erlauben, jedem Geschmack gerecht werden zu können.

FLEISCHSORTEN

Rind Der Rücken liefert das beliebte Roastbeef und Rumpsteak; die Lende, auch Filet genannt, den zarten Lendenbraten und die vielbegehrten Filetsteaks. Zum Grillen eignet sich besonders gut die Lende. Zu Schmor- oder Sauerbraten und zu Rouladen nimmt man aus der Keule die Blume (Rose). Die Brust, frisch oder gepökelt, gibt das beste Kochfleisch. Bauch, Hessen und Kamm werden zur Herstellung von Suppen oder Fleischbrühen verwendet. Zart und fettarm ist der Bug. Die Zunge wird, frisch gekocht, mit Kapern- oder Rosinensoße, gepökelt gekocht, mit Meerrettich- oder Madeirasoße gereicht.

Kalb Fleisch von Mastkälbern ist immer zart und von heller Farbe, wogegen mehr rot aussehendes trocken ist. Zum Braten wählt man das Nieren- oder das Kotelettstück oder auch das zarte Fleisch aus der Keule. Zum Grillen nimmt man das Filet. Die Brust wird meist gefüllt gebraten, sonst in Stücke geschnitten und zu Frikassee verwendet, das Blatt (Schulter) zu Braten, Ragout oder Gulasch. Hirn, Zunge und Milch (Bries) werden gekocht, gebraten oder zu Frikassee genommen. Kalbfleisch wird gern für Krankenkost verwendet.

Schwein Besonders gutes Schweinefleisch erhält man von jüngeren und gemästeten Schweinen. Das Fleisch ist zwar etwas fett, aber äußerst zart. Am besten ist es, wenn es eine helle, keineswegs bleiche Farbe hat wie gutes Kalbfleisch. Zum Braten wie zum Räuchern wählt man Rücken und Keule, in manchen Gegenden auch den Kamm. Das Filet wird zum Grillen genommen. Zum Kochen mit Gemüse ist durchwachsenes Fleisch (Bauchspeck) zu empfehlen. Schulter, Kamm und Bauchfleisch werden meist zur Wurstbereitung verwendet. Ohren, Schnauze und Füße dienen gepökelt als Beilagefleisch zu Gemüsen und Suppen und zur Bereitung von Sülze.

Hammel Gutes Hammelfleisch erkennt man an der dunklen, bräunlichroten Farbe (Lammfleisch ist heller), dem festen weißen Fett und der Zartheit der Fasern. Wenn Hammelfleisch schmackhaft und saftig sein soll, so muß es mindestens 8, besser 14 Tage abhängen. Das beste Stück ist der Rücken. Man brät ihn ganz oder schneidet Koteletts daraus. Die Schulter verwendet man, nachdem die Knochen ausgelöst sind, zu Rouladen oder, in Stücke geschnitten, zu Ragout. Keulen und Brust brät man meist ganz.

DAS AUSBRATEN DER FETTE

Rinderfett

wird von den äußeren Häuten befreit und mehrere Stunden gewässert. Es muß fein zerkleinert werden, am besten mit der Fleischmaschine, damit viel Fett ausbrät und wenig Rückstände (Grieben) bleiben. Es wird mit Wasser oder Milch aufgesetzt (man rechnet auf 1 kg Fett $\frac{1}{8}$–$\frac{1}{4}$ l Flüssigkeit) und auf Stufe 2 langsam zum Kochen gebracht, damit sich der Talg vollständig aus den Häuten lösen kann. Man läßt es 30 Minuten im geschlossenen Topf auf Stufe 1 kochen, dann im offenen Topf ausbraten. Das Fett ist erst schmackhaft und haltbar, wenn die Grieben gelb geworden sind; man gießt es dann durch ein Sieb in einen vorgewärmten Steintopf, der mit Pergamentpapier zugebunden wird. Es muß im kühlen Raum aufbewahrt werden.

Kalbsfett

wird wie Rinderfett ausgebraten.

Schweinefett

(Flomen) wird wie Rinderfett, aber ohne Zusatz von Flüssigkeit, auf Stufe 2 ausgebraten. Falls man es als Brotaufstrich verwenden will, kann man Apfelscheiben oder Zwiebelwürfel hineingeben, wenn die Grieben gelb geworden sind.

Hammelfett

wird wie Rinderfett ausgebraten. Man mischt es am besten mit Schweinefett und rechnet auf 500 g Hammelfett 125 g Schweineschmalz.

Mischfett

erhält man durch Mischung verschiedener Sorten. Sein besonderer Vorzug besteht darin, daß Geruch und Geschmack einer einzelnen Fettart nicht vorherrschen und es sich deshalb vielseitig verwenden läßt. Gut eignen sich Rinderfett, Flomen und Margarine. Auf je 1 kg Schweine- und Rinderfett rechnet man $\frac{1}{2}$ kg Margarine. Statt Margarine kann man aber auch Kalbsfett, Speiseöl oder Pflanzenfett (Kokosfett) nehmen.

Mischfett kann man zu Hülsenfruchtsuppen, zum Braten großer und kleiner Fleischstücke, zu Mehlschwitzen für Suppen und Soßen, für Kartoffelgerichte und Gemüse (Sauerkraut, Rotkohl, Grünkohl) und zum Backen von Eierkuchen usw. gebrauchen. Als Bratenfett ist es besonders zu empfehlen, da es infolge seines geringen Wassergehaltes nicht spritzt.

A. GEKOCHTES FLEISCH

I. GROSSE FLEISCHSTÜCKE GEKOCHT

Regeln

1. Größere Fleischstücke müssen zusammengerollt und gebunden werden, damit sie dem Wasser wenig Oberfläche bieten.

2. Das Wasser muß auf Stufe 3 kochen, wenn das Fleisch hineingelegt wird, damit das Eiweiß der äußeren Schicht gerinnt.

3. Während der Kochzeit darf das Wasser nur leise sieden, weil sonst das Fleisch hart und die Brühe trübe wird, man kocht deswegen auf Stufe 1, die letzten 10 Minuten auf Stufe 0.

4. Der austretende Schaum ist Eiweiß und braucht nicht abgeschöpft zu werden.

5. Suppengrün soll nur 1 Stunde mitkochen, damit Vitamine, Geschmacks- und Aromastoffe nicht zerstört werden.

6. Das Fleisch bleibt saftiger, wenn es nach dem Kochen 10 Minuten in der Brühe liegen bleibt.

Rindfleisch

500–750 g Rindfleisch (Brust-, Schwanzstück oder Rippe)
1½ l Wasser
etwas Salz
1 geröstete Zwiebel
Suppengrün (Möhre, Porree, Sellerie)

Das Fleisch kurz waschen, schnell abtrocknen, klopfen und evtl. binden, damit es saftiger bleibt und sich gut schneiden läßt. Nach Belieben Knochen mit dem kalten Wasser aufsetzen und 1 Stunde vorkochen lassen. Das Fleisch in das auf Stufe 3 kochende, gesalzene Wasser geben und es auf Stufe 1, die letzten 15 Minuten auf Stufe 0, kochen. Nach 1 Stunde Kochzeit die Zwiebel und das gewaschene Suppengrün hinzugeben. Wenn das Fleisch gar ist, es noch 10 Minuten in der heißen Brühe liegen lassen, dann herausnehmen, in Scheiben schneiden, mit etwas heißer Brühe übergießen und mit dem geschnittenen Suppengrün garnieren. Das Fleisch zu gedünstetem Gemüse oder mit einer Meerrettich- (S. *78*), Tomaten- (S. *79*), Kräuter- (S. *78*) oder Senfsoße (S. *77*) zu Salzkartoffeln reichen.

Die Brühe zu Suppen und Soßen verwenden.

Kochzeit: 2–2½ Stunden.

Kalbsmilch

3 Kalbsmilch
½ l Wasser
etwas Salz

Die Kalbsmilch mehrere Stunden wässern, damit sie weiß wird. Sie danach zunächst mit kochendem und dann mit kaltem Wasser übergießen, damit sie erstarrt und die Blutäderchen besser entfernt werden können. Die Kalbsmilch in das auf Stufe 3 kochende, gesalzene Wasser geben, auf Stufe 0 gar kochen und mit Madeirasoße (S. *80*) reichen. Die Kalbsmilch nach Belieben auch zur Verfeinerung von Frikassee (S. *96*) und Ragout (S. *96*) verwenden.

Kochzeit: Etwa 15 Minuten.

Schweinefleisch

500–750 g Schweinefleisch
(Nacken, Rippe, Blatt oder Bauch)
1½ l Wasser
etwas Salz
Suppengrün (Möhre, Porree, Sellerie)

Das Fleisch nicht entschwarten. Zubereitung siehe Herstellung von Rindfleisch (S. *90*).

Das gekochte Schweinefleisch mit Senf- (S. *77*) oder Kräutersoße (S. *78*) zu Salzkartoffeln reichen.

Kochzeit: Etwa 1½ Stunden.

Rinderzunge

(für 10–12 Personen)

1 frische Rinderzunge
2–2½ l Wasser
etwas Salz
Suppengrün (Sellerie oder Porree)

Den Schlund abschneiden, die Zunge so lange waschen und bürsten, bis der Schleim entfernt ist, sie dann in das auf Stufe 3 kochende, gesalzene Wasser geben und auf Stufe 1, die letzten 10 Minuten auf Stufe 0, kochen. Eine Stunde vor Beendigung der Kochzeit den gewaschenen Sellerie oder Porree hinzugeben. Die Zunge ist gar, wenn sich die Spitze weich ansticht. Sie dann aus der Brühe nehmen und die Haut abziehen, solange die Zunge heiß ist. Das obere knorpelige Ende ablösen. Die Zunge bis zum Anrichten wieder in die heiße Brühe legen. Sie dann in fingerdicke Scheiben schneiden und mit Salzkartoffeln und Kräuter- (S. *78*), Pilz- (S. *77*) oder Tomatensoße (S. *79*) reichen.

Gepökelte Zunge genau so zubereiten; sie nur vor dem Kochen einige Stunden wässern und ohne Salz kochen. Meerrettichsoße (S. *78*) schmeckt sehr gut dazu.

Kochzeit: 3–4 Stunden.

Kalbshirn

3 Kalbshirne
½ l Wasser
etwas Salz
etwas Essig
einige feine Kräuter

Das Hirn so lange in kaltes Wasser legen, bis das Blut ausgezogen ist. Das Hirn von Haut und Adern befreien, mit dem Salz, etwas Essig und einigen Kräutern in das auf Stufe 3 kochende Wasser geben und auf Stufe 0 ziehen lassen. Es dann mit brauner Butter übergießen und dazu Tomatensalat reichen. Soll es gebraten werden, es in der Brühe erkalten lassen.

Veränderung: Das Kalbshirn auch zur Verfeinerung von Frikassee (S. *96*) und Ragout (S. *96*) verwenden.

Kochzeit: 5–6 Minuten.

Kalbszunge

1–2 Kalbszungen
1–1½ l Wasser
etwas Salz
Suppengrün (Möhren oder Porree)

Den Schlund abschneiden, die Zunge so lange waschen und bürsten, bis der Schleim entfernt ist, sie dann mit dem gewaschenen Suppengrün in das auf Stufe 3 kochende, gesalzene Wasser geben und auf Stufe 1, die letzten 10 Minuten auf Stufe 0, kochen. Die Zunge ist gar, wenn sich die Spitze weich ansticht. Sie dann aus der Brühe nehmen und die Haut abziehen, solange die Zunge heiß ist. Diese bis zum Anrichten wieder in die heiße Brühe legen, sie dann längs oder schräg in Scheiben schneiden und mit Pilz- (S. *77*) oder Tomatensoße (S. *79*) reichen.

Kochzeit: 1–1¾ Stunden.

Kalbfleisch

500–750 g Kalbfleisch
(Kamm, Brust oder Blatt)
1½ l Wasser
etwas Salz
Suppengrün (Möhren oder Porree)

Zubereitung siehe Herstellung von Rindfleisch (S. *90*).
Das gekochte Kalbfleisch mit Kräuter- (S. *78*), Kapern- (S. *77*) oder Bechamelsoße (S. *78*) zu Salzkartoffeln reichen.

Kochzeit: 1–1½ Stunden.

II. KLEINE FLEISCHSTÜCKE GEKOCHT

Regeln

1. Das Wasser muß auf Stufe 3 kochen, wenn das Fleisch hineingelegt wird.
2. Während der Kochzeit darf das Wasser nur leise sieden, man kocht deswegen auf Stufe 1, die letzten 10 Minuten auf Stufe 0.
3. Die Soße wird aus der Brühe hergestellt, in der das Fleisch gar gemacht wurde.
4. Für helles Fleisch nimmt man helle Soßen (Frikassee); dunkles Fleisch kommt in dunkle Soßen (Ragout).
5. Man gibt das gare Fleisch in die kochende Soße und läßt es darin 10 Minuten auf Stufe 0 ziehen.

Zungenragout

(für 10–12 Personen)

1 Rinderzunge
2–2½ l Wasser
etwas Salz
50 g Sellerie oder Porree
80 g Butter oder Margarine
100 g Weizenmehl
⅛ l Rotwein oder
2–3 Eßl. Zitronensaft
etwas Zucker
Fleisch- (S. 73) oder Semmelklößchen (S. 72)

Den Schlund abschneiden, die Zunge so lange waschen und bürsten, bis der Schleim entfernt ist, sie dann in das auf Stufe 3 kochende, gesalzene Wasser geben und auf Stufe 1, die letzten 10 Minuten auf Stufe 0, kochen lassen. Eine Stunde vor Beendigung der Kochzeit den gewaschenen Sellerie oder Porree hinzugeben. Die Zunge ist gar, wenn sich die Spitze weich ansticht. Sie dann aus der Brühe nehmen und die Haut abziehen, solange die Zunge heiß ist. Das obere knorpelige Ende ablösen. Die Zunge in Scheiben oder Würfel schneiden. Von der Zungenbrühe 1 l abmessen.
Für die dunkle Soße das Fett auf Stufe 3 zerlassen. Das Mehl unter Rühren so lange darin erhitzen, bis es mittelbraun ist. Damit keine Klumpen entstehen, die Brühe nach und nach hinzugießen und mit einem Schneebesen durchschlagen. Die Soße zum Kochen bringen, 10 Minuten auf Stufe 0 ziehen lassen und mit Rotwein (Zitronensaft), Zucker und Salz abschmecken. Die geschnittene Zunge und die Hälfte der für sich gekochten Klößchen in die Soße geben. Das Ragout auf einer runden Schüssel anrichten und mit Blätterteighalbmonden und den restlichen Klößchen garnieren.

Kochzeit: 3–4 Stunden.

Veränderung: Das Ragout durch Zugabe von 250 g Champignons oder Steinpilzen verfeinern.

Kalbszungenfrikassee

1–2 Kalbszungen
1–1½ l Wasser
etwas Salz
40 g Butter oder Margarine
40 g Weizenmehl
1 Teel. Kapern
1 Eßl. Zitronensaft oder Weißwein
nach Belieben 1 Eigelb und
2 Eßl. kaltes Wasser zum Verquirlen

Den Schlund abschneiden, die Zunge so lange waschen und bürsten, bis der Schleim entfernt ist, sie dann in das auf Stufe 3 kochende, gesalzene Wasser geben und auf Stufe 1, die letzten 10 Minuten auf Stufe 0, kochen. Die Zunge ist gar, wenn sich die Spitze weich ansticht. Sie dann aus der Brühe nehmen und die Haut abziehen, solange die Zunge heiß ist. Diese schräg in Scheiben schneiden. Dann ½ l von der Brühe abmessen und sich weiter nach den Angaben für Kalbfleischfrikassee (S. 96) richten.

Kochzeit: 1–1¾ Stunden.

Leberknödel

400 g (etwa 10) alte Semmeln (Brötchen)
½ l Milch
250 g Kalbs- oder Rinderleber
1 mittelgroße Zwiebel
1 Eßl. gehackte Petersilie
2 Eier
3 g (1 gestrichener Teel.) Dr. Oetker Backpulver Backin
etwas Salz
etwas Majoran
etwas Pfeffer
etwas abgeriebene Zitronenschale

Die Semmeln in knapp 2 mm dicke Blättchen schneiden, mit der kochendheißen Milch übergießen und 1 Stunde quellen lassen. Die aus der Haut geschabte Leber und die Zwiebel durch den Fleischwolf drehen und mit Petersilie, den Eiern und dem Backin unter die gut durchweichte Semmelmasse rühren. Die Masse mit den Gewürzen abschmecken. Mit nassen Händen Knödel formen, sie in auf Stufe 3 kochendes Salzwasser geben und 10 Minuten auf Stufe 1 und dann noch 10 Minuten auf Stufe 0 gar ziehen lassen.

Kochzeit: Etwa 20 Minuten.

Nierenragout

375–500 g Schweine- oder Hammelnieren
½ l Wasser
etwas Salz
1 Zwiebel
etwas Suppengrün
40 g Fett
50 g Weizenmehl
1 Eßl. Zitronensaft

Die Nieren aufschneiden, von den Röhren befreien, gründlich waschen, mit kochendheißem Wasser übergießen, ½ Stunde liegen lassen und dann aus dem Wasser nehmen. Die Nieren anschließend mit der in Viertel geschnittenen Zwiebel und dem gewaschenen Suppengrün in das auf Stufe 3 kochende, gesalzene Wasser geben und sie 10–15 Minuten auf Stufe 1, zuletzt auf Stufe 0, gar kochen lassen. Von der Nierenbrühe ½ l abmessen.

Für die Soße das Fett auf Stufe 3 zerlassen. Das Mehl unter Rühren so lange darin erhitzen, bis es mittelbraun ist. Damit keine Klumpen entstehen, die Brühe nach und nach hinzugießen und mit einem Schneebesen durchschlagen. Die Soße zum Kochen bringen und 10 Minuten auf Stufe 0 ziehen lassen. Die Soße mit Zitronensaft und Salz abschmecken und die in Scheiben geschnittenen Nieren hinzugeben. Makkaroni oder Kartoffelbrei dazu reichen.

Kochzeit: Etwa 30 Minuten.

Veränderung: Die Soße durch Zugabe von Tomatenmark, feingewiegten Sardellen oder einigen Eßl. Madeira verfeinern.

Königsberger Klops

400 g Gehacktes (halb Rind-, halb Schweinefleisch)
1 alte Semmel (Brötchen)
1 Eiweiß
1 Zwiebel
½ Salzhering (nach Belieben)
etwas Salz
etwas Pfeffer
40 g Butter oder Margarine
40 g Weizenmehl
½ l Brühe oder Wasser
1 Eßl. Kapern
1 Teel. Zitronensaft
1 Eigelb und 2 Eßl. kaltes Wasser zum Verquirlen

Aus dem Fleisch, der eingeweichten, gut ausgedrückten Semmel, dem Eiweiß, der feingehackten Zwiebel (nach Belieben in etwas Fett andünsten) und dem feingewiegten Salzhering einen geschmeidigen Teig herstellen, ihn mit Salz und Pfeffer abschmecken und Klöße daraus formen.

Für die Soße das Fett auf Stufe 3 zerlassen. Das Mehl unter Rühren so lange darin erhitzen, bis es hellgelb ist. Damit keine Klumpen entstehen, die Brühe (Wasser) nach und nach hinzugießen und mit einem Schneebesen durchschlagen. Die Soße zum Kochen bringen, auf Stufe 1 schalten, die Klöße hineingeben und sie 5 Minuten bei dieser Schalterstellung und dann noch 10 Minuten auf Stufe 0 ziehen lassen. Dann die Soße mit Kapern, Zitronensaft und Salz abschmecken und mit dem verquirlten Eigelb abziehen.

Kochzeit: Etwa 15 Minuten.

Westfälischer Pfeffer-Potthast

750 g Rindfleisch (kurze Rippe)
½ l Wasser
etwas Salz
3 in Viertel geschnittene Zwiebeln
1 Teel. Pfefferkörner
6 Nelken
2 Lorbeerblätter
40 g Fett
40 g Weizenmehl
1 Eßl. Kapern
2 Eßl. Essig oder Saft einer halben Zitrone

Das Fleisch waschen. Das Wasser mit den Gewürzen auf Stufe 3 zum Kochen bringen, das Fleisch hineingeben, es zum Kochen bringen und auf Stufe 1, die letzten 10 Minuten auf Stufe 0, gar kochen lassen. Das Fleisch von den Knochen lösen und in nicht zu kleine Würfel schneiden. Die Brühe durch ein Sieb gießen und ½ l davon abmessen.

Für die Soße das Fett auf Stufe 3 zerlassen. Das Mehl unter Rühren so lange darin erhitzen, bis es hellgelb ist. Damit keine Klumpen entstehen, die Brühe nach und nach hinzugießen und mit einem Schneebesen durchschlagen. Die Soße zum Kochen bringen und etwa 10 Minuten auf Stufe 0 ziehen lassen. Die Kapern unterrühren, die Soße, wenn erforderlich, noch mit Salz und Essig (Zitronensaft) abschmecken und das Fleisch hineingeben. Das Gericht mit Salz- oder Pellkartoffeln reichen.

Kochzeit: Etwa 2½ Stunden.

Wurstebrei

2 Schweinenieren oder 1 Herz
1 l Wasser
etwas Salz
125 g frische Schwarte oder Bauchfleisch
100 g Gerstengrütze
1 Eßl. Grieben
etwas Pfeffer
etwas Piment
etwas Thymian

Die Nieren aufschneiden, von den Röhren befreien, gründlich waschen, mit kochendheißem Wasser übergießen, ½ Stunde stehenlassen und dann aus dem Wasser nehmen. Das Herz halbieren, die inneren und äußeren Häute entfernen und es gründlich waschen. Die Schwarten und die Nieren oder das Herz in das auf Stufe 3 kochende, leicht gesalzene Wasser geben, zum Kochen bringen und auf Stufe 1 gar kochen lassen. Von der Fleischbrühe 1 l abmessen, auf Stufe 3 zum Kochen bringen, die Grütze einstreuen und sie auf Stufe 1, die letzten 10 Minuten auf Stufe 0, gar kochen lassen. Das Fleisch mit den Grieben fein hacken, mit dem Grützebrei vermischen und mit Salz, Pfeffer, Piment und Thymian abschmecken. Den Wurstebrei zu Pellkartoffeln mit Apfelmus oder sauren Gurken reichen.

Kochzeit: Fleisch etwa 1½ Stunden, Grütze etwa 2 Stunden.

Rindfleischragout

375–500 g Rindfleisch
½ l Wasser
etwas Salz
40 g Fett
50 g Weizenmehl
1 Zwiebel
etwas Pfeffer
1 Eßl. Essig oder Zitronensaft
etwas Zucker
1 saure Gurke

Das in Stücke geschnittene Fleisch in das auf Stufe 3 kochende, gesalzene Wasser geben und auf Stufe 1, die letzten 10 Minuten auf Stufe 0, in etwa 1½ Stunden gar kochen lassen. Von der Brühe ½ l abmessen. Das Fett auf Stufe 3 zerlassen. Das Mehl unter Rühren darin so lange erhitzen, bis es mittelbraun ist. Die in Würfel geschnittene Zwiebel erst hinzugeben, wenn das Mehl hellgelb ist. Damit keine Klumpen entstehen, die Brühe nach und nach hinzugießen und mit einem Schneebesen durchschlagen. Die Soße zum Kochen bringen und 10 Minuten auf Stufe 0 ziehen lassen. Die Soße mit Salz, Pfeffer, Essig (Zitronensaft) und Zucker abschmecken, das Fleisch darunter rühren und es vor dem Anrichten noch 10 Minuten darin ziehen lassen. Dann die in Würfel oder Scheiben geschnittene Gurke hinzugeben.

Kochzeit: Etwa 1¾ Stunden.

Ragout von Rinder- oder Kalbsherz

375–500 g Rinder- oder Kalbsherz
½ l Wasser
40 g Fett
50 g Weizenmehl
1 Zwiebel
etwas Salz
etwas Pfeffer
1 Eßl. Essig oder Zitronensaft
etwas Zucker
1 saure Gurke

Zubereitung siehe Herstellung von Rindfleischragout (oben).

Kochzeit: Rinderherz etwa 2 Stunden,
Kalbsherz etwa 1¼ Stunden.

Ragout fin in Muscheln

(Abb. S. 195)

1 gekochte Kalbszunge (S. 91)
1 gekochtes Kalbshirn (S. 91) oder
1 gekochte Kalbsmilch (S. 90)
250 g gekochtes Kalbfleisch (S. 92)
40 g Butter oder Margarine
50 g Weizenmehl
½ l Brühe
1 Teel. Kapern
50 g gare Champignons
etwas Zitronensaft oder Weißwein
etwas Salz
1–2 Eigelb und 2 Eßl. kaltes Wasser zum Verquirlen
2 Eßl. Semmelmehl
2 Eßl. geriebener Käse
40 g Butter

Die Kalbszunge, das Kalbshirn (Kalbsmilch) und das Kalbfleisch in Würfel schneiden. Das Fett auf Stufe 3 zerlassen. Das Mehl unter Rühren so lange darin erhitzen, bis es hellgelb ist. Damit keine Klumpen entstehen, die Brühe nach und nach hinzugießen und mit einem Schneebesen durchschlagen. Die Soße zum Kochen bringen und 10 Minuten auf Stufe 0 ziehen lassen. Die Kapern und die kleingeschnittenen Champignons unterrühren. Mit Zitronensaft (Wein) und Salz abschmecken, mit dem verquirlten Eigelb abziehen und das Fleisch hineingeben. 12 Muscheln mit Butter ausstreichen. Das Ragout hineingeben, mit Semmelmehl und Käse bestreuen und mit Butterflöckchen belegen. Die Muscheln im Backofen überbacken.

Schalterbackofen: 10 Minuten vorheizen O 3 – U 3, überbacken O 3 – U 3;

Reglerbackofen: 275–300.

Backzeit: 10–15 Minuten.

Kalbfleischfrikassee

375–500 g Kalbfleisch
½ l Wasser
etwas Salz
40 g Butter oder Margarine
40 g Weizenmehl
1 Teel. Kapern
1 Eßl. Zitronensaft oder Weißwein
nach Belieben 1 Eigelb und
2 Eßl. kaltes Wasser zum Verquirlen

Das in Stücke geschnittene Fleisch in das leicht gesalzene, auf Stufe 3 kochende Wasser geben und auf Stufe 1, die letzten 10 Minuten auf Stufe 0, in etwa 30 Minuten gar kochen. Von der Brühe ½ l abmessen. Das Fett auf Stufe 3 zerlassen. Das Mehl unter Rühren so lange darin erhitzen, bis es hellgelb ist. Damit keine Klumpen entstehen, die Brühe nach und nach hinzugießen und mit einem Schneebesen durchschlagen. Die Soße zum Kochen bringen und 10 Minuten auf Stufe 0 ziehen lassen. Die Kapern hinzugeben. Die Soße mit Zitronensaft (Wein) und Salz abschmecken und mit dem verquirlten Eigelb abziehen. Das Fleisch in die Soße legen.

Kochzeit: 30–40 Minuten.

Das Frikassee am besten in einem Reisrand anrichten oder den Reis als Kranz um das Gericht schichten.

Das Frikassee nach Belieben durch Fleischklößchen (S. 73), Blumenkohlröschen, Spargelköpfchen, Champignons und gehackte Sardellen verfeinern.

Kalbfleischragout

375–500 g Kalbfleisch
½ l Wasser
etwas Salz
40 g Fett
50 g Weizenmehl
1 Zwiebel
etwas Pfeffer
1 Eßl. Zitronensaft
2–3 Eßl. Rotwein
etwas Zucker

Zubereitung siehe Herstellung von Rindfleischragout (S. 95), nur, der hellen Fleischart entsprechend, eine hellbraune Grundsoße machen.

Kochzeit: 30–40 Minuten.

Schweinefleischragout

375–500 g Schweinefleisch
½ l Wasser
etwas Salz
40 g Fett (evtl. in kleine Würfel geschnittener Speck)
50 g Weizenmehl
1 Zwiebel
1–2 Eßl. Zitronensaft oder Essig
etwas Zucker
400 g Äpfel

Zubereitung siehe Herstellung von Rindfleischragout (S. 95). Die gewaschenen, geschälten, in kleine Stücke geschnittenen Äpfel mit 1 Eßl. Wasser unter ständigem Rühren auf Stufe 3 zum Kochen bringen und auf Stufe 0 etwa 5 Minuten dünsten. Das Obst mit dem Fleisch in die Soße geben. Pellkartoffeln oder Kartoffelklöße dazu reichen.

Kochzeit: Etwa 60 Minuten.

Veränderung: Das Ragout ohne Obst zubereiten.

B. GESCHMORTES FLEISCH

Regeln

1. Unter Schmoren versteht man, daß Fleisch in heißem Fett im offenen Topf gut gebräunt und dann unter Zusatz von etwas Wasser im geschlossenen Topf gar gemacht wird. Für diese Zubereitungsweise eignen sich besonders kleine Fleischstücke (unter 1 kg) und solche mit derber Fleischfaser.

2. Das Fleisch wird in das auf Stufe 3 erhitzte Fett gegeben und im offenen Topf von allen Seiten gut gebräunt. Sollte die Hitze zu stark werden, schaltet man die Kochplatte auf Stufe 2. Falls Zwiebeln, Tomaten oder kleingeschnittenes Suppengrün an das Fleisch gegeben werden sollen, kommen sie in das Fett, wenn das Fleisch fast fertig gebräunt ist.

3. Sobald das Fleisch gut gebräunt ist, gießt man $\frac{1}{8}$–$\frac{1}{4}$ l kochendheißes Wasser oder Brühe zu, salzt das Fleisch und schmort es im geschlossenen Topf auf Stufe 1 gar.

4. Um die Soße herzustellen, nimmt man das gare Fleisch aus dem Topf und gießt so viel Wasser hinzu, wie man Soße haben will. Die Soße wird auf Stufe 3 zum Kochen gebracht, auf Stufe 0 geschaltet, mit angerührtem Gustin gedickt und, wenn erforderlich, durch ein Sieb gegossen. Man kann die Soße durch Zugabe von Sahne oder Dosenmilch verfeinern.

I. GROSSE FLEISCHSTÜCKE GESCHMORT

Rinderschmorbraten

$\frac{3}{4}$–1 kg Rindfleisch (Schwanzstück, Blume)
80 g Fett
etwas Salz
etwas Suppengrün
1 Zwiebel
nach Belieben 1 Tomate
$\frac{1}{8}$–$\frac{3}{8}$ l Wasser
1–2 gut gehäufte Teel. Dr. Oetker Gustin
1 Eßl. kaltes Wasser zum Anrühren
2 Eßl. saure Sahne oder Dosenmilch

Das Fleisch waschen, klopfen und nötigenfalls zu guter Form binden. Das Fett auf Stufe 3 erhitzen, das Fleisch hineinlegen, es im offenen Topf von allen Seiten gut bräunen und dann salzen. Das gewaschene, kleingeschnittene Suppengrün, die zerkleinerte Zwiebel und die gewaschene, in Stücke geschnittene Tomate kurz miterhitzen. Dann vorsichtig vom Rand aus heißes Wasser zugießen, vorerst nur $\frac{1}{8}$ l. Das Fleisch auf Stufe 1 im zugedeckten Topf schmoren lassen, es von Zeit zu Zeit wenden und verkochtes Wasser ersetzen.

Wenn das Fleisch gar ist, den Faden lösen und es anrichten. Die Soße nach Bedarf mit Wasser auffüllen, durch ein Sieb geben, entfetten, auf Stufe 3 zum Kochen bringen, mit dem angerührten Gustin binden und mit etwas Sahne (Dosenmilch) verrühren.

Salzkartoffeln, Kartoffelbrei, Makkaroni, Gemüse und Salat sind passende Beigaben.

Schmorzeit: Gut $2\frac{1}{2}$ Stunden.

Veränderung: 500 g gewaschene Knochen mit dem Fleisch bräunen.

Sauerbraten (Abb. S. 34)

¾–1 kg Rindfleisch

Marinade:

1 Zwiebel
1 Gewürzdosis (S. 44)
etwas Salz
etwas Zucker
¼ l Essig und ⅜ l Wasser

Zum Braten:

50 g Fett
etwas Salz
⅛–⅜ l Brühe oder Wasser
ein Stück Brotrinde oder etwas Honigkuchen
nach Belieben 1–2 Teel. Dr. Oetker Gustin
1 Eßl. kaltes Wasser zum Anrühren

Das gewaschene und gut abgetropfte Fleisch in eine irdene Schüssel legen, Zwiebelscheiben und Gewürze dazugeben und den verdünnten Essig darüber gießen. Das Fleisch 4–6 Tage an einem kühlen Ort stehenlassen und täglich wenden.

Das genügend gesäuerte Fleisch abtrocknen; das Fett auf Stufe 3 erhitzen und das Fleisch hineinlegen. Es im offenen Topf von allen Seiten gut bräunen und dann salzen. ⅛ l heiße Brühe (Wasser) oder Marinade vorsichtig vom Rand aus hinzugießen und etwas Brotrinde oder Honigkuchen als Würze zusetzen. Das Fleisch auf Stufe 1 im zugedeckten Topf schmoren lassen, es von Zeit zu Zeit wenden und verkochtes Wasser ersetzen. Das gare Fleisch anrichten. Die Soße nach Bedarf mit Wasser auffüllen, auf Stufe 3 zum Kochen bringen und mit dem angerührten Gustin binden.

Kartoffelklöße (S. 192) oder Makkaroni (S. 251) schmecken gut zu Sauerbraten.

Schmorzeit: Etwa 1½ Stunden.

Schweineschmorbraten

¾–1 kg Schweinefleisch (Keule, Kamm oder Schulter)
bei magerem Fleisch 50 g Fett
1 Zwiebel
etwas Suppengrün
etwas Salz
⅛–⅜ l Wasser
1-2 Eßl. Dr. Oetker Gustin
1 Eßl. kaltes Wasser zum Anrühren

Fettes Schweinefleisch im eigenen Fett bräunen. Damit es sich am Anfang nicht ansetzt, es häufig wenden. Mageres Schweinefleisch in auf Stufe 3 erhitztes Fett legen und von allen Seiten gut bräunen. Die kleingeschnittene Zwiebel und das gewaschene, kleingeschnittene Suppengrün kurze Zeit miterhitzen und das Fleisch dann salzen. Danach vorsichtig vom Rand aus heißes Wasser zugießen, vorerst nur ⅛ l. Das Fleisch auf Stufe 1 im zugedeckten Topf schmoren lassen, es von Zeit zu Zeit wenden und verkochtes Wasser ersetzen. Das gare Fleisch anrichten. Die Soße nach Bedarf mit Wasser auffüllen, durch ein Sieb gießen, entfetten, auf Stufe 3 zum Kochen bringen und mit dem angerührten Gustin binden.

Sehr wohlschmeckend ist als Beigabe Tomatensalat.

Schmorzeit: Etwa 1½ Stunden.

Hammelschmorbraten

¾–1 kg Hammelfleisch
bei magerem Fleisch 50 g Fett
1 Zwiebel
etwas Salz
etwas Paprika
⅛–⅜ l Wasser
1 Eßl. Dr. Oetker Gustin
1 Eßl. kaltes Wasser zum Anrühren

Zubereitung siehe Herstellung von Schweineschmorbraten (oben). Nach Belieben Steinpilze, Morcheln oder Mousserons kurze Zeit mitschmoren lassen.

Schmorzeit: Etwa 1 Stunde.

Kalbsschmorbraten

¾–1 kg Kalbfleisch (Keule, Haxe, Brust oder Blatt)
80 g Nierenfett
etwas Suppengrün
nach Belieben einige Wacholderbeeren
etwas Salz
⅛–⅜ l Wasser
1–2 Teel. Dr. Oetker Gustin
1 Eßl. kaltes Wasser zum Anrühren
1–2 Eßl. saure Sahne oder Dosenmilch

Das Fleisch waschen, nötigenfalls klopfen und zu guter Form binden. Das Fett auf Stufe 3 erhitzen, das Fleisch hineinlegen und es im offenen Topf von allen Seiten gut bräunen. Das gewaschene, kleingeschnittene Suppengrün (Wacholderbeeren) kurze Zeit miterhitzen und dann das Fleisch salzen. Danach vorsichtig vom Rand aus heißes Wasser zugießen, vorerst nur ⅛ l. Das Fleisch auf Stufe 1 im zugedeckten Topf schmoren lassen, es von Zeit zu Zeit wenden und verkochtes Wasser ersetzen.

Wenn das Fleisch gar ist, den Faden lösen und es anrichten. Die Soße nach Bedarf mit Wasser auffüllen, auf Stufe 3 zum Kochen bringen, durch ein Sieb gießen, entfetten, mit dem angerührten Gustin binden und mit etwas Sahne (Dosenmilch) verrühren.

Schmorzeit: Etwa 1 Stunde.

II. KLEINE FLEISCHSTÜCKE GESCHMORT

Gulasch

375–500 g schieres Rind-, Kalb-, Schweine- oder Hammelfleisch
50 g Fett (nach Belieben in kleine Würfel geschnittener Speck) – bei Schweinefleisch weniger
1 große Zwiebel
½ l Wasser
etwas Salz
etwas Pfeffer
1 Messerspitze Paprika
1–2 Teel. Dr. Oetker Gustin
1 Eßl. kaltes Wasser zum Anrühren

Das Fleisch in etwa 2 cm große Würfel schneiden. Das Fett auf Stufe 3 erhitzen, das Fleisch hineinlegen und es im offenen Topf von allen Seiten gut bräunen, evtl. auf Stufe 2 schalten. Die in Würfel geschnittene Zwiebel hinzugeben und ebenfalls bräunen lassen. Dann das heiße Wasser, etwas Salz und Pfeffer hinzugeben. Das Fleisch auf Stufe 1 im zugedeckten Topf gar schmoren lassen, mit Paprika und Salz abschmecken und die Soße auf Stufe 0 mit dem angerührten Gustin binden.

Rindergulasch mit Kartoffelbrei, Reis oder Nudeln und mit Tomaten-, Gurken- oder Blattsalat reichen.

Kalbsgulasch im Reisrand anrichten oder mit Spätzle reichen.

Schmorzeit: Rindergulasch 1½–2 Stunden, Kalbsgulasch etwa 1 Stunde, Schweinegulasch etwa 1 Stunde, Hammelgulasch etwa 1 Stunde.

Veränderung: Rindergulasch mit Tomatenmark oder saurer Sahne abschmecken.

Schweinegulasch durch saure Sahne, 2–3 Eßl. Madeira oder 2 mitgeschmorte Tomaten verfeinern.

Um **Hammelgulasch** geschmacklich zu verbessern, Stücke von geschälten und entkernten frischen Gurken oder 4 enthäutete Tomaten kurze Zeit mitschmoren lassen.

RIND

Zum Braten:
Hohe Rippe
(Roastbeef)
Filet (Lende)

Zum Schmoren:
(Schale, Rose)
Blume
Zungengrat
Schwanzstück

Zum Kochen:
Brust
Schulter (Bug)
Beinfleisch
Querrippe
(Zwerchrippe)

KALB

Zum Braten:
Schulter (Bug)
Brust zum Füllen
Keule (Schlegel)
Kotelett
Nacken
Nierenbraten

Zum Kochen:
Hals, Brust, Haxe
(dann überbraten)

SCHWEIN

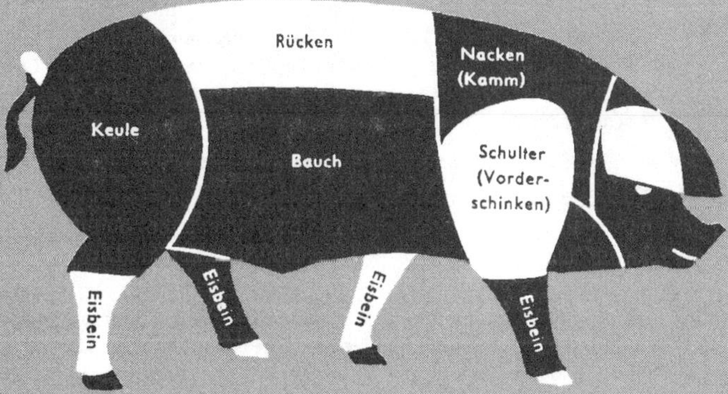

Zum Braten:
Rücken
(Karbonade,
Kotelett)
Keule
Nacken (z. Pökeln)
Schulter

Zum Schmoren:
Rippchen
Nacken (Kamm)

Zum Kochen:
Eisbein (Haxe)
Bauch

HAMMEL

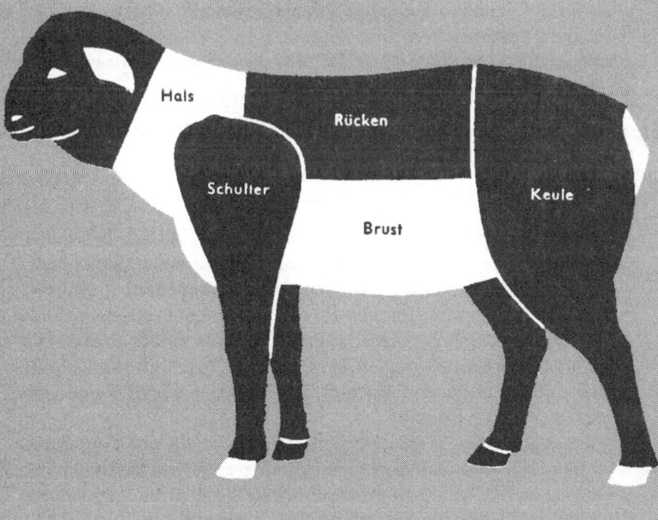

Zum Braten:
Keule
Rücken (Kotelett)

Zum Schmoren:
Schulter (Bug)
Hals (Ragout)

Zum Kochen:
Brust

Saure Nieren

375–500 g Nieren
50 g Fett (nach Belieben in kleine Würfel geschnittener Speck)
1 Zwiebel
1/4–3/8 l Wasser
etwas Salz
etwas Pfeffer
1–2 Eßl. Essig
etwas Zucker
1–2 Teel. Dr. Oetker Gustin
1 Eßl. kaltes Wasser zum Anrühren

Die Nieren aufschneiden, von den Röhren befreien, gründlich waschen, mit kochendheißem Wasser übergießen und 1/2 Stunde darin stehenlassen. Danach die Nieren abtrocknen, in Würfel oder Scheiben schneiden und mit der in Würfel geschnittenen Zwiebel auf Stufe 3 in dem heißen Fett bräunen. Dann 1/4 l heißes Wasser, etwas Salz und etwas Pfeffer hinzugeben und die Nieren auf Stufe 1 im zugedeckten Topf gar schmoren lassen. Die Soße nach Bedarf mit Wasser auffüllen, mit Essig, Salz und Zucker abschmecken und mit dem angerührten Gustin binden.

Reis, Nudeln, Makkaroni und Semmelklöße dazu reichen.

Schmorzeit: 10–15 Minuten.

Schwalbennester (Abb. S. 69)

(Kalbsrouladen mit Ei)

4 Scheiben Kalbfleisch (je 100 g, aus der Keule geschnitten)
4 Scheiben roher Schinken
4 Scheiben Speck
4 geschälte weichgekochte Eier
60 g Butter oder Margarine
1/4–3/8 l Wasser
1–2 Teel. Dr. Oetker Gustin
1 Eßl. kaltes Wasser zum Anrühren
2 Eßl. saure Sahne oder Dosenmilch
etwas Salz

Auf jede Kalbfleischscheibe 1 Scheibe Schinken, 1 Scheibe Speck und dann 1 weichgekochtes Ei legen. Das Fleisch von der schmalen Seite her aufrollen und mit einer Bratennadel oder einem Faden zusammenhalten. Das Fett auf Stufe 3 erhitzen, die Rouladen hineinlegen und sie im offenen Topf von allen Seiten gut bräunen. Dann vorsichtig vom Rand aus heißes Wasser zugießen, vorerst nur 1/4 l. Die Rouladen auf Stufe 1 im zugedeckten Topf schmoren lassen, sie von Zeit zu Zeit wenden und verkochtes Wasser ersetzen.
Wenn die Rouladen gar sind, die Bratennadeln oder Fäden entfernen. Die Soße nach Bedarf mit Wasser auffüllen, durch ein Sieb gießen, auf Stufe 3 zum Kochen bringen, mit dem angerührten Gustin auf Stufe 0 binden, mit Sahne (Dosenmilch) verrühren und mit Salz abschmecken. Die Rouladen in Hälften oder Scheiben schneiden, in der Soße anrichten und zu Kartoffelbrei reichen.

Schmorzeit: Etwa 1 Stunde.

Veränderung: Die Soße durch feingehackte Sardellen oder Champignons verfeinern.

Schweinerouladen

4 Scheiben Schweinefleisch (je 100 g, aus der Keule geschnitten)
1 Eßl. Senf
etwas Salz
50 g Fett
1/4–3/8 l Wasser
1–2 Teel. Dr. Oetker Gustin
1 Eßl. kaltes Wasser zum Anrühren

Das Fleisch leicht klopfen, mit Senf bestreichen, mit Salz bestreuen, von der schmalen Seite her aufrollen und mit einer Bratennadel oder einem Faden zusammenhalten. Das Fett auf Stufe 3 erhitzen, die Rouladen hineinlegen und sie im offenen Topf von allen Seiten gut bräunen. Dann vorsichtig vom Rand aus heißes Wasser zugießen, vorerst nur 1/4 l. Die Rouladen auf Stufe 1 im zugedeckten Topf schmoren lassen, sie von Zeit zu Zeit wenden und verkochtes Wasser ersetzen.
Wenn die Rouladen gar sind, die Bratennadeln oder Fäden entfernen. Die Soße nach Bedarf mit Wasser auffüllen, durch ein Sieb gießen, auf Stufe 3 zum Kochen bringen, mit dem angerührten Gustin auf Stufe 0 binden und mit Salz abschmecken.

Schmorzeit: Etwa 1 1/2 Stunden.

Kalbsrouladen

Fleischfüllung:

150–200 g Fleisch (halb Rind- und halb Schweinefleisch, auch Reste von Braten, Wild und Geflügel)
1 alte Semmel (Brötchen) oder 2–3 gekochte Kartoffeln
1 kleine Zwiebel
1 Ei
etwas Salz
etwas Pfeffer

Fleisch:

4 Scheiben Kalbfleisch (je 100 g, aus der Keule geschnitten)
60 g Butter oder Margarine
1/4–3/8 l Wasser
1 gut gehäufter Teel. Dr. Oetker Gustin
1 Eßl. kaltes Wasser zum Anrühren
etwas Salz

Das Fleisch, die eingeweichte, gut ausgedrückte Semmel oder die Kartoffeln und die Zwiebel durch die Fleischmaschine drehen, mit dem Ei verrühren und mit Salz und Pfeffer abschmecken. Die Füllung gleichmäßig auf den Kalbfleischscheiben verteilen, diese von der schmalen Seite her aufrollen und mit einer Bratennadel oder einem Faden zusammenhalten. Das Fett auf Stufe 3 erhitzen, die Rouladen hineinlegen und sie im offenen Topf von allen Seiten gut bräunen. Dann vorsichtig vom Rand aus heißes Wasser zugießen, vorerst nur 1/4 l. Die Rouladen auf Stufe 1 im zugedeckten Topf schmoren lassen, sie von Zeit zu Zeit wenden und verkochtes Wasser ersetzen.

Wenn die Rouladen gar sind, die Bratennadeln oder Fäden entfernen. Die Soße nach Bedarf mit Wasser auffüllen, durch ein Sieb gießen, auf Stufe 3 zum Kochen bringen, mit dem angerührten Gustin auf Stufe 0 binden und mit Salz abschmecken.

Schmorzeit: Etwa 1 Stunde.

Veränderung: An Stelle der Fleischfüllung dünne Rauchspeckscheiben, saure Gurken oder Tomatenstücke einrollen. Die Soße durch einige Eßl. saure Sahne oder etwas Zitronensaft und durch Champignons oder gehackte Sardellen verfeinern.

Rinderrouladen

4 Scheiben Rindfleisch (je 100 g, aus der Keule geschnitten)
etwas Senf
etwas Salz
1 Messerspitze Pfeffer
60 g in Streifen oder Scheiben geschnittener fetter Speck
60 g Zwiebeln
50 g Fett
1/4–3/8 l Wasser
1–2 Teel. Dr. Oetker Gustin
1 Eßl. kaltes Wasser zum Anrühren

Die Fleischscheiben leicht klopfen, mit Senf bestreichen, mit Salz und Pfeffer bestreuen und mit Speck und der in Würfel geschnittenen Zwiebel belegen. Die Fleischscheiben von der schmalen Seite her aufrollen und mit einer Bratennadel oder einem Faden zusammenhalten. Das Fett auf Stufe 3 erhitzen, die Rouladen hineinlegen und sie im offenen Topf von allen Seiten gut bräunen. Dann vorsichtig vom Rand aus heißes Wasser zugießen, vorerst nur 1/4 l. Die Rouladen auf Stufe 1 im zugedeckten Topf schmoren lassen, sie von Zeit zu Zeit wenden und verkochtes Wasser ersetzen.

Wenn die Rouladen gar sind, die Bratennadeln oder Fäden entfernen. Die Soße nach Bedarf mit Wasser auffüllen, durch ein Sieb gießen, auf Stufe 3 zum Kochen bringen, mit dem angerührten Gustin binden und mit Salz abschmecken.

Blumenkohl, Schwarzwurzeln und Makkaroni sind passende Beigaben.

Schmorzeit: 2–2 1/2 Stunden.

Veränderung: Die Soße mit Paprika, Tomatenmark, Zitronensaft oder saurer Sahne würzen.

C. GEBRATENES FLEISCH

I. GROSSE FLEISCHSTÜCKE IM BACKOFEN

Regeln

1. Beim Schalterbackofen erfolgt das Einschieben des Fleisches so, daß es möglichst nahe an die Oberhitze kommt. Es muß aber berücksichtigt werden, daß das Fleisch noch aufgeht. Beim Reglerbackofen schiebt man flache Fleischstücke auf die mittlere und höhere auf die untere Schiene.

2. Die Bratpfanne wird stets mit Wasser ausgespült. Man gießt heißes Wasser nach, sobald der Bratensatz anfängt zu bräunen oder wenn das Wasser verdampft ist. Beim Schalterbackofen geschieht das erste Zufügen des Wassers meistens nach dem Umschalten.

3. Damit man eine recht kräftige Soße erzielt, werden Knochen von Anfang an in die Bratpfanne gegeben. Zwiebel, Wurzelwerk und Tomaten gibt man beim Schalterbackofen bei kurzgebratenem Fleisch sofort und bei Braten mit längerer Bratzeit, wenn sich Bratensatz gebildet hat, in die Bratpfanne. Beim Reglerbackofen werden Zwiebel, Wurzelwerk und Tomaten erst während der letzten 10–15 Minuten der Bratzeit in die Bratpfanne gelegt.

4. Die Soße wird aus dem losgekochten Bratensatz hergestellt. Man gibt ihn durch ein Sieb, füllt ihn mit so viel Wasser auf, wie man Soße haben will, und dickt mit kalt angerührtem Gustin. Ein Teil des Wassers kann auch durch saure Sahne oder Dosenmilch ersetzt werden.

Kasseler Rippespeer

1½ kg Rippespeer
¼ l heißes Wasser
1 Zwiebel
1 Tomate
4–5 Eßl. saure Sahne oder Dosenmilch
1–2 Teel. Dr. Oetker Gustin
1 Eßl. kaltes Wasser zum Anrühren

Die Knochen aus dem gewaschenen Kasseler lösen und die Fettschicht mit einem scharfen Messer in kleine Vierecke einritzen. Das Fleisch mit der Fettschicht nach oben auf den Rost der mit Wasser ausgespülten Rostbratpfanne legen und in den Backofen schieben. Sobald das abtropfende Fett bräunt, etwas Wasser in die Rostbratpfanne gießen. Die abgezogene, in Viertel geschnittene Zwiebel und die gewaschene, in Stücke geschnittene Tomate 15 Minuten vor Beendigung der Bratzeit in die Rostbratpfanne geben.

Wenn der Braten gar ist, aus dem losgekochten Bratensatz, der erforderlichen Wassermenge, der Sahne (Dosenmilch) und dem angerührten Gustin auf der Kochplatte die Soße herstellen.

Schalterbackofen: O 3 – U 3 (Rostbratpfanne auf die mittlere Schiene schieben!);

Reglerbackofen: 220–230 (Rostbratpfanne auf die untere Schiene schieben!).

Bratzeit: 50–60 Minuten.

RIND

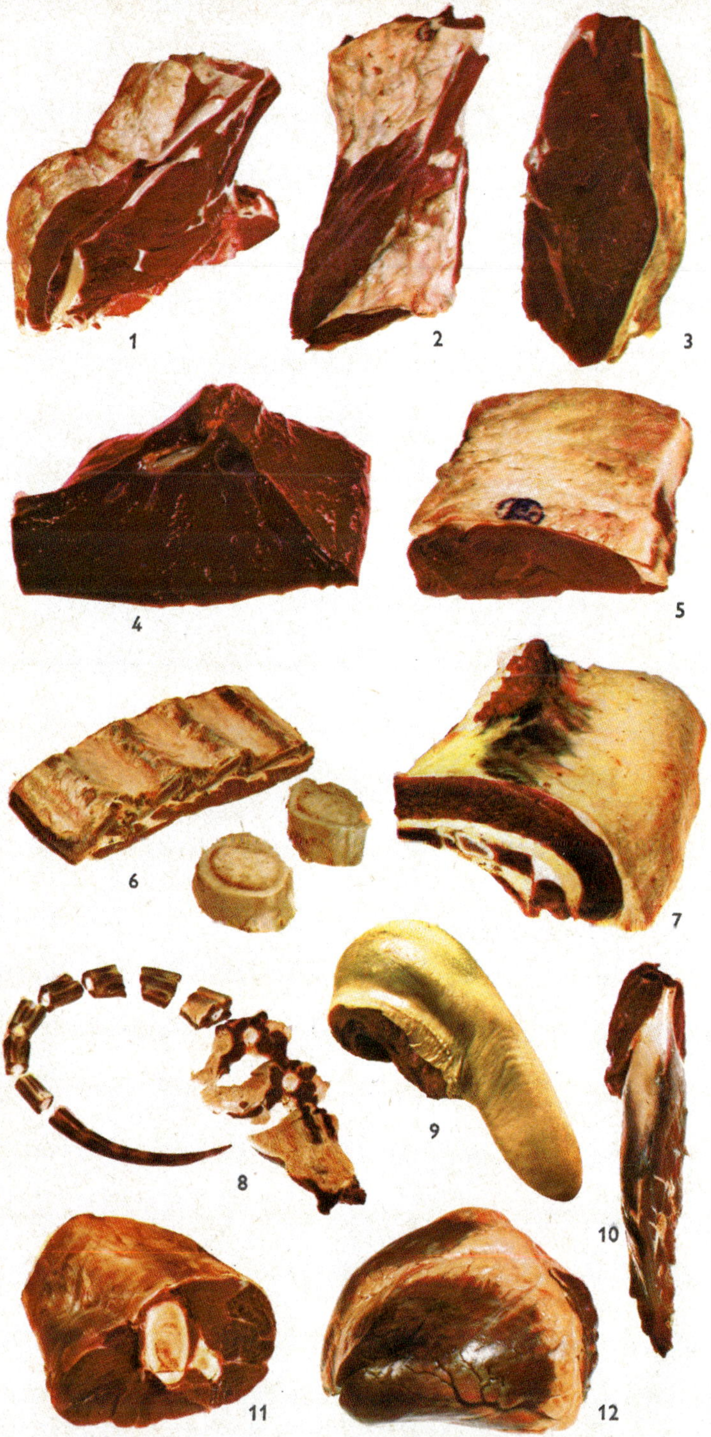

1. Hochrippe
2. Bauchlappen (Nabelstück)
3. Hüfte
4. Leber
5. Roastbeef
6. Querrippe mit Markknochen (Suppenfleisch)
7. Brustkern
8. Schwanz
9. Ochsenzunge
10. Filet (Lende)
11. Haxe (Wade)
12. Herz

KALB

1. Haxe
2. Großes Schnitzelstück (Oberschale)
3. Lunge
4. Fuß
5. Fricandeau (Unterschale)
6. Nuß
7. Niere
8. Zunge
9. Leber
10. Rücken (Kotelettstück)
11. Nierenbraten (gerollt)
12. Herz
13. Kleines Schnitzelstück (Huft)
14. Filet (Lende)
15. Schwanz
16. Brust (Spitze)

1. Schweinebraten mit Schwarte (aus der Keule)
2. Schälrippchen (frische)
3. Kotelettstück
4. Haxe (frische)
5. Filet (Lende)
6. Kamm
7. Bauch
8. Brust (Füllrippe)
9. Leber
10. Herz
11. Niere
12. Zunge

HAMMEL

1. Bug
2. Keule, gelöst (Schloßknochen)
3. Brust (vergrößert)
4. Rücken
5. Nieren (vergrößert)
6. Filet (vergrößert)
7. Bug (gerollt)

Kalbsbraten

1 kg Kalbfleisch (Keule)
etwas Salz
40 g Butter oder Margarine
einige Speckscheiben
etwa ¼ l heißes Wasser
4–5 Eßl. saure Sahne oder Dosenmilch
1–2 Teel. Dr. Oetker Gustin
1 Eßl. kaltes Wasser zum Anrühren

Das Fleisch waschen, enthäuten, mit Salz einreiben, mit Butter oder Margarine bestreichen, mit Speckscheiben belegen, auf den gefetteten Rost der mit Wasser ausgespülten Rostbratpfanne legen und in den Backofen schieben.
Sobald der abtropfende Bratensatz bräunt, etwas Wasser in die Rostbratpfanne gießen. Wenn der Braten gar ist, aus dem losgekochten Bratensatz, der erforderlichen Wassermenge, der Sahne (Dosenmilch) und dem angerührten Gustin auf der Kochplatte die Soße herstellen.

Schalterbackofen: O 3 – U 3, nach 45 Minuten umschalten auf O 3 – U 1 (Rostbratpfanne je nach Höhe des Fleisches auf die mittlere oder untere Schiene schieben!);

Reglerbackofen: 220–230 (Rostbratpfanne auf die untere Schiene schieben!).

Bratzeit: 1½–1¾ Stunden.

Schweinebraten mit Kruste

1 kg Schweinefleisch mit Schwarte (Keule oder Schulter)
etwas Salz
etwa ¼ l heißes Wasser
1 Zwiebel
1 Tomate
2–3 Eßl. saure Sahne oder Dosenmilch
1–2 Teel. Dr. Oetker Gustin
1 Eßl. kaltes Wasser zum Anrühren

Das Fleisch waschen, abtrocknen und auf der Unterseite mit Salz einreiben. Die Schwarte gitterartig einschneiden, das Fleisch mit der Schwarte nach oben auf den Rost der mit Wasser ausgespülten Rostbratpfanne legen und in den Backofen schieben.
Sobald der abtropfende Bratensatz bräunt, etwas Wasser in die Rostbratpfanne gießen. Die abgezogene, in Viertel geschnittene Zwiebel und die gewaschene, in Stücke geschnittene Tomate 15 Minuten vor Beendigung der Bratzeit in die Rostbratpfanne geben.
Wenn der Braten gar ist, aus dem losgekochten Bratensatz, der erforderlichen Wassermenge, der Sahne (Dosenmilch) und dem angerührten Gustin auf der Kochplatte die Soße herstellen.

Schalterbackofen: O 3 – U 3, nach 45 Minuten umschalten auf O 2 – U 1 (Rostbratpfanne auf die mittlere Schiene schieben!);

Reglerbackofen: 220–230 (Rostbratpfanne auf die untere Schiene schieben!).

Bratzeit: 1¾–2 Stunden.

Schweinefilet

2 Schweinefilets (etwa ½ kg)
etwas Salz
40 g Butter oder Margarine
einige Speckscheiben
etwa ¼ l heißes Wasser
1 Zwiebel
1 Tomate
4–5 Eßl. saure Sahne oder Dosenmilch
1–2 Teel. Dr. Oetker Gustin
1 Eßl. kaltes Wasser zum Anrühren

Die Filets waschen, entfetten, enthäuten, mit Salz einreiben, mit Butter oder Margarine bestreichen, mit Speckscheiben belegen, auf den gefetteten Rost der mit Wasser ausgespülten Rostbratpfanne legen und in den Backofen schieben. Sobald der abtropfende Bratensatz bräunt, etwas Wasser in die Rostbratpfanne gießen. Die abgezogene, in Viertel geschnittene Zwiebel und die gewaschene, in Stücke geschnittene Tomate 15 Minuten vor Beendigung der Bratzeit in die Rostbratpfanne geben. Wenn der Braten gar ist, aus dem losgekochten Bratensatz, der erforderlichen Wassermenge, der Sahne (Dosenmilch) und dem angerührten Gustin auf der Kochplatte die Soße herstellen.

Schalterbackofen: 15 Minuten vorheizen O 3 – U 3, braten O 3 – U 3, die letzten 10 Minuten 0–0;

Reglerbackofen: 230–240 (Rostbratpfanne aut die mittlere Schiene schieben!).

Bratzeit: 35–40 Minuten.

Hackbraten (Abb. S. 270)

(Falscher Hase)

750 g Gehacktes (halb Rind-, halb Schweinefleisch)
1–2 alte Semmeln (Brötchen)
1 Ei
1 Zwiebel
etwas Salz
etwas Paprika
1 Eßl. Semmelmehl
50 g Butter oder Margarine
30 g in feine Streifen geschnittener Speck
etwa ¼ l heißes Wasser
1 Teel. Dr. Oetker Gustin
1 Eßl. kaltes Wasser zum Anrühren

Aus dem Fleisch, den eingeweichten, gut ausgedrückten Semmeln, dem Ei und der in kleine Würfel geschnittenen Zwiebel einen Teig herstellen, ihn mit Salz und Paprika abschmecken, zu einem länglichen Kloß formen (nach Belieben als Einlage weichgekochte Eier) und in Semmelmehl wälzen. Den Kloß in die dick mit Butter oder Margarine ausgestrichene Rostbratpfanne legen und mit den Speckstreifen belegen. Diese mit einem Messer gut in den Kloß eindrücken. Das Fleisch in den Backofen schieben. Sobald das Fett stark bräunt, etwas Wasser in die Rostbratpfanne geben. Wenn der Braten gar ist, aus dem losgekochten Bratensatz, der erforderlichen Wassermenge und dem angerührten Gustin auf der Kochplatte die Soße herstellen.

Schalterbackofen: O 3 – U 3 (Rostbratpfanne auf die mittlere Schiene schieben!);

Reglerbackofen: 220–230 (Rostbratpfanne auf die untere Schiene schieben!).

Bratzeit: Etwa 60 Minuten.

Rinderfilet

1 kg Filet
etwas Salz
40 g Butter oder Margarine
einige Speckstreifen
etwa ¼ l heißes Wasser
1 Zwiebel
1 Tomate
4–5 Eßl. saure Sahne oder Dosenmilch
1–2 Teel. Dr. Oetker Gustin
1 Eßl. kaltes Wasser zum Anrühren

Das gut abgehangene Fleisch waschen, enthäuten, mit Salz einreiben, mit Butter oder Margarine bestreichen, mit Speckstreifen belegen, auf den gefetteten Rost der mit Wasser ausgespülten Rostbratpfanne legen und in den Backofen schieben. Sobald der abtropfende Bratensatz bräunt, etwas Wasser in die Rostbratpfanne gießen. Die abgezogene, in Viertel geschnittene Zwiebel und die gewaschene, in Stücke geschnittene Tomate 15 Minuten vor Beendigung der Bratzeit in die Rostbratpfanne geben. Wenn der Braten gar ist, aus dem losgekochten Bratensatz, der erforderlichen Wassermenge, der Sahne (Dosenmilch) und dem angerührten Gustin auf der Kochplatte die Soße herstellen.

(Herdeinstellung und Bratzeit nächste Seite)

Schalterbackofen: 20–25 Minuten vorheizen O 3 – U 3, braten O 3 – U 3, die letzten 10 Minuten 0–0;

Reglerbackofen: 230–240 (Rostbratpfanne auf die mittlere Schiene schieben!).

Bratzeit: 45–60 Minuten.

Gefüllte Schweinerippe

(Abb. S. 272)

Füllung:

3–4 Äpfel (etwa 300 g)
250 g getrocknete Pflaumen
2 Eßl. Semmelmehl
20 g (1 schwach gehäufter Eßl.) Zucker
etwas Salz

Fleisch:

1 kg Schweinerippe
etwas Salz
etwa ¼ l heißes Wasser
1–2 Teel. Dr. Oetker Gustin
1 Eßl. kaltes Wasser zum Anrühren

Für die Füllung die Äpfel waschen, schälen und in Scheiben schneiden. Die eingeweichten Pflaumen, das Semmelmehl, den Zucker und das Salz hinzugeben und alles gut miteinander vermischen.
Das Fleisch waschen, eine Tasche einschneiden und innen und außen salzen. Die Tasche füllen und zunähen. Dünne Schweinerippe waschen, in der Mitte vorsichtig quer durchschlagen, salzen, mit Füllung belegen, übereinanderklappen und zusammennähen. Die Schweinerippe auf den gefetteten Rost der mit Wasser ausgespülten Rostbratpfanne legen und in den Backofen schieben.
Sobald der abtropfende Bratensatz bräunt, etwas Wasser in die Rostbratpfanne gießen. Wenn der Braten gar ist, aus dem losgekochten Bratensatz, der erforderlichen Wassermenge und dem angerührten Gustin auf der Kochplatte die Soße herstellen.

Schalterbackofen: O 3 – U 3, nach 45 Minuten umschalten auf O 3 – U 1 (Rostbratpfanne auf die mittlere Schiene schieben!);

Reglerbackofen: 220–230 (Rostbratpfanne auf die untere Schiene schieben!).

Bratzeit: 1½–1¾ Stunden.

Roastbeef

(Rinderrücken)

1 kg Rinderrücken
etwas Salz
40 g Butter oder Margarine
etwa ¼ l heißes Wasser
1 Zwiebel
nach Belieben 1 Tomate
4–5 Eßl. saure Sahne oder Dosenmilch
1–2 Teel. Dr. Oetker Gustin
1 Eßl. kaltes Wasser zum Anrühren

Das gut abgehangene Fleisch waschen und von Knochen und Sehnen befreien. Die Haut einritzen. Das Fleisch mit Salz einreiben, mit Butter oder Margarine bestreichen, mit der Fettschicht nach oben auf den gefetteten Rost der mit Wasser ausgespülten Rostbratpfanne legen und in den Backofen schieben. Sobald der abtropfende Bratensatz bräunt, etwas Wasser in die Rostbratpfanne gießen. Die abgezogene, in Viertel geschnittene Zwiebel und die gewaschene, in Stücke geschnittene Tomate 15 Minuten vor Beendigung der Bratzeit in die Rostbratpfanne geben.
Wenn der Braten gar ist, aus dem losgekochten Bratensatz, der erforderlichen Wassermenge, der Sahne (Dosenmilch) und dem angerührten Gustin auf der Kochplatte die Soße herstellen.

Schalterbackofen: 20–25 Minuten vorheizen O 3 – U 3, braten O 3 – U 3, die letzten 10 Minuten 0–0 (Rostbratpfanne so hoch wie möglich einschieben!);

Reglerbackofen: 230–240 (Rostbratpfanne auf die untere Schiene schieben!).

Bratzeit: 35–45 Minuten.

Gefüllte Kalbsbrust

Füllung:

375 g Gehacktes (halb Rind-, halb Schweinefleisch)
1 Ei
1 Semmel (Brötchen)
1 kleine Zwiebel
1 Eßl. gehackte Kräuter
etwas Salz
etwas Paprika

Fleisch:

1½ kg Kalbsbrust
etwas Salz
40 g Butter oder Margarine
einige Speckscheiben
etwa ¼ l heißes Wasser
–5 Eßl. saure Sahne oder Dosenmilch
1–2 Teel. Dr. Oetker Gustin
1 Eßl. kaltes Wasser zum Anrühren

Für die Füllung unter das Gehackte das Ei, die in Wasser eingeweichte, gut ausgedrückte Semmel, die in kleine Würfel geschnittene Zwiebel und die Kräuter rühren. Die Füllung mit Salz und Paprika abschmecken.

Die Knochen aus der gewaschenen Kalbsbrust lösen. Das Fleisch von innen und außen mit Salz einreiben, die Füllung in die entstandene Tasche geben und sie zunähen. Die Kalbsbrust mit Fett bestreichen, mit Speckscheiben belegen, auf den gefetteten Rost der mit Wasser ausgespülten Rostbratpfanne legen und in den Backofen schieben. Sobald der abtropfende Bratensatz bräunt, etwas Wasser in die Rostbratpfanne gießen.

Wenn der Braten gar ist, aus dem losgekochten Bratensatz, der erforderlichen Wassermenge, der Sahne (Dosenmilch) und dem angerührten Gustin auf der Kochplatte die Soße herstellen.

Schalterbackofen: O 3 – U 3, nach 35 Minuten umschalten auf O 3 – U 1 (Rostbratpfanne je nach Höhe des Fleisches auf die mittlere oder untere Schiene schieben!);

Reglerbackofen: 220–230 (Rostbratpfanne auf die untere Schiene schieben!).

Bratzeit: Etwa 1¾ Stunden.

Hammelrücken

1 kg Hammelrücken
etwas Salz
etwa ¼ l heißes Wasser
1 Zwiebel
1 Tomate
1–2 Teel. Dr. Oetker Gustin
1 Eßl. kaltes Wasser zum Anrühren

Den Hammelrücken waschen, salzen, auf den Rost der mit Wasser ausgespülten Rostbratpfanne legen und in den Backofen schieben. Sobald der abtropfende Bratensatz bräunt, etwas Wasser in die Rostbratpfanne gießen. Die in Viertel geschnittene Zwiebel und die gewaschene, in Stücke geschnittene Tomate 15 Minuten vor Beendigung der Bratzeit in die Rostbratpfanne geben. Wenn der Braten gar ist, aus dem losgekochten Bratensatz, der erforderlichen Wassermenge und dem angerührten Gustin auf der Kochplatte die Soße herstellen.

Schalterbackofen: O 3 – U 3, nach 35 Minuten umschalten auf O 2 – U 1 (Rostbratpfanne auf die mittlere Schiene schieben!);

Reglerbackofen: 220–230 (Rostbratpfanne auf die untere Schiene schieben!).

Bratzeit: 1½–1¾ Stunden.

II. FLEISCHSTÜCKE IN DER PFANNE

Regeln

1. Kleine Fleischstücke können in der Pfanne gebraten werden, man darf jedoch dazu nur Fleisch mit zarter Muskelfaser verwenden.

2. Sie können unpaniert oder paniert zubereitet werden. Durch das Panieren schafft man jedoch eine Schutzschicht, die verhindert, daß Fleischsaft verlorengeht.

3. Das Panieren geschieht folgendermaßen: Das gesalzene Fleisch wird in Mehl gewälzt, durch verschlagenes Ei gezogen und dann in Semmelmehl gewendet.

4. Wenn die Fleischstücke paniert sind, werden sie sofort gebraten, damit der Belag nicht aufweicht und das Bräunen nicht erschwert wird.

5. Unpanierte Fleischstücke werden gern in Butter oder Margarine gebraten. Schmalz und Mischfett sind jedoch geeigneter, da sie nicht so schnell bräunen. Verwendet man diese Fette zum Braten, so empfiehlt es sich, kurz vor Beendigung des Bratprozesses etwas Butter an das Fleisch zu geben.

6. Das Fett erhitzt man in der Pfanne sehr stark auf Stufe 3, ehe man die Fleischstücke hineingibt, dadurch bräunt die äußere Schicht des Fleisches schnell und der Fleischsaft geht nicht verloren. Die Fleischstücke werden auf Stufe 2, nach dem Wenden auf Stufe 0, gebraten. Nur wenn man Fleischstücke nachlegen muß, schaltet man nach dem Wenden nicht auf Stufe 0, sondern bleibt auf Stufe 2.

7. Während des Bratens darf Fett nicht nachgelegt werden, um ein Abkühlen zu vermeiden.

8. Die fertig gebratenen Fleischstücke muß man sofort zu Tisch geben, da sie sonst hart und unansehnlich werden.

9. Sie werden in der Regel nur mit dem losgekochten Bratensatz übergossen; wird eine Soße gewünscht, so muß der Bratensatz mit Wasser oder Brühe verlängert und mit kalt angerührtem Gustin gebunden werden.

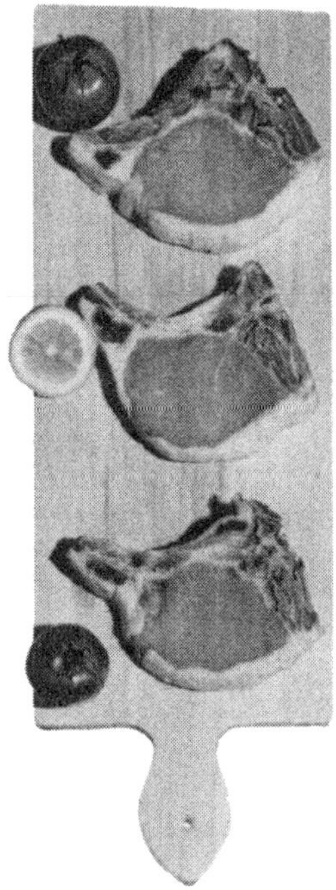

a) Unpanierte Fleischstücke

Filetbeefsteak (Abb. S. 134)

600 g Rinderfilet
60 g Butter oder Margarine
etwas Salz
etwas Wasser
1 Zwiebel oder Tomaten- und Zitronenscheiben

Die Filetscheiben 2 cm dick schneiden. Die Scheiben mit dem flachen Messer leicht klopfen, zusammendrucken, in das auf Stufe 3 stark erhitzte Fett legen und auf Stufe 2, nach dem Wenden auf Stufe 0, braten. Nachdem die untere Seite gebräunt ist, sie wenden und salzen. Die Fleischstücke öfter mit Bratenfett begießen, damit sie saftig bleiben. Filetbeefsteaks sollen nicht ganz durchgebraten sein. Sie auf einer heißen Platte anrichten. Den mit etwas Wasser losgekochten Bratensatz über die Fleischscheiben gießen und sie mit gebräunten Zwiebelringen oder mit Tomaten- und Zitronenscheiben garnieren.

Bratzeit: 6–8 Minuten.

Veränderung: Die Fleischscheiben ohne Fett in der auf Stufe 3 stark erhitzten Pfanne braten und die Butter nachher bräunen und darüber gießen. Nach Belieben die Steaks mit in der Butter erhitztem Obst servieren.

Bratwurst

400–500 g Bratwurst
50 g Fett

Die Bratwurst an beiden Enden fest zudrehen, mit einer Gabel mehrmals durchstechen, mit heißem Wasser übergießen (5 Minuten darin liegen lassen!), damit sie nicht platzt, und abtrocknen. Die Wurst in das auf Stufe 3 erhitzte Fett legen und auf Stufe 2, zuletzt auf Stufe 0, von beiden Seiten gut braten.

Bratzeit: Etwa 10 Minuten.

Gebratene Nieren

400–500 g Kalbs- oder Schweinenieren
etwas Salz
60 g Butter oder Margarine
⅛ l Wasser
1–2 Teel. Dr. Oetker Gustin
1 Eßl. kaltes Wasser zum Anrühren
etwas Paprika
etwas Zitronensaft

Die Nieren aufschneiden, von den Röhren befreien, gründlich waschen, mit kochendheißem Wasser übergießen und ½ Stunde darin liegen lassen. Dann die Nieren in Scheiben schneiden (Schweinenieren evtl. ganz braten!), salzen und unter Wenden auf Stufe 3, zuletzt auf Stufe 0, braten. Den mit Wasser losgekochten Bratensatz mit dem angerührten Gustin binden und mit Paprika und Zitronensaft abschmecken.

Kartoffelbrei und Selleriesalat dazu reichen.

Bratzeit: 5–10 Minuten.

Bratklops

(Bouletten)

400 g Gehacktes (halb Rind-, halb Schweinefleisch)
1 alte Semmel (Brötchen)
1 kleine Zwiebel
1 Ei
etwas Salz
etwas Pfeffer
20 g Weizenmehl
50 g Fett

Unter das Fleisch die eingeweichte, gut ausgedrückte Semmel, die in Würfel geschnittene Zwiebel, das Ei und Salz und Pfeffer nach Geschmack rühren. Ovale Klöße daraus formen, sie in Mehl wälzen, in das auf Stufe 3 erhitzte Fett legen und auf Stufe 2, zuletzt auf Stufe 0, braten.

Bratzeit: Etwa 10 Minuten.

Deutsches Beefsteak

400 g Gehacktes (halb Rind-, halb Schweinefleisch)
2 Eßl. kaltes Wasser oder 20 g Butter (Margarine)
etwas Salz
60 g Butter oder Margarine zum Braten
2 Zwiebeln
⅛ l Wasser
1 Teel. Dr. Oetker Gustin
1 Eßl. kaltes Wasser zum Anrühren

Unter das Fleisch 2 Eßl. Wasser oder das zerlassene Fett rühren, nach Geschmack salzen, flache Klöße formen, diese mit einem Messer gitterartig einkerben, in das auf Stufe 3 erhitzte Fett legen und auf Stufe 2, zuletzt auf Stufe 0, schnell braten. Gleichzeitig in der Pfanne an der Seite die in Scheiben geschnittenen Zwiebeln bräunen, mit denen man das Fleisch anrichtet. Den mit Wasser losgekochten Bratensatz mit dem angerührten Gustin binden.

Bratzeit: Etwa 8 Minuten.

Veränderung: Eine eingeweichte, gut ausgedrückte alte Semmel (Brötchen) oder 40 g geriebene kalte Kartoffeln unter das Fleisch mengen.

Leber

400–500 g Kalbs-, Rinder- oder Schweineleber
20 g Weizenmehl
60 g Butter oder Margarine
2 Zwiebeln
etwas Salz

Die Leber waschen und von der feinen Haut befreien. Nach Möglichkeit die Sehnen und Röhren entfernen, die Leber in Scheiben schneiden, in Mehl wenden, in das auf Stufe 3 erhitzte Fett legen und auf Stufe 2, nach dem Wenden auf Stufe 0, braten. Gleichzeitig in der Pfanne an der Seite die in Scheiben geschnittenen Zwiebeln bräunen. Die Leber wenden und salzen, wenn die untere Seite gebräunt ist. Die Leber auf einer heißen Platte anrichten, den Bratensatz über die Fleischscheiben gießen und sie mit den gebräunten Zwiebelringen garnieren.

Kartoffelbrei, Bechamel- oder Apfelkartoffeln dazu reichen.

Bratzeit: 6–8 Minuten.

Veränderung: Rinder- oder Schweineleber ist zarter, wenn man sie, in Stücke geschnitten, ½ Stunde in Milch legt.

Frikadellen

(Resteverwertung)

400 g Fleischreste (gekocht oder gebraten)
1 alte Semmel (Brötchen)
1 kleine Zwiebel
1 Ei
etwas Salz, etwas Pfeffer
20 g Weizenmehl
50 g Fett

Das Fleisch, die eingeweichte, gut ausgedrückte Semmel und die Zwiebel durch die Fleischmaschine drehen. Das Ei unter die Masse rühren und sie mit Salz und Pfeffer abschmecken. Flache Klöße daraus formen, sie in Mehl wälzen, in das auf Stufe 3 erhitzte Fett legen und auf Stufe 2, zuletzt auf Stufe 0, braten.

Bratzeit: Etwa 10 Minuten.

Kalbssteak

4 Scheiben Kalbfleisch aus der Keule (je etwa 125 g)
60 g Butter oder Margarine
etwas Salz
etwas Wasser

Die Fleischscheiben mit dem flachen Messer leicht klopfen, etwas zusammendrücken, in das auf Stufe 3 stark erhitzte Fett legen und auf Stufe 2, nach dem Wenden auf Stufe 0, braten. Nachdem die untere Seite gebräunt ist, sie wenden und salzen. Die Fleischstücke mit Bratenfett begießen, damit sie saftig bleiben. Die Steaks auf einer heißen Platte anrichten. Den mit etwas Wasser losgekochten Bratensatz über die Fleischscheiben gießen.

Rumpsteak (Abb. S. 134)

4 Scheiben Roastbeef (je etwa 150 g)
60 g Butter oder Margarine
etwas Salz
etwas Pfeffer
etwas Wasser
30 g Meerrettich

Die Fleischscheiben mit dem flachen Messer leicht klopfen und die Sehnen an den Rändern einschneiden. Die Scheiben etwas zusammendrücken, in das auf Stufe 3 stark erhitzte Fett legen, und auf Stufe 2, nach dem Wenden auf Stufe 0, braten. Nachdem die untere Seite gebräunt ist, sie wenden, salzen und pfeffern. Die Fleischstücke öfter mit Bratenfett begießen, damit sie saftig bleiben. Die Steaks auf einer heißen Platte anrichten. Den mit etwas Wasser losgekochten Bratensatz über die Fleischscheiben gießen, sie nach Belieben mit gebräunten Zwiebelringen anrichten und mit geriebenem Meerrettich reichen.

Bratzeit: 6–8 Minuten.

b) Panierte Fleischstücke

Kotelett

4 Koteletts (Schweine- oder Kalbfleisch)
etwas Salz
1 gestrichener Eßl. Weizenmehl
1 Ei
40 g Semmelmehl
50 g Fett

Die Fleischstücke leicht klopfen, mit Salz bestreuen, panieren (s. S. 113, Punkt 3), in das auf Stufe 3 erhitzte Fett legen und auf Stufe 2, zuletzt auf Stufe 0, auf beiden Seiten braun braten.

Bratzeit: Schweinekotelett 10–15 Minuten, Kalbskotelett 8 bis 10 Minuten.

Kalbsschnitzel

4 Scheiben Kalbfleisch (Keule)
etwas Salz
1 gestrichener Eßl. Weizenmehl
1 Ei
40 g Semmelmehl
50 g Fett
⅛ l Wasser
2–3 Eßl. saure Sahne

Das Fleisch mit Salz bestreuen, panieren (s. S. 113, Punkt 3), in das auf Stufe 3 erhitzte Fett legen und auf Stufe 2, zuletzt auf Stufe 0, auf beiden Seiten braun braten. Den mit Wasser und Sahne losgekochten Bratensatz über die Schnitzel gießen und diese nach Belieben mit Zitronenscheiben, Sardellen und Kapern garnieren.

Bratzeit: Etwa 10 Minuten.

D. FLEISCH IN GELEE (Aspik)

Regeln

1. Zum Gelieren von ½ l Flüssigkeit braucht man 1 Päckchen Dr. Oetker Regina-Gelatine gemahlen, weiß oder 6 Blatt weiße Dr. Oetker Regina-Gelatine.

2. Gemahlene Gelatine wird mit kaltem Wasser angerührt, 10 Minuten zum Quellen stehengelassen und, wenn im Rezept nicht anders angegeben, unter Rühren auf der noch warmen Kochplatte oder auf Stufe 1 erwärmt, bis sie gelöst ist. Dann rührt man sie unter die zu steifende Speise. Blatt-Gelatine wird in kaltem Wasser eingeweicht, dann löst man sie in heißer Flüssigkeit.

3. Gelöste Gelatine darf niemals an zu kalte Flüssigkeit gegeben werden, da sie dann sofort erstarrt und sich Klumpen bilden.

4. Flüssigkeit mit gelöster Gelatine wird erst dann fest, wenn sie genügend abgekühlt ist und lange genug gestanden hat. Falls die Zimmertemperatur über 23° C beträgt, erstarrt gelöste Gelatine nicht mehr. Daraus ergibt sich folgendes: Gelatine-Speisen einige Stunden vor Genuß, am besten am Abend vorher, zubereiten und kalt stellen (Kühlschrank, Keller, Topf mit kaltem Wasser).

5. Wenn Speisen mit Gelatine gestürzt werden sollen, füllt man sie in Formen, die mit kaltem Wasser ausgespült oder mit zerlassener Margarine ausgepinselt sind. Damit sich die Speisen gut stürzen lassen, löst man sie vom Rand mit einem Messer und hält die Form einen Augenblick in heißes Wasser.

Das Fleisch in das auf Stufe 3 kochende Salzwasser geben, zum Kochen bringen und auf Stufe 1 gar kochen lassen. Wenn es erforderlich ist, die Brühe abschäumen. Nach 1 Stunde Kochzeit die in Viertel geschnittene Zwiebel, das gewaschene Suppengrün, die Gewürzdosis und den Essig hineingeben. Wenn das Fleisch gar ist, es aus der Brühe nehmen und in 4 gleich dicke Scheiben schneiden.

Die erkaltete Brühe entfetten und sie, wenn erforderlich, mit Salz und Essig abschmecken. Das Eiweiß, die zerdrückte Eierschale und das Wasser schlagen, zur Brühe geben und unter ständigem Schlagen auf Stufe 3 bis kurz vor dem Kochen erhitzen. Dabei gerinnt das Eiweiß und bindet die in der Brühe enthaltenen trüben Bestandteile. Die Brühe kalt stellen und sie so lange ruhig stehenlassen, bis sie klar ist.

Die Gelatine mit dem Wasser anrühren und 10 Minuten zum Quellen stehenlassen. Die erkaltete Brühe abschäumen und durch ein sauberes Tuch gießen. Anschließend 3/8 l davon abmessen, wieder auf Stufe 3 zum Kochen bringen, die gequollene Gelatine hineingeben und so lange rühren, bis sie gelöst ist.

4 Kotelettformen mit kaltem Wasser ausspülen. So viel von der erkalteten Brühe in die Formen geben, daß der Boden bedeckt ist. Ist diese Schicht erstarrt, sie mit Gurken-, Tomaten- und Eierscheiben verzieren und vorsichtig einige Eßlöffel Brühe darüber gießen. Ist sie erstarrt, in jede Form ein Kotelett legen, je 1/4 der restlichen, schon etwas dicklichen Brühe darüber gießen und recht kalt stellen. Wenn das Gelee schnittfest geworden ist, es mit einem Messer vorsichtig vom Rand der Form lösen (evtl. die Form vorher einen Augenblick in heißes Wasser halten!) und auf eine Platte stürzen.

Sülzkotelett (Abb. S. 136)

500 g Schweinerücken
1 l Wasser
etwas Salz
1 Zwiebel
etwas Suppengrün
1 Gewürzdosis (S. 44)
1/8 l Essig
1 Eiweiß
1 Eierschale
3 Eßl. kaltes Wasser
1 Päckchen Dr. Oetker Regina-Gelatine gemahlen, weiß
5 Eßl. kaltes Wasser zum Anrühren
Gurken-, Tomaten- und Eierscheiben

Sülze

1 l Wasser
1 Lorbeerblatt
3–4 Pfefferkörner
knapp 1 Eßl. Salz
etwas Suppengrün
1 Zwiebel
250 g Kalbfleisch
250 g Schweinefleisch
etwa $\frac{1}{8}$ l Essig
Salz und Zucker nach Geschmack
1 Päckchen Dr. Oetker Regina-Gelatine gemahlen, weiß
5 Eßl. kaltes Wasser zum Anrühren
etwas Petersilie

Das Wasser mit den Gewürzen, dem gewaschenen Suppengrün und der in Viertel geschnittenen Zwiebel auf Stufe 3 zum Kochen bringen, das Fleisch hineingeben, zum Kochen bringen und es auf Stufe 1, die letzten 10 Minuten auf Stufe 0, gar kochen. Wenn das Fleisch gar ist, es aus der Brühe nehmen und erkaltet in Würfel schneiden. Die Brühe durch ein Sieb gießen, $^3/_8$ l davon abmessen und mit Essig, Salz und Zucker abschmecken. Die Gelatine mit dem kalten Wasser anrühren und 10 Minuten zum Quellen stehenlassen. Die Brühe wieder auf Stufe 3 zum Kochen bringen, die gequollene Gelatine hineingeben und so lange rühren, bis sie gelöst ist. Die Fleischwürfel hinzugeben. Fleisch und Brühe in kalt ausgespülte Förmchen oder Tassen füllen und kalt stellen. Wenn die Sülze schnittfest ist, sie mit einem Messer vorsichtig vom Rand des Gefäßes lösen (evtl. vorher einen Augenblick in heißes Wasser halten!), auf eine Platte stürzen und mit Petersilie garnieren.

Gelee (Aspik)

(für Fleisch, Fisch, Geflügel, Eier und Gemüse)

$\frac{3}{8}$ l Fleisch- (S. 49) oder Gemüsebrühe (S. 56)
$^1/_{10}$ l Essig oder Weißwein
1 Eiweiß
1 Eierschale
3 Eßl. kaltes Wasser
1 Päckchen Dr. Oetker Regina-Gelatine gemahlen, weiß
5 Eßl. kaltes Wasser zum Anrühren

Die erkaltete Brühe entfetten und mit Essig (Wein) abschmecken. Das Eiweiß, die zerdrückte Eierschale und das Wasser schlagen, zur Brühe geben und unter ständigem Schlagen auf Stufe 3 bis kurz vor dem Kochen erhitzen. Dabei gerinnt das Eiweiß und bindet die in der Brühe enthaltenen trüben Bestandteile. Die Brühe kalt stellen und sie so lange ruhig stehenlassen, bis sie wieder klar ist. Die Gelatine mit dem Wasser anrühren und 10 Minuten zum Quellen stehenlassen. Die erkaltete Brühe abschäumen und durch ein sauberes Tuch gießen. Anschließend die Brühe wieder auf Stufe 3 zum Kochen bringen, die gequollene Gelatine hineingeben und so lange rühren, bis sie gelöst ist.

Sehr hübsch sieht es aus, wenn man auf dem Boden der mit kaltem Wasser ausgespülten Form einen sogenannten Spiegel herstellt. Dazu so viel von der Brühe in die Form geben, daß der Boden bedeckt ist. Ist diese Schicht erstarrt, sie mit Gurken-, Tomaten- und Eierscheiben verzieren und vorsichtig einige Eßlöffel Brühe darüber gießen. Ist sie erstarrt, die betreffende Einlage und den Rest der schon etwas dicklichen Brühe darüber geben und recht kalt stellen. Wenn das Gelee schnittfest geworden ist, es mit einem Messer vorsichtig vom Rand der Form lösen (evtl. die Form vorher einen Augenblick in heißes Wasser halten!), es auf eine Platte stürzen und nach Belieben mit Petersilie, Tomaten-, Gurken- und Eierscheiben verzieren.

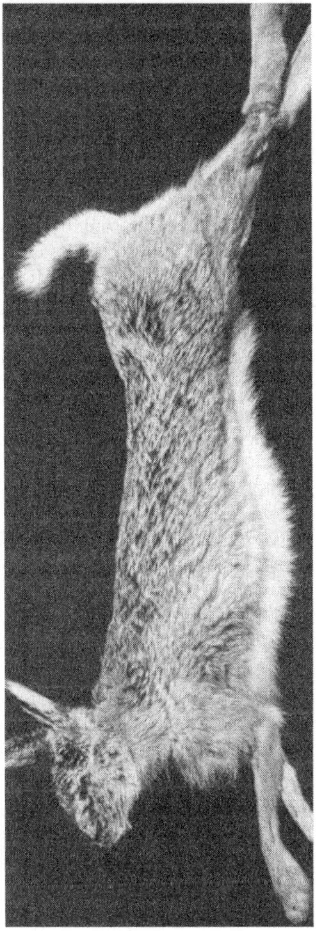

WILD UND GEFLÜGEL

Wildfleisch ist nicht nur für Jäger eine beliebte Delikatesse und willkommene Abwechslung auf dem Speisezettel! Während man es früher nur zu der jeweiligen Jagdzeit kaufen konnte, wird es heute, tiefgekühlt, das ganze Jahr über in hervorragender Qualität angeboten.

Geflügel war noch vor gar nicht langer Zeit fast ausschließlich der Festtagstafel vorbehalten. Heute ist das Angebot – frisch oder tiefgekühlt – so groß, daß Geflügel immer häufiger auf dem Mittags- und Abendbrottisch erscheint.

Fettarmes Wild und Geflügel sind leicht verdaulich und darum auch für Diät- und Krankenkost besonders gut geeignet.

A. WILD

Regeln

1. Wild muß gut abgehangen sein.

2. Um den Wildgeschmack zu mildern, wird das Fleisch evtl. eine Nacht in eine Marinade oder einige Tage in Buttermilch gelegt.

3. Beim Braten von Wild legt man die dünneren Teile, z.B. Rücken nicht sofort mit in die Bratpfanne, sondern erst zu einem späteren Zeitpunkt, da diese Fleischstücke am zartesten sind und leicht trocken werden.

Hasenbraten

1 Hase (Rücken, Keulen, Läufe)
etwas Salz
50 g Butter oder Margarine
etwa 125 g Speckscheiben
etwa 1/4 l heißes Wasser
1/8 l saure Sahne oder 5 Eßl. Dosenmilch
1 gestrichener Eßl. Dr. Oetker Gustin
2 Eßl. kaltes Wasser zum Anrühren

Ein junger Hase hat leicht einreißbare Löffel. Er muß einige Tage abhängen, ehe er in der Küche verwendet werden kann. Zum Abziehen hängt man ihn mit den Hinterläufen an 2 starken Nägeln (Haken) auf, den Rücken zur Wand, schneidet das Fell rund um die 4 Pfoten ein, schlitzt es auf der Innenseite der Keulen bis zum Schlußdarm auf und macht auch auf der Bauchseite, von der Blume ausgehend, einen kleinen Einschnitt. Dann streift man das Fell von den Hinterläufen und über den Körper herunter bis zum Kopf. Nun werden die Vorderläufe von unten nach oben herausgedrückt und die Pfoten abgebrochen. Zuletzt wird das Fell über den Kopf gezogen, wobei man die Ohren von innen her abschneidet und auch sonst mit dem Messer nachhilft, besonders an den Augen.

Um den Hasen auszuweiden, wird er auf ein Brett gelegt und der Bauch der Länge nach aufgeschnitten. Man nimmt das Eingeweide bis auf die Nieren heraus. Von der Leber löst man vorsichtig die unbrauchbare Galle und hebt nur Leber, Herz und Lunge auf.

Den Kopf, die Bauchhaut mit den Rippen sowie die Vorderläufe hackt man ab; sie werden mit Leber, Herz und Lunge zu Hasenpfeffer oder Ragout verwendet.

Den Hasen leicht waschen, enthäuten, von allem Fett befreien, mit Salz einreiben, mit Fett bestreichen, Keulen und Läufe auf Speckscheiben in die mit Wasser ausgespülte Rostbratpfanne legen, mit Speckscheiben bedecken und in den Backofen schieben. Sobald der Bratensatz bräunt, etwas Wasser dazugießen. Den Rücken erst nach 15 Minuten dazulegen, da er am zartesten ist und leicht trocken wird. 10 Minuten vor Beendigung der Bratzeit den Hasen mit Sahne (Dosenmilch) übergießen. Wenn er gar ist, aus dem losgekochten Bratensatz, der erforderlichen Wassermenge und dem angerührten Gustin auf der Kochplatte die Soße zubereiten.

Schalterbackofen: 15 Minuten vorheizen O 3 – U 3, braten O 3 – U 3, evtl. nach 50–60 Minuten umschalten auf O 2 – U 1 (Rostbratpfanne auf die mittlere Schiene schieben!);

Reglerbackofen: 220–230 (Rostbratpfanne auf die untere Schiene schieben!).

Bratzeit: Für junge Tiere 1–1 1/4 Stunden, für alte Tiere 1 1/2 Stunden und mehr.

Reh- oder Hirschragout

$\frac{1}{2}$ l Wasser
etwas Salz
etwas Paprika
2 Nelken
1 Lorbeerblatt
3–4 Pfefferkörner
1 Zwiebel
500 g Reh- oder Hirschfleisch
40 g Fett
50 g Weizenmehl
1 Zwiebel
1 Eßl. Essig oder Zitronensaft
etwas Rotwein
etwas Zucker
1 saure Gurke

Das Wasser mit den Gewürzen und der in Viertel geschnittenen Zwiebel auf Stufe 3 zum Kochen bringen, das in Stücke geschnittene Fleisch hineingeben, wieder zum Kochen bringen und es auf Stufe 1, die letzten 10 Minuten auf Stufe 0, im zugedeckten Topf weich kochen. Von der Brühe $\frac{1}{2}$ l abmessen (evtl. mit Wasser ergänzen!). Aus Fett, Mehl und Zwiebel eine dunkle Grundsoße (S. 79) herstellen und mit Salz, Essig (Zitronensaft), Rotwein und Zucker abschmecken. Das Fleisch darunter rühren und es noch etwa 10 Minuten auf Stufe 0 in der Soße ziehen lassen. Dann die in Würfel geschnittene Gurke hinzugeben.

Kochzeit: 1–2 Stunden, je nach Alter des Fleisches.

Veränderung: Um den Wildgeschmack zu mildern, das Fleisch eine Nacht in eine Marinade von $\frac{1}{4}$ l Essig und $\frac{1}{2}$ l Wasser legen. Das Fleisch wie oben zubereiten (Marinade nicht verwenden!), jedoch nicht mehr mit Essig oder Zitronensaft abschmecken.

Wildschweinbraten

$1\frac{1}{2}$ kg Wildschweinfleisch vom Frischling (Rücken)
etwas Salz
etwa $\frac{1}{4}$ l heißes Wasser
$\frac{1}{4}$ l Rotwein
2 Zwiebeln
1–2 Eßl. Johannisbeergelee
1 gut gehäufter Eßl. Dr. Oetker Gustin
1 Eßl. kaltes Wasser zum Anrühren
2 Eßl. saure Sahne oder Dosenmilch

Das Fleisch waschen, abtrocknen und mit Salz einreiben. Das Fett gitterartig einschneiden, das Fleisch mit dem Fett nach oben in die gefettete, mit Wasser ausgespülte Rostbratpfanne legen und in den Backofen schieben.

Sobald der Bratensatz bräunt, etwas Wasser und etwas Rotwein in die Rostbratpfanne gießen. Die in Viertel geschnittenen Zwiebeln 15 Minuten vor Beendigung der Bratzeit in die Rostbratpfanne geben. Sollte während des Bratens sehr viel Fett aus dem Braten ausgetreten sein, vor der Zubereitung der Soße das Fett abschöpfen und dann aus dem losgekochten Bratensatz, der erforderlichen Wassermenge, dem restlichen Rotwein und Johannisbeergelee (nach Geschmack) auf der Kochplatte die Soße herstellen und sie mit dem mit Wasser und Sahne (Dosenmilch) angerührten Gustin binden.

Schalterbackofen: O 3 – U 3, nach 35 Minuten umschalten auf O 1 – U 1 (70–90 Minuten);

Reglerbackofen: 200–210 (Rostbratpfanne auf die untere Schiene schieben!).

Bratzeit: Etwa 2 Stunden.

Kaninchenbraten

1 Kaninchen (Rücken, Keulen, Läufe)
etwas Salz
50 g Butter oder Margarine
etwa 125 g Speckscheiben
etwa $\frac{1}{4}$ l heißes Wasser
$\frac{1}{8}$ l saure Sahne oder 5 Eßl. Dosenmilch
1 gestrichener Eßl. Dr. Oetker Gustin
2 Eßl. kaltes Wasser zum Anrühren

Das Kaninchen leicht waschen, enthäuten, von allem Fett befreien, mit Salz einreiben, mit Fett bestreichen, Keulen und Läufe auf Speckscheiben in die mit Wasser ausgespülte Rostbratpfanne legen, mit Speckscheiben bedecken und in den Backofen schieben. Sobald der Bratensatz bräunt, etwas Wasser dazugießen. Den Rücken erst nach 15 Minuten dazulegen, da er am zartesten ist und leicht trocken wird. 10 Minuten vor Beendigung der Bratzeit das Kaninchen mit Sahne (Dosenmilch) übergießen. Wenn es gar ist, aus dem losgekochten Bratensatz, der erforderlichen Wassermenge und dem angerührten Gustin auf der Kochplatte die Soße herstellen.

Schalterbackofen: 15 Minuten vorheizen O 3 – U 3, braten O 3 – U 3, nach 30 Minuten umschalten auf O 2 – U 1 (Rostbratpfanne auf die mittlere Schiene schieben!);

Reglerbackofen: 220–230 (Rostbratpfanne auf die untere Schiene schieben!).

Bratzeit: Für junge Tiere 1–1 ¼ Stunden, für alte Tiere 1 ½ Stunden und mehr.

Hirschrücken

1 ½ kg Hirschrücken
etwas Salz
40 g Butter oder Margarine
etwa 100 g Speckscheiben
etwa ¼ l heißes Wasser
¼ l saure Sahne oder saure Milch
2 gestrichene Eßl. Dr. Oetker Gustin
2 Eßl. kaltes Wasser zum Anrühren

Den Rücken enthäuten, mit Salz einreiben, mit Fett bestreichen, auf Speckscheiben in die mit Wasser ausgespülte Rostbratpfanne legen und mit Speckscheiben bedecken. Den Hirschrücken in den Backofen schieben. Sobald der Bratensatz bräunt, etwas Wasser in die Rostbratpfanne geben. 10 Minuten vor Beendigung der Bratzeit den Hirschrücken mit saurer Sahne (Milch) übergießen. Wenn der Braten gar ist, aus dem losgekochten Bratensatz, der erforderlichen Wassermenge, der Sahne und dem angerührten Gustin auf der Kochplatte die Soße zubereiten.

Schalterbackofen: O 3 – U 3, nach 30 Minuten umschalten auf O 2 – U 2;

Reglerbackofen: 175–200.

Bratzeit: Etwa 2 Stunden.

Rehblatt

¾–1 kg Rehblatt
20 g Weizenmehl
30 g Speckscheiben
50 g Fett
etwas Salz
1 Zwiebel
¼–½ l heißes Wasser
1 Teel. Dr. Oetker Gustin
1 Eßl kaltes Wasser zum Anrühren

Das Fleisch kurz waschen, in Mehl wenden, mit Speckscheiben belegen oder umwickeln, in das auf Stufe 3 erhitzte Fett legen, im offenen Topf von allen Seiten gut anbräunen und salzen. Die kleingeschnittene Zwiebel kurz in dem heißen Fett miterhitzen. Dann vorsichtig vom Rand aus ¼ l Wasser zugießen. Das Fleisch auf Stufe 1 im zugedeckten Topf schmoren lassen, es von Zeit zu Zeit wenden und verkochtes Wasser bis zu ½ l ersetzen.

Wenn das Fleisch gar ist, die Soße durch ein Sieb geben, auf Stufe 3 erhitzen, mit dem angerührten Gustin binden und mit Salz abschmecken.

Schmorzeit: Etwa 2 Stunden.

Veränderung: Das Fleisch vor dem Schmoren 3–4 Tage in Buttermilch legen, damit es zarter wird.

Rehrücken

1–1½ kg Rehrücken
etwas Salz
40 g Butter oder Margarine
etwa 75 g Speckscheiben
etwa ¼ l heißes Wasser
⅛ l saure Sahne oder saure Milch
1 gestrichener Eßl. Dr. Oetker Gustin
2 Eßl. kaltes Wasser zum Anrühren

Den Rücken enthäuten, mit Salz einreiben, mit Fett bestreichen, auf Speckscheiben in die mit Wasser ausgespülte Rostbratpfanne legen und mit Speckscheiben bedecken. Den Rehrücken in den Backofen schieben.
Sobald der Bratensatz bräunt, etwas Wasser in die Rostbratpfanne gießen. 10 Minuten vor Beendigung der Bratzeit den Rehrücken mit saurer Sahne (Milch) übergießen.
Wenn der Braten gar ist, aus dem losgekochten Bratensatz, der erforderlichen Wassermenge und dem angerührten Gustin auf der Kochplatte die Soße zubereiten.

Schalterbackofen: 15 Minuten vorheizen O 3 – U 3, braten O 3 – U 3, nach 30 Minuten umschalten auf O 2 – U 1 (Rostbratpfanne auf die mittlere Schiene schieben!);

Reglerbackofen: 220–230 (Rostbratpfanne auf die untere Schiene schieben!).

Bratzeit: 60–70 Minuten.

Hasen- oder Kaninchenpfeffer

1 Hasen- oder Kaninchenklein (gespaltener Kopf, Hals, Rippen, Lunge und Herz)
50 g in kleine Würfel geschnittener Speck
1 kleine Zwiebel
50 g Weizenmehl
½ l Wasser
etwas Salz
etwas Pfeffer
etwas Zitronensaft oder Rotwein
etwas Zucker

Das Hasen- oder Kaninchenklein kurz waschen, in 2 cm große Stücke teilen und mit der in Würfel geschnittenen Zwiebel in dem auf Stufe 3 ausgelassenen Speck anbraten. Das Mehl darüber streuen, es bräunen, mit dem Wasser auffüllen, Salz und Pfeffer hinzugeben und es zum Kochen bringen. Das Fleisch auf Stufe 1, die letzten 10 Minuten auf Stufe 0, langsam im zugedeckten Topf weich schmoren lassen. Die Soße vor dem Anrichten mit Zitronensaft (Rotwein) und Zucker abschmecken. Sie muß pikant süßsauer schmecken. Kartoffelbrei zum Hasenpfeffer reichen.

Schmorzeit: 1¼–1½ Stunden.

Veränderung: Das Hasenklein vor dem Schmoren einige Tage in Buttermilch legen, damit es zarter wird.

Rehkeule

1 kg Rehkeule
etwas Salz
40 g Butter oder Margarine
etwa 75 g Speckscheiben
etwa ¼ l heißes Wasser
⅛ l saure Sahne oder saure Milch
1 gestrichener Eßl. Dr. Oetker Gustin
2 Eßl. kaltes Wasser zum Anrühren

Die Keule enthäuten, mit Salz einreiben (nach Belieben pfeffern), mit Fett bestreichen, auf Speckscheiben in die mit Wasser ausgespülte Rostbratpfanne legen und mit Speckscheiben bedecken. Die Rehkeule in den Backofen schieben.
Sobald der Bratensatz bräunt, etwas Wasser in die Rostbratpfanne gießen. 10 Minuten vor Beendigung der Bratzeit die Keule mit saurer Sahne (Milch) übergießen.
Wenn der Braten gar ist, aus dem losgekochten Bratensatz, der erforderlichen Wassermenge und dem angerührten Gustin auf der Kochplatte die Soße zubereiten.

Schalterbackofen: O 3 – U 3, nach 40 Minuten umschalten auf O 1 – U 1;

Reglerbackofen: 220–230 (Rostbratpfanne auf die untere Schiene schieben!).

Bratzeit: Etwa 1¼ Stunden.

B. GEFLÜGEL

Regeln

1. Das Geflügel muß sauber gerupft, gesengt, ausgenommen und gewaschen werden.

2. Zum Braten trocknet man das Geflügel und bindet es (Keulen und Flügel werden fest an den Körper gedrückt), damit es sich besser braten und zerlegen läßt.

3. Soll das Geflügel gefüllt werden, gibt man die Füllung in das Innere und näht die Öffnung anschließend zu.

4. Mageres Geflügel bestreicht man mit Fett oder belegt es mit Speckscheiben.

5. Fettes Geflügel sticht man während des Bratens ab und zu unterhalb der Flügel und Keulen ein, damit das Fett besser ausbraten kann (evtl. das Fett abschöpfen).

6. Damit die Haut schön kroß wird, kann man das Geflügel 10 Minuten vor Beendigung der Bratzeit mit Salzwasser bestreichen.

Gebratenes Huhn oder Hähnchen

(Abb. S. 145)

(im Backofen)

1 junges Huhn oder 2 Hähnchen
etwas Salz
40 g Speckscheiben oder Butter
etwa 1/8 l heißes Wasser
3–5 Eßl. saure Sahne oder Dosenmilch
1 Teel. Dr. Oetker Gustin
1 Eßl. kaltes Wasser zum Anrühren

Das gerupfte, gesengte und ausgenommene Huhn (Hähnchen) kurz waschen, von innen salzen und mit Speckscheiben umwickeln oder mit Butter bestreichen. Das Geflügel auf den Rost der mit Wasser ausgespülten Rostbratpfanne legen und in den Backofen schieben. Sobald der Bratensatz bräunt, etwas Wasser in die Rostbratpfanne gießen.
Wenn das Huhn gar ist, aus dem losgekochten Bratensatz, der erforderlichen Wassermenge, der sauren Sahne (Dosenmilch) und dem angerührten Gustin auf der Kochplatte die Soße zubereiten.

Schalterbackofen: 15 Minuten vorheizen O 3 – U 3, braten O 3 – U 3 (Rostbratpfanne auf die mittlere Schiene schieben!);

Reglerbackofen: 230–240 (Rostbratpfanne auf die untere Schiene schieben!).

Bratzeit: 40–50 Minuten.

Gekochtes Huhn

Siehe Hühnerbrühe (S. 51).

Taube (Abb. S. 197)

1 Taube
etwas Butter

Man rechnet 1 Taube für eine Person. Der ausgenommenen Taube (Bauch quer einschneiden) den Hals nach hinten legen. Die Flügel so zusammenbiegen, daß der eine den Hals hält. Magen, Herz und Leber mit einem Stück Butter in den Bauch legen, evtl. aber auch feinhacken, mit eingeweichtem Weißbrot, Ei, Salz, Muskat und Petersilie vermengen und als Füllung verwenden. Beide Beine in den Baucheinschnitt stecken, so läßt sich das Tier besser braten.
Zutaten und Zubereitung im übrigen wie beim gebratenen Huhn.

Gebratene Gans

(für 8–10 Personen)

1 Gans (4½–6 kg)
etwas Salz
etwa ½ l heißes Wasser
etwas Salzwasser
1–2 gestrichene Eßl. Dr. Oetker Gustin
2 Eßl. kaltes Wasser zum Anrühren

Die ausgenommene Gans kurz waschen und gut abtrocknen. Keulen und Flügel mit einem Bindfaden am Körper befestigen und die Gans von innen und außen salzen. Soll sie gefüllt werden, die Füllung in das Innere geben und die Öffnung anschließend zunähen. Die Gans mit dem Rücken nach unten auf den Rost der mit Wasser ausgespülten Bratpfanne legen und auf die untere Schiene in den Backofen schieben. Während des Bratens ab und zu unterhalb der Flügel und Keulen in die Gans stechen, damit das Fett besser ausbraten kann. Das in der Bratpfanne sich sammelnde Fett hin und wieder abschöpfen.
Sobald der Bratensatz bräunt, zunächst ⅛ l Wasser zugießen. Wenn das Wasser verdampft ist, nochmals ⅛ l nachgeben. 10 Minuten vor Beendigung der Bratzeit die Gans mit Salzwasser bestreichen und die Hitze auf stark stellen, damit die Haut schön kroß wird.
Die fertiggebratene Gans auf eine heiße Platte legen, die Fäden herausziehen und die Füllung herausnehmen. Anschließend die Gans zerlegen. Aus dem losgekochten Bratensatz, der erforderlichen Wassermenge und dem angerührten Gustin auf der Kochplatte die Soße zubereiten. Rotkohl, Grünkohl, Thüringer Klöße und Apfelmus sind passende Beilagen.

Schalterbackofen: O 3 – U 3, nach 1 Stunde umschalten auf O 2 – U 1;

Reglerbackofen: 210–225.

Bratzeit: 2½–3 Stunden.

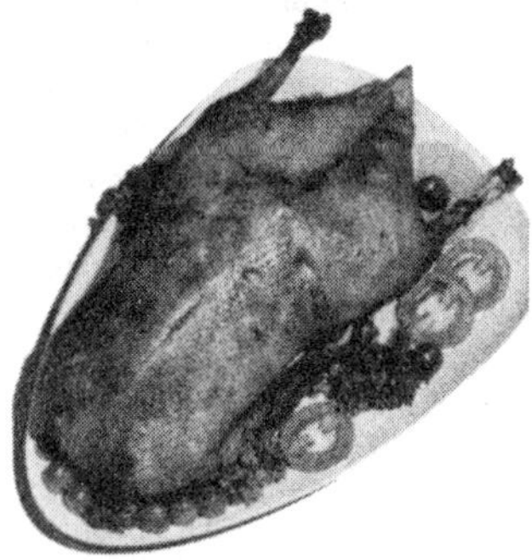

Füllungen

1. 1 kg Äpfel, gewaschen, nicht geschält, aber entkernt.
2. 500 g gewaschene, in Scheiben geschnittene Äpfel, mit 500 g vorgeweichten, entsteinten Backpflaumen, etwas Zucker und Semmelmehl gemischt.
3. 1 kg in Scheiben oder Würfel geschnittene Pellkartoffeln, mit Salz, Butterflöckchen, evtl. auch mit feingehacktem Magen und Herz vermischt.
4. 500 g Kastanien, von Schalen und Haut befreit und halbweich gedünstet, mit 1 kg gewaschenen, geschälten, in Scheiben geschnittenen Äpfeln vermischt.

Gebratenes Huhn

(in der Bratpfanne)

1 junges Huhn oder 2 Hähnchen
etwas Salz
40 g Speckscheiben
60 g Butter oder Margarine
nach Bedarf heißes Wasser
3–5 Eßl. saure Sahne oder Dosenmilch
1 Teel. Dr. Oetker Gustin
1 Eßl. kaltes Wasser zum Anrühren

Das gerupfte, gesengte und ausgenommene Huhn (Hähnchen) kurz waschen, von innen salzen und mit Speckscheiben umwickeln. Das Fett in der Bratpfanne auf Stufe 3 erhitzen, das Huhn von allen Seiten gut darin bräunen, nach Bedarf etwas Wasser hinzugeben und es auf Stufe 1 unter häufigem Begießen braten. Wenn das Huhn weich ist, den Bratensatz mit der sauren Sahne (Dosenmilch) loskochen, mit dem angerührten Gustin binden und mit Salz abschmecken.

Bratzeit: ¾–1 Stunde.

Feines Hühnerfrikassee

(für 6–8 Personen)

1 Huhn
2 l Wasser
etwas Salz
1 Petersilienwurzel
1 Möhre
80 g Butter oder Margarine
80 g Weizenmehl
Fleischklößchen (S. 73)
gare Blumenkohlröschen oder Spargelstückchen
Kapern
gare Champignons
etwas Zitronensaft oder Weißwein
1–2 Eigelb
2 Eßl. kaltes Wasser zum Verquirlen

Das Huhn rupfen, sengen, ausnehmen und waschen. Es mit dem Herzen, dem aufgeschnittenen Magen und dem Hals in das auf Stufe 3 kochende gesalzene Wasser geben, zum Kochen bringen und es auf Stufe 1, die letzten 10 Minuten auf Stufe 0, langsam weich kochen lassen. Die Petersilienwurzel und die Möhre nach etwa 1 Stunde Kochzeit dazugeben.

Wenn das Huhn weich ist, 1 l Brühe abmessen und sie zu einer hellen Grundsoße verwenden. Dazu das Fett auf Stufe 3 zerlassen und das Mehl unter Rühren so lange darin erhitzen, bis es hellgelb ist. Damit keine Klumpen entstehen, die Brühe nach und nach hinzugießen und mit einem Schneebesen durchschlagen. Die Soße zum Kochen bringen, 10 Minuten auf Stufe 0 ziehen lassen und gleichzeitig die Fleischklößchen darin garen.

Die anderen Einlagen ebenfalls dazugeben. Dann die Soße mit Salz und Zitronensaft abschmecken und mit dem verquirlten Eigelb abziehen. Die Soße über das zerlegte Huhn oder aus den Knochen gelöste Fleisch geben und es nach Belieben mit Blätterteighalbmonden und einigen zurückgelassenen Klößchen garnieren. Das Frikassee nach Belieben auch in einem Reisrand anrichten.

Kochzeit: 2–4 Stunden.

Huhn mit Reis

1 Suppenhuhn (von 1–1¼ kg)
1½–2 l Wasser
etwas Salz
1 Petersilienwurzel
1 Möhre
250 g Reis
1 kleine Zwiebel
60 g Butter oder Margarine
60 g Weizenmehl
etwas Zitronensaft
1 Eigelb
2 Eßl. kaltes Wasser zum Verquirlen

Das Huhn rupfen, sengen, ausnehmen und waschen. Es mit dem Herzen, dem aufgeschnittenen Magen und dem Hals in das auf Stufe 3 kochende gesalzene Wasser geben, zum Kochen bringen und es auf Stufe 1, die letzten 10 Minuten auf Stufe 0, langsam weich kochen lassen. Die Petersilienwurzel und die Möhre nach einer Stunde Kochzeit dazugeben.

Wenn das Huhn weich ist, von dem Fett der Brühe etwas in einen Topf schöpfen, den gewaschenen Reis und die in Würfel geschnittene Zwiebel dazugeben und beides auf Stufe 3 leicht anrösten. Dann 1 l heiße Brühe daraufgießen, zum Kochen bringen und den Reis auf Stufe 0 ohne Umrühren quellen und gar werden lassen.

Die 60 g Fett auf Stufe 3 zerlassen; das Mehl unter Rühren so lange darin erhitzen, bis es hellgelb ist. Damit keine Klumpen entstehen, die Brühe (¾ l) nach und nach hinzugießen und mit einem Schneebesen durchschlagen. Die Soße zum Kochen bringen und 10 Minuten auf Stufe 0 ziehen lassen. Die Soße mit Salz und Zitronensaft abschmecken und mit dem verquirlten Eigelb abziehen.

Das Huhn zerlegen, auf eine runde Schüssel geben und die Soße darüber gießen. Den Reis als Kranz darum legen.

Kochzeit: Für das Huhn 2–4 Stunden,
für den Reis etwa 30 Minuten.

Gefüllter Gänsehals

1 Haut vom Gänsehals
1 Gänseleber
250 g fettes Schweinefleisch
1 Zwiebel
1 Ei
etwas Salz
etwas Pfeffer
evtl. etwas Cellophandarm

Die dicke Haut an einem Ende zunähen. Aus der feingewiegten Leber (nach Belieben auch Magen und Herz mit verwenden!), dem feingehackten Schweinefleisch, der geriebenen Zwiebel, dem Ei, Salz und Pfeffer eine Füllung bereiten und nach Belieben noch 3 Eßl. feingewiegte Pilze darunter rühren. Die Haut locker damit füllen, zunähen, in auf Stufe 3 kochendes Salzwasser geben und 20 Minuten auf Stufe 1, zuletzt auf Stufe 0, gar kochen lassen oder in Gänsefett braten (falls zu viel Füllung, den Rest in einen Cellophandarm füllen und kochen!). Während des Erkaltens den Gänsehals mit einem leicht beschwerten Brettchen bedecken. Er stellt einen vorzüglichen Aufschnitt dar.

Kochzeit: Etwa 30 Minuten.

Gänseschmalz

Die Flomen geben das beste Schmalz, aber auch das Darmfett ist brauchbar. Das Fett in kaltem Wasser waschen und eine Nacht in Milch oder Wasser legen. Es dann in kleine Würfel schneiden und mit wenig Wasser ansetzen, es wird auf Stufe 2 erhitzt und in der offenen Pfanne auf Stufe 3 ausgebraten. Wenn die Grieben gelb sind, ist das Schmalz fertig. Es durch ein Sieb in vorgewärmte kleine Steintöpfe gießen.

Gänseschmalz kann man gut als Brotaufstrich oder zum Schmoren von Grünkohl verwenden.

Veränderung: 1–2 Äpfel oder Zwiebeln mitbraten lassen. Soll das Fett fester werden, Schweine- oder Nierenfett zusetzen.

Gänse-Schwarzsauer

1 Gänseklein (Kopf, Hals, Flügel, Magen, Herz und Füße)
1–1½ l Wasser
etwas Salz
etwas Majoran
3 Nelken
250 g gemischtes Backobst
Kartoffelklöße (S. 192)
Gänseblut
1 gestrichener Eßl. Weizenmehl
etwas Essig
etwas Zucker

Die Füße brühen und enthäuten und die übrigen Teile sauber putzen (Augen ausstechen, Schnabel abschlagen!). Das Wasser mit Salz, Majoran und Nelken auf Stufe 3 zum Kochen bringen, das Gänseklein hineingeben, zum Kochen bringen und es auf Stufe 1 weich kochen lassen. Das gare Gänseklein aus der Brühe nehmen, das gut vorgequollene Backobst und nach einiger Zeit die nach Vorschrift hergestellten Kartoffelklöße hineingeben. Wenn auch diese gar sind, Backobst und Klöße herausnehmen, das Mehl mit dem Gänseblut verquirlen und in die auf Stufe 3 kochende Soße geben. Diese mit Essig und Zucker abschmecken. Sie muß angenehm süßsauer schmecken. – Das aus den Knochen gelöste Fleisch, Obst und Klöße in eine Schüssel geben und die Soße darüber gießen.

Kochzeit: 1½–2 Stunden.

Veränderung: Hat man kein Blut zur Verfügung, aus der Brühe eine dunkle Grundsoße (S. 79) bereiten und sie mit 1 Eßl. Apfelkraut oder Rotwein, Essig und Zucker würzen.

Gänse- oder Entenklein

1 Gänse- oder Entenklein (Kopf, Hals, Flügel, Magen, Herz und Füße)
¾ l Wasser
Wurzelwerk
etwas Salz
60 g Butter oder Margarine
60 g Weizenmehl
1–2 Eßl. gehackte Petersilie
evtl. etwas Weißwein

Die Füße brühen und enthäuten und die übrigen Teile sauber putzen (Augen ausstechen, Schnabel abschlagen!). Das Wasser mit Wurzelwerk und Salz auf Stufe 3 zum Kochen bringen, das Gänse- oder Entenklein hineingeben, zum Kochen bringen und es auf Stufe 1 weich kochen lassen.

Von der Brühe ¾ l abmessen. Das Fett auf Stufe 3 zerlassen. Das Mehl unter Rühren so lange darin erhitzen, bis es hellgelb ist. Damit keine Klumpen entstehen, die Brühe nach und nach hinzugießen und mit einem Schneebesen durchschlagen. Die Soße zum Kochen bringen, mit Salz abschmecken, das abgelöste Fleisch hineingeben und noch 10 Minuten auf Stufe 0 ziehen lassen. Kurz vor dem Auftragen die Petersilie unter das Fleisch rühren und es nach Belieben mit Weißwein abschmecken. Salzkartoffeln oder Brühreis dazu reichen.

Kochzeit: 1½–2 Stunden.

Veränderung: Das Gericht durch Fleisch- (S. 73) oder Semmelklößchen (S. 68) verlängern. Die Klößchen in der Soße gar ziehen lassen.

Ente

(für 5–7 Personen)

Man richte sich nach den für die Zubereitung der Gans gegebenen Rezepten (S. 125).

Schalterbackofen: O 3 – U 3, nach 1 Stunde umschalten auf O 3 – U 1 oder O 2 – U 1;

Reglerbackofen: 210–225.

Bratzeit: Etwa 1¾ Stunden.

Pute (Abb. S. 36)

(für 8–10 Personen)

Die Pute vorbereiten und braten wie die Gans (S. 125). Ist sie mager, sie mit Butter oder Margarine bestreichen und Speckscheiben auf die Keulen binden. Nach Belieben den Kropf füllen; dazu eine Fleischfüllung (S. 183) nehmen und feingehacktes Herz, Magen und Leber hinzugeben.

Schalterbackofen: O 3 – U 3, nach 50 Minuten umschalten auf O 3 – U 1 oder O 2 – U 1;

Reglerbackofen: 210–225.

Bratzeit: 2–2½ Stunden.

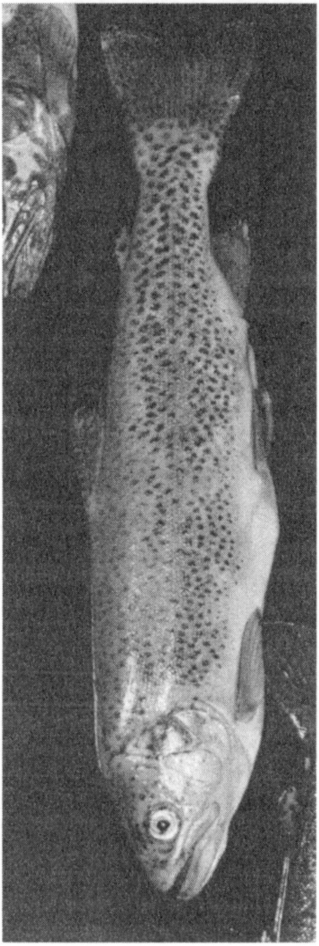

FISCHGERICHTE

Fisch ist eines der gesündesten Nahrungsmittel, die wir kennen. Fische enthalten viele wertvolle Mineralsalze, Vitamine und Eiweißstoffe und sind – mit wenigen Ausnahmen und wenn nicht allzu fett zubereitet – besonders leicht verdaulich. Die alte Regel, daß man Fisch nur in den Monaten mit „R" genießen sollte (Januar, Februar usw.), hat längst keine Gültigkeit mehr, seitdem die Tiefkühlkost jeden Fisch zu jeder Jahreszeit in bester Qualität anbietet.

Es gibt wohl nur noch wenige Familien, in denen nicht regelmäßig mindestens an einem Tag in der Woche Fisch gegessen wird. Die große Auswahl der folgenden Rezepte zeigt, wie vielfältig Fisch zubereitet werden kann.

Regeln

1. Seefische müssen geschuppt werden. Man faßt den Schwanz von unten, hält ihn hoch und schuppt mit flach gehaltenem Messer oder mit einem Fischschupper vom Schwanz zum Kopf hin.

2. Zarthäutige Fische und solche, die blau gekocht werden sollen, dürfen nicht geschuppt werden. Die blaue Farbe entsteht durch den Farbstoff und Schleimgehalt der Haut, die deshalb nicht verletzt werden darf. Man reinigt solche Fische, ohne sie viel anzufassen, im Wasser oder auf einem nassen Küchenbrett.

3. Flossen und Schwanz der Fische, besonders größerer, werden mit einer Schere beschnitten.

4. Bei Seezungen wird auch die äußere Haut abgezogen. Man lockert sie am Schwanz und zieht sie mit einem kräftigen Ruck zum Kopf hin ab.

5. Bei Rotzungen wird die rote Haut abgezogen, aber vom Kopf zum Schwanz hin, die weiße nur geschuppt.

6. Um Fische ausnehmen zu können, schneidet man unterhalb des Kopfes den Bauch bis zum Ende der Bauchhöhle mit einem scharfen Messer auf. Dann werden die Eingeweide entfernt, man muß aber darauf achten, daß die Galle nicht verletzt wird.

7. Sowohl die innere schwarze Haut als auch die bei einigen Fischen vorhandene weiße, lederartige Haut längs des Rückgrats sowie das geronnene Blut müssen restlos entfernt werden.

8. Bei Seefischen werden die Kiemen (unter den Kiemendeckeln) herausgenommen.

9. Fische werden in kaltem Wasser gründlich innen und außen abgewaschen – dürfen aber nicht im Wasser liegen, damit keine Nährstoffverluste auftreten – und abgetrocknet.

10. Sie werden mit Zitronensaft oder Essig beträufelt, $\frac{1}{2}$ Stunde stehengelassen, abgetrocknet und innen und außen mit Salz eingerieben (Fleisch wird fester, Fischgeruch verschwindet!).

11. Zum Würzen verwendet man Zwiebeln, Tomaten, Suppengrün.

12. Filet schneidet man folgendermaßen:
Mit einem scharfen großen Messer macht man am Kopfende im Rücken einen Einschnitt und achtet darauf, daß das Messer direkt über den Gräten liegt. Man legt die linke Hand auf den Fisch und zieht das Messer immer vom Kopf zum Schwanz hin; dabei wird das Fleisch von den Gräten gelöst.
Danach entfernt man die Fischhaut. Die entgrätete Fischhälfte wird auf ein Brett gelegt (Haut nach unten!). Am Schwanzende löst man ein Stück Haut ab, hält das Messer leicht schräg, schiebt das Messer weiter und trennt dabei die Haut vom Fisch.

13. Will man Fisch braten, so trocknet man ihn vor dem Panieren sorgfältig ab (wird knuspriger!) und klopft außerdem das Semmelmehl gut an.

14. Fische sind gar, wenn man die Rückenflosse leicht ausziehen kann.

A. GEDÜNSTETER FISCH

Fisch, blau gedünstet

1 kg Fisch (Karpfen, Aal, Forelle, Schleie)
etwas Salz
etwas Essig
etwas heiße Butter

Den Fisch nicht schuppen und nicht von außen salzen, da dann der Schleim, der die Blaufärbung hervorruft, verletzt würde. Den Fisch am besten auf einem nassen Küchenbrett reinigen und nur innen salzen. Den Fisch in die Rostbratpfanne setzen (Karpfen auf eine geschälte rohe Kartoffel setzen, Forelle und Schleie rund binden!), ihn mit ½ l kochendheißem Essigwasser übergießen, der Zugluft aussetzen und dann aufrecht auf eine Porzellanplatte stellen. Die Rostbratpfanne mit dem Essigwasser auf die untere Schiene schieben. Die Porzellanplatte mit dem Fisch auf den Rost der Bratpfanne stellen. Der Fisch ist gar, wenn sich die Rückenflosse leicht herausziehen läßt. 5 Minuten vor Beendigung der Dünstzeit den Fisch vorsichtig mit zerlassener Butter übergießen, damit die Farbe erhalten bleibt. Blau gedünstete Fische nicht der Nachhitze aussetzen, da sie sonst ihre Farbe verlieren würden.

Den Fisch sofort servieren.

Schalterbackofen: O 1 – U 3;

Reglerbackofen: 180–200.

Dünstzeit: 40–60 Minuten.

Veränderung: Kleine Mengen Fisch zweckmäßig mit heißem Essigwasser übergießen, der Zugluft aussetzen und dann im Kochtopf dünsten (S. 137).

Fischklopse

(Resteverwertung)

500 g Fischfleisch
1 Semmel (Brötchen)
etwas Butter oder Margarine
1 Zwiebel
1 Ei
etwas Salz

Kapernsoße:

40 g Butter oder Margarine
50 g Weizenmehl
½ l Wasser
etwas Salz
etwas Zitronensaft
1 Eßl. Kapern

Das Fischfleisch und die eingeweichte, gut ausgedrückte Semmel durch die Fleischmaschine drehen. Die in Würfel geschnittene, in Fett gedünstete Zwiebel, das Ei und Salz nach Geschmack darunter rühren. Sobald eine geschmeidige Masse entstanden ist, Klöße daraus formen.

Für die Kapernsoße das Fett auf Stufe 3 zerlassen. Das Mehl unter Rühren so lange darin erhitzen, bis es hellgelb ist. Damit keine Klumpen entstehen, das Wasser nach und nach hinzugießen und mit einem Schneebesen durchschlagen. Die Soße zum Kochen bringen. Sie mit Salz und Zitronensaft abschmecken und die Kapern darunter rühren. Die Klöße in die kochende Soße geben und sie zunächst 10 Minuten auf Stufe 1 und dann auf Stufe 0 gar ziehen lassen.

Kartoffelbrei, Brühreis und alle Arten Salat, auch Salzgurken und Rote Beete dazu reichen.

Garzeit: 15–20 Minuten.

Veränderung: Statt der Kapernsoße eine süßsaure Specksoße (S. 80) dazugeben.

Fischfrikassee

1 kg Fisch oder 750 g Fischfilet
etwas Zitronensaft oder Essig
etwas Salz

Frikasseesoße:

40 g Butter oder Margarine
50 g Weizenmehl
½ l Wasser
1 Teel. Kapern
etwas Salz
etwa 1 Eßl. Zitronensaft oder Weißwein
1–2 Eigelb
2 Eßl. kaltes Wasser zum Verquirlen

Wenn man den ganzen Fisch verwenden will, ihn zunächst entgräten, enthäuten, waschen und abtrocknen. Dann das Filet mit Zitronensaft (Essig) beträufeln, etwa ½ Stunde stehenlassen, gut abtrocknen, salzen und in nicht zu kleine Stücke schneiden. Für die Frikasseesoße das Fett auf Stufe 3 zerlassen und das Mehl unter Rühren so lange darin erhitzen, bis es hellgelb ist. Damit keine Klumpen entstehen, das Wasser nach und nach hinzugießen und mit einem Schneebesen durchschlagen. Die Soße zum Kochen bringen. Die Fischwürfel in die kochende Soße geben und sie zunächst 10 Minuten auf Stufe 1 und dann auf Stufe 0 gar ziehen lassen. Anschließend die Kapern unter das Frikassee rühren, es mit Salz, Zitronensaft (Wein) abschmecken und mit dem verquirlten Eigelb abziehen. Das Frikassee nach Belieben im Reisrand anrichten und mit Zitronenvierteln, Petersilie und Tomaten verzieren.

Garzeit: 15–20 Minuten.

Gedünsteter Fisch

(im Backofen)

1 kg Fisch
etwas Zitronensaft oder Essig
etwas Salz
etwas Butter oder Margarine
30 g Speckscheiben

Alle Fische eignen sich zum Dünsten im Backofen. Die Benutzung des Backofens lohnt sich jedoch nur von 1 kg Fisch ab. Den Fisch schuppen, ausnehmen, waschen, abtrocknen, mit Zitronensaft (Essig) beträufeln, etwa ½ Stunde stehenlassen, wieder abtrocknen und innen und außen salzen. Den Fisch von allen Seiten mit Fett bestreichen, auf eine gefettete Porzellanplatte oder in die gefettete Rostbratpfanne legen, mit Speckscheiben bedecken und auf die unterste Schiene schieben.

Schalterbackofen: O 1 – U 3;

Reglerbackofen: 175–200.

Dünstzeit: 35–40 Minuten.

Fischrouladen in Tomatensoße (Abb. S. 135)

1 kg Fisch oder 750 g Fischfilet
etwas Zitronensaft oder Essig
etwas Salz
1 Eßl. Senf oder Sardellenpaste

Tomatensoße:

40 g Butter oder Margarine
1 kleine Zwiebel
250–375 g Tomaten
50 g Weizenmehl
knapp ½ l Wasser
etwas Salz
etwas Zitronensaft

Wenn man den ganzen Fisch verwenden will, ihn zunächst entgräten, enthäuten, waschen und abtrocknen. Dann das Filet mit Zitronensaft (Essig) beträufeln, etwa ½ Stunde stehenlassen, gut abtrocknen, salzen, in nicht zu kleine Stücke schneiden, diese mit Senf (Sardellenpaste) bestreichen, zusammenrollen und mit einem Hölzchen durchstechen.
Für die Tomatensoße das Fett kurze Zeit mit der in Würfel geschnittenen Zwiebel und den gewaschenen, in Stücke geschnittenen Tomaten auf Stufe 3 erhitzen. Das Mehl unter Rühren darin hellgelb werden lassen. Damit keine Klumpen entstehen, das Wasser nach und nach hinzugießen und mit einem Schneebesen durchschlagen. Die Soße zum Kochen bringen. Sie durch ein Sieb geben und abschmecken. Die Rouladen in die kochende Soße legen und sie 10 Minuten auf Stufe 1 und dann auf Stufe 0 gar ziehen lassen.

Garzeit: 15–20 Minuten.

EXPORT
DAB
Dortmunder Actien-Brauerei
dab
DAB
Export

Gedünsteter Fisch

(im Kochtopf)

1 kg Fisch (Schellfisch, Kabeljau, Rotbarsch, Seelachs, Karpfen, Forelle, Schleie, Hecht, Zander)
etwas Zitronensaft oder Essig
etwas Salz
etwas Butter, Margarine oder Speiseöl

Den Fisch ausnehmen, waschen, abtrocknen, mit Zitronensaft (Essig) beträufeln, etwa ½ Stunde stehenlassen, wieder abtrocknen, innen und außen salzen und, ganz oder in Stücke geteilt, in einen gefetteten Kochtopf geben. Den Topf mit einem passenden Deckel verschließen und ihn zunächst auf Stufe 2 erhitzen. Sobald sich Dampf entwickelt, ausschalten und den Fisch in der Nachhitze gar dünsten. (Bei Platten mit geringer Speicherwärme und bei dicken Stücken zwischendurch nochmals auf Stufe 1 schalten!).

Zu gedünstetem Fisch Salzkartoffeln und zerlassene Butter reichen; Senf- (S. 77), Tomaten- (S. 79), Kräuter- (S. 78) oder Meerrettichsoße (S. 78) paßt ebenfalls dazu (den beim Dünsten des Fisches sich bildenden Saft verwenden!). Zu Karpfen auch Apfel-Meerrettichsoße (S. 82) oder Meerrettichsahne (S. 83), zu Schleie Kräutersoße mit Dill (S. 78), zu Hecht Kapern- (S. 77) oder Kräutersoße mit Petersilie (S. 78) geben.

Dünstzeit: 25–35 Minuten.

Fisch in Soße

750 g Aal
= ½ l Kräutersoße (S. 78)
750 g Hecht
= ½ l Frikasseesoße (S. 78)
750 g Karpfen
= ½ l Polnische Soße (S. 80)
750 g Schellfisch
= ½ l Kräutersoße mit Petersilie (S. 78)
750 g Schleie
= ½ l Kräutersoße mit Dill (S. 78)
750 g Seezunge
= ½ l Tomatensoße (S. 79)

Den Fisch reinigen, in Portionsstücke schneiden, mit Zitronensaft beträufeln, etwa ½ Stunde stehenlassen, abtrocknen und mit Salz einreiben. Die der Fischart entsprechende Soße zubereiten, aber nicht 40 g, sondern 50 g Mehl nehmen, da der Fisch noch Saft abgibt und dann die Soße zu dünn werden würde. Die fertige Soße in dem Topf lassen, die abgetrockneten Fischstücke hineinlegen und sie zunächst 10 Minuten auf Stufe 1 und dann auf Stufe 0 gar ziehen lassen. (Aal etwa 20 Minuten auf Stufe 1 dünsten lassen, erst dann auf Stufe 0 schalten!) Die zu einigen Soßen notwendigen feingehackten Kräuter am besten erst kurz vor dem Anrichten unterrühren.

Garzeit: Etwa 20 Minuten (Aal etwa 40 Minuten).

B. GEBRATENER FISCH

I. FISCH IN DER PFANNE

Fischfrikadellen

(Resteverwertung)

500 g Fischfleisch
1 Semmel (Brötchen)
etwas Butter oder Margarine
1 Zwiebel
1 Ei
50 g Butter oder Margarine
etwas Salz
etwas Senf
etwa 25 g Semmelmehl
80 g Fett zum Braten

Das Fischfleisch fein hacken oder mit der eingeweichten, gut ausgedrückten Semmel durch die Fleischmaschine drehen. Die in Würfel geschnittene, in dem Fett gedünstete Zwiebel, das flüssige Fett, das Ei und nach Geschmack Senf und Salz darunter rühren. Sobald eine geschmeidige Masse entstanden ist, Klöße daraus formen, diese in Semmelmehl wenden, in das auf Stufe 3 erhitzte Fett legen und auf Stufe 2, die letzten Portionen nach dem Wenden auf Stufe 0, goldbraun braten.
Die Fischfrikadellen zu Kartoffelsalat oder zu Salzkartoffeln und Gemüse reichen.

Bratzeit: 6–8 Minuten.

Fischfilet

750 g Fischfilet (Kabeljau, Seelachs, Rotbarsch, Seezunge)
etwas Zitronensaft oder Essig
etwas Salz
20 g Weizenmehl
1 Ei
40 g Semmelmehl
80 g Fett zum Braten

Das Filet waschen, abtrocknen, in Portionsstücke schneiden, mit Zitronensaft (Essig) beträufeln, etwa ½ Stunde stehenlassen, gut abtrocknen und mit Salz einreiben. Die Filets zuerst in Mehl, dann in geschlagenem Ei und zuletzt in Semmelmehl wenden, in das auf Stufe 3 erhitzte Fett legen und auf Stufe 2, die letzten Portionen nach dem Wenden auf Stufe 0, von beiden Seiten goldbraun braten.
Fischfilet zu Kartoffelsalat mit Mayonnaise reichen.
Bratzeit: 5–10 Minuten.

Grüne Heringe (Abb. S. 172)

1 kg grüne Heringe
20 g Weizenmehl
etwas Salz
etwas Pfeffer
80 g Fett (evtl. Speiseöl) zum Braten

Die Heringe ausnehmen und gründlich waschen, dabei die Schuppen durch Streichen entfernen. Die Heringe dann abtrocknen, in dem mit Salz und Pfeffer gewürzten Mehl wenden, in das auf Stufe 3 erhitzte Fett legen und auf Stufe 2, die letzten Portionen nach dem Wenden auf Stufe 0, braten.
Bratkartoffeln, Kartoffelsalat oder Pellkartoffeln dazu reichen.
Bratzeit: 6–8 Minuten.

Gebratene kleine Fische

1 kg Fisch (kleine Schellfische, Flundern, Schollen, Forellen)
etwas Zitronensaft oder Essig
etwas Salz
20 g Weizenmehl
1 Ei
etwa 80 g Semmelmehl
80 g Fett zum Braten

Die Fische schuppen und reinigen; Kopf, Flossen und Schwanz abschneiden. Die Fische nach dem Waschen abtrocknen, mit Zitronensaft (Essig) beträufeln, etwa ½ Stunde stehenlassen, gut abtrocknen und von innen und außen mit Salz einreiben. Sie zuerst in Mehl, dann in geschlagenem Ei und zuletzt in Semmelmehl wenden, in das auf Stufe 3 erhitzte Fett legen und auf Stufe 2, die letzten Portionen nach dem Wenden auf Stufe 0, goldbraun braten. Die Fische sind gar, wenn die gebratene Seite Blasen wirft.
Kartoffelsalat oder Salzkartoffeln und grünen Salat dazu reichen.
Bratzeit: 6–8 Minuten.

II. FISCH IM BACKOFEN

Pikanter Fischbraten

1 kg Fischfilet
etwas Zitronensaft oder Essig
etwas Salz
65 g in Würfel geschnittener Speck
1 Zwiebel
12 Eßl. Dosenmilch
Saft einer Zitrone
1 in Würfel geschnittene Essiggurke
etwas gehackte Petersilie
etwas Senf
1 gut gehäufter Eßl. Dr. Oetker Gustin
1–2 Eßl. Tomatenmark
2 Eßl. Semmelmehl
50 g geriebener Käse
20 g Butter

Das Filet in 2 gleich große Stücke schneiden, waschen, abtrocknen, mit Zitronensaft (Essig) beträufeln, etwa ½ Stunde stehenlassen, wieder abtrocknen und mit Salz einreiben. Den Speck auslassen; wenn er fast gebräunt ist, die in Würfel geschnittene Zwiebel hinzugeben und sie ebenfalls bräunen lassen. Unter die mit Zitronensaft gedickte Milch den erkalteten Speck, die Gurke und die Petersilie rühren. Die Füllung mit Senf und Salz abschmecken und das Gustin darunter rühren. Das eine Filet in eine gefettete Auflaufform legen und mit der Füllung bestreichen. Das andere Filet dünn mit Tomatenmark bestreichen, auf die Füllung legen (bestrichene Seite nach oben!), mit dem Semmelmehl und dem Käse bestreuen und mit Butterflöckchen belegen.
Schalterbackofen: 10 Minuten vorheizen O 3 – U 3, braten O 2 – U 3;
Reglerbackofen: 200–225.
Bratzeit: 35–45 Minuten.

Fisch-Hackbraten

750 g Fischfilet
2 Semmeln (Brötchen)
40 g Butter oder Margarine
1 Zwiebel
1–2 Eier
etwas Salz
20 g Semmelmehl
einige Speckstreifen
40 g gebräunte Butter
4–5 Eßl. saure Sahne
etwa ¼ l Wasser
1–2 Teel. Dr. Oetker Gustin
1 Eßl. kaltes Wasser zum Anrühren

Das Fischfilet waschen und mit den eingeweichten, gut ausgedrückten Semmeln durch die Fleischmaschine drehen. Die in Würfel geschnittene Zwiebel in dem Fett andünsten, zu dem Fischfleisch geben und die Eier und das Salz darunter rühren. Den Fischteig zu einem länglichen Kloß formen, in Semmelmehl wenden, mit Speckstreifen belegen, in die mit Wasser ausgespülte Rostbratpfanne legen und mit der gebräunten Butter übergießen. Den Hackbraten so einschieben, daß er sich in der Mitte des Backofens befindet. Den Braten 10 Minuten vor Beendigung der Bratzeit mit der gequirlten sauren Sahne übergießen. Für die Soße den Bratensatz mit Wasser auffüllen und mit dem angerührten Gustin binden.

Schalterbackofen: 15 Minuten vorheizen O 3 – U 3, braten O 3 – U 3;

Reglerbackofen: 220–230.

Bratzeit: 25–40 Minuten.

C. GEBACKENER FISCH

Überbackener Fisch

(Resteverwertung)

500–750 g garer Fisch
½ l Bechamel- (S. 78), Tomaten- (S. 79) oder Käsesoße (S. 78)
2 Eßl. geriebener Käse
etwas Butter

Von dem Fisch die Haut abziehen, die Gräten auslösen, ihn in eine gefettete Auflaufform oder in eine feuerfeste Schüssel geben und mit einer der angegebenen Soßen übergießen. Das Gericht mit Käse bestreuen, mit Butterflöckchen belegen und im Backofen überbacken.

Bratkartoffeln und Salat dazu reichen.

Schalterbackofen: O 3 – U 3;

Reglerbackofen: 225–250.

Backzeit: 30–40 Minuten.

Ausgebackener Fisch

750 g Fischfilet (Schellfisch, Kabeljau, Seelachs)
etwas Zitronensaft oder Essig
etwas Salz
100 g Weizenmehl
1 Ei
⅛ l Milch
1 Eßl. Speiseöl oder zerlassene Butter (Margarine)

Zum Backen:

Speiseöl, Kokosfett, Schweineschmalz, Rinderfett

Das Filet waschen, abtrocknen, mit Zitronensaft (Essig) beträufeln, etwa ½ Stunde stehenlassen, gut abtrocknen, mit Salz einreiben und in Portionsstücke schneiden. Den Ausbackteig folgendermaßen bereiten: Das Mehl in eine Schüssel sieben, in die Mitte eine Vertiefung eindrücken und das mit Salz und etwas Milch gut verquirlte Ei hineingeben. Nun von der Mitte aus Ei und Mehl verrühren, nach und nach die Milch und das Öl (das zerlassene Fett) hinzugeben und darauf achten, daß keine Klumpen entstehen. Die Filetstücke mit einer Gabel in den Ausbackteig tauchen und sie schwimmend in dem auf Stufe 3 stark erhitzten Fett auf Stufe 2 braun und knusprig backen. Sie dann auf ein Sieb zum Abtropfen legen und zu Kartoffelsalat mit Mayonnaise reichen.

Backzeit: Etwa 10 Minuten.

Fischauflauf mit Kartoffeln

500–750 g garer Fisch
750 g Kartoffeln

Helle Soße:

40 g Butter oder Margarine
40 g Weizenmehl
½ l Wasser oder Brühe
etwas Salz
2 Eßl. Semmelmehl oder geriebener Käse
etwas Butter

Von dem Fisch die Haut abziehen und die Gräten auslösen. Die Kartoffeln nicht zu weich kochen, abpellen und in Scheiben schneiden.

Für die Soße das Fett auf Stufe 3 zerlassen. Das Mehl unter Rühren so lange darin erhitzen, bis es hellgelb ist. Damit keine Klumpen entstehen, das Wasser (Brühe) nach und nach hinzugießen und mit einem Schneebesen durchschlagen. Die Soße zum Kochen bringen, kurz aufkochen lassen und mit Salz abschmecken.

Fisch und Kartoffelscheiben abwechselnd lagenweise in eine gefettete Auflaufform füllen, die oberste Schicht muß aus Kartoffeln bestehen. Die Soße darüber gießen. Den Auflauf mit Semmelmehl oder Käse bestreuen und mit Butterflöckchen belegen.

Den Auflauf mit grünem Salat, Tomaten- oder Bohnensalat reichen.

Schalterbackofen: O 3 – U 3;

Reglerbackofen: 225–250.

Backzeit: 35–45 Minuten.

Veränderung: Statt der hellen Soße eine Bechamelsoße (S. 78), eine Tomatensoße (S. 79) oder ½ l saure Milch, verquirlt mit 2 Eßl. Dr. Oetker Gustin, nehmen.

Fischröllchen in pikanter Soße

750 g Fischfilet
etwas Zitronensaft oder Essig
etwas Salz

Pikante Soße:

50 g in kleine Würfel geschnittener Speck
1 Zwiebel
12 Eßl. Dosenmilch
Saft einer Zitrone
2–3 in Würfel geschnittene Essiggurken
2 Teel. Senf
etwas Zucker
etwas Salz
1 gut gehäufter Eßl. Dr. Oetker Gustin
etwa 2 Eßl. Madeira
30 g geriebener Käse
20 g Butter

Das Filet waschen, abtrocknen, mit Zitronensaft (Essig) beträufeln, etwa ½ Stunde stehenlassen, gut abtrocknen und mit Salz einreiben. Das Filet in nicht zu kleine Stücke schneiden, zusammenrollen, mit einem Hölzchen durchstechen und in eine gefettete Auflaufform legen.

Für die Soße den Speck auf Stufe 3 auslassen. Wenn er fast gebräunt ist, die in Würfel geschnittene Zwiebel hinzugeben und sie hellbraun werden lassen. Unter die mit dem Zitronensaft gedickte Dosenmilch den erkalteten Speck, die Gurken und den Senf rühren, sie mit Zucker und Salz abschmecken und dann das mit Madeira angerührte Gustin darunter rühren. Die Soße über die Fischröllchen gießen. Den Auflauf mit Käse bestreuen und mit Butterflöckchen belegen.

Schalterbackofen: O 2 – U 3;

Reglerbackofen: 175–200.

Backzeit: Etwa 35 Minuten.

D. MARINIERTER FISCH

Eingelegte Heringe (Abb. S. 71)

4–6 Salzheringe
2–3 Zwiebeln
2 kleine Lorbeerblätter
6–8 Pfefferkörner
3/8 l Essig
1/4 l Wasser

Die Salzheringe ausnehmen, 12–24 Stunden wässern und danach mehrere Male gründlich waschen, damit sich die Schuppen lösen. Die Kiemen und Kiemendeckel entfernen (evtl. die Köpfe ganz abschneiden) und die innere schwarze Haut abziehen. Für Heringe in saurer Sahne die Heringe enthäuten und entgräten. Die Heringe nun noch einmal waschen und danach mit den in Scheiben geschnittenen Zwiebeln und den Gewürzen in einen kleinen Steintopf schichten. Die Heringsmilch durch ein Haarsieb rühren, mit dem Essig (evtl. mit einigen Eßl. saurer Sahne) und zuletzt mit dem gekochten, abgekühlten Wasser vermischen und die Marinade über die Heringe gießen. Diese können nach 2 bis 3 Tagen gegessen werden.

Eingelegte Bratheringe

1 kg grüne Heringe
etwas Salz
20 g Weizenmehl
80 g Fett
1–2 Zwiebeln
1 Eßl. Senfkörner
6–8 Pfefferkörner
1/4 l Essig
1/8 l Wasser

Die Heringe ausnehmen (die Köpfe abschneiden!), waschen, abtrocknen und von innen und außen mit Salz einreiben. Sie danach in Mehl wenden, in das auf Stufe 3 erhitzte Fett legen und auf Stufe 2, die letzten Heringe nach dem Wenden auf Stufe 0, von beiden Seiten goldbraun braten. Die erkalteten Heringe mit den in Scheiben geschnittenen Zwiebeln, Senf- und Pfefferkörnern in einen Steintopf legen. Den Essig mit dem gekochten, abgekühlten Wasser vermischen und über die Bratheringe gießen. Diese können nach 4–6 Tagen gegessen werden.

Rollmöpse (Abb. S. 71)

4–6 Salzheringe
1 Eßl. Senf
2 kleine Gurken
2 Zwiebeln
1 Eßl. Kapern
6–8 Pfefferkörner
2 kleine Lorbeerblätter
1/4 l Essig
1/8 l Wasser

Die Salzheringe ausnehmen (die Köpfe abschneiden!), 12–24 Stunden wässern, entgräten und waschen. Die Hälften mit Senf bestreichen, mit Gurkenstückchen, feingeschnittenen Zwiebeln und Kapern belegen, vorsichtig aufrollen und mit einem Hölzchen zusammenhalten. Die Rollmöpse mit den Pfefferkörnern und Lorbeerblättern in einen kleinen Steintopf legen. Den Essig mit dem gekochten, abgekühlten Wasser vermischen und über die Rollmöpse gießen. Diese können nach 4–6 Tagen gegessen werden.

Heringe in saurer Sahne

4–6 eingelegte Heringe (s. oben)
1/4 l saure Sahne
1 kleine Zwiebel
etwas Salz
etwas Pfeffer
etwas Essig oder Zitronensaft

Die Sahne, die geriebene Zwiebel, etwas Salz und etwas Pfeffer gut miteinander verquirlen, pikant mit Essig (Zitronensaft) abschmecken, über die Heringsfilets (nach Belieben in kleine appetitliche Streifen schneiden) gießen und diese einige Stunden darin ziehen lassen.

Veränderung: Einige feingeschnittene oder geraspelte Äpfel dazugeben.

E. FISCH IN GELEE

Zubereitung von Gelee (Aspik) S. 118.

Rollmöpse in Gelee

1 Päckchen Dr. Oetker Regina-Gelatine gemahlen, weiß
¼ l kaltes Wasser zum Anrühren
6 Eßl. Essig mit Wasser auf ¼ l ergänzt
4 Pfefferkörner
2 Nelkenpfeffer
1 Nelke
1 kleines Lorbeerblatt
4–6 Rollmöpse (S. 141)

Die Gelatine mit dem Wasser anrühren und 10 Minuten zum Quellen stehenlassen.

Das Essigwasser mit den Gewürzen auf Stufe 3 einmal aufkochen lassen. Die gequollene Gelatine dazugeben und so lange rühren, bis sie gelöst ist. Die Brühe durch ein Sieb gießen und kalt stellen. Von der erkalteten Brühe so viel in 4 mit kaltem Wasser ausgespülte Tassen geben, daß der Boden bedeckt ist. Ist die Schicht erstarrt, je 1–2 in Scheiben geschnittene Rollmöpse (kleine Rollmöpse halbieren) darauflegen und einige Eßl. Brühe dazugeben. Ist sie erstarrt, den Rest der schon etwas dicklichen Brühe dazugeben und recht kalt stellen. Wenn das Gelee schnittfest geworden ist, es mit einem Messer vorsichtig vom Rand der Tasse lösen (die Tasse vorher einen Augenblick in heißes Wasser halten!) und auf eine Platte stürzen.

Fisch in Gelee

½ l Wasser
1 Teel. Salz
2–3 Gewürzkörner
1 Lorbeerblatt
etwas Suppengrün
1 Zwiebel
500 g Fisch (Schellfisch, Kabeljau, grüne Heringe)
knapp ⅛ l Essig
evtl. noch etwas Salz
1 Eiweiß
1 Eierschale
3 Eßl. kaltes Wasser
1 Päckchen Dr. Oetker Regina-Gelatine gemahlen, weiß
5 Eßl. kaltes Wasser zum Anrühren
1 Gurke
1 Tomate
nach Belieben
1 geschältes hartgekochtes Ei

Das Wasser mit Salz, Gewürzen, Suppengrün und Zwiebel auf Stufe 3 zum Kochen bringen und ¼ Stunde auf Stufe 1 kochen lassen. Dann den gereinigten Fisch hinzugeben, auf Stufe 3 zum Kochen bringen und ihn auf Stufe 0 in 10–15 Minuten gar ziehen lassen. Den Fisch aus der Brühe nehmen und kalt stellen. Die Brühe durch ein Sieb gießen, ⅜ l davon abmessen (gegebenenfalls mit Wasser ergänzen!) und mit Essig und Salz abschmecken. Sollte die Brühe stark trübe sein, sie folgendermaßen klären: Die erkaltete Brühe entfetten. Das Eiweiß, die zerdrückte Eierschale und das Wasser mit einer Gabel schlagen, zur Brühe geben und unter ständigem Schlagen auf Stufe 3 bis kurz vor dem Kochen erhitzen. Dabei gerinnt das Eiweiß und bindet die in der Brühe enthaltenen trüben Bestandteile. Die Brühe kalt stellen und so lange ruhig stehenlassen, bis sie klar ist. Sie dann abschäumen und durch ein sauberes Tuch gießen. Die Gelatine mit dem Wasser anrühren und 10 Minuten zum Quellen stehenlassen. Dann die Brühe auf Stufe 3 wieder zum Kochen bringen, die gequollene Gelatine darunter geben und rühren, bis alles gelöst ist. In eine mit kaltem Wasser ausgespülte Form so viel von der Brühe gießen, daß der Boden bedeckt ist. Ist die Schicht erstarrt, sie mit Gurken-, Tomaten- und Eierscheiben verzieren und vorsichtig einige Eßl. Brühe darüber gießen. Ist sie erstarrt, den in Würfel geschnittenen erkalteten Fisch und den Rest der schon etwas dicklichen Brühe dazugeben und recht kalt stellen. Wenn das Gelee schnittfest geworden ist, es mit einem Messer vorsichtig vom Rand der Form lösen (die Form vorher einen Augenblick in heißes Wasser halten!) und auf eine Platte stürzen.

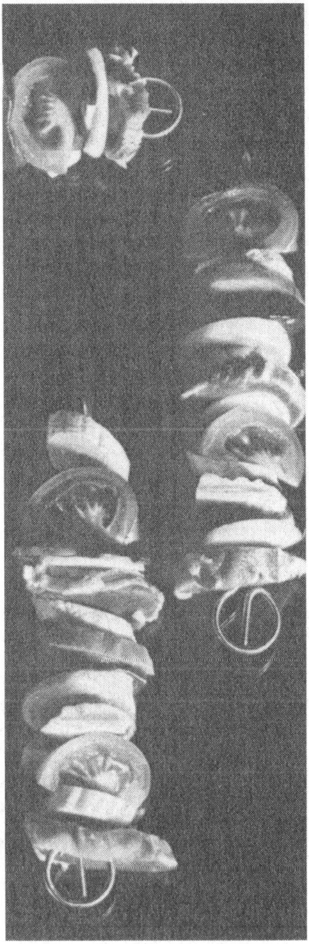

GRILL-GERICHTE

Das Grillen und Überbacken von Fleisch-, Fisch- und anderen Gerichten gewinnt immer mehr an Beliebtheit. Das liegt nicht nur an der kurzen Zubereitungszeit, sondern auch vor allem daran, daß mit sehr wenig oder ganz ohne Fett gegrillt und viel sparsamer gewürzt werden kann. In weit höherem Maße als beim üblichen Backen, Braten oder Dünsten behalten alle Grillgerichte deshalb ihren Eigengeschmack, sind also besonders delikat und zugleich sehr gut für Diätkost geeignet.

Regeln

1. Zum Grillen gehört immer eine beheizte Sondereinrichtung; in einem einfachen Backofen kann nicht gegrillt werden.

2. Zum Grillen eignen sich besonders kleine, aber gut abgehangene Fleischstücke wie Filets, außerdem kleines Geflügel und Fisch.

3. Um eine schöne Bräunung der Fleischstücke zu erreichen, empfiehlt es sich, sie vor dem Grillen mit Öl zu bestreichen. Für Diätkost kann man auch ohne Fett grillen.

4. Das Grillgut kann vor oder nach dem Grillen gesalzen werden; es ist stets von beiden Seiten zu grillen.

5. Der Grill muß 10 Minuten bei stärkster Stellung vorgeheizt werden, bevor das Grillgut eingeschoben wird.

6. Falls eine Tür am Grillgerät vorhanden ist, muß diese geöffnet gehalten werden.

7. Vorzüglich eignet sich ein Grillgerät auch zum Überbacken.

A. GEGRILLTE GERICHTE

Kalbssteak

4 Scheiben Kalbfleisch aus der Keule (jede Scheibe gut 2 cm dick)
etwas Speiseöl
etwas Salz

Die Fleischscheiben mit einem flachen Messer leicht klopfen, etwas zusammendrücken, dünn mit Öl bestreichen und auf den heißen geölten Grillrost legen. Sie unter den vorgeheizten Grill schieben und zunächst von der einen und dann von der anderen Seite grillen. Die Kalbssteaks nach dem Grillen leicht salzen.

Den Grill 10 Minuten bei stärkster Stellung vorheizen, die eine Fleischseite etwa 7 Minuten, die andere etwa 5 Minuten grillen.

Bratwurst

4 vorgebrühte Bratwürste (je etwa 100 g)

Die Bratwürste auf den heißen geölten Grillrost legen, sie unter den vorgeheizten Grill schieben und zunächst von der einen und dann von der anderen Seite grillen.

Den Grill 10 Minuten bei stärkster Stellung vorheizen, die eine Wurstseite 4–6 Minuten, die andere 4–5 Minuten grillen.

Hähnchen

1–2 junge Hähnchen
etwas Speiseöl

Das gut gerupfte, gesengte, ausgenommene Hähnchen kurz waschen, gut abtrocknen, in Hälften schneiden. Diese am Schenkelansatz etwas einschneiden, flachklopfen, mit Öl bestreichen und mit der Innenseite nach oben auf den heißen geölten Grillrost legen. Das Hähnchen unter den vorgeheizten Grill schieben und zunächst von der einen und dann von der anderen Seite grillen. Das Hähnchen nach dem Grillen leicht salzen.

Den Grill 10 Minuten bei stärkster Stellung vorheizen, die eine Fleischseite etwa 10 Minuten, die andere etwa 5 Minuten grillen.

Fischfilet

6 Scheiben Fischfilet
etwas Zitronensaft oder Essig
etwas Salz
etwas Weizenmehl
etwas Speiseöl

Die Filets waschen, abtrocknen, mit Zitronensaft (Essig) beträufeln und etwa ½ Stunde stehenlassen. Dann die Filets gut abtrocknen, salzen, sie in Mehl wenden, dünn mit Öl bestreichen und auf den heißen geölten Grillrost legen. Die Filets unter den vorgeheizten Grill schieben und zunächst von der einen und dann von der anderen Seite grillen.

Den Grill 10 Minuten bei stärkster Stellung vorheizen, jede Fischseite etwa 4 Minuten grillen.

Schaschlik

1 kleines Schweinefilet
4 Scheiben Leber (nicht zu dick)
125 g durchwachsener Speck
250 g Tomaten
2 Bananen
1–2 Zwiebeln
einige Essiggurken
etwas Speiseöl
etwas Salz
etwas Pfeffer
etwas Paprika

Das Filet, die Leber, den Speck, die gewaschenen Tomaten, die geschälten Bananen, die Zwiebeln und die Gurken in Stücke oder Scheiben von gewünschter Größe (am besten gut 3 cm groß) schneiden, in beliebiger Reihenfolge auf Grillspieße stecken und dünn mit Öl bestreichen. Die Spieße auf den heißen geölten Grillrost legen, unter den vorgeheizten Grill schieben und unter häufigem Wenden grillen. Das Schaschlik nach dem Grillen leicht mit Salz, Pfeffer und Paprika bestreuen.

Den Grill 10 Minuten bei stärkster Stellung vorheizen, das Schaschlik etwa 15 Minuten grillen.

Toast

Etwa 1½ cm dicke Weißbrotscheiben (am besten vom viereckigen Toastbrot)

Die Weißbrotscheiben auf den Grillrost legen, unter den vorgeheizten Grill schieben und auf jeder Seite bis zur gewünschten Bräunung erhitzen.

Den Grill 10 Minuten bei stärkster Stellung vorheizen, jede Toastseite gut 1 Minute bräunen.

Schweinefilet

(im ganzen)

2 Schweinefilets (etwa ½ kg)
etwas Speiseöl
etwas Salz

Das Fleisch muß gut abgehangen sein. Es enthäuten, etwas flachdrücken, mit etwas Öl bestreichen und auf den heißen geölten Grillrost legen. Die Filets unter den vorgeheizten Grill schieben und sie zunächst von der einen und dann von der anderen Seite grillen. Die Filets nach dem Grillen leicht salzen.

Den Grill 10 Minuten bei stärkster Stellung vorheizen, jede Fleischseite etwa 7 Minuten grillen.

Rumpsteak

4 Scheiben Roastbeef
(jede Scheibe etwa 2 cm dick)
etwas Speiseöl
etwas Salz
etwas Butter

Die Fleischscheiben mit einem flachen Messer leicht klopfen und die Haut an den Rändern einschneiden. Die Scheiben etwas zusammendrücken, dünn mit Öl bestreichen und auf den heißen geölten Grillrost legen. Sie unter den vorgeheizten Grill schieben und zunächst von der einen und dann von der anderen Seite grillen. Die Rumpsteaks nach dem Grillen leicht salzen und mit Butterflöckchen belegen.

Den Grill 10 Minuten bei stärkster Stellung vorheizen, jede Fleischseite etwa 4 Minuten grillen.

B. ÜBERBACKENE GERICHTE

Schinken-Käseschnitten

4 etwa $1\frac{1}{2}$ cm dicke Weißbrotscheiben (am besten Toastbrot)
etwas Butter
etwas Senf
4 Scheiben (etwa 100 g) roher oder gekochter Schinken
4 Scheiben Schweizer Käse
etwas Paprika

Die Weißbrotscheiben auf einer Seite mit Butter und ganz dünn mit Senf bestreichen. Jede Schnitte mit einer Scheibe Schinken und einer Scheibe Käse belegen, auf den Grillrost legen, unter den vorgeheizten Grill schieben und überbacken.

Den Grill 10 Minuten bei stärkster Stellung vorheizen, die Schnitten etwa 4 Minuten überbacken.

Die fertigen Schnitten mit Paprika bestreuen.

Pikante Schnitten

15 g ($1^1/_2$ schwach gehäufte Eßl.) Dr. Oetker Gustin
$^1/_8$ l Sahne
75 g geriebener Schweizer Käse
etwas Salz
etwas Paprika
6 etwa $1\frac{1}{2}$ cm dicke Weißbrotscheiben (am besten Toastbrot)
etwas Butter
125 g kleingeschnittener, in Butter gedünsteter Spargel
65 g in kleine Würfel geschnittener gekochter Schinken

Das Gustin mit der Sahne in einem kleinen Kochtopf anrühren, unter Rühren auf Stufe 3 erhitzen und einmal kurz aufkochen lassen. Den Käse darunter rühren und die Masse mit Salz und Paprika abschmecken. Die Weißbrotscheiben auf einer Seite mit Butter bestreichen. Den Spargel und den Schinken unter die Käsemasse rühren und diese in gleichmäßigen Portionen auf die Weißbrotscheiben streichen. Die Schnitten auf den Grillrost legen, unter den vorgeheizten Grill schieben und sie überbacken.

Den Grill 10 Minuten bei stärkster Stellung vorheizen, die Schnitten etwa 6 Minuten überbacken.

Ragout fin, überbacken

1 Rezept Ragout fin in Muscheln (S. 95)

Die mit Ragout fin gefüllten Muscheln auf den Grillrost legen, unter den vorgeheizten Grill schieben und überbacken.

Den Grill 10 Minuten bei stärkster Stellung vorheizen und das Ragout fin etwa 4 Minuten überbacken.

Schnitten auf Feinschmeckerart

15 g ($1^1/_2$ schwach gehäufte Eßl.) Dr. Oetker Gustin
$^1/_8$ l Sahne
etwas Salz
1 Eßl. Weißwein oder Madeira
1 kleine Dose Krebsschwänze
1 kleine Dose Champignons
4 etwa $1\frac{1}{2}$ cm dicke Weißbrotscheiben (am besten Toastbrot)
etwas Butter

Das Gustin mit der Sahne in einem kleinen Kochtopf anrühren, unter Rühren auf Stufe 3 erhitzen und einmal kurz aufkochen lassen. Die Sahnensoße mit Salz und Wein abschmecken. Dann die ein- bis zweimal durchgeschnittenen Krebsschwänze und die in Scheiben geschnittenen Champignons darunter rühren. Die Weißbrotscheiben zunächst mit Butter und dann gleichmäßig mit der Sahnensoße bestreichen. Die Schnitten auf den Grillrost legen, unter den vorgeheizten Grill schieben und überbacken.

Den Grill 10 Minuten bei stärkster Stellung vorheizen, die Schnitten 2–3 Minuten überbacken.

Pikante Krabbenschnitten

15 g (1½ schwach gehäufte Eßl.)
Dr. Oetker Gustin
⅛ l Sahne
etwas Salz
125 g Krabben (ohne Schalen)
1 Eßl. gehackte Haselnußkerne
1 Teel. Kirschwasser
50 g geriebener Schweizer Käse
etwas Salz
etwas Paprika
etwas geriebene Muskatnuß
6 etwa 1½ cm dicke Weißbrotscheiben
(am besten Toastbrot)
etwas Butter

Das Gustin mit der Sahne in einem kleinen Kochtopf anrühren, unter Rühren auf Stufe 3 erhitzen und einmal kurz aufkochen lassen. Die Sahnensoße mit Salz abschmecken. Die Krabben, die Haselnußkerne, das Kirschwasser und den Käse darunter rühren und die Masse mit Salz, Paprika und Muskat abschmecken. Die Weißbrotscheiben zunächst mit Butter und dann bergförmig mit der Krabbenmasse bestreichen. Die Schnitten auf den Grillrost legen, unter den vorgeheizten Grill schieben und überbacken.

Den Grill 10 Minuten bei stärkster Stellung vorheizen, die Schnitten etwa 3 Minuten überbacken.

Käseschnitten

75 g Butter
100 g geriebener Käse
(evtl. Chesterkäse)
etwas Salz
etwas Paprika
etwas gehackter Schnittlauch
oder gehackte Petersilie
4 etwa 1½ cm dicke Weißbrotscheiben
(am besten Toastbrot)

Die Butter geschmeidig rühren und den Käse darunter geben. Die Masse mit Salz und Paprika abschmecken und den Schnittlauch (Petersilie) dazugeben. Die Käsemasse bergartig auf die Weißbrotscheiben streichen. Diese auf den Grillrost legen, unter den vorgeheizten Grill schieben und überbacken.

Den Grill 10 Minuten bei stärkster Stellung vorheizen, die Schnitten etwa 3 Minuten überbacken.

Pilzschnitten

125 g Pilze
65 g rohes Kalbfleisch
½ alte Semmel (Brötchen)
½ kleine Zwiebel
1 gut gehäufter Teel.
Dr. Oetker Gustin
nach Belieben ½ Eßl. Rotwein
1 kleines Ei
etwas Salz
etwas Paprika
4 etwa 1½ cm dicke Weißbrotscheiben
(am besten Toastbrot)
etwas Butter

Die Pilze sorgfältig waschen und fein hacken (darauf achten, daß madige Stellen entfernt werden!). Das Kalbfleisch, die eingeweichte, gut ausgepreßte Semmel und die abgezogene Zwiebel durch den Fleischwolf drehen. Das Gustin, die Pilze, den Rotwein und das Ei darunter rühren. Die Masse mit Salz und Paprika abschmecken. Die Weißbrotscheiben zunächst auf einer Seite mit Butter und dann bergartig mit der Masse bestreichen. Die Pilzschnitten auf den Grillrost legen, unter den vorgeheizten Grill schieben und überbacken.

Den Grill 10 Minuten bei stärkster Stellung vorheizen, die Schnitten etwa 8 Minuten überbacken.

EINTOPF-GERICHTE

Ein Lob dem Eintopfgericht! Man setze einem mit Delikatessen überfütterten Feinschmecker einmal solch gesunde Hausmannskost vor, und man wird staunen, mit welchem Behagen er sich daran gütlich tut.

Sicherlich ist es nicht jedermanns Sache, täglich Erbsen-, Linsen- oder Kartoffelsuppe zu essen, aber ein- oder zweimal in der Woche ist ein Eintopf überall willkommen, vor allem wenn dann der Nachtisch in Gestalt eines Puddings einen besonderen Genuß und eine beliebte Ergänzung verspricht.

Eintopf ist preiswert und sättigend, hilft Zeit sparen und nimmt auch längeres Warmhalten nicht übel. Die vielfältigen Zubereitungsmöglichkeiten bieten Auswahl und Abwechslung genug.

A. GEKOCHTE EINTOPFGERICHTE

I. SUPPENEINTOPF

Rindfleischsuppe mit Reis

250–375 g Rindfleisch
2–2½ l Wasser
etwas Salz
150–200 g Reis
500 g Kartoffeln
Suppengrün
etwas Fleischextrakt oder Suppenwürze

Das gewaschene, in Würfel geschnittene Fleisch in das auf Stufe 3 kochende gesalzene Wasser geben und gut 1 Stunde auf Stufe 1 kochen lassen. Dann den gewaschenen Reis, die geschälten, kleingeschnittenen Kartoffeln und das gewaschene, kleingeschnittene Suppengrün hineingeben. Die Suppe auf Stufe 3 wieder zum Kochen bringen, sie 15 Minuten auf Stufe 1, dann auf Stufe 0, gar werden lassen und dann mit Salz und Fleischextrakt oder Suppenwürze abschmecken.

Kochzeit: 1½–1¾ Stunden.

Veränderung: 250 g Spargelstückchen, Blumenkohlröschen oder Kohlrabistreifen mit dem Reis in die Brühe geben.

Rindfleischsuppe mit Gemüse (Abb. S. 72)

250–375 g Rindfleisch
2–2½ l Wasser
etwas Salz
etwa 1 kg Gemüse (Erbsen, Möhren, Kohlrabi, Blumenkohl, Rosenkohl)
750 g Kartoffeln
Suppengrün
etwas Fleischextrakt oder Suppenwürze

Das gewaschene, in Würfel geschnittene Fleisch in das auf Stufe 3 kochende gesalzene Wasser geben und gut 1 Stunde auf Stufe 1 kochen lassen. Die Erbsen auspalen, die Möhren schrappen und in kleine Würfel oder Streifen schneiden, die Kohlrabi schälen und ebenfalls in kleine Würfel oder Streifen schneiden, den Blumenkohl in Röschen zerteilen und den Rosenkohl von schlechten Stellen befreien. Das so vorbereitete, gewaschene Gemüse mit den geschälten, kleingeschnittenen Kartoffeln und dem gewaschenen, kleingeschnittenen Suppengrün in die Brühe geben. Die Suppe auf Stufe 3 wieder zum Kochen bringen, sie etwa 35 Minuten auf Stufe 1, die letzten 10 Minuten auf Stufe 0, gar werden lassen und mit Salz und Fleischextrakt oder Suppenwürze abschmecken.

Kochzeit: Etwa 1¾ Stunden.

Veränderung: Statt der Kartoffeln Grieß- (S. 74) oder Schwemmklößchen (S. 68) in die Suppe geben.

Hühnersuppe mit Reis

1 Suppenhuhn
2–2½ l Wasser
etwas Salz
150–200 g Reis
500 g Kartoffeln
Suppengrün
etwas Fleischextrakt oder Suppenwürze

Das Huhn rupfen, sengen, ausnehmen und waschen. Es mit dem Herzen, dem aufgeschnittenen Magen und dem Hals in das auf Stufe 3 kochende gesalzene Wasser geben, auf Stufe 1 gar kochen lassen und aus der Brühe nehmen. Dann den gewaschenen Reis, die geschälten, kleingeschnittenen Kartoffeln und das gewaschene, kleingeschnittene Suppengrün in die auf Stufe 3 kochende Brühe geben, wieder zum Kochen bringen und sie 15 Minuten auf Stufe 1 und dann auf Stufe 0 gar werden lassen. In den letzten Minuten die Leber hinzugeben. Vor dem Anrichten das kleingeschnittene Hühnerfleisch in die Suppe geben und diese mit Salz und Fleischextrakt oder Suppenwürze abschmecken.

Kochzeit: 3–3½ Stunden.

Linsensuppe

350–400 g Linsen
2–2½ l Wasser
500 g Schweinerippchen
500–750 g Kartoffeln
Suppengrün
etwas Salz

Die verlesenen, gewaschenen Linsen in dem Wasser 12 bis 24 Stunden einweichen. Sie mit dem Einweichwasser und den gewaschenen Schweinerippchen auf Stufe 3 zum Kochen bringen und auf Stufe 1 fast weich kochen lassen. Dann die geschälten, kleingeschnittenen Kartoffeln, das gewaschene, kleingeschnittene Suppengrün und etwas Salz hineingeben, auf Stufe 3 wieder zum Kochen bringen und auf Stufe 0 gar werden lassen. Die Suppe dann mit Salz abschmecken. Das Fleisch für sich reichen oder kleingeschnitten in die Suppe geben.

Kochzeit: Etwa 1 Stunde.

Veränderung: Die Suppe vor dem Anrichten mit Essig und Zucker abschmecken oder eingeweichte getrocknete Pflaumen mit den Kartoffeln in die Suppe geben.

Erbsensuppe mit Pökelfleisch

350–400 g Erbsen
2–2½ l Wasser
375 g gepökeltes Schweinefleisch (Ohr, Schnauze, Schwanz oder Nackenstück)
500–750 g Kartoffeln
Suppengrün
etwas Salz
etwas Majoran

Die verlesenen, gewaschenen Erbsen in dem Wasser 12 bis 24 Stunden einweichen. Sie mit dem Einweichwasser und dem gut gewaschenen Pökelfleisch auf Stufe 3 zum Kochen bringen und auf Stufe 1 fast weich kochen lassen. Dann die geschälten, kleingeschnittenen Kartoffeln, das gewaschene, kleingeschnittene Suppengrün und etwas Salz hineingeben, auf Stufe 3 wieder zum Kochen bringen, 15 Minuten auf Stufe 1 schalten und dann auf Stufe 0 gar werden lassen. Die Suppe dann mit Salz und Majoran abschmecken. Das Fleisch nach Belieben für sich reichen oder kleingeschnitten in die Suppe geben.

Kochzeit: 2–2½ Stunden.

Veränderung: Statt Pökelfleisch 250 g durchwachsenen Speck nehmen.

Hülsenfruchtsuppe

ohne Fleisch

350–400 g Erbsen, Bohnen oder Linsen
2–2½ l Wasser
80 g Fett
1 Zwiebel
Suppengrün
750 g Kartoffeln oder 500 g Kartoffeln und 250 g Möhren
etwas Salz
Fleischextrakt oder Suppenwürze
1 Semmel (Brötchen)
etwas Butter oder Margarine

Die verlesenen, gewaschenen Hülsenfrüchte in dem Wasser 12 bis 24 Stunden einweichen. Sie mit dem Einweichwasser auf Stufe 3 zum Kochen bringen und auf Stufe 1 weich kochen lassen. In dem auf Stufe 3 zerlassenen Fett die kleingeschnittene Zwiebel sowie das gewaschene, kleingeschnittene Suppengrün kurze Zeit dünsten und zu den Hülsenfrüchten geben. Die geschälten, kleingeschnittenen Kartoffeln und gegebenenfalls die geschrappten, in kleine Stücke geschnittenen Möhren und etwas Salz hinzufügen, wieder zum Kochen bringen und in 20 Minuten auf Stufe 1 und dann auf Stufe 0 gar werden lassen. Die Suppe mit Salz und Fleischextrakt oder Suppenwürze abschmecken und mit gerösteten Semmelwürfeln anrichten.

Kochzeit: Erbsen etwa 2½ Stunden, Bohnen etwa 1½ Stunden, Linsen etwa 1 Stunde.

Bohnensuppe mit Mettwurst

350–400 g Weiße Bohnen
2–2½ l Wasser
250 g geräucherte Mettwurst
500–750 g Kartoffeln
Suppengrün
Bohnenkraut
etwas Salz

Die verlesenen, gewaschenen Bohnen in dem Wasser 12 bis 24 Stunden einweichen. Sie mit dem Einweichwasser und der Mettwurst auf Stufe 3 zum Kochen bringen und auf Stufe 1 kochen lassen. Wenn die Mettwurst gar ist, sie herausnehmen. Wenn die Bohnen fast weich sind, die geschälten, kleingeschnittenen Kartoffeln, das gewaschene, kleingeschnittene Suppengrün, das gewaschene Bohnenkraut und etwas Salz hineingeben, auf Stufe 3 wieder zum Kochen bringen, 15 Minuten auf Stufe 1 schalten und dann auf Stufe 0 gar werden lassen. Die Suppe mit Salz abschmecken. Die Mettwurst nach Belieben für sich reichen oder kleingeschnitten in die Suppe geben.

Kochzeit: 1½–2 Stunden.

Veränderung: 200 g eingeweichte getrocknete Pflaumen mit den Kartoffeln in die Suppe geben. Statt Mettwurst Schweine- oder Hammelfleisch nehmen.

Gänse- oder Entenkleinsuppe

mit Reis oder Kartoffeln

1 Gänse- oder Entenklein (Kopf, Hals, Flügel, Füße, Magen, Herz)
2–2½ l Wasser
etwas Salz
1 Zwiebel
Suppengrün
150–200 g Reis oder 1 kg Kartoffeln
etwas Fleischextrakt oder Suppenwürze
1 Eßl. gehackte Petersilie

Das saubergeputzte Gänse- oder Entenklein (Füße brühen und enthäuten, Augen ausstechen und Schnabel abschlagen!) mit der in Viertel geschnittenen Zwiebel und dem gewaschenen, kleingeschnittenen Suppengrün in das auf Stufe 3 kochende gesalzene Wasser geben, auf Stufe 1 gar kochen lassen und herausnehmen. Die Brühe durch ein Sieb gießen, sie auf Stufe 3 wieder zum Kochen bringen und den gewaschenen Reis oder die geschälten, kleingeschnittenen Kartoffeln hineingeben. Die Suppe wieder zum Kochen bringen, 15 Minuten auf Stufe 1, danach auf Stufe 0 gar werden lassen und dann mit Salz und Fleischextrakt oder Suppenwürze abschmecken. Zum Schluß das in Würfel geschnittene Fleisch und die Petersilie hineingeben.

Kochzeit: 2–2½ Stunden.

Erbsensuppe mit Grießklößchen (Abb. S. 199)

750 g junge Erbsen (2¼ kg mit Hülsen)
100 g Butter oder Margarine
40 g Weizenmehl
2½ l Wasser
etwas Salz
500 g Kartoffeln
2 Rezepte Grießklößchen (S. 74)
1 Eßl. gehackte Petersilie

Die Erbsen auspalen, waschen, in das auf Stufe 3 erhitzte Fett geben und kurze Zeit darin erhitzen. Sie mit dem Mehl bestreuen, noch kurze Zeit erhitzen, mit dem Wasser auffüllen und etwas Salz und die geschälten, kleingeschnittenen Kartoffeln hinzugeben. Die Suppe zum Kochen bringen und in etwa 20 Minuten auf Stufe 1, dann auf Stufe 0 gar werden lassen. Dann die Grießklößchen etwa 10 Minuten in der Suppe ziehen lassen, diese mit Salz abschmecken und mit Petersilie anrichten.

Kochzeit: ¾–1 Stunde.

Kartoffelsuppe

80 g Fett (evtl. Speck)
1 Zwiebel
Suppengrün
2–2½ l Wasser
etwas Salz
1½ kg Kartoffeln
250 g geräucherte Mettwurst
Fleischextrakt oder Suppenwürze
1 Eßl. gehackte Petersilie

Das Fett auf Stufe 3 zerlassen, die in Scheiben geschnittene Zwiebel und das gewaschene, kleingeschnittene Suppengrün kurze Zeit darin erhitzen. Mit dem Wasser auffüllen und etwas Salz, die geschälten, kleingeschnittenen Kartoffeln und die Mettwurst hineingeben. Die Suppe zum Kochen bringen und auf Stufe 0 gar werden lassen. Damit sie recht sämig wird, einen Teil der Kartoffeln zerdrücken oder zerstampfen. Die Suppe mit Salz und Fleischextrakt oder Suppenwürze abschmecken und mit Petersilie anrichten.

Kochzeit: Etwa 30 Minuten.

II. GEMÜSEEINTOPF

Grundrezept

250–375 g Fleisch
¼–½ l Wasser
etwas Salz
¾–1 kg Gemüse
500–750 g Kartoffeln

Das Fleisch waschen, in das auf Stufe 3 kochende Salzwasser geben und auf Stufe 1 fast weich kochen. Dann das gewaschene, kleingeschnittene Gemüse, je nach seiner Kochdauer, zusammen mit den geschälten, in Würfel geschnittenen Kartoffeln hinzugeben, auf Stufe 3 eben zum Kochen bringen und auf Stufe 1, die letzten 10 Minuten auf Stufe 0, gar kochen. Falls das Gericht recht sämig sein soll, 1 gestrichenen Eßl. Weizenmehl mit einer in Würfel geschnittenen Zwiebel in 20 g Fett auf Stufe 3 erhitzen und 10 Minuten im Gericht kochen lassen, nachdem das Fleisch herausgenommen und geschnitten wurde.

Folgende Zusammenstellungen sind sehr beliebt:

1. Rindfleisch	Möhren	Kartoffeln	Petersilie
2. Rindfleisch	Kohlrabi	Kartoffeln	
3. Rindfleisch	Grüne Bohnen	Kartoffeln	Bohnenkraut
4. Rindfleisch	Wirsing	Kartoffeln	
5. Rindfleisch	Streifrüben	Kartoffeln	
6. Schweinebauch	Möhren	Kartoffeln	Petersilie
7. Schweinefleisch	Steckrüben	Kartoffeln	
8. Schweinebauch	Sauerkraut	Kartoffeln	1 Teel. Kümmel
9. Pökelfleisch	Sauerkraut	Kartoffeln	ohne Salz
10. Speck	Streifrüben	Kartoffeln	
11. Speck	Große Bohnen	Kartoffeln	Bohnenkraut
12. Mettwurst	Grünkohl	Kartoffeln	40 g Hafergrütze
13. Mettwurst	Faßbohnen	Kartoffeln	ohne Salz
14. Hammelfleisch	Große Bohnen	Kartoffeln	Bohnenkraut
15. Hammelfleisch	Weißkohl	Kartoffeln	1 Teel. Kümmel
16. Hammelfleisch	Steckrüben	Kartoffeln	

Veränderung: Man kann alle diese Gerichte auch nach dem Grundrezept für „Gedünstete Eintopfgerichte" (S. 155) herstellen.

Westfälisches Blindhuhn

½–¾ l Wasser
250–375 g durchwachsener Speck
500 g Grüne Bohnen
250 g Möhren
2 Äpfel
2 Birnen
500 g Kartoffeln
etwas Salz

Das Wasser auf Stufe 3 zum Kochen bringen, den Speck hineingeben, zum Kochen bringen und auf Stufe 1 kochen lassen. Inzwischen die Bohnen von den Fäden befreien, waschen und in kleine Stücke brechen oder schnippeln. Die Möhren schrappen, waschen und in kleine Stücke schneiden. Die Äpfel und Birnen schälen, vom Kerngehäuse befreien und in Scheiben schneiden. Die Kartoffeln schälen und in kleine Stücke schneiden. Wenn der Speck ½ Stunde gekocht hat, das Gemüse, das Obst, die Kartoffeln und etwas Salz hinzugeben, auf Stufe 3 wieder zum Kochen bringen und dann auf Stufe 1, die letzten 10 Minuten auf Stufe 0, gar werden lassen. Wenn alles gar ist (den Speck nach Belieben schneiden), mit Salz abschmecken.

Kochzeit: 1–1½ Stunden.

Veränderung: 200 g gewaschene Bohnen (getrocknete) in dem Wasser 12–24 Stunden einweichen, danach mit dem Einweichwasser auf Stufe 3 zum Kochen bringen, ½ Stunde auf Stufe 1 kochen lassen und dann den durchwachsenen Speck hinzugeben. In diesem Fall nur 250 g Grüne Bohnen nehmen, sie nach Belieben aber auch ganz weglassen. (Längere Kochzeit beachten!)

Äpfel und Kartoffeln

(Himmel und Erde)

1½ kg Kartoffeln
500 g Äpfel
⅜ l Wasser
etwas Salz
etwas Zucker
evtl. etwas Essig
100 g Speck
2 Zwiebeln

Die geschälten, in Würfel geschnittenen Kartoffeln und die geschälten, in Viertel geschnittenen, vom Kerngehäuse befreiten Äpfel mit etwas Salz und Zucker in das auf Stufe 3 kochende Wasser geben, zum Kochen bringen und auf Stufe 1, die letzten 10 Minuten auf Stufe 0, so lange kochen lassen, bis sie weich sind. Dann mit Salz, Zucker und Essig abschmecken. Den Speck in Würfel schneiden und auf Stufe 3 auslassen. Die in Scheiben geschnittenen Zwiebeln darin bräunen und beides über das fertige Gericht geben.

Kochzeit: Etwa 45 Minuten.

Veränderung: Aus den Kartoffeln Brei herstellen, die Äpfel zu Mus kochen und dann beides miteinander vermischen.

Backobst mit Klößen

(Schlesisches Himmelreich)

250 g Backobst
½ l Wasser zum Einweichen
250–375 g Schweinefleisch
½ l Wasser
etwas Salz
etwa 2 gestrichene Eßl. Zucker
etwas gemahlener Zimt
oder gemahlene Nelken
1–2 Teel. Dr. Oetker Gustin
1 Eßl. kaltes Wasser zum Anrühren
Kartoffelklöße (S. 192) oder
Semmelklöße (S. 255)

Das Backobst gründlich waschen, das Wasser hinzugeben und es 12–24 Stunden darin weichen lassen.

Das andere ½ l Wasser mit etwas Salz auf Stufe 3 zum Kochen bringen, das gewaschene Fleisch hineingeben, zum Kochen bringen und auf Stufe 1 fast gar kochen lassen. Dann das Backobst hinzugeben, auf Stufe 3 wieder zum Kochen bringen und beides auf Stufe 0 gar werden lassen. Das Fleisch herausnehmen und in Würfel schneiden. Die Brühe gut mit Salz, Zucker und Zimt (Nelken) abschmecken, sie mit dem angerührten Gustin binden und über das Fleisch und die in Salzwasser gar gekochten Klöße geben.

Kochzeit: 1–1½ Stunden.

B. GESCHMORTE UND GEDÜNSTETE EINTOPFGERICHTE

Grundrezept

40 g Butter, Margarine oder Schweineschmalz
250–500 g Fleisch
evtl. Zwiebel, Suppengrün und Tomaten
etwas Salz
Gewürze
¾–1 kg Gemüse
500–750 g Kartoffeln
⅛–½ l Wasser

Das Fett auf Stufe 3 erhitzen, das in kleine Würfel geschnittene Fleisch und die Knochen hineingeben und unter Wenden schwach bräunen.

Kurz bevor das Fleisch genügend gebräunt ist, die kleingeschnittene Zwiebel, das gewaschene, kleingeschnittene Suppengrün und die enthäuteten, kleingeschnittenen Tomaten hinzugeben und kurz miterhitzen. Anschließend das Fleisch würzen. Dann das gewaschene, in Stücke geschnittene Gemüse und danach die geschälten, kleingeschnittenen Kartoffeln hinzugeben. Das Wasser darüber gießen.

Ohne die Zutaten umzurühren, den Topf mit einem Deckel verschließen und die Kochplatte auf Stufe 3 geschaltet lassen bis Dampf entweicht. Die Kochplatte dann auf Stufe 1 und etwa 10 Minuten vor Beendigung der Kochzeit auf Stufe 0 schalten, bis das Gericht gar ist. Während dieser Zeit darf aus dem Topf kein Dampf entweichen (evtl. zwischendurch auf Stufe 0 schalten oder auf Zwischenstufe gehen!), da dann die im Rezept angegebene Wassermenge nicht genügen würde. Außerdem den Deckel nicht ständig vom Topf nehmen und die Zutaten nicht umrühren, da dann die Hitze nicht ausreicht. Wenn das Gericht gar ist, es abschmecken. Will man das in Würfel geschnittene Fleisch in dem Fett nicht anbräunen (weniger kräftig im Geschmack!), das Fett auf den Topfboden streichen und die Zutaten in der Reihenfolge des Rezeptes in den Topf schichten. Das Gericht auf Stufe 3 zum Kochen bringen und es auf Stufe 1 gar kochen lassen.

Faßbohnen-Eintopf

20 g Schweineschmalz oder Margarine
250–375 g Schweinerücken
1 Zwiebel
750 g Faßbohnen
1 kg Kartoffeln
½ l Wasser
evtl. etwas Salz

Zubereitung siehe Grundrezept (oben).

Garzeit: Etwa 3 Stunden.

Grüne Bohnen-Eintopf

40 g Schweineschmalz oder Margarine
250–375 g Rind- oder Schweinefleisch (bei fettem Fleisch kein Fett zusetzen!)
1 Zwiebel
etwas Salz
1 kg Grüne Bohnen
750 g Kartoffeln
⅜ l Wasser

Zubereitung siehe Grundrezept (oben).

Garzeit: Etwa 80 Minuten.

Veränderung: 250 g enthäutete, kleingeschnittene Tomaten mit dem Fleisch und der Zwiebel in dem Fett erhitzen, dann aber nur ¼ l Wasser an den Eintopf geben.

Labskaus (Abb. S. 133)

600 g Corned beef oder gepökeltes schieres Rindfleisch
4 große Zwiebeln
100 g Schweineschmalz oder Margarine
1 kg gekochte Kartoffeln (heiß durchgepreßt)
5–9 Eßl. Flüssigkeit von eingelegten Essiggurken
etwas Salz
etwas geriebene Muskatnuß

Das Corned beef (oder das in wenig Wasser gar gekochte Rindfleisch) und die Zwiebeln durch einen Fleischwolf drehen, in das auf Stufe 3 zerlassene Fett geben und 5 Minuten unter Rühren darin erhitzen. Die durchgepreßten Kartoffeln und zunächst 5 Eßl. Gurkenflüssigkeit (bei Rindfleisch außerdem noch etwa 3/8 l der Kochbrühe oder Wasser) hinzufügen und das Gericht unter Rühren auf Stufe 3 gut durchkochen. Das Labskaus mit der restlichen Flüssigkeit und mit Salz und Muskatnuß abschmecken.

Das Gericht nach Belieben mit Spiegelei reichen und als Beilage Essiggurken oder Rote Beete geben.

Möhren-Eintopf

100 g Weiße Bohnen
½ l Wasser
40 g Schweineschmalz oder Margarine
250–375 g Rindfleisch oder Schweinebauch (bei Schweinebauch kein Fett mehr zusetzen!)
1–2 Zwiebeln
etwas Salz
1 kg Möhren
750 g Kartoffeln
¼ l Wasser
250 g Äpfel

Die verlesenen, gewaschenen Bohnen in dem ½ l Wasser 12 bis 24 Stunden einweichen. Sie mit dem Einweichwasser auf Stufe 3 zum Kochen bringen und 70–80 Minuten auf Stufe 1, dann 10 Minuten auf Stufe 0 weich kochen lassen. Das Kochwasser weggießen und die Bohnen unter den garen Möhren-Eintopf geben.

Zubereitung des Möhren-Eintopfes siehe Grundrezept (S. 155).

Die geschälten, in Scheiben geschnittenen Äpfel mit den Kartoffeln in den Topf geben.

Garzeit: Etwa 1½ Stunden.

Steckrüben-Eintopf

40 g Schweineschmalz oder Margarine
250–375 g Schweinefleisch
1–2 Zwiebeln
etwas Salz
1 kg Steckrüben
750 g Kartoffeln
⅜ l Wasser

Zubereitung siehe Grundrezept (S. 155).

Garzeit: Etwa 60 Minuten.

Streifrüben-Eintopf (Stielmus)

40 g Schweineschmalz oder Margarine
250 g Rindfleisch, Schweinefleisch oder durchwachsener Speck (bei Speck kein Fett mehr zusetzen!)
etwas Salz
750 g vorbereitete Streifrüben
750 g Kartoffeln
¼ l Wasser

Zubereitung siehe Grundrezept (S. 155).

Garzeit: Etwa 1¾ Stunden.

Grünkohl-Eintopf

40 g Schweineschmalz oder Margarine
250–375 g Schweinenacken
etwas Salz
1 kg vorbereiteter Grünkohl
750 g Kartoffeln
$\frac{1}{2}$ l Wasser

Zubereitung siehe Grundrezept (S. 155).

Garzeit: Etwa 2 Stunden.

Große Bohnen-Eintopf

40 g Schweineschmalz oder Margarine
250 g Hammelfleisch oder durchwachsener Speck (bei Speck kein Fett mehr zusetzen!)
etwas Salz
750 g Große Bohnen ($2\frac{1}{2}$–3 kg mit Hülsen)
750 g Kartoffeln
etwas Bohnenkraut
$\frac{3}{8}$–$\frac{1}{2}$ l Wasser

Zubereitung siehe Grundrezept (S. 155).

Garzeit: Etwa $1\frac{1}{2}$ Stunden.

Wirsing-Eintopf

40 g Schweineschmalz oder Margarine
250–375 g Rindfleisch oder Schweinebauch (bei Schweinebauch kein Fett mehr zusetzen!)
1–2 Zwiebeln
etwas Salz
750 g Wirsing
750 g Kartoffeln
gut $\frac{1}{4}$ l Wasser

Zubereitung siehe Grundrezept (S. 155).

Garzeit: 1–$1\frac{1}{2}$ Stunden.

Vegetarischer Eintopf

50 g Butter, Margarine oder Speiseöl
1 Zwiebel
250 g Möhren
50 g Sellerie
250 g Tomaten
etwas Salz
500 g Kartoffeln
500 g Blumenkohl
$\frac{1}{8}$–$\frac{1}{4}$ l Wasser
etwas gehackte Petersilie

Das Fett auf Stufe 3 zerlassen. Die in Würfel geschnittene Zwiebel, die geputzten, in Würfel geschnittenen Möhren, den geputzten, in Streifen geschnittenen Sellerie und die enthäuteten, kleingeschnittenen Tomaten hineingeben und 5–10 Minuten unter Wenden erhitzen. Anschließend das Gemüse salzen, die geschälten, kleingeschnittenen Kartoffeln, den geputzten, in Röschen zerteilten Blumenkohl und das Wasser hinzugeben. Das Gericht weiter erhitzen, bis Dampf entweicht, und es dann auf Stufe 1, die letzten 10 Minuten auf Stufe 0, gar werden lassen. Das fertige Gericht mit Salz abschmecken und mit Petersilie bestreuen.

Garzeit: 45–60 Minuten.

Veränderung: An Stelle der oben angegebenen Gemüse eine andere Zusammenstellung wählen.

Weißkohl-Eintopf

40 g Schweineschmalz oder Margarine
250–375 g Rind- oder Hammelfleisch
1–2 Zwiebeln
etwas Salz
1 Teel. Kümmel
750 g Weißkohl
750 g Kartoffeln
gut ¼ l Wasser

Zubereitung siehe Grundrezept (S. 155).

Garzeit: 1–1½ Stunden.

Kalbfleisch mit Spargel

40 g Butter oder Margarine
375–500 g Kalbfleisch
100 g Pilze
etwas Salz
500 g Spargel
1 l Wasser
200 g Reis (am besten Patnareis)

Das Fett auf Stufe 3 zerlassen, das in kleine Würfel geschnittene Fleisch und evtl. Knochen hineingeben und unter Wenden schwach bräunen. Kurz bevor das Fleisch genügend gebräunt ist, die gesäuberten, kleingeschnittenen Pilze hinzugeben und kurz miterhitzen. Anschließend Fleisch und Pilze salzen, den geschälten, in kleine Stücke geschnittenen Spargel und das Wasser hinzugeben und weiter erhitzen, bis Dampf entweicht. Dann das Gericht 20 Minuten auf Stufe 1 kochen lassen. Erst dann den gewaschenen Reis hineingeben, auf Stufe 3 zum Kochen bringen, dann auf Stufe 1, die letzten 10–15 Minuten auf Stufe 0, gar werden lassen. Das fertige Gericht mit Salz abschmecken.

Garzeit: Etwa 50 Minuten.

Kalbfleisch mit Tomaten

40 g Butter oder Margarine
375–500 g Kalbfleisch
500 g Tomaten
2–3 Zwiebeln
etwas Salz
etwas Curry
¾ l Wasser
200 g Reis (am besten Patnareis)
⅛ l saure Sahne

Zubereitung wie Kalbfleisch mit Spargel (oben). Die enthäuteten, in Stücke geschnittenen Tomaten und Zwiebeln an das Fleisch geben, kurz bevor es genügend gebräunt ist. Die Sahne 10 Minuten vor Beendigung der Kochzeit an das Gericht gießen.

Garzeit: Etwa 1 Stunde.

Hammelfleisch mit Bohnen und Tomaten

40 g Fett
375–500 g Hammelfleisch
1 Zwiebel
250 g Tomaten
etwas Salz
500 g Grüne Bohnen
500 g Kartoffeln
knapp ¼ l Wasser

Zubereitung siehe Grundrezept (S. 155).

Garzeit: Etwa 1¼ Stunden.

Pichelsteiner mit Tomaten

40 g Butter oder Margarine
375–500 g Rind- und Schweinefleisch
500 g Tomaten
½ Zwiebel
etwas Salz
etwas Paprika
500 g Möhren
500 g Kartoffeln
2–5 Eßl. Wasser

Zubereitung siehe Grundrezept (S. 155).

Garzeit: Etwa 1¼ Stunden.

Spanisch Frikko

40 g Butter oder Margarine
375–500 g Rind-, Schweine- und Kalbfleisch
2–3 Zwiebeln
etwas Salz
etwas Paprika oder Pfeffer
1½ kg Kartoffeln
¼ l Wasser
¼ l saure Sahne

Zubereitung siehe Grundrezept (S. 155). Die Sahne 10 Minuten vor Beendigung der Kochzeit dazugeben.

Garzeit: 1½–2 Stunden.

Hammelpillaw

20 g Fett
375–500 g Hammelfleisch
2 Zwiebeln
1 Stück Sellerie
250 g Tomaten
etwas Salz
etwas Paprika
¾ l Wasser
150 g Reis

Zubereitung wie Kalbfleisch mit Spargel (S. 155). Die in Würfel geschnittenen Zwiebeln, den geputzten, in Stücke geschnittenen Sellerie und die enthäuteten, in Stücke geschnittenen Tomaten an das Fleisch geben, kurz bevor es genügend gebräunt ist.

Garzeit: Etwa 1 Stunde.

Fisch-Gemüsetopf

60–80 g in kleine Würfel geschnittener Speck
1 Zwiebel
2–3 Tomaten
500 g frische Grüne Bohnen
500 g Kohlrabi oder Sellerie
etwas Salz
500 g Kartoffeln
⅛–¼ l Wasser
750 g Seefisch

In dem auf Stufe 3 ausgelassenen Speck die in Würfel geschnittene Zwiebel und die enthäuteten, zerkleinerten Tomaten dünsten. Dann die gewaschenen, in kleine Stücke gebrochenen Bohnen, die geschälten, in Stücke oder Scheiben geschnittenen Kohlrabi (Sellerie), das Salz, die geschälten, in Stücke geschnittenen Kartoffeln und das Wasser hinzugeben, auf Stufe 3 eben aufkochen und 20 Minuten auf Stufe 1 kochen lassen. Dann den ausgenommenen, gewaschenen, entgräteten, enthäuteten, in große Stücke geschnittenen Fisch in den Kochtopf legen und das Gericht 15 Minuten auf Stufe 1 und dann noch etwa 10 Minuten auf Stufe 0 weiter kochen lassen.

Garzeit: Etwa 45 Minuten.

Kalbsgulasch mit Gemüse

50 g Butter oder Margarine
375–500 g Kalbfleisch
1 Zwiebel
250 g Tomaten
etwas Salz
500 g Grüne Bohnen
500 g Kartoffeln
knapp ¼ l Wasser

Zubereitung siehe Grundrezept (S. 155).

Garzeit: Etwa 1 Stunde.

Serbisches Reisfleisch

20 g Fett
375–500 g Schweinefleisch
1 Zwiebel
500 g Tomaten
etwas Salz
etwas Paprika
gut ¾ l Wasser
200 g Reis

Zubereitung wie Kalbfleisch mit Spargel (S. 158). Die in Würfel geschnittene Zwiebel und die enthäuteten, in Stücke geschnittenen Tomaten an das Fleisch geben, kurz bevor es genügend gebräunt ist.

Garzeit: Etwa 1 Stunde.

Kalbsgulasch mit Kartoffeln

50 g Butter oder Margarine (evtl. in kleine Würfel geschnittener Speck)
375–500 g Kalbfleisch
1 Zwiebel
etwas Salz
etwas Paprika
1 kg Kartoffeln
⅛ l Wasser
⅛ l saure Sahne

Zubereitung siehe Grundrezept (S. 155). Die saure Sahne an das fertige Gericht geben.

Garzeit: Etwa 1 Stunde.

Fisch mit Kartoffeln im Topf

50 g Speck
2 Zwiebeln
750 g Seefisch
¾–1 kg Kartoffeln
etwas Salz
etwas Pfeffer
½ l Wasser
1 Eßl. gehackte Petersilie

Den in kleine Würfel geschnittenen Speck auf Stufe 3 auslassen und die in Scheiben geschnittenen Zwiebeln unter ständigem Rühren darin bräunen. Dann den ausgenommenen, gewaschenen, entgräteten, enthäuteten, in Würfel geschnittenen Fisch und die geschälten, kleingeschnittenen Kartoffeln mit Salz und Pfeffer bestreuen und dazugeben. Das Wasser darüber gießen, zum Kochen bringen und das Gericht 35 Minuten auf Stufe 1, die letzten 10 Minuten auf Stufe 0 gar dünsten lassen. Es dann mit Salz abschmecken und mit Petersilie bestreuen.

Garzeit: Etwa 45 Minuten.

Kalbsgulasch mit Reis

50 g Butter oder Margarine
375–500 g Kalbfleisch
1 Zwiebel
evtl. 250 g Tomaten
oder 1 Eßl. Tomatenmark
etwas Salz
etwas Paprika
1 l Wasser (bei Zugabe von Tomaten nur ³/₄ l)
150–200 g Reis (am besten Patnareis)

Zubereitung wie Kalbfleisch mit Spargel (S. 158). Die in Stücke geschnittene Zwiebel und die enthäuteten, kleingeschnittenen Tomaten an das Fleisch geben, kurz bevor es genügend gebräunt ist.

Garzeit: 50–60 Minuten.

Rindergulasch mit Kartoffeln

50 g Fett (evtl. Speck)
375–500 g Rindfleisch
1 Zwiebel
250 g Tomaten
etwas Salz
etwas Paprika
1 kg Kartoffeln
gut ¹/₄ l Wasser

Zubereitung siehe Grundrezept (S.155).

Garzeit: Etwa 90 Minuten.

Römische Bohnen

500 g Grüne Bohnen
375 g Rindfleisch (ohne Knochen)
250 g Tomaten
250 g Zwiebeln
50 g Butter oder Margarine
etwas Salz
etwas Paprika
etwas Pfeffer
etwas Zucker

Die Bohnen abfädeln, waschen, kleine ganz lassen und große einmal durchschneiden oder brechen.

Das Fleisch waschen und in kleine Würfel schneiden. Die Tomaten waschen, kurze Zeit in kochendes Wasser legen, in kaltem Wasser abschrecken, enthäuten und in Würfel schneiden. Die Zwiebeln abziehen und in kleine Würfel schneiden. Das Fett bei starker Hitze zerlassen und das Fleisch und die Zwiebeln kurze Zeit darin erhitzen. Die Bohnen und etwas Salz hinzufügen, zum Kochen bringen und bei schwacher Hitze gar dünsten lassen. 15 Minuten vor Beendigung der Dünstzeit die Tomatenstücke hinzugeben. Das Gemüse mit Salz, Paprika, Pfeffer und Zucker abschmecken.

Dünstzeit: Etwa 60 Minuten.

Szegediner Gulasch

50 g Schweineschmalz
200 g Zwiebeln
1 Eßl. Paprika
1 Eßl. Tomatenmark
250 g Schweinefleisch
250 g Rindfleisch
etwas Salz
500 g Sauerkraut
½ l Knochenbrühe (S. 50)
⅛ l saure Sahne
etwas Pfeffer
1–2 Teel. Dr. Oetker Gustin
1 Eßl. kaltes Wasser zum Anrühren

Das Schmalz auf Stufe 3 zerlassen und die in Scheiben geschnittenen Zwiebeln unter ständigem Rühren auf Stufe 2 etwa 10 Minuten darin erhitzen. Dann Paprika und Tomatenmark dazugeben und gut verrühren. Das leicht gesalzene, in 2 cm große Würfel geschnittene Fleisch hinzufügen, auf Stufe 3 zum Kochen bringen und auf Stufe 1 etwa 30 Minuten kochen lassen. Das Sauerkraut auf das Fleisch geben, die heiße Brühe dazugießen und gut durchrühren. Das Ganze auf Stufe 3 zum Kochen bringen und 30 Minuten auf Stufe 1, die letzten 10 Minuten auf Stufe 0 gar kochen lassen. Die Sahne zum Schluß an das Gulasch geben, es mit Pfeffer und Salz abschmecken und mit dem angerührten Gustin binden.

Garzeit: Etwa 1½ Stunden.

Rindergulasch mit Reis

50 g Fett (evtl. in kleine Würfel geschnittener Speck)
375–500 g Rindfleisch
1 Zwiebel
Suppengrün
evtl. 250 g Tomaten
etwas Salz
etwas Paprika
1 l Wasser (bei Zugabe von Tomaten nur ¾ l!)
150–200 g Reis (am besten Patnareis)

Das Fett auf Stufe 3 zerlassen oder den Speck auslassen. Das in etwa 2 cm große Würfel geschnittene Fleisch hineingeben und unter Wenden auf Stufe 2 schwach bräunen. Kurz bevor das Fleisch genügend gebräunt ist, die in Würfel geschnittene Zwiebel, das gewaschene, kleingeschnittene Suppengrün und die enthäuteten, in Stücke geschnittenen Tomaten hinzugeben und kurz miterhitzen. Dann Salz, Paprika und Wasser hinzugeben, auf Stufe 3 eben aufkochen und 60 Minuten auf Stufe 1 kochen lassen. Dann den gewaschenen Reis hinzugeben, auf Stufe 3 wieder aufkochen lassen und ihn 20 Minuten auf Stufe 1 und 10 Minuten auf Stufe 0 gar dünsten. Das fertige Gericht mit Salz abschmecken.

Garzeit: Etwa 1½ Stunden.

C. GEBACKENE EINTOPFGERICHTE

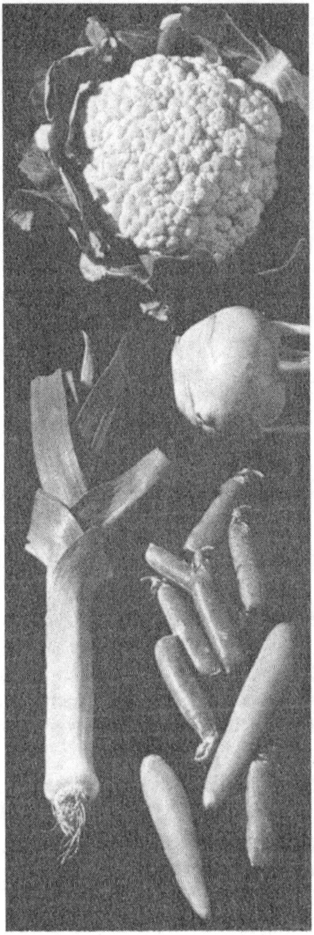

GEMÜSE

Gemüse – ob gedünstet, gebacken oder als Rohkost – sollte bei keiner Mittagsmahlzeit fehlen. Es enthält die für die menschliche Ernährung notwendigen Vitamine und Mineralsalze in reichem Maße und ist preiswert, vorausgesetzt, daß man beim Einkauf die Gemüsearten auswählt, die in der jeweiligen Jahreszeit bevorzugt angeboten werden.

Eine große Rolle beim Gemüse spielt heute die Tiefkühlkost. Sie macht uns von der Jahreszeit unabhängig und garantiert durch schnelle, schonende Verarbeitung sofort nach der Ernte größtmögliche Erhaltung der Vitamine und Mineralsalze.

DAS VORBEREITEN VON GEMÜSE

Blumenkohl Die Blätter und etwaige schlechte Stellen entfernen, den Strunk abschneiden. Anschließend den Blumenkohl unter fließendem Wasser waschen. Wenn er ganz verwendet werden soll, ihn einige Zeit in Salzwasser legen (Raupen und Insekten kommen nach oben), ihn andernfalls in Röschen zerteilen und darauf achten, daß das Ungeziefer entfernt wird.

Bohnen Sie oben und unten an den Spitzen etwas abschneiden und dabei die Fäden abziehen. Die Bohnen dann waschen und, je nach Rezept, in Stücke brechen oder mit einem Messer oder einer Maschine schnippeln. Große Bohnen auspalen und waschen.

Erbsen Auspalen, das Ungeziefer entfernen und waschen.

Grünkohl Welke und fleckige Blätter entfernen, außerdem die Rippen beseitigen. Dann den Kohl gründlich waschen und abkochen.

Gurken Zunächst oben und unten ein Stückchen abschneiden und probieren, ob die Gurke bitter ist. Sollte das der Fall sein, so viel abschneiden, bis der Geschmack einwandfrei ist. Die Gurke nach Belieben mit Schale verwenden oder schälen.

Kohlrabi Schälen, waschen und in Streifen oder Scheiben schneiden.

Kürbis Dick abschälen und die Kerne und das schwammige Innere entfernen (dazu einen Löffel nehmen!).

Meerrettich Schälen oder schaben und waschen. Wenn er gerieben werden soll, ihn sofort in etwas Milch geben, damit er sich nicht verfärbt.

Möhren (Wurzeln), Karotten, Teltower Rübchen Bevor die Haut entfernt wird, ältere Möhren mit einer Bürste unter fließendem Wasser sorgfältig reinigen. Dann die Möhren schrappen (schaben), sie kurz waschen und in Würfel, Scheiben oder Streifen schneiden.

Paprika Die Schoten waschen und die Kerne und die weißen Scheidewände entfernen.

Pilze Bei größeren Pilzen die Lamellen und die Haut entfernen; kleinere jedoch nur abschaben. Die Pilze anschließend waschen. Beim Zerkleinern darauf achten, daß wurmstichige Stellen entfernt werden.

Porree (Lauch)

Die Wurzeln abschneiden, welke und harte Blätter entfernen, den Porree gründlich waschen und nach Angabe des Rezeptes zerkleinern.

Rosenkohl

Die beschädigten und fleckigen äußeren Blättchen entfernen. Außerdem etwas vom Strunk abschneiden, dann den Rosenkohl waschen.

Rote Beete (Rote Rüben)

Mit einer Bürste unter fließendem Wasser sorgfältig reinigen, roh verwenden oder mit der Schale gar kochen. Sie sofort mit kaltem Wasser übergießen, damit sich die Schale besser abziehen läßt, und sie, sobald sie erkaltet sind, zerkleinern. Rote Beete nach Belieben aber auch schälen, in Scheiben schneiden und in etwas Wasser gar kochen.

Rotkohl

Die äußeren Blätter und die schlechten Stellen entfernen. Dann den Kopf halbieren, den Strunk herausschneiden, jede Hälfte kurz waschen und möglichst fein schneiden oder hobeln.

Salat

Zunächst die harten äußeren Blätter ablösen, dann den Salat vorsichtig in einer Schüssel, keinesfalls unter fließendem Wasser, waschen und ihn anschließend in Stücke zerpflücken. Die Blattrippen nicht entfernen.

Schwarzwurzeln

Unter fließendem Wasser mit einer Bürste reinigen. Dann die dunkle Haut abschaben, die Schwarzwurzeln nochmals kurz waschen und sofort bis zum Kochen in mit etwas Mehl verrührtes Essigwasser legen (verfärben sich sonst!).

Sellerie

Die Knollen mit einer Bürste unter fließendem Wasser sorgfältig reinigen, roh verwenden oder mit der Schale kochen. Sobald sie gar sind, sie mit kaltem Wasser übergießen, damit sich die Schalen besser abziehen lassen. Wenn die Knollen erkaltet sind, sie nach den Angaben des Rezeptes zerkleinern. Sellerie nach Belieben aber auch schälen, in Scheiben schneiden und in etwas Wasser gar kochen.

Spargel

Die einzelnen Stangen unten, so weit sie holzig sind, abschneiden, sie dann schälen, und zwar unterhalb des Kopfes beginnen. Die Stangen anschließend kurz waschen.

Spinat, Melde

Sorgfältig verlesen, dabei sämtliche Wurzeln und die besonders großen Stengel entfernen. Dann den Spinat sorgfältig waschen, mindestens 5–6 mal.

Steckrüben (Kohlrüben, Wruken)

Schälen, waschen und in Stücke schneiden.

Tomaten Die Blüten entfernen, dann die Tomaten waschen. Wenn die Haut abgezogen werden soll, die Tomaten mit kochendem Wasser übergießen und sie noch etwa 1 Minute stehenlassen.

Weißkohl und Wirsing Die äußeren Blätter und die schlechten Stellen entfernen. Dann den Kopf halbieren, den Strunk herausschneiden, jede Hälfte kurz waschen und möglichst fein schneiden oder hobeln.

Zwiebeln Die äußere Haut abziehen.

A. ROHES GEMÜSE

Regeln

1. Falls Gemüse roh gegessen werden soll, muß es besonders sorgfältig geputzt werden.

2. Das Waschen erfolgt bei festerem Gemüse am besten unter fließendem Wasser. Um Infektionen vorzubeugen, legt man Blattsalate und Kohlgemüse 10 Minuten in lauwarmes stark gesalzenes Wasser und spült sie anschließend sorgfältig ab.

3. Junge Möhren brauchen nicht geschrappt zu werden, Sellerie gibt man nach dem Schälen sofort in Zitronen- oder Essigwasser, damit er weiß bleibt.

4. Je nach ihrer Beschaffenheit und Verdaulichkeit werden die Gemüse grober oder feiner zerkleinert. Man benutzt dazu Messer, Gemüsehobel, Rohkostraffel (Bircher-Raffel) oder Küchenmaschinen.

5. Man zerkleinert und bereitet die Gemüse erst kurz vor dem Essen.

6. Die zerkleinerten Gemüse werden mit einer einfachen Salatsoße, aber auch mit Sahnensoße oder Mayonnaise vermischt.

7. Durch Beigabe von Gewürzkräutern, Zwiebeln, Knoblauch usw. kann der Geschmack mannigfach abgewandelt werden.

8. Rohgemüse ist besonders sorgfältig und appetitlich anzurichten. Beim Zusammenstellen einer Rohkostplatte müssen sowohl Geschmack als auch Farbe der Gemüsearten berücksichtigt werden.

9. Rohgemüse kann an Stelle eines Salates jeder beliebigen Mahlzeit beigefügt oder als ganze Mahlzeit zu Heilzwecken zusammengestellt werden.

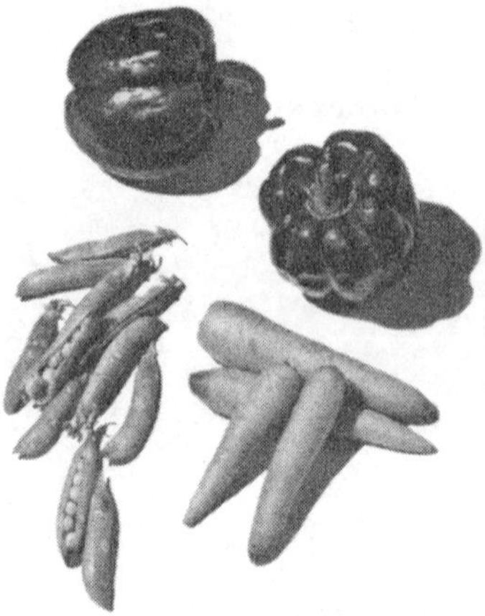

Sahnensoße

¼ l saure Sahne
Saft einer halben Zitrone
etwas Zucker
etwas Salz

Sahne und Zitronensaft gut verquirlen und mit Zucker und Salz abschmecken. Die Soße nach Belieben mit 2–3 Eßl. Salatöl vermischen oder auch mit 2 Eßl. Milch verdünnen.

Mayonnaise

1–2 Eigelb
etwas Salz
1 Teel. Zucker
1 Eßl. Zitronensaft oder Essig
⅛ l Salatöl

Alle Zutaten müssen die gleiche Temperatur haben, am besten lauwarm sein. Sollte das Öl zu kalt sein, es in der geöffneten Dose (Flasche) etwa 5 Minuten in warmes Wasser stellen.

Eigelb, Salz, Zucker und Zitronensaft (Essig) in eine Rührschüssel geben und mit einem Schneebesen so lange schlagen, bis eine dicke Masse entstanden ist. Darunter das Öl schlagen. Bei dieser Zubereitung ist es nicht nötig, das Öl tropfenweise zuzusetzen, es wird in Mengen von 1–2 Eßl. untergeschlagen. Die an das Eigelb gegebenen Gewürze verhindern nämlich das Gerinnen.

Veränderung: Unter die Mayonnaise 1 Teel. Senf, etwas Selleriesalz oder etwas saure oder süße Sahne rühren.

Soße für Rohkostgemüse

2–3 Eßl. Salatöl
2 Eßl. Zitronensaft oder Essig
etwas Salz
2 Eßl. Sahne
1 kleine in Würfel geschnittene Zwiebel
1 Eßl. feingehackte Kräuter

Öl, Zitronensaft (Essig) und Salz so lange mit einer Gabel schlagen, bis eine dickflüssige Soße entstanden ist. Dann die Sahne, die Zwiebel und die Kräuter hinzugeben.

Blumenkohl

1 kleiner Kopf Blumenkohl
Soße für Rohkostgemüse (s. oben)
Sahnensoße (S. 166)
oder Mayonnaise (s. oben)

Den Blumenkohl putzen, gründlich waschen, raspeln und mit einer der Soßen oder mit der Mayonnaise vermischen. Zur Verzierung Tomaten, grünen Salat und Radieschen verwenden.

Erbsen

300 g junge, zarte Erbsen
(1 kg mit Hülsen)
Soße für Rohkostgemüse (s. oben)

Die Erbsen waschen, auf ein Sieb geben und mit der Soße vermischen.

Kohlrabi

300–400 g Kohlrabi (möglichst zart)
Soße für Rohkostgemüse (s. oben)

Die Kohlrabi schälen, waschen, raspeln und mit der Soße vermischen.

Möhren

400 g junge Möhren (Wurzeln)
Soße für Rohkostgemüse (s. oben)
oder Mayonnaise (s. oben)

Die Möhren gründlich waschen, reiben und mit der Soße oder der Mayonnaise und etwas Zucker vermischen.

Veränderung: 1–2 säuerliche auf einer Glasreibe zerkleinerte Äpfel hinzugeben; 1 geraspelter Rettich oder 1 Pfeffergurke paßt auch dazu.

Paprika

Etwa 250 g Paprika
Salatsoße I (S. 81)
1 kleine Zwiebel

Die Paprikaschoten waschen, den Stiel, die Kerne und die weißen Scheidewände entfernen und den Paprika in feine Streifen schneiden. Ihn dann mit der Soße und der in Würfel geschnittenen Zwiebel mischen.

Veränderung: Einige in Scheiben geschnittene Tomaten unter den Paprika mischen.

Rote Beete

(Rote Rüben)

300–400 g Rote Beete
geriebener Meerrettich
1 Rettich oder säuerlicher Apfel
Soße für Rohkostgemüse (S. 167)
oder Mayonnaise (S. 167)

Die Rote Beeten unter fließendem Wasser gründlich bürsten, schälen, reiben oder raspeln und mit den übrigen Zutaten und der Soße oder der Mayonnaise vermischen.

Sellerie

300–400 g Sellerie
Soße für Rohkostgemüse (S. 167)
oder Mayonnaise (S. 167)

Die Sellerieknolle unter fließendem Wasser gründlich bürsten, schälen, raspeln oder reiben und mit der Soße oder der Mayonnaise vermischen. Sehr gut schmeckt eine Mischung von Sellerie, Möhren und Äpfeln oder Tomaten.

B. GEKOCHTES GEMÜSE (Abb. S. 169)

Regeln

1. Man sollte es möglichst vermeiden, Gemüse in Wasser zu kochen, da Nähr- und Geschmacksstoffe ausgelaugt werden. In der neuzeitlichen Küche wird Gemüse gedämpft oder gedünstet.

2. Das Wasser muß gesalzen sein, bevor das Gemüse hineingelegt wird, da Salz die auslaugende Wirkung des Wassers einschränkt.

3. Alles Gemüse kommt in kochendes Wasser.

4. Man gibt so viel Wasser mit etwas Salz in einen Kochtopf, daß der Boden ½–1 cm hoch bedeckt ist (⅛–¼ l) und bringt es auf Stufe 3 zum Kochen. Dann wird das vorbereitete Gemüse hineingelegt und der Topf mit dem Deckel verschlossen. Sobald das Wasser wieder kocht, schaltet man bei zarten Gemüsesorten auf Stufe 0, bei härteren auf Stufe 1 und erst zum Schluß auf Stufe 0. Wird mit einer Blitzkochplatte gearbeitet, nimmt man zum Ankochen des Gemüses nicht die volle Leistung der Platte, sondern geht auf die nächstfolgende Einstellung.

Sellerie

2–3 Sellerieknollen (1 kg)
¼–½ l Wasser
1 Teel. Salz
2–3 Eßl. Essig

Helle Soße:

40 g Butter oder Margarine
40 g Weizenmehl
½ l Wasser oder Brühe
etwas Salz
etwas Zitronensaft
1 Eßl. feingehackte Petersilie

Die Sellerie unter fließendem Wasser sorgfältig bürsten und in das auf Stufe 3 kochende, gesalzene Essigwasser geben. Sie zum Kochen bringen, 60 Minuten auf Stufe 1, die letzten 10 Minuten auf Stufe 0, gar kochen lassen. Sie dann aus dem Kochwasser nehmen und mit kaltem Wasser übergießen, damit sich die Schalen besser abziehen lassen. Die lauwarmen Knollen schälen und in Scheiben oder Würfel schneiden. Die helle Soße folgendermaßen zubereiten: Das Fett auf Stufe 3 zerlassen. Das Mehl unter Rühren so lange darin erhitzen, bis es hellgelb ist. Damit keine Klumpen entstehen, das Wasser (Brühe) nach und nach hinzugießen und mit einem Schneebesen durchschlagen. Die Soße zum Kochen bringen, etwa 10 Minuten auf Stufe 0 ziehen lassen, mit Salz und Zitronensaft abschmecken und die Selleriescheiben oder -würfel mit der Petersilie hineingeben.

Kochzeit: 1–2 Stunden.

Veränderung: Die Sellerieknollen gleich nach dem Waschen schälen, in feine Scheiben oder Würfel schneiden, in auf Stufe 3 kochendes, gesalzenes Essigwasser (500 g Sellerie, ¼ l Wasser, etwas Salz, 1 Eßl. Essig) geben und darin weich kochen. Das Selleriekochwasser dann zur hellen Soße nehmen.

Kochzeit: 20–25 Minuten.

Blumenkohl

1 Kopf Blumenkohl
⅛–¼ l Wasser
1 Teel. Salz

Holländische Soße:

20 g Butter oder Margarine
20 g Weizenmehl
½–1 Eßl. Zitronensaft
etwas Salz
1 Eigelb
2 Eßl. kaltes Wasser zum Verquirlen

oder

60 g Butter als Soße

Einen festen weißen Kopf wählen, die Blätter und etwaige schlechte Stellen entfernen und den Strunk abschneiden. Den Blumenkohl anschließend unter fließendem Wasser waschen und ihn dann einige Zeit in kaltes Salzwasser legen, um Raupen und Insekten zu entfernen. Den Blumenkohl mit dem Strunk nach unten in auf Stufe 3 kochendes Salzwasser legen, obenauf mit etwas Salz bestreuen, zum Kochen bringen und 15–20 Minuten auf Stufe 1, die letzten 10 Minuten auf Stufe 0, gar kochen lassen.

Von dem Kochwasser ¼ l abmessen (evtl. mit Wasser ergänzen!) und zur Soße verwenden. Diese folgendermaßen zubereiten: Das Fett auf Stufe 3 zerlassen. Das Mehl unter Rühren so lange erhitzen, bis es hellgelb ist. Damit keine Klumpen entstehen, das Blumenkohlwasser nach und nach hinzugießen und mit einem Schneebesen durchschlagen. Die Soße zum Kochen bringen, etwa 10 Minuten auf Stufe 0 ziehen lassen, mit Zitronensaft und Salz abschmecken und mit dem verquirlten Eigelb abziehen. Den Blumenkohl in der Holländischen Soße anrichten oder ihn mit zerlassener oder brauner Butter reichen.

Kochzeit: 25–30 Minuten.

Falls der Blumenkohl besonders groß ist, die Zutaten für die Holländische Soße verdoppeln.

Chicorée-Gemüse

6 Chicorée
1 l Wasser
etwas Salz
40 g Butter oder Margarine
30 g Weizenmehl
¼ l Wasser oder Brühe
etwas Salz
etwas Pfeffer
etwas geriebene Muskatnuß
evtl. 2 Eßl. Sahne

Die Chicorée von schlechten Blättern befreien und den Strunk keilförmig herausschneiden. Die Chicorée waschen, in das auf Stufe 3 kochende, schwach gesalzene Wasser geben und etwa 10 Minuten auf Stufe 1, die letzten 10 Minuten auf Stufe 0, kochen lassen. Dann das Gemüse zum Abtropfen auf ein Sieb geben und danach in feine Streifen schneiden. Das Fett auf Stufe 3 zerlassen. Das Mehl unter Rühren so lange darin erhitzen, bis es hellbraun ist. Damit keine Klumpen entstehen, das Wasser oder die Brühe nach und nach hinzugießen und mit einem Schneebesen durchschlagen. Die Soße zum Kochen bringen und etwa 10 Minuten auf Stufe 0 ziehen lassen. Das zerkleinerte Gemüse hineingeben und es mit Salz, Pfeffer und Muskat abschmecken.

Die Zugabe von Sahne ist zu empfehlen, da sie den bitteren Geschmack mildert.

Garzeit: Etwa 20 Minuten.

Brechspargel

750 g Spargel
¼ l Wasser
1 Teel. Salz
etwas Zucker

Helle Soße:

40 g Butter oder Margarine
40 g Weizenmehl
etwas Zitronensaft
etwas Salz
1 Eigelb
2 Eßl. kaltes Wasser zum Verquirlen

Der Spargel muß zartweiß aussehen, sich leicht brechen lassen und an den Bruchstellen saftig sein. Den Spargel von oben nach unten schälen und darauf achten, daß die Schalen vollständig entfernt, die Köpfe aber nicht verletzt werden. Ihn in etwa 4 cm lange Stücke schneiden, waschen, in das auf Stufe 3 stark kochende, gesalzene und gezuckerte Wasser geben, wieder zum Kochen bringen, 25 Minuten auf Stufe 1 und dann auf Stufe 0 weich kochen lassen. Den Spargel mit einem Schaumlöffel vorsichtig herausnehmen und gut abtropfen lassen. Das Kochwasser mit Wasser auf ½ l ergänzen und zur Soße verwenden. Diese folgendermaßen zubereiten: Das Fett auf Stufe 3 zerlassen. Das Mehl unter Rühren so lange darin erhitzen, bis es hellgelb ist. Damit keine Klumpen entstehen, das Kochwasser nach und nach hinzugießen und mit einem Schneebesen durchschlagen. Die Soße zum Kochen bringen, etwa 10 Minuten auf Stufe 0 ziehen lassen, mit Zitronensaft und Salz abschmecken, mit dem verquirlten Eigelb abziehen und den Spargel hineingeben.

Kochzeit: Etwa 30 Minuten.

Schwarzwurzeln

750 g Schwarzwurzeln
⅜ l Wasser
1 Teel. Salz
2 Eßl. Essig

Helle Soße:

40 g Butter oder Margarine
40 g Weizenmehl
⅛ l Milch
etwas Salz

Die Schwarzwurzeln gründlich unter fließendem Wasser bürsten, dann schaben und kurz abspülen. Damit die Stangen weiß bleiben, sie sofort in 1 l kaltes, mit 1–2 Eßl. Essig und 1 Eßl. Mehl verrührtes Wasser legen. Die ⅜ l Wasser mit Salz und 2 Eßl. Essig auf Stufe 3 zum Kochen bringen. Die in Stücke geschnittenen Schwarzwurzeln hineingeben, zum Kochen bringen, sie etwa 55 Minuten auf Stufe 1 und die letzten 10 Minuten auf Stufe 0 gar kochen lassen und mit einem Schaumlöffel herausnehmen. Von dem Kochwasser ⅜ l abmessen (evtl. mit Wasser ergänzen!) und zur Soße verwenden. Diese folgendermaßen zubereiten: Das Fett auf Stufe 3 zerlassen. Das Mehl unter Rühren so lange darin erhitzen, bis es hellgelb ist. Damit keine Klumpen entstehen, das Kochwasser und die Milch nach und nach hinzugießen und mit einem Schneebesen durchschlagen. Die Soße zum Kochen bringen, etwa 10 Minuten auf Stufe 0 ziehen lassen, mit Salz abschmecken und die Schwarzwurzeln hineingeben.

Kochzeit: 50–65 Minuten.

C. GEDÜNSTETES GEMÜSE (Abb. S. 169)

Regeln

1. Das vorbereitete Gemüse wird in Fett angeschwitzt und mit möglichst wenig Wasser im geschlossenen Topf gar gemacht; bei manchem Gemüse kann das Wasser ganz fehlen (Spinat).

2. Gemüse soll so kurz wie möglich gedünstet werden, da es durch lange Garzeit entwertet wird.

3. Das Fett wird zunächst auf Stufe 3 erhitzt. Man gibt das Gemüse hinein, erhitzt es kurz mit dem Fett, gießt dann das Wasser hinzu und läßt das Gemüse im geschlossenen Topf vom Kochen ab auf Stufe 1 und zuletzt auf Stufe 0 gar dünsten. Wird mit einer Blitzkochplatte gearbeitet, nimmt man zum Ankochen nicht die volle Leistung der Platte, sondern geht auf die nächstfolgende Einstellung. An Gemüse, das mit Gustin gebunden wird, gibt man das mit Wasser angerührte Gustin, bevor die Platte auf Stufe 0 geschaltet wird.

Möhren

750 g Möhren
40 g Butter oder Margarine
⅛ l Wasser
etwas Salz
etwas Zucker
1 Teel. Dr. Oetker Gustin
1 Eßl. kaltes Wasser zum Anrühren
1 Eßl. gehackte Petersilie

Die Möhren schrappen, waschen, wenn sie noch jung und zart sind ganz lassen, sie andernfalls in Scheiben oder Stifte schneiden. Das Fett auf Stufe 3 zerlassen und die Möhren kurze Zeit darin erhitzen. Dann das Wasser, etwas Salz und Zucker hinzugeben und die Möhren auf Stufe 1 gar dünsten lassen. Sie mit dem angerührten Gustin binden, mit Salz und Zucker abschmekken und mit Petersilie bestreuen.

Dünstzeit: Junge Möhren etwa 25 Minuten, ältere etwa 60 Minuten.

Gurken

3–4 mittelgroße Gurken (etwa 500 g)
1–2 Tomaten
60 g in kleine Würfel geschnittener Speck
1–2 Zwiebeln
⅛ l Wasser
etwas Salz
1 schwach gehäufter Eßl. Dr. Oetker Gustin
1 Eßl. kaltes Wasser zum Anrühren
1 Eßl. Zitronensaft
etwas Zucker
1 Eßl. gehackte Petersilie, Dill oder Kerbel

Von den Enden der Gurken ein Stückchen abschneiden und probieren, ob sie bitter sind. Sollte das der Fall sein, so viel abschneiden, bis der Geschmack einwandfrei ist. Dann die Gurken schälen und halbieren, das Kerngehäuse mit einem Löffel herauskratzen und sie in 2–3 cm breite Stücke schneiden. Die Tomaten enthäuten und in kleine Stücke schneiden. Den Speck auf Stufe 3 auslassen. Dann Gurken, Tomaten und in Würfel geschnittene Zwiebeln kurze Zeit darin erhitzen (Speckgrieben vorher herausnehmen!). Das Wasser und etwas Salz hinzugeben und die Gurken 15–20 Minuten auf Stufe 1 gar dünsten (bei zarten Gurken sofort auf Stufe 0 schalten!). Das Gemüse mit dem angerührten Gustin binden, mit Salz, Zitronensaft und Zucker abschmecken und mit den Kräutern und den herausgenommenen Grieben bestreuen.

Dünstzeit: Etwa 20 Minuten.

Große Bohnen

750 g Große Bohnen
($2\frac{1}{2}$–3 kg mit Hülsen)
40 g Margarine oder 60 g in kleine Würfel geschnittener Speck
1 Stengel Bohnenkraut
$\frac{1}{8}$ l Wasser
etwas Salz
1 gut gehäufter Teel. Dr. Oetker Gustin
1 Eßl. kaltes Wasser zum Anrühren
1 Eßl. gehackte Petersilie

Die Margarine auf Stufe 3 zerlassen oder den Speck auslassen und die Bohnen kurze Zeit darin erhitzen. Dann das Bohnenkraut, das Wasser und etwas Salz hinzugeben und die Bohnen 40 Minuten auf Stufe 1 gar dünsten lassen. Das Gemüse mit dem angerührten Gustin binden, mit Salz abschmecken und mit der Petersilie bestreuen.

Dünstzeit: Etwa 40 Minuten.

Grünkohl

1 kg vorbereiteter Kohl
100 g Schweineschmalz oder Gänsefett
2 kleine Zwiebeln
$\frac{3}{8}$–$\frac{1}{2}$ l Wasser
etwas Salz
2 Eßl. Haferflocken

Grünkohl schmeckt am besten, wenn er Frost bekommen hat. Den von den Stielen befreiten, gründlich gewaschenen Kohl abkochen und grob oder fein schneiden. Das Fett auf Stufe 3 zerlassen und die in Würfel geschnittenen Zwiebeln darin hellgelb rösten. Dann den Kohl dazugeben und kurze Zeit miterhitzen. Das Wasser, etwas Salz und die Haferflocken zufügen. Den Kohl 70–80 Minuten auf Stufe 1 und 10 Minuten auf Stufe 0 gar dünsten lassen und ihn dann mit Salz abschmecken.

Dünstzeit: 1–$1\frac{1}{2}$ Stunden.

Junge Erbsen

750 g Erbsen (2 kg mit Hülsen)
40 g Butter oder Margarine
5 Eßl. Wasser
etwas Salz
etwas Zucker
1 Eßl. gehackte Petersilie

Die Erbsen in dem auf Stufe 3 zerlassenen Fett kurze Zeit erhitzen. Dann das Wasser, etwas Salz und Zucker hinzugeben und zarte Erbsen wenige Minuten und weniger zarte 10–15 Minuten auf Stufe 1 und dann auf Stufe 0 gar dünsten lassen. Sie mit Salz und Zucker abschmecken und mit Petersilie anrichten.

Dünstzeit: 15–25 Minuten.

Leipziger Allerlei

125 g Erbsen (375 g mit Hülsen)
125 g Karotten
125 g Spargel
1 Kohlrabi
1 kleiner Kopf Blumenkohl
40 g Butter oder Margarine
3 Eßl. Wasser
etwas Salz
etwas Zucker
1 Teel. Dr. Oetker Gustin
1 Eßl. kaltes Wasser zum Anrühren
1 Eßl. gehackte Petersilie

Das Gericht schmeckt am besten, wenn alles Gemüse recht jung ist. Die Karotten schrappen und ganz lassen und den Spargel schälen und in Stücke schneiden. Den geschälten Kohlrabi in Scheiben schneiden und den Blumenkohl in Röschen teilen. Das gewaschene Gemüse in das auf Stufe 3 erhitzte Fett geben und kurze Zeit darin erhitzen. Dann das Wasser, etwas Salz und etwas Zucker hinzugeben und das Gemüse etwa 30 Minuten auf Stufe 1 gar dünsten lassen. Es mit dem angerührten Gustin binden, mit Salz und Zucker abschmecken und mit Petersilie bestreuen.

Dünstzeit: Etwa 30 Minuten.

Veränderung: Ansehnlicher bleibt alles Gemüse, wenn man es einzeln dämpft und dann zusammen in zerlassener Butter schwenkt. Das Gericht sieht noch appetitlicher aus, wenn man es mit Semmelklößchen (S. 68) verziert.

Rotkohl

1 kg Rotkohl
60 g Schweineschmalz oder Gänsefett
1 große Zwiebel
nach Belieben 1 Lorbeerblatt und einige Gewürznelken
etwas Salz
etwas Zucker
2 Eßl. Essig
$\frac{1}{8}$ l Wasser
3–4 saure Äpfel
1 Teel. Dr. Oetker Gustin
1 Eßl. kaltes Wasser zum Anrühren

Die groben äußeren Blätter ablösen, den Kopf in Viertel schneiden, den Strunk entfernen, den Kohl waschen und ihn sehr fein schneiden oder hobeln. Das Fett auf Stufe 3 zerlassen und die in Würfel geschnittene Zwiebel darin hellgelb rösten. Dann den Kohl kurze Zeit darin erhitzen. Das Lorbeerblatt, die Gewürznelken, etwas Salz, etwas Zucker, 1 Eßl. Essig, das Wasser und die kleingeschnittenen Äpfel zufügen. Den Kohl 65–75 Minuten auf Stufe 1 gar dünsten lassen. Ihn mit dem angerührten Gustin binden und mit Salz, Zucker und Essig abschmecken.

Dünstzeit: 1–1½ Stunden.

Veränderung: Statt des Wassers nach Belieben Weiß- oder Rotwein nehmen; evtl. auch 1 Eßl. Johannisbeergelee mitkochen.

Sauerkraut mit Eisbein

750 g Eisbein
½ l Wasser
750 g Sauerkraut
1 rohe Kartoffel
evtl. etwas Salz
etwas Zucker

Das gewaschene Fleisch mit dem Wasser aufsetzen, auf Stufe 3 zum Kochen bringen und etwa 1½ Stunden auf Stufe 1 kochen lassen. Dann das Sauerkraut in die Kochbrühe unter das Eisbein geben, auf Stufe 3 zum Kochen bringen und noch etwa 1 Stunde auf Stufe 1 kochen lassen.
Die geriebene rohe Kartoffel an das fertige Gericht geben und es auf Stufe 3 einmal aufkochen lassen, damit das Sauerkraut sämig wird. Es dann mit Salz und Zucker abschmecken.
Erbsenbrei und Kartoffelbrei sind passende Beigaben.

Kochzeit: Etwa 2½ Stunden.

Spinat

1 kg Spinat
40 g Butter oder Margarine
1 kleine Zwiebel
etwas Salz
1 Teel. Dr. Oetker Gustin
1 Eßl. kaltes Wasser zum Anrühren
etwas Dosenmilch

Den Spinat verlesen, ihn 5–6 mal gründlich waschen, damit ihm kein Sand mehr anhaftet, und ihn ohne Wasser auf Stufe 2 zum Kochen bringen. Ihn dann grob oder fein schneiden oder durch die Fleischmaschine drehen. Das Fett auf Stufe 3 zerlassen und die in Würfel geschnittene Zwiebel darin hellgelb rösten. Den Spinat kurz darin erhitzen, ihn salzen und 10 Minuten auf Stufe 1 gar dünsten lassen. Falls er zu dünn ist, ihn mit dem angerührten Gustin binden und nach Belieben mit Dosenmilch abschmecken.

Dünstzeit: Etwa 10 Minuten.

Veränderung: Falls der Spinat etwas bitter ist, den entstandenen Saft weggießen und so viel Milch dazugeben, wie der Spinat aufnimmt.

Mangold

Zubereitung wie Spinat (s. oben), aber nur die Blätter verwenden. Die Stengel abziehen und wie Spargel dämpfen oder in Salzwasser weich kochen. Sie mit zerlassener Butter oder in einer Holländischen Soße (S. 79), die man mit 1 Eßl. geriebenem Käse abgeschmeckt hat, anrichten.

Rosenkohl

750–1000 g Rosenkohl
40 g Butter oder Margarine
⅛ l Wasser
etwas Salz
etwas Muskat
1 Teel. Dr. Oetker Gustin
1 Eßl. kaltes Wasser zum Anrühren

Die beschädigten und fleckigen äußeren Blättchen entfernen, etwas vom Strunk abschneiden und den Rosenkohl waschen. Das Fett auf Stufe 3 zerlassen und den Rosenkohl kurze Zeit darin erhitzen. Das Wasser, etwas Salz und etwas Muskat hinzugeben und das Gemüse 25–30 Minuten auf Stufe 1 gar dünsten lassen. Es mit dem angerührten Gustin binden und mit Salz und Muskat abschmecken.

Dünstzeit: Etwa 30 Minuten.

Veränderung: Den Rosenkohl dämpfen oder in Salzwasser gar kochen und vor dem Anrichten vorsichtig in zerlassener Butter schwenken.

Weißkohl

1 kg Weißkohl
)–80 g Fett (Hammel- oder Bratenfett)
1 Zwiebel
1 Teel. Kümmel
⅛ l Wasser
etwas Salz
1 Teel. Dr. Oetker Gustin
1 Eßl. kaltes Wasser zum Anrühren

Die schlechten äußeren Blätter entfernen, den Kopf in Achtel teilen und den Strunk herausschneiden. Den Kohl waschen und fein schneiden. Das Fett auf Stufe 3 zerlassen und die in Würfel geschnittene Zwiebel darin hellgelb rösten. Dann den Kohl und den Kümmel kurze Zeit darin erhitzen. Das Wasser und etwas Salz hinzugeben und den Kohl 50–60 Minuten auf Stufe 1 gar dünsten lassen. Ihn mit dem angerührten Gustin binden und mit Salz abschmecken.

Dünstzeit: Junger Weißkohl 50–60 Minuten,
älterer 60–90 Minuten.

Stangenspargel

(im Backofen gedünstet)

1½ kg Spargel
gut ¼ l Wasser
etwas Salz
etwas Zucker

Den Spargel schälen, waschen und in die Bratpfanne schichten. Das gesalzene, gezuckerte Wasser hinzugeben und ihn mit angefeuchtetem Pergamentpapier fest zudecken. Die Pfanne auf die untere Schiene des Backofens schieben.

Schalterbackofen: 10 Minuten vorheizen O 3 – U 3, dünsten O 2 – U 3;

Reglerbackofen: 175–200.

Garzeit: 40–50 Minuten.

Kohlrabi

1 kg Kohlrabi
40 g Butter oder Margarine
⅛ l Wasser
etwas Salz
1 Teel. Dr. Oetker Gustin
1 Eßl. kaltes Wasser zum Anrühren
1 Eßl. gehackte Petersilie

Die Kohlrabi schälen, waschen und in Scheiben oder Streifen schneiden. Die zarten Blätter grob hacken und für sich wie Spinat zubereiten oder mit dem Gemüse zusammen gar dünsten lassen. Das Fett auf Stufe 3 zerlassen und die Kohlrabischeiben oder -streifen und evtl. die Blätter kurze Zeit darin erhitzen. Das Wasser und etwas Salz hinzugeben und die Kohlrabi 25–50 Minuten auf Stufe 1 dünsten lassen. Sie dann mit dem angerührten Gustin binden, mit Salz abschmecken und mit Petersilie bestreuen. Die Blätter um das Gemüse legen, falls man sie für sich gedünstet hat.

Dünstzeit: 25–50 Minuten.

Veränderung: Die Kohlrabischeiben auch in ½ l Wasser weich kochen und in einer hellen Grundsoße (S. 77) anrichten.

Grüne Bohnen

750 g Bohnen
40 g Butter oder Margarine
1 kleine Zwiebel
3 Eßl. Wasser
etwas Salz
1 Teel. Dr. Oetker Gustin
1 Eßl. kaltes Wasser zum Anrühren
1 Eßl. gehackte Petersilie

Wünscht man Schnittbohnen, eine flache, breite Sorte, am besten Stangenbohnen, nehmen. Zu Brechbohnen die runden, fleischigen, sogenannten Speckbohnen wählen. Sie abfädeln, waschen und schneiden oder brechen. Das Fett auf Stufe 3 zerlassen. Die in Würfel geschnittene Zwiebel darin hellgelb rösten. Dann die Bohnen kurze Zeit darin erhitzen. Das Wasser und etwas Salz hinzugeben und die Bohnen 25–45 Minuten auf Stufe 1 gar dünsten lassen. Sie dann mit dem angerührten Gustin binden, mit Salz abschmecken und mit Petersilie bestreuen.

Dünstzeit: 25–45 Minuten.

Veränderung: 250 g in Stücke geschnittene Tomaten 10 Minuten mitdünsten.

Paprika

250 g Paprika
250 g Tomaten
250 g Gurken
50 g Butter oder Margarine oder 3 Eßl. Speiseöl
etwas Salz und Zucker
2 schwach gehäufte Teel. Dr. Oetker Gustin
2 Eßl. kaltes Wasser zum Anrühren
etwa 1 Eßl. Essig

Die Paprikaschoten waschen, die Kerne und die weißen Scheidewände entfernen und die Schoten in feine Streifen schneiden. Die Tomaten ebenfalls waschen und in Stücke schneiden. Die Gurken schälen und in nicht zu dicke Scheiben schneiden. Das Fett auf Stufe 3 zerlassen, Paprika, Tomaten und Gurken kurze Zeit darin erhitzen, mit Salz und Zucker würzen und das Gemüse auf Stufe 1 gar dünsten lassen. Es mit dem angerührten Gustin binden und mit Salz, Zucker und Essig abschmecken.

Dünstzeit: Etwa 30 Minuten.

Melde

Zubereitung wie Spinat (S. 177).

Steckrüben

(Kohlrüben, Wruken)

1 Steckrübe (etwa 1 kg)
60 g Fett (evtl. Hammelfett)
evtl. etwas Zucker
⅛ l Wasser
etwas Salz
1 Teel. Dr. Oetker Gustin
1 Eßl. kaltes Wasser zum Anrühren

Die Steckrübe schälen, waschen und in kleinfingerdicke Stücke von 3–4 cm Länge schneiden. Das Fett auf Stufe 3 zerlassen, evtl. den Zucker darin bräunen und das Gemüse kurze Zeit darin erhitzen. Dann das Wasser und etwas Salz hinzugeben und das Gemüse auf Stufe 1 gar dünsten lassen. Es mit dem angerührten Gustin binden und mit Salz abschmecken.

Dünstzeit: ¾–1¼ Stunden.

Tomaten

500–750 g mittelgroße, feste Tomaten
40 g Butter oder Margarine
etwas Salz
1 Eßl. gehackte Petersilie

Die Tomaten waschen, mit einem Tuch abreiben und kreuzweise einschneiden. Das Fett in einem flachen Topf auf Stufe 3 zerlassen. Die Tomaten nebeneinander in das heiße Fett stellen, salzen, auf Stufe 1 gar dünsten lassen und vor dem Anrichten mit Petersilie bestreuen.

Dünstzeit: Etwa 15 Minuten.

Pilze

1 kg frische Pilze
40 g Butter, Margarine oder in kleine Würfel geschnittener Speck
1 Zwiebel
etwas Salz
etwas Pfeffer
1–2 Teel. Dr. Oetker Gustin
1 Eßl. kaltes Wasser zum Anrühren
1 Eßl. gehackte Petersilie

Bei größeren Pilzen die Lamellen und die Haut entfernen, kleinere jedoch nur abschaben, sie anschließend waschen. Beim Zerkleinern der Pilze besonders darauf achten, daß madige Stellen entfernt werden. Das Fett auf Stufe 3 zerlassen oder den Speck auslassen, die in Würfel geschnittene Zwiebel darin hellgelb rösten und die Pilze kurze Zeit darin erhitzen. Mit etwas Salz und Pfeffer würzen und die Pilze 20–30 Minuten auf Stufe 1 gar dünsten. Sie mit dem angerührten Gustin binden, mit Salz und Pfeffer abschmecken und mit der Petersilie bestreuen.

Dünstzeit: 20–30 Minuten.

Veränderung: Das Gustin mit 1–2 Eßl. saurer Sahne anrühren.

Porree

(Lauch)

750 g Porree
40 g Butter oder Margarine
3 Eßl. Wasser
etwas Salz
etwas geriebene Muskatnuß
2 Teel. Dr. Oetker Gustin
1 Eßl. kaltes Wasser zum Anrühren
1 Eßl. gehackte Petersilie

Die Wurzeln vom Porree abschneiden, welke und harte Blätter entfernen, die Stangen gründlich waschen und in fingerlange Stücke schneiden. Das Fett auf Stufe 3 zerlassen und den Porree kurze Zeit darin erhitzen. Dann das Wasser, etwas Salz und etwas Muskatnuß hinzugeben und den Porree 30 Minuten auf Stufe 1 gar dünsten lassen. Ihn mit dem angerührten Gustin binden, mit Salz und Muskatnuß abschmecken und mit Petersilie bestreuen.

Dünstzeit: Etwa 30 Minuten.

Wirsing

1 kg Wirsing
60–80 g Margarine oder Schweineschmalz
1 Zwiebel
⅛ l Wasser
etwas Salz
1 Teel. Dr. Oetker Gustin
1 Eßl. kaltes Wasser zum Anrühren
1 Eßl. gehackte Petersilie

Die schlechten äußeren Blätter entfernen, den Kopf in Achtel teilen und den Strunk herausschneiden. Den Kohl waschen und in kleine Stücke schneiden. Das Fett auf Stufe 3 zerlassen und die in Würfel geschnittene Zwiebel darin hellgelb rösten. Dann den Wirsing kurze Zeit darin erhitzen. Das Wasser und etwas Salz hinzugeben und den Wirsing 40–50 Minuten auf Stufe 1 gar dünsten lassen. Ihn mit dem angerührten Gustin binden, mit Salz abschmecken und mit Petersilie bestreuen.

Dünstzeit: Junger Wirsing etwa 45 Minuten,
älterer 50 bis 90 Minuten.

Zwiebeln

750 g Zwiebeln
40 g Butter oder Margarine
etwas Zucker
⅛ l Wasser
etwas Salz
1 Teel. Dr. Oetker Gustin
1 Eßl. kaltes Wasser zum Anrühren
etwas Zitronensaft
1–2 Eßl. gehackte Kräuter

Die Zwiebeln abziehen und waschen. Große Zwiebeln in Scheiben schneiden, kleine ganz lassen. Das Fett auf Stufe 3 zerlassen und den Zucker darin bräunen. Die Zwiebeln kurze Zeit darin erhitzen. Das Wasser und etwas Salz hinzugeben und die Zwiebeln 40 Minuten auf Stufe 1 gar dünsten lassen. Sie mit dem angerührten Gustin binden, mit Zitronensaft und Salz abschmecken und mit den Kräutern bestreuen.

Dünstzeit: 40 Minuten.

Veränderung: In den letzten 10 Minuten 3 bis 4 halbierte Tomaten zugeben und mitdünsten lassen.

D. GEBACKENES GEMÜSE

Ausgebackenes Gemüse

500 g Gemüse (Schwarzwurzeln, Kohlrabi, Sellerie, feste Tomaten, Möhren, Blumenkohl, Rosenkohl)

Ausbackteig:

75 g Weizenmehl
1 Ei
etwas Salz
5 Eßl. Milch
1 Teel. Speiseöl oder zerlassene Butter
Fett zum Backen

Die geschabten, gewaschenen Schwarzwurzeln in 5–6 cm lange Stücke schneiden und bis zur Weiterverarbeitung in 1½ l kaltes, mit 1–2 Eßl. Essig und 1 Eßl. Mehl verrührtes Wasser legen. Die geschälten Kohlrabi, die geschälte Sellerieknolle und die gewaschenen Tomaten in Scheiben schneiden. Die Möhren schrappen, den Blumenkohl in Röschen teilen und den Rosenkohl von den fleckigen Blättchen befreien und den Strunk abschneiden. Alles Gemüse waschen und zunächst fast weich dünsten (mit Ausnahme der Tomatenscheiben).

Dann den Ausbackteig folgendermaßen zubereiten: Das Mehl in eine Schüssel sieben, in die Mitte eine Vertiefung eindrücken und das mit etwas Salz und etwas Milch verquirlte Ei hineingeben. Nun von der Mitte aus Ei und Mehl verrühren, nach und nach die Milch und das Öl oder die zerlassene Butter hinzugeben und darauf achten, daß keine Klumpen entstehen. Das gut abgetropfte Gemüse mit einer Gabel in den Ausbackteig tauchen. Es dann in das auf Stufe 3 erhitzte Fett legen und schwimmend in Fett auf Stufe 2 goldbraun und knusprig backen. Es auf ein Sieb zum Abtropfen legen und mit Mayonnaise (S.82/83) oder Remouladensoße (S. 84) zu grünem Salat oder kaltem Fleisch (Roastbeef) reichen.

Kochzeit: Etwa 10 Minuten.

Backzeit: 2–5 Minuten.

Überbackenes Gemüse

500–750 g Gemüse

Bechamelsoße:

40 g Butter oder Margarine
40 g Schinkenwürfel
60 g Zwiebeln
40 g Weizenmehl
¼ l Gemüsewasser
¼ l Milch oder Sahne
etwas Salz
etwas Pfeffer
2 Eßl. Semmelmehl oder geriebener Käse
etwas Butter

Alles Gemüse (Gemüsereste) läßt sich verwenden. Besonders gut eignen sich Blumenkohl, Rosenkohl, Spargel, Schwarzwurzeln und Wirsing. Das vorbereitete Gemüse dünsten oder in Salzwasser fast weich kochen und in eine gefettete Auflaufform geben.

Die Bechamelsoße folgendermaßen zubereiten: Das Fett mit den Schinkenwürfeln auf Stufe 3 zerlassen. Das Mehl mit den in Würfel geschnittenen Zwiebeln unter Rühren so lange darin erhitzen, bis es hellgelb ist. Damit keine Klumpen entstehen, das Gemüsewasser und die Milch (Sahne) nach und nach hinzugießen und mit einem Schneebesen durchschlagen. Die Soße zum Kochen bringen, 10 Minuten auf Stufe 0 ziehen lassen, nach Belieben durch ein Sieb streichen, mit Salz und Pfeffer abschmecken und über das Gemüse gießen. Den Auflauf mit Semmelmehl (Käse) bestreuen, mit Butterflöckchen belegen und in den Backofen stellen.

Schalterbackofen: O 3 – U 3;

Reglerbackofen: 225–250.

Backzeit: 25–35 Minuten.

Gemüseauflauf

500–750 g Gemüse
40 g Butter oder Margarine
2–3 Eigelb
3 Semmeln (Brötchen)
etwas Salz
gehackte Kräuter
2–3 Eiweiß
2 Eßl. Semmelmehl oder geriebener Käse
etwas Butter

Alles Gemüse läßt sich verwenden. Besonders eignen sich Spargel, Sellerie und Möhren. Das vorbereitete Gemüse dünsten und fein hacken (Spargel in 1 cm lange Stücke schneiden). Dann das Fett geschmeidig rühren und das Eigelb und die eingeweichten, gut ausgepreßten Semmeln und das Gemüse darunter geben. Die Masse mit Salz und Kräutern abschmecken, dann das zu steifem Schnee geschlagene Eiweiß darunter heben. Den Gemüseteig in eine gefettete Auflaufform füllen, ihn mit Semmelmehl (Käse) bestreuen, mit Butterflöckchen belegen und in den Backofen stellen.

Schalterbackofen: O 2 – U 3, Backzeit etwa 45 Minuten;

Reglerbackofen: 225–250, Backzeit 25–35 Minuten.

Gemüsebratlinge

500 g Gemüse (Weißkohl, Wirsing, Kohlrabi oder Sellerie)
1 Zwiebel
etwas Butter oder Margarine
1–2 Eier
60 g Semmelmehl, Haferflocken oder Grütze
etwas Salz
gehackte Kräuter
40 g Semmelmehl zum Wenden
50–60 g Fett zum Braten

Das vorbereitete Gemüse dünsten und fein hacken oder durch die Rohkostmaschine drehen. Die in Würfel geschnittene, in Fett gedünstete Zwiebel, die Eier, das Semmelmehl (Haferflocken, Grütze) hinzugeben, mit Salz und Kräutern abschmecken und flache Klöße daraus formen. Diese in Semmelmehl wenden, in das auf Stufe 3 erhitzte Fett legen und auf Stufe 2, zuletzt auf Stufe 0, braten.

Bratzeit: 5–10 Minuten.

E. GEFÜLLTES GEMÜSE

Regeln

1. Man füllt ausgehöhlte Knollen (Kohlrabi, Sellerie), ausgehöhlte Früchte (Tomaten, Gurken) oder Kohlblätter (Wirsing, Weißkohl).
2. Vor dem Füllen kann man Gemüse kurze Zeit dünsten; es kann aber auch roh gefüllt werden.
3. Man wählt gleich große Knollen und Früchte, um ein gleichzeitiges Garwerden zu erreichen.
4. Statt der üblichen Fleischfüllungen nehme man hin und wieder eine der vegetarischen. Anregungen dazu sind in den einzelnen Rezepten gegeben.
5. Gefülltes Gemüse (außer Kohlkopf) wird geschmort.
6. Man bräunt es zunächst auf Stufe 3, dann auf Stufe 2 in Fett an und schmort es unter Zugabe von wenig Flüssigkeit auf Stufe 1, zuletzt auf Stufe 0, gar.
7. Gefülltes Gemüse kann sehr gut zur Verzierung großer Fleisch- und Gemüseplatten verwendet werden.

Fleischfüllung

150–250 g Gehacktes (Rind- oder Schweinefleisch oder Reste von Braten, Wild und Geflügel)
30–50 g Speck bei magerem Fleisch
1 Semmel (Brötchen) oder 2–3 gekochte, geriebene Kartoffeln
1 kleine Zwiebel
1 Ei
etwas Salz
etwas Pfeffer

Das Fleisch, wenn erforderlich den Speck, die eingeweichte, gut ausgepreßte Semmel (Kartoffeln) und die Zwiebel durch die Fleischmaschine drehen, mit dem Ei verrühren und mit Salz und Pfeffer abschmecken.

Veränderung: Soll das vorhandene Fleisch gestreckt werden, 1 Semmel mehr nehmen oder feingewiegte Gemüsereste verwerten.

Pilzfüllung

250 g Pilze (Champignons, Steinpilze, Pfifferlinge)
20 g Butter oder Margarine
1 kleine Zwiebel
1 Ei
etwas Semmelmehl
etwas Salz
etwas Pfeffer
etwas gehackte Petersilie

Bei größeren Pilzen die Lamellen und die Haut entfernen, kleinere jedoch nur abschaben. Die Pilze anschließend waschen und feinhacken. Das Fett auf Stufe 3 zerlassen und die Pilze mit der in Würfel geschnittenen Zwiebel kurze Zeit darin dünsten lassen. Das Ei und so viel Semmelmehl unterrühren, daß eine geschmeidige Masse entsteht. Diese mit Salz, Pfeffer und Petersilie abschmecken.

Semmelfüllung

3 alte Semmeln (Brötchen)
knapp 1/4 l heißes Wasser oder heiße Milch
20 g Butter oder Margarine
1 kleine Zwiebel
1 Ei
1 Eßl. gehackte Kräuter
etwas Salz
etwas geriebene Muskatnuß

Von den Semmeln die Rinde abreiben, diese in Würfel schneiden und mit dem Wasser (Milch) übergießen. Wenn sie genügend durchgeweicht sind, das auf Stufe 3 zerlassene Fett und die in Würfel geschnittene Zwiebel darunter rühren. Dann die Masse unter ständigem Rühren auf Stufe 3 so lange erhitzen, bis ein zusammenhängender Kloß entstanden ist. Ist dieser erkaltet, das Ei und die Kräuter darunter rühren und mit Salz und Muskatnuß abschmecken.

Veränderung: Die Semmelfüllung mit 2 Eßl. geriebenem Käse oder 1 Eßl. Tomatenmark abschmecken.

Reisfüllung

1/2 l Wasser oder Brühe
etwas Salz
etwas Butter
120 g Reis
etwas Curry

Die Flüssigkeit mit Salz und Butter auf Stufe 3 zum Kochen bringen, den gewaschenen Reis hineingeben, ihn 10 Minuten auf Stufe 0, 10 Minuten auf Stufe 1, dann auf Stufe 0 ausquellen lassen und mit 1 Messerspitze Curry würzen.

Kochzeit: Etwa 30 Minuten.

Veränderung: Den Reis mit geriebenem Käse oder Tomatenmark abschmecken.

Gefüllte Tomaten (Abb. S. 33)

8–10 große, feste Tomaten
1 beliebige Füllung (S. 189)
60 g Butter oder Margarine
1 gestrichener Eßl. Weizenmehl
¼ l Wasser
etwas Salz

Die Tomaten waschen und mit einem Tuch abtrocknen. Mit einem scharfen Messer einen Deckel abschneiden und das Innere aushöhlen. Die Füllung hineingeben und die Deckel wieder auflegen. Das Fett in einem flachen Topf auf Stufe 3 zerlassen, die Tomaten nebeneinander hineinstellen, anbräunen, und sie auf Stufe 1 und zuletzt auf Stufe 0 gar schmoren lassen. Die Tomaten herausnehmen. Das Mehl unter Rühren auf Stufe 3 so lange in dem Fett erhitzen, bis es hellgelb ist. Damit keine Klumpen entstehen, das durchgerührte Tomatenmark und das Wasser nach und nach hinzugießen und mit einem Schneebesen durchschlagen. Die Soße zum Kochen bringen, einmal aufkochen lassen, abschmecken und über die angerichteten Tomaten geben.

Schmorzeit: Etwa 20 Minuten.

Gefüllte Zwiebeln (Abb. S.195)

4–8 große Zwiebeln
Fleisch- oder Semmelfüllung (S. 189)
60 g Butter oder Margarine
etwas Zucker
¼–½ l Wasser
1 Eßl. Zitronensaft
etwas Zucker
etwas Salz
1 Teel. Dr. Oetker Gustin
1 Eßl. kaltes Wasser zum Anrühren

Die Zwiebeln abziehen, aushöhlen und füllen. Das Fett auf Stufe 3 zerlassen, den Zucker darin bräunen, etwas Wasser hinzugeben, die Zwiebeln nebeneinander hineinstellen und sie auf Stufe 1 gar schmoren lassen. Die Soße mit Zitronensaft, Zucker und Salz abschmecken und mit dem angerührten Gustin binden. Die Soße nach Belieben auch mit 2 Eßl. Madeira abschmecken.

Schmorzeit: Etwa 30 Minuten.

Kohlrollen (Abb.S.270)

1 Kopf Weißkohl oder Wirsing
1 Fleischfüllung (S. 183)
60 g Fett oder 75 g in kleine Würfel geschnittener Speck
¼–½ l Wasser oder evtl. Bratensoßenreste
1 gestrichener Eßl. Dr. Oetker Gustin
1 Eßl. kaltes Wasser zum Anrühren
etwas Salz

Die Kohlblätter vom Strunk lösen (dabei feste Köpfe evtl. einige Male in heißes Wasser legen) und die dicken Rippen flach schneiden. Die Blätter in auf Stufe 3 kochendes Salzwasser geben und auf Stufe 1 halbweich werden lassen. 2–3 große Blätter übereinanderlegen, einen Teil der Füllung darauf legen und die Blätter aufrollen. Sie mit einem Faden umwickeln oder mit einer Rouladennadel halten. Das Fett auf Stufe 3 zerlassen oder den Speck auslassen, die Rollen hineinlegen und von allen Seiten leicht bräunen. Nach Bedarf Wasser hinzugeben oder etwa vorhandene Bratensoßenreste verwerten. Die Rollen auf Stufe 1 gar schmoren lassen. Die Soße mit dem angerührten Gustin binden, sie mit Salz abschmecken und über die angerichteten Kohlrollen geben.

Schmorzeit: Etwa 45 Minuten.

Gefüllte Sellerie

8 kleine Sellerieknollen
Fleisch- oder Reisfüllung (S. 183)
60 g Speck- oder Schinkenscheiben
$\frac{1}{4}$–$\frac{1}{2}$ l heißes Wasser
etwas Salz
1 gestrichener Eßl. Dr. Oetker Gustin
2 Eßl. saure Milch oder saure Sahne zum Anrühren

Die Sellerieknollen unter fließendem Wasser sorgfältig bürsten und dann halbweich dünsten oder kochen. Sie anschließend schälen, einen Deckel abschneiden und das Innere vorsichtig aushöhlen (zur Suppe verwenden!). Die Füllung hineingeben und die Deckel wieder auflegen oder festbinden. Die Knollen nun nebeneinander in einen flachen Topf auf Speck- oder Schinkenscheiben stellen und auf Stufe 3 leicht anbräunen. Nach Bedarf Wasser zugießen, und die Knollen auf Stufe 1 gar schmoren lassen. Die Soße mit Salz abschmecken und mit dem angerührten Gustin binden.

Schmorzeit: Etwa 1 Stunde.

Gefüllte Kohlrabi (Abb. S. 230)

8 große Kohlrabi
Fleisch- oder Reisfüllung (S. 183)
60 g Speck- oder Schinkenscheiben
$\frac{1}{4}$–$\frac{1}{2}$ l heißes Wasser
etwas Salz
1 gestrichener Eßl. Dr. Oetker Gustin
2 Eßl. saure Milch oder saure Sahne

Die Kohlrabi schälen, waschen und alles Holzige entfernen. Dann einen Deckel abschneiden und das Innere vorsichtig aushöhlen (zur Suppe verwenden!). Die Füllung hineingeben und die Deckel wieder auflegen oder festbinden. Die Kohlrabi nun nebeneinander in einen flachen Topf auf Speck- oder Schinkenscheiben stellen und sie auf Stufe 3 leicht anbräunen. Nach Bedarf Wasser zugießen und die Kohlrabi auf Stufe 1 gar schmoren lassen. Die Soße mit Salz abschmecken. Das Gustin mit der Milch (Sahne) anrühren und die Soße damit binden.

Tomaten- (S. 79) oder Kräutersoße mit Petersilie (S. 78) dazu reichen.

Schmorzeit: Etwa 1 Stunde.

Gefüllte Gurken (Abb. S. 230)

2 große oder 4 kleine Gurken
etwas Salz
etwas Essig
Fleisch-, Pilz- oder Semmelfüllung (S. 183)
60 g in kleine Würfel geschnittener Speck
1 kleine Zwiebel
etwa $\frac{1}{4}$ l Wasser
etwas Zucker
1 gestrichener Eßl. Dr. Oetker Gustin
1 Eßl. kaltes Wasser zum Anrühren

Die Gurken schälen, halbieren, aushöhlen und gut mit Salz und Essig einreiben. Eine der angegebenen Füllungen hineinstreichen und die Hälften zusammenbinden. Den Speck auf Stufe 3 auslassen und mit der in Scheiben geschnittenen Zwiebel bräunen. Die Gurken hineinlegen, auf Stufe 3 leicht anbräunen, etwas Wasser hinzugeben (nicht zu viel, Gurken geben Flüssigkeit ab!) und sie auf Stufe 1 weich schmoren lassen. Die Soße mit Essig, Zucker und Salz abschmecken und mit dem angerührten Gustin binden.

Schmorzeit: 30–40 Minuten.

Veränderung: 250 g in Stücke geschnittene Tomaten 10 Minuten mitschmoren lassen. Die Soße dann durch ein Sieb geben.

F. TROCKENGEMÜSE (Hülsenfrüchte)

Regeln

1. Hülsenfrüchte werden vor dem Gebrauch verlesen, gründlich gewaschen und 12–24 Stunden eingeweicht.
2. Zum Einweichen nimmt man kaltes weiches Wasser; hartes Wasser muß vorher abgekocht werden.
3. Die Hülsenfrüchte werden mit dem Einweichwasser aufgesetzt.
4. Sie werden auf Stufe 3 zum Kochen gebracht und auf Stufe 1 (falls sie stark kochen, kurz auf Stufe 0 schalten, bevor man auf Stufe 1 schaltet), die letzten 10 Minuten auf Stufe 0, gar gekocht.
5. Da die Schalen schwerverdaulich sind, kann man Hülsenfrüchte durch ein Sieb streichen.

Erbsenbrei

375 g Erbsen
¾ l Wasser
etwas Suppengrün
etwas Salz
50 g in kleine Würfel geschnittener Speck oder 40 g Butter (Margarine)
1 Zwiebel

Die Erbsen verlesen, gründlich waschen und 12–24 Stunden in dem Wasser einweichen. Sie mit dem Einweichwasser auf Stufe 3 zum Kochen bringen und auf Stufe 1, die letzten 10 Minuten auf Stufe 0, gar kochen lassen. Nach gut 1½stündiger Kochzeit das gewaschene, kleingeschnittene Suppengrün hinzugeben. Die Erbsen durch ein Sieb streichen, wieder auf Stufe 3 erhitzen, schaumig rühren, mit Salz abschmecken und mit in Speck oder Butter (Margarine) gebräunten Zwiebelringen anrichten.

Sauerkraut und Schweinerippchen oder Pökelfleisch dazugeben.

Kochzeit: 2–2½ Stunden.

Saures Linsengemüse
(Abb. S. 199)

375 g Linsen
¾ l Wasser
etwas Suppengrün
50 g in kleine Würfel geschnittener Speck oder 50 g Schmalz
1 Zwiebel
20 g Weizenmehl
2–3 Eßl. Essig
etwas Salz
etwas Zucker

Die Linsen verlesen, gründlich waschen und 12–24 Stunden in dem Wasser einweichen. Sie mit dem Einweichwasser und dem gewaschenen, kleingeschnittenen Suppengrün auf Stufe 3 zum Kochen bringen, dann auf Stufe 1 und die letzten 10 Minuten auf Stufe 0, gar kochen lassen. Wenn die Linsen gar sind, auf Stufe 3 den Speck auslassen oder das Schmalz zerlassen. Die in Würfel geschnittene Zwiebel und das Mehl unter Rühren so lange erhitzen, bis sie leicht gebräunt sind. Die Linsen hinzugeben und damit durchkochen lassen. Sie dann mit Essig, Salz und Zucker abschmecken.

Gebackene Blutwurst oder Brühwürstchen dazugeben.

Kochzeit: 35–40 Minuten.

KARTOFFEL-GERICHTE

„Kartoffeln gehören in den Keller!“ ist eine leider oft gehörte Redensart, die anzeigt, wie gering geachtet diese Bodenfrucht heute oft ist. Dabei gehörte sie, als sie aus fernem Land zu uns kam, einstmals zu den begehrtesten und kostbarsten Delikatessen und bildet heutzutage mit den wichtigsten Grundpfeiler unserer täglichen Ernährung.

Die Kartoffel ist anspruchslos und gibt sich bescheiden, aber außer Fett enthält sie alles, was unser Körper zum Leben braucht. Hausfrauen, die einmal entdeckt haben, welch köstliche Gerichte sich aus Kartoffeln herstellen lassen, werden ihnen immer ein Loblied singen.

Regeln

1. Man nehme für ein Gericht möglichst gleich große Kartoffeln, um ein gleichzeitiges Garwerden zu erzielen.
2. Die Kartoffeln müssen besonders gründlich gewaschen oder gebürstet werden, falls man Pellkartoffeln zubereiten will.
3. Nach dem Schälen müssen sie sofort in kaltes Wasser gelegt werden, weil sie sonst braun werden.
4. Niemals dürfen zerschnittene Kartoffeln längere Zeit im Wasser liegen.
5. Kartoffeln werden mit wenig Wasser angesetzt, in der Regel genügt $\frac{1}{8}$–$\frac{1}{4}$ l, der Topfboden soll 2–3 cm hoch mit Wasser bedeckt sein.
6. Kartoffeln werden auf Stufe 3 (bei stark beheizten Platten auf Stufe 2) zum Kochen gebracht. Sobald sich Dampf entwickelt, läßt man bei Ringkochplatten Salzkartoffeln 15 Minuten und Pellkartoffeln 15–20 Minuten auf Stufe 1 weiterkochen, bevor auf Stufe 0 geschaltet wird. Nach einer Kochzeit von 20 Minuten prüft man Kartoffeln mit einer Gabel, ob sie gar sind.
7. Nach dem Abgießen des Wassers werden die Kartoffeln bei offenem Topf gut abgedämpft.

A. GEKOCHTE UND GEDÄMPFTE KARTOFFELN

Schal- oder Pellkartoffeln

1 kg Kartoffeln
Wasser
etwas Salz
1 Teel. Kümmel

Gleich große Kartoffeln einer Sorte aussuchen, sie in kaltem Wasser gründlich bürsten, sauber waschen, mit Wasser, Salz und Kümmel aufsetzen (s. Regeln oben, Punkt 5 und 6), auf Stufe 3 zum Kochen bringen, 20–25 Minuten auf Stufe 1 und 10 Minuten auf Stufe 0, gar kochen lassen. Das Wasser abgießen und die Kartoffeln im offenen Topf unter öfterem Schütteln auf der noch heißen Kochplatte abdämpfen lassen.

Kochzeit: 25–30 Minuten.

Petersilienkartoffeln

1 kg Kartoffeln
40 g Butter oder Margarine
etwas Salz
1–2 Eßl. gehackte Petersilie

Möglichst kleine, gleich große Kartoffeln in der Schale kochen (s. Regeln oben, Punkt 5 und 6), heiß abpellen und in auf Stufe 3 zerlassenem Fett, mit etwas Salz und Petersilie gut durchschwenken. Neue Kartoffeln eignen sich besonders gut.

Kochzeit: 25–30 Minuten.

Salzkartoffeln

1 kg Kartoffeln
Wasser
etwas Salz

Die Kartoffeln waschen und dünn schälen. Die Augen entfernen und die Kartoffeln in kaltes Wasser legen, bis sie nochmals gewaschen werden. Größere Kartoffeln ein- oder zweimal durchschneiden, mit Wasser und Salz in einen Kochtopf geben (s. Regeln oben, Punkt 5 und 6), sie auf Stufe 3 zum Kochen bringen, dann 15 Minuten auf Stufe 1 und noch etwa 10 Minuten auf Stufe 0, gar kochen lassen. Das Wasser abgießen und die Kartoffeln im offenen Topf unter öfterem Schütteln auf der noch heißen Kochplatte abdämpfen lassen. Das Kochwasser zu Suppen und Soßen verwenden.

Kochzeit: 20–25 Minuten.

Die geschälten, in Würfel geschnittenen Kartoffeln in der Brühe auf Stufe 3 zum Kochen bringen, dann 15 Minuten auf Stufe 1 und etwa 10 Minuten auf Stufe 0, gar kochen lassen. Sie vor dem Anrichten mit Salz abschmecken und Butter und Petersilie hinzugeben.
Die Brühkartoffeln zu Fisch, rohem Schinken oder gekochtem Fleisch reichen.

Kochzeit: 20–25 Minuten.

Veränderung: In Streifen geschnittene Möhren mitkochen.

Brühkartoffeln

1 kg Kartoffeln
½ l Fleisch- (S. 49) oder Gemüsebrühe (S. 56)
etwas Salz
etwas Butter
1 Eßl. gehackte Petersilie

B. GEBRATENE UND GEBACKENE KARTOFFELN

Die Kartoffeln gründlich bürsten und waschen, ungeschält halbieren, mit der Schnittfläche in Kümmel und Salz tauchen und auf ein gefettetes Backblech setzen. Die Kartoffeln mit zerlassener Butter (Öl) bestreichen und im Ofen gar backen. Sie schmecken gut zu Quark.

Schalterbackofen: O 3 – U 3;

Reglerbackofen: 175–200.

Backzeit: 30–40 Minuten.

Kümmelkartoffeln

(nach Dr. Bircher-Benner)

1 kg kleine Kartoffeln
etwas Kümmel
etwas Salz
etwas zerlassene Butter oder Speiseöl

Die Kartoffeln gründlich waschen und in der Schale gar kochen (s. Regeln S. 188, Punkt 5 und 6). Sie sofort abpellen, erkalten lassen, in Scheiben schneiden, mit der in Würfel geschnittenen Zwiebel und etwas Salz bestreuen und in das auf Stufe 3 erhitzte Fett geben. Die Kartoffeln zunächst auf Stufe 3, dann auf Stufe 2 und zuletzt auf Stufe 0, schön braun braten. Übriggebliebene Salzkartoffeln ebenso braten.

Kochzeit: 25–30 Minuten.

Bratzeit: Etwa 10 Minuten.

Veränderung: Einige zerteilte säuerliche Äpfel oder in Scheiben geschnittene Tomaten dazugeben oder 2–3 Eßl. saure Sahne oder geriebenen Käse unterziehen.

Bratkartoffeln I

1 kg Kartoffeln
1 Zwiebel
etwas Salz
75 g Fett

Die Kartoffeln schälen, waschen, in Scheiben oder Stifte schneiden und in dem auf Stufe 3 ausgelassenen Speck oder in dem zerlassenen Fett zuerst zugedeckt etwa 20 Minuten auf Stufe 1 (vorher mit etwas Salz bestreuen!), dann offen in der Pfanne etwa 5 Minuten auf Stufe 2 hellbraun braten.

Bratzeit: 20–30 Minuten.

Veränderung: 1 in Würfel geschnittene Zwiebel an die Kartoffeln geben.

Bratkartoffeln II

1 kg Kartoffeln
75 g in kleine Würfel geschnittener Speck oder anderes Fett
etwas Salz

Pommes frites

750 g Kartoffeln
Ausbackfett (Speiseöl oder Kokosfett)
etwas Salz

Die Kartoffeln schälen, waschen und in gleich lange, bleistiftdicke Stiftchen schneiden. Diese mit einem Leinentuch gut abtrocknen, sie in auf Stufe 3 gut erhitztes Backfett geben und sie auf Stufe 2 darin schwimmend halbgar backen. Nicht zuviel Kartoffeln auf einmal nehmen, da sie sich in dem Fettbad nicht berühren dürfen, außerdem kühlt dann das Fett zu stark ab. Sobald sich die Spitzen der Kartoffelstückchen gelb färben, diese mit einem Schaumlöffel herausnehmen und auf einen Durchschlag zum Abtropfen geben.

Wenn sie abgekühlt sind, sie noch einmal in das auf Stufe 3 erhitzte Fett geben und braun und knusprig werden lassen. Sie mit feinem Salz bestreuen und schnell zu Tisch geben.

Backzeit: Zunächst etwa 2 Minuten, später noch 4–5 Minuten.

Pommes chips

500 g Kartoffeln
Ausbackfett (Speiseöl oder Kokosfett)
etwas Salz

Die Kartoffeln schälen, waschen, halbieren und in möglichst dünne Scheiben schneiden. Diese mit einem Leinentuch gut abtrocknen, in nicht zu großer Menge in das auf Stufe 3 gut erhitzte Backfett geben und sie auf Stufe 2 darin schwimmend halbgar backen. Sobald sich die Kartoffelscheiben gelb färben, diese mit einem Schaumlöffel herausnehmen und auf einen Durchschlag zum Abtropfen geben.

Wenn die Scheiben abgekühlt sind, sie noch einmal in das auf Stufe 3 erhitzte Fett geben und braun und knusprig werden lassen. Wenn sie erkaltet sind, sie mit feinem Salz bestreuen und zu Likör oder Wein reichen.

Backzeit: Zunächst 1–2 Minuten, später noch etwa 3 Minuten.

Bauernfrühstück

750 g Salatkartoffeln
80 g in kleine Würfel geschnittener Speck
3 Eier
3 Eßl. Milch
etwas Salz
etwa 125 g Schinkenwürfel
evtl. etwas geschnittener Schnittlauch

Die Kartoffeln gründlich waschen und in der Schale gar kochen (s. Regeln S. 188, Punkt 5 und 6). Sie sofort abpellen, erkalten lassen, in Scheiben schneiden, in dem auf Stufe 3 ausgelassenen Speck zunächst erhitzen und dann auf Stufe 2 schön braun braten. Die Eier mit der Milch und etwas Salz verquirlen und die Schinkenwürfel und den Schnittlauch hinzugeben. Die Eiermilch über die gebräunten Kartoffeln gießen und auf Stufe 0 stocken lassen. Das Gericht einige Male durchrühren und zu Tisch geben, sobald die Eier fest sind.

Grünen Salat, Tomatensalat oder saure Gurken dazu reichen.

Kochzeit: 25–30 Minuten.

Bratzeit: Etwa 10 Minuten.

Veränderung: Unter die gebratenen Kartoffeln nur die Schinkenwürfel und den Schnittlauch geben. $\frac{1}{2}$ Teigrezept von Gefüllte Eierkuchen, salzig (S. 239) backen, jeden fertigen Eierkuchen mit Bratkartoffeln belegen und nach Belieben übereinanderklappen.

Kartoffelomelett

500 g Kartoffeln
50–75 g in kleine Würfel geschnittener Speck
etwas Salz
1 Zwiebel
⅛ l Milch
1 gestrichener Eßl. Weizenmehl
2 Eier
etwas Salz
etwas gehackte Petersilie und Schnittlauch

Die Kartoffeln gründlich waschen und in der Schale gar kochen (s. Regeln S. 188, Punkt 5 und 6). Sie sofort abpellen, erkalten lassen, in Scheiben schneiden und in dem auf Stufe 3 ausgelassenen Speck mit etwas Salz und der in Würfel geschnittenen Zwiebel erhitzen und dann auf Stufe 2 schön braun braten. Die Milch, das Mehl, die Eier, etwas Salz und die Kräuter gut miteinander verquirlen. Die Eiermilch über die Kartoffeln gießen (auf Stufe 0 schalten!), sie muß fest werden, ohne daß man die Kartoffeln durchrührt oder wendet. Wenn die untere Seite des Omeletts gebräunt und die obere fest geworden ist, das Omelett auf eine Schüssel gleiten lassen.

Grünen Salat, Kürbis, Senfgurken oder Rote Beete dazu reichen.

Kochzeit: 25–30 Minuten.

Bratzeit: 10–15 Minuten.

Röstkartoffeln

1 kg Kartoffeln
etwas Salz
50 g Fett

Möglichst kleine, etwa pflaumengroße Kartoffeln aussuchen, sie gründlich waschen und in der Schale gar kochen (s. Regeln S. 194, Punkt 5 und 6). Sie sofort abpellen und in offener Pfanne, mit Salz bestreut, in auf Stufe 3 erhitztem Fett, zuletzt auf Stufe 2, dunkelgelb braten.

Kochzeit: 25–30 Minuten.

Bratzeit: Etwa 10 Minuten.

C. KARTOFFELBREI

Kartoffelkroketten

750 g Kartoffeln
etwas Salz
30 g Butter oder Margarine
1 Ei
75–100 g Weizenmehl
etwas geriebene Muskatnuß
1 Ei und etwas Semmelmehl zum Panieren

Zum Ausbacken:

Speiseöl, Schweineschmalz oder Kokosfett

Die Kartoffeln schälen, waschen, in Hälften schneiden und in Wasser mit etwas Salz gar kochen lassen (s. Regeln S. 188, Punkt 5 und 6). Das Wasser abgießen, die Kartoffeln sofort durch die Presse geben und erkalten lassen. Das Fett geschmeidig rühren, Ei, Kartoffeln, Mehl, Salz und Muskatnuß nach und nach hinzugeben. Aus dem Kartoffelteig 5 cm lange Röllchen formen, sie in gequirltem Ei und dann in Semmelmehl wenden und sofort schwimmend in dem auf Stufe 3 erhitzten Fett auf Stufe 2 goldbraun backen. Nach Belieben auch Kugeln oder Kränze formen.

Kartoffelkroketten sind als Beilage zu feinem Gemüse oder Braten beliebt und zum Verzieren geeignet.

Kochzeit: 20–25 Minuten.

Backzeit: 2–3 Minuten.

Veränderung: Flache Plätzchen formen, panieren und in offener Pfanne in heißem Fett auf beiden Seiten goldbraun braten.

Kartoffelring

750 g Kartoffeln
etwas Salz
60 g Butter oder Margarine
2–3 Eigelb
etwas geriebene Muskatnuß
2–3 Eiweiß
20 g Butter oder Margarine zum Ausstreichen der Form

Die Kartoffeln schälen, waschen, in Hälften schneiden und in Wasser mit etwas Salz gar kochen lassen (s. Regeln S. 188, Punkt 5 und 6). Das Wasser abgießen, die Kartoffeln sofort durch die Presse geben und erkalten lassen. Das Fett geschmeidig rühren und Eigelb, Kartoffeln, Salz und Muskat nach und nach hinzugeben. Das zu steifem Schnee geschlagene Eiweiß zuletzt unter die Kartoffelmasse heben, sie in eine besonders gut gefettete Ringform füllen und diese in den Backofen stellen. Den fertigen Kartoffelring auf eine flache, runde Platte stürzen und in die Mitte Fleisch- oder Pilzragout geben.

Schalterbackofen: O 3 – U 3;

Reglerbackofen: 200–225.

Backzeit: 30–40 Minuten.

Kartoffelbrei

1 kg Kartoffeln
etwas Salz
50–100 g Butter oder Margarine
etwa ¼ l Milch
ach Belieben 20 g Butter zum Rösten
1 Zwiebel oder 1 Eßl. Semmelmehl

Die Kartoffeln schälen, waschen, in Hälften schneiden und in Wasser mit etwas Salz gar kochen lassen (s. Regeln S. 188, Punkt 5 und 6). Das Wasser abgießen und die Kartoffeln sofort durch die Presse geben oder sie möglichst fein zerstampfen. Dann das Fett und so viel heiße Milch hinzugeben, daß die Kartoffeln eine breiähnliche Beschaffenheit erhalten. Den Topf wieder auf die Kochplatte setzen und den Brei auf Stufe 3 so lange schlagen, bis er weiß und schaumig ist. Ihn dann mit Salz abschmecken, bergartig anrichten und nach Belieben mit in Fett gebräunten Zwiebelringen oder geröstetem Semmelmehl verzieren.

Kochzeit: 20–25 Minuten.

D. KARTOFFELTEIG

Kartoffelklöße (Abb. S. 70)

Gut 1¼ kg Kartoffeln
3 gestrichene Teel. Salz
250 g Dr. Oetker Gustin
¼ l Milch
3 g (1 gestrichener Teel.) Dr. Oetker Backpulver Backin
1 Semmel (Brötchen)
etwas Butter oder Margarine

Die Kartoffeln waschen und in der Schale gar kochen lassen (s. Regeln S. 188, Punkt 5 und 6). Sie sofort abpellen und durch die Presse geben. 1 kg von den durchgepreßten Kartoffeln abwiegen und das Salz, das Gustin und dann die kochendheiße Milch darunter rühren. Die Masse ist zunächst ziemlich weich, wird aber nach kurzem Stehen wieder fest. Wenn sie lauwarm geworden ist, das Backin darunter rühren. Die Semmel in kleine Würfel schneiden und in heißem Fett hellbraun rösten. Aus dem Kartoffelteig mit bemehlten Händen runde Klöße formen und in jeden einige Semmelwürfel drücken. Die Klöße in nicht zu großer Menge in auf Stufe 3 kochendes Salzwasser geben und sie auf Stufe 1 gar ziehen lassen.
Die Klöße zu fettem Braten oder mit gedünstetem Backobst und gebräunter Butter oder mit Tomaten- (S. 79), Kräuter- (S. 78) oder Zwiebelsoße (S. 77) reichen.

Kochzeit: 20–25 Minuten.

Kartoffelpfannkuchen

(Puffer oder Reibeplätzchen)

2 kg Kartoffeln
2 kleine Zwiebeln
2–3 gestrichene Teel. Salz
2–4 Eier
40–60 g Weizen- oder Semmelmehl
etwa ¼ l Speiseöl oder etwa 250 g Schweineschmalz

Die Kartoffeln und die Zwiebeln schälen, waschen, reiben und mit Salz, Eiern und Mehl gut verrühren. Das Fett auf Stufe 3 erhitzen, den Teig löffelweise hineingeben und flachdrücken. Die Plätzchen auf Stufe 2 (bei den letzten Plätzchen auf Stufe 0 schalten!) auf beiden Seiten braun und knusprig backen. Sie mit Kompott, Bohnensalat oder Quark reichen.

Sollen Pfannkuchen ohne Mehl hergestellt werden, die geriebenen Kartoffeln auf einem Sieb gut abtropfen lassen.

Dicker Pickert

(Westfälisches Originalrezept)

2¼ kg Kartoffeln
2 Eier
etwas Salz
1 kg Weizenmehl
30 g Hefe
1 Eßl. Zucker
etwas Milch
250 g Rosinen

Die Kartoffeln schälen, waschen und reiben. Damit der Teig nicht zu weich wird, die Flüssigkeit ablaufen lassen. Die Eier, das Salz und das gesiebte Mehl nach und nach unter die Kartoffeln rühren. Die Hefe und 1 Eßl. Zucker in etwas lauwarmer Milch auflösen und unter den Teig rühren. Die gewaschenen Rosinen zuletzt hineingeben. Den Teig in eine gut gefettete, mit geriebener Semmel ausgestreute Pickertform (große Kastenform) füllen und zum Aufgehen an einen warmen Ort stellen. Wenn der Teig um ⅓ höher als am Anfang ist, ihn in den Backofen schieben.

Schalterbackofen: O 1 – U 3;

Reglerbackofen: 175–195.

Backzeit: 1¾–2 Stunden.

Den erkalteten Pickert in Scheiben schneiden, auf Stufe 3 in offener Pfanne in heißer Butter bräunen und ihn mit Butter zu Kaffee reichen.

Bayerische Zwetschenknödel

Gut 1¼ kg Kartoffeln
2 Eier
etwas Salz
60 g Grieß
80 g Weizenmehl
16–20 Zwetschen
60 g gestoßener Zwieback
30 g Butter zum Bräunen

Zum Bestreuen:

Etwas Dr. Oetker Zimt-Zucker

Die Kartoffeln waschen und am Tage vor der Verwendung in der Schale gar kochen lassen (s. Regeln S. 188, Punkt 5 und 6). Sie sofort abpellen, durch die Presse geben und bis zum nächsten Tag kalt stellen. 1 kg von den durchgepreßten Kartoffeln abwiegen, durch ein Sieb streichen, nach und nach Eier, Salz, Grieß und Mehl hinzugeben und einen glatten Teig daraus kneten. Mit bemehlten Händen aus dem Kartoffelteig runde Klöße formen und in jeden eine entsteinte Zwetsche drücken. Die Klöße in auf Stufe 3 kochendes Salzwasser geben und sie 5 Minuten auf Stufe 1, dann 5 Minuten auf Stufe 2, die übrige Zeit auf Stufe 1, gar ziehen und dann auf einem Sieb gut abtropfen lassen. Sie in Zwiebackkrumen wälzen, mit gebräunter Butter begießen und mit Zimt-Zucker bestreuen.

Kochzeit: 10–15 Minuten.

Veränderung: An Stelle der Zwetschen Renekloden oder Kirschen nehmen.

Lappenpickert

1½ kg Kartoffeln
etwas Salz
2–4 Eier
250 g Weizenmehl
⅛ l Milch

Die Kartoffeln schälen, waschen, reiben und mit Salz, Eiern, Mehl und Milch verrühren.

Lappenpickert auf einer besonderen Eisenplatte, die mit einer Speckschwarte gründlich gefettet und 7–8 Minuten auf Stufe 3 vorgeheizt ist, backen. Den Teig so auf der Platte verteilen, daß entweder ein großes, dünnes, zusammenhängendes Gebäck entsteht oder mehrere kleine Plätzchen. Den Lappenpickert auf Stufe 2 backen. Sobald der Pickert auf der unteren Seite gebräunt ist, ihn mit einem möglichst breiten Messer wenden und auf der anderen Seite bräunen. Den Pickert – mit Butter bestrichen – frisch oder aufgewärmt essen.

Thüringer Klöße

1½ kg geschälte rohe Kartoffeln
¼ l Milch
knapp 1 Teel. Salz
50 g Butter oder Margarine
125 g Grieß
1 Semmel (Brötchen)
etwas Butter oder Margarine

Die Kartoffeln in eine Schüssel mit Wasser reiben und in einem Tuch fest auspressen. Milch, Salz und Fett auf Stufe 3 aufkochen, den Grieß auf einmal hineinschütten, ihn zu einem Kloß rühren und diesen noch etwa 1 Minute erhitzen. Ihn sofort zu den ausgepreßten Kartoffeln geben und darunter rühren. Dann mit bemehlten Händen etwa faustgroße, runde Klöße daraus formen und in jeden einige gebräunte Semmelwürfel drücken. Die Klöße in auf Stufe 3 kochendes Salzwasser geben und sie 5 Minuten auf Stufe 1, dann 5 Minuten auf Stufe 2, die übrige Zeit auf Stufe 1, gar ziehen lassen.

Die Klöße zu fettem Braten oder Sauerkraut reichen.

Kochzeit: 15–20 Minuten.

Kartoffelplätzchen

(Resteverwertung)

500 g gekochte Kartoffeln
1 Ei
evtl. etwas Salz
50–65 g Grieß oder Weizenmehl
30 g Fett

Die Kartoffeln durch ein Sieb streichen, das Ei, das Salz und den Grieß oder das Mehl hinzugeben und einen weichen Teig kneten. Daraus eine Rolle formen, Scheiben davon abschneiden, in das auf Stufe 3 erhitzte Fett legen und auf Stufe 2 (die letzten auf Stufe 0) auf beiden Seiten schön braun braten. Die Plätzchen mit Salat oder Gemüse und zu Schmor- oder Sauerbraten reichen.

Bratzeit: 3–4 Minuten.

Klöße von gekochten und rohen Kartoffeln

750 g Kartoffeln
500 g große rohe Kartoffeln (geschält)
1 Ei
65 g Weizenmehl
1 Teel. Salz

Die 750 g Kartoffeln waschen und am Tage vor der Verwendung in der Schale gar kochen lassen (s. Regeln S. 188, Punkt 5 und 6). Sie sofort abpellen, durch die Presse geben und bis zum nächsten Tag kalt stellen. Sie dann durch ein Sieb streichen. Die rohen Kartoffeln reiben, in einem Tuch fest auspressen und zu den gekochten Kartoffeln geben. Ei, Mehl und Salz darunter kneten und mit bemehlten Händen etwa faustgroße, runde Klöße daraus formen. Diese in auf Stufe 3 kochendes Salzwasser geben und sie 5 Minuten auf Stufe 1, dann 5 Minuten auf Stufe 2, die übrige Zeit auf Stufe 1, gar ziehen lassen.

Kochzeit: 15–20 Minuten.

E. KARTOFFELN IN SOSSE

Die folgenden Gerichte eignen sich mit Salat, Frikadellen, gebratener Leber, Sülze, Würstchen oder Eiern gut als Abendbrot.

Bechamelkartoffeln

1 kg Kartoffeln

Bechamelsoße:

30 g Butter oder Margarine
40 g Schinkenwürfel
30 g Weizenmehl
60 g Zwiebeln
¼ l Wasser oder Brühe
¼ l Milch
etwas Salz
etwas Pfeffer

Die Kartoffeln waschen, in der Schale gar kochen lassen (s. Regeln S. 188, Punkt 5 und 6), noch heiß abpellen und erkaltet in Scheiben schneiden.

Die Soße folgendermaßen zubereiten:

Das Fett mit den Schinkenwürfeln auf Stufe 3 zerlassen. Das Mehl mit den in Würfel geschnittenen Zwiebeln unter Rühren so lange darin erhitzen, bis es hellgelb ist. Damit keine Klumpen entstehen, das Wasser (Brühe) und die Milch nach und nach hinzugießen und mit einem Schneebesen durchschlagen. Die Soße zum Kochen bringen und 10 Minuten auf Stufe 0 ziehen lassen. Die Soße nach Belieben durch ein Sieb streichen und mit den in Scheiben geschnittenen Kartoffeln wieder auf Stufe 3 zum Kochen bringen. Dann das Gericht mit Salz und Pfeffer abschmecken.

Kartoffelsalat (Rezept S. 207)

Schnittlauchkartoffeln

1 kg Kartoffeln

Schnittlauchsoße:

30 g Butter oder Margarine
30 g Weizenmehl
¼ l Wasser oder Brühe
¼ l Milch
etwas Salz
2 Eßl. geschnittener Schnittlauch
etwas Zitronensaft

Die Kartoffeln waschen, in der Schale gar kochen lassen (s. Regeln S. 188, Punkt 5 und 6), noch heiß abpellen und erkaltet in Scheiben schneiden.

Die Soße folgendermaßen zubereiten:

Das Fett auf Stufe 3 zerlassen. Das Mehl unter Rühren so lange darin erhitzen, bis es hellgelb ist. Damit keine Klumpen entstehen, das Wasser (Brühe) und die Milch nach und nach hinzugießen und mit einem Schneebesen durchschlagen. Die Soße zum Kochen bringen und mit etwas Salz, dem Schnittlauch und den Kartoffeln ziehen lassen. Die Schnittlauchkartoffeln dann mit Salz und Zitronensaft abschmecken.

Veränderung: Statt Schnittlauch Petersilie oder Dill nehmen.

Senfkartoffeln

1 kg Kartoffeln

Senfsoße:

30 g Butter oder Margarine
30 g Weizenmehl
½ l Wasser oder Brühe (S. 49/50)
etwas Salz
1–2 Eßl. Senf
etwas Essig
etwas Zucker

Die Kartoffeln waschen, in der Schale gar kochen lassen (s. Regeln S. 188, Punkt 5 und 6), noch heiß abpellen und erkaltet in Scheiben schneiden.

Die Soße folgendermaßen zubereiten:

Das Fett auf Stufe 3 zerlassen. Das Mehl unter Rühren so lange darin erhitzen, bis es hellgelb ist. Damit keine Klumpen entstehen, das Wasser (Brühe) nach und nach hinzugießen und mit einem Schneebesen durchschlagen. Die Soße zum Kochen bringen und 10 Minuten auf der ausgeschalteten Kochplatte mit den Kartoffeln und etwas Salz kochen lassen. Das Gericht mit Senf, Salz, Essig und Zucker abschmecken.

F. KARTOFFELAUFLÄUFE

Regeln für das Backen von Aufläufen S. 260.

Resteauflauf

250 g Fleisch- oder Schinkenreste (evtl. halb roh, halb gekocht)
1 Zwiebel
etwas Butter oder Margarine
500–750 g gekochte Kartoffeln (Reste)
1–2 Eier
20 g (2 schwach gehäufte Eßl.) Dr. Oetker Gustin
etwas Salz
¼ l Milch
2 Eßl. Semmelmehl oder geriebener Käse
etwas geschnittener Schnittlauch
etwas Butter

Die Fleischreste fein hacken und mit der in Würfel geschnittenen, in dem Fett gedünsteten Zwiebel gut vermischen. Die Kartoffeln reiben oder durch ein Sieb streichen (Pellkartoffeln salzen!) und sie abwechselnd lagenweise mit dem Fleisch in eine gut gefettete Auflaufform geben. Die oberste Lage muß aus Kartoffeln bestehen. Eier, Gustin, Salz und Milch verquirlen und über die Kartoffeln gießen. Den Auflauf mit Semmelmehl (Käse) und Schnittlauch bestreuen, mit Butterflöckchen belegen und in den Backofen stellen.

Schalterbackofen: O 3 – U 3;

Reglerbackofen: 225–250.

Backzeit: 30–40 Minuten.

Veränderung: Statt der Fleischreste kleingeschnittenes, gedünstetes Gemüse wie Blumenkohl, Spargel, Tomaten usw. einschichten.

Kartoffelauflauf mit Schinken

1 kg Kartoffeln
75 g roher und 75 g gekochter in kleine Würfel geschnittener Schinken

Helle Soße:

40 g Butter oder Margarine
40 g Weizenmehl
1/4 l Wasser oder Brühe (S. 49/50)
1/4 l Milch
etwas Salz
2 Eßl. Semmelmehl oder geriebener Käse
etwas Butter

Die Kartoffeln waschen, in der Schale gar kochen lassen (s. Regeln S. 188, Punkt 5 und 6), noch heiß abpellen und erkaltet in Scheiben schneiden. Die Schinkenwürfel abwechselnd mit den Kartoffeln lagenweise in eine gut gefettete Auflaufform füllen. Die oberste Schicht muß aus Kartoffeln bestehen.

Die Soße folgendermaßen zubereiten:

Das Fett auf Stufe 3 zerlassen. Das Mehl unter Rühren so lange darin erhitzen, bis es hellgelb ist. Damit keine Klumpen entstehen, das Wasser (Brühe) und die Milch nach und nach hinzugießen und mit einem Schneebesen durchschlagen. Die Soße zum Kochen bringen und 10 Minuten auf Stufe 0 ziehen lassen. Die Soße mit Salz abschmecken und über die Kartoffeln gießen. Den Auflauf mit Semmelmehl (Käse) bestreuen, mit Butterflöckchen belegen und in den Backofen stellen.

Schalterbackofen: O 3 – U 3;

Reglerbackofen: 225–250.

Backzeit: 30–40 Minuten.

Veränderung: Statt der hellen Soße 1/4 l saure Sahne, 1/4 l Brühe, 1 gestrichenen Eßl. Dr. Oetker Gustin und 2 Eier nehmen. Diese Zutaten gut verquirlen und über den Auflauf geben.

Kartoffelauflauf mit Eiern

1 kg Kartoffeln
2–3 geschälte hartgekochte Eier
etwas geschnittener Schnittlauch
etwas geriebener Käse

Helle Soße:

Zutaten wie oben

Herstellung wie Kartoffelauflauf mit Schinken (s. oben). Statt des Schinkens die in Scheiben geschnittenen Eier einschichten und sie mit Schnittlauch und Käse bestreuen.

Schalterbackofen: O 3 – U 3;

Reglerbackofen: 225–250.

Backzeit: 30–40 Minuten.

Prinzeßkartoffeln

750 g Kartoffeln
3 gut gewässerte, in kleine Stücke geschnittene Heringe
125 g in kleine Würfel geschnittener gekochter Schinken
2–3 geschälte hartgekochte Eier
3/8 l saure Sahne oder Milch (bei Milch 1 schwach gehäuften Eßl. Dr. Oetker Gustin zusetzen!)
2 Eier
etwas Salz
2 Eßl. Semmelmehl oder geriebener Käse
etwas Butter

Die Kartoffeln waschen, in der Schale gar kochen lassen (s. Regeln S. 188, Punkt 5 und 6), noch heiß abpellen und erkaltet in Scheiben schneiden. Die Eier ebenfalls in Scheiben schneiden. Die Kartoffeln abwechselnd lagenweise mit den Heringen, den Schinkenwürfeln und den Eierscheiben in eine gut gefettete Auflaufform füllen. Die oberste Lage muß aus Kartoffeln bestehen. Die Sahne (die Milch und das Gustin) mit den Eiern und etwas Salz verquirlen und über die Kartoffeln gießen. Den Auflauf mit Semmelmehl (Käse) bestreuen, mit Butterflöckchen belegen und in den Backofen stellen.

Schalterbackofen: O 3 – U 3;

Reglerbackofen: 225–250.

Backzeit: 30–40 Minuten.

SALATE

„Drei Dinge können Frauen aus einem Nichts zaubern: einen Hut, einen Salat und einen Ehestreit“ – sagen die Amerikaner. Was den Hut und den Ehestreit betrifft, so wollen wir uns dazu nicht äußern. Aber hinsichtlich des Salats haben sie sicherlich recht, denn es gibt wohl kaum etwas Eßbares in der Küche, was sich nicht für einen phantasievollen Salat verwenden ließe.

Ob rohe oder gekochte Salate, ob frischer grüner Salat oder Salat aus Gemüse, Fleisch, Fisch und dergleichen, je einfallsreicher ihre Zusammenstellung, um so besser. Fast alles ist erlaubt, aber man sollte immer darauf bedacht sein, den Eigengeschmack durch passende Gewürze nur sanft zu unterstreichen und nicht zu überdecken.

Regeln

1. Alle rohen Salate müssen gründlich gewaschen und gut abgetropft sein, ehe man sie anrichtet. Wässeriger Salat schmeckt fade und nimmt das Öl nicht an.

2. Nie lasse man zerschnittenen Salat im Wasser liegen, Mineralstoffe sind zum Teil wasserlöslich.

3. Blattsalate dürfen nicht ausgedrückt werden; am besten schwenkt man sie nach dem Waschen in einem Tuch oder Drahtkorb aus. Sie dürfen erst kurz vor dem Gebrauch angerichtet werden, da ihr Aussehen durch längeres Stehen leidet.

4. Gemüse- und Fleischsalate müssen einige Stunden in der Soße oder Mayonnaise durchziehen.

Salatsoße I

3 Eßl. Salatöl
1–2 Eßl. Essig
etwas Salz
1 Teel. gehackte Kräuter

Öl, Essig und Salz so lange mit einer Gabel schlagen, bis eine dickflüssige Soße entstanden ist. Die Kräuter darunter rühren.

Veränderung: 1 kleine in Würfel geschnittene Zwiebel hinzufügen, aber auch mit Selleriesalz, Zucker oder Bienenhonig* würzen. Bei einigen Salaten an Stelle von Essig Zitronensaft nehmen (bei Kartoffelsalat nur Essig verwenden!).

* z. B. Langnese-Honig

Salatsoße II

1–2 Eßl. Salatöl
1–2 Eßl. Essig
etwas Salz
etwas Zucker
2 Eßl. saure Sahne
1 kleine Zwiebel
1 Teel. gehackte Kräuter

Öl, Essig, Salz und Zucker so lange mit einer Gabel schlagen, bis eine dickflüssige Soße entstanden ist. Dann die Sahne, die in Würfel geschnittene Zwiebel und die Kräuter hinzugeben.

Veränderung: Bei einigen Salaten an Stelle von Essig Zitronensaft nehmen.

A. BLATTSALATE

Kopfsalat

2 Köpfe Salat
Salatsoße I oder II (s. oben)

Von den Salatköpfen die welken Blätter entfernen, die anderen vom Strunk lösen. Die großen Blätter teilen, die Herzblätter ganz lassen. Den Salat in reichlich Wasser sorgfältig waschen, aber nicht drücken und ihn dann auf einem Durchschlag abtropfen lassen. Ihn besser noch in einem Tuch oder Drahtkorb ausschwenken. Den Salat kurz vor dem Anrichten mit einer der angegebenen Soßen mischen.

Veränderung: Kopfsalat auch mit Sahnensoße (S. 82) oder Mayonnaise (S. 82/83) anrichten.

Endiviensalat

1–2 Köpfe Endivien
Salatsoße I oder II (S. 204) oder
½ Rezept Sahnensoße (S. 82)

Die Wurzeln und äußeren Blätter von den Endivien abschneiden. Die übrigen Blätter sorgfältig waschen, übereinanderlegen und in nudelartige Streifen schneiden. Sollten die Endivien bitter sein, sie ½ Stunde in lauwarmes Wasser legen. Den Salat mit der Soße mischen.

Kressesalat

200 g Kresse
Salatsoße I (S. 204)

Die Kresse sorgfältig verlesen, in reichlich Wasser gründlich waschen, aber nicht drücken. Sie gut abtropfen lassen und kurz vor dem Anrichten mit der angegebenen Soße mischen.

Feldsalat

(Rapunzeln)

200 g Feldsalat
Salatsoße I oder II (S. 204)

Die Wurzelenden abschneiden und fehlerhafte Blätter sorgfältig entfernen. Den Salat gründlich waschen, ihn gut abtropfen lassen und kurz vor dem Anrichten mit einer der angegebenen Soßen mischen.

Feldsalat eignet sich gut zur Verzierung von Kartoffel- oder Selleriesalat.

B. GEMÜSESALATE

I. SALATE AUS ROHEM GEMÜSE

Gurkensalat

1 große Gurke
Salatsoße I oder II (S. 204)

Die Gurke von der Spitze zum Stiel hin schälen (nach Belieben auch ungeschält, aber sorgfältig gewaschen, verwenden) und probieren, ob sie bitter ist. Sollte das der Fall sein, so viel abschneiden, bis der Geschmack einwandfrei ist. Die Gurke in feine Scheiben schneiden oder hobeln, mit einer der angegebenen Soßen mischen und sofort anrichten.

Veränderung: Die Gurken mit einer Salatsoße und ⅛ l saurer Sahne mischen und an die Salatsoße gehackten Dill geben.

Anmerkung: Man salzt die Gurkenscheiben nicht mehr ein, weil dadurch der Salat schwer verdaulich wird und durch das Weggießen des Gurkenwassers wertvolle Nährstoffe verlorengehen.

Möhren-Apfel-Salat

500 g Möhren
250 g Äpfel
3 Eßl. Salatöl
1–2 Eßl. Zitronensaft
etwas Salz
etwas Zucker

Die Möhren schrappen, waschen und auf der Rohkostreibe zerkleinern. Die Äpfel schälen, vom Kerngehäuse befreien und ebenfalls auf der Rohkostreibe zerkleinern.

Öl, Zitronensaft, Salz und Zucker in einer Schüssel mit einer Gabel gut durchschlagen. Dann die Möhren und Äpfel hinzugeben und evtl. noch mit Salz und Zucker abschmecken.

Radieschensalat

3–4 Bund Radieschen
Salatsoße I (S. 204)

Die Wurzeln und die Blätter der Radieschen abschneiden, sie dann waschen und fein schneiden oder hobeln. Die Radieschen mit der Soße mischen und vor dem Auftragen noch einige Zeit stehenlassen.

Rettichsalat

2–3 Rettiche
etwas Zucker
Salatsoße I oder II (S. 204)

Die Rettiche schälen, hobeln oder grob raspeln und mit einer der angegebenen Soßen mischen. Den Salat vor dem Auftragen 1 Stunde stehenlassen.

Sauerkrautsalat

300–500 g Sauerkraut
1 Apfel
3 Eßl. Salatöl
evtl. etwas Essig
etwas Salz
etwas Zucker
1 Eßl. Kapern

Das Sauerkraut ausdrücken, klein schneiden, locker zupfen, mit dem geraspelten Apfel und dem Öl mischen und mit Essig, Salz und Zucker abschmecken. Die Kapern beim Anrichten darüber streuen.

Veränderung: Den Salat mit Sahnensoße (S. 82), Tomatensoße (S. 82) oder Mayonnaise (S. 82/83) mischen.

Tomatensalat

500 g feste Tomaten
etwas Salz
etwas Pfeffer
1 kleine Zwiebel
Salatsoße I (S. 204)

Die Tomaten waschen, abtrocknen, mit dem Tomatenmesser in Scheiben schneiden, leicht salzen, pfeffern und mit der in Würfel geschnittenen Zwiebel schichtweise in eine Salatschüssel füllen. Zum Schluß die kräftig abgeschmeckte Soße über die Tomaten gießen.

II. SALATE AUS GEKOCHTEM (GEDÜNSTETEM) GEMÜSE

Spargelsalat

500 g Brechspargel
¼ l Wasser
etwas Salz
Salatsoße I (S. 204)

Der Spargel muß zartweiß aussehen, sich leicht brechen lassen und an den Bruchstellen saftig sein. Den Spargel von oben nach unten schälen und darauf achten, daß die Schalen vollständig entfernt, die Köpfe aber nicht verletzt werden. Ihn waschen, in 4–5 cm lange Stücke schneiden, in das auf Stufe 3 stark kochende Salzwasser geben, ihn 25 Minuten auf Stufe 1 und die letzten 5–10 Minuten auf Stufe 0 weich kochen lassen. Den Spargel mit einem Schaumlöffel herausnehmen, ihn noch warm mit der Soße mischen, gut durchziehen lassen und abschmecken. Den Salat nach Belieben mit hartgekochten, in Scheiben geschnittenen Eiern und rohen Tomatenscheiben verzieren.

Kochzeit: 30–40 Minuten.

Veränderung: Den Salat vor dem Anrichten mit Mayonnaise mischen und in ausgehöhlte Tomaten füllen.

Blumenkohlsalat

1 Kopf Blumenkohl
⅛ – ¼ l Wasser
etwas Salz
Salatsoße I oder II (S. 204)

Einen festen weißen Kopf wählen, die Blätter und etwaige schlechte Stellen entfernen und den Strunk abschneiden. Den Blumenkohl anschließend unter fließendem Wasser waschen und ihn dann einige Zeit in kaltes Salzwasser legen, um Raupen und Insekten zu entfernen. Den Blumenkohl in das auf Stufe 3 kochende Salzwasser legen, ihn 15–20 Minuten auf Stufe 1 und 10 Minuten auf Stufe 0 weich kochen lassen. Ihn in Röschen zerteilen, mit einer der angegebenen Soßen mischen, gut durchziehen lassen und abschmecken.

Kochzeit: 25–30 Minuten.

Veränderung: Den Salat auf die Mitte einer Platte schichten, ihn mit Mayonnaise übergießen und einen Kranz von grünem Salat oder Tomatensalat ringsum legen.

Weiß- oder Rotkohlsalat

500 g Kohl
20 g in kleine Würfel geschnittener Speck
etwas gesalzenes Wasser
Salatsoße I (S. 204)
für Rotkohlsalat 1 Apfel

Die groben äußeren Blätter entfernen, den Kohl in Hälften oder Viertel schneiden, den Strunk herausschneiden, den Kohl waschen und sehr fein schneiden oder hobeln. Den Speck auf Stufe 3 auslassen und den Kohl kurze Zeit darin erhitzen. Dann etwas Salzwasser hinzugeben, den Kohl auf Stufe 0 halbweich dünsten und ihn noch warm mit der Soße mischen. Unter Rotkohlsalat den geriebenen Apfel geben.

Dünstzeit: 20–30 Minuten.

Kartoffelsalat I

750 g Salatkartoffeln
¼ l Salzwasser oder Brühe
1 kleine Zwiebel
etwas Pfeffer
Salatsoße I (S. 204)

Die Kartoffeln waschen, in der Schale gar kochen lassen (s. Regeln S. 188, Punkt 5 und 6), noch heiß abpellen, lauwarm in feine Scheiben schneiden und mit dem kochendheißen Salzwasser (Brühe) übergießen. Die Kartoffelscheiben nach kurzer Zeit mit einem Schaumlöffel aus dem Wasser nehmen und mit der in Würfel geschnittenen Zwiebel, dem Pfeffer und der Soße mischen. Den Salat vor dem Auftragen 1–2 Stunden stehenlassen. Ihn nach Belieben mit krauser Petersilie, grünem Salat, Rote Beete oder Gurkenscheiben verzieren.

Kochzeit: 25–30 Minuten.

Veränderung: Diesen Kartoffelsalat mit Mayonnaise (S. 82/83) anrichten.

Kartoffelsalat II

750 g Salatkartoffeln
¼ l Salzwasser oder Brühe
40 g in kleine Würfel geschnittener Speck
1 kleine Zwiebel
etwas Pfeffer
etwas Salz
etwas Essig

Die Kartoffeln waschen, in der Schale gar kochen lassen (s. Regeln S. 188, Punkt 5 und 6), noch heiß abpellen, lauwarm in feine Scheiben schneiden und mit dem kochendheißen Salzwasser (Brühe) übergießen. Die Kartoffelscheiben nach kurzer Zeit mit einem Schaumlöffel aus dem Wasser nehmen. Den Speck auf Stufe 3 auslassen und mit der in Würfel geschnittenen Zwiebel hellgelb bräunen. Ihn über die Kartoffeln geben, mit Pfeffer, Salz und Essig abschmecken und den Salat warm reichen.

Kochzeit: 25–30 Minuten.

Selleriesalat

1–2 Knollen Sellerie
¼–½ l Wasser
1 Teel. Salz
2–3 Eßl. Essig
Salatsoße I (S. 204)

Die Sellerieknollen unter fließendem Wasser sorgfältig bürsten, in das auf Stufe 3 kochende, gesalzene Essigwasser geben, 60 Minuten auf Stufe 1 schalten und auf Stufe 0 weich kochen lassen. Sie aus dem Kochwasser nehmen und mit kaltem Wasser übergießen, damit sich die Schalen besser abziehen lassen. Die lauwarmen Knollen schälen, in Scheiben schneiden und mit der Soße mischen. Zur Verzierung Feldsalat oder feingehackte Rote Beete nehmen.

Kochzeit: 1–2 Stunden.

Veränderung: Den Salat mit Mayonnaise (S. 82/83) anrichten.

Bohnensalat

500 g Bohnen
⅛ l Wasser
etwas Salz
Salatsoße I (S. 204)
1 Zwiebel

Die Bohnen abfädeln, waschen und in etwa 4 cm lange Stücke brechen oder schneiden. Sie dann in auf Stufe 3 kochendes Salzwasser geben, auf Stufe 1 schalten und zuletzt auf Stufe 0 gar kochen lassen und noch heiß mit der Soße und der in Würfel geschnittenen Zwiebel mischen. Den Salat gut durchziehen lassen und abschmecken. Die Soße nach Belieben mit 2–3 Eßl. Bohnenkochwasser oder saurer Sahne verlängern. Petersilie, Dill und Bohnenkraut sind passende Kräuter.

Kochzeit: Etwa 30 Minuten.

Rote Beete-Salat

(Rote Rüben-Salat)

500 g Rote Beeten
¼–½ l Wasser
1 Teel. Salz
1 kleine Zwiebel
1 Teel. feinwürflig geschnittener Meerrettich
⅛ l Essig (verdünnt)
etwas Salz
etwas Zucker
evtl. ½ Teel. Kümmel

Die Wurzeln und die Blätter etwa 3 cm hoch über den Knollen abschneiden, damit die Knollen nicht zu stark ausgelaugt werden. Die Rote Beeten dann unter fließendem Wasser sorgfältig bürsten, in das auf Stufe 3 kochende Salzwasser legen, auf Stufe 1 schalten und die letzten 10 Minuten auf Stufe 0 weich kochen lassen. Sie aus dem Kochwasser nehmen und mit kaltem Wasser übergießen, damit sich die Schalen besser abziehen lassen. Die lauwarmen Knollen schälen, in Scheiben schneiden, mit der in Würfel geschnittenen Zwiebel, dem Meerrettich und dem Essig mischen und mit Salz, Zucker und Kümmel abschmecken. Den Salat gut durchziehen lassen.

Kochzeit: 1–1½ Stunden.

Chicorée-Salat

4 Chicorée
1½ l Wasser
etwas Salz

Soße:

2 Eßl. Salatöl
Saft einer halben Zitrone
etwas Salz, etwas Pfeffer
1 Teel. Zucker
2 Eßl. saure Sahne
1 kleine Zwiebel

Die Chicorée von schlechten Blättern befreien und den Strunk keilförmig herausschneiden. Die Chicorée waschen, in das auf Stufe 3 kochende, schwach gesalzene Wasser geben und sie 10 Minuten auf Stufe 0 kochen lassen. Dann das Gemüse zum Abtropfen auf ein Sieb geben und danach in feine Streifen schneiden.

Kochzeit: Etwa 10 Minuten.

Für die Soße Öl, Zitronensaft, Salz, Pfeffer und Zucker gründlich quirlen oder mit einer Gabel verschlagen. Dann die Sahne und die in Würfel geschnittene Zwiebel hinzugeben. Die Chicorée mit der Soße mischen und den Salat abschmecken.

C. HALBROHKOSTSALATE

Sehr gesund und wohlschmeckend sind Salate aus rohem und gekochtem Gemüse, sogenannte Halbrohkostsalate. Es folgen einige der gebräuchlichsten Zusammenstellungen:

Spargel-Tomatensalat

250 g Spargel, 250 g Tomaten. Jeden Salat für sich anmachen, schichtweise einfüllen.

Blumenkohl-Tomatensalat

1 mittelgroßer Kopf Blumenkohl, 250 g Tomaten. Jeden Salat für sich anmachen, schichtweise einfüllen.

Bohnen-Tomatensalat

500 g Bohnen, 250–375 g Tomaten. Jeden Salat für sich anmachen, Tomatensalat auf den Bohnensalat geben.

Bohnen-Gurkensalat

Jeden Salat für sich anmachen, dann zusammengeben. Soße von Gurkensalat zurücklassen.

Bohnen-Gurken-Tomatensalat

Jeden Salat für sich anmachen, Bohnen- und Gurkensalat mischen, Tomatensalat obenauf legen.

Sellerie-Tomatensalat

Jeden Salat für sich anmachen, Tomatensalat auf den Selleriesalat legen.

Selleriesalat mit Äpfeln

Selleriesalat anmachen, in Scheiben geschnittene rohe Äpfel darunter mischen.

Kartoffelsalat mit Gurken

Bei Kartoffelsalat mit Salatsoße die in Scheiben geschnittenen Gurken an den gut abgeschmeckten fertigen Kartoffelsalat geben. Bei Kartoffelsalat mit Mayonnaise die Gurkenscheiben vorher in Salatsoße geben und ohne Salatsoße unter den fertigen Kartoffelsalat mischen.

Kartoffelsalat mit Radieschen oder Meerrettich

Unter den fertigen Kartoffelsalat die in Scheiben geschnittenen Radieschen oder den geriebenen Meerrettich mischen.

Kartoffelsalat mit Tomaten

750 g Kartoffeln, 250–375 g Tomaten. Jeden Salat für sich anmachen, Tomatensalat auf den Kartoffelsalat legen.

Kartoffelsalat mit Tomaten und Gurken

750 g Kartoffeln, 1 kleine oder ½ Gurke, 250 g Tomaten. Bei Kartoffelsalat mit Salatsoße die in Scheiben geschnittene Gurke an den gut abgeschmeckten fertigen Kartoffelsalat geben. Tomaten für sich anmachen und auf den Kartoffelsalat legen. Bei Kartoffelsalat mit Mayonnaise Gurkenscheiben vorher in Salatsoße geben und ohne Salatsoße unter den fertigen Kartoffelsalat mischen. Tomaten für sich anmachen und auf den Kartoffelsalat legen.

Bei der Zubereitung der Salate richte man sich nach den im vorhergehenden Abschnitt angegebenen Regeln (S. 204). Die rohen Früchte und Gemüse werden erst kurz vor dem Anrichten an den fertigen Salat gegeben.

D. GEMISCHTE SALATE

Makkaronisalat

125 g Makkaroni
1 l Wasser
etwas Salz
100 g Fleischwurst
2 Gewürzgurken
2 geschälte hartgekochte Eier
2 Rezepte Mayonnaise II (S. 83)

Die Makkaroni in fingerlange Stücke brechen, in das auf Stufe 3 kochende Salzwasser schütten, wieder zum Kochen bringen, dann 5 Minuten auf Stufe 0, 15 Minuten auf Stufe 1 und sie auf Stufe 0 ausquellen lassen. Anfangs die Makkaroni ab und zu umrühren, weil sie sich sonst leicht ansetzen. Die garen Nudeln auf ein Sieb schütten und mit kaltem Wasser übergießen.
Die Fleischwurst, die Gewürzgurken und die Eier in feine Streifen schneiden und mit den Nudeln und der angegebenen Mayonnaise mischen. Den Salat gut durchziehen lassen.

Kochzeit: Etwa 30 Minuten.

Gemüsesalat

125 g Brechspargel
125 g kleine Möhren
125 g ausgepalte Erbsen
125 g zarte Bohnen
evtl. einige Pilze
1 Teel. gehackte Kräuter
Mayonnaise (S. 82/83)

Das geputzte Gemüse, jedes für sich, gar dünsten. Das Gemüse und die Kräuter unter die Mayonnaise rühren. Den Salat nach Belieben mit krauser Endivie verzieren oder in ausgehöhlten Tomaten anrichten.

Veränderung: Das Gemüse mit Remouladensoße (S. 84) mischen.

Eiersalat (Abb. S. 198)

4 Eßl. Salatöl
2 Eßl. Essig
1 Teel. Senf
etwas Salz
1 Eßl. geschnittener Schnittlauch
4–6 geschälte hartgekochte Eier
Tomaten
gekochter Sellerie oder Essiggurken

Öl, Essig, Senf und Salz so lange mit einer Gabel schlagen, bis eine dickflüssige Soße entstanden ist. Den Schnittlauch darunter rühren. Die Eier, die Tomaten und den Sellerie oder die Gurken vorsichtig in Scheiben schneiden, lagenweise abwechselnd in eine Schüssel schichten und die Soße darüber gießen. Den Salat einige Stunden durchziehen lassen.

Veränderung: An Stelle von Tomatenscheiben 1 Teel Tomatenmark an die Salatsoße geben.

Gemischter Reissalat

1 1/2 l Wasser
etwas Salz
200 g Reis (am besten Patnareis)
200 g gebratenes Kalbfleisch
4 Scheiben Ananas
250 g garer Spargel

Mayonnaise:

1 Eigelb
1–2 Teel. Senf
etwas Salz
1 Teel. Zucker
1 Eßl. Zitronensaft oder Essig
1/8 l Salatöl
10 g (1 schwach gehäufter Eßl.) Dr. Oetker Gustin
1/8 l kaltes Wasser zum Anrühren

In das gesalzene, auf Stufe 3 kochende Wasser den gewaschenen Reis streuen, den Topf verschließen und das Wasser wieder zum Kochen bringen. Den Reis auf Stufe 2 oder Stufe 1 ausquellen lassen (es muß ständig etwas Dampf aus dem Topf entweichen und der Reis sprudeln!). Sobald er gar ist, ihn auf ein Sieb geben und mit kaltem Wasser übergießen.

Das Fleisch und die Ananas in längliche Streifen und den Spargel in 2 cm lange Stückchen schneiden.

Für die Mayonnaise Eigelb, Senf, Salz, Zucker und Zitronensaft (Essig) in eine Rührschüssel geben und mit einem Schneebesen so lange schlagen, bis eine dicke Masse entstanden ist. Darunter das Öl schlagen. (Bei dieser Zubereitung ist es nicht notwendig, das Öl tropfenweise zuzusetzen; es wird in Mengen von 1–2 Eßl. untergeschlagen. Die an das Eigelb gegebenen Gewürze verhindern nämlich eine Gerinnung.) Gustin und Wasser anrühren, unter ständigem Rühren auf Stufe 3 zum Kochen bringen und den heißen Brei unter die Mayonnaise schlagen. Den erkalteten Reis und die geschnittenen Zutaten unter die Mayonnaise heben und den Salat (evtl. mit Ananassaft) abschmecken.

Käsesalat

200 g Käse (am besten Gouda)
200 g gekochter Schinken
5 Scheiben Ananas
30–50 g gehackte Walnußkerne

Mayonnaise:

1 Eigelb
1–2 Teel. Senf
etwas Salz
1 Teel. Zucker
1 Eßl. Zitronensaft oder Essig
1/8 l Salatöl
10 g (1 schwach gehäufter Eßl.) Dr. Oetker Gustin
1/8 l kaltes Wasser zum Anrühren

Den Käse, den Schinken und die Ananas in Streifen schneiden.

Für die Mayonnaise Eigelb, Senf, Salz, Zucker und Zitronensaft (Essig) in eine Rührschüssel geben und mit einem Schneebesen so lange schlagen, bis eine dicke Masse entstanden ist. Darunter das Öl schlagen. (Bei dieser Zubereitung ist es nicht notwendig, das Öl tropfenweise zuzusetzen; es wird in Mengen von 1–2 Eßl. untergeschlagen. Die an das Eigelb gegebenen Gewürze verhindern nämlich eine Gerinnung.) Gustin und Wasser anrühren, unter ständigem Rühren auf Stufe 3 zum Kochen bringen und den heißen Brei unter die Mayonnaise schlagen. Die geschnittenen Zutaten und die Walnußkerne unter die Mayonnaise heben und den Salat (evtl. mit Ananassaft) abschmecken.

Krabben-Cocktail

150 g Krabben (ohne Schalen)
200 g garer Spargel

Mayonnaise:

1 Eigelb
½ Teel. Senf
etwas Salz
1 gestrichener Teel. Zucker
1 Eßl. Zitronensaft
⅛ l Salatöl
10 g (1 schwach gehäufter Eßl.) Dr. Oetker Gustin
⅛ l Wasser
etwa 2 Eßl. Apfelsinensaft
etwa 2 Teel. Tomatenketchup

Zum Garnieren:

Einige kleine Salatblätter

Den Spargel in 2 cm lange Stückchen schneiden.

Für die Mayonnaise Eigelb, Senf, Salz, Zucker und Zitronensaft in eine Rührschüssel geben und mit einem Schneebesen so lange schlagen, bis eine dicke Masse entstanden ist. Darunter das Öl schlagen. (Bei dieser Zubereitung ist es nicht notwendig, das Öl tropfenweise zuzusetzen; es wird in Mengen von 1–2 Eßl. untergeschlagen. Die an das Eigelb gegebenen Gewürze verhindern nämlich eine Gerinnung.) Gustin und Wasser anrühren und unter ständigem Rühren auf Stufe 3 zum Kochen bringen. Den heißen Brei unter die Mayonnaise schlagen und sie mit Apfelsinensaft und Tomatenketchup abschmecken.

Die Salatblätter in 6 Gläser (Durchmesser etwa 10 cm) legen, die Krabben und die Spargelstückchen darauf schichten und die Mayonnaise darüber gießen.

Spargel-Cocktail

375 g garer Spargel
2 kleine Scheiben Ananas oder einige frische Erdbeeren

Mayonnaise:

1 Eigelb
½ Teel. Senf
etwas Salz
1 gestrichener Teel. Zucker
1 Eßl. Zitronensaft
⅛ l Salatöl
10 g (1 schwach gehäufter Eßl.) Dr. Oetker Gustin
⅛ l Wasser
etwas Tomatenketchup oder Krebsbutter

Zum Garnieren:

1 kleiner Kopf Salat
1 Eßl. Salatöl
1 Eßl. Zitronensaft
etwas Salz
etwas Zucker

Den Spargel in etwa 6 cm lange Stücke schneiden.

Die Ananasscheiben in kleine Stücke schneiden oder die Erdbeeren waschen, entstielen und in Stücke schneiden.

Für die Mayonnaise Eigelb, Senf, Salz, Zucker und Zitronensaft in eine Rührschüssel geben und mit einem Schneebesen so lange schlagen, bis eine dicke Masse entstanden ist. Darunter das Öl schlagen. (Bei dieser Zubereitung ist es nicht notwendig, das Öl tropfenweise zuzusetzen; es wird in Mengen von 1–2 Eßl. untergeschlagen. Die an das Eigelb gegebenen Gewürze verhindern nämlich eine Gerinnung.) Gustin und Wasser anrühren und unter Rühren auf Stufe 3 zum Kochen bringen. Den heißen Brei unter die Mayonnaise schlagen und sie mit Tomatenketchup oder Krebsbutter abschmecken.

Den Salat putzen und gut waschen. Öl, Zitronensaft, Salz und Zucker verquirlen und mit dem Salat mischen.

Die angerichteten Salatblätter in 6 Gläser (Durchmesser etwa 10 cm) legen, den Spargel in Gitterform auf die Salatblätter schichten, die Ananas- oder Erdbeerstücke dazwischen legen, die Mayonnaise darüber gießen und mit einer Erdbeere oder einem Ananasstückchen garnieren.

Japanischer Salat

¼ l Wasser
etwas Salz
60 g Reis
250 g gebratenes oder gekochtes Rindfleisch
2 Apfelsinen

Mayonnaise:

1 Eigelb
1 Teel. Senf
etwas Salz
1 Teel. Zucker
1 Eßl. Essig
⅛ l Salatöl
Saft einer Apfelsine mit Wasser auf ⅛ l aufgefüllt
1 schwach gehäufter Eßl. Dr. Oetker Gustin
zum Abschmecken Salz, Zucker, Zitronensaft und Curry

In das gesalzene, auf Stufe 3 kochende Wasser den gewaschenen Reis streuen, ihn zunächst 10 Minuten auf Stufe 0, dann 10 Minuten auf Stufe 1 und dann wieder auf Stufe 0 ausquellen lassen. Sobald er gar ist, ihn auf ein Sieb geben und mit kaltem Wasser übergießen.

Das Rindfleisch in kleine Würfel schneiden. Die Apfelsinen schälen und ebenfalls in kleine Würfel schneiden.

Für die Mayonnaise Eigelb, Salz, Senf, Zucker und Essig in einer Rührschüssel so lange mit einem Schneebesen schlagen, bis eine dickliche Masse entstanden ist. Darunter eßlöffelweise das Öl schlagen. Das Gustin mit dem ⅛ l Apfelsinenwasser anrühren, unter ständigem Rühren auf Stufe 3 zum Kochen bringen und den heißen Brei unter die Mayonnaise schlagen.
Das Rindfleisch, die Apfelsinen und den erkalteten Reis darunter rühren und den Salat mit Salz, Zucker, Zitronensaft und Curry abschmecken.

Fleischsalat

250 g gekochtes helles Fleisch
250 g Äpfel
2 hartgekochte Eier
1–2 Essiggurken
1 Teel. Kapern
1 Teel. gehackte Kräuter
1½ Rezepte Mayonnaise (S. 82/83)

Das Fleisch, die geschälten, entkernten Äpfel, die Eier und die Essiggurken in feine Streifen schneiden, mit den Kapern in eine Schüssel geben und mit den Kräutern und der Mayonnaise mischen.

Veränderung: Den Salat mit gekochten Kartoffeln, Sellerie oder Rote Beete verlängern.

Geflügelsalat (Abb. S. 198)

250 g Geflügelfleisch (gekocht oder gebraten)
250 g gares Gemüse (Spargel, junge Erbsen oder Sellerie)
1 Teel. gehackte Kräuter
Mayonnaise (S. 82/83)

Das Fleisch und den Sellerie in längliche Streifen und den Spargel in 3 cm lange Stücke schneiden. Die Kräuter und die Mayonnaise dazugeben und alles gut miteinander verrühren. Den Salat nach Belieben in Muscheln oder auf kleinen Glastellern mit Radieschen und grünem Salat anrichten.

Tomaten-Zwiebelsalat

250 g Zwiebeln
375–500 g Tomaten
etwas Salz
2–3 geschälte hartgekochte Eier
gehackte Petersilie
Mayonnaise (S. 82/83)

Die Zwiebeln schälen, in Scheiben schneiden und in auf Stufe 3 kochendes, gesalzenes Essigwasser (½ l Wasser, 1 Eßl. Essig, 1 Teel. Salz) geben. Sie auf Stufe 1 in etwa 12 Minuten glasig kochen lassen. Die Zwiebeln abkühlen lassen und lagenweise abwechselnd mit den in Scheiben geschnittenen Tomaten und Eiern (leicht mit Salz bestreuen!) und der Petersilie in eine Glasschale schichten. Zum Schluß die Mayonnaise darüber gießen und den Salat bis zum Gebrauch möglichst kalt stellen.

Veränderung: An Stelle der Eier 2 gewässerte Salzheringe (entgrätet, in kleine Würfel geschnitten) einschichten.

Heringssalat

2–3 gewässerte Heringe
250 g Kalbsbraten
2 Essiggurken
1–2 Äpfel
1 gekochte Rote Beete
2 Pellkartoffeln
50 g Haselnuß- oder Walnußkerne
1 Eßl. Preiselbeerkompott
einige Eßl. heiße Brühe
1 Teel. gehackte Kräuter
Mayonnaise (S. 82/83)

Die enthäuteten, entgräteten Heringe, den Kalbsbraten, die Gurken, die geschälten, entkernten Äpfel, die abgezogene Rote Beete und die abgepellten Kartoffeln in kleine Würfel schneiden und in eine Schüssel geben. Die zerkleinerten Nußkerne, das Kompott, die Brühe und die Kräuter dazugeben und die Mayonnaise darunter rühren. Den Salat nach Belieben mit hartgekochten Eiern, Gurken, Kapern und roten Beeten verzieren.

Fischsalat mit Apfelsinen

500 g garer Fisch
4 mittelgroße Apfelsinen
2 Essiggurken
Mayonnaise II (mit Gustin verlängert, S. 83)

Den Fisch zerkleinern und mit den geschälten, in Würfel geschnittenen Apfelsinen, den in Würfel geschnittenen Gurken und der Mayonnaise mischen.

Italienischer Salat (Abb. S. 198)

125 g Fleischreste oder gekochter Schinken
125 g Äpfel
125 g Essiggurken
125 g Pellkartoffeln
100 g gekochte Möhren und Sellerie
2 gewässerte Sardellen
1 Teel. Kapern
1 Zwiebel
1 Teel. gehackte Kräuter
Mayonnaise (S. 82/83)

Das Fleisch oder den Schinken, die geschälten, entkernten Äpfel, die Essiggurken, die abgepellten Kartoffeln, die Möhren und den Sellerie in feine Streifen schneiden und in eine Schüssel geben. Die Sardellen hacken und mit den Kapern, der in Würfel geschnittenen Zwiebel, den Kräutern und der Mayonnaise dazugeben. Den Salat nach Belieben mit hartgekochten Eiern, Gurken und Tomaten verzieren.

Veränderung: Den Salat mit Remouladensoße (S. 84) mischen.

Gemischter Salat

125 g gekochter Schinken
65 g roher Schinken
375 g gekochter Sellerie
2 mittelgroße rohe Äpfel
2–3 kleine Essiggurken
1 Teel. gehackte Kräuter
Mayonnaise (S. 82/83)

Den Schinken, den Sellerie, die geschälten, entkernten Äpfel und die Essiggurken in kleine Würfel schneiden und mit den Kräutern unter die Mayonnaise rühren. Den Salat vor dem Auftragen einige Stunden gut durchziehen lassen.

Waldorfsalat

500 g Äpfel
200 g Sellerie
100 g frische Walnußkerne
Mayonnaise (S. 82/83)

Die geschälten, vom Kerngehäuse befreiten Äpfel und den geschälten Sellerie (roh) in feine Streifen schneiden. Die Häutchen von den Nußkernen abziehen und diese dann grob mahlen oder sehr fein hacken. Die zerkleinerten Zutaten mischen, mit der Mayonnaise binden und gut durchziehen lassen.

OBSTSPEISEN

„Eßt mehr Obst, und Ihr bleibt gesund“ – wer möchte dieser Aufforderung nicht gerne nachkommen. Kaum etwas anderes gibt es, das unserer Gesundheit ebenso dienlich ist, wie es unserem Geschmack entgegenkommt.

Schon lange beschränkt sich das Obstangebot nicht mehr nur auf die heimischen Äpfel und Birnen, Stachelbeeren und Pflaumen. Zu jeder Jahreszeit leuchten Apfelsinen in den Schaufenstern, hängen ganze Bananenstauden an der Decke und locken Ananas und Trauben zum Kauf.

Eingemachte Früchte haben vor allem im Winter als Zugabe zu Süßspeisen oder als Kompott große Bedeutung. Nicht vergessen sei auch die Obsttorte in diesem Zusammenhang. Und schließlich genießen wir täglich Obst in Form von Marmeladen und Gelees.

Regeln

1. Frisches Obst muß schnell gewaschen werden, weniger empfindliches am besten unter fließendem Wasser. Man läßt es auf einem Sieb gut abtropfen oder reibt es mit einem Tuch gut ab (Äpfel, Birnen, Pflaumen).

2. Getrocknetes oder gedörrtes Obst muß in lauwarmem Wasser gewaschen werden. Danach wird es in kaltem Wasser 12–24 Stunden zum Einweichen hingestellt.

3. Obst darf erst nach dem Waschen entsteint oder geschält werden.

4. Niemals lasse man Obst längere Zeit im Wasser liegen. Äpfel und Birnen bedecke man nach dem Schälen mit einem feuchten Tuch, damit sie nicht braun werden.

5. Besonders saftreiche Obstsorten werden im eigenen Saft gedünstet.

6. Obst wird auf Stufe 3 zum Kochen gebracht und auf Stufe 0 gar gekocht.

7. Obstmus wird erst nach dem Durchrühren gesüßt, damit kein Zucker mit dem Rückstand verlorengeht.

8. Gewürze wie Zitronen- und Apfelsinenschalen usw. werden vor dem Anrichten entfernt.

A. ROHES OBST

Früchte mit Quark

Frischen Quark mit Milch oder Sahne, Zucker und Dr. Oetker Vanillin-Zucker schaumig schlagen und mit gereinigten, gezuckerten rohen Himbeeren, Johannisbeeren, Brombeeren oder kleingeschnittenen Erdbeeren mischen. Die Speise bergartig anrichten und sie mit besonders schönen gezuckerten Früchten verzieren.

Fruchtschaum

1 gehäufter Teel. Dr. Oetker Regina-Gelatine gemahlen, weiß
3 Eßl. kaltes Wasser zum Anrühren
375 g Früchte
Saft einer halben Zitrone
¼ l Sahne
Zucker nach Geschmack

Die Gelatine mit dem Wasser anrühren, 10 Minuten zum Quellen stehenlassen und unter Rühren auf Stufe 1 erwärmen, bis sie gelöst ist.

Gereinigte Erdbeeren, Himbeeren, Brombeeren, abgezogene Bananen mit einem Löffel zerdrücken, mit dem Zitronensaft schaumig schlagen und mit der Gelatine mischen. Die steifgeschlagene Sahne darunter heben. Den Fruchtschaum mit Zucker abschmecken, in Gläser füllen und mit Früchten oder Gelee verzieren.

Müsli
(nach Dr. Bircher-Benner)

4 Eßl. Haferflocken
12 Eßl. Wasser
Saft von 2 Zitronen
4 Eßl. Sahne oder Milch
600 g Äpfel
etwas Zucker und Langnese-Honig
4 Eßl. geriebene Nüsse oder Mandeln

Die Haferflocken in dem Wasser mehrere Stunden einweichen. Kurz vor dem Auftragen den Zitronensaft und die Sahne (Milch) hinzugeben. Die gewaschenen Äpfel mit Schale und Kerngehäuse auf die Haferflocken reiben (Glasreibe), sobald kleinere Mengen vorhanden sind, den Brei unter die Haferflocken rühren, damit er durch den Zitronensaft weiß bleibt. Das Müsli mit Zucker und Honig abschmecken und mit den Nüssen oder Mandeln bestreuen.

Das Müsli ist eine der nahrhaftesten Fruchtspeisen und eignet sich besonders als Frühstück oder Abendbrot. Ein Stück Vollkornbrot mit Butter oder Langnese-Honig kann dazu gegessen werden.

Veränderung: Statt der Haferflocken Roggen-, Weizen- oder Reisflocken nehmen; statt der Äpfel Beerenfrüchte aller Art (diese zerdrücken!). Im Winter in Ermangelung frischer Frucht getrocknetes Obst, das man gut abwäscht, verwenden (100 g für eine Person). Das Trockenobst 12 Stunden einweichen, fein hacken oder durch die Rohkostmaschine drehen und dann mit den anderen Zutaten mischen.

Fruchtsalat

Fruchtsalate sind besonders wohlschmeckend, wenn man verschiedene Obstsorten mischt. Nur tadellose Früchte verwenden und sie sorgfältig reinigen. Apfelsinen von den Kernen und allen weißen Häuten befreien, Feigen, Korinthen und Rosinen waschen und einweichen. Die Früchte in Scheiben schneiden und lagenweise mit Zucker einschichten. Sie nach Belieben mit Zitronensaft, Wein oder unvergorenem Fruchtsaft übergießen und mit Mandeln, Nüssen und Rosinen verzieren. Puffreis, Flocken, Zwiebäcke oder Makronen, auch ein Kännchen rohe Sahne oder Vanillesoße, zubereitet mit Dr. Oetker Soßen-Pulver Vanille-Geschmack, dazu reichen.

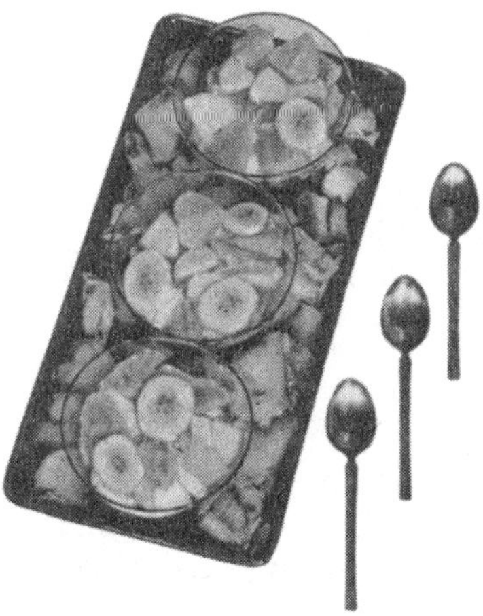

Besonders erfrischend sind folgende Zusammenstellungen:

1. Äpfel, Apfelsinen, Zucker, Zitronensaft, Nüsse.
2. Äpfel, Apfelsinen, Bananen, Zucker, Zitronensaft, Nüsse.
3. Äpfel, Feigen, Zucker, Zitronensaft.
4. Äpfel, Apfelsinen, Tomaten, Zucker, Zitronensaft.
5. Äpfel, Apfelsinen, Bananen, Ananas, Zucker, Wein.
6. Äpfel, Apfelsinen, Birnen, Ananas, Bananen, Zucker, Saft.
7. Apfelsinen, Bananen, Zucker, Zitronensaft.
8. Pflaumen, Birnen, Pfirsiche, Zucker, Zitronensaft.

B. GEDÜNSTETES OBST

Aprikosenkompott

600 g Aprikosen
75–100 g (3–4 gut gehäufte Eßl.) Zucker

Die Aprikosen kurz in kochendes Wasser tauchen, die Haut abziehen und die Steine entfernen. Einige Steine aufbrechen, die Kerne zu den Früchten geben und diese mit 3 gut gehäuften Eßl. Zucker bestreuen. Sobald sie Saft gezogen haben, sie auf Stufe 3 zum Kochen bringen und auf Stufe 0 weich dünsten. Das Kompott erkalten lassen und, wenn erforderlich, mit Zucker abschmecken.

Bananen

4 Bananen
40 g Butter
etwas Dr. Oetker Zimt-Zucker

Die Bananen von der Schale befreien, der Länge nach einmal durchschneiden und in der auf Stufe 3 erhitzten Butter auf Stufe 1 goldbraun dünsten. Die Bananen mit Zimt-Zucker bestreuen und warm reichen.

Erdbeerkompott

500 g Erdbeeren
50–75 g (2–3 gut gehäufte Eßl.) Zucker

Die Erdbeeren sorgfältig waschen, entstielen und mit 2 gut gehäuften Eßl. Zucker bestreuen. Sobald sie Saft gezogen haben, sie auf Stufe 3 zum Kochen bringen und auf Stufe 0 weich dünsten. Das Kompott erkalten lassen und, wenn erforderlich, mit Zucker abschmecken.

Heidelbeerkompott

500 g Heidelbeeren
75–100 g (3–4 gut gehäufte Eßl.) Zucker
1 Stück Zimt oder Zitronenschale

Die Heidelbeeren verlesen, waschen und mit 3 gut gehäuften Eßl. Zucker bestreuen. Sobald sie Saft gezogen haben, sie mit dem Zimt (Zitronenschale) auf Stufe 3 zum Kochen bringen und auf Stufe 0 weich dünsten. Das Kompott erkalten lassen und, wenn erforderlich, mit Zucker abschmecken.

Himbeerkompott

500 g Himbeeren
50–75 g (2–3 gut gehäufte Eßl.) Zucker

Die Himbeeren sorgfältig verlesen und mit 2 gut gehäuften Eßl. Zucker bestreuen. Sobald sie Saft gezogen haben, sie auf Stufe 3 zum Kochen bringen und auf Stufe 0 weich dünsten. Das Kompott erkalten lassen und, wenn erforderlich, mit Zucker abschmecken.

Sauerkirschkompott

500 g Sauerkirschen
125–150 g (5–6 gut gehäufte Eßl.) Zucker

Die Kirschen waschen, entsteinen und mit 5 gut gehäuften Eßl. Zucker bestreuen. Sobald sie Saft gezogen haben, sie auf Stufe 3 zum Kochen bringen und auf Stufe 0 weich dünsten. Das Kompott erkalten lassen und, wenn erforderlich, mit Zucker abschmecken.

Johannisbeerkompott

500 g Johannisbeertrauben
100–125 g (4–5 gut gehäufte Eßl.) Zucker

Die Johannisbeertrauben vorsichtig waschen, die Beeren mit einer Gabel von den Stielen streifen und mit 4 gut gehäuften Eßl. Zucker bestreuen. Sobald sie Saft gezogen haben, sie auf Stufe 3 zum Kochen bringen und auf Stufe 0 weich dünsten. Das Kompott erkalten lassen und, wenn erforderlich, mit Zucker abschmecken.

Rhabarberkompott

500 g Rhabarber
100–125 g (4–5 gut gehäufte Eßl.) Zucker
1 Päckchen Dr. Oetker Vanillin-Zucker oder etwas Apfelsinenschale

Den Rhabarber gründlich waschen, in etwa 2 cm lange Stücke schneiden (nicht abziehen!) und mit 4 gut gehäuften Eßl. Zucker bestreuen. Sobald er Saft gezogen hat, den Vanillin-Zucker (Apfelsinenschale) hinzugeben, ihn auf Stufe 3 zum Kochen bringen und auf Stufe 0 weich dünsten. Der Rhabarber darf jedoch nicht zerfallen. Das Kompott erkalten lassen und, wenn erforderlich, mit Zucker abschmecken.

Pfirsichkompott

600 g Pfirsiche
5 Eßl. Wasser
50–75 g (2–3 gut gehäufte Eßl.) Zucker

Die Pfirsiche kurz in kochendes Wasser tauchen, die Haut abziehen und die Steine entfernen. Einige Steine aufbrechen, die Kerne mit dem Zucker in das Wasser geben und auf Stufe 3 zum Kochen bringen. Die Pfirsiche hineingeben, zum Kochen bringen und auf Stufe 0 weich dünsten lassen. Das Kompott erkalten lassen und, wenn erforderlich, mit Zucker abschmecken.

C. GEKOCHTES OBST

Apfelkompott

500 g Äpfel
¼ l Wasser
50–100 g (2–4 gut gehäufte Eßl.) Zucker
1 Eßl. Zitronensaft oder Weißwein

Die Äpfel waschen, dünn schälen, in Viertel oder Achtel schneiden und entkernen. Das Wasser mit 2 gut gehäuften Eßl. Zucker auf Stufe 3 zum Kochen bringen, die Äpfel hineingeben und sie im zugedeckten Topf unter öfterem Schütteln, weiche Sorten sofort auf Stufe 0 schalten, bei härteren Sorten 5–10 Minuten auf Stufe 1 schalten, dann erst auf Stufe 0, so lange kochen lassen, bis sie weich und glasig sind. Den Saft mit Zitronensaft (Weißwein) und evtl. noch mit Zucker abschmecken.

Kochzeit: 10–20 Minuten.

Apfelmus

750 g Äpfel
5 Eßl. Wasser
50–100 g (2–4 gut gehäufte Eßl.) Zucker

Die Äpfel waschen, von Stiel und Blüte befreien, in kleine Stücke schneiden, mit dem Wasser auf Stufe 3 zum Kochen bringen und auf Stufe 1 weich kochen lassen. Die Äpfel durch ein Sieb streichen und mit Zucker abschmecken.

Das Mus in eine Glasschale füllen, mit einem Messer glattstreichen, Verzierungen eindrücken und es mit Geleetupfen oder aufgequollenen Korinthen belegen.

Pflaumenkompott

500 g Pflaumen
⅛ l Wasser
50–75 g (2–3 gut gehäufte Eßl.) Zucker
1 Stück Zimt
3 Nelken (nach Geschmack)

Die Pflaumen waschen, halbieren und entsteinen. Das Wasser mit 2 gut gehäuften Eßl. Zucker auf Stufe 3 zum Kochen bringen, die Pflaumen und die Gewürze hineingeben, zum Kochen bringen und auf Stufe 0 weich kochen. Das Kompott erkalten lassen und, wenn erforderlich, mit Zucker abschmecken.

Getrocknete Pflaumen

250 g Backpflaumen
½ l Wasser
30 g (2 gestrichene Eßl.) Zucker
1 Stück Zimt
1 gestrichener Teel. Dr. Oetker Gustin
1 Eßl. kaltes Wasser zum Anrühren

Die Pflaumen gründlich waschen und in dem Wasser 12–24 Stunden einweichen. Sie dann mit dem Einweichwasser, dem Zucker und dem Zimt auf Stufe 3 zum Kochen bringen und auf Stufe 1 weich kochen. Den Saft mit dem angerührten Gustin binden.

Kochzeit: Etwa 15 Minuten.

Mirabellenkompott

500 g Mirabellen
⅛ l Wasser
75 g (3 gut gehäufte Eßl.) Zucker

Die Mirabellen waschen und entstielen (nicht entsteinen!). Das Wasser mit dem Zucker auf Stufe 3 zum Kochen bringen, die Mirabellen hineingeben, zum Kochen bringen und auf Stufe 0 weich kochen. Das Kompott erkalten lassen und, wenn erforderlich, mit Zucker abschmecken.

Getrocknete Apfelringe

125 g Apfelringe
½ l Wasser
etwas Zitronen- oder Apfelsinenschale
50 g (2 gut gehäufte Eßl.) Zucker

Die Apfelringe gründlich waschen und in dem Wasser 12 bis 24 Stunden einweichen. Sie dann mit dem Einweichwasser, der Zitronen- oder Apfelsinenschale und dem Zucker auf Stufe 3 zum Kochen bringen, 15 Minuten auf Stufe 1 und etwa 10 Minuten auf Stufe 0 weich kochen. Das Kompott nach Belieben mit etwas Rotwein abschmecken.

Kochzeit: Etwa 25 Minuten.

Brombeerkompott

500 g Brombeeren
⅛ l Wasser
75–100 g (3–4 gut gehäufte Eßl.) Zucker

Die Beeren verlesen und sorgfältig waschen. Das Wasser mit 3 Eßl. Zucker auf Stufe 3 zum Kochen bringen. Die Beeren hineingeben, das Wasser wieder zum Kochen bringen und die Beeren auf Stufe 0 weich kochen. Das Kompott erkalten lassen und, wenn erforderlich, mit Zucker abschmecken.

Stachelbeerkompott

500 g halbreife Stachelbeeren
⅛ l Wasser
100–150 g (4–6 gut gehäufte Eßl.) Zucker

Die Stachelbeeren mit einer Schere von Stiel und Blüte befreien und waschen. Das Wasser mit dem Zucker auf Stufe 3 zum Kochen bringen, die Stachelbeeren hineingeben, zum Kochen bringen und auf Stufe 0 weich kochen (nicht durchrühren!). Das Kompott erkalten lassen und, wenn erforderlich, mit Zucker abschmecken.

Backobst

250 g gemischtes Backobst
¾ l Wasser
etwas Zitronenschale
etwas Zimt
60 g (3 schwach gehäufte Eßl.) Zucker
2 gehäufte Teel. Dr. Oetker Gustin
1 Eßl. kaltes Wasser zum Anrühren

Das Backobst gründlich waschen und in dem Wasser 12 bis 24 Stunden einweichen. Es dann mit dem Einweichwasser, der Zitronenschale, dem Zimt und dem Zucker auf Stufe 3 zum Kochen bringen und dann 25 Minuten auf Stufe 1 weich kochen. Den Saft mit dem angerührten Gustin binden.

Kochzeit: Etwa 25 Minuten.

Reneklodenkompott

500 g Renekloden
⅛ l Wasser
75–100 g (3–4 gut gehäufte Eßl.) Zucker

Die Renekloden waschen und mit einer Nadel mehrmals durchstechen (nicht entsteinen!). Das Wasser mit 3 gut gehäuften Eßl. Zucker auf Stufe 3 zum Kochen bringen, die Renekloden hineingeben, zum Kochen bringen und auf Stufe 0 weich kochen. Das Kompott erkalten lassen und, wenn erforderlich, mit Zucker abschmecken.

Quittenkompott

500 g Quitten
etwas Wasser
175–200 g (7–8 gut gehäufte Eßl.) Zucker

Die Quitten in einem Tuch abreiben, schälen, in Viertel oder Achtel schneiden und entkernen. So viel Wasser auf die Quitten geben, daß sie gerade bedeckt sind, sie auf Stufe 3 zum Kochen bringen und 50 Minuten auf Stufe 1, dann 10 Minuten auf Stufe 0 weich kochen. Kurz vorher 175 g Zucker hinzugeben. Den Saft noch etwas einkochen und mit Zucker abschmecken.

Kochzeit: Etwa 60 Minuten.

Getrocknete Aprikosen

125 g Aprikosen
½ l Wasser
60 g (3 schwach gehäufte Eßl.) Zucker
1 gestrichener Teel. Dr. Oetker Gustin
1 Eßl. kaltes Wasser zum Anrühren

Die Aprikosen gründlich waschen und in dem Wasser 12 bis 24 Stunden einweichen. Sie mit dem Einweichwasser und dem Zucker auf Stufe 3 zum Kochen bringen und auf Stufe 1 weich kochen. Den Saft mit dem angerührten Gustin binden.

Kochzeit: Etwa 15 Minuten.

Bohräpfel

750 g Äpfel
¼ l Wasser
¼ l Weißwein
100 g (4 gut gehäufte Eßl.) Zucker
etwas Zitronenschale oder Zimt
etwas Gelee

Möglichst gleich große Äpfel, am besten Borsdorfer oder kleine Renetten, glatt und rund schälen und das Kerngehäuse ausstechen. Wasser und Wein mit Zucker und Zitronenschale (Zimt) auf Stufe 3 zum Kochen bringen und die Äpfel nebeneinander hineinlegen. Sobald das Wasser wieder kocht, auf Stufe 1 schalten und die Äpfel weiter dünsten lassen. Wenn sie auf der einen Seite weich sind, sie umdrehen, auf Stufe 0 schalten und im offenen Topf glasig kochen. Die Äpfel vorsichtig aus dem Topf nehmen, erkalten lassen und mit Gelee füllen. Den Saft etwa 10 Minuten auf Stufe 3 einkochen und erkaltet über die Äpfel geben.

Kochzeit: Etwa 20 Minuten.

Birnenkompott

500 g Birnen
⅛–¼ l Wasser
etwa 50 g (2 gut gehäufte Eßl.) Zucker
etwas Zitronenschale oder 1 Päckchen Dr. Oetker Vanillin-Zucker

Die Birnen waschen, schälen, halbieren und vom Kerngehäuse befreien. Das Wasser mit 2 schwach gehäuften Eßl. Zucker und der Zitronenschale (Vanillin-Zucker) auf Stufe 3 zum Kochen bringen. Die Birnen hineingeben, das Wasser wieder zum Kochen bringen und die Birnen 10–20 Minuten auf Stufe 1 – je nach Härte der Birnen –, dann etwa 10 Minuten auf Stufe 0 weich kochen. Das Kompott erkalten lassen und, wenn erforderlich, mit Zucker abschmecken.

Kochzeit: 20–30 Minuten.

D. GEBACKENES OBST

Puttäpfel
(Gebratene Äpfel)

8 Äpfel
20 g Butter
etwas Zucker
1 Päckchen Dr. Oetker Vanillin-Zucker

Die Äpfel waschen, nicht schälen und von der Blütenseite her ausbohren, aber nicht durchstechen. Sie in eine flache gefettete Auflaufform oder auf kleine Teller setzen, mit Butter, Zucker und Vanillin-Zucker füllen und im Ofen weich backen. Die Äpfel nach Belieben mit etwas Weißwein begießen.

Schalterbackofen: O 3 – U 3;

Reglerbackofen: 200–225.

Backzeit: 30–45 Minuten.

Ausgebackene Apfelscheiben
(Abb. S. 233)

750 g saure Äpfel

Teig:
250 g Weizenmehl
9 g (3 gestrichene Teel.) Dr. Oetker Backpulver Backin
25 g (1 gut gehäufter Eßl.) Zucker
1 Ei
etwa ¼ l Milch

Zum Ausbacken:
Speiseöl, Schweineschmalz oder Kokosfett

Zum Bestreuen:
Etwa 50 g (2 gut gehäufte Eßl.) Zucker

Die Äpfel schälen (das Kerngehäuse ausstechen!) und in 1 cm dicke Ringe schneiden. Für den Teig das mit Backin gemischte Mehl in eine Schüssel sieben, in die Mitte eine Vertiefung drücken und den Zucker und das mit etwas von der Milch verquirlte Ei hineingeben. Nun von der Mitte aus Ei und Mehl verrühren. So viel von der übrigen Milch hinzugeben, daß der Teig dickflüssig ist, und darauf achten, daß keine Klumpen entstehen. Die Apfelscheiben in den Teig tauchen und in das auf Stufe 3 erhitzte Fett geben und sie schwimmend auf Stufe 2 goldgelb backen. Sie nach dem Backen mit Zucker bestreuen und noch warm als Nachtisch reichen.

Backzeit: 1–2 Minuten.

Veränderung: Statt der Apfelscheiben Rhabarber- oder Bananenstücke, Aprikosen- oder Pfirsichhälften oder Ananas- oder Birnenscheiben nehmen.

E. OBSTAUFLÄUFE

Regeln für das Backen von Aufläufen S. 260.

Kirschmichel

60 g Butter oder Margarine
125 g Zucker
1 Päckchen Dr. Oetker Vanillin-Zucker
3–4 Tropfen Dr. Oetker Backöl Bittermandel
2 Eier
150 g Grieß
125 g Weizenmehl
9 g (3 gestrichene Teel.) Dr. Oetker Backpulver Backin
¼ l Milch
500 g dunkle Süßkirschen oder Sauerkirschen

Das Fett geschmeidig rühren und nach und nach Zucker, Vanillin-Zucker, Backöl, Eier und Grieß hinzugeben. Das mit Backin gemischte und gesiebte Mehl abwechselnd mit der Milch unterrühren. Dann die gewaschenen, entsteinten Kirschen darunter heben und den Teig in eine gefettete Auflaufform füllen.

Schalterbackofen: O 2 – U 3;

Reglerbackofen: 175–200.

Backzeit: 50–60 Minuten.

Veränderung: An Stelle der Kirschen beliebiges anderes Obst verwenden.

Kompottauflauf mit Schneehaube

100 g (etwa 9) Zwiebäcke
etwa ¼ l heiße Milch
5 Tropfen Dr. Oetker Rum-Aroma
etwa 500 g beliebiges Kompott
½ l Milch
1 Päckchen Dr. Oetker Pudding-Pulver Vanille-Geschmack
50 g (2 gut gehäufte Eßl.) Zucker
1 Eigelb
6 Eßl. kalte Milch oder Wasser zum Verquirlen
1 Eiweiß
1 Teel. Zucker

Die Zwiebäcke in der heißen, mit dem Aroma vermischten Milch einweichen. Das Kompott in eine gut gefettete Auflaufform geben und die gut durchweichten Zwiebäcke dicht nebeneinander darauf legen. Den Vanillepudding nach der Vorschrift auf dem Beutel unter Zugabe des Eigelbs zubereiten und auf die Zwiebäcke geben. Das Eiweiß zu steifem Schnee schlagen, mit dem Zucker süßen und gleichmäßig auf den Pudding streichen.

Schalterbackofen: O 2 – U 3;

Reglerbackofen: 175–200.

Backzeit: 15–20 Minuten.

Apfelauflauf

500 g Äpfel
2 Eier
125 g Zucker
4 Tropfen Dr. Oetker Backöl Zitrone
125 g Weizenmehl
6 g (2 gestrichene Teel.) Dr. Oetker Backpulver Backin

Die Äpfel waschen, schälen, entkernen und in Scheiben schneiden. Eier und Zucker schaumig schlagen, das Backöl hinzufügen und das mit Backin gemischte und gesiebte Mehl darunter heben. Den Teig lagenweise abwechselnd mit den Äpfeln in eine gefettete Auflaufform schichten. Die oberste Lage muß aus Teig bestehen.

Schalterbackofen: O 2 – U 3;

Reglerbackofen: 175–195.

Backzeit: Etwa 30 Minuten.

Veränderung: Statt der Äpfel Heidelbeeren, entsteinte Kirschen oder Zwetschen nehmen.

Quarkauflauf

50 g Butter oder Margarine
125 g Zucker
1 Päckchen Dr. Oetker Vanillin-Zucker
2 Eier
2 Tropfen Dr. Oetker Backöl Zitrone
etwas Salz
500 g Quark
125 g Grieß
1 Päckchen Dr. Oetker Pudding-Pulver Vanille-Geschmack
9 g (3 gestrichene Teel.) Dr. Oetker Backpulver Backin
evtl. 4–5 Eßl. Milch
500 g Äpfel
30 g Rosinen
etwas Butter

Das Fett schaumig rühren und nach und nach den Zucker, den Vanillin-Zucker, die Eier, die Gewürze und den durch ein Sieb gestrichenen Quark hinzugeben. Den mit Pudding-Pulver und Backin gemischten Grieß nach und nach unterrühren. Falls der Teig etwas fest sein sollte, so viel Milch hinzugeben, daß er eine kartoffelbreiähnliche Beschaffenheit erhält.

Die gewaschenen, geschälten, vom Kerngehäuse befreiten Äpfel in kleine Würfel schneiden und zusammen mit den gewaschenen, abgetropften Rosinen zuletzt unter den Teig heben. Ihn in eine gut gefettete Auflaufform füllen und mit Butterflöckchen belegen.

Schalterbackofen: O 1 – U 3;

Reglerbackofen: 175–200.

Backzeit: 60–70 Minuten.

Apfel-Biskuitauflauf

6–8 mittelgroße Äpfel
2 Eßl. Orangen- oder Aprikosen-Konfitüre
etwas Butter
1 Eigelb
2 Eßl. warmes Wasser
50 g (2 gut gehäufte Eßl.) Zucker
1 Päckchen Dr. Oetker Vanillin-Zucker
etwas Salz
1 Eiweiß
50 g Weizenmehl
25 g (2½ schwach gehäufte Eßl.) Dr. Oetker Gustin
1½ g (½ gestrichener Teel.) Dr. Oetker Backpulver Backin

Die Äpfel waschen, schälen und das Kerngehäuse mit einem Apfelbohrer entfernen. Die Äpfel nebeneinander in eine gefettete Auflaufform (Durchmesser etwa 20 cm) setzen, mit Konfitüre füllen und jeden mit einem Butterflöckchen belegen.

Das Eigelb mit dem warmen Wasser schaumig schlagen und nach und nach ⅔ des Zuckers mit dem Vanillin-Zucker dazugeben. Danach so lange schlagen, bis eine dicke, cremeartige Masse entstanden ist. Unter die Eigelbcreme das Salz mischen. Das Eiweiß zu steifem Schnee schlagen und unter ständigem Schlagen den Rest des Zuckers dazugeben. Den Schnee auf die Eigelbcreme geben und das mit Gustin und Backin gemischte Mehl darüber sieben. Alles vorsichtig unter die Eigelbcreme ziehen, die Masse über die Äpfel gießen und vorsichtig mit einem Teigschaber glattstreichen.

Schalterbackofen: O 2 – U 3;

Reglerbackofen: 175–200.

Backzeit: 40–50 Minuten.

Beigabe: Weinschaumsoße (S. 86) oder Soße, zubereitet mit Dr. Oetker Soßen-Pulver Ohne Kochen Vanille-Geschmack.

EIERSPEISEN

Eier gehören zum eisernen Bestand in jeder Küche, der nie zu Ende gehen darf. Man braucht sie für Suppen und Soßen, für Kuchen, Puddinge, Aufläufe und Kremspeisen, für Fleischfüllungen und zum Panieren. Kurz, man braucht sie immer.

Außerdem wird man nie über einen unerwarteten Tischgast in Verlegenheit geraten, wenn genügend Eier im Hause sind. Denn neben den vielen Verwendungsmöglichkeiten in anderen Gerichten gibt es unzählige selbständige Eiergerichte, mit denen man eine ganze Mahlzeit bestreiten kann.

Hinzu kommt, daß das Ei — seiner eigentlichen Bestimmung gemäß — alle für den Aufbau eines jungen Organismus notwendigen Stoffe enthält: biologisch vollwertiges Eiweiß, Fett, Mineralstoffe und fast alle Vitamine.

Regeln

1. Eier müssen vor dem Kochen gesäubert werden, Schmutzteilchen sollen mit Salz abgerieben oder mit Wasser abgewaschen werden.

2. Man soll Eier vorsichtig aufschlagen und prüfen, ob sie gut sind (das einzelne Ei erst in eine Tasse gleiten lassen).

3. Ganze Eier muß man verquirlen oder schlagen, ehe man sie einrührt, damit Eiweiß und Eigelb richtig gemischt werden.

4. Verwendet man Eigelb allein, so muß es mit 1 Eßl. Wasser gut verrührt werden, ehe es an die Speise kommt.

5. Legierte Speisen (s. Regeln S. 76, Punkt 3) dürfen nicht mehr gekocht werden, da sonst das Ei gerinnt. Man erwärmt sie nur vorsichtig, am besten hält man sie im Wasserbad warm. (Siehe S. 276: „Wie bleiben mit Stärke gedickte Nachspeisen steif und Suppen und Soßen dickflüssig?")

6. Will man Eiweiß zu Schnee schlagen, so trenne man es sorgfältig vom Eigelb und achte darauf, daß kein Eigelb in das Eiweiß läuft. Auf einem Teller oder in einer Porzellanschüssel schlage man das Eiweiß mit einer Gabel (bei kleinen Mengen) oder dem Schneebesen so lange, bis ein fester Schnee entstanden ist. Er darf nicht herausfließen, wenn man das Gefäß umdreht. Da er durch Stehen wieder flüssig wird, muß er sofort verwendet werden.

7. Der Eierschnee muß lose untergezogen werden (nicht rühren!).

8. Ein übriggebliebenes Eigelb ist, mit Wasser bedeckt, 1–2 Tage haltbar.

A. ROHE EIER

Geschlagenes Ei

1 Ei
etwas Salz oder Zucker

Das ganze Ei mit etwas Salz oder wenig Zucker quirlen oder schlagen. Nach Belieben 1 Teel. Weinbrand oder 1 Eßl. Zitronensaft mit verquirlen (als Kräftigungsmittel für Kranke und Genesende geschätzt).

Veränderung: Das Eiweiß zu Schnee schlagen und mit Eigelb und geschmackgebenden Zutaten verquirlen.

Ei mit Wein

1 Ei oder 2 Eigelb
2 Eßl. Zucker
1 Glas Rot- oder Weißwein

Das Ei (Eigelb) mit dem Zucker stark schaumig schlagen und nach und nach den Wein hinzugeben.

Ei mit Milch

1 Ei oder 2 Eigelb
1 Eßl. Zucker
1 Glas heiße Milch

Das Ei (Eigelb) mit dem Zucker verquirlen und nach und nach mit der Milch auffüllen (Linderungsmittel bei Husten und Heiserkeit).

B. GEKOCHTE EIER

Gekochte Eier

Die Eier müssen frisch und sauber sein. Die Wassermenge muß reichlich bemessen sein, damit sie nicht zu sehr abkühlt. Sehr kalte Eier in lauwarmem Wasser vorwärmen, damit die Schalen beim Einlegen in das auf Stufe 3 kochende Wasser nicht platzen. Die fertigen Eier kurze Zeit in kaltes Wasser legen, damit sie nicht nachhärten und besser geschält werden können.

Kochzeit: Für sehr weiche Eier 3–4 Minuten, für weiche 4 bis 5 Minuten, für harte 8–10 Minuten.

Verlorene Eier

1 l Wasser
etwas Salz
2 Eßl. Essig
4–6 Eier

Das Wasser mit Salz und Essig auf Stufe 3 zum Kochen bringen. Die Eier einzeln in eine Kelle aufschlagen, vorsichtig in das auf Stufe 3 kochende Wasser geben und die Kochplatte auf Stufe 0 schalten. Nicht mehr als die oben angegebene Menge auf einmal kochen!
Die garen Eier mit einem Schaumlöffel herausnehmen, einen Augenblick in kaltes Wasser halten und ringsherum zu einer hübschen Form beschneiden.
Verlorene Eier als Einlage für Suppen, auf gerösteten Brotscheiben als Vorspeise und mit verschiedenen Soßen als selbständiges Gericht verwenden.

Kochzeit: 3–4 Minuten.

Eiersalat (Rezept S. 216)

Eier in kalter Soße

6–8 Eier = 1 Rezept Senfsoße (S. 83)
6–8 Eier = 1 Rezept Mayonnaise (S. 83)
6–8 Eier = 1 Rezept Remouladensoße (S. 84)
6–8 Eier = 1 Rezept Teufelssoße (S. 84)

Die gekochten oder Verlorenen Eier auf gerösteten Brotscheiben, in ausgehöhlten Tomatenhälften oder auf grünen Salatblättern anrichten und mit einer der Soßen übergießen.

Eier in warmer Soße

4–8 Eier = ½ l Bechamelsoße (S. 78)
4–8 Eier = ½ l Tomatensoße (S. 79)
4–8 Eier = ½ l Pilzsoße (S. 77)
4–8 Eier = ½ l Senfsoße (S. 77)
4–8 Eier = ½ l Specksoße (S. 80)

Zu den vorstehenden Gerichten nach Belieben sowohl gekochte als auch Verlorene Eier verwenden. Verlorene Eier ganz lassen, gekochte in Hälften oder Viertel schneiden. Die Eier in eine flache Schüssel legen, mit der warmen Soße übergießen und hübsch verzieren. Sie mit Bratkartoffeln und grünem Salat als selbständiges Gericht reichen.

Veränderung: Einige frisch gekochte, in Scheiben geschnittene Kartoffeln mit den gekochten, in dicke Scheiben geschnittenen Eiern in eine Form schichten und mit der warmen Soße übergießen. Das Gericht auf Dampf durchziehen lassen und mit Salat reichen.

Eierfrikassee

6–8 geschälte hartgekochte Eier
gare Spargelköpfchen

Frikasseesoße:
40 g Butter oder Margarine
40 g Weizenmehl
½ l Brühe
1 Teel. Kapern
gare Champignons (nach Belieben)
1–2 gut gewässerte, feingewiegte Sardellen (nach Belieben)
etwas Salz
1 Eßl. Zitronensaft oder 2–3 Eßl. Weißwein
1–2 Eigelb
2 Eßl. kaltes Wasser zum Verquirlen

Semmelklößchen (nach Belieben):
30 g Butter oder Margarine
1 Ei
etwas Salz
etwa 50 g Semmelmehl
1 Messerspitze Dr. Oetker Backpulver Backin

Die Eier in Scheiben schneiden und mit den Spargelköpfchen in die Frikasseesoße geben.
Diese folgendermaßen herstellen: Das Fett auf Stufe 3 zerlassen. Das Mehl unter Rühren so lange darin erhitzen, bis es hellgelb ist. Damit keine Klumpen entstehen, die Brühe nach und nach hinzugießen und mit einem Schneebesen durchschlagen. Die Soße zum Kochen bringen, 10 Minuten auf Stufe 0 kochen lassen und dann abschmecken. Die Kapern, die zerschnittenen Champignons und die Sardellen 10 Minuten in der Soße ziehen lassen, diese dann mit Salz, Zitronensaft oder Wein abschmecken und mit dem verquirlten Eigelb abziehen.

Für die Semmelklößchen das Fett schaumig rühren, das Ei, das Salz und so viel Semmelmehl hinzugeben, daß ein geschmeidiger Teig entsteht und zum Schluß das Backin darunter rühren. Den Teig ½ Stunde stehenlassen und dann Klößchen daraus formen. Diese in Salzwasser gar ziehen lassen und in das Frikassee geben.

Garzeit: Für die Semmelklößchen etwa 4 Minuten.

Veränderung: Das Frikassee in Muscheln anrichten, mit Käse bestreuen und überbacken.

Soleier

Frische Eier hart kochen. Danach ringsherum die Schale leicht anknicken und die Eier mindestens 24 Stunden in so starkes Salzwasser legen, daß sie darin schwimmen. Die Eier können 6 bis 8 Tage darin aufgehoben werden.

Kochzeit: 10 Minuten.

Russische Eier (Abb. S. 33)

Hartgekochte, geschälte Eier der Länge nach in Hälften teilen oder die Kuppe abschneiden. Das Eigelb vorsichtig herausnehmen, durch ein Sieb streichen, mit Salatöl, Zitronensaft, Senf und Salz zu einer geschmeidigen Masse verrühren und recht hoch in die Eierhälften oder ganzen Eier füllen. Die Eier auf Salatblättern anrichten, mit Sardellen oder Gurkenstreifen verzieren und Mayonnaise dazu reichen.

Veränderung: Unter die Eigelbfüllung gedünstete, feingeschnittene Pilze, Tomatenmark, feingewiegte grüne Kräuter, feingehackte Sardellen oder feingehackten rohen Schinken rühren und vorsichtig mit Salz abschmecken.

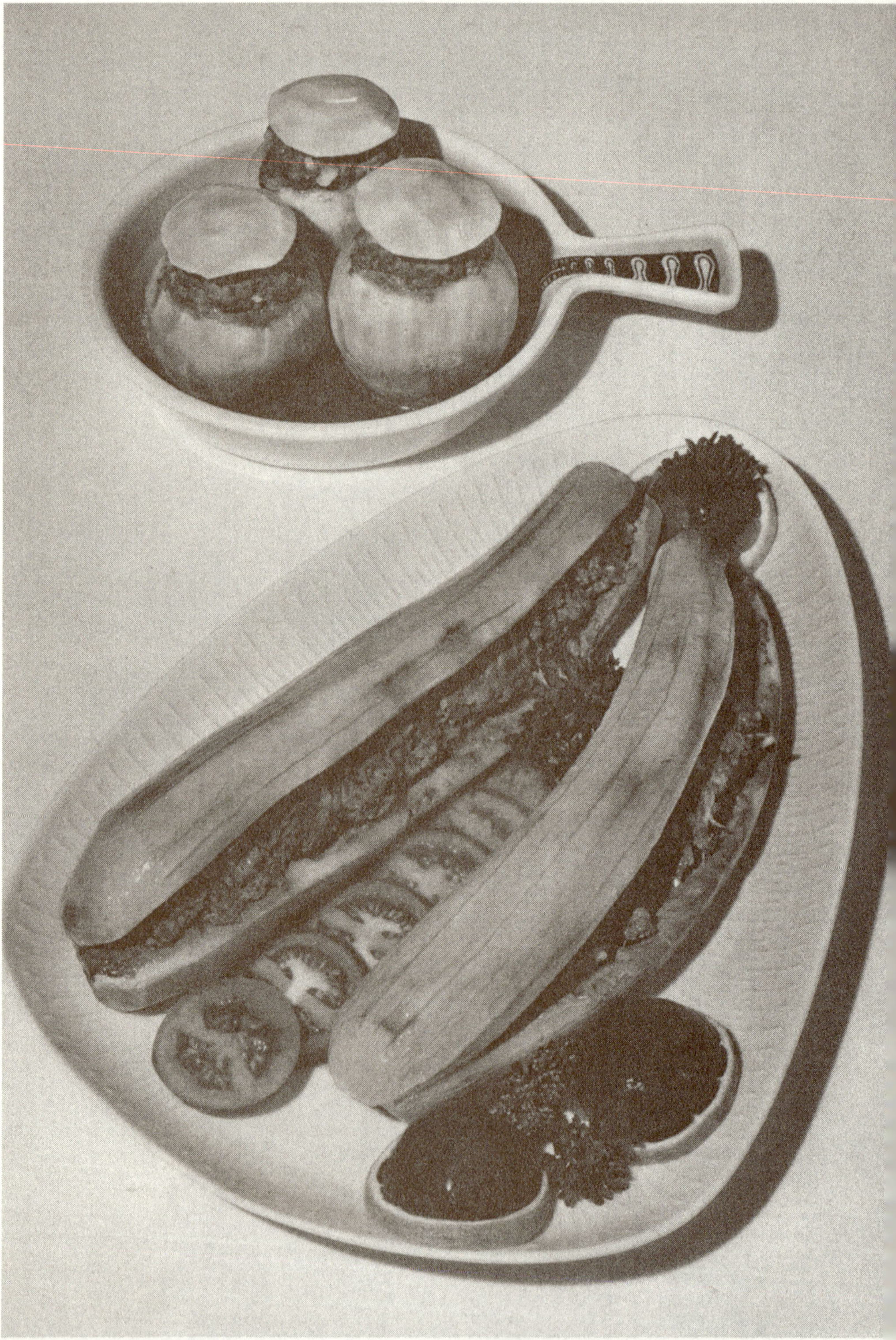

C. GESTOCKTE UND GERÜHRTE EIER

Rührei mit Tomaten

4 Eier
4 Eßl. Milch
etwas Salz
30 g Butter oder Margarine
2–3 Tomaten

Eier, Milch und Salz gut verrühren oder verquirlen. Das Fett auf Stufe 3 zerlassen, die Eiermilch hineingeben und die Kochplatte auf Stufe 0 schalten. In das halbfertige Rührei die gewaschenen, in Scheiben geschnittenen Tomaten legen. Das Rührei mit einem Löffel strichweise vom Boden der Pfanne losrühren und so lange weiter erhitzen, bis keine Flüssigkeit mehr vorhanden ist. Rührei muß weich und großflockig, aber nicht trocken sein.

Gerinnungszeit: Etwa 5 Minuten.

Gestürzte Eier

60 g gekochter Schinken
40 g geriebener Käse
etwas Butter oder Margarine zum Ausstreichen der Förmchen
4 Eier

Den Schinken fein schneiden und mit dem Käse vermischen (evtl. Käsereste verschiedener Sorten verwenden!). 4 Tassen oder Förmchen gut mit dem streichfähigen Fett ausstreichen, in jede vorsichtig ein Ei schlagen und die Schinkenmasse obenauf füllen. Die Förmchen zudecken und in kaltes Wasser setzen, bis das Wasser kocht, die Platte auf Stufe 3 schalten, dann auf Stufe 0, bis die Eiermasse fest ist. Sie dann auf eine flache Schüssel stürzen und mit grünem Salat und Tomaten- (S. 79) oder Frikasseesoße (S. 78) zu Tisch geben.

Gerinnungszeit: 10–15 Minuten.

Rührei mit Spargel

4 Eier
4 Eßl. Milch
etwas Salz
30 g Butter oder Margarine
100 g gare Spargelstückchen

Eier, Milch und Salz gut verrühren oder verquirlen. Das Fett auf Stufe 3 zerlassen, die Spargelstückchen hineingeben, die Eiermilch darüber gießen und die Kochplatte auf Stufe 0 schalten. Sobald die Masse zu stocken beginnt, sie mit einem Löffel strichweise vom Boden der Pfanne losrühren und so lange weiter erhitzen, bis keine Flüssigkeit mehr vorhanden ist. Rührei muß weich und großflockig, aber nicht trocken sein.

Gerinnungszeit: Etwa 5 Minuten.

Eierstich (Rezept S. 74)

Rührei mit Schnittlauch

4 Eier
4 Eßl. Milch
etwas Salz
1 Eßl. feingeschnittener Schnittlauch
30 g Butter oder Margarine

Eier, Milch und Salz gut verrühren oder verquirlen und den Schnittlauch dazugeben. Das Fett auf Stufe 3 zerlassen, die Eiermilch hineingeben und die Kochplatte auf Stufe 0 schalten. Sobald die Masse zu stocken beginnt, sie mit einem Löffel strichweise vom Boden der Pfanne losrühren und so lange weiter erhitzen, bis keine Flüssigkeit mehr vorhanden ist. Rührei muß weich und großflockig, aber nicht trocken sein.

Gerinnungszeit: Etwa 5 Minuten.

Rührei

4 Eier
4 Eßl. Milch
etwas Salz
30 g Butter oder Margarine

Eier, Milch und Salz gut verrühren oder verquirlen. Das Fett auf Stufe 3 zerlassen, die Eiermilch hineingeben und die Kochplatte auf Stufe 0 schalten. Sobald die Masse zu stocken beginnt, sie mit einem Löffel strichweise vom Boden der Pfanne losrühren und so lange weiter erhitzen, bis keine Flüssigkeit mehr vorhanden ist. Rührei muß weich und großflockig, aber nicht trocken sein. Schinken, Bücklinge, Pilze, Spargel oder Bratkartoffeln dazu reichen.

Gerinnungszeit: Etwa 5 Minuten.

Veränderung: Rührei ohne Fett im Wasserbad wie Eierstich (S. 74) herstellen (Diät).

Rührei mit Schinken

4 Eier
4 Eßl. Milch
etwas Salz
50 g in kleine Würfel geschnittener Schinken
30 g Butter oder Margarine

Eier, Milch und Salz gut verrühren oder verquirlen und den Schinken dazugeben. Das Fett auf Stufe 3 zerlassen, die Eiermilch hineingeben und die Kochplatte auf Stufe 0 schalten. Sobald die Masse zu stocken beginnt, sie mit einem Löffel strichweise vom Boden der Pfanne losrühren und so lange weiter erhitzen, bis keine Flüssigkeit mehr vorhanden ist. Rührei muß weich und großflockig, aber nicht trocken sein.

Gerinnungszeit: Etwa 5 Minuten.

Veränderung: An Stelle des Schinkens 50 g würflig geschnittene Zervelatwurst nehmen.

Rührei mit Speck

4 Eier
4 Eßl. Milch
etwas Salz
50 g in kleine Würfel geschnittener Speck

Eier, Milch und Salz gut verrühren oder verquirlen. Den Speck auf Stufe 3 auslassen. Wenn er lichtgelb ist, die Eiermilch hineingeben und die Kochplatte auf Stufe 0 schalten. Sobald die Masse zu stocken beginnt, sie mit einem Löffel strichweise vom Boden der Pfanne losrühren und so lange weiter erhitzen, bis keine Flüssigkeit mehr vorhanden ist. Rührei muß weich und großflockig, aber nicht trocken sein.

Gerinnungszeit: Etwa 5 Minuten.

D. GEBRATENE EIER

Spiegeleier auf Schinken oder Speck

30–40 g in feine Scheiben geschnittener Schinken oder geräucherter Speck
4–6 Eier
etwas Salz

Den Schinken oder Speck auf Stufe 3 lichtgelb braten. Die Eier nebeneinander darauf schlagen, mit feinem Salz bestreuen, kurze Zeit auf Stufe 2 und dann so lange auf Stufe 0 erhitzen, bis sie fest sind.

Bratzeit: Etwa 6 Minuten.

Das Fett auf Stufe 3 zerlassen. Die Eier vorsichtig aufschlagen und nebeneinander in das Fett gleiten lassen. Die Eier mit feinem Salz bestreuen, kurze Zeit auf Stufe 2 und dann so lange auf Stufe 0 erhitzen, bis sie fest sind.
Sehr gut eignen sich zum Braten Pfannen aus feuerfestem Porzellan oder Glas (Jenaer Glas), in denen man sie auch zu Tisch gibt. Will man Spiegeleier auf Spinat, Brotscheiben oder Tomaten legen, sie mit einem Glas oder einem Blechrand rund ausstechen.

Bratzeit: Etwa 5 Minuten.

Veränderung: Die Eier auf einen Teller schlagen und auf Wasserdampf gerinnen lassen (Diät).

Spiegeleier

30 g Butter oder Margarine
4–6 Eier
etwas Salz

E. EIERKUCHEN

Mehl und Backin in eine Schüssel sieben. In die Mitte eine Vertiefung eindrücken und das mit Salz und etwas von der Milch gut verquirlte Eigelb hineingeben. Nun von der Mitte aus Eigelb und Mehl verrühren, nach und nach die übrige Milch dazugeben und darauf achten, daß keine Klumpen entstehen. Zuletzt das zu steifem Schnee geschlagene Eiweiß vorsichtig darunter heben.
Etwas von dem Fett in einer Stielpfanne auf Stufe 3 zerlassen. Dünne Speck- oder Schinkenscheiben hineingeben, sie bräunlich braten, eine dünne Lage Eierkuchenteig darauf geben und sie auf Stufe 2 (beim letzten Eierkuchen auf Stufe 0 schalten) von beiden Seiten dunkelgelb backen. Bevor der Eierkuchen gewendet wird, etwas Fett auf die ungebackene Seite legen.
Die fertigen Eierkuchen, einen nach dem anderen, auf eine heiße runde Platte gleiten lassen und mit grünem Salat reichen.

Eierkuchen mit Speck oder Schinken

250 g Weizenmehl
3 g (1 gestrichener Teel.) Dr. Oetker Backpulver Backin
2–3 Eigelb
1 Teel. Salz
½ l Milch
2–3 Eiweiß
etwa 100 g Fett zum Backen
etwa 100 g durchwachsener Speck oder Schinken

Mehl und Backin in eine Schüssel sieben. In die Mitte eine Vertiefung eindrücken und das mit Salz und etwas von der Milch gut verquirlte Eigelb hineingeben. Nun von der Mitte aus Eigelb und Mehl verrühren, nach und nach die übrige Milch dazugeben und darauf achten, daß keine Klumpen entstehen. Dann die Kräuter darunter rühren und zuletzt das zu steifem Schnee geschlagene Eiweiß vorsichtig darunter heben.
Etwas von dem Fett in einer Stielpfanne auf Stufe 3 zerlassen, eine dünne Teiglage hineingeben, sie mit Kartoffelscheiben belegen und auf Stufe 2 (beim letzten Eierkuchen auf Stufe 0 schalten) backen. Bevor der Eierkuchen gewendet wird, etwas Fett auf die ungebackene Seite legen.
Die fertigen Eierkuchen, einen nach dem anderen, auf eine heiße runde Platte gleiten lassen und mit grünem Salat reichen.

Veränderung: 100 g gehackten rohen Schinken zusätzlich verwenden. Den Schinken auf die Kartoffelscheiben streuen.

Kartoffeleierkuchen

250 g Weizenmehl
3 g (1 gestrichener Teel.) Dr. Oetker Backpulver Backin
2–3 Eigelb
1 Teel. Salz
½ l Milch
1–2 Eßl. gehackter Schnittlauch
2–3 Eiweiß
etwa 100 g Fett zum Backen
375–500 g in Scheiben geschnittene Pellkartoffeln

Eierkuchen mit Obst

Teig:
225 g Weizenmehl
1 Päckchen Dr. Oetker Soßen-Pulver Vanille-Geschmack
6 g (2 gestrichene Teel.) Dr. Oetker Backpulver Backin
2–3 Eigelb
1 Teel. Salz
etwas Zucker
½ l Milch
2–3 Eiweiß
etwa 100 g Fett zum Backen

Obst:
Etwa 1 kg mürbe Äpfel, Bananen, Kirschen, Pflaumen oder Heidelbeeren

Zum Bestreuen:
Etwas Zucker

Das mit Soßen-Pulver und Backin gemischte Mehl in eine Schüssel sieben. In die Mitte eine Vertiefung eindrücken und das mit Salz, Zucker und etwas von der Milch gut verquirlte Eigelb hineingeben. Nun von der Mitte aus Eigelb und Mehl verrühren, nach und nach die übrige Milch dazugeben und darauf achten, daß keine Klumpen entstehen. Zuletzt das zu steifem Schnee geschlagene Eiweiß vorsichtig darunter heben.

Die Äpfel schälen und in Scheiben schneiden. Die Bananen abziehen und in gerade oder schräge Scheiben schneiden. Die Kirschen oder Pflaumen waschen und entsteinen. Heidelbeeren verlesen, waschen und gut abtropfen lassen. Etwas von dem Fett in einer Stielpfanne auf Stufe 3 zerlassen und eine dünne Teiglage hineingeben. Wenn sie zum Boden der Pfanne hin etwas trocken wird, einen Teil des Obstes darauf legen und den Eierkuchen von beiden Seiten auf Stufe 2 (beim letzten auf Stufe 0 schalten) dunkelgelb backen. Die fertigen Eierkuchen mit Zucker bestreuen.

Omelett

3 Eier
etwas Salz
1 Eßl. Milch
etwa 30 g Butter oder Margarine

Eier, Salz und Milch gut verrühren oder verquirlen. Das Fett auf Stufe 3 zerlassen, die verquirlten Eier hineingeben (Pfanne mit einem Deckel schließen!) und sie auf Stufe 2 langsam gerinnen lassen. (Bei mehreren Omeletten das letzte auf Stufe 0 gerinnen lassen!) Die untere Seite muß bräunlich gebacken sein, die obere weich bleiben. Die Hälften nach der Mitte zu übereinanderschlagen. Das Omelett auf eine erwärmte längliche Platte gleiten lassen und es, falls man es als Nachtisch reicht, mit Puderzucker bestäuben. Das Omelett erst kurz vor dem Anrichten bereiten!

Backzeit: Etwa 10 Minuten.

Eierkuchen, goldgelb

225 g Weizenmehl
1 Päckchen Dr. Oetker Soßen-Pulver Vanille-Geschmack
6 g (2 gestrichene Teel.) Dr. Oetker Backpulver Backin
2–3 Eigelb
1 Teel. Salz
etwas Zucker
½ l Milch
2–3 Eiweiß
etwa 100 g Fett zum Backen

Das mit Soßen-Pulver und Backin gemischte Mehl in eine Schüssel sieben. In die Mitte eine Vertiefung eindrücken und das mit Salz, Zucker und etwas von der Milch gut verquirlte Eigelb hineingeben. Nun von der Mitte aus Eigelb und Mehl verrühren, nach und nach die übrige Milch dazugeben und darauf achten, daß keine Klumpen entstehen. Zuletzt das zu steifem Schnee geschlagene Eiweiß vorsichtig darunter heben.

Etwas von dem Fett in einer Stielpfanne auf Stufe 3 zerlassen, eine dünne Teiglage hineingeben und sie auf Stufe 2 (beim letzten Eierkuchen auf Stufe 0 schalten) von beiden Seiten dunkelgelb backen. Bevor der Eierkuchen gewendet wird, etwas Fett auf die ungebackene Seite legen. Die fertigen Eierkuchen, einen nach dem anderen, auf eine heiße runde Platte gleiten lassen und jeden mit etwas feinem Zucker bestreuen. Kompott oder Salat dazu reichen.

Backzeit: 25–30 Minuten.

Schaumomelett

3 Eigelb
Schale und Saft einer halben Zitrone
30 g Zucker
3 Eiweiß
1 gehäufter Teel. Dr. Oetker Gustin
etwa 30 g Butter oder Margarine

Füllung (nach Belieben):
Preiselbeerkompott oder Konfitüre

Zum Bestäuben:
Etwas Puderzucker

Eigelb, abgeriebene Zitronenschale, Zitronensaft und Zucker schaumig schlagen. Das Eiweiß zu steifem Schnee schlagen, es auf den Eigelbkrem geben, das Gustin darüber sieben und beides unter den Eigelbkrem heben. Das Fett in einer nicht zu kleinen Pfanne auf Stufe 3 zerlassen, den Teig hineingeben (evtl. 2 Omeletten backen!) und die Pfanne mit einem Deckel schließen. Den Teig auf Stufe 0 von unten goldgelb backen. Das Omelett zur Hälfte übereinanderklappen oder es vorher mit Kompott oder Konfitüre füllen und mit Puderzucker bestäuben. Das Omelett als Nachtisch reichen.

Backzeit: Etwa 10 Minuten.

Gefüllte Eierkuchen, salzig

(Abb. S. 271)

Füllung I:
50 g Butter oder Margarine
500 g gares Gemüse einer Sorte oder gemischt (z. B. Blumenkohl, Erbsen, Möhren, Pilze, Spargel)
1/8 l Gemüsekochwasser
15 g (1 gut gehäufter Eßl.) Dr. Oetker Gustin
4 Eßl. Sahne zum Anrühren
etwas Salz
etwas gehackte Petersilie

oder

Füllung II:
200 g roher Schinken
200 g gekochter Schinken
1 Zwiebel
1/4 l Wasser
20 g (2 gestrichene Eßl.) Dr. Oetker Gustin
4 Eßl. Sahne oder Milch zum Anrühren

Teig:
150 g Weizenmehl
100 g Dr. Oetker Gustin
3 g (1 gestrichener Teel.) Dr. Oetker Backpulver Backin
2–3 Eigelb
1 gestrichener Teel. Salz
3/8 l Milch
2–3 Eiweiß
60–80 g Fett zum Backen

Für die Füllung I das Fett auf Stufe 3 zerlassen. Das gut abgetropfte Gemüse hineingeben und es kurze Zeit auf Stufe 1 darin dünsten lassen. Das Gemüsewasser hinzugießen und auf Stufe 3 zum Kochen bringen. Sobald es kocht, das angerührte Gustin unter Rühren hineingeben, noch einmal kurz auf Stufe 0 aufkochen lassen und mit Salz abschmecken. Die Petersilie unter das Gemüse rühren und es warm stellen.

Für die Füllung II den Schinken fein wiegen und die Zwiebel in feine Würfel schneiden. Den rohen Schinken mit der Zwiebel unter Rühren auf Stufe 3 so lange erhitzen, bis das Fett etwas ausgebraten ist. Dann den gekochten Schinken und das Wasser hinzugeben und es zum Kochen bringen. Sobald das Wasser kocht, das angerührte Gustin unter Rühren hinzugeben, einmal kurz auf Stufe 0 aufkochen lassen und die Füllung warm stellen.

Für den Teig Mehl, Gustin und Backin mischen und in eine Schüssel sieben. In die Mitte eine Vertiefung eindrücken und das mit Salz und etwas von der Milch gut verquirlte Eigelb hineingeben. Nun von der Mitte aus Eigelb, Mehl und Gustin verrühren, nach und nach die übrige Milch dazugeben und darauf achten, daß keine Klumpen entstehen. Zuletzt das zu steifem Schnee geschlagene Eiweiß vorsichtig darunter heben.

Etwas von dem Fett in einer Stielpfanne auf Stufe 3 zerlassen, eine dünne Teiglage hineingeben und sie auf Stufe 2 (beim letzten Eierkuchen auf Stufe 0 schalten) von beiden Seiten dunkelgelb backen. Bevor der Eierkuchen gewendet wird, etwas Fett auf die ungebackene Seite legen. Damit die Eierkuchen vor dem Füllen nicht kalt werden, sie warm stellen, bis der gesamte Teig gebacken ist. Anschließend die Eierkuchen mit Füllung bestreichen und abwechselnd aufeinanderlegen.

Beigabe: Grüner Salat.

F. EIERAUFLÄUFE

Eierauflauf

(Omelette soufflée)

4 Eigelb
100 g Zucker
4 Eiweiß
20 g (2 schwach gehäufte Eßl.) Dr. Oetker Gustin
10 g Puderzucker

Eigelb und Zucker mit einem Schneebesen schaumig schlagen. Das zu steifem Schnee geschlagene Eiweiß und das Gustin vorsichtig darunter heben und die Masse bergförmig auf eine gut gefettete ovale Platte geben.

Schalterbackofen: 10 Minuten vorheizen O 3 – U 3, backen O 2 – U 3;

Reglerbackofen: 175–200.

Backzeit: 20–25 Minuten.

Den Auflauf nach dem Backen mit Puderzucker bestäuben und möglichst schnell auftragen.

Apfel-, Aprikosen- oder Erdbeerauflauf

4 Eigelb
100 g Zucker
500 g Äpfel, Aprikosen oder Erdbeeren
20 g (2 schwach gehäufte Eßl.) Dr. Oetker Gustin
4 Eiweiß
10 g Puderzucker

Eigelb und Zucker mit einem Schneebesen schaumig schlagen. Die gewaschenen, geschälten, auf einer Rohkostreibe geriebenen Äpfel, die gewaschenen, entsteinten, durch ein Sieb gestrichenen rohen Aprikosen oder die gewaschenen, durch ein Sieb gestrichenen rohen Erdbeeren mit dem Gustin unter die Eigelbcreme rühren und das zu steifem Schnee geschlagene Eiweiß darunter heben. Die Masse bergförmig auf eine gut gefettete ovale Platte füllen.

Schalterbackofen: 10 Minuten vorheizen O 3 – U 3, backen O 2 – U 3;

Reglerbackofen: 175–200.

Backzeit: 25–35 Minuten.

Den Auflauf nach dem Backen mit Puderzucker bestäuben und möglichst schnell auftragen.

Überbackene Eier

4–8 Eier

Bechamelsoße:

40 g Butter oder Margarine
40 g in kleine Würfel geschnittener Schinken
40 g Weizenmehl
60 g Zwiebeln
1/4 l Brühe (S. 49/50) oder Wasser
1/4 l Milch oder Sahne
etwas Salz
etwas Pfeffer
etwas geriebener Käse
etwas Butter

Die Eier hart kochen (etwa 10 Minuten), pellen, in Hälften oder Scheiben schneiden und in eine gefettete Auflaufform füllen. Für die Bechamelsoße das Fett mit den Schinkenwürfeln auf Stufe 3 zerlassen. Das Mehl mit den in Würfel geschnittenen Zwiebeln unter Rühren so lange darin erhitzen, bis es hellgelb ist. Damit keine Klumpen entstehen, die Brühe (Wasser) und die Milch (Sahne) nach und nach hinzugießen und mit einem Schneebesen durchschlagen. Die Soße zum Kochen bringen und 10 Minuten auf Stufe 0 ziehen lassen. Die Soße nach Belieben durch ein Sieb streichen, mit Salz und Pfeffer abschmecken, über die Eier gießen, mit Käse bestreuen und mit Butterflöckchen belegen. Grünen Salat und Bratkartoffeln dazu reichen.

Schalterbackofen: 10 Minuten vorheizen O 3 – U 3, backen O 3 – U 3;

Reglerbackofen: 200–225.

Backzeit: Etwa 25 Minuten.

Veränderung: An Stelle der Bechamelsoße eine Tomaten- (S. 79), Pilz- (S. 77), Senf- (S. 77) oder Specksoße (S. 80) nehmen.

MILCH- UND QUARKSPEISEN

Milch ist ein vollkommenes Nahrungsmittel und zudem noch preiswert. In einem Liter Kuhmilch sind etwa 35 g Eiweiß, 30–40 g Fett, 45 g Milchzucker, reichlich Mineralsalze und vor allem wichtige Vitamine enthalten. Ihre vielseitige Verwendbarkeit aller aus ihr hergestellten Erzeugnisse bieten soviele Abwechslungsmöglichkeiten, daß sie viel häufiger in den Speiseplan aufgenommen werden sollte.

Ob sie nun in Form von Milchmixgetränken, als köstliche Süßspeise oder Kaltschale gereicht wird, immer bildet die Milch eine Grundlage für wohlschmeckende, erfrischende, für leichte oder auch für sättigende Gerichte.

A. MILCHSPEISEN

Regeln

1. Molkereimäßig behandelte Milch braucht vor dem Genuß nicht aufgekocht zu werden.
2. Soll sie länger aufbewahrt und kann nicht kühl gestellt werden (Kühlschrank, Keller, kühles Wasser), ist ein Aufkochen vor der Verwendung erforderlich.
3. Zum Milchkochen sollte immer der gleiche Topf mit möglichst glatter Innenfläche benutzt werden. Das Anbrennen wird durch Umrühren der Milch während der Erwärmung vermieden und dadurch, daß man den Topf vor dem Einfüllen mit klarem Wasser ausspült.
4. Milch wird auf Stufe 3 erhitzt, bis sie Haut zieht, dann läßt man sie auf Stufe 0 aufkochen.
5. Nach dem Aufkochen stellt man die Milch in kaltes Wasser und rührt ständig um, damit sie möglichst schnell abkühlt.
6. Auch gekochte Milch soll möglichst kühl aufbewahrt werden und darf niemals in die Sonne gestellt werden, da sie sich dann geschmacklich verändert. Besonders an gewitterschwülen Tagen ist eine kühle und dunkle Aufbewahrung unbedingt notwendig.

I. MILCHGETRÄNKE siehe Abschnitt „Getränke" S. 263.
II. MILCHSUPPEN siehe S. 60-62.
III. MILCHSOSSEN siehe Abschnitt „Süße Soßen" S. 85.
IV. MILCHBREIE siehe Abschnitt „Breie" S. 248.
V. MILCHSÜSSSPEISEN siehe Abschnitt „Süßspeisen" S. 275.

B. QUARKSPEISEN

I. QUARK ALS BROTAUFSTRICH

Kümmelquark

250 g Quark
3–4 Eßl. Milch oder Sahne
1 Eßl. Kümmel
etwas Salz

Den Quark durch ein Sieb rühren, ihn mit der Milch (Sahne) und dem Kümmel vermischen, mit Salz abschmecken und rühren, bis er schaumig ist.

Veränderung: An Stelle von Kümmel nach Geschmack geriebene Zwiebel, geriebene Rote Beete, gehackte Krabben, feingewiegten Räucherfisch oder feingehackte Schinkenreste nehmen.

Paprikaquark

250 g Quark
3–4 Eßl. Milch oder Sahne
etwas Salz
etwas Paprika

Den Quark durch ein Sieb rühren, ihn mit der Milch (Sahne) vermischen, mit Salz und Paprika abschmecken und rühren, bis er schaumig ist.

Quarkbutter

125 g Quark
2–3 Eßl. Milch
125 g Butter oder Margarine
1 kleine in Würfel geschnittene Zwiebel
1 Teel. feingeschnittener Schnittlauch
etwas Salz

Den Quark durch ein Sieb rühren und die Milch darunter geben. Das Fett schaumig rühren und die Zwiebel, den Schnittlauch und den Quark hinzugeben. Die Quarkbutter mit Salz abschmecken. Mit Quarkbutter bestrichene Brote nach Belieben mit Gurken-, Tomaten-, Rettich- oder Radieschenscheiben belegen.

Tomatenquark

250 g Quark
3–4 Eßl. Milch oder Sahne
1–2 Eßl. Tomatenmark
1 kleine in Würfel geschnittene Zwiebel
etwas Salz

Den Quark durch ein Sieb rühren, ihn mit der Milch (Sahne), dem Tomatenmark und der Zwiebel vermischen, mit Salz abschmecken und rühren, bis er schaumig ist.

Kräuterquark

250 g Quark
3–4 Eßl. Milch oder Sahne
etwas Salz
1–2 Eßl. feingeschnittener Schnittlauch oder gemischte Kräuter

Den Quark durch ein Sieb rühren, ihn mit der Milch (Sahne) vermischen, mit Salz abschmecken und rühren, bis er schaumig ist. Die Kräuter zum Schluß dazugeben.

Liptauer Käse

250 g Quark
50 g Butter oder Margarine
1 kleine geriebene Zwiebel
1 Teel. Senf
etwas Salz
etwas Paprika

Den Quark durch ein Sieb rühren. Das Fett schaumig rühren, den Quark hinzugeben und ihn mit Zwiebel, Senf, Salz und Paprika abschmecken. Aus der Masse kleine Bällchen formen oder den Quark mit 2 Teelöffeln auf Salatblätter setzen und ihn mit Paprika bestreuen.

Veränderung: Geriebenen Schweizer Käse, feingehackte Essiggürkchen oder feingewiegten Hering (Sardelle) dazugeben.

Kochkäse

500 g Quark
30 g Butter oder Margarine
etwa 1 Teel. Salz
etwa 2 Teel. Kümmel

Den möglichst trockenen Quark durch ein Sieb streichen und ihn unter täglichem Umrühren so lange an einem warmen Ort (bei 20–25° C) stehenlassen, bis er eine sahnengelbe Farbe hat.
Dann das Fett auf Stufe 3 zerlassen. Den Quark und nach Geschmack Salz und Kümmel hinzugeben und die Masse auf einer noch warmen Kochplatte, sonst auf Stufe 1 (Temperatur des Quarks darf 70–80° C nicht übersteigen!) rühren, bis sie flüssig und klar ist. Den Käse in kleine Porzellanschüsseln füllen und kühl aufbewahren.

II. QUARK ZUM MITTAG- UND ABENDBROT

a) Roh zubereitet

Kümmelkartoffeln mit Quark
(nach Dr. Bircher-Benner)

1 kg kleine Kartoffeln
etwas Kümmel
etwas Salz
etwas zerlassene Butter oder Speiseöl

Weißer Quark:
250 g Quark
2–3 Eßl. Milch oder Sahne
etwas Salz

Die Kartoffeln gründlich waschen, ungeschält halbieren, mit den Schnittflächen in Kümmel und Salz tauchen und auf ein gefettetes Backblech setzen. Die Kartoffeln mit Butter (Öl) bestreichen und im Ofen gar backen.

Schalterbackofen: O 3 – U 3;

Reglerbackofen: 175–200.

Backzeit: 30–40 Minuten.

Den Quark durch ein Sieb rühren, ihn mit der Milch (Sahne) vermischen, mit Salz abschmecken und rühren, bis er schaumig ist.

Kartoffelpfannkuchen mit Kümmelquark

Kümmelquark:
250 g Quark
3–4 Eßl. Milch oder Sahne
1 Eßl. Kümmel
etwas Salz

Zutaten und Herstellung von Kartoffelpfannkuchen (S. 193).

Den Quark durch ein Sieb rühren, ihn mit der Milch (Sahne) und dem Kümmel vermischen, mit Salz abschmecken und rühren, bis er schaumig ist. Den Quark zu den Pfannkuchen reichen.

Veränderung: An Stelle von Kümmelquark Kräuterquark (S. 243) nehmen.

b) In der Pfanne gebacken

Quarkpüfferchen

40 g Butter oder Margarine
60 g (3 schwach gehäufte Eßl.) Zucker
2 Eier
einige Tropfen Dr. Oetker Backöl Bittermandel oder Backöl Zitrone
1 Teel. Salz
500 g gut ausgepreßter Quark
250 g Weizenmehl
9 g (3 gestrichene Teel.) Dr. Oetker Backpulver Backin
125 g Korinthen
60–80 g Fett zum Backen

Das Fett schaumig rühren und nach und nach den Zucker, die Eier, die Gewürze, den durch ein Sieb gestrichenen Quark und das mit Backin gemischte und gesiebte Mehl hinzugeben. Zuletzt die gewaschenen Korinthen darunter heben. Den Teig zu kleinen Püfferchen formen, in das auf Stufe 3 erhitzte Fett geben und sie auf Stufe 2 (die letzten auf Stufe 0) von beiden Seiten schön braun backen. Die Püfferchen mit Zucker bestreuen und heiß zum Kaffee reichen.

Backzeit: Etwa 6 Minuten.

Das Eigelb, den Zucker, das Salz und den durch ein Sieb gestrichenen Quark miteinander verrühren. Dann abwechselnd mit der Milch eßlöffelweise das gesiebte Mehl hinzugeben. Zum Schluß das zu steifem Schnee geschlagene Eiweiß darunter heben.

Etwas von dem Fett auf Stufe 3 in einer Stielpfanne zerlassen, eine dünne Teiglage hineingeben und sie von beiden Seiten auf Stufe 2 (die letzte auf Stufe 0) dunkelgelb backen. Bevor der Eierkuchen gewendet wird, etwas Fett auf die ungebackene Seite legen. Die fertigen Eierkuchen, einen nach dem anderen, auf eine heiße runde Platte gleiten lassen und jeden mit etwas feinem Zucker bestreuen. Obst, Salat oder Gemüse dazu reichen.

Quarkeierkuchen

2 Eigelb
20 g (1 schwach gehäufter Eßl.) Zucker
1 Teel. Salz
250 g Quark
250 g Weizenmehl
½ l Milch
2 Eiweiß
60–80 g Fett zum Backen
etwas Zucker

c) Im Ofen gebacken

Quarkcremeauflauf

Das Pudding-Pulver, ⅔ des Zuckers und das Eigelb mit ¼ l von der Milch verquirlen. Die übrige Milch erhitzen. In die kochende, von der Kochplatte genommene Milch langsam das verquirlte Pudding-Pulver rühren und unter ständigem Rühren einmal kurz aufkochen lassen. Den Topf wieder von der Kochplatte nehmen, das Backöl und den durch ein Sieb gestrichenen Quark unter den Pudding geben und unter ständigem Rühren noch einmal aufkochen lassen. Die heiße Masse in eine Schüssel füllen. Die gewaschenen, abgetropften Rosinen sofort unterrühren. Das Eiweiß zu steifem Schnee schlagen, den Rest des Zuckers darunter geben und unter die Quarkmasse ziehen. Sie in eine gefettete Auflaufform geben und glattstreichen. Das Eigelb und die Milch verquirlen und den Auflauf damit bestreichen.

Schalterbackofen: O 1 – U 3;

Reglerbackofen: 175–200.

Backzeit: 60–70 Minuten.

2 Päckchen Dr. Oetker Pudding-Pulver Vanille-Geschmack
200 g Zucker
2½ Eigelb
½ l kalte Milch
½ Fläschchen Dr. Oetker Backöl Zitrone
750 g gut ausgepreßter Quark
50 g Rosinen
3 Eiweiß

Zum Bestreichen:

½ Eigelb
1 Eßl. Milch

Quarkauflauf mit Obst

Die gewaschenen Äpfel schälen und in feine Scheiben schneiden, die gewaschenen Kirschen entsteinen. Die Früchte mit dem Zitronensaft und etwas von dem Zucker mischen und alles gut durchziehen lassen. Den Quark durch ein Sieb streichen, den restlichen Zucker, das Eigelb, das mit Backin gemischte und gesiebte Gustin und die Früchte nach und nach unterrühren. Das zu steifem Schnee geschlagene Eiweiß vorsichtig darunter heben, die Masse in eine gefettete Auflaufform füllen, mit Semmelmehl bestreuen und mit Butterflöckchen belegen.

Schalterbackofen: O 2 – U 3;

Reglerbackofen: 175–200.

Backzeit: 50–60 Minuten.

500 g Äpfel oder Kirschen
Saft einer Zitrone
125 g Zucker
500 g Quark
3 Eigelb
60 g Dr. Oetker Gustin
6 g (2 gestrichene Teel.) Dr. Oetker Backpulver Backin
3 Eiweiß
2 Eßl. Semmelmehl
etwas Butter

C. QUARK ALS SÜSSSPEISE

Stippmilch oder Makai

250 g Quark
gut 1/8 l Milch oder knapp 1/8 l Milch und 1/8 l Sahne
40 g (2 schwach gehäufte Eßl.) Zucker
1 Päckchen Dr. Oetker Vanillin-Zucker

Den Quark durch ein Sieb streichen, mit Milch, Zucker und Vanillin-Zucker vermischen und schaumig rühren. (Die Sahne steif schlagen und unter den schaumig gerührten Quark heben.) Den Quark beim Anrichten mit Geleestückchen oder Früchten verzieren.

Veränderung: Den Quark ohne Vanillin-Zucker zubereiten und ihn dafür mit Dr. Oetker Zimt-Zucker bestreuen.

Quarkcreme

(gekocht)

200 g Quark
50 g (2 gut gehäufte Eßl.) Zucker
1 Päckchen Dr. Oetker Soßen-Pulver Vanille-Geschmack
20 g (2 schwach gehäufte Eßl.) Dr. Oetker Gustin
2 Eigelb
3/8 l kalte Milch
25 g Butter oder Margarine
etwas Salz
einige Tropfen Dr. Oetker Rum-Aroma oder Backöl Zitrone
etwa 25 g (1 gut gehäufter Eßl.) Zucker
2 Eiweiß
etwas geriebene Schokolade zum Bestreuen

Den Quark durch ein Sieb streichen und mit dem Zucker (50 g) schaumig schlagen. Soßen-Pulver, Gustin und Eigelb mit 6 Eßl. von der Milch verquirlen. Die übrige Milch mit Fett und Salz auf Stufe 3 erhitzen. In die kochende, von der Kochplatte genommene Milch das verquirlte Soßen-Pulver rühren und auf Stufe 0 einmal kurz aufkochen lassen. Die Speise während des Erkaltens ab und zu durchrühren, sie dann eßlöffelweise zu dem Quark geben und mit Backöl und Zucker abschmecken. Das zu steifem Schnee geschlagene Eiweiß darunter heben, die Creme in eine Glasschale füllen und mit Schokolade bestreuen. Die Creme am besten erst kurz vor dem Verzehr zubereiten.

Stippmilch mit Kompott

In eine Glasschale gedünstetes Kompott, z. B. Rhabarber, Erdbeeren, Johannisbeeren, Kirschen oder Preiselbeeren, füllen. Gehackte Mandeln oder Nüsse darüber streuen und die Stippmilch (s. oben) darauf geben.

Quark mit Fruchtsaft

250 g Quark
2–3 Eßl. Milch oder Sahne
3–4 Eßl. Fruchtsaft
Zucker nach Geschmack

Den Quark durch ein Sieb streichen, mit Milch (Sahne) und Fruchtsaft vermischen, mit Zucker abschmecken und schaumig schlagen.

Quarkschaum

2 Eigelb
30 g (2 gestrichene Eßl.) Zucker
1 Päckchen Dr. Oetker Vanillin-Zucker
250 g Quark
2 Eiweiß

Eigelb, Zucker, Vanillin-Zucker und den durch ein Sieb gestrichenen Quark schaumig schlagen. Das zu steifem Schnee geschlagene Eiweiß darunter heben.

Veränderung: Statt des Vanillin-Zuckers einige Tropfen Dr. Oetker Rum-Aroma verwenden.

GERICHTE AUS GETREIDE-ERZEUGNISSEN

Nicht nur unser tägliches Brot verdanken wir dem Getreide, sondern auch viele schmackhafte Mittags- und Abendbrotgerichte. Reis, Mais, Nudeln, Grieß, Haferflocken und Graupen bieten sich zur vielfältigen Zubereitung an, ganz abgesehen von dem Mehl, das wir als vielseitige Zutat aus der Küche überhaupt nicht fortdenken können.

Getreideerzeugnisse gestatten der Hausfrau eine Fülle von Verwendungsmöglichkeiten, und in jeder Form sind sie nahrhaft und sättigend. Der hohe Stärke- und Eiweißanteil macht sie zu einem unserer wichtigsten Nahrungsmittel.

A. BREIE

Regeln

1. Breie sind Quellgerichte. Das zu ihrer Herstellung erforderliche Getreideerzeugnis wie Reis, Grieß usw. muß bei gleichmäßiger, milder Hitze gar werden.

2. Quellgerichte bringt man auf Stufe 3 zum Kochen, zum Ausquellen genügt in der Regel die Stufe 0. Bei Reis wird zwischendurch (nach 5–10 Minuten) bei Platten mit geringer Speicherwärme 15–20 Minuten wieder auf Stufe 1 geschaltet und dann wieder auf Stufe 0, sonst wird der Reis nicht gar (Ausnahme Brühreis).

Reisbrei

(Milchreis)

1 l Milch
etwas Butter oder Margarine
etwas Salz
20 g Zucker
etwas Zitronenschale
175 g Milchreis

Zum Bestreuen:
Dr. Oetker Zimt-Zucker

Milch, Fett, Salz, Zucker und Zitronenschale auf Stufe 3 zum Kochen bringen, den gewaschenen Reis hineingeben, 5 Minuten auf Stufe 0, dann 20 Minuten auf Stufe 1 schalten und dann auf Stufe 0 den Reis gar werden lassen. Den Reis, bergig aufgehäuft, zu Tisch geben und mit Zimt-Zucker bestreuen.

Kochzeit: Etwa 40 Minuten.

Veränderung: Den Reis mit 30 g Zucker kochen, in einer kalt ausgespülten Form erkalten lassen, stürzen und mit rohem Fruchtsaft, Kompott oder eingezuckerten rohen Beerenfrüchten reichen. In diesem Falle den Reis nicht mit Dr. Oetker Zimt-Zucker, sondern mit Dr. Oetker Vanillin-Zucker bestreuen.

Kochzeit: Etwa 40 Minuten.

Haferflockenbrei

125 g Haferflocken
1 l Milch
etwas Salz
etwas Zitronenschale
etwas Butter oder Margarine

Die Haferflocken in einen Kochtopf geben, Milch und Salz unterrühren und mit Zitronenschale und Fett unter häufigem Umrühren auf Stufe 3 zum Kochen bringen. Die Haferflocken auf Stufe 0 ausquellen lassen und nach Belieben mit Zucker abschmecken.

Kochzeit: 5–10 Minuten.

Beigabe: Etwas Sahne, Kompott oder Fruchtsaft.

Brühreis

2 l Brühe (S.49/50) oder 2 l Wasser und
20 g Butter
etwas Salz
1 Zwiebel
250 g Reis (am besten Patnareis)
etwas Butter
Gewürze nach Belieben

Die gesalzene Brühe oder das gesalzene Wasser und die Butter mit der in Würfel geschnittenen Zwiebel auf Stufe 3 zum Kochen bringen, den gewaschenen Reis hineingeben, den Topf verschließen und die Brühe (Wasser) wieder zum Kochen bringen. Den Reis auf Stufe 2 oder Stufe 1 ausquellen lassen (es muß ständig etwas Dampf aus dem Topf entweichen und der Reis sprudeln!) und ihn während des Kochens nicht durchrühren. Wenn der Reis gar ist, ihn auf ein Sieb geben und gut mit kaltem Wasser übergießen. Den Reis anschließend in Butter erhitzen und würzen.

Kochzeit: 12–15 Minuten.

Apfelreis

1 l Wasser
etwas Salz
50–75 g (2–3 gut gehäufte Eßl.) Zucker
etwas Butter oder Margarine
2 Tropfen Dr. Oetker Backöl Zitrone
200–250 g Reis (am besten Patnareis)
500 g Äpfel

Zum Bestreuen:
Etwas Dr. Oetker Zimt-Zucker

Das Wasser mit Salz, Zucker, Fett und Backöl auf Stufe 3 zum Kochen bringen, den gewaschenen Reis und die gewaschenen, geschälten, in Scheiben geschnittenen Äpfel hineingeben, wieder zum Kochen bringen, 10 Minuten auf Stufe 0, 15 Minuten auf Stufe 1 und dann auf Stufe 0 gar werden lassen. Den Apfelreis mit Zimt-Zucker bestreuen.

Kochzeit: Etwa 40 Minuten.

Veränderung: Reis und Äpfel für sich kochen und schichtweise in eine Schüssel füllen. An Stelle von Reis Hirse oder Graupen nehmen.

Reisring (Abb. S. 269)

1 Rezept Brühreis (S. 248)

Den fertigen Brühreis in eine mit Wasser ausgespülte Ringform füllen und ihn etwa 15 Minuten in den Backofen oder in leicht kochendes Wasser setzen. Den Reis danach auf eine heiße runde Platte stürzen und die Mitte mit Frikassee, Ragout oder Gemüse (Pilze) füllen.

Kochzeit: 12–15 Minuten.

Schalterbackofen: 10 Minuten vorheizen O 3 – U 3, backen O 1 – U 2;

Reglerbackofen: 125–150.

Backzeit: Etwa 15 Minuten.

Grieß- oder Sagobrei

1 l Milch
etwas Butter oder Margarine
etwas Salz
etwas Zitronenschale
125 g Grieß oder Sago

Milch, Fett, Salz und Zitronenschale auf Stufe 3 zum Kochen bringen, den Grieß oder den Sago hineinstreuen, ihn auf Stufe 0 ausquellen lassen und nach Belieben mit Zucker abschmecken.

Kochzeit: 10–15 Minuten.

Beigabe: Saft oder Kompott.

Tomatenreis

1 Rezept Brühreis (S. 248)
250 g Tomaten und etwas Butter oder Margarine oder 1–2 Eßl. Tomatenmark

Die gewaschenen, in Stücke geschnittenen Tomaten in das auf Stufe 3 erhitzte Fett geben, auf Stufe 0 dünsten, durch ein Sieb streichen und unter den Brühreis rühren. An Stelle der frischen Tomaten das Tomatenmark unter den Reis geben.

Kochzeit: 12–15 Minuten.

Curryreis

1 Rezept Brühreis (S. 248)
1 Teel. Currypulver

Den fertigen Brühreis mit dem Currypulver mischen.

Risotto

250 g Reis (am besten Patnareis)
1 kleine Zwiebel
20 g Butter oder Margarine
1 l Brühe
etwas Salz
gehackte Kräuter

Den trocken abgeriebenen Reis mit der in Würfel geschnittenen Zwiebel in dem Fett auf Stufe 2 hellgelb rösten, mit kochender, leicht gesalzener Brühe auffüllen, 10 Minuten auf Stufe 0, 15 Minuten auf Stufe 1 und dann auf Stufe 0 ausquellen lassen. Den Reis nicht rühren, da er sonst breiig wird. Wenn er gar ist, ihn locker in eine Schüssel schichten und mit den Kräutern bestreuen.

Kochzeit: Etwa 25 Minuten.

Veränderung: An Stelle von Reis Graupen nehmen.

Reis mit getrocknetem Obst

200 g getrocknete Aprikosen, Pfirsiche oder Apfelringe
½ l Wasser
¾ l Wasser
etwas Salz
50–100 g (2–4 gut gehäufte Eßl.) Zucker
etwas Butter oder Margarine
2 Tropfen Dr. Oetker Backöl Zitrone
200 g Reis

Zum Bestreuen:
Etwas Zucker

Das getrocknete Obst gründlich waschen und 12–24 Stunden in dem ½ l Wasser einweichen. Die ¾ l Wasser mit Salz, 50 g Zucker, Fett und Backöl auf Stufe 3 zum Kochen bringen, den gewaschenen Reis und das eingeweichte Obst mit dem Einweichwasser hineingeben und Reis und Obst wieder zum Kochen bringen, 10 Minuten auf Stufe 0, 15 Minuten auf Stufe 1 und dann den Reis auf Stufe 0 garen lassen. Den Reis mit Zucker abschmecken und bestreuen und mit einigen zurückbehaltenen Früchten verzieren.

Kochzeit: Etwa 40 Minuten.

Veränderung: Will man getrocknete Pflaumen verwenden, sie für sich gar kochen, um den angerichteten Reis legen und den Saft darüber geben. An Stelle von Reis Graupen nehmen.

Rhabarberreis

1 l Wasser
etwas Salz
150–200 g Zucker
etwas Butter oder Margarine
2 Tropfen Dr. Oetker Backöl Zitrone
200–250 g Reis
500 g Rhabarber

Zum Bestreuen:
Etwas Dr. Oetker Zimt-Zucker

Das Wasser mit Salz, 150 g Zucker, Fett und Backöl auf Stufe 3 zum Kochen bringen, den gewaschenen Reis und den gewaschenen, nicht abgezogenen, in kleine Stücke geschnittenen Rhabarber hineingeben, wieder zum Kochen bringen, 10 Minuten auf Stufe 0, 15 Minuten auf Stufe 1 und dann auf Stufe 0 gar werden lassen. Den Rhabarberreis mit Zucker abschmecken und mit Zimt-Zucker bestreuen.

Kochzeit: Etwa 40 Minuten.

Veränderung: An Stelle von Reis Graupen oder Hirse nehmen.

Kirschenreis

1 l Wasser
etwas Salz
75 g (3 gut gehäufte Eßl.) Zucker
etwas Butter oder Margarine
2 Tropfen Dr. Oetker Backöl Zitrone
200–250 g Reis
500–750 g Kirschen

Zum Bestreuen:
Etwas Dr. Oetker Zimt-Zucker

Das Wasser mit Salz, Zucker, Fett und Backöl auf Stufe 3 zum Kochen bringen, den gewaschenen Reis und die gewaschenen, entsteinten Kirschen hineingeben, wieder zum Kochen bringen, 10 Minuten auf Stufe 0, 15 Minuten auf Stufe 1 und dann auf Stufe 0 gar werden lassen. Den Reis mit Zimt-Zucker bestreuen.

Kochzeit: Etwa 40 Minuten.

B. TEIGWAREN

Regeln

1. Teigwaren werden trocken in kochendes Wasser gestreut.
2. Sie brauchen viel Kochwasser, um genügend quellen zu können.
3. Da sie sich im Anfang leicht zusammenballen und auf dem Boden des Topfes festsetzen, muß man sie ab und zu umrühren.
4. Teigwaren müssen nach dem Aufkochen auf Stufe 3, bei Vollkochplatten mindestens 20 Minuten auf Stufe 0, quellen. Handelt es sich jedoch um Kochplatten mit geringer Speicherwärme, schaltet man im allgemeinen nach dem Aufkochen der Teigwaren für 5–10 Minuten aus. Anschließend geht man für 15–20 Minuten auf Stufe 1 über und läßt dann die Teigwaren noch kurze Zeit auf Stufe 0 quellen.
5. Wenn Nudeln gar sind, gibt man sie auf ein Sieb, übergießt sie mit kaltem Wasser, damit sie nicht aneinander kleben, und läßt sie abtropfen.

Makkaroni oder Spaghetti

1½ l Wasser
etwas Salz
200–250 g Makkaroni oder Spaghetti
20–40 g Butter
20 g geriebener Käse
evtl. etwas Pfeffer oder Paprika

Das Wasser mit dem Salz auf Stufe 3 zum Kochen bringen, die in fingerlange Stücke gebrochenen Makkaroni oder die Spaghetti hineingeben, das Wasser wieder zum Kochen bringen, und 5 Minuten auf Stufe 0, 15 Minuten auf Stufe 1 und sie dann auf Stufe 0 ausquellen lassen. Die Nudeln auf ein Sieb geben und mit kaltem Wasser übergießen. Ehe man sie anrichtet, sie in dem zerlassenen Fett schwenken und mit dem Käse und evtl. mit dem Pfeffer oder Paprika vermischen.

Kochzeit: 20-30 Minuten.

Veränderung: An Stelle von Käse 1–2 Eßl. Tomatenmark nehmen.

Hausmachernudeln

Rezept I:
600 g Weizenmehl
1 Teel. Salz
1 Eßl. Essig
¼ l Wasser

oder

Rezept II:
250 g Weizenmehl
½ Teel. Salz
2 Eier
*2–3 Eßl. Wasser**

Bei Rezept I ⅔ des Mehls in eine Schüssel sieben. In die Mitte eine Vertiefung eindrücken, das Salz und den Essig hineingeben und das Wasser nach und nach von der Mitte aus mit dem Mehl verrühren. Den Rest des Mehls darunter kneten. Sollte der Teig kleben, noch etwas Mehl hinzugeben.

Bei Rezept II das Mehl auf ein Backbrett (Tischplatte) sieben. In die Mitte eine Vertiefung eindrücken, die mit Salz und Wasser verquirlten Eier hineingeben und mit einem Teil des Mehls zu einem dicken Brei verarbeiten. Nun von der Mitte aus alle Zutaten schnell zu einem glatten Teig verkneten. Sollte er kleben, noch etwas Mehl hinzugeben.

Den Teig (I oder II) in nicht zu großen Stücken nudeldick ausrollen. Die Teigplatten zum Trocknen auf Tücher legen. Wenn die Teigplatten so weit getrocknet sind, daß sie beim Aufrollen nicht mehr aufeinander kleben, aber auch noch nicht zerbrechen, sie aufrollen und in gewünschte Breite schneiden. Die Nudeln so lange locker ausgebreitet an der Luft stehenlassen, bis sie vollkommen trocken sind.

** Bei großen Eiern 2 Eßl. Wasser nehmen und bei kleinen 3 Eßl.*

Spätzle

500 g Weizenmehl
etwas Salz
2 Eier
3/8 l Wasser oder Milch
Zum Bräunen:
Etwas Butter

Das Mehl in eine Schüssel sieben, in die Mitte eine Vertiefung eindrücken und die mit Salz und etwas von der Flüssigkeit verquirlten Eier hineingeben. Nun von der Mitte aus Eier und Mehl verrühren, nach und nach die übrige Flüssigkeit dazugeben und darauf achten, daß keine Klumpen entstehen. Den Teig so lange mit einem Holzlöffel schlagen, bis er Blasen wirft. Den Teig entweder durch einen Spatzenseiher oder durch ein groblöcheriges Sieb (Gemüsedämpfer) in auf Stufe 3 kochendes Salzwasser geben und auf Stufe 2 gar werden lassen. Den Teig evtl. aber auch auf ein Holzbrett streichen und mit einem Messer kleine Stücke in auf Stufe 3 kochendes Salzwasser schaben. Die Spätzle in gebräunter Butter schwenken oder mit gebräunten Semmelbröseln anrichten.

Kochzeit: 5–8 Minuten.

Veränderung: 200 g feingehackten, gedünsteten Spinat oder 150 g geriebenen Käse in den Teig geben.

Milchnudeln

1 l Milch
etwas Salz
etwas Butter oder Margarine
250 g Nudeln
50 g (2 gut gehäufte Eßl.) Zucker
60 g Rosinen oder
1/2 Teel. gemahlener Zimt

Die Milch mit Salz und Fett auf Stufe 3 zum Kochen bringen, die Nudeln hineingeben und 5 Minuten auf Stufe 0, 20 Minuten auf Stufe 1 und noch 10 Minuten auf Stufe 0 ausquellen lassen. Die Nudeln mit Zucker und vorgequollenen Rosinen mischen oder mit Zucker und Zimt bestreuen.

Kochzeit: Etwa 30 Minuten.

Veränderung: Die Nudeln statt mit Zucker und Rosinen mit Semmelbröseln anrichten und Backobst dazu reichen.

Dampfnudeln

350 g Weizenmehl
1 Päckchen Dr. Oetker Backpulver Backin
1 Teel. Salz
25 g (1 gut gehäufter Eßl.) Zucker
1 Päckchen Dr. Oetker Vanillin-Zucker
2 Eier
1/6 l Milch
noch etwas Milch für die Bratpfanne
Zum Bräunen:
Etwas Butter

Das mit Backin gemischte Mehl in eine Schüssel sieben. In die Mitte eine Vertiefung eindrücken, das Salz, den Zucker, den Vanillin-Zucker und die mit etwas von der Milch verquirlten Eier hineingeben. Nun von der Mitte aus Eier und Gewürze mit dem Mehl verrühren, nach und nach die übrige Milch dazugeben und darauf achten, daß keine Klumpen entstehen. In eine mit zerlassenem Fett ausgestrichene Bratpfanne etwa 1 cm hoch Milch gießen, sie auf Stufe 3 zum Kochen bringen und den Teig mit 2 Eßlöffeln in 8 gleichmäßig großen Häufchen hineinsetzen. Die Pfanne fest zudecken und die Nudeln auf Stufe 1 gar kochen lassen. Die Nudeln mit brauner Butter übergießen und zu gedünstetem Obst oder mit einer Pflaumensoße reichen.

Kochzeit: Etwa 25 Minuten.

Übriggebliebene Dampfnudeln in Scheiben schneiden und in heißer Butter braten.

Gefüllte Nudeln

Nudelteig:
250 g Weizenmehl
½ Teel. Salz
2 Eier
*3–4 Eßl. Wasser**

Füllung I:
125 g Schinken- oder Bratenwürfel
1 Eigelb
2 Eßl. geriebener Käse
1–2 Eßl. Milch

oder

Füllung II:
Spinat, Pilze oder Tomaten, leicht gedünstet und gehackt

Zum Bestreichen:
1 Eiweiß

Zum Bräunen:
Etwas Butter

** Bei großen Eiern 3 Eßl. Wasser nehmen und bei kleinen 4 Eßl.*

Das Mehl auf ein Backbrett (Tischplatte) sieben. In die Mitte eine Vertiefung eindrücken, die mit Salz und Wasser verquirlten Eier hineingeben und mit einem Teil des Mehls zu einem dicken Brei verarbeiten. Nun von der Mitte aus alle Zutaten schnell zu einem glatten Teig verkneten. Sollte er kleben, noch etwas Mehl hinzugeben.

Für die Füllung I an die Schinken- oder Bratenwürfel das Eigelb, den Käse und so viel Milch geben, daß eine geschmeidige Masse entsteht.

Den Nudelteig in kleinen Mengen messerrückendick ausrollen. 6–8 cm große Quadrate daraus schneiden, auf jedes 1 Teel. der betreffenden Füllmasse legen und die Ränder mit verschlagenem Eiweiß bestreichen. Die Ecken der Nudelflecke so übereinanderschlagen, daß Dreiecke entstehen. Die Ränder fest zusammendrücken. Die gefüllten Nudeln in auf Stufe 3 kochendes Salzwasser geben, das Wasser wieder zum Kochen bringen und 15 Minuten auf Stufe 1 und dann noch etwa 5 Minuten auf Stufe 0 gar kochen lassen. Die Nudeln mit gebräunter Butter übergießen und Salat oder Kompott dazu reichen.

Kochzeit: Etwa 20 Minuten.

Milchnudeln (Rezept nebenstehend)

C. KLÖSSE

Regeln

1. Der Kloßteig muß eine geschmeidige Masse sein, wenn er beim Kochen nicht auseinanderfallen soll, er ist deshalb kräftig durchzuarbeiten.

2. Er muß vor dem Formen abgeschmeckt werden.

3. Um sich von der Festigkeit der Teigmasse zu überzeugen, koche man einen Probekloß. Sollte er zu fest sein, lockert man ihn durch die Zugabe von gekochten Zutaten wie gekochtem Fleisch, Kartoffeln, Grießbrei oder geriebener Semmel. Klöße, die auseinanderfallen, müssen durch Zusatz von rohen Zutaten wie Ei, Kartoffeln, Grieß oder Mehl gebunden werden.

4. Will man Klöße abstechen, so tauche man den Löffel vorher in kochendes Salzwasser.

5. Läßt sich der Teig formen, so mache man davon auf einem bemehlten Holzbrett eine Rolle, schneide sie in gleichmäßige Scheiben und rolle sie mit mehlbestäubten Händen zu Klößen.

6. Man lege die Klöße bis zum Kochen auf bemehlte Holzbretter.

7. Klöße kommen in leicht gesalzenes Wasser, das auf Stufe 3 kocht.

8. Man gibt nur so viel Klöße in den Topf, wie nebeneinander Platz haben, wobei man ihr Aufgehen berücksichtigen muß.

9. Klöße sollen mehr ziehen als kochen. Sobald das Wasser nach dem Einlegen der Klöße wieder kocht, schaltet man im allgemeinen kurze Zeit auf Stufe 1 und danach auf Stufe 0.

10. Klöße werden im offenen Topf gekocht, weil der Dampf sie sonst auseinanderreißen würde. Eine Ausnahme davon machen Hefeklöße, die man am besten im Dämpftopf gar macht.

11. Um zu prüfen, ob der Kloß gar ist, reißt man ihn mit 2 Gabeln auseinander; er muß innen trocken und locker sein.

12. Man nimmt die fertigen Klöße vorsichtig mit einem Schaumlöffel heraus und läßt sie gut abtropfen, ehe man sie anrichtet.

Mehlklöße

40 g Butter oder Margarine
3 Eier
etwas Salz
400 g Weizenmehl
3 g (1 gestrichener Teel.) Dr. Oetker Backpulver Backin
gut ⅛ l Milch
30 g Butter zum Rösten
20 g Semmelmehl

Das Fett schaumig rühren, die Eier, das Salz und nach und nach abwechselnd mit der Milch das mit Backin gemischte und gesiebte Mehl hinzugeben. Den Teig mit einem Rührlöffel so lange schlagen, bis er Blasen wirft. Mit einem in heißes Wasser getauchten Eßlöffel Klöße abstechen, sie in auf Stufe 3 kochendes Salzwasser geben und auf Stufe 2 gar kochen lassen. Die Klöße mit geröstetem Semmelmehl anrichten und zu Backobst oder Fleisch reichen.

Kochzeit: Etwa 10 Minuten.

Semmelklöße

(Semmelknödel)

300 g (etwa 8) alte Semmeln (Brötchen)
50 g Butter- oder Schweineschmalz
½ l Milch
2 Eier
3 g (1 gestrichener Teel.) Dr. Oetker Backpulver Backin
etwas Salz
etwas Butter zum Bräunen

Die Semmeln (Brötchen) in knapp 2 mm dicke Blättchen schneiden, mit dem heißen Fett und der kochendheißen Milch übergießen und 1 Stunde stehenlassen. Dann die Eier und das Backin gut darunter rühren und die Masse mit Salz abschmecken.

Mit nassen Händen gleichmäßig glatte Klöße formen, sie in auf Stufe 3 kochendes Salzwasser geben und auf Stufe 1 gar ziehen lassen (zwischendurch evtl. auf Stufe 2 schalten). Die Klöße mit brauner Butter übergießen und zu Fruchtsoßen oder hellem Fleisch (Kalbfleisch, Hühnerfleisch) reichen.

Kochzeit: Etwa 20 Minuten.

Großer Mehlkloß mit Backpulver

Kloß:

50 g Butter oder Margarine
75 g Zucker
3 Eier
etwas Salz
3 Tropfen Dr. Oetker Backöl Zitrone
500 g Weizenmehl
1 Päckchen Dr. Oetker Backpulver Backin
knapp ¼ l Milch

Backobst:

250 g gemischtes Backobst
¾ l Wasser
60 g (3 schwach gehäufte Eßl.) Zucker

Das Fett schaumig rühren und nach und nach den Zucker, die Eier und die Gewürze hinzugeben. Das mit Backin gemischte und gesiebte Mehl abwechselnd mit der Milch unterrühren. Aus dem Teig einen großen Kloß formen, ihn auf das kochende Backobst legen (gewaschenes Backobst 12–24 Stunden in den ¾ l Wasser einweichen und mit dem Einweichwasser und dem Zucker auf Stufe 3 zum Kochen bringen!) und 1¼ Stunden auf Stufe 1 im zugedeckten Topf, dann noch ¼ Stunde im offenen Topf auf Stufe 0 ziehen lassen.

Kochzeit: 1½ Stunden.

Grießklöße

¾ l Milch
20 g Butter oder Margarine
1 Teel. Salz
3 Tropfen Dr. Oetker Backöl Zitrone oder 2 Tropfen Dr. Oetker Backöl Bittermandel
250 g Grieß
2 Eier
30 g Butter zum Rösten
20 g Semmelmehl

Die Milch mit dem Fett und den Gewürzen auf Stufe 3 zum Kochen bringen. Den Topf von der Kochplatte nehmen, langsam unter Rühren den Grieß hineinstreuen, ihn zu einem glatten Brei rühren und diesen unter Rühren noch etwa 1 Minute auf Stufe 0 erhitzen, bis ein Kloß entstanden ist. Den heißen Kloß sofort in eine Schüssel geben und nacheinander die Eier darunter rühren. Wenn die Masse erkaltet ist, sie zu Klößen formen, diese in auf Stufe 3 kochendes Salzwasser geben und, kurz bevor das Wasser kocht, auf Stufe 1 gar ziehen lassen. Die Klöße mit geröstetem Semmelmehl überstreuen und als selbständiges Gericht zu Kompott oder als Beilage zu Schmorbraten reichen; bei letzterem aber an Stelle von Backöl gehackten Schnittlauch oder Petersilie zum Würzen nehmen.

Kochzeit: Etwa 10 Minuten.

Apfelklöße

50 g Butter oder Margarine
2 Eier
2 eingeweichte, gut ausgepreßte Semmeln (Brötchen)
etwas Salz
250 g Weizenmehl
3 Eßl. Milch
500 g Äpfel
etwas Dr. Oetker Zimt-Zucker

Das Fett schaumig rühren und nach und nach die Eier, die Semmeln, das Salz und abwechselnd mit dem gesiebten Mehl die Milch hinzugeben. Dann die gewaschenen, geschälten, in ganz kleine Stücke geschnittenen Äpfel darunter rühren. Mit einem in heißes Wasser getauchten Löffel Klöße abstechen, sie in auf Stufe 3 kochendes Salzwasser legen und auf Stufe 1 gar ziehen lassen. Die Klöße mit Zimt-Zucker bestreuen.

Kochzeit: Etwa 15 Minuten.

Kirschklöße

500 g Kirschen
60 g Zucker
40 g Butter oder Margarine
etwas Salz
2 Tropfen Dr. Oetker Backöl Zitrone
50 g Weizenmehl
3 Eier
etwa 200 g Semmelmehl
Zucker zum Bestreuen

Die Kirschen waschen, entsteinen, zuckern und im eigenen Saft dünsten. Wenn sie abgekühlt sind, das auf Stufe 3 zerlassene Fett, das Salz, das Backöl, das Mehl, die Eier und so viel Semmelmehl darunter rühren, daß ein fester Teig entsteht. Daraus Klöße formen, diese in auf Stufe 3 kochendes Salzwasser legen und auf Stufe 1 gar ziehen lassen. Die Klöße mit Zucker bestreuen und mit einer Weinschaumsoße (S. 86) reichen.

Kochzeit: Etwa 8 Minuten.

Hefeklöße (8 Stück)

Teig:
1 Päckchen Dr. Oetker Dauer-Backhefe
1 Teel. Zucker
1/8 l lauwarme Milch
300 g Weizenmehl
50 g (2 gut gehäufte Eßl.) Zucker
1 Päckchen Dr. Oetker Vanillin-Zucker
1/2 gestrichener Teel. Salz
50 g zerlassene Butter oder Margarine
1 Ei

Zum Übergießen:
100 g gebräunte Butter

Zum Bestreuen:
20 g gebräunte Spaltmandeln

Beigabe:
Dr. Oetker Zimt-Zucker und Kompott

Für den Teig die Dauer-Backhefe und den Teel. Zucker in einer Tasse mit der Milch anrühren und etwa 15 Minuten bei Zimmertemperatur stehenlassen.

2/3 des Mehls in eine Rührschüssel sieben, in die Mitte eine Vertiefung eindrücken, den Zucker, den Vanillin-Zucker, das Salz, das lauwarme Fett und das Ei an den Rand des Mehls geben. Die angesetzte Hefe in die Vertiefung geben, von der Mitte aus die Hefe mit dem Mehl und den übrigen Zutaten verrühren und dann den Teig mit dem Rührlöffel so lange schlagen, bis er Blasen wirft. Dann das restliche Mehl unterkneten.

Den Teig an einem warmen Ort so lange stehenlassen, bis er etwa doppelt so hoch ist.

Den Teig kurz durchkneten, eine Rolle formen und diese in 8 gleichmäßige Stücke schneiden. Die Teigstücke zu Klößen formen und auf ein bemehltes Teigbrett legen. Die Klöße an einem warmen Ort so lange gehen lassen, bis sie etwa doppelt so hoch sind.

Die Klöße im Dampf gar machen. Dazu ein Tuch recht straff über einem möglichst breiten Topf mit kochendem Wasser spannen, es an den Topfgriffen festbinden, mit Mehl bestreuen und die

Klöße darauf legen. Eine Schüssel darüber decken und die Klöße in 15–20 Minuten gar werden lassen (Garprobe mit einem Holzstäbchen). Die Hefeklöße auf eine vorgewärmte Platte geben und mit zwei Gabeln aufreißen, damit der Dampf entweichen kann. Die Klöße mit brauner Butter übergießen, mit gebräunten Spaltmandeln bestreuen und mit Zimt-Zucker und Kompott servieren.

Kochzeit: 15–20 Minuten.

Veränderung: Als „Dicker Michel" den ganzen Hefeteig auf kochendes Backobst legen und zusammen auf Stufe 1 gar machen.

D. PFANNENGERICHTE

Regeln

1. Das Gelingen der in der Pfanne gebackenen Gerichte hängt von der zweckmäßigen Auswahl und der richtigen Temperatur des Backfettes ab.
2. Butter und Margarine sind zum Backen der meisten Pfannengerichte ungeeignet, da sie leicht schwarz werden.
3. Man verwendet am besten Öl, Schmalz, Kokosfett oder Mischfett (S. 89).
4. Das Fett muß heiß sein, wenn man den Teig hineingibt, damit sich sofort eine Kruste bildet und das Fett nicht eindringen kann.
5. Das Fett wird auf Stufe 3 erhitzt, das Gericht wird zuerst auf Stufe 2, nach dem Wenden auf Stufe 0, gebacken. Ist mehr als eine Pfanne zu backen, so schaltet man erst bei der letzten auf Stufe 0.
6. Die Garzeit richtet sich nach der Dicke des Gebäcks. Je länger es backen muß, um so gelinder muß die Backhitze sein, damit es innen gar wird (unter Umständen zwischendurch auf Stufe 1 schalten).

Mehlschmarren

(Süddeutsche Mehlspeise)

250 g Weizenmehl
3–5 Eigelb
etwas Salz
20 g (1 schwach gehäufter Eßl.) Zucker
1 Päckchen Dr. Oetker Vanillin-Zucker
½ l Milch
3–5 Eiweiß
60 g Fett zum Backen
etwas Zucker zum Bestreuen

Das Mehl in eine Schüssel sieben. In die Mitte eine Vertiefung eindrücken und das mit Salz, Zucker, Vanillin-Zucker und etwas von der Milch verquirlte Eigelb hineingeben. Nun von der Mitte aus Eigelb und Mehl verrühren, nach und nach die übrige Milch dazugeben und darauf achten, daß keine Klumpen entstehen. Zuletzt das zu steifem Schnee geschlagene Eiweiß vorsichtig darunter heben.

Etwas von dem Fett in einer Stielpfanne auf Stufe 3 zerlassen. Den Eierkuchenteig jeweils knapp 1 cm dick hineingeben und ihn auf der Unterseite auf Stufe 2 hellgelb backen. Den Eierkuchen dann mit 2 Gabeln in kleine Stücke zerreißen, diese unter häufigem Wenden gut bräunen und mit Zucker bestreut zu Tisch geben.

Backzeit: Etwa 5 Minuten.

Arme Ritter

½ l Milch
1–2 Eier
20 g (1 schwach gehäufter Eßl.) Zucker
2–3 Tropfen Dr. Oetker Backöl Zitrone
etwas Salz
12 kleine Scheiben Weißbrot
60 g Semmelmehl
etwa 125 g Fett zum Backen

Zum Bestreuen:
Etwas Dr. Oetker Zimt-Zucker

Milch, Eier, Zucker, Backöl und Salz gut verquirlen. Die Weißbrotscheiben damit übergießen, etwas darin weichen lassen (dürfen nicht zu weich werden!), in Semmelmehl wenden und in dem auf Stufe 3 erhitzten Fett auf Stufe 2 (die letzten Portionen auf Stufe 0) auf beiden Seiten backen. „Arme Ritter" mit Zimt-Zucker bestreuen oder mit Weinschaum- oder Zitronenschaumsoße (S. 86) reichen.

Karthäuser Klöße

8 alte Semmeln (Brötchen)
½ l Milch
1–2 Eier
20 g (1 schwach gehäufter Eßl.) Zucker
etwas Salz
2 Tropfen Dr. Oetker Backöl Bittermandel
etwa 125 g Fett zum Backen

Zum Bestreuen:
Etwas Dr. Oetker Zimt-Zucker

Die abgeriebenen Semmeln in Hälften oder Viertel schneiden. Milch, Eier, Zucker, Salz und Backöl gut verquirlen und darüber gießen.

Die Semmeln fleißig wenden, damit sie gut durchziehen (evtl. noch etwas Milch nachgeben!), mit der Semmelrinde panieren und in auf Stufe 3 erhitztem Fett auf Stufe 2 auf beiden Seiten backen. Die Klöße mit Zimt-Zucker bestreuen oder mit Weinschaum- oder Zitronenschaumsoße (S. 86) reichen.

Mehlpüfferchen

2 Eier
40 g (2 schwach gehäufte Eßl.) Zucker
1 gestrichener Teel. Salz
2–3 Tropfen Dr. Oetker Backöl Zitrone
250 g Weizenmehl
9 g (3 gestrichene Teel.) Dr. Oetker Backpulver Backin
¼ l Milch
50 g Korinthen
80–100 g Fett zum Backen

Eier und Zucker schaumig rühren. Dann die Gewürze und eßlöffelweise das mit Backin gemischte und gesiebte Mehl abwechselnd mit der Milch hinzugeben. Zuletzt die gewaschenen Korinthen darunter heben. Den Teig löffelweise in das auf Stufe 3 erhitzte Fett geben, ihn flachstreichen und auf Stufe 1 auf beiden Seiten backen. Die Püfferchen mit Zucker bestreuen und zum Kaffee oder mit gedünstetem Obst als Nachtisch oder zum Abendbrot reichen.

Apfelbettelmann

200 g geriebenes Graubrot
30 g (2 gestrichene Eßl.) Zucker
2 Tropfen Dr. Oetker Backöl Zitrone
500 g Äpfel
1 Eßl. Wasser
50 g (2 gut gehäufte Eßl.) Zucker
15 g Korinthen
15 g gehackte Mandeln
50 g Fett zum Backen

Das Brot mit Zucker und Backöl vermischen. Die gewaschenen, geschälten, in Scheiben geschnittenen Äpfel mit dem Wasser, dem Zucker, den gewaschenen Korinthen und den Mandeln zunächst auf Stufe 3 und dann auf Stufe 0 gar dünsten. Die Hälfte des Brotes in das auf Stufe 3 erhitzte Fett geben und gut andrücken, darauf das Apfelmus verstreichen und dieses mit dem restlichen Brot zudecken. Den Apfelbettelmann auf beiden Seiten auf Stufe 2 oder 1, nach dem Wenden auf Stufe 0, backen und mit Zucker bestreuen.

Backzeit: Etwa 20 Minuten.

Kaiserschmarren

100 g Weizenmehl
4 Eigelb
etwas Salz
2 Tropfen Dr. Oetker Backöl Zitrone
1/4 l Milch oder Sahne
75 g Korinthen
75 g gemahlene abgezogene Mandeln
4 Eiweiß
60 g Fett zum Backen
etwas Zucker zum Bestreuen

Das Mehl in eine Schüssel sieben. In die Mitte eine Vertiefung eindrücken und das mit Salz, Backöl und etwas von der Milch (Sahne) verquirlte Eigelb hineingeben. Nun von der Mitte aus Eigelb und Mehl verrühren, nach und nach die übrige Milch (Sahne) dazugeben und darauf achten, daß keine Klumpen entstehen. Zuletzt die gewaschenen Korinthen, die Mandeln und das zu steifem Schnee geschlagene Eiweiß darunter heben.

Etwas von dem Fett in einer Stielpfanne auf Stufe 3 zerlassen. Den Eierkuchenteig jeweils 1 cm dick hineingeben und ihn auf der Unterseite auf Stufe 2 hellgelb backen. Den Eierkuchen dann mit 2 Gabeln in kleine Stücke zerreißen, diese unter häufigem Wenden gut bräunen und mit Zucker bestreut zu Tisch geben.

Backzeit: 8–10 Minuten.

Grießschnitten (Abb. S. 233)

1/2 l Milch
20 g Butter oder Margarine
20 g (1 schwach gehäufter Eßl.) Zucker
etwas Salz
2 bittere Mandeln
150 g Grieß
1–2 Eier
40 g Semmelmehl
60–80 g Fett zum Backen

Die Milch mit dem Fett, dem Zucker, dem Salz und den gehackten Mandeln auf Stufe 3 zum Kochen bringen. Dann den Topf von der Kochplatte nehmen, den Grieß langsam unter Rühren hineinstreuen und ihn auf Stufe 0 ausquellen lassen. Die Eier unter den heißen Brei rühren, ihn in eine mit nassem Pergamentpapier ausgelegte Kastenform füllen und erkalten lassen. Dann den Grießbrei in Scheiben schneiden, mit Semmelmehl panieren und in offener Pfanne in dem auf Stufe 3 erhitzten Fett auf Stufe 2 (die letzten Portionen auf Stufe 0) auf beiden Seiten backen. Die Grießschnitten mit Kompott reichen.

Kochzeit: Etwa 10 Minuten.

Reisschnitten

1/2 l Milch
20 g Butter oder Margarine
etwas Salz
3 Tropfen Dr. Oetker Backöl Zitrone
20 g (1 schwach gehäufter Eßl.) Zucker
100 g Reis
50 g Rosinen
1–2 Eier
40 g Semmelmehl
60–80 g Fett zum Backen

Milch, Fett, Salz, Backöl und Zucker auf Stufe 3 zum Kochen bringen, den gewaschenen Reis und die gewaschenen Rosinen hineingeben und 10 Minuten auf Stufe 0, 20 Minuten auf Stufe 1 und dann auf Stufe 0 ausquellen lassen. Die Eier unter den heißen Brei rühren, ihn in eine mit nassem Pergamentpapier ausgelegte Kastenform füllen und erkalten lassen. Dann den Reisbrei in Scheiben schneiden, mit Semmelmehl panieren und in offener Pfanne in dem auf Stufe 3 erhitzten Fett auf Stufe 2 (die letzten Portionen auf Stufe 0) auf beiden Seiten backen. Die Reisschnitten mit Preiselbeerkompott reichen.

Kochzeit: Etwa 40 Minuten.

Veränderung: Man kann auf diese Weise Reste von Milch- oder Apfelreis verwenden.

E. AUFLÄUFE

Regeln

1. Zum Backen von Aufläufen braucht man feuerfeste Formen aus Porzellan, Steingut oder Jenaer Glas.

2. Die Form muß vor dem Einfüllen der Masse gut mit streichfähiger Butter oder Margarine ausgestrichen werden.

3. Bei allen Aufläufen, die aufgehen (auflaufen) sollen, darf die Form nur ¾ gefüllt werden.

4. Die Oberfläche bestreut man mit Semmelmehl oder geriebenem Käse und verteilt Butterflöckchen darauf.

5. Der Rand der Form muß nach dem Einfüllen gut gesäubert werden, um ein Verbrennen der Reste zu vermeiden.

6. Besteht der Auflauf aus vorwiegend gekochten Zutaten, so wird er beim Schalterbackofen auf den Rost auf die Mittelschiene des Backofens gesetzt und bei O 3 – U 3 (die letzten 10 Minuten 0–0) überbacken, um ihm die notwendige Kruste zu geben. Beim Reglerbackofen wird er ebenfalls mit dem Rost auf die Mittelschiene des Backofens (Ausnahmen: Aufläufe, die mit einer Soße übergossen werden, dann besser untere Schiene) gesetzt und bei 225–250 überbacken.
Sind die Zutaten roh eingeschichtet oder soll der Auflauf aufgehen, so schiebt man ihn mit dem Rost auf die untere Schiene in den Backofen und schaltet den Schalterbackofen auf O 2 – U 3 (die letzten 10 Minuten 0–0). Beim Reglerbackofen liegt die richtige Stellung zum Garen des Auflaufs bei 200–225 bzw. bei 175–195 (Aufläufe mit vielen Eiern oder aus Kuchenteig).

7. Man gibt Aufläufe in der Form, in der sie gebacken wurden, zu Tisch.

Reisauflauf mit Schinken

1 l Brühe (S. 49/50)
Paprika oder Zwiebel
250 g Reis (am besten Patnareis)
125–250 g gekochter Schinken
60 g geriebener Käse
2 Eier
¼ l Milch oder saure Sahne
etwas Salz
2 Eßl. Semmelmehl oder geriebener Käse
etwas Butter

Die Brühe mit Paprika oder in Würfel geschnittener Zwiebel auf Stufe 3 zum Kochen bringen, den gewaschenen Reis hineingeben, ihn zunächst 10 Minuten auf Stufe 0, 15 Minuten auf Stufe 1 und dann auf Stufe 0 ausquellen und dann erkalten lassen. Den Reis während des Quellens nicht rühren, da er sonst breiig wird.

Kochzeit: Etwa 30 Minuten.

Den erkalteten Reis abwechselnd lagenweise mit dem in kleine Würfel geschnittenen Schinken und dem geriebenen Käse in eine gefettete Auflaufform füllen. Die oberste Schicht muß aus Reis bestehen. Eier, Milch (Sahne) und etwas Salz verquirlen und darüber gießen. Den Auflauf mit Semmelmehl (Käse) bestreuen und mit Butterflöckchen belegen.

Schalterbackofen: O 3 – U 3;

Reglerbackofen: 225–250.

Backzeit: 30–40 Minuten.

Beigabe: Grüner Salat.

Makkaroniauflauf mit Schinken

1½ l Wasser
etwas Salz
250 g Makkaroni
125–250 g gekochter Schinken
60 g geriebener Käse
2 Eier
¼ l Milch oder saure Sahne
etwas Salz
2 Eßl. Semmelmehl oder geriebener Käse
etwas Butter

Das Wasser mit dem Salz auf Stufe 3 zum Kochen bringen, die in fingerlange Stücke gebrochenen Makkaroni hineingeben und nach dem Aufkochen 5 Minuten auf Stufe 0, 15 Minuten auf Stufe 1 und dann auf Stufe 0 ausquellen lassen. Die Nudeln auf ein Sieb geben und mit kaltem Wasser übergießen.

Kochzeit: Etwa 30 Minuten.

Die erkalteten Makkaroni abwechselnd lagenweise mit dem in kleine Würfel geschnittenen Schinken und dem Käse in eine gefettete Auflaufform füllen. Die oberste Schicht muß aus Makkaroni bestehen. Eier, Milch (Sahne) und etwas Salz verquirlen und darüber gießen. Den Auflauf mit Semmelmehl (Käse) bestreuen und mit Butterflöckchen belegen.

Schalterbackofen: O 3 – U 3;

Reglerbackofen: 225–250.

Backzeit: 30–40 Minuten.

Beigabe: Grüner Salat.

Veränderung: Statt des gekochten Schinkens halbgar gedünstete Pilze oder rohe Tomatenscheiben einschichten.
Statt der verquirlten Eier eine Tomatensoße verwenden.

Makkaroniauflauf mit Käse

1½ l Wasser
etwas Salz
250 g Makkaroni oder Spaghetti
125 g geriebener Käse

Helle Soße:

40 g Butter oder Margarine
40 g Weizenmehl
½ l Brühe (S. 49/50) oder saure Milch
1–2 Eigelb
1 Eßl. kaltes Wasser zum Verquirlen
1–2 Eiweiß
2 Eßl. Semmelmehl
etwas Butter

Das Wasser mit dem Salz auf Stufe 3 zum Kochen bringen, die in fingerlange Stücke gebrochenen Makkaroni oder die Spaghetti hineingeben und 5 Minuten auf Stufe 0, 15 Minuten auf Stufe 1 und dann auf Stufe 0 ausquellen lassen. Die Nudeln auf ein Sieb geben und mit kaltem Wasser übergießen.

Kochzeit: 20–30 Minuten.

Die erkalteten Nudeln abwechselnd lagenweise mit dem Käse in eine gefettete Auflaufform füllen. Die oberste Schicht muß aus Nudeln bestehen.

Für die Soße das Fett auf Stufe 3 zerlassen. Das Mehl unter Rühren so lange darin erhitzen, bis es hellgelb ist. Damit keine Klumpen entstehen, die Brühe (saure Milch) nach und nach hinzugießen, mit einem Schneebesen durchschlagen und kurz aufkochen lassen. Die Soße mit dem verquirlten Eigelb abziehen und das zu steifem Schnee geschlagene Eiweiß vorsichtig darunter heben. Die Soße über den Auflauf gießen, ihn mit Semmelmehl bestreuen und mit Butterflöckchen belegen.

Schalterbackofen: O 3 – U 3;

Reglerbackofen: 225–250.

Backzeit: 30–40 Minuten.

Reisauflauf

1 l Milch
etwas Salz
200 g Milchreis
50 g Butter oder Margarine
75 g (3 gut gehäufte Eßl.) Zucker
1 Päckchen Dr. Oetker Vanillin-Zucker
3 Eier
2 Tropfen Dr. Oetker Backöl Bittermandel
4 Tropfen Dr. Oetker Backöl Zitrone
1 Päckchen Dr. Oetker Pudding-Pulver Vanille-Geschmack
6 g (2 gestrichene Teel.) Dr. Oetker Backpulver Backin
1 Eßl. abgezogene, gemahlene Mandeln
2 Eßl. Rosinen
30 g Semmelmehl
etwas Butter

Die Milch mit dem Salz auf Stufe 3 zum Kochen bringen, den gewaschenen Reis hineingeben und ihn zunächst 10 Minuten auf Stufe 0, 10 Minuten auf Stufe 1 und dann auf Stufe 0 ausquellen (er muß noch körnig sein!) und dann erkalten lassen.

Kochzeit: Etwa 30 Minuten.

Das Fett schaumig rühren, den Zucker, den Vanillin-Zucker, die Eier, die Gewürze, den erkalteten Reis und das mit Backin gemischte Pudding-Pulver nach und nach hinzugeben. Zum Schluß die Mandeln und die gewaschenen, abgetropften Rosinen darunter mengen und die Masse in eine gefettete, mit Semmelmehl ausgestreute Auflaufform füllen. Den Auflauf mit Semmelmehl bestreuen und mit Butterflöckchen belegen.

Schalterbackofen: O 2 – U 3;

Reglerbackofen: 200–225.

Backzeit: 40–50 Minuten.

Beigabe: Gekochtes Obst oder beliebiger Fruchtsaft.

Veränderung: 300 g gewaschene, geschälte, in Scheiben geschnittene Äpfel mit 1–2 Eßl. Zucker vermischen und mit den Mandeln und Rosinen unter die Masse heben.
Den Reis dann aber nur mit ¾ l Milch quellen lassen.

Grießauflauf

½ l Milch
etwas Salz
125 g Grieß
75 g Butter oder Margarine
60 g (3 schwach gehäufte Eßl.) Zucker
1 Päckchen Dr. Oetker Vanillin-Zucker
3 Eier
4 Tropfen Dr. Oetker Backöl Zitrone
1 Päckchen Dr. Oetker Pudding-Pulver Vanille-Geschmack
3 Eßl. kalte Milch zum Anrühren
3 g (1 gestrichener Teel.) Dr. Oetker Backpulver Backin
25 g Rosinen oder Korinthen
etwas Butter

Die Milch mit dem Salz auf Stufe 3 zum Kochen bringen, von der Kochplatte nehmen, den Grieß unter Rühren hineinstreuen und zum Quellen stehenlassen.

Das Fett schaumig rühren und nach und nach den Zucker, den Vanillin-Zucker, die Eier, das Backöl, den gequollenen Grieß, das mit der Milch angerührte Pudding-Pulver und das Backin hinzugeben. Zum Schluß die gewaschenen, abgetropften Rosinen (Korinthen) darunter heben. Die Masse in eine gut gefettete Auflaufform füllen und mit Butterflöckchen belegen.

Schalterbackofen: O 2 – U 3;

Reglerbackofen: 200–225.

Backzeit: 35–45 Minuten.

Beigabe: Eingemachtes Obst oder Obstsaft.

GETRÄNKE

Der Mensch lebt nicht vom Essen allein – er muß auch trinken, und oft macht ihm das Trinken sogar noch größeres Vergnügen als das Essen. Mehr als bei allem anderen spielt hier die Jahreszeit eine entscheidende Rolle. Im Sommer wünscht man sich kühle erfrischende Getränke, im Winter heiße wohlig durchwärmende. Aber ob heiß oder kalt, ob mit Alkohol oder ohne, ob anregend oder entspannend – für jeden Zweck und jede Gelegenheit gibt es die richtigen Getränke.

Abgesehen von den herkömmlichen Zubereitungen, sind der Phantasie bei der Herstellung von schmackhaften Getränken kaum Grenzen gesetzt. Die folgenden Rezepte können daher nur einige Anregungen geben.

A. WARME GETRÄNKE

Regeln

1. Zur Herstellung von Kaffee, Tee und Kakao verwende man nur gute Sorten, da sie am ergiebigsten und deswegen am preiswertesten sind.

2. Sie müssen in luftdicht verschlossenen Behältern aufbewahrt werden, da sie sonst ihr Aroma einbüßen. Man soll auch nur kleine Mengen kaufen und Kaffee erst kurz vor dem Gebrauch mahlen.

3. Zum Aufbrühen der Getränke brauche man nur für diesen Zweck bestimmtes Geschirr.

4. Man verwende frisches Wasser und lasse es nur einmal aufkochen.

5. Die fertigen Getränke dürfen nicht mehr kochen, weil sie dadurch ihr Aroma verlieren.

Bohnenkaffee

Etwa 30 g Kaffeebohnen
1 l Wasser

Das nicht zu fein gemahlene Kaffeemehl* in eine heiß ausgespülte Porzellan- oder Steingutkanne geben, mit frisch kochendem Wasser übergießen und umrühren. Den Kaffee 4–6 Minuten ziehen lassen und ihn dann durch ein Sieb in die vorgewärmte Kaffeekanne gießen. Zur Abrundung des Geschmacks etwas Salz oder nach Belieben etwas Kaffeegewürz zusetzen. Zum Kaffee heiße Milch oder Sahne und Zucker reichen.

* Kaffee wird sonst zu bitter

Veränderung:

a) Die gemahlenen Bohnen in einen Kaffeefilter (Melitta, Karlsbader) geben und das kochende Wasser zum Durchlaufen in kleinen Mengen darauf gießen. Das Wasser immer wieder zum Kochen bringen und die Kanne während des Filtrierens in heißes Wasser stellen (Wiener Art).

b) Unter **Mokka** versteht man einen besonders kräftigen Kaffee (60–80 g auf 1 Liter). Zur Zubereitung eines türkischen Kaffees (mocca turc) besonders fein gemahlenen Kaffee mit kaltem Wasser und Zucker aufsetzen, einmal aufwallen und 5 Minuten ziehen lassen.

c) Zur Herstellung eines guten Kaffees evtl. eine der im Handel befindlichen Kaffeemaschinen verwenden.

Schwarzer Tee

2–3 Teel. (4–6 g) Tee
1 l Wasser

Die Teeblätter in ein heiß ausgespültes Tongefäß, das nur für diesen Zweck bestimmt ist, geben und zuerst ¼ l und nach 2 Min. den Rest des kochenden Wassers darauf gießen. Den Tee nach kurzem Ziehen durch ein Sieb in die vorgewärmte Teekanne gießen und ihn mit Zucker, Zitrone, Rum oder auch Milch reichen.

Veränderung:

a) Den Tee in ein Tee-Ei geben, es in die Kanne hängen und kochendes Wasser darauf gießen. Das Ei einige Male hin- und herschwenken und herausnehmen, wenn der Tee goldbraun ist.

b) Einen Tee-Extrakt herstellen und ihn bei Tisch mit heißem Wasser beliebig verdünnen, dabei den Samowar benutzen.

Kakao

30–40 g Kakao
50 g (2 gut gehäufte Eßl.) Zucker
¼ l Wasser
¾ l Milch

Kakao und Zucker mit ¼ l heißem Wasser verrühren, in die auf Stufe 3 kochende Milch geben und einmal aufkochen lassen.

Veränderung: Den Kakao nur mit Wasser bereiten oder zur Hälfte Milch nehmen.

Schokolade

100 g Bruchschokolade *4 Eßl. kaltes Wasser* *knapp 1 l Milch* *etwas Zucker*	Die Schokolade in kleine Stücke schneiden, mit dem Wasser langsam auf Stufe 2 zum Kochen bringen und dabei ständig rühren, damit ein glatter Brei entsteht. Dann die Milch dazugießen und unter Rühren auf Stufe 3 kurz aufkochen lassen. Die Schokolade, wenn erforderlich, noch mit Zucker abschmecken. **Veränderung:** Statt der Milch Wasser verwenden, dann aber mehr Schokolade nehmen oder das Getränk zum Schluß mit 1 Eßl. kalt angerührtem Gustin binden.

Deutscher Kräutertee

2 Eßl. (6 g) Kräutertee *1 l Wasser*	Den Kräutertee* mit kochendem Wasser überbrühen, ihn 5 Minuten ziehen lassen und durch ein Sieb geben. * Deutscher Kräutertee ist in der Regel eine Mischung aus Kräutern und Pflanzenteilen. So benutzt man Blätter der Erdbeere, Himbeere, Brombeere, Heidelbeere, Kirsche, Rose, Blüten von Heidekraut, Thymian, Waldmeister usw.

Apfelschalentee

20 g getrocknete Apfelschalen *1 l Wasser*	Die Schalen mit kaltem Wasser übergießen, auf Stufe 3 zum Kochen bringen und 10–15 Minuten auf Stufe 0 kochen lassen. Den Tee durch ein Sieb gießen und mit Langnese-Honig oder Zucker würzen.

Glühwein

¼ l Wasser *1 Stück Zimt* *4 Nelken* *1 Stück Zitronenschale* *60–80 g (3–4 schwach gehäufte Eßl.) Zucker* *½ l Rotwein*	Die Gewürze 5 Minuten mit dem Wasser auf Stufe 1 kochen lassen und dann den Zucker darin auflösen. Den Rotwein dazugeben und auf Stufe 3 fast bis zum Kochen erhitzen. Die Gewürze herausnehmen, bevor der Wein gereicht wird, und nach Belieben in jedes Glas eine dünne Zitronenscheibe geben. **Veränderung:** Das Wasser weglassen und ¾ l Rotwein mit den Gewürzen erhitzen.

Mischkaffee

(Sparrezept)

10 g Kaffeebohnen *10 g Kaffee-Ersatz-Mischung oder* *20 g Malzkaffee* *1 l Wasser*	Das nicht zu fein gemahlene Kaffeemehl und die Kaffee-Ersatz-Mischung oder den Malzkaffee in eine heiß ausgespülte Porzellan- oder Steingutkanne geben, mit frisch kochendem Wasser übergießen und umrühren. Den Kaffee 4–6 Minuten ziehen lassen und ihn dann durch ein Sieb in die vorgewärmte Kaffeekanne gießen. Zur Abrundung des Geschmacks etwas Salz oder nach Belieben etwas Kaffeegewürz zusetzen. Dieser Mischkaffee ist gut als Familiengetränk zu verwenden, das Mischverhältnis kann, je nach Geschmack, verändert werden.

Rotweinpunsch

½ l starker Tee
75–150 g (3–6 gut gehäufte Eßl.) Zucker
¼ l Rotwein
⅛ l Arrak oder Rum
Saft einer Zitrone

Den heißen Tee durch ein Sieb auf den Zucker gießen. Den Rotwein, den Arrak (Rum) und den Zitronensaft dazugeben und die Flüssigkeit auf Stufe 3 fast bis zum Kochen erhitzen.

10 g Tee
1 l Wasser

Das kochende Wasser auf die Teeblätter gießen und 5–10 Minuten ziehen lassen. Dann den Tee durch ein Sieb gießen.

Kamillentee, Brombeerblättertee, Lindenblütentee und Fliedertee herstellen wie Pfefferminztee.

Grog

½ l Wasser
30–100 g (2 gestrichene bzw. 4 gut gehäufte Eßl.) Zucker
¼ l Rum oder Arrak

Wasser und Zucker auf Stufe 3 aufkochen und mit dem Rum (Arrak) mischen.

B. KALTE GETRÄNKE

Regeln

1. Die folgenden Getränke müssen recht kalt gereicht werden, im Sommer möglichst eisgekühlt.
2. Alle Zutaten müssen gut vermischt, am besten miteinander verquirlt werden.
3. Da Zucker sich in kalter Flüssigkeit schlecht auflöst, verwende man Zuckersirup (500 g Zucker mit ¼ l Wasser langsam erhitzen, klar kochen und kalt stellen).
4. Hat man Eisstückchen zur Verfügung, so gebe man diese nach dem Quirlen in das Getränk.
5. Kalte Getränke (außer Bowle) reicht man in hohen Gläsern mit Glasröhrchen oder Strohhalm.
6. Sehr zu empfehlen sind Mischgetränke aus Sauer- oder Buttermilch, da sie nicht nur erfrischend, sondern auch nahrhaft sind.

Fruchtlimonade (Abb. S. 171)

¼ l Fruchtsaft (Himbeer-, Johannisbeer-, Kirsch- oder Holundersaft)
¾ l Wasser
etwas Zitronensaft

Den Fruchtsaft mit dem Wasser mischen und mit Zitronensaft abschmecken oder in jedes Glas eine dünne Zitronenscheibe legen.

Veränderung: Statt des Wassers Selterswasser nehmen.

Eiermilch

(Diät)

1 Eigelb
1 Teel. Zucker
1 Teel. Zitronensaft
¼ l Milch
nach Belieben 1 Eßl. Kognak
1 Eiweiß

Eigelb, Zucker und Zitronensaft schaumig schlagen. Nach und nach die kochendheiße Milch hinzugeben und so lange schlagen, bis sie abgekühlt ist. Nach dem völligen Erkalten den Kognak hinzugeben und das zu steifem Schnee geschlagene Eiweiß darunter heben.

Zitronenlimonade

3–4 Zitronen
1 l Wasser
60–80 g (3–4 schwach gehäufte Eßl.) Zucker

Die Zitronen auspressen, den Saft durch ein Sieb geben und mit dem recht kalten Wasser und dem Zucker vermischen. In jedes Glas eine dünne Zitronenscheibe legen.

Veränderung: Will man das Getränk bei Erkältungen reichen, kochendes Wasser nehmen und mit Langnese-Honig süßen.

Apfelsinenmilch (Abb. S. 171)

3 Apfelsinen
½ l kalte Milch
etwa 2 Eßl. Langnese-Honig
1 Päckchen Dr. Oetker Vanillin-Zucker

Die Apfelsinen auspressen und mit der Milch, dem Honig und dem Vanillin-Zucker verquirlen.

Kaffee-Vanille-Getränk mit Honig

1 gut gehäufter Teel. Kaffee-Extraktpulver
½ l kalte Milch
1 gestrichener Eßl. Langnese-Honig
1 Päckchen Dr. Oetker Vanillin-Zucker

Das Extraktpulver mit der Milch, dem Honig und dem Vanillin-Zucker verrühren.

Apfelsinenlimonade

½ l Wasser
1 Päckchen Dr. Oetker Soßen-Pulver Apfelsine-Geschmack
125 g (5 gut gehäufte Eßl.) Zucker
1 Flasche Selterswasser

Von dem Wasser 3 Eßl. abnehmen und damit den Inhalt des Päckchens und den Zucker anrühren. Das übrige Wasser in einem emaillierten Topf auf Stufe 3 erhitzen. In das kochende, von der Kochplatte genommene Wasser das angerührte Soßen-Pulver geben und kurz aufkochen lassen. Die Flüssigkeit während des Erkaltens häufig umrühren, damit sich keine Haut bildet, und sie vor dem Auftragen mit dem Selterswasser mischen.

calva
CALVADOS
42°

Eisschokolade

100 g Schokolade
1/8 l Wasser
1/2 l Milch
1/8 l Sahne
*1/4 l Vanilleeis**
1/8–1/4 l Sahne zum Verzieren
** zubereitet mit Dr. Oetker Eispulver Vanille*

Die in kleine Stücke geschnittene Schokolade mit dem Wasser auf Stufe 2 erhitzen und zu einem Brei rühren. Nach und nach die Milch und zuletzt das 1/8 l Sahne hinzugeben und die Flüssigkeit auf Stufe 3 fast bis zum Kochen bringen. Wenn sie lauwarm ist, sie zum stärkeren Abkühlen in den Kühlschrank stellen. Die Gläser zu zwei Drittel mit der erkalteten Schokolade füllen, das Vanilleeis darauf geben und es dicht mit geschlagener Sahne bespritzen.

Eiskaffee (Abb. S. 234)

40 g gemahlene Kaffeebohnen
3/4 l Wasser
*1/4 l Vanilleeis**
1/8–1/4 l Sahne zum Verzieren
** zubereitet mit Dr. Oetker Eispulver Vanille*

Das Kaffeemehl mit dem kochenden Wasser übergießen und häufig umrühren. Den Kaffee 4–6 Minuten ziehen lassen, dann durch einen Filter oder ein Sieb gießen und möglichst kalt stellen (lauwarm in den Kühlschrank!). Die Gläser zu zwei Drittel mit dem erkalteten Kaffee füllen, das Vanilleeis darauf geben, es dicht mit geschlagener Sahne bespritzen und nach Belieben mit geraspelter Schokolade bestreuen.

Teelimonade (Abb. S. 236)

1–2 Zitronen
1 l kalter Schwarzer Tee
40 g (2 schwach gehäufte Eßl.) Zucker

Die Zitronen auspressen. Den Saft durch ein Sieb geben und mit dem recht kalten Tee und mit Zucker nach Geschmack vermischen.

Erdbeermilch (Abb. S. 171)

250 g Erdbeeren
½ l Milch
Saft einer halben Zitrone
etwa 50 g (2 gut gehäufte Eßl.) Zucker

Die Erdbeeren waschen, entstielen, durch ein Sieb streichen, langsam mit der möglichst kalten Milch und dem Zitronensaft vermischen und mit Zucker abschmecken.

Apfelsinentrank

3–4 Apfelsinen
etwas Zucker
1 Flasche Apfelsaft
1 Flasche Sprudel

Die Apfelsinen schälen, quer in feine Streifen schneiden und mit Zucker bestreuen. Wenn sie durchgezogen sind, den Apfelsaft und zuletzt den Sprudel hinzugießen.

Milchlimonade

¾ l Milch
¼ l Obstsaft
etwa 50 g (2 gut gehäufte Eßl.) Zucker

Milch und Obstsaft mischen, tüchtig verquirlen und mit Zucker abschmecken. Das Getränk kalt stellen und nach Belieben mit Selterswasser reichen.

Eierbier

2–3 Eier
75–100 g (3–4 gut gehäufte Eßl.) Zucker
1 l helles Bier

Die Eier und 75 g Zucker mit einem Schneebesen gut schaumig schlagen. Dann unter ständigem Schlagen das Bier hinzugeben und das Getränk mit dem restlichen Zucker abschmecken.

Apfelsinen- oder Zitronenextrakt

Schale von 6 Apfelsinen oder Zitronen
1 l Wasser
1½ kg Zucker
30 g kristallisierte Zitronensäure

Das Gelbe von den Schalen abreiben und mit den übrigen Zutaten mischen. Die Zitronensäure vorher in etwas lauwarmem Wasser auflösen. Die Mischung so lange rühren, bis der Zucker aufgelöst ist, sie in kleine Fläschchen füllen und diese verkorken.

Um eine erfrischende Limonade zu erhalten, 2 Teel. dieses Extraktes mit 1 Glas Wasser mischen.

Bowle

500 g Früchte (Erdbeeren, Pfirsiche oder Ananas)
100–150 g (4–6 gut gehäufte Eßl.) Zucker
2 Flaschen Weißwein
1–2 Flaschen Sekt (z. B. Söhnlein-Sekt)

Die Erdbeeren waschen und entstielen, die Pfirsiche waschen, nach Belieben die Haut abziehen, und entsteinen oder die Ananas schälen. Die Früchte in Scheiben schneiden, sie abwechselnd mit dem Zucker in eine Bowlen- oder Suppenterrine geben und mit ¼ l Wein übergießen. Die Früchte fest zugedeckt 1–2 Stunden, am besten auf Eis oder im Kühlschrank, stehenlassen, dann den übrigen Wein und den Sekt dazugießen.

Die Bowle recht kalt reichen.

SÜSS-
SPEISEN

Höhepunkt und festlicher Abschluß einer Mahlzeit – gleichermaßen beliebt bei jung und alt und nicht zuletzt gerade bei den Männern – das ist die süße Nachspeise. Im Sommer ersetzt sie oft das Hauptgericht, auf welches bei warmem Wetter sowieso niemand großen Appetit hat, während ein kühler Pudding mit Saft oder Früchten angenehm erfrischt. Als Abendgericht sättigt die Süßspeise, ohne den Organismus zu belasten. Deshalb kann ein Pudding auch niemals die „schlanke Linie" in Gefahr bringen! In der Kranken- und Schonkost haben Süßspeisen ihren festen Platz ihrer leichten Verdaulichkeit wegen, und weil ein hübsch angerichteter, verlockender Pudding am ehesten die Appetitlosigkeit des Kranken oder Genesenden bekämpft.

Kluge Frauen sorgen darum stets für einen ausreichenden Vorrat in allen Dr. Oetker Pudding-Pulvern und bereiten ihren Lieben gern täglich Freude mit einem köstlichen Nachtisch.

A. PUDDINGE

Regeln

1. Dr. Oetker Pudding-Pulver wird nach der auf jeder Packung aufgedruckten Vorschrift verwendet.

2. Dr. Oetker Pudding-Pulver oder Speisestärke, wie Dr. Oetker Gustin, und Zucker werden zusammen mit kaltem Wasser oder kalter Milch angerührt und in die auf Stufe 3 kochende Flüssigkeit gegeben. Das Anrühren geht schnell und gut mit einer Gabel. Damit sich beim Hineinrühren keine Klumpen bilden, nimmt man den Topf von der Kochplatte. Danach muß die Speise unter Rühren auf Stufe 0 einmal kurz aufkochen.

3. Eigelb kann man mit dem Dickungsmittel und dem Zucker verquirlen und dann aufkochen. Will man es nicht zusammen mit dem Bindemittel einer Speise zusetzen, wird es mit etwas kalter Milch oder Wasser verquirlt und dann unter kräftigem Rühren nach und nach an die heiße nicht mehr kochende Speise gegeben (s. Regeln S. 226, Punkt 5).

4. Eiweiß wird zu steifem Schnee geschlagen und sofort nach dem Kochen unter die heiße Speise gehoben.

5. Wenn ein Pudding nach dem Erkalten gestürzt werden soll, wird er sofort nach dem Kochen in eine mit kaltem Wasser ausgespülte Sturzform gefüllt.
Bevor man einen Pudding auf eine Platte stürzt, bestreicht man seine obere Seite mit Wasser, damit man ihn verschieben kann, falls er nicht in der Mitte liegt.

Wie bleiben mit Stärke gedickte Nachspeisen steif und Suppen und Soßen dickflüssig?

Wenn einwandfrei zubereitete Suppen, Soßen oder Nachspeisen sich verflüssigen, sei es schon während des Abkühlens oder erst bei längerem Aufbewahren, so kann dafür keinesfalls das verwendete Stärkeerzeugnis verantwortlich gemacht werden. Gekochte Stärke wird nur von einem stärkeabbauenden Wirkstoff (Enzym) verflüssigt. Von diesem Wirkstoff muß man wissen, daß er bei Temperaturen über 80° C zerstört und unter 10° C unwirksam wird. Die Schnelligkeit der Verflüssigung der Stärke hängt neben der Temperatur auch von der Festigkeit der betreffenden Speise ab. Soßen werden schneller flüssig als Puddinge, unter Umständen kann man eine Verflüssigung schon nach wenigen Minuten oder erst nach Stunden beobachten. Da mit Stärke angerührte Speisen gekocht werden, ist in ihnen nach dem Kochen kein wirksamer stärkeabbauender Wirkstoff mehr enthalten. Wird eine solche Speise nach dem Kochen trotzdem weich oder sogar flüssig, kann der Wirkstoff nur nachträglich in die Speise gelangt sein, was z. B. durch Zugabe von rohem Eigelb, rohem Eiweiß oder zerkleinerten Walnußkernen geschehen kann. Diese Lebensmittel enthalten nämlich im rohen Zustand stärkeabbauende Wirkstoffe.

Darum ist zu beachten, daß diese Zutaten entweder mitgekocht oder der noch kochendheißen Speise zugegeben werden. Eine weitere Ursache für die Verflüssigung von gekochter Stärke ist ein unvorschriftsmäßiges Probieren, bei dem durch einen schon benutzten Löffel kleine Speichelmengen und damit Wirkstoffe in die Speise gelangen, die bei günstigen Bedingungen die gekochte Stärke ebenfalls abbauen und verflüssigen.

Karamelpudding

Pudding:

1 Päckchen Dr. Oetker Pudding-Pulver Vanille-Geschmack
1–2 Eigelb
6 Eßl. kalte Milch oder Wasser zum Anrühren
100 g (4 gut gehäufte Eßl.) Zucker
½ l Milch
1–2 Eiweiß

Soße:

½ l kalte Milch
1 Päckchen Dr. Oetker Soßen-Pulver Vanille-Geschmack
30 g (2 gestrichene Eßl.) Zucker

Das Pudding-Pulver und das Eigelb mit der Flüssigkeit verquirlen. Den Zucker unter ständigem Rühren auf Stufe 3 so lange erhitzen, bis er hellbraun ist, dann mit der Milch ablöschen und unter Rühren erhitzen. In die kochende, von der Kochplatte genommene Milch langsam das verquirlte Pudding-Pulver rühren und auf Stufe 0 einmal kurz aufkochen lassen. Falls der Pudding nicht süß genug sein sollte, noch Zucker zugeben. Das steifgeschlagene Eiweiß nach dem Kochen unter den Pudding heben und ihn in eine Schale füllen.

Beigabe: Soße, zubereitet nach der Vorschrift auf dem Beutel.

Pfirsichkranz (Abb. S. 236)

Kranz:

500 g Pfirsiche (rohe oder eingemachte)
⅜ l Wasser und 175 g Zucker bei rohen Pfirsichen
⅜ l Weiß- oder Apfelwein
65 g (6½ schwach gehäufte Eßl.) Dr. Oetker Gustin
3 Eigelb
6 Eßl. kaltes Wasser zum Verquirlen
3 Eiweiß

Zum Verzieren (nach Belieben):

Etwas Schlagsahne

Rohe Pfirsiche waschen, halbieren, entsteinen, in den ⅜ l Wasser mit dem Zucker auf Stufe 3 zum Kochen bringen, auf Stufe 0 weich kochen, aus dem Wasser herausnehmen, abziehen und zum Abtropfen auf ein Sieb legen. Eingemachte Pfirsiche ebenfalls abtropfen lassen. Dann entweder von dem Pfirsichkochwasser oder von dem Saft der eingemachten Pfirsiche ¼ l abmessen (falls nicht genügend vorhanden, mit Wasser ergänzen!) und den Wein dazugießen. Falls der Saft der eingemachten Pfirsiche nicht genügend süß ist, noch mit Zucker abschmecken. Das Gustin und das Eigelb mit dem Wasser verquirlen. Die mit Wein vermischte Flüssigkeit auf Stufe 3 erhitzen. In die kochende, von der Kochplatte genommene Flüssigkeit langsam das verquirlte Gustin rühren und auf Stufe 0 einmal kurz aufkochen lassen. Das steifgeschlagene Eiweiß nach dem Kochen unter die Speise heben und sie dann noch einmal kurz aufkochen lassen. Eine Kranzform mit Öl auspinseln, die Pfirsiche mit der Wölbung nach unten hineinlegen, die heiße Speise darauf füllen und erkalten lassen. Die festgewordene Speise vorsichtig vom Rand lösen, auf eine runde Platte stürzen und mit Schlagsahne verzieren.

Veränderung: An Stelle von Pfirsichen Pflaumen, Birnen oder Aprikosen verwenden.

Königinreis

Reis:

½ l Milch
etwas Salz
1 Päckchen Dr. Oetker Vanillin-Zucker
75 g Reis
1 Päckchen Dr. Oetker Soßen-Pulver Vanille-Geschmack
60 g (3 schwach gehäufte Eßl.) Zucker
4 Eßl. kalte Milch oder Wasser zum Anrühren
1 schwach gehäufter Teel. Dr. Oetker Regina-Gelatine gemahlen, weiß
2 Eßl. kaltes Wasser zum Anrühren
⅛ l Sahne

Zum Verzieren (nach Belieben):

Etwas geraspelte Schokolade

Soße:

¼ l kalte Milch
1 Päckchen Dr. Oetker Soßen-Pulver für Schokoladensoße
20 g (1 schwach gehäufter Eßl.) Zucker

Die Milch mit Salz und Vanillin-Zucker auf Stufe 3 zum Kochen bringen, den gewaschenen Reis hineingeben und ihn zunächst 10 Minuten auf Stufe 0, 20 Minuten auf Stufe 1 und dann auf Stufe 0 ausquellen lassen (er muß noch körnig sein!). Inzwischen das Soßen-Pulver und den Zucker mit der Flüssigkeit und die Gelatine mit dem Wasser anrühren. Unter den garen Reis das angerührte Soßen-Pulver rühren und einmal kurz aufkochen lassen. Danach die gequollene Gelatine an den Reis geben und so lange rühren, bis sie gelöst ist. Den Reis erkalten lassen, die steifgeschlagene Sahne darunter heben, die Speise in einer Glasschale oder in Schälchen anrichten und mit Schokolade verzieren.

Beigabe: Soße, zubereitet nach der Vorschrift auf dem Beutel.

Tuttifrutti

375–500 g gezuckertes rohes oder gedünstetes Obst
etwa 75 g Keks
1 Päckchen Dr. Oetker Pudding-Pulver Vanille- oder Mandel-Geschmack
40 g (2 schwach gehäufte Eßl.) Zucker
6 Eßl. kalte Milch oder Wasser zum Anrühren
½ l Milch

Das Obst in eine Glasschale oder in Schälchen legen und mit dem Keks bedecken. Das Pudding-Pulver und den Zucker mit der Flüssigkeit anrühren. Die Milch auf Stufe 3 erhitzen. In die kochende, von der Kochplatte genommene Milch langsam das angerührte Pudding-Pulver rühren und einmal auf Stufe 0 kurz aufkochen lassen. Den Pudding auf das mit Keks bedeckte Obst geben.

Grießpudding

1 Päckchen Dr. Oetker Soßen-Pulver Vanille-Geschmack
30 g Grieß
50 g (2 gut gehäufte Eßl.) Zucker
1–2 Eigelb
6 Eßl. kalte Milch oder Wasser zum Anrühren
½ l Milch
1–2 Eiweiß

Das Soßen-Pulver, den Grieß, den Zucker und das Eigelb mit der Flüssigkeit verquirlen. Das ½ l Milch auf Stufe 3 erhitzen. In die kochende, von der Kochplatte genommene Milch langsam das verquirlte Soßen-Pulver rühren und noch 2 Minuten auf Stufe 0 kochen lassen. Das zu steifem Schnee geschlagene Eiweiß nach dem Kochen unter den noch heißen Pudding heben und ihn in eine Glasschale oder in eine mit kaltem Wasser ausgespülte Sturzform füllen.

Beigabe: Gedünstetes Obst oder Fruchtsaft.

Rote Grütze

Grütze:

40 g (4 schwach gehäufte Eßl.) Dr. Oetker Gustin
6 Eßl. kaltes Wasser zum Anrühren
½ l beliebiger mit Wasser verdünnter Fruchtsaft
Zucker nach Geschmack

Soße:

½ l kalte Milch
1 Päckchen Dr. Oetker Soßen-Pulver Vanille-Geschmack
30 g (2 gestrichene Eßl.) Zucker

Das Gustin mit dem Wasser anrühren. Den mit Zucker abgeschmeckten Fruchtsaft auf Stufe 3 erhitzen. In den kochenden, von der Kochplatte genommenen Saft langsam das angerührte Gustin rühren und einmal auf Stufe 0 kurz aufkochen lassen. Die Speise in kleine mit kaltem Wasser ausgespülte Formen geben und nach dem Erkalten stürzen. Die Speise nach Belieben auch in einer Glasschale anrichten.

Beigabe: Soße, zubereitet nach der Vorschrift auf dem Beutel.

Gustin-Pudding mit Früchten (Abb. S. 229)

Pudding:

40 g (4 schwach gehäufte Eßl.) Dr. Oetker Gustin
50 g (2 gut gehäufte Eßl.) Zucker
1 Päckchen Dr. Oetker Vanillin-Zucker
6 Eßl. kalte Milch oder Wasser zum Anrühren
½ l Milch
nach Belieben Kompott (z. B. Aprikosen-, Apfel-, Birnen-, Kirschen-, Pflaumen- oder gemischtes Kompott)

Zum Verzieren (nach Belieben):

Etwas Schlagsahne und Früchte

Das Gustin, den Zucker und den Vanillin-Zucker mit der Flüssigkeit anrühren. Das ½ l Milch auf Stufe 3 erhitzen. In die kochende, von der Kochplatte genommene Milch langsam das angerührte Gustin rühren und auf Stufe 0 einmal kurz aufkochen lassen. Den Pudding nach dem Kochen in eine mit kaltem Wasser ausgespülte Kranz- oder Sturzform füllen, einige Stunden kalt stellen, stürzen, das Kompott als Kranz darum legen oder in die Mitte geben und mit Schlagsahne und Früchten verzieren.

Nach Belieben den Pudding folgendermaßen anrichten: Das Kompott in eine Glasschale füllen, den heißen Pudding darüber geben und nach dem Erkalten mit einzelnen Fruchtstücken verzieren.

Apfelgrütze

Grütze:

500 g Äpfel
⅜ l Wasser
100 g (4 gut gehäufte Eßl.) Zucker
1 Päckchen Dr. Oetker Rote Grütze Himbeer-Geschmack
⅛ l Weißwein

Soße:

½ l kalte Milch
1 Päckchen Dr. Oetker Soßen-Pulver Vanille-Geschmack
30 g (2 gestrichene Eßl.) Zucker

Die gewaschenen, geschälten, vom Kerngehäuse befreiten Äpfel in Stücke schneiden und in dem mit Zucker gesüßten, auf Stufe 3 kochenden Wasser auf Stufe 1 fast weich kochen. Die Stücke mit einem Schaumlöffel herausnehmen, den mit dem Wein angerührten Inhalt des Rote Grütze-Beutels in das auf Stufe 3 kochende Zuckerwasser rühren und einmal auf Stufe 0 kurz aufkochen lassen. Die Apfelstücke darunter rühren. Die Grütze in mit kaltem Wasser ausgespülte Tassen oder portionsweise in Schälchen füllen und kalt stellen. Nach dem Erkalten die Apfelgrütze aus den Tassen stürzen und nach Belieben mit in Achtel geschnittenen garen Äpfeln verzieren.

Beigabe: Soße, zubereitet nach der Vorschrift auf dem Beutel.

Weinspeise

¼ l Wasser *⅜ l Weiß- oder Apfelwein* *1 Päckchen Dr. Oetker Pudding-Pulver Vanille-Geschmack* *100 g (4 gut gehäufte Eßl.) Zucker* *1–2 Eigelb* *1–2 Eiweiß*	Das Wasser mit der Hälfte des Weins auf Stufe 3 eben zum Kochen bringen. Inzwischen das Pudding-Pulver und den Zucker mit dem restlichen Wein und dem Eigelb verquirlen. In das fast kochende, von der Kochplatte genommene Wasser das verquirlte Pudding-Pulver rühren und auf Stufe 0 einmal kurz aufkochen lassen. Das zu steifem Schnee geschlagene Eiweiß nach dem Kochen unter die noch heiße Speise heben, diese vorsichtig in eine Glasschale füllen und erkalten lassen.

B. GELEESPEISEN

Regeln

1. Dr. Oetker Regina-Gelatine gemahlen, weiß oder rot wird mit etwas kaltem Wasser angerührt, 10 Minuten zum Quellen stehengelassen und dann unter ständigem Rühren auf Stufe 1 nur so lange erwärmt, bis sie gelöst ist. Die Gelatinelösung läßt man abkühlen und, wenn sie lauwarm ist, gibt man sie an die Speise. Sollte sie vor der Zugabe fest geworden sein, verflüssigt man sie wieder durch leichtes Erwärmen.

2. Die Gelatinelösung darf nicht an zu kalte Speisen gegeben werden, da sie dann sofort erstarrt und sich in Strängen oder Klümpchen absetzt. Flüssigkeiten, die im Kühlschrank gestanden haben und sehr kalt sind, läßt man am besten einige Zeit vor der Zugabe der Gelatinelösung im Raum stehen.

3. Eierschnee oder steifgeschlagene Sahne wird erst dann unter eine Gelatinespeise gegeben, wenn diese anfängt zu gelieren, andernfalls steigt der Schnee oder die Schlagsahne an die Oberfläche.

4. Gelatinespeisen, die gestürzt werden sollen, gibt man in mit kaltem Wasser ausgespülte Formen. Die Speise wird vor dem Stürzen vorsichtig mit einem Messer vom Formenrand gelöst und die Form einen Augenblick in heißes Wasser gehalten.

5. Falls rote Gelatine zum Steifen von Buttermilch, Sauermilch, Joghurt und Quark verwendet werden soll, darf man diese Speisen erst einige Stunden vor Gebrauch herstellen, da sie nach längerem Stehen – abgesehen von einer dünnen rosa Schicht an der Oberfläche – vollkommen weiß werden. Diese Entfärbung wird durch die in diesen Zutaten in ungekochtem Zustand enthaltenen Milchsäurebakterien verursacht. Nur dort, wo der Sauerstoff der Luft direkt an die Speise kommt, vermögen die Milchsäurebakterien nicht zu wirken.

6. Gelatinespeisen muß man immer rechtzeitig zubereiten, da sie zum Erstarren Zeit brauchen und kalt stehen müssen. Bei Zimmertemperaturen über 23° C bleiben Gelatinespeisen flüssig, und bereits festgewordene Speisen können wieder flüssig werden.

Buttermilchgelee

Gelee:

1 Päckchen Dr. Oetker Regina-Gelatine gemahlen, weiß
5 Eßl. kaltes Wasser zum Anrühren
½ l Buttermilch
50–75 g (2–3 gut gehäufte Eßl.) Zucker
abgeriebene gelbe Schale und Saft einer halben Zitrone

Soße:

½ l kalte Milch
1 Päckchen Dr. Oetker Soßen-Pulver Vanille-Geschmack
30 g (2 gestrichene Eßl.) Zucker

Die Gelatine mit dem Wasser anrühren, 10 Minuten zum Quellen stehenlassen, unter ständigem Rühren auf Stufe 1 erwärmen, bis sie gelöst ist, und kühl stellen. Die Buttermilch mit Zucker, Zitronenschale und -saft abschmecken. Die lauwarme Gelatinelösung darunter rühren und die Speise in eine Glasschale oder in Schälchen füllen und kalt stellen, bis sie fest ist.

Beigabe: Soße, zubereitet nach der Vorschrift auf dem Beutel.

Joghurtgelee

Gelee:

1 Päckchen Dr. Oetker Regina-Gelatine gemahlen, weiß
5 Eßl. kaltes Wasser zum Anrühren
2 Töpfchen Joghurt
⅛ l Milch
75 g (3 gut gehäufte Eßl.) Zucker
1 Päckchen Dr. Oetker Vanillin-Zucker
Saft einer halben Zitrone
abgeriebene gelbe Schale einer halben Zitrone

Zum Verzieren:

Schokoladenstreusel

Die Gelatine mit dem Wasser anrühren, 10 Minuten zum Quellen stehenlassen, unter ständigem Rühren auf Stufe 1 erwärmen, bis sie gelöst ist, und kühl stellen.

Unter das Joghurt die Milch, den Zucker, den Vanillin-Zucker, den Zitronensaft, die Zitronenschale und die lauwarme Gelatinelösung rühren. Die Flüssigkeit in eine Glasschale oder in Schälchen füllen und kalt stellen, damit sie fest wird. Das erstarrte Gelee am Rand mit Schokoladenstreuseln verzieren.

Quarkgelee

1 Päckchen Dr. Oetker Regina-Gelatine gemahlen, weiß
3 Eßl. kaltes Wasser zum Anrühren
250 g Quark
50 g (2 gut gehäufte Eßl.) Zucker
¼ l Milch
evtl. etwas Zitronensaft

Die Gelatine mit dem Wasser anrühren, 10 Minuten zum Quellen stehenlassen, unter ständigem Rühren auf Stufe 1 erwärmen, bis sie gelöst ist, und kühl stellen.

Den Quark durch ein Sieb streichen, mit dem Zucker schaumig schlagen und mit der Milch und der lauwarmen Gelatinelösung verrühren. Den Quark, wenn erforderlich, noch mit Zitronensaft abschmecken, in eine kalt ausgespülte Sturzform geben, fest werden lassen und stürzen.

Beigabe: Fruchtsaft oder Kompott.

Veränderung: An Stelle von ¼ l Milch nur ⅛ l Milch und noch ⅛ l Obstsaft nehmen. Die Zugabe von 50 g geraspelter Schokolade ist auch zu empfehlen.

Fruchtgelee mit eingemachtem Obst

Gelee:

1 Liter-Glas mit eingemachtem Obst
1 Päckchen Dr. Oetker Vanillin-Zucker
Zucker nach Geschmack
1 Päckchen Dr. Oetker Regina-Gelatine gemahlen, weiß oder rot

Soße:

½ l kalte Milch
1 Päckchen Dr. Oetker Soßen-Pulver Vanille-Geschmack
30 g (2 gestrichene Eßl.) Zucker

Das Obst auf ein Sieb geben und gut abtropfen lassen. Von dem Saft ½ l abmessen. Sollte weniger vorhanden sein, den Saft mit Wasser auf ½ l ergänzen und mit Vanillin-Zucker und Zucker abschmecken. Mit knapp der Hälfte des Saftes die Gelatine anrühren, 10 Minuten zum Quellen stehenlassen und unter ständigem Rühren auf Stufe 1 erwärmen, bis sie gelöst ist. Die gelöste Gelatine an den restlichen Fruchtsaft geben und kalt stellen. Wenn der Saft dicklich ist, die gut abgetropften Früchte darunter heben. Größere Früchte vorher zerkleinern. Das Gelee kalt stellen, damit es fest wird.

Beigabe: Soße, zubereitet nach der Vorschrift auf dem Beutel, oder Schlagsahne.

Weingelee

Gelee:

Saft einer Zitrone mit Wasser auf ¼ l ergänzt
1 Päckchen Dr. Oetker Regina-Gelatine gemahlen, weiß
100 g (4 gut gehäufte Eßl.) Zucker
¼ l Weiß- oder Apfelwein

Zum Verzieren:

Etwas Schlagsahne

Mit 5 Eßl. von dem Zitronenwasser die Gelatine anrühren und 10 Minuten zum Quellen stehenlassen. Das restliche Zitronenwasser auf Stufe 3 zum Kochen bringen, die gequollene Gelatine hineingeben und so lange rühren, bis sie gelöst ist. Dann den Zucker und den Wein hinzufügen. Die Flüssigkeit in eine Glasschale füllen und kalt stellen. Das erstarrte Gelee mit Schlagsahne verzieren.

Obstsalatgelee (Abb. S. 235)

Gelee:

1 mittelgroßer Apfel
1 mittelgroße Apfelsine
1 Banane
1 gut gehäufter Eßl. Zucker
1 Eßl. Kirschwasser
1 Päckchen Dr. Oetker Götterspeise Zitrone-Geschmack
¼ l Wasser
100 g (4 gut gehäufte Eßl.) Zucker
¼ l Weißwein

Soße:

½ l kalte Milch
1 Päckchen Dr. Oetker Soßen-Pulver Vanille-Geschmack
30 g (2 gestrichene Eßl.) Zucker

Das geschälte Obst in Stücke oder feine Scheiben schneiden, mit dem Zucker und dem Kirschwasser vermischen und in 6 Schälchen verteilen. Die Götterspeise nach der Vorschrift auf dem Päckchen, aber nur mit ¼ l Wasser, zubereiten und erkalten lassen. Zur erkalteten, noch flüssigen Götterspeise den Wein geben und über das Obst gießen. Das Obstsalatgelee mehrere Stunden, am besten über Nacht, kalt stellen, bis es fest ist.

Beigabe: Soße, zubereitet nach der Vorschrift auf dem Beutel.

C. CREMESPEISEN

Regeln

1. Die Creme ist eine halbsteife Süßspeise, die nicht gestürzt werden kann.

2. Als Bindemittel verwendet man sowohl Speisestärke als auch Gelatine.

3. Cremespeisen, die mit Gelatine und geschlagenem Eiweiß oder Sahne bereitet werden, müssen dicklich sein, bevor der Eierschnee oder die Schlagsahne daruntergehoben wird; andernfalls steigt Schnee oder Sahne an die Oberfläche, und die gelöste Gelatine setzt sich als Geleeschicht am Boden ab.

4. Creme darf nicht im Aluminiumtopf gerührt oder geschlagen werden, da sie sonst grau wird.

Nußcreme

Creme:

1 Päckchen Dr. Oetker Regina-Gelatine gemahlen, weiß
4 Eßl. kaltes Wasser zum Anrühren
1 Päckchen Dr. Oetker Soßen-Pulver Vanille-Geschmack
75 g (3 gut gehäufte Eßl.) Zucker
1 Päckchen Dr. Oetker Vanillin-Zucker
2 Eigelb
¾ l kalte Milch
125 g gemahlene Haselnußkerne
2 Eiweiß

Zum Verzieren:

Einige Haselnußkerne

Die Gelatine mit dem Wasser anrühren und 10 Minuten zum Quellen stehenlassen.

Das Soßen-Pulver, den Zucker, den Vanillin-Zucker und das Eigelb mit 6 Eßl. von der Milch verquirlen. Die übrige Milch auf Stufe 3 erhitzen. In die kochende, von der Kochplatte genommene Milch langsam das verquirlte Soßen-Pulver rühren und auf Stufe 0 einmal kurz aufkochen lassen. Die gequollene Gelatine zu der heißen Speise geben und so lange rühren, bis sie gelöst ist. Die Speise kalt stellen. Unter die dickliche Speise die Haselnußkerne rühren und dann das zu steifem Schnee geschlagene Eiweiß darunter heben. Die Creme in eine Glasschale oder in Schälchen füllen und mit Nußkernen verzieren.

Beigabe: Beliebiger Fruchtsaft.

Portugiesische Creme

(Abb. S. 170)

3 gestrichene Teel. Dr. Oetker Regina-Gelatine gemahlen, weiß
2 Eßl. kaltes Wasser zum Anrühren
2–3 Eigelb
75 g (3 gut gehäufte Eßl.) Zucker
⅛ l Apfelwein
abgeriebene gelbe Schale und Saft einer halben Zitrone
2–3 Eiweiß
⅛ l Sahne
etwa 50 g Makronen
½ Fläschchen Dr. Oetker Rum-Aroma
2 Eßl. Wasser

Die Gelatine mit dem Wasser anrühren, 10 Minuten zum Quellen stehenlassen, unter ständigem Rühren auf Stufe 1 erwärmen, bis sie gelöst ist, und kühl stellen.

Das Eigelb, den Zucker, den Apfelwein, die Zitronenschale, den Zitronensaft und die lauwarme Gelatinelösung in einem kleinen Kochtopf gut verquirlen. Die Flüssigkeit auf Stufe 2 mit einem Schneebesen gut durchschlagen. Sobald sich im Topf reichlich Dampf entwickelt, die Platte auf Stufe 0 schalten und so lange weiterschlagen, bis die Masse cremeartig ist. Dann das zu steifem Schnee geschlagene Eiweiß darunter heben. Die steifgeschlagene Sahne (etwas zurücklassen!) erst unter die abgekühlte Creme ziehen. Die Creme und die mit dem mit Wasser verdünnten Aroma getränkten Makronen schichtweise in eine Glasschale oder in Gläser füllen und mit Schlagsahne und Makronen verzieren.

Schokoladenreis

Reis:

3 gehäufte Teel. Kakao
1 Päckchen Dr. Oetker Regina-Gelatine gemahlen, weiß
$\frac{1}{8}$ l kaltes Wasser zum Anrühren
$\frac{3}{4}$ l Milch
$\frac{1}{8}$ l Wasser
50 g (2 gut gehäufte Eßl.) Zucker
1 Päckchen Dr. Oetker Vanillin-Zucker
etwas Salz
125 g Reis
2 Eigelb
1 Eßl. warmes Wasser
50 g (2 gut gehäufte Eßl.) Zucker
2 Eiweiß

Soße:

$\frac{1}{2}$ l kalte Milch
1 Päckchen Dr. Oetker Soßen-Pulver Vanille-Geschmack
30 g (2 gestrichene Eßl.) Zucker

Den gesiebten Kakao und die Gelatine mit dem Wasser anrühren und 10 Minuten zum Quellen stehenlassen.

Die Milch und das andere $\frac{1}{8}$ l Wasser mit dem Zucker, dem Vanillin-Zucker und dem Salz auf Stufe 3 erhitzen. In die kochende Milch den gewaschenen Reis geben und zunächst 10 Minuten auf Stufe 0, 10 Minuten auf Stufe 1 und dann noch etwa 10 Minuten auf Stufe 0 ausquellen lassen (er muß noch körnig sein!). Die gequollene Gelatine in den heißen Reis geben und so lange rühren, bis sie gelöst ist. Dann den Reis kalt stellen.

Das Eigelb mit dem warmem Wasser stark schaumig schlagen und nach und nach den Zucker dazugeben. Danach so lange schlagen, bis eine cremeartige Masse entstanden ist. Den lauwarmen Reis darunter rühren. Wenn diese Masse dicklich ist, das zu steifem Schnee geschlagene Eiweiß darunter heben. Den Schokoladenreis in eine Glasschale oder in Gläser füllen und kalt stellen, damit er fest wird.

Beigabe: Soße, zubereitet nach der Vorschrift auf dem Beutel.

Sahne-Flana

1 Päckchen Dr. Oetker Flana Mokka- oder Schokoladen-Dessert oder Flana Vanille-Geschmack
1 gut gehäufter Teel. Dr. Oetker Gustin
Zucker nach Angabe auf dem Päckchen
$\frac{3}{8}$ l kalte Milch
$\frac{1}{8}$ l Sahne

Den Inhalt des Päckchens, das Gustin und den Zucker in einer Tasse mischen, zunächst 2 Eßl. von der Milch hinzugeben und dann noch mit 3 weiteren Eßl. anrühren. Den Rest der Milch auf Stufe 3 erhitzen. In die kochende, von der Kochplatte genommene Milch die angerührte Mischung rühren, 1 Minute auf Stufe 1 kochen lassen, kalt stellen und ab und zu durchrühren. Den erkalteten Flana mit einem Schneebesen kurz durchschlagen und die steifgeschlagene Sahne darunter heben. Die Creme in eine Glasschale oder in Schälchen füllen.

Vanille-Quarkcreme

1 Päckchen Dr. Oetker Pudding-Pulver Vanille-Geschmack
50 g (2 gut gehäufte Eßl.) Zucker
6 Eßl. kalte Milch oder Wasser zum Anrühren
$\frac{1}{2}$ l Milch
250 g Quark
50 g (2 gut gehäufte Eßl.) Zucker
1 Päckchen Dr. Oetker Vanillin-Zucker

Den Pudding nach der Vorschrift auf dem Beutel zubereiten, kalt stellen und während des Erkaltens ab und zu durchrühren.

Den Quark durch ein Sieb streichen. Den Zucker und den Vanillin-Zucker hinzugeben und den lauwarmen Pudding eßlöffelweise darunter rühren. Anschließend die Creme in eine Glasschale oder in Gläser füllen. Da Quark leicht säuert, die Creme möglichst frisch essen.

Veränderung: Die Creme über 500 g beliebiges gezuckertes weiches Obst geben.

Ananas-Gustincreme

50 g (5 schwach gehäufte Eßl.) Dr. Oetker Gustin
75 g (3 gut gehäufte Eßl.) Zucker
1 Päckchen Dr. Oetker Vanillin-Zucker
den Ananassaft aus der Büchse mit Wasser auf ½ l ergänzt
2 Eßl. Zitronensaft
⅛–¼ l Sahne
200 g Ananas (3–6 Scheiben Dosen-Ananas)

Das Gustin, den Zucker und den Vanillin-Zucker mit 6 Eßl. von dem Ananassaft anrühren. Den übrigen Saft auf Stufe 3 erhitzen. In den kochenden, von der Kochplatte genommenen Saft langsam das angerührte Gustin rühren und auf Stufe 0 einmal kurz aufkochen lassen. Die Gustincreme während des Erkaltens ab und zu durchrühren.

Unter die lauwarme, noch nicht festgewordene Gustincreme den Zitronensaft rühren und die steifgeschlagene Sahne und die in Stücke geschnittene Ananas darunter heben. Die Creme in eine Glasschale oder in Schälchen füllen und kalt stellen, damit sie fester wird. Die Creme nach Belieben mit Ananasstückchen und Schlagsahne, die von der oben angegebenen Menge abgenommen werden, und kandierten Früchten verzieren.

Joghurt-Sahnecreme

Creme:

1 Päckchen Dr. Oetker Regina-Gelatine gemahlen, weiß
3 Eßl. kaltes Wasser zum Anrühren
1 Töpfchen Joghurt
⅛ l Milch
1 Päckchen Dr. Oetker Vanillin-Zucker
Saft einer Zitrone
75 g (3 gut gehäufte Eßl.) Zucker
⅛ l Sahne

Zum Verzieren:

Schokoladenstreusel

Die Gelatine mit dem Wasser anrühren, 10 Minuten zum Quellen stehenlassen, unter ständigem Rühren auf Stufe 1 erwärmen, bis sie gelöst ist, und kühl stellen.

Unter das Joghurt die Milch, den Vanillin-Zucker, den Zitronensaft, den Zucker und die lauwarme Gelatinelösung rühren und es kalt stellen. Sobald es dicklich ist, die steifgeschlagene Sahne darunter heben, die Creme in eine Glasschale oder in Gläser füllen und mit Schokoladenstreuseln verzieren.

Zitronencreme mit Milch

1 Päckchen Dr. Oetker Regina-Gelatine gemahlen, weiß
5 Eßl. kaltes Wasser zum Anrühren
2 Eigelb
1 Eßl. warmes Wasser
Saft von 2 Zitronen
100 g (4 gut gehäufte Eßl.) Zucker
1 Päckchen Dr. Oetker Vanillin-Zucker
abgeriebene gelbe Schale einer halben Zitrone
⅜ l kalte Milch
2 Eiweiß

Die Gelatine mit dem Wasser anrühren, 10 Minuten zum Quellen stehenlassen, unter ständigem Rühren auf Stufe 1 erwärmen, bis sie gelöst ist, und kühl stellen.

Das Eigelb mit dem warmem Wasser und dem Zitronensaft stark schaumig schlagen und nach und nach ⅔ des Zuckers mit dem Vanillin-Zucker dazugeben. Danach so lange schlagen, bis eine cremeartige Masse entstanden ist. Darunter die Zitronenschale, die lauwarme Gelatinelösung und nach und nach die Milch schlagen. Dann die Eigelbcreme kalt stellen.

Das Eiweiß zu steifem Schnee schlagen und unter ständigem Schlagen nach und nach den Rest des Zuckers hinzugeben. Wenn die Eigelbcreme dicklich ist, den Eierschnee darunter heben. Die Creme in eine Glasschale oder in Gläser füllen und kalt stellen, damit sie fest wird.

Göttercreme mit Sahne

(Abb. S. 133)

1 Päckchen Dr. Oetker Götterspeise Himbeer-, Kirsch-, Waldmeister- oder Zitrone-Geschmack
3/8 l Wasser
100 g (4 gut gehäufte Eßl.) Zucker
1/4 l Apfel- oder Weißwein
1/8–1/4 l Sahne
außerdem 50 g (2 gut gehäufte Eßl.) Zucker

Die Götterspeise nach der Vorschrift auf dem Päckchen, aber nur mit 3/8 l Wasser, zubereiten und kalt stellen. Unter die erkaltete, noch flüssige Götterspeise den Wein geben. Wenn diese Flüssigkeit dicklich ist, sie schaumig schlagen und die mit den 50 g Zucker gesüßte, steifgeschlagene Sahne (etwas zum Verzieren zurücklassen!) darunter heben. Die Creme in eine Glasschale oder portionsweise in Schälchen füllen und mit Schlagsahne verzieren.

Kaffeecreme

1 Päckchen Dr. Oetker Regina-Gelatine gemahlen, weiß
3 Eßl. kaltes Wasser zum Anrühren
1/2 l Milch
2 schwach gehäufte Teel. Kaffee-Extraktpulver
75 g (3 gut gehäufte Eßl.) Zucker
1 Päckchen Dr. Oetker Vanillin-Zucker
25–50 g geraspelte Schokolade
1/8 l Sahne

Die Gelatine mit dem Wasser anrühren und 10 Minuten zum Quellen stehenlassen.

Die Milch auf Stufe 3 zum Kochen bringen und von der Kochplatte nehmen. In die heiße Milch die gequollene Gelatine geben und so lange rühren, bis sie gelöst ist. Das Extraktpulver, den Zucker und den Vanillin-Zucker unter die Milch rühren und den Milchkaffee kalt stellen. Unter den dicklichen Milchkaffee die geraspelte Schokolade und die steifgeschlagene Sahne heben. Die Creme in eine Glasschale oder in Glasschälchen füllen.

Honig-Schokoladenspeise

1 Päckchen Dr. Oetker Regina-Gelatine gemahlen, weiß
3 Eßl. kaltes Wasser zum Anrühren
1/2 l Milch
100 g in kleine Stücke geschnittene Schokolade
etwa 2 gestrichene Eßl. Langnese-Honig
1/8 l Sahne

Die Gelatine mit dem Wasser anrühren und 10 Minuten zum Quellen stehenlassen.

Die Milch auf Stufe 3 erhitzen. In die kochende, von der Kochplatte genommene Milch die Schokolade und die gequollene Gelatine geben, so lange rühren, bis sie gelöst ist, den Honig hinzufügen und die Flüssigkeit kalt stellen. Unter die dickliche Speise die steifgeschlagene Sahne heben. Die Speise in eine Glasschale oder in Gläser füllen und kalt stellen, damit sie fest wird.

Weincreme

1 Päckchen Dr. Oetker Fruttina Pudding-Pulver Zitrone-Geschmack
125 g (5 gut gehäufte Eßl.) Zucker
1/4 l Weißwein
1/4 l Wasser
1/8 l Sahne

Das Pudding-Pulver und den Zucker mit dem Wein anrühren. Das Wasser auf Stufe 3 erhitzen. In das kochende, von der Kochplatte genommene Wasser langsam das angerührte Pudding-Pulver rühren und auf Stufe 0 einmal kurz aufkochen lassen. Den Pudding während des Erkaltens ab und zu durchrühren. Unter den lauwarmen, noch nicht festgewordenen Pudding die steifgeschlagene Sahne heben und die Creme in eine Glasschale oder in Portionsschälchen füllen.

Apfelsinen- oder Zitronencreme (Abb. S. 200)

Creme:

1 Päckchen Dr. Oetker Regina-Gelatine gemahlen, weiß
6 Eßl. kaltes Wasser zum Anrühren
3 Eigelb
4 Eßl. warmes Wasser
100 g (4 gut gehäufte Eßl.) Zucker
für Apfelsinencreme Saft von 2 Apfelsinen und einer halben Zitrone
für Zitronencreme Saft von 2–2½ Zitronen
3 Eiweiß

Zum Verzieren für Apfelsinencreme (nach Belieben):
Einige Apfelsinenstückchen

Die Gelatine mit dem Wasser anrühren, 10 Minuten zum Quellen stehenlassen, unter ständigem Rühren auf Stufe 1 erwärmen, bis sie gelöst ist, und kühl stellen.

Das Eigelb und das warme Wasser stark schaumig schlagen und nach und nach ⅔ des Zuckers dazugeben. Danach so lange schlagen, bis eine cremeartige Masse entstanden ist. Darunter den Saft und die lauwarme Gelatinelösung schlagen. Dann die Eigelbcreme kalt stellen. Das Eiweiß zu steifem Schnee schlagen und unter ständigem Schlagen nach und nach den Rest des Zuckers hinzugeben. Unter die dickliche Eigelbcreme den Eierschnee heben, die Creme in eine Glasschale oder in Gläser füllen und kalt stellen, damit sie fest wird. Die Apfelsinencreme mit Apfelsinenstückchen verzieren.

Beigabe: Kleingebäck.

Likörcreme

½ l Milch von Zimmertemperatur
1 Päckchen Dr. Oetker Galetta Schokolade
1 Päckchen Dr. Oetker Vanillin-Zucker
2 Eßl. Curaçao
⅛ l Sahne

Die Milch in eine Porzellanschüssel gießen. Das Puddingcreme-Pulver auf einmal zu der Milch geben und so lange mit einem Schneebesen schnell durchrühren, bis eine gleichmäßige Creme entstanden ist (nach etwa 1 Minute). Danach den Vanillin-Zucker und den Curaçao unterrühren und zum Schluß die steifgeschlagene Sahne darunter heben. Die Creme in Portionsschälchen oder in eine Glasschale füllen und etwa 20 Minuten stehenlassen, damit sie fester wird.

Gala-Creme

1 Päckchen Dr. Oetker Gala Schokoladen-Pudding-Pulver
60–75 g (3 schwach bzw. 3 gut gehäufte Eßl.) Zucker
½ l kalte Milch
⅛ l Sahne

Den Pudding nach der Vorschrift auf dem Beutel zubereiten, erkalten lassen und ihn während dieser Zeit ab und zu durchrühren. Unter den erkalteten, noch nicht festgewordenen Pudding die steifgeschlagene Sahne heben. Die Creme in eine Glasschale oder in Portionsschälchen füllen.

D. EISSPEISEN

Regeln

1. Das Gefrierfach des Kühlschranks darf **keine** Eisschicht haben, weil diese den Gefriervorgang verzögern würde.

2. Die Gefrierzeit, die von der Kälteleistung des Kühlschranks abhängig ist, beträgt im allgemeinen 2–3 Stunden.

3. Zwischen den einzelnen Kühlschrankfabrikaten bestehen gewisse Unterschiede; darum müssen auch die Angaben über Eisbereitung in der jedem Kühlschrank beigegebenen Betriebsvorschrift beachtet werden.

Schokoladen-Nußeis

30 g gemahlene Haselnußkerne
1 Päckchen Dr. Oetker Eispulver Schokolade
60 g (3 schwach gehäufte Eßl.) Zucker
1/4 l kalte Milch
1/8 l Sahne

Die Haselnußkerne in einem kleinen Kochtopf unter Rühren auf Stufe 3 goldgelb rösten und kalt stellen. Das Eispulver und den Zucker mit der Milch in einer Schüssel glattrühren und mindestens 15 Minuten zum Quellen stehenlassen. Die Sahne steif schlagen und mit den erkalteten Haselnußkernen unter das angerührte Eispulver ziehen. Den Kühlschrank auf die stärkste Kältestufe stellen; die in die Eisschale gegebene Mischung in das Gefrierfach schieben und bis zur gewünschten Festigkeit gefrieren lassen.

Gefrierzeit: 2–3 Stunden, je nach Größe des Kühlschranks.
Das Speiseeis erst kurz vor dem Servieren aus dem Gefrierfach nehmen (Kühlschrank wieder auf normal stellen).

Schichteis

1 Päckchen Dr. Oetker Eispulver Vanille
50 g (2 gut gehäufte Eßl.) Zucker
1/4 l kalte Milch
1/4 l Sahne
1 Päckchen Dr. Oetker Eispulver Schokolade
60 g (3 schwach gehäufte Eßl.) Zucker
1/4 l kalte Milch

Eispulver Vanille-Geschmack und Zucker mit der Milch in einer Schüssel glattrühren und mindestens 15 Minuten zum Quellen stehenlassen. Die Sahne steif schlagen und die Hälfte davon gleichmäßig unter das angerührte Eispulver ziehen. (Die restliche Schlagsahne in den Kühlschrank stellen.) Die Mischung in zwei Eisschalen verteilen, so daß diese zur Hälfte gefüllt sind, und in das Gefrierfach des Kühlschranks schieben; diesen auf die stärkste Kältestufe stellen. Anschließend Eispulver Schokolade und Zucker mit 1/4 l Milch glattrühren und mindestens 15 Minuten stehenlassen. Die kalt gestellte Schlagsahne gleichmäßig unter das angerührte Eispulver ziehen und die Mischung auf dem bereits leicht gefrorenen Vanille-Eis verteilen. Das Schichteis bis zur gewünschten Festigkeit gefrieren lassen.

Gefrierzeit: 2–3 Stunden, je nach Größe des Kühlschranks.
Das Speiseeis erst kurz vor dem Servieren aus dem Gefrierfach nehmen (Kühlschrank wieder auf normal stellen).

Zitroneneis mit warmer Schokoladensoße

Zitroneneis:

1 Päckchen Dr. Oetker Eispulver Zitrone
1/5 l (200 ccm) kaltes Wasser
1/8 l Sahne

Schokoladensoße:

75 g Schokolade (zartbitter)
6 Eßl. Sahne

Für das Eis den Inhalt des Päckchens mit dem Wasser in einer Schüssel glattrühren und mindestens 15 Minuten zum Quellen stehenlassen. Die Sahne steif schlagen und gleichmäßig unter das angerührte Eispulver ziehen. Den Kühlschrank auf die stärkste Kältestufe stellen; die in die Eisschale gegebene Mischung in das Gefrierfach schieben und bis zur gewünschten Festigkeit gefrieren lassen.

Gefrierzeit: 2–3 Stunden, je nach Größe des Kühlschranks. Das Speiseeis erst kurz vor dem Servieren aus dem Gefrierfach nehmen (Kühlschrank wieder auf normal stellen), in Würfel schneiden, in eine Glasschale geben und die warme Soße dazu reichen.

Für die Schokoladensoße die Schokolade in kleine Stücke brechen und zusammen mit der Sahne in einem kleinen Kochtopf bei schwacher Hitze (evtl. auf der Automatikplatte oder im Wasserbad) so lange erwärmen, bis sie sich glattrühren läßt.

Mokkaeis

1 Päckchen Dr. Oetker Eispulver Vanille
2 schwach gehäufte Teel. Kaffee-Extraktpulver
75 g (3 gut gehäufte Eßl.) Zucker
1/4 l kalte Milch
1/8 l Sahne

Eispulver, Extraktpulver und Zucker mit der Milch in einer Schüssel glattrühren und mindestens 15 Minuten zum Quellen stehenlassen. Die Sahne steif schlagen und gleichmäßig unter das angerührte Eispulver ziehen. Den Kühlschrank auf die stärkste Kältestufe stellen; die in die Eisschale gegebene Mischung in das Gefrierfach schieben und bis zur gewünschten Festigkeit gefrieren lassen.

Gefrierzeit: 2–3 Stunden, je nach Größe des Kühlschranks. Das Speiseeis erst kurz vor dem Servieren aus dem Gefrierfach nehmen (Kühlschrank wieder auf normal stellen).

INHALTSVERZEICHNIS

L

M